Grenzgänger
Rebellen, Frevler und Heroen in antiken Mythen

EUGEN DREWERMANN

Grenzgänger

Rebellen, Frevler und Heroen
in antiken Mythen

Patmos Verlag

VERLAGSGRUPPE PATMOS

PATMOS
ESCHBACH
GRÜNEWALD
THORBECKE
SCHWABEN

Die Verlagsgruppe
mit Sinn für das Leben

Für die Schwabenverlag AG ist Nachhaltigkeit ein wichtiger Maßstab
ihres Handelns. Wir achten daher auf den Einsatz umweltschonender Ressourcen
und Materialien.

Umschlaggestaltung oder Gestaltung: Finken & Bumiller, Stuttgart
Umschlagabbildung: Sisyphos rollt beständig einen Stein den Berg hinauf.
Detail einer schwarzfigurigen Amphora aus Vulci,
attisch, um 540 v. Chr. Staatliche Antikensammlungen München
Druck: GGP Media GmbH, Pößneck
Hergestellt in Deutschland
ISBN 978-3-8436-0663-9

In der ganzen Geschichte des Menschen ist kein Kapitel unterrichtender für Herz und Geist als die Annalen seiner Verirrungen.
Man hat das Erdreich des Vesuvs untersucht...;
warum schenkt man einer moralischen Erscheinung weniger Aufmerksamkeit als einer physischen?

FRIEDRICH SCHILLER
in: Der Verbrecher aus verlorener Ehre, II 289;290

Inhalt

Vorwort

Ansage und Aufgabe oder: Wege aus der Unterwelt

Man kennt sie alle: die von den Göttern auf ewig Verdammten, die in den Tartaros Verbannten, die zu ewiger Hoffnungslosigkeit Verurteilten für eine nicht zu tilgende Schuld. Doch wie kann man leben mit solch einem Wissen? «Wir sind die Guten, und das sind die Bösen.» Wenn es dabei bleibt, ist die Spaltung perfekt. Es gibt keinen Übergang, es gibt keine Rückkehr. Es ist, wie es ist: starr, unbegreifbar, doch dafür nach klaren Begriffen beurteilt. «Diese verstehen nur die Sprache der Gewalt»[1]. Also bleibt auch uns selbst, wie dem griechischen *Zeus*, einzig der Griff zur Waffe, als äußerste Maßnahme der Vernunft, die, natürlich, wir selber repräsentieren. Wir müssen nicht verstehen, weder uns selbst noch die anderen. Es heißt jetzt, stark zu sein und dem Recht, der Moral und der Menschlichkeit notfalls mit allen zu Gebote stehenden militärischen Mitteln zur Durchsetzung zu verhelfen. Die Blutmühle der menschlichen Geschichte dreht sich um eine Windung weiter. Das war's. Nichts hat sich geändert. Kein Konflikt ist gelöst. Voll Stolz beziffert man die Zahl der getöteten Gegner; – über solch wirksame Waffen verfügen wir. Immerhin. Die Blitze des *Zeus*, die Werkzeuge der Kyklopen, sie machen den «Vater der Götter und Menschen» zum Stärksten aller Olympier; seiner Strafgewalt kann sich niemand entziehen. «Sie können laufen und sich verstecken, doch sie werden nicht entkommen.»[2] Wie lange noch soll der Mythos vom

1 So *Barack Obama* im Okt. 2014 zur Begründung des US-geführten Bombardements auf die Stellungen des IS (Islamischen Staates) in Nord-Irak und Syrien. Der IS ist hervorgegangen aus Dschihadisten, die mit Billigung der USA von Saudi-Arabien und Quatar mit Waffen und Geldmitteln unterstützt wurden und von dem Nato-Mitglied Türkei im Kampf gegen das Syrien *Assad*s und vor allem gegen die Kurden in Stellung gebracht wurden; der Rückhalt des IS von seiten der sunnitischen Bevölkerung ist eine Reaktion auf den Versuch der USA, in dem 2003 von ihnen völkerrechtswidrig und mit gefälschten Begründungen besetzten Irak die Schiiten gegen die Sunniten auszuspielen – *Saddam Hussein* war ein Sunnit ... Vgl. PETER SCHOLL-LATOUR: Der Fluch der bösen Tat, 11–14. Was alles muß geschehen, ehe Menschen vielleicht wirklich nur noch die Sprache der Gewalt verstehen? Immerhin konnte *Obama* im Mai 2012 vor den Kadetten in West-Point, trotz seiner Bekräftigung der amerikanischen «Führungsrolle» in der Welt, auch feststellen: «Nur weil wir den größten Hammer haben, verwandelt sich nicht jedes Problem in einen Nagel.» MATHIAS BRÖCKERS – PAUL SCHREYER: Wir sind die Guten, 66–67.

2 So *George W. Bush* nach dem 11. September 2001. Es war allein der DALAI LAMA, der damals erklärte, dies (der Angriff auf die Twin Towers und das Pentagon) sei «eine große Chance für die Nicht-Gewalttätigkeit» (a big chance for non-violence). Wie, wenn die

11

Sturz der Titanen und vom Kampf gegen die Giganten die Geschichte der Menschheit bestimmen? «Der ewige Kampf gegen das Böse»[3] – so wird das Grauen nur größer, nie enden.

Das Christentum eigentlich trat einmal an mit der Absicht, die «Verdammten der Erde»[4] ins Freie zu führen. Es sah mit den Augen seines Meisters diese Welt in den Händen des «Teufels» befindlich. Das Unglück der Zerbrochenen, Gescheiterten und Verstoßenen, die Einsamkeit und Isolation der als schuldig Ausgegrenzten, die alltägliche ermüdende Mühsal enttäuschter Hoffnungen und vergeblicher Anstrengungen, die Leere des Herzens und die Erschöpfung des Geistes, wenn die Idole und Ideale, die man einmal geliebt und an die man geglaubt hat, wie Meteoriten vom Himmel fielen, – das alles ist genug für die Einrichtung einer «Hölle» auf Erden. Die Verdammten im Tartaros – sie leben neben uns, sie wohnen in uns. Kein «Teufel» ist nötig, es zu erklären. Es gilt, die Sprache des Mythos, statt sie dogmatisch «wörtlich» zu nehmen, nach innen zu ziehen und psychologisch durchzuarbeiten. Erst dann wird man merken, wie nötig es ist, sich festzumachen in dem absoluten Gegenüber eines Vertrauens jenseits der Ambivalenzen und Abgründe der Angst in der menschlichen Seele.

Stattdessen hat das Christentum seine Arbeit für erledigt erklärt, noch bevor es sie aufgenommen hatte. «Christus hat für uns die Welt erlöst.» Das läßt sich nicht als Glaubenssatz verordnen. Das will als Erfahrung vermittelt werden. Dann aber müßte eine Haltung verstehenden Mitleids die Neigung zum moralischen Rechthaben ablösen, und es gölte, die Ge-

«einzige verbliebene Weltmacht» nach über 40 Jahren Kalten Kriegs auf Gewalt einmal *nicht* mit Gegen-Gewalt geantwortet hätte? Es wäre ein Richtungswechsel der gesamten Politik weltweit gewesen, ein Kultursprung ohnegleichen. «Warum hassen sie uns?» fragten damals viele in den USA und legten eine lange Liste möglicher Begründungen vor; doch solche Regungen des Selbstzweifels oder gar der Einsicht wurden im Keime erstickt, – sie waren politisch nicht-korrekt. Anders HOWARD ZINN: Amerika, der Terror und der Krieg, 117–139: Nicht in unserem Namen. – JEAN ZIEGLER: Der Hass auf den Westen, 105–123: Die Schizophrenie des Westens, beschrieb schon 2008 den Doppelsprech der USA und ihrer Trabanten im Umgang mit den Menschenrechten, von denen sie Gebrauch machen wesentlich zur Rechtfertigung der Durchsetzung ihrer Wirtschaftsinteressen mit buchstäblich allen Mitteln.

3 So GEORGE BUSH d. Ä. 1991 beim ersten Krieg gegen den Irak: «Dies ist ein Kampf nicht zwischen Christen und Muslimen, sondern ein Krieg um das, worum immer Kriege geführt werden: ein Krieg um Gut und Böse, und ich sage, sein Ende wird der Sieg des Guten sein.» RAMSEY CLARK: Wüstensturm. US-Verbrechen am Golf, 61–64: Die Dämonisierung Saddam Husseins, zeigt, mit welchen Tricks und Lügen das Feindbild aufgebaut wurde, um einen Krieg um Erdöl zu rechtfertigen, der (S. 126) mehr als 150 000 Zivilisten das Leben kostete.

4 Vgl. FRANTZ FANON: Die Verdammten dieser Erde, 1961.

stalten des Unglücks, die Bilder des Bösen, die Eingeschlossenen in den Tiefen der Unterwelt, in ihren Motiven und Hoffnungen, in ihren Irrtümern und Fixierungen, in ihrer Auflehnung und in ihrer Verzweiflung soweit zu begreifen, daß sie sich selber durchsichtig würden. Das Dunkel ihrer Aussichtslosigkeit, die Düsternis ihrer Vergeblichkeit, das grelle Hohngelächter all der siegreich über solche Triumphierenden – wie öffnet es sich in ein Licht, das Menschenaugen nicht mehr blendet, sondern der Welt ihre Schönheit, ihre Lebenswertheit, ihre Liebenswürdigkeit zurückgibt? Die Mythen des antiken Griechenlands – *sie* nach wie vor, als Archetypen in der Darstellung der *condition humaine,* bilden den eigentlichen Maßstab für den Wahrheitsanspruch jeder christlichen Verkündigung.

Schwer scheint die Schar der von den Göttern in den Tartaros Gestürzten in den Urgeschichten der Antike abzuschätzen, – zu lang ist ihre Namenliste. Sie alle aber demonstrieren in extremer Steigerung, wie schmal der Grat ist, der Genie und Wahnsinn, Aufstieg und Zerstörung, Großtat und Verbrechen voneinander trennt. Eine enorme Energie verwirbelt sich, kehrt ihre Richtung um, – sie trägt nicht länger, sie zerstört. Hinterher steht es dann fest: Er war *ein Rebell*; man zollt ihm Respekt, doch blieb er erfolglos, und wozu dann sein Opfer? – Oder: Er war *ein Frevler*! Was er wollte, richtete sich nicht nach Recht noch nach Ordnung; er ging zugrunde, und so kam's, wie's kommen mußte. – Oder: Er war *ein Held*, in seiner Größe unvergleichbar; was er erreicht hat, bleibt für immer dankenswert und zu bestaunen; doch wer traute sich zu, ihm nachzufolgen?

Was immer jemand ist, im Rückblick erscheint alles eindeutig und einfach. Was aber geschieht zu dem Zeitpunkt der Verwirbelung, der Umkehrung? Jedwedes Streben eines Menschen gehe auf ein Gutes, lehrte man in der Scholastik; doch wie schwer ist es, hinter der Oberfläche einer scheinbar offensichtlichen Verfehlung das ursprünglich gemeinte oder auch vermeinte Gute wiederzuentdecken? Am schrecklichsten mutet die Sicherheit des nachträglichen Urteils an: Sie wollten's so, sie haben sich's verdient, sie sind jetzt da, wohin sie immer schon gehörten … Im Christentum spricht man nicht mehr von jenem Ort des Dunkels und der Kälte in der Unterwelt, vom Tartaros, dafür kennt man die Möglichkeit der ewigen Verdammnis. Doch gerade diese Lehre geht vollkommen in die Irre. Sie widerlegt die eigentliche Botschaft Jesu. Er kam zu retten, nicht zu richten (Joh 3,17; 12,47). Gäbe es wirklich Menschen eines ewigen Fluchs, wäre der Wille Gottes, zu vergeben und zu heilen, gescheitert an dem bösen Willen immer neuer ungezählter Einzelner.

An dieser Stelle darf das Christentum den Mythos von der Strafgewalt des *Zeus* auf dem Olymp nicht in sein eignes Dogma übernehmen. Im Gegenteil, es sollte zu verstehen suchen, wie etwa der Titan *Prometheus*, an den Fels geschmiedet, lieber jedes Leid erduldet als einem unmenschlichen Gott sich anzupassen. War Jesus selbst nicht ein Rebell, der hingerichtet ward im Namen Gottes als ein am Holz Verfluchter (Dt 21,23; Gal 3,13)? Daß jemand furchtbar scheitert, spricht ihn nicht auch schon schuldig. Vielleicht hatte er recht, und unrecht hatten die, die ihn ermordeten. Wer ein Rebell ist, wer ein Frevler, wer ein Held, entscheidet oft genug die Gunst der Umstände oder die Ungunst der Verhältnisse; doch was ein Mensch ist, darf nicht abhängen von Glück und Unglück, es muß sich entscheiden an der Art seiner Persönlichkeit. Das ist die Wahrheit des *Prometheus*.

Oder ein Mann wie *Sisyphos*. Er steht da als ein Sinnbild für den Fluch, immer im Kreislauf sinnlos sich zu mühen; nur: Warum macht er stets von neuem weiter, warum gibt er nicht einfach auf? In der Gestalt eines *Prometheus* erkannte sich der Geist der Aufklärung, des «Sturm und Drang», doch auch des anbrechenden Industriezeitalters im 19. Jh. wieder; in *Sisyphos* glaubte der Existentialismus Frankreichs im 20. Jh. den Wesenszug menschlichen Daseins abgebildet. Sogar das Urteil zwischen Fluch und Vorbild scheint im Verlaufe von Jahrhunderten zu schwanken. Tragik, Schicksal – wie läßt es sich verstehen und durch Verstehen lösen? Und was bedeuten sie – die Grundfiguren der antiken Überlieferung in all dem Unheil in der «Unterwelt»? Was sagt uns *Sisyphos*?

Oder ein Mann wie *Tantalos*. Er gab den eigenen Sohn den Göttern des Olymps zur Speise, und die bestraften ihn damit, inmitten eines Stromes stehend ewigen Durst zu leiden und unter einem Fruchtbaum nie endenden Hunger. Sein Schicksal ist womöglich die Gestalt, in der die Not unserer Gegenwart am klarsten sich ausspricht: Wir alle sitzen mittlerweile an der Götter Tafel und bringen alles, unsere eigenen Kinder, den «Olympiern» zum Opfer, doch wir können nicht genießen; wir streben stets nach einem Glück, das uns entgeht, indem wir danach greifen ...

Im Hintergrund von all dem taucht erkennbar eine Frage auf, die zutiefst religiöser Natur ist. In den Erzählungen der Alten unterscheiden sich die Götter von den Menschen nicht etwa durch eine überlegene Moralität, einzig ein Mehr an Macht steht ihnen zur Verfügung; die wesentliche Differenz besteht darin, daß Menschen sterblich sind, die Götter aber ewig leben. Und das ist das Problem: Wie kann man existieren mit dem Wissen der Vergänglichkeit von allem? *Prometheus*, dieser Sohn der vielwissenden *Themis*, ersparte es den Menschen, die Stunde ihres Tods zu kennen, –

14

allein ihr Nichtwissen eröffne ihnen einen Rest von Hoffnung, dachte er. Jedoch die Sehnsucht nach Unsterblichkeit durchzieht, was Menschen tun, mit dem Verlangen, etwas Endgültiges, Festes, Dauerhaftes zu erreichen. Bereits der Teufelskreis, in dem sich *Sisyphos* verfängt, ist letztlich nur verstehbar aus dem Drang, die Sterblichkeit, so gut es geht, zu leugnen; im Gegensatz zu ihm quält *Tantalos* das ständige Bewußtsein der Gefahr des Todes.

Am stärksten aber wirkt die Suche nach Unsterblichkeit sich in der Liebe aus. Davon erzählt die traurige Geschichte *Ixions*, der in der Liebe zu der Königstochter *Dia* deren Vater *Eioneus* ermordete; auf diese Tat stünde die Todesstrafe, doch selten genug – *Zeus* ahndet nicht *Ixion*s Schuld, er holt ihn gar, wohl weil er selber in *Dia* verliebt ist, zu sich auf den Olymp; dort aber fällt der Frevler gleich in Liebe zu der *Zeus*-Gemahlin *Hera*; und dafür wird auch er fortan auf immer sich im Kreise drehen müssen, gefangen in den Grenzen seiner Endlichkeit, um, wie FRIEDRICH NIETZSCHE sich ausdrückte, in der ewigen Wiederkehr ein Äquivalent für die eigentlich gesuchte Dauerhaftigkeit im Sein zu finden[5]. Die Liebe nicht zum Vater, sondern anstelle des Vaters, die Liebe zur Mutter nach Art eines heimatlos gewordenen Kindes, auf immer «groß», auf immer «klein», Ende und Anfang, – dazwischen findet ein *Ixion* niemals sein Maß.

Wie also lernt man zu lieben als Sterblicher? *Perseus*, das Kind der *Danaë*, ist beides: unerwünscht für seinen Großvater *Akrisios*, der ihn mitsamt der Mutter den Launen des Meeres aussetzt, und gleichzeitig ein Sohn des *Zeus*. Aus solchen Widersprüchen offensichtlich gehen *Helden* hervor; schon als Kinder müssen sie die Depressionen und die Einsamkeiten ihrer Mutter trösten, und so werden sie auch als Erwachsene wohl jede liebende Begegnung als Rettungsabenteuer zugunsten einer ebenso schönen wie unglücklichen Frau erleben. *Andromeda*, gefesselt an den Felsen, wie *Prometheus*, bietet sich als Idealgestalt für dieses Schema an. Denn: Die Tochter des *Kepheus* und der *Kassiopeia* litt unter der Last ihrer ehrgeizigen Mutter ebenso wie unter der Abhängigkeit von ihrem Vater; indem aber *Perseus* sie

---

5 FRIEDRICH NIETZSCHE: Der Wille zur Macht, Nr. 1060: «Um den Gedanken der Wiederkunft zu ertragen ist nötig: Freiheit von der Moral; – neue Mittel gegen die Tatsache des Schmerzes (Schmerz begreifen als Werkzeug, als Vater der Lust; es gibt kein summierendes Bewußtsein der Unlust); der Genuß an aller Art Ungewißheit, Versuchhaftigkeit, als Gegengewicht gegen jenen extremen Fatalismus; – Beseitigung des Notwendigkeitsbegriffs – Beseitigung des ‹Willens›; – Beseitigung der ‹Erkenntnis an sich›. – Größte Erhöhung des Kraft-Bewußtseins des Menschen, als dessen, der den Übermenschen schafft.» Nr. 1061: «Die beiden extremsten Denkweisen – die mechanistische und die platonische – kommen überein in der ewigen Wiederkunft: beide als Ideale.»

vor dem Meeresungeheuer errettete, das sie bedrohte, befreite er sich selbst auch von der Bindung an *Danaë*; so ward er zum Mann, so eroberte er aktiv die Wirklichkeit.

Menschen kann man nur wirklich lieben, wenn man aufhört, sie zu vergöttern (wie *Ixion*) oder, was psychologisch Hand in Hand zu gehen pflegt, wenn man in ihnen nicht länger einen Ersatz für eine der vermißten Elterngestalten sucht (wie es *Perseus* gelingt). Das Todesproblem des *Sisyphos* löst sich religiös nur durch den Glauben an Unsterblichkeit; die Liebe, nach der *Ixion* sucht, läßt sich nur leben, wenn es sie jenseits der Menschen als ein Absolutes immer schon gibt. – Wenn aber nicht?

Dann bleibt als Ausweg wohl nur, sich selber durch eigenes Können als Gott zu erschaffen: «Ich bin, was ich kreativ wirke; ich bin, was ich durch Leistung hervorbringe.» Ob als Künstler oder Kunsthandwerker – in jedem Fall führt eine solche Identifikation des Seins mit dem Tun unausweichlich in ein Feld neuer endloser Überanstrengung und permanenter Konkurrenz hinein. Aus der Kunst, richtig zu leben, droht ein Kunstleben ständiger Angst zu werden, in immerwährender Sorge, am Ende doch nicht als der Beste, der Einzige, der Alleinige zu erscheinen.

So wird erzählt von dem phrygischen Satyrn *Marsyas*, der im Spiel auf der Flöte sich derart hervortat, daß er sich mit dem Leierspiel des Lichtgottes *Apoll* zu vergleichen getraute. Was eine Einheit bilden müßte: Denken und Fühlen, Bewußtsein und Unbewußtes, das Apollinische und das Dionysische zerreißt im Rahmen eines solchen Entweder-Oder rein äußerer Leistungsbewertung aufs tödliche. Das ist die Tragödie des *Marsyas*. Daneben steht die traurige Geschichte der *Arachne*: Als Arme-Leute-Kind war sie so kunstfertig im Spinnen und im Weben, daß sie sich überlegen fühlte sogar gegenüber der Göttin *Athene*, der Lehrmeisterin doch der Menschen im Herstellen feiner Gewänder. *Marsyas* wurde von *Apoll* dazu verurteilt, gehäutet zu werden, – auf erschreckende Weise offenbart ein Leben, das sich ausschließlich «dionysisch» versteht, das Ungenügen eines jeden nur naturhaften Daseinsentwurfs: Der Gang der Welt nimmt keine Rücksicht auf das Leben eines Einzelnen. *Arachne* indessen verwandelt sich in eine Spinne; sie macht sich selbst zu der Gefangenen der eigenen Erfolge.

Aus solcherart Verwünschungen, Verformungen und Selbstversklavungen rein endlich-irdischer Daseinsausdeutungen kann letztlich nur ein Leben in Liebe und Vertrauen hinausführen. Wie aber, wenn gerade in der Liebe das Vertrauen, das man in sie setzt, als trügerisch erscheint? – Davon erzählt als letztes die Tragödie von *Phyllis* und *Demophoon*: Bereitwillig läßt die thrakische Prinzessin den Sohn der *Phädra* und des *Theseus* noch

16

einmal vor der bereits abgesprochenen Vermählung mitsamt seinen Soldaten nach Athen zurückkehren, unter der fest gegebenen Zusage, in vier
Wochen werde er ganz sicher wieder bei ihr sein; die Zeit geht hin, und
nach vier langen Monden, als er noch immer sein Versprechen nicht gehalten, nimmt *Phyllis*, wie OVID berichtet, sich das Leben; in einen Mandelbaum wird sie verwandelt, der keine Blätter trägt. In diesem Zustand findet
sie schließlich *Demophoon*, als er, nur wenig später und doch allzu spät, zu
der Geliebten zurückkommt; leidenschaftlich umarmt er sie, und da beginnt der Baum, Blätter zu treiben.

In dieser Mythe bietet das Bild der Vegetation charakteristischerweise
symbolisch bereits ein Verständnis des Daseins an, das gerade nicht in der
Natur und dem Kreislauf ihrer personfernen Selbsterneuerung aufgeht; und
damit erschließt es eine überaus wichtige Einsicht: Auf daß trotz des Risi-
kos bitterer Enttäuschbarkeit die Liebe eine Brücke über den Abgrund der
Zeit zu schlagen vermag, muß sie selbst sich bergen in der Verheißung eben
der Dauer und der Unverbrüchlichkeit, die als Hoffnung mit ihr einhergeht.
Wie eine beschwörende Versicherung dieser Erwartung liest sich der Mythos von der Heiligen Hochzeit des Gottes *Dionysos* mit der kretischen
Königstocher *Ariadne*; schon die Grabbeigaben der Griechen und die Sarkophage der Römer entdeckten in solchen Geschichten ein gültiges Zeugnis
des Glaubens an die Unsterblichkeit der Liebe gegen den Tod.

In all dem geht es darum, in gewissem Sinne das «Schicksalslied» HÖL-
DERLINS hinter sich zu lassen, das völlig zu Recht den absoluten Unter-
schied zwischen Göttern und Menschen hervorhebt, ihn aber auf tragische
Weise stehen läßt ohne Versöhnung, indem es bedauernd bekennt:

> Ihr wandelt droben im Licht
>   Auf weichem Boden, selige Genien!
>   Glänzende Götterlüfte
>   Rühren euch leicht,
>   Wie die Finger der Künstlerin
>   Heilige Saiten.
>
> ---
>
> Doch uns ist gegeben,
>   Auf keiner Stätte zu ruhn,
>   Es schwinden, es fallen
>   Die leidenden Menschen
>   Blindlings von einer
>   Stunde zur andern,

Wie Wasser von Klippe
Zu Klippe geworfen,
Jahr lang ins Ungewisse hinab[6].

Solange die Sphäre des Göttlichen in unendlichem Abstand zu den leidenden Menschen sich hält, sind all die Tragödien jener *Rebellen*, *Frevler* und *Heroen* schier unvermeidbar, von denen die Mythen berichten; eben deshalb stellen gerade diese Erzählungen eine religiöse und psychologische Herausforderung ersten Ranges insbesondere an das Christentum dar. Wenn wirklich es eine Erlösungsreligion sein will, dann darf es sich mit all den Tartaros-Verdammten nicht einfach abfinden. Welche Wege also gibt es, sie von ihrem Unglück zu befreien?

Das ist die eigentliche Frage.

Sie zu beantworten nötigt dazu, das Verhältnis von Gott und Mensch anders zu denken, als es in den überlieferten antiken Geschichten und im wirklichen Leben, für welches sie stehen, aber auch in den kirchenamtlichen Dogmen der «christlichen» Verkündigung allenthalben geschieht. Mit jedem Menschen, der scheitert, ergibt sich die Pflicht, die Neigung zur moralischen Verurteilung und zur juridischen Festschreibung im Nachgang der Gründe gerade des Unheimlichen in der menschlichen Seele zu überwinden. Eine entscheidende Bedingung dafür besteht darin, daß die Sehnsucht nach Unendlichkeit nicht länger unerfüllt im Endlichen sich verströmt. Im Grunde ist dies der Kern aller christlichen Botschaft: Das Verlangen nach einem Leben ewiger Liebe und ewigen Glücks ist erfüllbar einzig in der Gnade und in der Treue eines Gottes, der den Menschen Unsterblichkeit schenkt. Der Mythos der Heiligen Hochzeit hat recht: Menschen besitzen Unsterblichkeit nicht als Zustand des Seins (metaphysisch erweisbar), doch wird sie ihnen zuteil als Gabe des Himmels. Gerade vor der dunklen Folie der antiken Mythen erscheint so zu glauben als die wichtigste Voraussetzung eines gelingenden Daseins. Die Unsterblichkeit der Liebe und die Ewigkeit Gottes – sie beide schließen sich zur Gestalt eines Schlüssels zusammen, der allein die ehernen Tore des Tartaros für immer zu öffnen vermag.

Die Mythen mithin zu lesen als Medikamente gegen all die möglichen Formen von Unglück, Verzweiflung, Enttäuschung und Bitterkeit; den Mut zum Widerstand zu gewinnen gegen alles Unmenschliche; die Liebe zu wagen in Anerkennung der Grenzen des Endlichen, im Vertrauen auf die Zugewandtheit des Göttlichen – das gilt es zu lernen und einzuüben an all

---

6 FRIEDRICH HÖLDERLIN: Hyperions Schicksalslied, in: Werke und Briefe, Bd. 1, Gedichte, S. 44–45.

18

diesen Erzählungen von *Prometheus* und *Perseus*, von *Midas* und *Marsyas*, von *Andromeda* und *Ariadne*, von *Ixion* und *Phyllis*, – von all den Gestalten des Glücks und des Unglücks, die als *Nymphen* oder *Erinyen* uns solange heimsuchen werden, als wir sie nicht in uns selber erlösen. Jene unheilige Dreiheit von *Sisyphos, Ixion* und *Tantalos*, wie sie der *Protesilaos*-Sarkophag im Vatikan zeigt (Abb. S. 20)[7], nebst all den anderen Gestalten des Widerstands, der Rettung und des Unglücks in ihren Motiven und in ihren Schicksalen zu erübrigen, bedeutet nicht mehr und nicht weniger, als Auswege aus der Verlorenheit menschlichen Daseins zu beschreiben und zu beschreiten[8]. *Rebellen* wie *Prometheus* erfahren eine Art Berechtigung für ihren Widerspruch, die sogenannten *Frevler* finden aus den Verfehlungen und Verhehlungen der eigentlichen Ziele ihres Handelns zu sich selbst zurück, und was *heroisch* ist an Menschen, bestätigt sich in der Unsterblichkeit der Liebe. Wir alle brauchen's so. Sind wir doch allesamt Grenzgänger zwischen zwei Welten: zwischen Zeit und Ewigkeit, Göttlichem und Menschlichem, Bewußtem und Unbewußtem, Ich und Es, Freiheit und Zwang, Verantwortung und Schicksal, – Geworfene, die einzig darum flehen können, nicht zu Verwerflichen zu werden, *Verworfene* indessen nur im Harren auf Erlösung. Das schreckliche Gekläff des dreiköpfigen Kerberos verhindert jede selbständige Rückkehr aus dem Hades; doch käme jemand, der wie *Herakles* die Angst zu bändigen verstünde, so wäre der Weg endlich frei aus der Gefangenschaft, die dieses Diesseits bliebe, schlösse es in seiner Endlichkeit sich ein, getrieben dennoch von der Grenzenlosigkeit eines Verlangens, das im Unendlichen allein Erfüllung finden kann.

---

7 PAUL ZANKER – BJÖRN CHRISTIAN EWALD: Mit Mythen leben, 377, Abb. oben rechts. – UDO REINHARDT: Der antike Mythos, 226, sieht als Grundfehler der drei «klassischen» Verdammten «Mangel an Hochachtung», «Respektlosigkeit» und «Selbstüberschätzung». 8 Das gilt um so mehr, als WALTER F. OTTO: Theophania, 57, der Sache nach recht hat, wenn er schreibt: «Der *Hades* ist kein Ort der Strafe oder Belohnung. Auch die sogenannten Büßer im Hades (Odyssee 11, 576 ff.) ... sind nur Bilder ihres traurigen Lebensschicksals.» Auch die christliche «Hölle» sollte man gerade so verstehen.

Sisyphos, Ixion und Tantalos auf dem Protesilaos-Sarkophag, Vatikan

Prometheus oder: Der Streit um Gott

Eine dramatischere Ausdeutung des Daseins ist nicht denkbar, als sie Gestalt genommen hat in der Erzählung von *Prometheus*, dem Titanen, handelt sie doch von unsäglichem Menschenleid und von entschlossenem Erbarmen, vom Mut zur Auflehnung gegen den Schicksalsspruch der Götter und von der standhaften Verweigerung, Gewalt und Kraft (*bía* und *krátos*) als gültig anzuerkennen. Von Stolz und Hochmut geht die Rede für gewöhnlich, gedenkt man des Sohns der Tochter des *Okeanos*, *Klymene*, oder, wie auch berichtet wird, der *Themis* als der Verkörperung von Recht und Weisheit, und des Titanen *Iapetos*; doch nicht aus Übermut erhob *Prometheus* sich, – mit seinem ganzen Wesen legte er ein unsterbliches Zeugnis ab gegen die Tyrannei der Macht, und werde sie auch von *Zeus* selbst repräsentiert. Wenn irgend in den Mythen der Antike das Christus-Schicksal des gekreuzigten Erlösers vorgeahnt und vorgestaltet wurde, dann in *Prometheus*, den, entgegen eigenem Wollen, der Gott *Hephaistos* «in menschenöder Einsamkeit» an einen Felsen, nah dem Meer, in Skythien, anschmieden mußte, weil es der Stärkste der Olympier, sein Vater *Zeus*, ihm so gebot[1].

Um die Bedeutung eines derart spannungsreichen Mythos wie der Erzählung von *Prometheus* zu begreifen, muß man vorweg erzählen die Geschichte der

1) Titanen, Götter und Giganten oder: Urthemen des Werdens

Sogar die Götter waren nicht seit Ewigkeit; sie sind geworden in dem Gang der Zeit und mußten ihre Stellung mühsam sich erkämpfen, und ähnlich sonderbar waren die Wege, auf denen schließlich auch die Menschen in ihr Dasein traten... In der Metaphysik gilt Gott als das Sein, das den Grund für seine Existenz in sich selbst trägt und dadurch die Ursache von allem bildet, was existiert. Wie aber soll man mythisch sich den Ursprung aller Dinge denken? Man weiß es nicht; also erzählte man ..., indem man alles

---

1 AISCHYLOS: Der gefesselte Prometheus, V. 2, S. 473. – ULRICH VON WILAMOWITZ-MOELLENDORFF: Aischylos, 151, verweist darauf, daß nur für *Herakles* der Kaukasos bezeugt ist; irgendwo anders, doch in der gleichen Gegend, in der Einöde Skythiens, am Rande des Nordmeers (woher auch die Okeaniden kommen), spiele daher die Szene. Die Figur des *Prometheus* müsse durch eine riesige Puppe dargestellt worden sein (S. 114–115).

Werden biologisch darstellte, alle Kausalität als Genealogie, alles Gestaltete als willentliche Krafttat; man erzählte …:

Nacht (*Nyx*) breitete die schwarzen Schwingen aus, so daß sie schwanger ward vom Wind. Dem Ei, das sie gebar, entstieg als erstes *Eros*, doch aus der Schale des entsprungenen Eis, die offen dalag wie der Chaos-Abgrund, tauchte die Erde, *Gaia*, auf, und sie gebar den dunklen Himmel, *Uranos*. – Der Ursprung aller Dinge, anders ausgedrückt, bleibt ewig uns verborgen. Nichts war schon immer, alles ist entstanden, doch wie es ward, weiß niemand; allein daß *Eros* Erde und Himmel einte und daß diese die Urgewässer: *Tethys* und *Okeanos*, aus sich entspringen ließen, – das steht fest. Sie aber waren nur die ersten der Titanenkinder, die der Himmel mit der Erde zeugte; andere waren *Hyperíon* – der hoch am Himmel Gehende – oder auch *Iapetos*, der Vater des *Prometheus*; der jüngste und für alles Weitere bedeutendste unter den Kindern des Urelternpaares *Uranos* und *Gaia* war der Titan *Kronos*; unter dessen Schwestern fand sich *Rhea*, die er später ehelichte, oder auch *Theia* (die Göttliche) und eine Mehrzahl anderer[2]. Doch alle Kinder, die *Gaia* gebar, suchte *Uranos* in den Höhlen der

2 HESIOD: Theogonie, V. 116–139, S. 33–34; HERMANN FRÄNKEL: Dichtung und Philosophie des frühen Griechentums, 114, betont zu Recht, daß «in diesen Genealogien die Familienzusammenhänge nur ein Bild für verschiedene Arten von Wesensverwandtschaft sind». Die Herkunft der Stoffe der «Theogonie» sieht er in böotischen Traditionen, in der homerischen Götterwelt und in eigenem Material (107–108). Den Mythos selbst vergleicht er mit einem Kleid, das nach Bedarf gewechselt werden kann (108). Näherhin bemerkt er: «Neben dem System der positiven Dinge, die sich von der Urmutter Erde herleiten, stellt HESIOD ein zweites der negativen Dinge auf. Aus dem Chaos, dem Leeren, waren Finsternis und Nacht geboren. In Liebe verbunden haben die beiden den Tag und die Himmelshelle hervorgebracht; aber allein, ohne die Produktionskraft der Liebe, wird Nacht zur Urmutter aller negativen Dinge (V. 211 ff.). Sie gebiert die Gewalten des Todes und den Tod selbst, also die Lebensvernichtung und das Nicht-mehr-Leben; den Schlaf und die Träume, als das unbewußte Leben und das Erleben des Unrealen. Es handelt sich demnach nicht um Dinge, die nicht sind, um bloße Nullen; sondern vielmehr um Dinge, deren Begriff die Setzung von einem Etwas erfordert, aber das Etwas ist von negativer Natur» (S. 113), – ein «*mē ón*», kein bloßes «*ouk ón*», griechisch gesprochen. PAULA PHILIPPSON: Genealogie als mythische Form, in: Hesiod, 660, verweist auf die Zusammengehörigkeit von *Chaos* und *Gaia* im griechischen Denken und meint (S. 686), in dieser polaren Konzeption seien die Gegensatzpaare «untrennbar miteinander verbunden». So gehörten zueinander (S. 661): «Unform und Form; abgründige Tiefe und klare, feste Begrenzung; vage Todesdunkelheit … und gleichmäßig wandelnde Gestirne … Chaos und Gaia gehen keine Verbindung miteinander ein, aber sie bekämpfen sich auch nicht.» HEINRICH OTTEN: Mythen vom Gotte Kumarbi, 8, meint generell: «In der Mythologie ist als männliches Prinzip gegenüber der Mutter Erde wohl der Himmel das nächstliegende (Uranos und Gaia bei Hesiod, An und Ki in der sumerischen Kosmologie).» Dennoch braucht an dieser Stelle noch kein orientalischer Einfluß auf die «Theogonie» der Griechen vorzuliegen; die «Urelternmythe» ist ein «Völkergedanke» ethnologisch bzw. eine «archetypische» Vorstellung psychologisch.

Erde zu verstecken, um sie nicht ins Licht treten zu lassen. Nacht für Nacht verschmolzen Himmel und Erde miteinander, doch es tat der Erdgöttin weh, ihre Kinder immer wieder in ihrem Schoß sich verpressen zu lassen, und so forderte sie ihren jüngsten Sohn *Kronos* schließlich zu einer schier unerhörten Tat auf: Sie gab ihm eine scharfschneidige Sichel in die Hand, daß er, als *Uranos* wieder einmal seine Gemahlin begatten wollte, mit der Linken dessen Gemächte ergriff und es mit einem Schlag abhieb[3].

3 HESIOD: Theogonie, V. 174–180, S. 36. – Die Herkunft dieser Vorstellung liegt im Hethitischen; vgl. ALBIN LESKY: Hethitische Texte und griechischer Mythos, in: Anzeiger der österreichischen Akademie der Wissenschaften, Philos.-hist. Klasse, 9/1950, 137–159. – Näherhin sind es hurritische Mythen, die im «Lied des *Ullikummi*» «die wohl älteste literarische Gestaltung der Weltschöpfung und des Kampfes der ersten Götter um die Vorherrschaft» tradieren, «die dann später HESIOD in seiner Theogonia als *Kronos*-Mythen überliefert hat.» JOHANNES LEHMANN: Die Hethiter, 299. Im hurritischen Mythos ist es *Kumarbi*, der dem Himmelsgott *Anu* das Geschlechtsteil abbeißt. Daraufhin speit *Kumarbi* die «Mannheit» wieder aus, hört er doch, er sei schwanger mit dem Wettergott, dem Fluß Tigris und der Gottheit *Tašmišu*. Im einzelnen (S. 562) lassen sich der hurritische *Anu* (Himmel) mit dem griechischen *Uranos*, *Kumarbi* mit *Kronos* und *Tešub* mit *Zeus* ineins setzen. Vermittelt worden sein könnte diese Göttergenealogie durch die Phöniker, bei denen *Kronos* als *El* und *Zeus* als *Baal* (Bel) bekannt war. Der *Alalu* der Hurriter war phönikisch der *El eljon*, der Höchste Gott (Hypsistos). Da HOMER bereits die Vorstellungen des Theogoniemythos kennt, muß die Übertragung der Göttervorzeit «spätestens in der 1. Hälfte des 8. Jahrhunderts in Griechenland Wurzeln geschlagen haben» (565). Als Mittler könnten die «Dorischen» Inseln in Frage kommen, die «als einzige von allen Levantegebieten seit der mykenischen Zeit ohne Unterbrechung eine griechische Bevölkerung gehabt haben: Kos … und vor allem … Rhodos» (566–567). – ALBIN LESKY: Griechischer Mythos und vorderer Orient, in Hesiod, 601, hat im wesentlichen diese Auffassung begründet und resümiert: «In jedem Falle bleiben die Phöniker ernste Anwärter auf eine wichtige Vermittlerrolle im östlichen Mittelmeer der sogenannten dunklen Jahrhunderte». Vgl. bes. ALFRED HEUBECK: Mythologische Vorstellungen des Alten Orients im archaischen Griechentum, in: HESIOD, 552–553, der den zugrunde liegenden Text zitiert nach HANS GUSTAV GÜTERBOCK: Kumarbi, S. 6 f.; HEINRICH OTTEN: Mythen vom Gotte Kumarbi, 6, gibt den Mythos so wieder: «Einst in früheren Jahren war Alalu im Himmel König. Alalu sitzt auf dem Thron und der starke Anu, der erste unter den Göttern, steht vor ihm. Er neigt sich zu seinen Füßen nieder und reicht ihm die Becher zum Trinken in seine Hand. – Neun gezählte Jahre war Alalu im Himmel König. Im 9. Jahr lieferte Anu gegen Alalu einen Kampf; er besiegte den Alalu und dieser entfloh vor ihm. Und er trieb ihn hinab auf die dunkle Erde. Hinab ging Alalu auf die dunkle Erde, auf den Thron aber setzte sich Anu. Anu sitzt auf seinem Thron und der starke Kumarbi gibt ihm zu essen. Er neigt sich zu seinen Füßen nieder und reicht ihm die Becher zum Trinken in seine Hand. – Neun gezählte Jahre lieferte Anu gegen Kumarbi einen Kampf; Kumarbi lieferte an Stelle des Alalu gegen Anu einen Kampf. Den Augen des Kumarbi hielt Anu nicht mehr stand: dem Kumarbi aus seiner Hand entwand er sich und er floh. Anu flog als Vogel zum Himmel. Hinter ihm her stürzte sich Kumarbi und packte Anu an den Füßen und zog ihn vom Himmel herab. Er biß des Anu Lenden; da ergoß sich des Anu Mannheit in sein Inneres. Als es sich vereinte, als Kumarbi des Anus Mannheit herunterschluckte, da freute er sich und lachte. Zu ihm zurück wandte sich Anu,

Das Thema der Gewalt zwischen Mann und Frau, des Aufstands des Sohns gegen den Vater im Namen der Mutter, des Wunschs, einen Mann zu kastrieren, der Leben wohl zeugt, es zum Leben aber nicht zuläßt, – wie in einem Lehrbuch der Psychoanalyse klingen all diese Stoffe, dunkel genug, bereits an[4]. Doch für «Psychologie» ist es hier noch zu früh. Was beschrieben wird, ist der Urwiderspruch offenbar allen Entstehens: Die Zeit geht dahin in dauerndem Gleichmaß, und doch gebiert sie stets Neues; an diesem aber zerrt die Kraft der Beharrung und will es zurück in das stets schon Gewesene stoßen. Das Gesetz der Trägheit als des ständigen Widerstands gegen alle Bewegung kennt die Physik, – eine Tendenz zur Regression, zur Rückkehr zum Anfang, ergibt sich daraus; von daher bedarf es «prinzipiell», im Uranfang schon, eines grausam erscheinenden «Schnitts», um den Kreislauf des immer Gleichen zu enden. Eine urtümliche «Philosophie» der Zeit klingt in diesen mythischen Urszenen an. Seither jedenfalls senkt sich nie mehr der Himmel zur Erde herab, und der Zwischenraum, der sich nun auftut, erfüllt sich mit Leben.

Als ein Stück Himmel gewann der Drang zu zeugender Fruchtbarkeit Gestalt in der «schaumgeborenen» Göttin der Schönheit, in *Aphrodite*, die in Zypern, bei Paphos, aus dem Meere an Land stieg[5]. Dann aber war's, als wollte die ungeheure Tat des *Kronos* wie von selber Ungeheuer gebären: Die Blutstropfen aus der Wunde des *Uranos* erweckten im Schoße der *Gaia* die *Erinyen*, die «Starken», auch sie eine beharrende Kraft des Gewesenen als Ordnungsmacht des Gegenwärtigen, die Hüter der alten Satzung des Mutterrechts, die man, versöhnlich später, nicht länger die «Rachegeister», sondern die Wohlgesonnenen, die *Eumeniden*, genannt hat. Auch die *Giganten* gingen daraus hervor, ungeschlachte Gestalten mit Riesenleibern

zu Kumarbi hub er an zu sprechen: ‹Du freust dich über dein Inneres, weil du meine Mannheit geschluckt hast. Freue dich nicht über dein Inneres! In dein Inneres habe ich eine Leibesfrucht gelegt ...›» – Das Instrument der «Kastration» des Himmelsgottes (*Anu* oder *Uranos*) ist für gewöhnlich eine Sichel (Theog., V. 162), die scharfzahnige Harpē (V. 175); LESKY (A. a. O., 586) verweist auf die «sägeartige Gestaltung» der Sichel, – im Hethitischen gibt GÜTERBOCK das Wort mit «Messer, Säge, Schere» wieder; auch in solchen Details erweist sich der orientalische Einfluß auf HESIODS «Theogonie».

4 SIGMUND FREUD: Über infantile Sexualtheorien, in: Gesammelte Werke, VII 179: «Sagen und Mythen zeugen von dem Aufruhr des kindlichen Gefühlslebens, von dem Entsetzen, das sich an den Kastrationskomplex knüpft.» – PAULA PHILIPPSON: Genealogie als mythische Form, in: Hesiod, 669, spricht von einer «Seinszeit», um «das System einer Zeit» zu kennzeichnen, «die sich aus dauerlosen distinkten Momenten, aus Wiederholungen des ‹Jetzt› zusammensetzt.» Die so geborenen Gestalten wachsen nicht, sie treten fertig in ihr Dasein.

5 HESIOD: Theogonie, V. 188–205, S. 37–38.

und Schlangenfüßen, sowie nicht zuletzt die Eschennymphen, die *Meliai*, aus denen (im Ehernen Zeitalter) ein erstes holzhartes Menschengeschlecht, die *Melioi*, entstehen sollte[6].

Aber auch die Titanen vermehrten sich weiter: *Theia* gebar mit *Hyperíon* den Sonnengott *Helios*, die Mondgöttin *Selene* sowie *Eos*, die rosenfingrige Göttin des Frührots; *Rhea* indessen nahm *Kronos* zum Mann und zeugte mit ihm drei Töchter: *Hestía* (die Göttin des Herdes), *Demeter* (die Göttin des Kornes) und *Hera* (die Hüterin der Ehe); und sie gebar drei Söhne: *Hades*, *Poseidon* und *Zeus*[7]. Und nun, scheinbar, wiederholte sich alles.

Die Epoche der Herrschaft des *Kronos* gilt an sich als das Goldene Zeitalter, in welchem milde die Winde wehten; mit Früchten beladen prangten die Bäume, und der Boden bewirtete bereitwillig allseits seine Bewohner; Honig troff aus der Borke der Eichen, und niemand bekämpfte den Nächsten; Glück und Friede lag über der Erde. So hätte es denn wohl auch bleiben können, hätte nicht *Kronos* von *Uranos* und *Gaia* erfahren, eins seiner Kinder werde ihn seiner Vormachtstellung berauben; um das zu verhindern, verschlang er jedes Neugeborene, kaum daß es *Rhea*s Schoß verlassen hatte[8]. – «Ödipuskomplex» mag man das nennen, doch ist es erkennbar die

---

6 HESIOD: Theogonie, V. 185–188, S. 37.

7 HESIOD: Theogonie, V. 455–459, S. 52, zur Geburt von *Hades* und *Zeus*; *Poseidon* gilt als der ältere Bruder des *Zeus*.

8 HESIOD: Theogonie, V. 463–464, S. 52. – CARL ROBERT: Zu Hesiods Theogonie, in: Hesiod, 168, stellt fest: «Zwei Weltherrscher sind vor uns vorübergezogen, jeder von ihnen erzeugt ein Geschlecht, aber der erste, *Uranos*, stößt seine Kinder in den Mutterleib, den Schoß der Erde, zurück, der zweite, *Kronos*, verbirgt sie in seinem eigenen Leib. Bei beiden die Furcht, daß eines ihrer Kinder den Vater entthronen könnte. Darum Vernichtung der eigenen Brut, ein Stillstand der Weltentwicklung, ein ewiges Beharren.» KURT VON FRITZ: Pandora, Prometheus und der Mythos der Weltalter, in: Hesiod, 388, unterscheidet zwischen *Uranos*, *Kronos* und *Zeus*, indem er *Uranos* zu einem «Teil der Natur» erklärt, «oder vielmehr: er zusammen mit *Ge* (sc. *Gaia*, d.V.) *ist* die Natur …, die unvernünftige, gewaltige Natur in ihrer ganzen bedrückenden Macht … Im Gegensatz dazu ist Zeus … ein geistiger, menschlicher Gesittung nahestehender Gott.» «Zeus ist … auch ein Gott der Weisheit. Er ist der Hüter menschlicher Institutionen … Insofern er über der Natur herrscht, verkörpert er eine Naturordnung, die den Menschen verständlich ist.» Doch das gilt allenfalls in den Augen des HESIOD, nicht aber in den Augen des *Prometheus* bei AISCHYLOS. *Kronos* verkörpert demgegenüber «nicht die ungezähmten Naturwelten …, sondern Intelligenz …, dem Zeus sehr ähnlich.» (S. 394) – ARTHUR SCHOPENHAUER: Parerga und Paralipomena, Bd. 2, § 197, S. 435–437, faßte die «Genealogie» als «Allegorie der obersten ontologischen und kosmologischen Principien» auf und meinte: «*Uranos* ist der Raum, die erste Bedingung alles Daseienden, als der erste Erzeuger, mit der Gäa, der Trägerin der Dinge. – *Kronos* ist die Zeit. Er entmannt das zeugende Princip: die Zeit vernichtet jede Zeugungskraft; oder genauer: die Fähigkeit der Erzeugung *neuer Formen* … – Zeus ist die Materie …: sie beharrt. Aus ihr aber gehen alle Dinge hervor: Zeus ist der Vater

Wiederaufführung der Urproblematik aller Entwicklung: Das Alte behauptet den Platz und nimmt alles Neue, das kommt, in sich auf, so als wollte es selbst sich davon ernähren; und erneut erscheint es wie ein Akt der Gewalt, wenn etwas auftritt, das die Stelle von etwas besetzt, das bereits da ist. Doch nur so ist Geschichte: als Aufbruch, als Durchbruch, als Umbruch, – als Heraufkunft des einen um den Preis der Verdrängung des anderen, vormals Gewesenen. Stets ist das Bessere der Feind des Guten, pflegt man zu sagen, doch ist das Neue immer schon besser? Was war, erscheint in gewissem Sinne als wahr, es hat in der Zeit sich bewährt, und wer wollte dem Urteil eines echten Connaisseurs widersprechen, der den alten, ausgereiften Wein dem Primeur neuester Lese vorzieht?

Aber gewiß, die Zeit kann nicht stillstehn. Ganz ähnlich, wie sich *Gaia* mit *Kronos* gegen *Uranos* verbündete, um endlich ihre Kinder freisetzen zu können, so sinnt jetzt *Rhea* darauf, wie sie ihre Kinder zu retten vermag vor *Kronos*, daß er sie nicht eins um das andere verschlinge. Schließlich folgt sie dem Rat ihrer Eltern: Als es soweit ist, daß sie *Zeus* zur Welt gebären wird, begibt sie sich nach Kreta, woselbst ihre Mutter *Gaia* das Neugeborene in Sicherheit bringt; *Kronos* aber überreicht sie einen in Windeln gewickelten Stein, den dieser verschlingt, als wär es sein Sohn. (Vgl. Tafel 1a, Relief einer Statuenbasis im Museo Capitolino, Rom.)[9] Doch

der Götter und Menschen.» «*Kronos* ... entmannt den Uranos ...: Die Alles beschleichende Zeit ... nahm endlich auch dem Himmel, der mit der Erde zeugte, d. i. der Natur, die Kraft, *neue Gestalten* ursprünglich hervorzubringen. Die aber bereits erzeugten bestehn fort, in der Zeit, als *Species*. Kronos jedoch verschlingt seine eigenen Kinder: – die Zeit, da sie nicht mehr Gattungen hervorbringt, sondern bloß *Individuen* zu Tage fördert, gebiert nur *sterbliche* Wesen ... Nachdem Himmel und Erde, d. i. die Natur, ihre Urzeugungskraft, welche *neue Gestalten* lieferte, verloren haben, verwandelt dieselbe sich in *Aphrodite*, welche nämlich aus dem Schaum der ins Meer gefallenen abgeschnittenen Genitalien des Uranos entsteht und eben die *geschlechtliche* Zeugung bloßer Individuen, zur Erhaltung der vorhandenen Species ist ... Als Begleiter und Helfer der Aphrodite kommen, zu diesem Zweck, Eros und Himeros (sc. Liebe und geschlechtliches Verlangen, d.V.) hervor (Theog. 173–201).» § 203, S. 439: «Es ist nicht ohne Grund und Sinn, daß der Mythos den Kronos Steine verschlingen läßt: denn das sonst ganz Unverdauliche, alle Betrübniß, Ärger, Verlust, Kränkung, verdaut allein die Zeit.»
9 HESIOD: Theogonie, V. 475–500, S. 53–54. – Als der Ort, an dem *Rhea* ihren Sohn *Zeus* vor ihrem Gemahl *Kronos* zu verbergen suchte, gilt eine «Kulthöhle auf dem Berg Ida», die «das bedeutendste und berühmteste Heiligtum der Insel Kreta im Altertum» war. «Der Bergkranz des Ida-Massivs, des heutigen Psiloritis, umschließt die Nidha-Hochebene, die bis in die Neuzeit den Namen Ida bewahrt hat. An einem Hang über der Ebene, in einer Höhe von 1538 m über dem Meeresspiegel, öffnet sich die Grotte mit einem weiten, etwa 25 m breiten Eingang.» «Obgleich der Kult bereits in der Zeit der Alten Paläste Kretas am Beginn des 2. Jahrtausends einsetzte, ist die eigentliche Blütezeit das frühe 1. Jahrtausend v. Chr., etwa zwischen 1000 und 700 v. Chr.» HARTMUT MATTHÄUS: An der Wiege des Zeus,

26

seine Tage sind gezählt. Kaum ist der jüngste Sohn *Rhea*s zum Vollbesitz seiner Kräfte herangereift, da weiß er die Gunst der Stunde für sich zu nutzen: Berauscht von vergorenem Honig liegt *Kronos* da – eine Szene wie in der Noah-Geschichte in Gen 9,21! –, als *Zeus* ihn fesselt[10] und zwingt, all seine verschlungenen Geschwister herauszugeben; im gleichen befreit er die Kyklopen sowie die drei Hundertarmigen (die *Hekatoncheiren*) aus der Gefangenschaft des *Uranos*; seinen Vater *Kronos* indessen versetzt er auf die Inseln der Seligen, wohin dieser das Goldene Zeitalter leider für immer mitnahm[11]. Anders als *Uranos*, wurde *Kronos* nicht schmerzhaft verwundet, er wurde nur mit seiner zeitlosen, vor- und ungeschichtlichen Art zu leben in eine weltjenseitige Sphäre entrückt; er verschied von der wirklichen Welt, wie sie seither ist; er selber verblieb dafür in einem Zustand ewiger Seligkeit.

Mit der Herrschaft des *Zeus* hingegen begann das Silberne Zeitalter[12], eine Phase des Kampfs um die Wahrung der neu erworbenen Macht. Denn keinesfalls fanden sich die Titanen damit ab, daß einer der Ihren durch bloße Arglist so schnöde seines Amtes sollte entsetzt worden sein. Sie handelten so, wie es in gewisser Weise ihrem Namen entsprach, in dem man das griechische Verbum *titaínein* – «sich aufrecken», doch auch bereits das

---

in: Zeit der Helden, 237. Vgl. auch ERICH LESSING: Die griechischen Sagen, 54. – In der hurritischen Mythe, im «Lied des Ullikummi», ist es ein drei Meilen langer und eine halbe Meile breiter Stein, der *Kumarbi*s Sohn, eben *Ullikummi*, zur Welt bringt, der seinerseits den Wettergott bekämpfen, doch dafür verkrüppelt werden wird. Vgl. JOHANNES LEHMANN: Die Hethiter, 300–303.

10 Vgl. KARL KERÉNYI: Die Mythologie der Griechen, I 26. – KURT VON FRITZ: Pandora, Prometheus und der Mythos der Weltalter, in: Hesiod, 390–392, der die Motivgleichheit zwischen Titanen- und Gigantenschlacht zu Recht betont, sieht in der Titanomachie den Sieg über vorgriechische Götter wie *Kronos* dargestellt; das ist gewiß ein historisches Moment, symbolisch aber repräsentieren die Titanen und Giganten «die rohen Naturgewalten».

11 KARL KERÉNYI: Die Mythologie der Griechen, I 25. – Die Befreiung der hundertarmigen Riesen «aus den Tiefen der Erde, in die sie ihr Vater *Uranos* hinabgestoßen hatte,» deutet HERMANN FRÄNKEL: Dichtung und Philosophie des frühen Griechentums, 109, dahin, daß «die Blitze und Donnerschläge durch Hunderte von Armen ersetzt» werden; das zeige, «daß es den Mythen nicht so sehr auf das spezifische Machtmittel des *Zeus* ankommt, wie vielmehr auf die brutale Gewalt und zwingende Macht an sich, durch die er sich die Oberherrschaft über die Welt errang und mit der er sie aufrecht erhält. *Zeus* und seine Genossen sind zwar klüger als die älteren Mächte (655 ff.), aber weniger wüst und stark als sie. Deshalb mußte *Zeus* einige von den älteren ... für sich gewinnen.»

12 HESIOD: Erga, V. 127–129, S. 312. Zur Lehre von den vier bzw. bei HESIOD fünf Weltzeitaltern vgl. RICHARD REITZENSTEIN: Altgriechische Mythologie, in: HESIOD, 525, der zu Recht auf die Parallelen «in indischen und persischen Schriften, ferner in der jüdischen und mandäischen Literatur» hinwies.

Substantiv *tísis* – «die Strafe» heraushört[13]. Eine Art Hochmut, der vor den Fall kommt, verkörpert sich scheinbar in ihrer Natur; jedoch stellt sich die Frage: Hatten sie nicht im Grunde das ältere, das stärkere Recht auf ihrer Seite, und mußten sie es nicht verteidigen gegen dessen revolutionäre Verdrängung durch einen Usurpator, der seinen anmaßenden Herrschaftsanspruch allein durch einen gelungenen Überraschungscoup zu beglaubigen vermochte? Für einen Emporkömmling wie *Zeus* spricht allein das Gesetz der Zeit: Sie läßt sich nicht zurückhalten, sie gleitet immer wieder, mal kaum bemerkbar, wie die Geburten der fünf buchstäblich vom Erdboden «verschluckten» Kinder der *Rhea*, mal abrupt, wie in dem Sturz des *Kronos* und seiner Versetzung in ein weltjenseitiges Elysium, hinüber zu neuen Formen ihrer Gestaltung.

Unangefochten, so viel ist klar, kann das «Neue» nicht sein, wenn es nur mit den Mitteln von List und Gewalt sich Bahn zu brechen vermag. Sogar die eigenen Geschwister machten Zeus seinen Machtanspruch streitig: Seine Schwestergemahlin *Hera*, sein Bruder *Poseidon* und sogar *Pallas Athene*, die er zeugte mit der vielwissenden *Metis*, einer Tochter des *Okeanos* und der *Tethys*, schlugen ihren Gatten und Bruder und Vater in Fesseln, und nur mit Hilfe eines der Hundertarmigen, des *Briareos* bzw., wie die Menschen ihn nennen, des *Aigaion*, des Herrschers über die Tiefen und Buchten des Ägäischen Meeres, sowie durch den Beistand der *Kyklopen*, die ihn mit seiner Lieblingswaffe: den fernhintreffenden Blitzen, ausstatteten, gelang ihm seine Befreiung[14]. In dieser Stunde einer äußersten Krisis

---

13 KARL KERÉNYI: Die Mythologie der Griechen, I 164. DERS.: Prometheus, in: Urbilder der griechischen Religion, 192, führt indessen – entgegen dieser falschen Etymologie – das Wort «Titan» auf die lautlich verwandten Wörter *titax* und *titéne* zurück – «König» und «Königin» – «von ‹früheren Göttern› und Himmelssöhnen nicht fernliegende Bedeutungen». EDUARD MEYER: Hesiods Erga, in: Hesiod, 494, sieht mit Berufung auf tradierte Riten, in den *Titanen* «in der Tiefe der Erde waltende Mächte ... Von hier aus spenden sie Fruchtbarkeit und allen Segen. Als solche Mächte kennt sie der attische Volksglaube, der im Fest der Kronien, im Hochsommer (12. Hekatombaeon), seinen Ausdruck findet, einem Freudenfest der gütigen Mächte, bei dem keine lebenden Wesen getötet ... werden.» Eben deshalb gehören die Titanen dem Goldenen Zeitalter zu. HANS DILLER: Hesiod und die Anfänge der griechischen Philosophie, 702, meint allerdings: «Die Vergeltung, die tísis, ... ist ihrem Wesen nach der Gefahr des Exzesses ausgesetzt: dann wird auch sie mit neuer Vergeltung bedroht. So geschieht es Kronos durch Zeus für den Exzeß seiner Rache an Uranos. Zeus aber überschreitet das Maß der Vergeltung nie, er ordnet vielmehr seinerseits alles mit Gerechtigkeit: zu ihm gehört das Maß.» Ist dies das Bild des HESIOD von Zeus, wie konträr sieht ihn dann der Titan *Prometheus* in der Dichtung des AISCHYLOS!
14 HESIOD: Theogonie, V. 617–725, S. 61–66: Die Titanenschlacht. – Die *Kyklopen* tragen Namen, die da lauten: *Arges* (Lichtstrahl-Werfer), *Brontes* (Donnerer) und *Steropes* (Blitzer). «Der einfache Sinn der Legende ist, daß sie zeigt, wie sich Zeus das stärkste Macht-

zahlte sich's aus, daß er jene Gefangenen des *Uranos* ins Freie geführt hatte. Und noch ein zweites Mal sollten sie ihm unschätzbare Dienste erweisen.

Als ihren Sitz hatten die neuen Götter sich den Olymp erwählt, doch gegen sie versammelten sich auf dem Berg Othrys im Norden des malischen Meerbusens die Titanen. Lange wogte der Kampf Gott gegen Gott und Göttin gegen Göttin unentschieden hin und her. In dieser Auseinandersetzung stand *Prometheus* ursprünglich auf seiten der Titanen, und er riet ihnen, vorausschauend, den Kampf nicht im Vertrauen auf bloße Kraft anzugehen, sondern es listenreich zu versuchen; doch als man nicht auf ihn hörte, stellte er sich an die Seite des *Zeus*. Er war also, wenn auch aus rein opportunistischen Gründen, durchaus kein prinzipieller Gegner des *Zeus*, wie es später erscheinen mag; zur Belohnung dafür wurde er hernach sogar auf den Olymp versetzt und erhielt dadurch die Gabe der Unsterblichkeit[15].

mittel aneignete, mit dem er die Weltherrschaft erkämpfte», meint treffend HERMANN FRÄNKEL: Dichtung und Philosophie des frühen Griechentums, 109. – Formal hat HANS SCHWABL: Beispiele zur poetischen Technik des Hesiod, in: Hesiod, 179–216, am Beispiel der Titanomachie (Theog. 617–724) zwei Dekadenreihen (644–653: A¹; 654–663: B¹; 664–673: C¹; 674–683: D¹; 684–694: A²; 695–704: B²; 705–714: C²; 715–724: D²) herausgearbeitet und die typologischen Analogien, Wiederholungen, Formeln und «Zitate» als wesentliche Stilmittel HESIODS aufgewiesen. Erst durch die Beobachtung der Formelwiederholung und damit der Motivwiederkehr ist die Gliederung und der «Klang» der Dichtung HESIODS einsichtig (S. 218–219).

15 MICHAEL GRANT – JOHN HAZEL: Lexikon der antiken Mythen und Gestalten, 353. – ULRICH VON WILAMOWITZ-MOELLENDORFF: Aischylos, 147, sah in der attischen Gestalt des *Prometheus* einen Töpferdämon, nicht einen Feuergott oder Feuerbringer, bei dem man «nicht an Aischylos und Goethe ..., Lucifer oder den gekreuzigten Christengott» denken dürfe; er sei «von der gewerbefleißigen ... Gesellschaft der Schmiede und Töpfer in der Vorstadt von Athen» verehrt worden, und sein Bild könnte das eines ithyphallischen Zwergen gewesen sein. Anders der «Riese» des HESIOD, der böotische Prometheus. Mit ihm verbindet sich (S. 139) «die trübe Anschauung von dem Leben und Glück der Menschen, die von den Göttern verdammt sind, im Schweiße ihres Angesichts ihr karges Brot zu essen ... Seine (ca. des HESIOD, d.V.) Landsleute und Standesgenossen, die Bauern in den Bergen von der Othrys herab bis zum Kithairon, erzählten sich also, daß die Götter es mit ihnen übel meinten; zur harten Arbeit um ein karges Brot hätten sie sie verdammt, nicht einmal das Feuer hätten sie ihnen gegönnt, und als es ihnen ein freundlicher Riese, ein Erdensohn wie sie, listig verschafft hätte, wäre er vom dem Himmelsherrn zu ewiger Strafe verurteilt. Ja, wenn der weiter für sie sorgen könnte – vielleicht kommt er doch noch einmal los. – Das Geschlecht, das so trüb ins Leben sah und zu den Himmelsgöttern so schlechtes Vertrauen hatte, waren die Einwanderer, nicht ihre Fürsten, die sich in den zerstörten Burgen der früheren vorböotischen hochzivilisierten Bevölkerung angesiedelt hatten ..., sondern die Hintersassen. Denen hatte die Eroberung neuer Gebiete wenig Gewinn gebracht ...; die feste Ansiedlung und der Friede verlangten mehr schwere Tagesarbeit als einst das streitbare Wanderleben. Auch die Erfahrung hatten sie gemacht, daß eine glänzen-

Doch der Kampf setzte erbittert sich fort, bis daß ein Ratschlag der Göttin *Gaia* die Wende brachte: Ihre eigene Fruchtbarkeit war es, die den Wandel herbeizwang gegen die Tendenz der Beharrung. Ihre Empfehlung lautete, sich erneut der *Hekatoncheiren* und der *Kyklopen* zu bedienen. Von den äußersten Enden der Erde holte man daher die drei Hundertarmigen: *Briareos*, *Kottos* und *Gyes* herbei, gab ihnen Ambrosia und Nektar zu Speise und Trank und bat sie alsdann, an der Seite der Olympier die Titanen zu bekämpfen. Das taten sie: Ihre dreimal hundert Hände füllten sich mit Steinen, die wie ein Hagelgewitter auf die Titanen niedergingen. Deren Niederlage kam einem Höllensturz gleich: So tief die Erde unter dem Himmel liegt – neun Tage und Nächte fällt ein Amboß herab, ehe er sie am 10. erreicht –, so tief, in der gleichen Falldistanz, unter der Erde dehnt sich der Tartaros, und dorthin, in undurchdringliches Dunkel, überspült von den Fluten des Meeres, hinter der Tür, die *Poseidon* verschloß, und bewacht von den Hundertarmigen, hinter einer ehernen Mauer in ewiger Gefangenschaft wurden verbannt, gebunden in Fesseln, die besiegten Titanen[16].

dere Welt vor ihren Augen versunken war. Aus der wirklichen Geschichte, dem Sturze jener Kultur, die wir nach Kreta und Mykene nennen, ist die Geschichtsphilosophie abstrahiert, die in dem Wechsel der Weltalter bei Hesiod zu uns spricht.» S. 141: «Im Gegensatz zu dem Mißtrauen gegen die vornehmen Götter, die aus der alten Prometheusgeschichte spricht, kam die fromme Gläubigkeit empor, die in Zeus den himmlischen Herrn der Gerechtigkeit und Gnade verehrte. Sie mußte sich mit den grausamen Geschichten abfinden, die doch in der Theogonie standen. So ist die ... Versetzung des Kronos auf die seligen Inseln entstanden ... Da ist auch Prometheus losgekommen.» KARL REINHARDT: Prometheus, in: Tradition und Geist, 208, faßt den Unterschied zwischen dem *Prometheus* des HESIOD und dem des AISCHYLOS in den Worten zusammen: «War bei Hesiod Prometheus der bestrafte Urvater der Menschen und standen sie sich gegenüber, er und sein Bruder (sc. *Atlas*, d.V.) auf der einen Seite und die Götter auf der anderen Seite, so ist er bei Aischylos Gott unter Göttern, der von seinesgleichen ausgestoßene, leidende gemarterte Gott.»
16 HESIOD: Theogonie, V. 720–745, S. 65–67. – THOMAS G. ROSENMEYER: Hesiod und die Geschichtsschreibung, in: Hesiod, 621, verweist auf die Dubletten und Widersprüche in Theogonie, V. 720–819, beim Aufenthaltsort der *Titanen*, dann aber auch darin, daß in V. 670 f. die Hundertarmigen, in V. 690 f. indessen der Donnerkeil der *Kyklopen* (V. 501) die Titanenschlacht entscheidet. Das Schema der verschiedenen Zeitalter stellt für ihn (S. 628–629) «einen Akt synkretistischer Verschmelzung» von Geschichtsschreibung und der Vorstellung von vier verschiedenen Arten von Geistern dar: der reichtumspendenden Geister, der Dämonen unter der Erde, der anonymen Toten des Hades und der glücklichen Heroen im Elysium. Als eigentliches Thema HESIODS betrachtet er (S. 642) «die gesellschaftliche und sittliche Verwirrung des gegenwärtigen Geschlechts». – Religionshistorisch vermutete ARTHUR SCHOPENHAUER: Parerga und Paralipomena, Bd. 2, § 203 a, S. 439, richtig: «Der Sturz der Titanen, welche Zeus hinabdonnert in die Unterwelt, scheint die selbe Geschichte zu sein mit dem Sturz der gegen den Jehova rebellischen Engel.» – KARL REINHARDT: Prometheus, in: Tradition und Geist, 205, vermerkt als Sinn der Entscheidungsschlacht der Olympier gegen die Titanen: «Uralte Weltangst wird für alle Ewigkeit gebannt. Die Titano-

In der Mythologie des Christentums leben sie fort, die Titanen, in Gestalt der Teufel, doch eigentlich dauert der Kampf zwischen Oben und Unten noch an. Er geht dabei nicht, wie im Christentum, um Gut und Böse, er verdichtet vielmehr, weit ursprünglicher, den uralten, ewigen Konflikt zwischen der Bewahrung des Alten und dem Durchbruch des Neuen; was sich dabei zeigt, dürfte Gültigkeit haben zu allen Zeiten: Will auch nur eine Weile lang etwas Neues sich in der Welt der Wirklichkeit etablieren, so wird ihm das einzig gelingen, indem es zumindest Teile des Alten in neuem Zusammenhang freisetzt, bewirtet und sich gewogen macht als Wächter und Helfer gegen die stete Gefahr einer Art von Konterrevolution – einer Restauration des im Grunde Vergangenen, einer Repristination des schon Überlebten, eines Rückfalls auf Positionen, die man für immer hinter sich glaubte.

Alle höhere Ordnung in diesem Sinn ist vorstellbar nur als Bändigung gigantischer Kräfte, und gerade so wird, im Nachtrag – oder als Vorbild! – zum Kampf der Titanen und Götter, überliefert auch die Schlacht der *Giganten*. Aus den blutigen Tropfen, die bei der Entmannung des *Uranos* auf die Erde fielen, waren sie entstanden, «strahlend in Wehr, / Lange Lanzen im festen Griff ihrer Hände»[17], – die letzte schmerzhafte Zeugung, die zwischen Himmel und Erde erfolgte, ein Gezücht von Gewalt, geboren zum Kampf. Erdentstandene, die sie waren, werden sie späterhin dargestellt als schlangenfüßig, in Tierfelle gehüllt, kriegerisch wild[18]. Auch sie lehnten sich auf gegen die Herrschaft der olympischen Götter, und wieder hielt *Gaia* es charakteristischerweise mit den Unteren gegen die Oberen; zudem war sie aufgebracht, daß man ihre Kinder, die Titanen, in den Tartaros gestürzt hatte. Es war eine Schlacht, die mythisch bereits Geschichtliches deutet, – *Attalos I.* (241–197) zum Beispiel stellte seinen Sieg über die Galateer auf dem *Zeus*-Altar von Pergamon als eine solche Gigantenschlacht dar, mit dem Ziel, jedwede Form von Aufruhr und Chaos niederzuringen und dem «Höheren» im Menschen zum Sieg zu verhelfen[19]. Um die Giganten unbe-

machie verhält sich zur Theogonie – beide zum Preis des Zeus – wie zur Geburt des Gottes seine Aristie (sc. Darstellung seiner Großtaten, d.V.).» Allerdings ist es gerade diese Darstellung bei HESIOD, gegen die der *Prometheus* des AISCHYLOS rebelliert: keinesfalls ist die Schutzlosigkeit und die Angst des Menschen im Raum der Natur verschwunden, im Gegenteil: sie sind verkörpert in *Zeus*!

17 HESIOD: Theogonie, V. 186–187, S. 37.
18 KARL KERÉNYI: Die Mythologie der Griechen, I 29.
19 HOLGER SCHWARZER: Der Herrscherkult der Attaliden, in: Pergamon, 110–117; LORENZ WINKLER-HORAČEK: Sieger und Besiegte – die großen Schlachtenanatheme der Attaliden, in: Pergamon, 139–143. HUBERTA HERES: Der Pergamonaltar, 31. – KURT VON FRITZ: Pandora, Prometheus und der Mythos von den Weltaltern, in: Hesiod, 395, schildert HESIODS religiöse Überzeugung mit den Worten: «Zeus wacht über die gesetzmäßige Ord-

siegbar und unsterblich auch gegen die Angriffe von Menschengeborenen zu machen, suchte *Gaia* nach einem Heilkraut, aber *Zeus* verbot der Göttin der Morgenröte *Eos* sowie dem Sonnengott *Helios* und der Mondgöttin *Selene* zu scheinen, und so kam er *Gaia* zuvor: Er schnitt selber das Heilkraut ab und ließ durch seine Tochter *Athene* den *Herakles* holen[20].

Es wurde eine seltsame, hochsymbolische Schlacht, die nicht die Götter allein zu gewinnen vermochten, sondern bei der sie bezeichnenderweise der Hilfe des *Dionysos* und des *Herakles* bedurften, eines Gottes, den *Zeus* mit *Semele* gezeugt, und eines Halbgottes, den ihm *Alkmene*, die Gattin des *Amphitryon*, geboren hatte. Psychologisch gesprochen, lassen sich die «naturhaften» Antriebe im Unbewußten nur dienstbar machen, wenn sie dem Ich, der menschlichen Vernunft unterstellt werden. Da war der Gigant *Alkyoneus*, – er konnte nicht bezwungen werden, solange er sich auf seinem eigenen Boden befand; erst als *Herakles* ihn mit einem Pfeil verwundete und ihn dann forttrug, außerhalb von Pallene, verstarb das Ungeheuer[21]. Auf dem großen Fries des Pergamonaltares an der Ost-Seite wird

nung der Natur. Er ist auch schon seit früher Zeit der Hüter der Heiligkeit des Eides, des Gastrechts und der Gastpflicht, der Schützer der Flüchtlinge und der Bittflehenden gewesen ... Mit anderen Worten, er verkörpert sowohl die Naturgesetze als auch die menschlichen, das heißt die für die Gesellschaft geltenden moralischen Gesetze.» Doch auf der Basis von wieviel Gewalt! Recht hat JACQUELINE DUCHEMIN: Le mythe de Prométhée à travers les âges, 43, wenn sie, nicht zuletzt wegen des Pessimismus der *Erga*, nicht zu glauben vermag, das Bild eines gerecht regierenden *Zeus* sei mit der Erfahrung des Dichters vereinbar, und resümiert: «Hesiod stellt eine Frage, doch beantwortet er sie in keiner Weise.» – WALTER BURKERT: Griechische Religion der archaischen und klassischen Epoche, 201, meint zur Gigantenschlacht: «Dieser Mythos ist keiner alten literarischen Quelle mit Sicherheit zuweisbar; er wird im 6. Jahrhundert zu einem Lieblingsthema der bildenden Kunst: eine Schlacht von Einzelkämpfern, in der die stets siegreichen Götter je ihre besonderen Waffen einsetzen ... Macht ist latente Gewalt, die sich zumindest in einem mythischen ‹Einst› manifestiert haben muß. Nur der Unterlegene garantiert die Überlegenheit. – So ist es auch in unserer Wirklichkeit Zeus, der den Sieg gibt. Jedes *trópaion*, jenes mit Beutestücken behängte Mal auf dem Schlachtfeld, kann ‹Bild des Zeus› heißen. Nach ihrem größten Sieg, dem von Plataiai im Jahr 479, gründeten die Griechen an Ort und Stelle ein Heiligtum für ‹Zeus den Befreier›.» Jeder Krieg erscheint so als Gigantenschlacht.

20 APOLLODOR, I 36, in: LUDWIG MADER: Griechische Sagen, 10.

21 KARL KERÉNYI: Die Mythologie der Griechen, I 30. Vgl. HUBERTA HERES: Der Pergamonaltar, 33. EDUARD VON TUNK: Der antike Orient. Die Welt der Griechen, 168, notiert: «Der Zeusaltar wurde nach 220 v. Chr. von Attalos I. (241–197 v. Chr.) zur Verherrlichung seines Sieges über die Galater errichtet. Der monumentale Altar, der in der Antike als eines der Sieben Weltwunder galt, bestand aus einem fast quadratischen Unterbau (36,44 m x 34,20 m), der eine Säulenhalle trug. Den Unterbau schmückte ein 120 m langer und 2,40 m hoher Fries mit der Darstellung des Kampfes der Götter und Giganten als Symbol des Sieges der Griechen über die Galater.» Die Göttergeschichte rechtfertigt und motiviert das menschliche Handeln; was einst die Götter getan, verrichten jetzt die Herrscher von Pergamon.

diese Tat allerdings der Göttin *Athene* zugeschrieben: Da sieht man, wie die Göttin ihren Gegner mit der rechten Hand an den Haaren gepackt hält und seinen Kopf nach hinten reißt, – umsonst, daß der Gigant mit schmerzverzerrtem Gesicht versucht, den Griff der Göttin mit der eigenen Rechten zu lockern, – die weit abgestreckte Linke mit der offenen Handfläche verrät seine völlige Wehrlosigkeit. Eine gewaltige Schlange hat sich, wie um *Athene* zu helfen, in die Brust des verzweifelt zu fliehen Suchenden verbissen; sein lang abgespreiztes linkes Bein wird sich gleich schon von der Erde lösen, und dann wird es um ihn geschehen sein. Aus der Erde taucht *Gaia* selber auf und wendet sich flehend mit leidvollem Antlitz der grausamen Göttin zu, ein Füllhorn voll Segnungen neben der Schulter, als wollte sie ihren Sohn *Alkyoneus* freikaufen. Doch der Kampf ist entschieden; schon naht *Nike*, die Göttin des Sieges, um *Athene* den Kranz des Triumphs aufzusetzen. (Tafel 1b)[22]

Dann war da *Porphyrion*: Er attackierte *Hera* und *Herakles* gleichzeitig, und *Zeus* gelang es nur, ihn zu besiegen, indem er ihn rasend machte vor Verlangen nach *Hera*; da stürzte der Unhold sich auf die Göttin und riß ihr die Kleider vom Leibe, doch selber gab er sich damit im Kampf eine Blöße, – des *Herakles* Pfeil und der Blitz des *Zeus* streckten ihn nieder. Dem Giganten *Pallas* zog *Athene* die Haut ab und fertigte sich daraus einen Brustpanzer, und den wüsten *Enkelados* schleuderte sie in den Untergrund von Sizilien, daß der Ätna sich über ihn wölbte.

Es sind ganz deutlich chthonische Kräfte in der Natur, die auf diese Weise gebannt wurden, aber auch in gewissem Sinne die Antriebe übermenschlicher Leidenschaften. Alle Ordnung im menschlichen Leben fußt, so besehen, auf dem Sieg der olympischen Götter über die Gewalten der Tiefe; aber es gehört zur Klugheit der Herrschenden, sich dabei der Hilfe heroischer Mittler zu bedienen. Aus einer Auseinandersetzung, psychologisch gesprochen, zwischen Überich und Es muß eine Integration des Unbewußten im Bewußtsein werden. Nicht gewaltsame Unterdrückung allein also verhilft den Göttern zum Sieg, sondern nur die Indienstnahme jener Sphäre zwischen den Göttern und den Giganten: des Gott-Menschlichen, Ichhaften, unterhalb ihrer selbst, doch oberhalb alles nur Naturhaften, Triebhaften. – Speziell der Sieg des *Zeus* über *Porphyrion* wird an der Ostseite des Pergamonfrieses dargestellt; da sieht man den Obersten der Götter muskelgewaltig, indem sein faltenreiches Gewand seinen kraftvollen Leib

<hr>

22 HUBERTA HERES: Der Pergamonaltar, 36–37. CATERINA MADERNA: Der Pergamonaltar und der Mythos der Gigantomachie, in: Die Rückkehr der Götter, 386–387.

dem Betrachter freigibt; gerade holt er mit der rechten Hand aus, um sein Blitzbündel gegen seine Gegner zu schleudern, den linken Arm hat er erhoben, über welchem die schützende Aegis liegt, das magische Ziegenfell, das ihm (und *Athene*) als Schild dient; und diese tut ihre Wirkung, wie ein vor ihm auf die Knie gesunkener menschengestaltiger Gigant zeigt: Offenbar hielt dieser eben noch einen Stein in der rechten Hand, jetzt aber greift er nach seiner wohl von einem Pfeil verwundeten Schulter und schaut wie gebannt zu der Aegis empor. Der eigentliche Angriff des *Zeus* aber gilt gar nicht ihm, sondern dem schlangenleibigen *Porphyrion*, dessen mächtige Rücken- und Gesäßmuskulatur eindrucksvoll hervortritt; seine gesträubten Haare, sein vorspringendes bärtiges Kinn, seine nach hinten fliehende Stirn und die leicht eingedrückte Nase verraten die Wildheit seines Wesens. Seinen linken Arm, umwickelt mit einem Raubtierfell, streckt er zur Abwehr *Zeus* entgegen, während seine rechte Hand wohl nach einem Stein greift. Einer der Schlangenköpfe, in die seine Füße übergehen, schnellt zum Angriff empor, doch stößt der Adler des Göttervaters schon auf ihn nieder. Bald wird auch *Porphyrion* enden wie der kleinwüchsige Gigant im Rücken des riesig groß wirkenden *Zeus*: Ein gewaltiger Blitz ist in seinen Schenkel gedrungen und hat sogar seinen Schild in Brand gesteckt; jetzt bleibt ihm nur, seinen Tod zu erwarten. (Tafel 2a)[23]

An der Nordseite des Peregamonfrieses ist als Mutter- und Tochterpaar die Göttin *Dione* dargestellt, die (nach einer anderen Erzählung) dem *Zeus* die Göttin der Liebe und Schönheit, *Aphrodite*, geboren hatte: Der Gegner *Diones* ist ein wunderschöner schlangenbeiniger geflügelter Gigant, der, noch aufgerichtet, «die matronale Göttin mit einem intensiven Blick fixiert – von links oben schwebt denn auch der kleine Eros heran, um seine Großmutter zu unterstützen»[24]. *Aphrodite* aber «beugt … sich zu einem bereits sterbend am Grund liegenden Giganten hinab. Der dünne *Chiton* (sc. das Untergewand, d.V.) der Göttin, um den ein Schwert gegürtet liegt, ist von der rechten Schulter geglitten und akzentuiert das wohlgerundete Gesäß sowie die Schenkel des weiblichen Körpers. Ungerührt sind die Züge ihres vom hochgesteckten Haar umrahmten Antlitzes – und doch tritt sie überaus grausam mit ihrem linken, von einer kunstvoll verzierten Sandale umhüllten Fuß mitten in das Gesicht des Giganten hinein, um eine Lanze aus dem Leib des Sterbenden zu ziehen. Gerade die Göttin der Liebe bietet

---

23 HUBERTA HERES: Der Pergamonaltar, 34. CATERINA MADERNA: Der Pergamonaltar und der Mythos der Gigantomachie, in: Die Rückkehr der Götter, 384–385.
24 CATERINA MADERNA: Der Pergamonaltar und der Mythos der Gigantomachie, in: Die Rückkehr der Götter, 397.

dem Betrachter das wohl drastischste Bild der göttlichen Überlegenheit; es ist ihr Gegner, der von allen die größte Demütigung erfährt. Er weist, zusammen mit seinem toten, kopfüber aus dem Reliefgrund heraus in den Staub gestürzten Bruder an seiner Seite, auf das unerbittliche, schmachvolle Ende des Gigantengeschlechtes hin.» (Tafel 2b)[25]

Drei Szenen der Gigantenschlacht, die im Nordfries des Schatzhauses der Siphnier (der Bewohner der Kykladen-Insel Siphnos) um 530 v. Chr. in Delphi dargestellt sind, mögen das Bild psychologisch vertiefen, – geht es doch immerhin, so viel ist klar, um nichts Geringeres als den Sieg der Ordnung über das Chaos, der Vernunft über die Triebhaftigkeit, der Sittlichkeit über die Sinnlichkeit. So sieht man auf einem Detail des Frieses am Siphnier-Schatzhaus, wie *Artemis* und *Apoll*, die Kinder, die *Zeus* mit der Titanin *Leto* gezeugt hat, als Bogenschützen drei heranschreitende Giganten gleichzeitig im Zaum halten, die eventuell den Körper ihres gefallenen Kameraden zu bergen versuchen (Tafel 3a)[26]; erschreckt sich umblickend, flieht vor den beiden Göttern der Gigant *Kantharos*, in dessen Helmbusch das so genannte Gefäß, eine doppelhenklige Trinkschale, «als Symbol für ihn erkennbar ist».[27] Die Distanzwaffen von Pfeil und Bogen auf seiten der Olympier sprechen für Fernblick, Konzentration und Zielgenauigkeit, – eine japanische Meditationstechnik hat das Bogenschießen sogar zu einer Technik der Einkehr in sich selbst ausgestaltet; andererseits macht die Gleichartigkeit der Gestalt der Götter wie der Giganten es schwierig, in der Schlacht einfach einen Sieg des Guten über das Böse zu erblicken, wie es alle Kriegspropaganda immer wieder versucht, bis hin zu der späteren Verformung der Giganten zu entarteten schlangenbeinigen Mischwesen auf dem Pergamonfries.

In gewissem Sinne stellt die ganze Auseinandersetzung einen innerlich zerreißenden Widerspruch dar, wie er gleich hinter den beiden Kindern der *Leto* dargestellt wird: Da sieht man *Kybele* auf einem Wagen mit Löwengespann, sekundiert von *Herakles*, der an seinem Löwenfell zu erkennen ist; während die Göttin an ihrem Gegner vorüberbraust, tritt der Gigant mit weitausholendem Lanzenstoß gegen den Heros an – eine Art Gleichartigkeit in der Auseinandersetzung auch hier. (Tafel 3b)[28]

Am eindrücklichsten aber kommt die Wildheit des Kampfs zur Erschei-

25 CATERINA MADERNA: Der Pergamonaltar und der Mythos der Gigantomachie, in: Die Rückkehr der Götter, 398.
26 PHOTIOS PETSAS: Delphi, 62. Vgl. Delphi, 81; 82.
27 PHOTIOS PETSAS: Delphi, 62. Vgl. Delphi, 81.
28 PHOTIOS PETSAS: Delphi, 60–61. Vgl. Delphi, 81.

nung, wenn man sieht, wie ein Löwe vor dem Gespann der *Kybele* einen
der Giganten anfällt und beide Vorderpranken an Schulter und Unterleib in
dessen nackten Körper schlägt; vollkommen nutzlos erscheint da der Helm-
schutz angesichts des grimmigen Raubtiers, das mit seinem riesigen Rachen
sich bereits in Rücken und Hüfte des vergeblich Fliehenden verbissen hat
(Tafel 3c)[29]. Aller kultureller Fortschritt stellt sich als ohnmächtig dar gegenüber der triebhaften Wut der Aggression. – SIGMUND FREUD meinte,
alle Moral bestehe in einer Umlenkung unbewußter Energie gegen sich
selbst; diese Szene der Gigantenschlacht am Siphnier Schatzhaus zu Delphi
scheint diese Sicht zu bestätigen. Aber läßt sich in solcher Unversöhnlichkeit je Frieden finden?

Man sehe nur, wie *Athene* mit Schild und Lanze einem vor ihr Zurück-
fallenden zusetzt, und vollends, wie mitleidlos *Hera* mit der Stoßlanze
in der Hand sich über einen schon am Boden Liegenden beugt (Tafel 4a;
Tafel 4b: Detail)[30]. Der Krieg kennt kein Erbarmen; wer aber sind dann die
Götter, wenn sie derart grausam sich geben? Die Frage ist vor allem deshalb
von großer Bedeutung, weil all die mythischen Kämpfe zwischen Göttern,

29 Delphi, 83. – HERMANN FRÄNKEL: Dichtung und Philosophie des früheren Griechentums, 109, verweist darauf, «daß die brutale Macht, mit der Gott regiert, nicht eigentlich
eine Eigenschaft Gottes sein kann, sondern eher ein Instrument, dessen er sich bedient. Die
Kräfte, die ihm zur Verfügung stehn, sind sozusagen seine gehorsamen Diener, und sie sind
göttlich nur darum, weil sie Gottes Willen der Welt aufzwingen.» Was aber sagt es über
einen Gott, der sich solcher «Diener» bedient? Hier hinterläßt HESIOD ein Problem, das
erst bei AISCHYLOS im «Prometheus» seine dramatische Gestalt gewinnt. EDUARD MEYER:
Hesiods Erga, in: Hesiod, 476, meint zwar, es sei «die religiöse Überzeugung des Dichters,
daß Zeus das Recht schirmt und den Frevel straft.» Doch muß auch er (S. 485) zugeben:
«Das religiöse Denken operiert eben nicht logisch, sondern psychologisch, und der geläu-
terte sittliche Gottesbegriff bleibt dennoch unerschüttert bestehen, mag von Gott auch noch
soviel Arges erzählt werden ... Wie aus dem brutalen Feuerdämon der israelitischen Mythen der Gott-Vater des Jesus von Nazareth und weiter der philosophische Gott des modernen Denkens geworden ist, so ist für Hesiod die ungebändigte Naturmacht des Himmelsgottes Zeus, der die Titanen in den Tartarus stürzt und dem Menschenfreund Prometheus
ein furchtbares Los bereitet hat, zum Träger der sittlichen Weltordnung geworden.»
S. 487–488: «In zwei parallelen Erzählungen hat Hesiod darzulegen versucht, wie der ge-
genwärtige Zustand des menschlichen Lebens entstanden ist. Die eine, eine Neubearbeitung
des Prometheusmythus, ... behandelt nur das Elend, das durch Prometheus' Verschuldung
über die Menschen gekommen ist ... In dem parallelen *Logos* von den fünf Weltaltern,
wird ... der Versuch gemacht, die Entwicklung des Menschengeschlechts und seiner Kultur
in einer großartigen historischen Konstruktion darzulegen.» Eben darin aber liegt die Spannung zwischen *Zeus* als «Naturmacht» und als Garant der Sittlichkeit, und der Protest des
Prometheus im Namen der Menschlichkeit gegen eine Naturgottheit, die sich – nach ihren
Regeln! – zum Gestalter der menschlichen Geschichte aufschwingt, ist, wie bei AISCHYLOS,
unvermeidbar.
30 Delphi, 80–81, 79.

Titanen und Giganten, wenn man sie nicht als innere Auseinandersetzungen interpretiert, sondern als Deutung äußerer Gegebenheiten versteht, leichthin zur ideologischen Rechtfertigung der Kriege irdischer Herrscher mit göttlichem Auftrag und Anspruch mißraten können. Die Gefahr besteht jederzeit, die menschliche Geschichte nach mythischen Typologien zu deuten. Die Gegner sind dann, wie die *Giganten* auf dem Pergamonfries, die Halbmenschen, die Halbtiere, die Unmenschen, die Gegenmenschen und müssen, nach olympischem Vorbild, restlos von der Erde getilgt werden. Wenn aber der ganze Kampf psychologisch im Herzen eines jeden Einzelnen stattfindet, der zwischen Trieb und Moral nach einem Weg zu Selbstbeherrschung und Selbstkontrolle suchen muß? Im letzten ist die Giganten-Schlacht ein ewiges Ringen in der Auseinandersetzung des Menschen mit sich selbst, und er muß diesen Kampf bestehen, soll nicht, im Versuch, das «Böse» gewaltsam niederzuringen, der vermeintliche Sieg über das Böse als dessen immer neuer Triumph enden. Immer grausamer werden dann die Kämpfe, immer unmenschlicher die eigenen Vorgehensweisen, immer teuflischer die Methoden, der «Teufel» des Tartaros Herr zu werden.

Wie eine Erinnerung daran mag – zum letzten – eine ältere Darstellung der Giganten-Schlacht auf einer rotfigurigen Trinkschale um 490 v. Chr. wirken, die dem Brygos-Maler zugeschrieben wird, zeigt doch auch sie die Giganten nicht anders gestaltet als die Götter, – beide tragen sie durch und durch menschliche Züge. Auf der einen Schalenseite verläßt *Zeus* selbst gerade den Olymp, der in einer einzelnen Säule als sein Palast dargestellt ist; in der rechten Hand hält er das Bündel mit den weithintreffenden Blitzen, mit der linken hält er Zügel und Szepter. Die Person hinter dem Viergespann ist *Herakles*; vor den vorwärts stürmenden Pferden, deren Lauf von dem Adler begleitet wird, sticht *Athene* soeben einen Giganten nieder, der bereits vor ihr am Boden liegt. (Tafel 5a)[31] Die gegenüberliegende Schalenseite zeigt einen schwerbewaffneten Giganten, der, ausgerüstet mit Schild, Schwert, Beinschienen, Helm und Lanze, den Gott der Schmiede, *Hephaistos*, angreift; dieser, ebenfalls mit Helm, Panzer und Beinschienen geschützt, sucht sich mit Zangen und glühenden Eisenstücken zu wehren. Auf der rechten Seite greift *Poseidon* mit einem riesigen Dreizack einen bereits am Boden liegenden Giganten an, zudem hält er einen gewaltigen Felsblock in der linken Hand: Es ist die Insel Nysos, die ihm als Wurfgeschoß dient, – ein Fuchs läuft gerade auf ihr umher. Hinter dieser Szene attackiert *Hermes*, identifizierbar an seinem Reisemantel und -hut, einen

---

31 URSULA KÄSTNER: Von Göttern und Menschen, 15.

weiteren Giganten, der, schon geschlagen, vor ihm auf dem Boden liegt. (Tafel 5b)[32] – Die Frage angesichts solcher Bilder, in denen symbolisch Vorgänge der Natur, Ereignisse in der Geschichte und Auseinandersetzungen in der Seele des Menschen ineinander fließen, stellt sich verstärkt, ob die kämpferische Wut der streitbaren Götter im Konterfei derartiger Schlachten je etwas anderes zuläßt als eine Herrschaftsform der Gewalt und eine Selbstdisziplin im Zustand innerer Zerrissenheit, ein Zwangsregiment des Überich über das Es anstelle des Bilds einer ichintegrierten Persönlichkeit. Der Sieg *Michael*s über den «Drachen» in der *Johannes*-Apokalypse (Apk 12) wirft das gleiche Problem auf[33]: Wie kann es gelingen, den Menschen mit sich selbst – mit den «Giganten» in ihm, zu versöhnen, statt immer neu dem alten Traum vom Siegfrieden anzuhangen?

2) Menschen oder: Zwischen Prometheus und Zeus

Den Giganten stehen mythisch die Menschen tatsächlich insofern nahe, als auch sie der Erde entstammen. Allerdings gibt es darüber verschiedene Überlieferungen – entsprechend der Vielschichtigkeit des menschlichen Wesens. Von den Eschennymphen (den *Melai*) leiteten im 3., im Ehernen Zeitalter sich die *Melioi* ab[34], die sich unter ihren Zweigen fanden wie abge-

---

32 URSULA KÄSTNER: Von Göttern und Menschen, 15. – Vor dem Hintergrund all dieser «HOMERisch«-plastisch anmutenden Bilder verweist BRUNO SNELL: Die Welt der Götter bei Hesiod, in: Hesiod, 714–715, darauf, daß «bei Hesiod ... diese Gottheiten nur selten in ihrem ursprünglichen Bereich» wirken. «Auch das eigentlich Mythische tritt bei Hesiod zurück ... Wenn Hesiod versucht, einen Überblick zu geben über alles Göttliche, das in der Welt existiert, so nimmt er die Götter gewissermaßen heraus aus den konkreten, einzelnen Situationen, in denen der Mensch sie als Götter erfährt.»

33 Vgl. WILHELM BOUSSET: Die Offenbarung des Johannes, 346–358: Exkurs zu Kap. 12: Hier «hat ein Christ ... einen heidnischen Mythus von der Geburt, der Verfolgung und dem Siege des jungen Sonnengottes auf seinen Herrn Jesus umgedeutet ... Ein uralter heidnischer Sang von dem Sieg des Lichtes über die Finsternis und des Todes über das Leben ist umgedichtet zu einem christlich messianischen Triumphlied ... Hineinverworben ist ein zweiter Mythus vom Sturm des Drachen auf den Himmel und seinem Sturz.» (S. 357) – HESIODS Aussage trifft CARL ROBERT: Zu Hesiods Theogonie, in: Hesiod, 161, wenn er die Worte der Theogonie, V. 963–964: «Lebewohl nun euch, die ihr des Olymp Häuser bewohnt, / Und ihr Inseln und Festen und du salzige Flut inmitten», so wiedergibt: «Heil euch, ihr Götter, die ihr jetzt regiert, und Heil dir, du Welt, wie du jetzt bist.» Doch wie soll etwas ewigen Bestand haben, das sich auf solche gewaltsamen Widersprüche gründet?

34 KARL KERÉNYI: Die Mythologie der Griechen, I 165. – EDUARD MEYER: Hesiods Erga, in: Hesiod, 498, stellt die fünf Weltzeitalter bei HESIOD so dar, «daß er nicht eine einheitliche, von oben nach unten steigende Entwicklung gibt, sondern zwei parallele Entwicklungsreihen, auf der einen Seite das goldene und das silberne Geschlecht, auf der anderen

worfene Früchte: ein kurzzeitiges Gewächs am Baum des Lebens mithin ist der Mensch, – eine ganz und gar vegetative Deutung des menschlichen Daseins! Ein hölzernes Geschlecht bildeten die *Melioi*, hartherzig und kriegerisch bis zur Selbstzerstörung[35]. Freilich, die Baumgeburt des Menschen,

---

das eherne und das eiserne, die beiden letzteren unterbrochen durch das dazwischengeschobene Heroengeschlecht.» Das goldene Zeitalter endete mit dem Sturz des *Kronos*, der «Untergang des silbernen Geschlechts fällt mit dem Sturz der Titanen zusammen». Näherhin (S. 501) hat HESIOD, «um sein Schema zu füllen, die Dämonen des goldenen Zeitalters, ursprünglich identisch mit Kronos und den Titanen, in zwei Gruppen geschieden: Reichtum spendende Erdmächte, die ihre Wirkung auf der Erdoberfläche entfalten, und unterirdische selige Geister ohne irgendwelche Wirkung.» «Was Hesiod von Leben und Sinnesart des silbernen Geschlechts erzählt, ist alles seine eigenste Schöpfung.» S. 504: Dieses erste Paar erreicht seine Kulturblüte «nicht durch eigene Kraft, sondern durch ein gütiges Geschick» und geht einem «selbst verschuldeten Untergang entgegen.» S. 509: «Die kulturgeschichtliche Entwicklung vom ehernen zum eisernen Geschlecht … liegt auf intellektuellem Gebiet. Dieser intellektuelle Fortschritt bändigt allerdings die ursprüngliche Wildheit; aber er dient lediglich dem skrupellosen Egoismus, der dadurch nicht eingeschränkt wird – wie es die Heroen versucht haben –, sondern vielmehr noch gewaltig gesteigert.» S. 510: Am Ende wird stehen ein Geschlecht, das «mit grauen Haaren zur Welt kommen» wird. Erga, V. 181. «Das», meint MEYER, «ist der Charakter unserer Zeit, die Altklugheit, die Frühreife, bei der die Gelbschnäbel unendlich weiter sind als ihre Väter, ganz im Gegensatz zum silbernen Zeitalter, das in blasierter Verdummung zugrunde ging.» Ebenso betont KURT VON FRITZ: Pandora, Prometheus und der Mythos von den Weltaltern, in: Hesiod, 398, die «ambivalente Haltung des Menschen gegenüber der Vergangenheit» auch in der Schilderung vom Ehernen Zeitalter und der Heroenzeit.

35 HESIOD: Erga, V. 143–155, S. 313: «Zeus der Vater erschuf hinfälliger Menschen ein drittes, / Andres Geschlecht, aus Erz, dem silbernen nirgendwo gleichend, / Eschenentstammt, so furchtbar wie stark; die trieben des Ares / Keuchend Geschäft und die Tat der Gewalt, und Kornfrucht vom Felde / Aßen sie nicht, stahlhart war ihr Herz im trotzigen Drängen, / Rüde Gesellen, gewaltig die Kraft, unheimliche Arme / Wuchsen hervor aus den Schultern am mächtigen Bau ihrer Leiber. / Ehern waren bei ihnen die Waffen, ehern die Häuser, / Ehern ihr Ackergerät: noch gabs kein schwärzliches Eisen. / Und dann gingen auch die, von den eigenen Armen bezwungen, / Fort in das dumpfige Haus, zum frostigen Hades hinunter, / Namenlos; und der Tod, so entsetzlich sie waren, der schwarze, / Raffte sie fort und sie ließen der Sonne strahlendes Scheinen.» – RICHARD REITZENSTEIN: Altgriechische Theologie, in: Hesiod, 529, kennzeichnet dementsprechend das dritte, das eherne Geschlecht «aus harten Eschenstämmen» als «kraftvoll und gewaltig». Des Krieges leidvolle Werke und Frevel war ihr Tun. Nicht Feldfrucht aßen sie, ihr Sinn war wie von Stahl, gewaltig die Kraft ihrer unnahbaren Hände, die aus den Schultern der gedrungenen Leiber hervorwuchsen …; der düstere Tod bezwang sie trotz ihrer Kraft; die schieden aus dem Sonnenlichte.» Als viertes Geschlecht schuf *Zeus* «der Heroen göttliches Geschlecht – Halbgötter nennt man sie, die vor uns auf der weiten Erde waren. Doch die hat Krieg und wilder Kampf dahingerafft.» – ALFRED HEUBECK: Mythologische Vorstellungen des Alten Orients im archaischen Griechentum, in: Hesiod, 548, verweist auf «gewisse Unausgeglichenheiten in dem Modus der Metallbezeichnungen»: das eherne (bronzene) und wohl auch das eiserne Zeitalter geht auf die Verwendung der Metalle zurück, während «bei den ersten beiden Geschlechtern von dieser Vorstellung nicht die Rede (ist); hier besitzen die

in den Mythen der Völker sonst weitverbreitet, tritt in der griechischen Mythologie erkennbar zurück hinter einem anderen Motiv: der «Autochthonie», der Geburt aus der Erde.

Ein solcher Erdentsprossener war in Böotien am Kopaissee *Alalkomeneus*, der als der erste der Menschen galt und sich durch besondere Schlauheit auszeichnete: Er wußte *Zeus* zu beraten, wie er seine Schwester-Gattin *Hera* wieder zu ehelicher Gemeinschaft verlocken könnte, und sogar als Erzieher *Athenes* kam er in Betracht[36]. Daß ein *ganzes Volk* der Erde entspringt, wird allerdings nur von den Bewohnern der Insel Aigina berichtet: *Aigina* hatte *Zeus* den Sohn *Aiakos* geboren; der aber – wie Adam im Paradiese, Gen 2,18 – fühlte sich einsam, und um sein Leid zu beenden, verwandelte *Zeus* die *myrmekes* – die Ameisen der Insel, in Männer und Frauen, aus denen das Volk der Myrmidonen entstand; mit ihrem Fleiß erbauten sie die ersten Schiffe, und sie waren es auch, die als Todesmutige *Achill* mitnahm in die Schlacht vor Troja. – Ameisen: ein emsiges Gekrabbel auf einer Erde, die immer zu groß ist, – auch das ein Bild menschlichen Ursprungs!

Ist es da ein Trost, wenn man dichterisch die Menschen auch *meropes* nannte? *Merops* war der Stiefvater des *Phaëthon*, wenn nicht nur ein anderer «Name für die Sonne selbst. *Merops* wurde ferner der Bienenspecht ... genannt, ein Vogel, der seine Eier in die Erde legt, gleichsam ein Gatte der Erde. So kommt in der Bezeichnung der Menschen als *meropes* die Geburt aus der Erde, zugleich aber auch die Abstammung von einem zeugenden Sonnengott zum Ausdruck.»[37] Ein Mischwesen also zwischen Erde und Himmel, zwischen Staub und Sternen, zwischen Dunkel und Licht wäre demnach der Mensch, – ganz ähnlich wie in der Paradieserzählung der Bibel, wo Gott den Menschen schafft aus dem Staub der Erde und begabt mit seinem eigenen Atem (Gen 2,7).

Geschichten von solchen «Erdgeborenen» gab es bezeichnenderweise an verschiedenen Orten in verschiedenen Fassungen, doch erhob besonders Athen Anspruch auf Autochthonie; so erklärt PLATON im Dialog «Menexenos» durch den Mund seines Lehrers, SOKRATES, «daß in jener Zeit, in

Metalle anscheinend in erster Linie reinen Symbolwert». Die Konzeption einer fortschreitenden Verschlechterung entspricht offenbar orientalischen Vorlagen. Vgl. auch Dan 2,31, den Traum *Nebukadnezzars* von den vier Weltreichen. – BRUNO SNELL: Die Welt der Götter bei Hesiod, in: Hesiod 722, betont die Differenz zwischen «Ordnung und Recht im Bereich der Götter» bei HESIOD und der Hinfälligkeit, Ungerechtigkeit und Schamlosigkeit der Menschen.

36 KARL KERÉNYI: Die Mythologie der Griechen, I 166–167.
37 KARL KERÉNYI: Die Mythologie der Griechen, I 167.

welcher jegliches Land hervorbrachte und erzeugte allerlei Lebendiges, fleischfressende Tiere und grasfressende, in dieser das unsrige wilde Tiere nicht erzeugte, und sich rein von ihnen erhielt, von allen Lebendigen aber sich auswählte und erzeugte den Menschen als dasjenige, welches an Verstand alle übrigen übertrifft und Recht und Götter allein annimmt».[38] Diese Darstellung verfolgt, wie man sieht, durchaus nationalstolze, patriotische Ziele und unterscheidet bewußt zwischen der Abkunft anderer Völker aus dem Schoße der Erde und der eigenen überlegenen Herkunft aus einer Stelle der Erde, die reine Menschen, fernab den Tieren, mit Rechtsbewußtsein und Pietät hat entstehen lassen. – Immer sind solche Ursprungsgeschichten auch interessengelenkte Darstellungen der Sicht auf das eigene Wesen.

Darüber hinaus überliefert PLATON im Dialog «Protagoras» aber auch eine recht eigentliche Schöpfungsgeschichte von der Entstehung des Menschen, und sie ist es, in die zentral *Prometheus* verwickelt ist. – Dieser Sohn, wie gesagt, des Titanen *Iapetos* und der schönfesseligen Okeanostochter *Klymene* (der Mutter auch des *Phaëthon*) beziehungsweise der Titanin *Themis*, weist eine große Ähnlichkeit zu *Hephaistos*, dem kunstfertigen Gott der Schmiede, dem größten unter den Kabiren (den «großen Göttern») auf Lemnos auf[39], – auch er ist ein Meister im Umgang mit Feuer

---

38 PLATON: Menexenos, 237 d, in: Werke, II 112.
39 PLATON: Protagoras, 320 c–322 a, in: Werke, I 61–63. – Vgl. HESIOD: Theogonie, V. 507–512, in: Sämtliche Gedichte, 54–55. KARL KERÉNYI: Prometheus, in: Urbilder der griechischen Religion, 211–214, verweist auf die Nähe des *Prometheus* zu dem Schmiedegott *Hephaistos* auf der Insel Lemnos und auf seine Nähe zu den dortigen Kabiren: «Ein Gott wie Hermes und Hephaistos, die beide auch Kabiren waren…, behauptet der Sohn des Iapetos jene Stelle auf dem menschlichen Gegenpol der Götterwelt, die in nicht-griechischen Mythen ein Urmensch innehat.» (214) – WALTER BURKERT: Griechische Religion der archaischen und klassischen Epoche, 256, betont bezüglich des Gottes der Schmiede: «Im Epos hebt sich Hephaistos von den anderen Olympischen Göttern ab durch seine innige Bindung an sein eigentliches Element, das Feuer; sein Name kann … für ‹Feuer› schlechthin stehen.» Vgl. HOMER: Ilias, II 426. Was die *Kabiren* auf Samothrake angeht, so meint BURKERT: A. a. O., 419–420: «Mit den Kabiren … tritt zum Mysteriengeheimnis das Rätsel des Nichtgriechischen, Vorgriechischen … Kabirenkult ist vor allem auf Lemnos … faßbar. Die Einwohner von Lemnos wurden von den Griechen ‹Tyrrhener› genannt und mit den Etruskern gleichgesetzt, aber auch mit den ‹Pelasgern›; sie erlagen erst im 6. Jahrhundert der athenischen Eroberung.» Doch der Kult blieb erhalten. – OLOF GIGON: Studien zu Platons Protagoras, in: Phyllobolia, 126, sieht in dem Abschnitt 321 d 3–322 a 2 wesentlich «den Gegensatz zwischen Handwerkskunst und politischer Kunst» ausgesprochen, doch werde der Gedanke nicht klar durchgeführt, woran sich zeige (S. 127), «daß der Mythos niemals ein Ganzes war, sondern ein Konglomerat aus den verschiedensten Elementen ist.» Vor allem (S. 125–126): «Der Mensch schafft sich durch den Logos, der mit dem handwerklichen Feuer des Prometheus gleichgesetzt wird, Waffen, Kleidung, Beschuhung, Behausung,

und werkekundig als Künstler; was ihn aber von dem mißgestalteten und ungeliebten, wenn auch als Handwerker hochgeschätzten Sohn des *Zeus* und der *Hera* grundlegend unterscheidet, ist seine Doppelnatur: Er, dessen Name *Prometheus* so viel besagt wie «Vorbedacht» oder «planendes Denken», hat einen Bruder *Epimetheus*, den «nachträglich Denkenden», den immer erst hinterdrein Klugen, und beide verhalten sich zu einander wie Licht und Schatten[40], wie Rechts und Links, wie Weitsicht und Kurzsicht, wie Verstand und Unverstand, – wie die zwei Seiten der Eigenart des menschlichen Geistes. Ein Bruder der beiden war *Atlas*, der mit seinen riesigen Kräften am Rande der Welt, an den Säulen der *Herakles*, das Himmelsgewölbe trug; er war der Vater der *Maia*, mit der *Zeus* den *Hermes* zeugte; aber auch die *Hesperiden* (die «Abendlichen») waren seine Töchter und ebenso die *Pleiaden*, denen der große Jäger *Orion* nachstellte. So wie *Prometheus* mit dem Gebiet des Kaukasos, dem äußersten Osten, verbunden ist, so sein Bruder *Atlas* mit dem äußersten Westen. (Vgl. unten Tafel 6c.)[41]

Ein anderer Bruder des *Prometheus* war *Menoitios*, den *Zeus* seiner Verwegenheit wegen mit einem Blitzstrahl in die Unterwelt schleuderte. Nahe liegt es deshalb, auch *Prometheus* in die Schar der geborenen Gegner der olympischen Götter einzureihen, und doch ist der Titanensohn alles andere als ein Aufrührer nach Art der Kinder der *Gaia*, denn so erzählt sich bei PLATON der Mythos des PROTAGORAS von der Erschaffung des Menschen: «Es war einst eine Zeit, wo es Götter zwar gab, sterbliche Geschlechter

Nahrung... Aber ... der Mythos ... will ... nur darauf hinaus, daß die politische Kunst allein die *sōtēría* (sc. das Wohlergehen, d.V.) des Menschen garantieren kann. Das hat aber mit der ... Antithese von Tier und Mensch gar nichts zu tun.»

40 KARL KERÉNYI: Die Mythologie der Griechen, I 164–165.

41 SOFIA SOULI: Griechische Mythologie, 17 – KARL REINHARDT: Prometheus, in: Tradition und Geist, 195 verweist darauf, daß in HESIODS «Theogonie» bereits genealogisch *Prometheus* «mit zwei anderen von Zeus Bestraften durch gleiche Abstammung verbunden» werde: «Mit Prometheus und dem Frevler Menoitios wird auch Atlas, der vor dem Garten der singenden Hesperiden den Himmel trägt, zum Sohne des Titanen Iapetos und der Okeanostochter Klymene. Atlas und die Hesperiden gehören in die Heraklessage. Über Menoitios erfahren wir nur, daß er für seine Missetat in den Erebos hinabgeblitzt wird. Es ist der dritte der Gruppe, Prometheus, auf den es abgesehen ist. Die beiden anderen gleichen einem Vorspiel.» «Das Ergebnis ... ist (sc. bei HESIOD, d.V.) nicht beglückend. Durch das von Zeus über ihn verhängte Betrogen- und Bestraftsein befindet sich Prometheus, der mythische Repräsentant des Menschen, und der hesiodische Mensch im gleichen Verhängnis.» Und 196: «Der Mensch lebt seit Prometheus unter dem ‹Zorne› des Zeus. Die spätere Erlösung des Gefesselten durch Herakles vermag an dem hindeutenden Charakter nichts zu ändern. Auf Prometheus blicke der Mensch, will er sich klar darüber werden, woran er ist.»

aber gab es noch nicht; nachdem aber auch für diese die vorherbestimmte Zeit ihrer Erzeugung gekommen war, bildeten die Götter sie innerhalb der Erde aus Erde und Feuer und auch das hinzumengend, was von Erde und Feuer gemengt ist. Und als sie sie nun ans Licht bringen sollten, übertrugen sie dem Prometheus und Epimetheus, sie auszustatten und die Kräfte unter sie, wie es jedem zukomme, zu verteilen.» Da bat sich *Epimetheus* die Verteilung der Gaben aus, und schenkte den Lebewesen, je nach Art, Schnelligkeit oder Kraft, Felle und Hufe, zahlreiche Jungen oder die Fähigkeit zur Jagd. Alle Tiere waren auf diese Weise vortrefflich ausgestattet, doch als die Menschen heraufkamen, hatte er unvermerkt schon alle Kräfte aufgewendet. Als *Prometheus* den Menschen so sah, «nackt, unbeschuht, unbedeckt», stahl er «die kunstreiche Weisheit des Hephaistos und der Athene, nebst dem Feuer ... Die zum Leben nötige Wissenschaft also erhielt der Mensch auf diese Weise ... Und von da an genießt nun der Mensch Behaglichkeit des Lebens; den Prometheus aber hat hernach, so wie es erzählt wird, die Strafe für diesen Diebstahl um des Epimetheus willen ergriffen.»[42]

Es könnte sein, daß der Sophist PROTAGORAS diese Geschichte auf seine Weise erzählt hat, – als eine Parabel bereits, um über die Begriffe Recht und Gerechtigkeit, Legalität und Legitimität, Gesetz und Ordnung, und vor allem: über das Problem des Verhältnisses von Macht und Menschlichkeit tiefer nachzudenken; denn in der Tat: Mit dieser Thematik vor allem gelangt der *Prometheus*-Mythos zu seinem eigentlichen Thema. Überliefert

42 PLATON: Protagoras, 320 c–332 a, in: Werke, I 61–63. – OLOF GIGON: Studien zu Platons Protagoras, in: Phyllobolia, 129, resümiert: «Mythos im eigentlichen Sinn ist nur das aus traditionellen Elementen ... komponierte Märchen... Eingearbeitet sind ... drei verschiedene Stücke, die aus Abhandlungen des Protagoras stammen können: 320 d 8–321 b 6, 322 a 3–6 und 322 a 8–b 8. Die zwei ersten sind Gegenüberstellungen von Mensch und Tier, das dritte ist eine Gliederung der politischen Kunst; ihr wird man zuzählen auch 322 c 3–d 4.» – KARL REINHARDT: Platons Mythen, in: Vermächtnis der Antike, 220, beschreibt die Krise der Sophistik am Ende des 5. Jhs. v. Chr. so: «Der griechische Mythos starb in Platons Jugend. Der Verstand, der über die Welt und Götter sich erhob, die Kunst, die über den Kult, der einzelne, der über den Staat und die Gesetze sich erhob, haben die mythische Welt zerstört.» Den Sinn des Mythos von der Erschaffung des Menschen im «Protagoras» sieht er in der Aussage: «Der Mensch ist schwach an sich; was ihn erhält, seine Kultur, ist zweierlei: erstens die Handwerke; sie dienen seiner physischen Existenz; zweitens Gerechtigkeit und Staat als Mittel seiner höheren, sozialen Erhaltung... Zur Zeit, als Platon diesen Mythos schrieb, hat er wohl nicht gedacht, daß er bald selbst sein Herz in einen ‹Mythos› legen würde.» – Zur Person und Lehre des PROTAGORAS vgl. THOMAS SCHIRREN – THOMAS ZINSMAIER (Hg. u. Übers.): Die Sophisten, 32–49; besonders seine These von der Unerkennbarkeit der Götter (S. 37) führte zur Verbrennung seiner Bücher.

nämlich wird, auch *Prometheus* habe – wie die Gottheit der Bibel, Gen 2,7 – Menschen gebildet aus Erde und Wasser. Auf römischen Sarkophagen ist dieser Vorgang dargestellt.

Auf einem Bas-Relief aus dem 3. Jh. n. Chr. in Puteoli (Nationalmuseum Neapel, Inv. Nr. 6705; S. 434)[43] sieht man *Prometheus* nachdenklich zu Häupten seines neuen Geschöpfes sitzen, das in der Tat gänzlich ihm gleicht, – ein lockiger Jüngling wie der Titan selber wird dieser erste Mensch sein, dessen Körper ohne Seele noch am Boden hingestreckt liegt; zögernd scheinbar, die Hand wie fragend an den Mund gelegt, und doch zugleich zustimmend, die Linke auf dem Haupt seines Geschöpfes ruhend, so sitzt *Prometheus* da. Um das erdgeformte Gebilde zu beleben, ziehen zwei nackte Eroten, einer geflügelt, einer ohne Flügel, *Psyche*, die Verkörperung der Seele heran, – eine anmutige Frauengestalt, die mühsam versucht, ihr tief bis zum Schoß herabgerutschtes Gewand festzuhalten. Offenbar empfindet *Psyche* (die Seele) ein gewisses Grauen bei der Vorstellung, schutz- und hüllenlos sich in diesen lehmigen Körper begeben zu sollen; und doch berührt bereits der geflügelte *Eros* mit einer Fackel in seiner Rechten das Geschöpf des *Prometheus* und stemmt seinen Fuß auf dessen Herz, – eine Beseelung durch Bewußtsein (Licht) und Liebe vollzieht sich da, für die *Prometheus* selbst nur das Material zu formen imstande ist. Doch zahlreiche Götter sind Zeugen und Helfer bei seinem Werk. Gleich hinter *Psyche* steht, mit einem Eichenkranz um das bärtige Haupt, *Iupiter* (*Zeus*) selbst, der aus einer Schale in der rechten Hand eine «Libatio» (ein Trankopfer) darbringt, während er in der Linken sein Szepter hält. Vor ihm steht, ebenfalls ein Szepter in der Linken, schöngewandet, seine Schwester und Gemahlin *Iuno* (*Hera*); zwischen beiden erkennt man das mit einer Mauerkrone geschmückte Haupt der *Oecumene*, der gesamten bewohnten Erde, die das Herrschaftsgebiet des olympischen Götterpaares bildet. Soeben übergibt *Iuno* (*Hera*) dem bartlosen, kopfflügeligen Gott *Merkur* (*Hermes*) einen großen Beutel, und dieser, in der Linken den «Caduceus» (von griech: *Karýkeion*), der als Attribut des Gottes das Zeichen für Handel und Frieden darstellt, streckt die rechte Hand aus, um die Gabe der Göttin in Empfang zu nehmen; aber auch der bärtige mit einem Ärmelchi-

---

43 Vgl. CARL ROBERT: Die antiken Sarkophagreliefs, 447–449; http// arachne.uni-koeln.de/ item/relief/300148603. Vgl. New Larousse Encyclopedia of Mythology, 92. – Eine humorvolle Variante der Schöpfung der Menschen durch *Prometheus* bietet ÄSOP: Prometheus und die Menschen, in: Antike Fabeln, 112, wonach *Zeus*, als er sah, daß *Prometheus* viel mehr Tiere als Menschen gebildet hatte, dem Titanen befahl, einige Tiere zu Menschen umzuformen; so gibt es heute viele, die aussehen wie Menschen, aber denken wie Tiere.

ton bekleidete *Pluto*, sowohl der Gott der Unterwelt als auch des Reichtums, streckt begierig seine rechte Hand dem Beutel der *Iuno* entgegen; den Weg dahin versperrt ihm freilich der mächtige in olympischer Nacktheit dastehende *Neptun* (*Poseidon*), der Gott des Meeres, gestützt auf seinen Dreizack, in der Linken einen Delphin. Ganz links unten, in der Ecke, hockt die chthonische (der Erde verhaftete) Göttin *Hekate*, die den Eingang zur Unterwelt markiert; mit ihrer rechen Hand hält sie eines der drei Häupter des «Höllenhundes» *Kerberos*, der an einer Kette angebunden ist; bekleidet ist sie mit einer «Exōmis», dem Arbeitskittel, der über der linken Schulter genestelt wurde und den rechten Arm sowie einen Teil der Brust freigab, an ihren Füßen trägt sie Stiefel; ihr kurzlockiges Haar wird von einem Band gehalten; unter ihr liegt ein Leichnam zwischen zwei Totenschädeln, wie um im voraus das Schicksal jenes Gebildes aus der Hand des Titanen anzuzeigen. Rechts vor ihr hockt ein Knabe, der beide Arme auf die angezogenen Beine gelegt hat, auf denen schlafend sein Kopf ruht, – er verkörpert *Sopor* (*Hypnos*), den Schlafgott, den Bruder des Todes (*Thanatos*). Unterhalb des Meeresgottes *Poseidon* liegt die weibliche Personifikation des Meeres, die Titanin *Tethys*, über ihrem Kopf Krebsscheren, in ihrer linken Hand ein Delphin, in der Rechten ein Ruder und darunter eine Ente: Was das Wasser durchschwimmt, was vom Wasser an Land kriecht, und was aus dem Meer sich erhebt in die Lüfte – all diese Wesen gehören, wie die Schiffahrt, zur Sphäre der *Tethys*. Gegenüber von ihr, in der rechten Ecke, liegt ausgestreckt *Tellus* (*Gaia*), die Erdgöttin als Verkörperung des Festlandes, über ihrem Haupt ein Eichenbaum, in ihrer linken Hand ein Füllhorn zum Zeichen für die Geschenke, die durch sie den Sterblichen zuteil werden; in ihrer rechten Hand hält sie Ähren und Mohn und zwischen den Beinen einen Amboß: Erze, Nahrung und Rausch – Arbeit, Kraft und Genuß, alles gibt *Gaia* den Menschen. Mit einem langstieligen Schlägel (Hammer und Axt in einem) tritt *Vulkan* (*Hephaistos*) herzu, um als Gott der Schmiede seines kunstfertigen Amtes zu walten. Über ihm stürzt *Ceraunos* (griech: *keraunós* – der Blitz, der Donnerkeil) mit einer Fackel in der Hand vom Himmel herab, – zusätzlich zu Wasser und Erde verkörpert er das Element des Feuers in der Esse des *Hephaistos*. Neben dem herabfahrenden Blitz blickt das unbärtige Gesicht des Himmelsgottes *Caelus* (*Uranos*) aus dem Bogen des Firmamentes hervor, unter ihm die Gestalt eines Knaben mit einer Trompete, der den Donner (lat.: *tonitrus*) verkörpert. Rechts oben in der Ecke lenkt der Sonnengott *Sol* (*Helios*), eine Strahlenkrone auf dem Haupt, sein feuriges Viergespann auf die Himmelsbahn und begrüßt mit erhobenem rechtem Arm den neuen Tag; ihm gegenüber, in der linken oberen Ecke fährt *Luna* (*Selene*) – in Umkehrung der natürlichen Ordnung – der Sonne entgegen; vor ihr her schreitet *Hesperus* (der Abendstern) mit einer Fackel in beiden Händen, den Kopf dem Nachtgestirn zugewandt. Zwischen *Merkur* (*Hermes*) und *Neptun* (*Poseidon*) erscheint in derselben Bildzeile ein Knabe, der als *Crepusculum* (oder *Vesper*) die Abenddämmerung personifiziert. Links und rechts, unterhalb von *Luna* (*Selene*) und *Sol* (*Helios*), treten die beiden *Horen* (die Stunden des Tages): *Dysis* (der Sonnenuntergang) und *Anatolē* (der Sonnenaufgang), einander gegenüber; zwischen ihnen, genau in der Bildmitte des oberen Randes, zwischen *Hermes* und *Hera*, bläst der Windgott ins Muschelhorn; und gleich unter ihm spinnt *Klotho*, eine der *Fatae* (griech.: der *Moiren*), der Schicksalsgöttinnen, den Lebensfaden des Menschen, der inmitten dieser göttergestalteten Welt bald schon die Augen aufschlagen wird. – Die Szene hat sich sogar in einer Lokaltradition verdichtet: In der Landschaft von Phokis fand der Griechenlandreisende PAUSANIAS noch um 200 n. Chr. große Gesteinsblöcke, die nach Menschenfleisch rochen, – Relikte des Lehms offenbar, aus dem *Prometheus* den Menschen geformt[44].

Gerade in dieser Tat hat man gern ein Symptom titanischer Hybris erblicken wollen, stets das GOETHEsche «hier sitze ich und schaffe Menschen» im Ohr; doch so empfand man nicht in der Antike; MARY SHELLEY's «Frankenstein»[45] ist kein «Prometheus», sondern eine bloße Horrorphantasie, und was GOETHE mit dem Bild des prometheischen Protestes als einer Existenzform des modernen Menschen meinte, erschöpft sich, wie gleich sich zeigen wird, mitnichten in dem hybriden Wahn der Machbarkeit des heraufziehenden Maschinenzeitalters des 19. Jhs.

So viel vorweg steht fest: *Prometheus* lag an den Gebilden seiner Hand, den Menschen. *Die* Menschen – das wohlgemerkt waren in Urzeittagen rein männliche Wesen – wie Adam, bevor Gott die Frau erschuf (Gen 2,18), wie *Aiakos* auf Aigina, bevor *Zeus* die Myrmidonen zum Leben erweckte; eine unvollkommene Art zu leben war es nun freilich, nur als Mann unter Männern leben zu sollen, und schon dadurch unterschieden die Menschen sich von den Titanen und Göttern, die *Gaia* als Söhne und Töchter zur Welt gebracht hatte: Sie entbehrten der Genügsamkeit an sich selbst. Dennoch lebten die Menschen ursprünglich gemeinsam an der Seite der Götter, als die Urenkel gewissermaßen derselben Mutter, gleich ob als *Melioi, Myr-*

---

44 PAUSANIAS: Reisen in Griechenland, X 4,4; in: Bd. III: Delphoi, 203. Vgl. KARL KERÉNYI: Die Mythologie der Griechen, I 169.
45 MARY SHELLEY: Frankenstein oder Der moderne Prometheus, (London 1818) München 1963.

mekes oder *Autochthones*. Es kam also darauf an, die Menschen zum einen von den Göttern zu trennen, ihnen zum anderen aber auch zu einer gewissen Vervollkommnung zu verhelfen, und das sollte geschehen durch die Schaffung der Frau. Beide Aufgaben gleichzeitig fielen *Prometheus* zu, und so versammelte er Götter und Menschen nach Mekone, zum Mohnfeld. Dort zerteilte er einen gewaltigen Stier, – wohl zum Zeichen der endgültigen Trennung des ursprünglich Vereinten, aber auch als Sinnbild der künftigen Pflicht aller Sterblichen, Opfer darzubringen den Unsterblichen. Jedenfalls ging *Prometheus* dabei so vor, wie Brandopfer den Göttern in Griechenland seit eh und je dargebracht wurden: Nur die weißen Knochen der Tiere verbrannte man auf den Altären. Dementsprechend nahm *Prometheus* die Teile des zerstückelten Tieres, um sie als Mahl den Versammelten vorzulegen; er füllte aber den Magen des Rindes mit den Fleischteilen für die Festgemeinde der Menschen, dem *Zeus* hingegen legte er nur die mit Fett umhüllten Knochen des Tieres vor. Erstaunt fragte *Zeus*, warum er die Stücke so ungleich aufgeteilt habe, der Titan aber gab lächelnd zur Antwort, er solle ruhig eine Wahl treffen nach seinem Verlangen. Da nahm der Oberste der Olympier das weiße Fett mit beiden Händen hoch, als habe er wirklich dieses für sich erwählt, doch voller Zorn war er, «der Versammler der Wolken», und sprach:

> »Sohn des Iapetos,
> Der du vor allen dich auskennst im Planen,
> So hast du, mein Bester, also auch jetzt nicht
> Listiger Künste vergessen.«
> So sprach voller Grimm Zeus,
> Er, der unvergängliche Ratschlüsse weiß.
>   Und seit dem Tag nun
> War er stets dieses Trugs gedenk
> Und gab den Eschen nicht
> Die Kraft des unermüdlichen Feuers,
> Zum Nutzen der sterblichen Menschen.

An dieser Darstellung, die sich in HESIODs «Theogonie» findet[46], ist alles sonderbar. Nicht nur, daß erneut das Motiv des fehlenden Feuers ins Spiel

---

46 HESIOD: Theogonie, V. 559–564, S. 57–58; vgl. KARL KERÉNYI: Die Mythologie der Griechen, I 170. – DERS.: Prometheus, in: Urbilder der griechischen Religion, 201–202, sieht in dem Opfer des *Prometheus* ein Ur-Opfer und meint: «Die Erfindung und erste Darbringung des charakteristischen Opfers einer Religion kann geradezu als Weltschöpfungsakt oder mindestens als die Gründungstat der gültigen Weltordnung betrachtet wer-

kommt, – hier will *Zeus* die Menschen strafen, indem er sie, quälend genug, der Kälte ausliefert und die «*Melioi*» physisch daran hindert, das Holz der «*Meliai*», der Eschen, denen sie selber entstammen, zum Feueranlegen zu nutzen, – er wird sie nicht mit dem Blitzstrahl entzünden. Doch diese Strafe wird den Menschen auferlegt, um eigentlich die List des *Prometheus* zu ahnden. Auf der einen Seite erscheint ein solches Vorgehen – erneut – ungerecht, auf der anderen Seite aber ist diese «Ungerechtigkeit» gewollt und gezielt: Sie soll *Prometheus* treffen, doch das kann sie nur,

den… Selbst das christliche Messe-Opfer kann nur als die Gründungstat der christlichen Weltordnung aufgefaßt werden.» Im Opfer des *Prometheus* werde der «Unterschied in der Teilung betont und mit einem Wettstreit erklärt. So kam die Welt nach der Trennung zustande, eine Welt des absoluten Unterschieds zwischen Göttern und Menschen. Die Gerechtigkeit dieses Unterschiedes besteht ihm (sc. HESIOD, d.V.) darin, daß die Menschen ebenso sind, wie sie sich als Opferer zeigen: betrogene Betrüger.» Doch das Umgekehrte zeigt sich psychologisch: Allem Opfer liegt eine Grundambivalenz in der Einstellung gegenüber dem Göttlichen zu Grunde. – Mekone (von *mēkōn* – Mohn), der «Mohn-Ort» also, «sollte … im Gebiet der peloponnesischen Stadt Sikyon, in der Nachbarschaft von Korinth liegen, mythologisch im Bereich der Mohngöttinnen Demeter und Persephone.» DERS: Antike Religion, 133, sieht in der Mekone-Geschichte den «Mythos vom ersten Opferer, der selber ein Gott war, aber das Opfertier als Vertreter der Menschen zu gemeinsamem Mahl mit den Göttern abschlachtete: den Mythos des Prometheus, der zugleich der Mythos der menschlichen Existenz, des Abstandes zwischen Göttern und Menschen ist. Nachdem Prometheus durch die für die Griechen immer gültig bleibende Opferzeremonie die Götter betrogen hatte, konnten sie nie wieder im Ernst bei ihr erscheinen, höchstens im Spiel und Schein.» S. BENARDETE: The Crimes and Arts of Prometheus, 135, sieht «den ersten Effekt, den Opfer hatten,» darin, «Zeus zu überreden, seinen Plan der Zerstörung der menschlichen Rasse aufzugeben», doch davon spricht HESIOD nicht; richtig hingegen ist die Feststellung (S. 135): «Die Tyrannei des Zeus muß gemäßigt werden, wenn das menschliche Leben erträglich werden soll; und Prometheus bietet einen Weg an, die anderen Götter so menschenfreundlich zu machen wie er selbst. Opfer (sc. wie das in Mekone, d.V.) sind ein Weg, die Götter zu zähmen (sc. wie bei AISCHYLOS: Der gefesselte Prometheus, V. 494, d.V.), denn sie geben den Göttern einen Grund, Interesse an Menschen zu nehmen (V. 526–535).» – KARL MEULI: Griechische Opferbräuche, in: Phyllobolia, 196–197, verweist auf die Ähnlichkeit des «olympischen» Opfers zu den Gemeinschaftsmählern bei den Totenfeiern, meint aber (S. 214): «Eine Speisegabe kann das olympische Opfer ursprünglich nicht gewesen sein.» S. 215: «Die Vorstellung, daß die Olympier am Mahle teilnehmen, ist aus den Bräuchen der Totenspeisung, aus den Gemeinschaftsmahlen mit den Toten und Heroen übertragen und hier niemals zu voller Deutlichkeit, zu wirklichem Ernst geworden.» S. 217: «Es bleibt dabei: der Anteil der olympischen Götter (sc. am Opfer, d.V.) besteht zur Hauptsache aus den beiden großen, nackten Schenkelknochen des Opfertieres.» So ergibt sich für ihn, S. 223–224: «Wir sind der Überzeugung, daß das olympische Opfer nichts anderes sei als ein rituelles Schlachten …; dieser Ritus selbst wiederum geht auf jägerischen Brauch zurück.» Und S. 282: «Die prometheische Aporie, warum das Opfertier gerade so zwischen Gott und Mensch zu teilen sei, ist aufgehoben; der Götterteil war keine Gabe, sondern das, was dem Tier zurückgegeben wurde, damit es lebe, und die Gottheit kam hier, gleich dem Dichter bei der Verteilung der Welt, zu spät.» – Problematisch bleibt das Be-

wenn man etwas voraussetzt, von dem mit Worten nicht die Rede geht und das doch all die Zeit in Rede steht: Die «Weitsicht» des *Prometheus* ist seine stete Sorge um die Menschen!

Nur so begreift man seine «List» bei der Darbringung des Opfers in Mekone: Die Götter droben auf dem Gipfel des Olymp verfügen über alles, was sie wollen; wenn ihnen etwas fehlt, – sie können sich's mit Leichtigkeit beschaffen. Anders die Menschen, diese abgefallenen Früchte vom Weltenbaum; sie existieren in erbärmlicher Bedürftigkeit. Was heißt in dieser Lage, gerecht aufzuteilen? Ist es gerecht, jedem das gleiche zu geben, wenn der eine dadurch nur an Überfluß noch zunimmt und der andere keinen wirklichen Vorteil davon empfängt? Oder sollte «Gerechtigkeit» dieses bedeuten: einem jeden zu geben je nach Bedarf, dem Reichen wenig, dem Armen viel?

trugsmotiv dennoch, weil es sich mit der auch geistigen Überlegenheit des *Zeus* über alle Titanen in der Konzeption HESIODS so wenig verträgt. – CARL ROBERT: Zu Hesiods Theogonie, in: Hesiod, 169, stellt fest, daß nach dem ursprünglichen Sinn des Mythos «gerade Zeus der Betrogene ist.» Dennoch wählte HESIOD gerade diesen Stoff aus, «um die Unfehlbarkeit des Zeus zu beweisen ... Hesiod verfährt dabei mit einer unglaublich naiven und zugleich souveränen Verachtung der Wahrscheinlichkeit. Ja, Zeus wurde betrogen, aber er hat sich mit Absicht betrügen lassen.» Im übrigen meint CARL ROBERT: Zu Hesiods Theogonie, in: Hesiod, 170, zu Recht, daß der Feuerraub mit dem Schiedsgericht in Mekone «sicherlich nichts zu tun» habe; auch die Geschichte der *Pandora* sei unter Umbildung eines alten Naturmythos hinzugezogen worden. «Das Resultat dieser tendenziösen Mythenklitterung ist eine Geschichte, in der die religiöse Empfindung für den Mangel an logischem Zusammenhang entschädigen muß.» – Was die Verweigerung des Feuers im Holz von Eschen angeht, so wird EDUARD MEYER: Hesiods Erga, in: Hesiod, 505, Anm. 46, recht haben: «Zeus gab den Eschen das Feuer nicht, er ließ den Blitz nicht in sie einschlagen.» Nicht Feuererzeugung, nur Feuergebrauch ist gemeint. – FRITZ WEHRLI: Hesiods Prometheus, in: Hesiod, 412, verweist darauf, «daß Hesiod für die erste Phase seiner Auseinandersetzung zwischen Zeus und Prometheus (Theog. 535–561) eine naiv-lustige Geschichte vor sich hatte, nach welcher Zeus bei der Teilung des Opfers wirklich übertölpelt wurde.» Dieses Bild aber mußte HESIOD (V. 545; 550; 613) zugunsten der «Allwissenheit» des *Zeus* korrigieren. Aus der gleichen burlesken Vorlage «stammt Hesiods Feuerraub ... Die Worte V. 567f., Zeus' *thymós* (sc. Gemüt, d.V.) habe einen Biß erhalten und sein Herz sei ergrimmt, als er das weithin lodernde Feuer bei den Menschen erblickte, sind ... das Eingeständnis einer Niederlage.» (S. 413) Zu Recht erkennt er in den beiden Strafmaßnahmen des *Zeus* (S. 414) «die größte Schwierigkeit» der Darstellung *Hesiods*. Das Vorenthalten des Feuers wie das Erschaffen der Frau betrifft kollektiv die ganze Menschheit, nur die Fesselung des *Prometheus* ist individuell genug, um als «Strafe» überhaupt in Frage zu kommen; gleichwohl verkündet HESIOD (Theog., V. 613–616, wie V. 521 f.) die Allmacht und Allwissenheit des Göttervaters. – Die «Theologie» HESIODS erkauft sich demnach wesentlich nur durch die Korrektur älteren Quellenmaterials. Insofern stimmt es nur begrenzt, wenn LAURENCE C. WELCH: The Prometheus Myth, 37, meint, der *Zeus* des HESIOD «mißgönne den Sterblichen nicht irgend etwas Gutes, vielmehr müssen sie lernen, daß üppige Müßiggängerei kein Weg zum Glück ist». Um Strafe, ja, um Rache, nicht um Didaktik in Lebensweisheit geht es.

Nach letzterer Maßgabe handelt *Prometheus*. Nur, warum sagt er nicht, weshalb er so tut? Warum nimmt er Zuflucht zu List und Betrug? Sein «Betrug», recht besehen, besteht allein in der Erzeugung eines trügerischen Anscheins: Wenn *Zeus* das in schimmerndes Fett Gehüllte erblickt, so soll ihm das wertvoller scheinen als das in unscheinbares Gedärm Verpackte, und wie er den Olympier kennt, wird dieser schon seinen Vorteil suchen – und damit auf sich selber hereinfallen. Betrogen würde er im Grunde nur von den eigenen Trieben, die ihn veranlassen, das scheinbar Bessere nach bloßem Augenschein zu wählen und erst zu spät auf seinen Inhalt zu achten. Doch hierin irrt der Listig-Kluge, – derart töricht ist *Zeus* nicht. Der nämlich weiß sogleich, was da gespielt wird, und läßt sich darauf nur ein, um einen Grund zu finden, dem Titanen gram zu sein.

Gerade diese Unversöhnlichkeit indessen erklärt denn wohl auch die Art und Weise, wie *Prometheus* vorgeht: Er kann nicht glauben, ein Gott wie *Zeus* werde seine milder gestimmte Gesinnung verstehen; dieser neue Herrscher auf dem Olymp beansprucht das Recht, das ihm zusteht. Aber handelt er recht, muß ein jeder sich fragen, wenn er für das Verhalten des *Prometheus* die Menschen bestraft, indem er ihnen das Feuer verweigert und sie damit in Kälte und Dunkelheit bannt, preisgegeben gänzlich dem Gang und Stand der Sonne? Er trifft mit seiner Strafe ersichtlich Unschuldige, nur um mit ihrem Leid *Prometheus* leiden zu machen. Damit jedoch offenbart er ungewollt den zweifellos wichtigsten Zug im Wesen des Titanen *Prometheus*: sein Mitleid mit den leidenden Menschen, seine Menschlichkeit, seine Fürsorge. Sie zu begreifen aber bedeutet, Partei zu ergreifen – für *Prometheus* gegen *Zeus*.

Der Konflikt zwingt zur Entscheidung, und er eskaliert. Der Oberste der Götter fühlt sich gekränkt, verletzt, beleidigt, und so sinnt er darauf, den Abstand zwischen Göttern und Menschen, der durch das Entgegenkommen des *Prometheus* nivelliert zu werden droht, auf krasseste Weise wiederherzustellen. Das allein erklärt seinen Willen, den Menschen die Gabe des Feuers vorzuenthalten, – sollen sie doch ihre Erbärmlichkeit in der Kälte der dunklen Nächte des Winters nur um so schmerzlicher zu spüren bekommen! Bestraft werden dadurch die schuldlosen Menschen, getroffen werden aber soll damit der Titan, – seiner Schuld einer trügerischen Hinterlist wegen.

Doch eben deshalb jetzt weiter gefragt: Was ist das für eine Schuld, die ihren Grund in einem Mitleid und in einer Fürsorge findet, die sich gegenüber einer Gottheit wie *Zeus* scheinbar prinzipiell nicht begreifbar machen lassen? Kann nicht mitunter eine barmherzige Lüge wahrer sein als eine wahrhaftige Unbarmherzigkeit? Sie kann es nicht nur, sie ist es, im Falle die Camouflage der Arglist eine Menschlichkeit schützt, die der Überlistete selber erübrigen würde, lebte er so, wie er sollte. So viel steht fest: Der Sohn des *Iapetos* und der *Klymene* (bzw. der *Themis*, der Titanin des Rechts) steht den Menschen unendlich näher, als der auf seinen unendlichen Abstand von allen Sterblichen so überaus sorgen- und gramvoll bedachte Sohn der *Rhea*, der seinen eigenen Vater *Kronos* ins Jenseits verbannen mußte, um auf den Thron des Olymps zu gelangen. Auch die Kämpfe mit den Titanen und mit den Giganten, die er zu führen hatte, um seine mühsam errungene Machtfülle zu verteidigen, deuten auf eine Härte, die sich nur aus einem Gefühl der Bedrohtheit beziehungsweise aus einem Mangel an unangefochtenem Selbstbewußtsein ergibt. *Prometheus* hingegen denkt nicht in den Kategorien von Machtgewinn und Machterhalt; er will nicht König der Götter sein, er will ganz einfach hilfreich sein den hilflosen Menschen. Und gerade dieser Charakterzug läßt ihn erscheinen wie eine Verkörperung der praktischen Vernunft im Menschen selber. Jedenfalls reagiert er auf die Strafmaßnahme des *Zeus* auf denkbar wirkungsvolle Weise: Er denkt nicht daran, zaghaft klein beizugeben, im Gegenteil, er weitet den soeben begonnenen Betrug nunmehr aus zu einem vorsätzlich begangenen Raub.

3) Der Feuerraub oder: Die List und die Last der Vernunft

Es ist die berühmteste Tat des *Prometheus*: Er entwendet «des unermüdlichen Feuers / Weitblickenden Schein / Drinnen im Mark eines Narthexrohres»,[47] «vor Zeus, dem Blitz-Herrn, verborgen.»[48] Am Blitzfeuer des *Zeus* selber hat der Titan offenbar den Zunder zur Glut entfacht und bringt das Feuer in einem Narthexrohr zu den Menschen. «Der knotige Hauptstengel des verdorrten Narthex, der bis zu 5 Meter hoch wird, diente zum Feuertransport, weil das trockene Mark, einmal entzündet, langsam fortglimmt, ohne den Stengel zu verbrennen.»[49] Diesmal gelingt es vollständig, *Zeus* zu hintergehen: Zu spät erst bemerkt dieser «des Feuers

47 HESIOD: Theogonie, V. 566–567, S. 58; Erga, V. 50–53, S. 309.
48 HESIOD: Erga, V. 53, S. 309.
49 WALTER MARG: Hesiod, 234. – KARL KERÉNYI: Prometheus, in: Urbilder der griechischen Religion, 226, meint: «‹Pyrphoros›, der ‹Feuerbringer›, bezeichnet den Feuerentwender sachlich, ohne ihn zum Sünder zu stempeln. Prometheus hatte – besonders wenn er seine Werkstatt in Attika aufschlug – das entwendete Feuer auf einem langen Weg dorthin zu bringen. Nur dies wird da betont.» CICERO: Gespräche in Tusculum, II 23, S. 69, zitiert

weitblickenden Schein» «bei den Menschen»[50]; die Tat ist geschehen, und sie läßt sich nicht revidieren.

Was da mit wenigen Worten erzählt wird, fügt sich ein in die vielleicht älteste Mythentradition der Menschheit überhaupt: – in die Geschichten vom Feuerraub[51]. Es ist nicht zu viel behauptet, in diesen Erzählungen ein fernes Echo auf die Anfänge der menschlichen Kultur insgesamt zu vernehmen. *Prometheus*, der Titan, erscheint durch diese seine Tat als ein echter Kulturheros[52], und man begreift, warum die Fähigkeit zu vorausschauen-

indessen den «Pyrphoros» des AISCHYLOS als einen «Diebstahl auf Lemnos.» KARL KE-RÉNYI: A. a. O., verweist gleichwohl nicht nur auf die – erneute – Nähe des *Prometheus* zu *Hephaistos* auf der Insel Lemnos, sondern bringt ihn in Verbindung auch mit dem dortigen Vulkan Mosychlos, von dem man das Feuer gewonnen werden konnte.

50 HESIOD: Theogonie, V. 569, S. 58. – KURT VON FRITZ: Pandora, Prometheus und der Mythos von den Weltaltern, in: Hesiod, 399, meint richtig: «Die Verknüpfung der Geschichte von dem Opfer zu Mekone mit der Geschichte vom Diebstahl des Feuers ist ... deutlich sekundär ... Der erste Teil der Geschichte ... in der *Theogonie* ... war ... ursprünglich ... eine Geschichte für sich, die ausschließlich die Absicht hatte, ... zu erklären, daß bei der häufigsten Form griechischer Tieropfer die Götter nicht den besseren Teil des Opfertiers bekamen.» Doch das moralische Problem im Gebaren des *Zeus* bei HESIOD läßt sich nicht traditionsgeschichtlich lösen.

51 Vgl. ALFRED BERTHOLET: Wörterbuch der Religionen, 177–178: Feuer: «es ist das Göttliche, das nur ein Raub den Menschen zu vermitteln vermag.» – Richtig zählt S. BENAR-DETE: The Crimes and Arts of Prometheus, 129, als die drei «Verbrechen» des *Prometheus*, «die Rettung der Menschen vor der Vernichtung, die Pflege ihrer Verzweiflung und das Geschenk des Feuers» auf und sieht diese drei Taten in Einheit mit seinen kulturellen Errungenschaften. Nach APOLLODOR I 7,2, in: Griechische Sagen, 13, rettete *Prometheus* auch *Deukalion* und *Pyrrha* vor der Sintflut, mit welcher *Zeus* das eherne Geschlecht vertilgen wollte: *Prometheus* lehrte die beiden, ein Schiff zu bauen, und rettete damit seinen eigenen Sohn und die Tochter des *Epimetheus*. Ein Kind, das *Deukalion* hernach von *Pyrrha* bekam, war *Hellen*; der wurde zum Stammvater der Griechen, denn er zeugte mit der Nymphe *Orseis* diese drei: *Doros*, von dem die Dorer abstammen, *Xuthos*, von dem die Ionier und Achäer abstammen, und *Aiolos*, von dem die Äolier in Thessalien abstammen. – In den Augen des *Prometheus* lebten die Menschen eigentlich «klarsichtig angesichts des Todes, und seine eigene Tätigkeit war wie ein Blindmachen»; andererseits sind die Menschen ursprünglich «blind» im Sinne von «kindischblöd», und erst die kulturellen Errungenschaften, die der Titan ihnen schenkt, machen sie sehend (S. BENARDETE, S. 131). Der Grund (S. 133): «Der Menschen erste Krankheit war das Bewußtsein des Todes, für welches Prometheus ein Heilmittel in blinden Hoffnungen fand.»

52 WALTER HIRSCHBERG: Wörterbuch der Völkerkunde, 124–125: Feuer, heiliges. – CLAUDE LÉVI-STRAUSS: Eingelöste Versprechen, 92–96: Der nackte Mensch, 92–93, verweist darauf, daß der Aufstieg in den Himmel – z. B. in dem Mythos der zentralbrasilianischen Bororo-Indios – zu Erzählungen überleitet, «die einem ursprünglichen Krieg zwischen den Erdbewohnern und den Himmlischen um die Eroberung des Feuers gewidmet sind. Von einem Mythos über den zeitweiligen Verlust des Kochfeuers in einem Dorf, und zwar infolge eines Sintflutregens, der die Herdfeuer erstickt, gelangen wir somit zu einem Mythos über den Ursprung der Kultur, vielleicht sogar zu dem ... Ursprungsmythos alles zivilisierten Le-

dem Denken als eine titanenhafte Energie dargestellt wird: Kein Säugetier, das nicht instinktiv die Nähe von Feuer als lebensgefährlich begreift und sich davor so schnell als möglich in Sicherheit zu bringen sucht! Ein Wesen, das neugierig genug ist, seine kreatürliche Angst zu überwinden und anläßlich eines Blitzeinschlags, eines Vulkanausbruchs oder eines Steppenbrandes auf ein offenes Feuer zugeht, das die brennbaren Teile den Flammen entnimmt, um damit Wärme und Helligkeit buchstäblich handhaben zu

bens.» – KARL KERÉNYI: Die Mythologie der Griechen, II 19, meint dagegen: «Der von den Ethnologen eingeführte Begriff des ‹Kulturheros› gehört in andersgeartete Mythologien als die griechische, ja, es wäre gewaltsam, ihn da hereinzuzerren. Ein ‹Kulturheros› wäre ein auf eine Funktion reduzierter Heros, und gerade die Menschlichkeit der Heroen der Griechen würde solche Reduktion nicht dulden.» In der Tat: *Prometheus* ist ein Titan, kein «Heros», kein «Gottmensch», wie *Dionysos*. – *Pausanias*: Reisen in Griechenland, II 19,5, Bd. I 215, berichtet, daß in Argos ein brennendes Feuer unterhalten wurde, «das sie das Feuer des Phoroneus nennen; denn sie geben nicht zu, daß Prometheus den Menschen das Feuer gegeben habe, sondern möchten die Erfindung des Feuers dem Phoroneus zuschreiben.» *Phoroneus* war der Sohn des Flußgottes *Inachos* und der Okeanide *Melia* (also ein Bruder der *Io*) und galt als Gründer von Argos. Andererseits verweist ALBIN LESKY: Die tragische Dichtung der Hellenen, 134, darauf, daß ein attischer Kult «einen Feuerdämon Prometheus» kannte, der «in der Nähe des Kolonos (sc. bei Athen, d.V.) ein Heiligtum besaß.» RAYMOND TROUSSON: Le Thème de Prométhée dans la Litérature Européenne, 14, betont allerdings, daß der *Prometheus* des HESIOD «kaum als Wohltäter erscheint: wenn er der Menschheit das Feuer gebracht hat, hat er auch ihr Unglück verursacht.» KARL REINHARDT: Prometheus, in: Tradition und Geist, 191, bemerkt ebenfalls kritisch, es werde der Feuerbringer, der *Prometheus* bei HESIOD war, erst «bei Aischylos zum Kulturbringer. Er lehrt die Menschen ihre ‹Künste›, *technai*, macht sie ihres Geistes mächtig, lehrt sie Hausbau, Kalender, Zahl und Schrift, Tierzählung, Schiffahrt, Heilkunde, Zukunftsschau, zuletzt Metallbearbeitung, doch was er sie auch lehrt, es dient nur ihrer Erhaltung, ihrer ‹Rettung›, ihrer technischen Bewältigung der Natur … Das eigentümlich Künstlerische scheint zu fehlen.» Das ist gewiß richtig, – *Prometheus* ist kein *Pygmalion*; aber was REINHARDT an seiner eigenen Feststellung offenbar nicht prinzipiell genug nimmt, ist die Tatsache, daß man *Prometheus* wesentlich aus seinem Widerspruch gegen die Einrichtung der *Natur* verstehen muß, hinter welcher sich der Machtanspruch des *Zeus* verbirgt. So kommt es, daß «Prometheus, der Feuerdieb und Feuerbringer, … sich von anderen Kulturbringern vor allem dadurch (unterscheidet), daß er nicht nur die Menschen zu Freunden, sondern Zeus zum Feinde hat.» (192) Eben daraus ergibt sich denn auch die fundamentale Differenz zwischen HESIOD und AISCHYLOS: «Als Gegenspieler des Zeus wird Prometheus bei Hesiod zum bestraften Frevler, bei Aischylos zum leidenden Titanen.» (192) Indem *Zeus* «mehr kosmischer als elementarer Natur» sei (192), im Unterschied etwa zu dem Meergott *Poseidon*, stehe *Zeus über* den «Freund- und Feindgöttern» (193), etwa in der «Ilias». Damit aber nimmt *Zeus* auch die gesamte Widersprüchlichkeit der Welt in sich auf: «Alles, was Blindheit, was Einsicht, was Hybris, was Recht und Gerechtigkeit, was Reue, was Vergeltung ist, ist nicht zu denken ohne Zeus. Er sendet, was den Menschen in Widerspruch mit sich selbst verstrickt. Entsprechendes entwickelt sich in der objektiven Sphäre des Rechtes und seiner Antinomien, in der Frage des Unschuldig-Schuldig-Werdens, im Problem der Theodizee. So wird Zeus unbegreiflicher als alle anderen Götter.» (193)

können, ein solches Wesen ist ganz sicher kein Tier, das ist unstreitig ein Mensch. Wann diese Überwindung der Angst durch den Drang nach Erkenntnis geschah, ist nicht sicher zu sagen – vor 1,5 Mio. Jahren auf der Stufe des *homo erectus* vielleicht[53] –, doch der Schritt selbst zur Verwendung von Feuer steht zweifellos am Anfang der Menschwerdung. Der Mythos von *Prometheus* erzählt dabei nicht, wie die Menschen es lernten, selber Feuer aus Steinen zu schlagen oder aus Holz zu reiben und mit trockenen Schwämmen und Spänen aufzufangen; er berichtet davon, wie es ihnen durch den Titanen «Vorbedacht» möglich ward, an einer lodernden Flamme ein Material zu entzünden, mittels dessen Feuer sich transportieren und an gewünschtem Ort zu beliebigem Zwecke sich einsetzen läßt.

Ja, aber warum muß dann dieser Vorgang, der doch den Menschen praktisch überhaupt erst zum Menschen macht, erscheinen wie ein Diebstahl? Nun, deshalb, weil mit «Prometheus» etwas in die Natur einbricht, das so noch niemals war: planendes Handeln, schlußfolgerndes Denken, die Entdeckung kausaler Zusammenhänge, ein Abgleich zwischen dem Nutzen eines erstrebten Zieles und den dafür zu erbringenden Einbußen – «Vorbedacht» eben; und eine solche Haltung ist dringend erfordert, weil es in der Natur nichts umsonst gibt. Kultur und Menschlichkeit sind – im Bild des *Prometheus*, sehr im Gegensatz etwa zur biblischen Schöpfungsgeschichte! – nicht einfach die Gaben eines gütigen Gottes, sie können, ja, sie müssen inmitten einer ungütigen Welt, die den Menschen umgibt, weit eher gesehen werden als Errungenschaften, die mühsam und trickreich der Wirklichkeit abgetrotzt werden. Der Feuerraub des «Prometheus» – das ist historisch der Prozeß der Bewußtwerdung selber, – die Aneignung von etwas «Göttlichem», über das nun die Menschen verfügen. Diese von Natur aus armseligen Kreaturen – mit dem Besitz des Feuers haben sie ein Instrument in der Hand, mit dem sie, dem *Zeus*-Sohn *Hephaistos* gleich, eines Tages Erzgestein werden schmelzen können zur Herstellung von Gerätschaften, Waffen und Schmuck in Silber und Gold, Kupfer und Zinn, Eisen und Blei; mittels des Feuers sind sie unmittelbar imstande, des Nachts die Angst vor dem Dunkel und, damit verbunden, die Furcht vor dem Angriff jagender Raubtiere zu überwinden; das Feuer wird ihnen gestatten, die Kälte des Winters zu besiegen und sogar in den unwirtlichen Zonen der Tundra und des ewigen Eises heimisch zu werden. Nicht nur die Entstehung, auch die Ausbreitung der Menschen über die ganze Erde verdankt sich im Ursprung dem Feuer[54].

53 E. DREWERMANN: Der sechste Tag, 96; 132.
54 A. a. O., 152–153; 156. RAYMOND TROUSSON: Le Thème de Prométhée dans la Littéra-

Kann man dann aber nicht doch denken, wie GOETHE es seinem «Prometheus» in den Mund und ins Herz gelegt hat, – es sei der Akt der Bewußtwerdung selber ein widergöttlicher Bruch, ein Ende der kindlichen Vertrauensseligkeit, von gütigen Mächten gemocht und geleitet zu werden, ein Erwachen und Erwachsenwerden des Geistes in HEGELschem Sinne[55], ein Ergebnis bitterer Enttäuschungen im Warten auf eine Hilfe, die, so wie nötig, ausblieb oder verweigert ward? Wenn erweisbar der Himmel angesichts menschlicher Not sich kaum jemals erweichen läßt, nötigt dann nicht das Mitleid mit der menschlichen Hilflosigkeit dazu, selber Abhilfe zu schaffen und das eigene Glück in die eigenen Hände zu nehmen? Wenn das menschliche Dasein sich nicht den Göttern verdankt, warum dann ihnen noch danken? Durch das, was er selber geschaffen, hat sich geschaffen der Mensch. Wenn dies sich ausspricht im Bild des Titanen *Prometheus*, so muß man nicht streiten, ob Götter sind oder nicht, sie sind unnötig, da sie keiner Not beistehn und jeder der Sterblichen sein eigenes Los zu bestehn hat. Zumindest ein praktischer, wo nicht auch ein theoretischer Atheismus geht einher mit der Desillusionierung, mit dem Realitätsgewinn eines Menschen, der sich zu sehen wagt mit prometheischen Augen. In GOETHES Worten:

> Da ich ein Kind war,
> nicht wußt, wo aus, wo ein,
> Kehrte mein verirrtes Aug
> Zur Sonne, als wenn drüber wär
> Ein Ohr, zu hören meine Klage,

ture Européenne, 4, verweist zu Recht auf die «geheimnisvollen Linien», welche die «ätiologischen Erzählungen der Alten Griechen mit denen der Rothäute Nordamerikas, die der Kelten mit den Geschichten des frühen Indiens» verbinden. Statt in historischem Sinne auf eine Urform des Mythos zu rekurrieren, stellt er (S. 7) deshalb fest: «Allein die Ähnlichkeit der seelischen Entwicklung der Menschen trägt die Schuld an der Ähnlichkeit der allgemein verbreiteten Legenden.»

55 E. DREWERMANN: Strukturen des Bösen, III 85–92: Der Sündenfall als Schritt zur Menschwerdung. – KARL REINHARDT: Prometheus, in: Tradition und Geist, 224, stellt demgegenüber fest, daß «der Titan und Feuerbringer zwar als Erlöser des Menschen aus urzeitlicher Dumpfheit, als Befreier aus Not und Unbill, als Lehrer des vorsehenden, erfinderischen technischen Geistes gefeiert wurde, daß aber gerade das in seinem Bilde fehlte, was ihn in Athen auszeichnete, das Bildnertum.» Und S. 225: «Zum Gott der Bildner in Erz und Ton kann der Feuerdieb nicht eher werden, als bis er sich mit Zeus versöhnt hat.» S. 226: «Nicht nur das Urerfindertum, auch das Kunstschaffen als Göttergeschenk feiert zu guter Letzt in ihm seine Epiphanie, ersteht durch ihn, doch nicht mehr, wie jenes Erfindertum, im Widerspruch, vielmehr in einer durch den Widerspruch hindurchgegangenen Harmonie mit Zeus.»

Ein Herz wie meins,
Sich des Bedrängten zu erbarmen.

Wer half mir wider
Der Titanen Übermut?
Wer rettete vom Tode mich,
Von Sklaverei?
Hast du's nicht alles selbst vollendet,
Heilig glühend Herz?
Und glühtest, jung und gut,
Betrogen, Rettungsdank
Dem Schlafenden dadroben?

Ich dich ehren? Wofür?
Hast du die Schmerzen gelindert
Je des Beladenen?
Hast du die Tränen gestillet
Je des Geängsteten?
Hat nicht mich zum Manne geschmiedet
Die allmächtige Zeit
Und das ewige Schicksal,
Meine Herrn und deine?

Wähntest du etwa,
Ich sollte das Leben hassen,
In Wüsten fliehn,
Weil nicht alle Knabenmorgen-
Blütenträume reiften?

Hier sitz' ich, forme Menschen
Nach meinem Bilde,
Ein Geschlecht, das mir gleich sei,
Zu leiden, weinen,
Genießen und zu freuen sich,
Und dein nicht zu achten,
Wie ich.[56]

---

56 JOHANN WOLFGANG VON GOETHE: Gedichte, 44–46. – JONAS FRÄNKEL: Wandlungen des Prometheus, 20, bemerkt dazu: «Seit Aischylos wurden solche Töne nicht mehr vernommen. Und nie vorher hat der freie Geist des Menschen, der, stolz auf seine Hütte, die er selbst gebaut, dem Götterglauben entsagt, solche Laute gefunden.» Doch wenige Jahre

Der Feuerraub des Titanen ist nach diesen kraftvoll gemeißelten Worten gewiß kein Geschehen, das frivolerweise mal irgendwann sich ereignet hätte, es ist ein Bewußtseinszustand, eine Geisteshaltung, eine Form des Menschseins, die auf solche Weise: im Aufstand gegen die Abhängigkeit von den vergöttlichten Mächten der Natur und im Mut zu sich selbst, begonnen und niemals mehr aufgehört hat. Der *homo faber*, der Mensch, der sich durch eigene Arbeit selber hervorbringt, das Wesen, das durch Umwandlung der Welt, als «Anderssein des Seins», ist, was es ist, ist wesentlich «Prometheus»: rebellisch, aufsässig, aufständig, – unbeständig wohl auch, gewiß, ein Wesen voller Widersprüche, da nur durch Widerspruch und Widerstand geworden; «hochmütig» indessen, «hybrid» und «stolz», wie man *Prometheus* in seiner Verweigerung, noch länger aufzuschaun zu Göttern, gerne nennt, kann man ihn nimmer heißen. So, wie GOETHE ihn schildert, ist er selbstbewußt, entschlossen zu sich selbst, erfüllt von Größe und von eigener Kraft, nicht aber überheblich über eignes Maß; im Gegenteil, er ist gefaßt in der Verantwortung, Leiden zu lindern, wo irgend es geht, er zeigt sich bekümmert mit der Kümmerlichkeit all der Bedürfnisse und all der Plagen, mit denen das Dasein der Menschen geschlagen ist, und vor allem: Er erweist sich als mitleidig mit allen Leidenden. An dieser Grundhaltung, die wesentlich zu *Prometheus* gehört, scheitert jeder Versuch, ihn als einen «ungehorsamen» und «trotzigen» Nein-Sager aus pubeszentenhafter Laune zu stilisieren und zu maßregeln. – In der Theologie war und ist es üblich, den «Sündenfall» des Menschen in Gen 3,1 – 7 so zu sehen: als Übertretung eines ausdrücklich von Gott gegebenen Gebots, als «Ungehorsam» eben, und als Sein-Wollen-wie-Gott», als prometheischen Hochmut. Doch diese Interpretation hilft nicht, die wirkliche Tragödie des Menschseins gerade in der Darstellung der Bibel selber zu verstehen, und sie tut auch der griechischen Mythengestalt eines *Prometheus* ganz besonders unrecht. Sein Hauptmotiv, gegen *Zeus* vorzugehen, ist keine Großmannssucht, die nur noch nicht sich selbst gefunden hätte, es ist die Für-

danach schon warf GOETHE «hinter sich die Ideale seiner Jugend.» JACQUELINE DUCHEMIN: Le mythe de Prométhée à travers les âges, 52–53, sieht nicht zu Unrecht, den «prometheischen» Menschen GOETHES in der Nähe zu NIETZSCHES «Übermenschen». RAYMOND TROUSSON: La Thème de Prométhée dans la Littérature Européenne, 260–267, hält dafür, daß GOETHE unter dem Einfluß SPINOZAS den Protest des *Prometheus* «auf die Götter und nicht auf das Göttliche» bezieht (261). Gleichwohl findet er bereits bei HERDER die Deutung der *Prometheus*-Gestalt als des Symbols einer neuen Menschlichkeit (272–278). KARL KERÉNYI: Prometheus, in: Urbilder der griechischen Religion, 183, erkennt in dem Gedicht GOETHES «nach seinem eigenen Bekenntnis die individuelle Daseinsgründung, ... etwas viel Existentielle(re)s als irgendeine Belehrung über Kunst und Künstler.»

sorge und Vorsorge für Menschen, die für sich selbst zu sorgen erst noch lernen müssen. Die Art, in der *Prometheus* seine Menschen formt, ist eine Prägung und Erziehung hin zu Eigenständigkeit, Autonomie und Mündigkeit.

Vor Jahren überlegte der protestantische Theologe HEINZ ZAHRNT einmal, in welchen Typologien sich die weltanschauliche Haltung der Moderne beschreiben lasse, und er meinte zu der Gestalt des *Prometheus*, sie habe sehr wohl den Geist der Aufklärung, der französischen Revolution und des beginnenden Maschinenzeitalters konfigurieren können, heute jedoch habe sie sich erübrigt: Es gebe die Götter längst schon nicht mehr, die man mit MARX oder NIETZSCHE habe bekämpfen zu müssen vermeint; das Problem der Gegenwart sei nicht der Widerspruch gegen die alten Götter, sondern die Abwesenheit aller Götter, deren Fehlen man als Leere nicht einmal mehr empfinde[57]. In der Tat, wer noch den Ausruf «Zarathustras»: «Gott ist tot», im Ohr hat[58], der tut sich schwer, die saloppe Selbstverständlichkeit zu fassen, mit der man weniger als 100 Jahre später schon im französischen Existentialismus SARTRES lächelnd, wie zur Begrüßung, händeschüttelnd sich versichert, daß man zur Lösung der Fragen des menschlichen Daseins eines Gottes nicht bedürfe, – wenn es denn Gott und Götter gäbe, so müßten sie, als ebenfalls bewußte, sich mit dem gleichen Problem herumschlagen wie auch die Menschen: im Selbstentwurf der eigenen Freiheit festlegen zu sollen, wer sie selber für sich sind[59]. Jedoch, so einfachhin erledigt hat sich der *Prometheus*-Mythos nicht, im Gegenteil, er weist,

57 HEINZ ZAHRNT: Gott kann nicht sterben, 218: «Für Prometheus gab es Gott noch, eine höhere Welt über der niederen, das Reich der Ideale, des Wahren, Guten und Schönen – der Glaube daran war die Voraussetzung seines Frevels. Aber was es für Prometheus noch gab und woran er darum noch freveln konnte, das ist für den Menschen des zwanzigsten Jahrhunderts vergangen und nichtssagend geworden.» Freilich gilt diese Aussage nur begrenzt angesichts des nach wie vor bestehenden leidvollen Theodizeeproblems, das sich nicht historisch erledigen läßt, wie ULRICH VON WILAMOWITZ-MOELLENDORFF: Aischylos, 150, es unternahm, indem er den Glauben an *Zeus* als Herrn des Sittengesetzes mit dessen Grausamkeiten zu verbinden suchte; geistesgeschichtlich zu Recht stellte er selber fest: «Es sind diese Probleme, die (sc. in der christlichen Theologie, d.V.) den Gnostikern die Unterscheidung des Demiurgen von dem guten Gott aufnötigten.»
58 FRIEDRICH NIETZSCHE: Also sprach Zarathustra, 1. Teil, Von der schenkenden Tugend 3, S. 84: «Tot sind alle Götter: nun wollen wir, daß der Übermensch lebe.»
59 JEAN PAUL SARTRE: Ist der Existentialismus ein Humanismus?, in: Drei Essays, 11: «Der atheistische Humanismus, für den ich stehe, ... erklärt, daß, wenn Gott nicht existiert, es mindestens *ein* Wesen gibt, bei dem die Existenz der Essenz vorausgeht, ein Wesen, das existiert, bevor es durch irgendeinen Begriff definiert werden kann.» S. 36: «Der Existentialismus ist ... nicht ein Atheismus im Sinne, daß er sich erschöpfte in dem Beweis, Gott existiere nicht. Eher erklärt er: Selbst wenn es einen Gott gäbe, würde das nichts ändern ...

indem man ihn sich zu Ende erzählen läßt, eine absolut unabgegoltene Aktualität auf, die allererst noch darauf wartet, in ihren Konsequenzen begriffen und aufgegriffen zu werden.

4) Das Geheimnis der Pandora oder: So ist das Leben

In gewissem Sinne möchte man es für eine kleinliche Rachsucht halten, wenn *Zeus* «sogleich» nun, wie HESIOD versichert, auf Revanche sinnt, um den in seinen Augen schuldigen Titanen erneut zu strafen an den vor aller Augen unschuldigen Menschen. Doch längst ist klar, daß in gewissem Sinn «Prometheus» als die vorausschauende menschliche Vernunft dasjenige verkörpert, was am Menschen «Göttern» nahesteht; insofern ist es in der symbolischen Verschlüsselung des Mythos nicht einfachhin «unrecht», für die Tat jenes Titanen sich die Menschen selber vorzunehmen; denn auch die Art der neuerlichen Strafmaßnahme leuchtet als Sinnbild ein.

Äußerlich genommen freilich besteht sie in einem zynisch anmutenden *Jus talionis* – der Raub des Feuers im Herd wird geahndet mit dem Fluch eines Feuers im eigenen Herzen: In grimmigem Humor erfindet *Zeus* die Erschaffung der Frau, um den Menschen zu «verleihn ein Übel, das allen / Freude bereitet im Herzen, wenn ihr eigenes Weh sie umarmen». So spricht – bei HESIOD – «der Vater der Menschen und Götter» «und lachte heraus», als dieser Gedanke ihm kam. Schnell ruft er den göttlichen Kunstschmied *Hephaistos* herbei, daß er – wie von *Prometheus* vordem berichtet – Erde mit Wasser benetze und dem Gebilde, das so entsteht, «menschliche Stimme und Leben» verleihe, «aber im Antlitz den todfreien Göttinnen ähnlich / ... lockende Schönheit»; *Athene* zudem soll das so Entstehende lehren, «zu weben am Künstliches wirkenden Webstuhl»; *Aphrodite* soll «Liebreiz schütten ums Haupt ..., die güldne, / Und auch quälendes Sehnen und gliederverzehrendes Herzweh». Dem *Hermes* aber erteilt *Zeus* Befehl, «in die Brust» ihr zu tun «Täuschung und schmeichelnder Worte Gewalt und verschlagene Artung.»[60] Und so, wie befohlen, geschieht's, und die also von all diesen Göttern Beschenkte erhält dementsprechend denn auch den Namen «Allgabe» – *Pandora*. – Auf der Innenseite einer Schale von 470–460 v.Chr. aus dem Britischen Museum in London sieht man, wie *Hephaistos* schön wie eine Göttin *Pandora* formt, deren Name hier *Anesi-*

der Mensch muß sich selber wieder finden und sich überzeugen, daß ihn nichts vor ihm selber retten kann, wäre es auch ein gültiger Beweis der Existenz Gottes.»
60 HESIOD: Erga, V. 54–67, S. 309–310. Vgl.: Theogonie, V. 570–589, S. 58–59.

dora (»die Geschenke Emporsendende«) lautet – ein Beiwort wohl für die Erde selber mit dem Reichtum ihrer Gaben; *Athene* schmückt sie soeben mit fein gewirkter Kleidung; der goldene Reifen mit der Darstellung wilder Tiere, von dem HESIOD erzählt[61], zeigt sie auch als «Herrin der Tiere», als Nachfahrin der Großen Göttin. (Tafel 6b)[62]

61 HESIOD, Theogonie, V. 583, S. 59.
62 SOFIA SOULI: Griechische Mythologie, 19. – EDUARD MEYER: Hesiods Erga, in: Hesiod, 488, Anm. 28, sieht in dem Bilde «die aufsteigende Erdgöttin dargestellt». Vor allem CARL ROBERT: Pandora, in: Hesiod, 342–345, verweist auf die Darstellung eines rotfigurigen Kratēr im Ashmolean Museum in Oxford; da sieht man, wie *Pandora* in bräutlichem Schmuck aus der Erde aufsteigt, «mit zurückgeworfenem Kopf und ausgebreiteten Armen Luft und Sonne freudig begrüßend. Auf sie zu schreitet ein bekränzter Mann mit dem Hammer in der Rechten, die Linke zum Willkommen gesenkt; die Beischrift bezeichnet ihn als Epimetheus. Auf diesen fliegt ein über Pandora schwebender Eros mit einer Tainie (sc. Kopfbinde, d.V.) in beiden Händen zu. Von der anderen Seite naht, von Zeus gesendet, Hermes mit einer Blüte in der Linken, die gewiß für Pandora bestimmt ist.» (Abb. 2a, S. 61) ROBERT (S. 343) meint: «Hier haben wir nicht das Tongebilde des Hephaistos, wir haben die ‹alles gebende› Erdgöttin vor uns, das einzige Wesen, für das dieser Name paßt.» S. 345: «... welche religiöse Vorstellung liegt ihm (sc. dem Bild, d.V.) zugrunde? Soviel ist klar: Pandora war unter der Erde verborgen und mußte durch Hammer- oder Axtschläge herausgehauen werden. Also war sie dort gefangen, gefesselt durch fremde Gewalt. Das ist ohne Zweifel ein alter echter Naturmythos, der das Erstarren der Erde im Winter und das Absterben der Vegetation versinnbildlichen soll.» Zu erinnern ist dann natürlich auch an das Schicksal der Kore *Persephone*. – Offenbar war *Epimetheus* einmal der Gatte der *Pandora*, «und wenn ihn Prometheus vor der Annahme des Geschenkes gewarnt hat (Erga 86 ff.), so mag darin eine Reminiszenz an jene andere Form des Mythos liegen, die den Prometheus selbst der Pandora zum Gatten gab». (S. 349) Es war offenbar erst HESIOD, der «die Erdgöttin Pandora zu einem Tongebilde machte.» (S. 360) – Daß auf dem Krater *Hephaistos* das Gebilde belebt, entspricht HOMER: Ilias, XVIII 418, wo sich der Schmiedegott «goldene Mägde» erschafft, die «glichen lebendigen Mädchen». – Ein unteritalisches Vasenbild, das heutigentags «verschollen» ist (S. 363), zeigt darüber hinaus, wie *Prometheus* versucht, eine Frau zu erschaffen, so aber, daß «unten eine eiförmige unorganische Masse» übrig geblieben ist. «Er (sc. *Prometheus*, d.V.) verzweifelt am Gelingen, da befreit Epimetheus Pandora, und dieses göttliche Wesen lehrt Prometheus, Frauen aus Ton zu bilden, es selbst aber erwählt sich seinen Befreier.» (S. 364) (Abb. 2b, dort nach S. 363, hier auf S. 61) – ULRICH VON WILAMOWITZ-MOELLENDORFF: Aischylos, 143, verwies religionsgeschichtlich auf die Promethien, einen kultischen Fackellauf von einem Altar des *Prometheus* in der Akademie über den Kerameikos, den Friedhof «jenseits des Eridanos» (S. 145); später, meint er, wurde *Prometheus* von *Hephaistos* verdrängt, doch erhalten blieb die Verbindung zum Töpferhandwerk, das «schon im achten Jahrhundert (sc. in den schwarzfigurigen Vasen, d.V.) wahre Wunderwerke» schuf. «... in Athen erzählt man, daß nicht die Götter, wie bei Hesiod, sondern Prometheus die Pandora gebildet hätte ... Erst auf Grund dieses Schaffens des Weibes ist Prometheus allmählich der Bildner der Menschen geworden.» (S. 145) Als Töpfer war *Prometheus* ursprünglich natürlich ein Feuerdieb, sondern ein Feuerhandwerker. – Zu *Prometheus* selbst bestehen unterschiedliche Angaben: Nach AISCHYLOS: Der gefesselte Prometheus, V. 560, S. 505, war er mit *Hesione* verheiratet, doch das war die Tochter des Königs *Laomedon* von Troja. HERODOT: Historien,

Abb. 2a: Pandora entsteigt der Erde.

Abb. 2b: Prometheus formt eine Frau.

IV 45,3; Bd. 1, S. 535, hingegen berichtet, die Gattin des *Prometheus* sei *Asia* gewesen; HESIOD: Theogonie, V. 359, S. 46, stellt *Asia* in die Reihe der Töchter des *Okeanos*; PAUSANIAS: Reisen in Griechenland, III 24,7; Bd. 1, S. 330, erzählt, daß «die Kolchier die Athena Asia verehren» und ein eigenes Heiligtum ihr geweiht haben. KARL KERÉNYI: Prometheus, in: Urbilder der griechischen Religion, 210–211, meint, *Asia* habe ursprünglich «die Östliche» oder «Morgendliche» bedeutet, und fährt fort: «Morgenröte oder Finsternis wird durch all diese Frauennamen heraufgerufen. Finsternis und Morgenröte umgrenzen die Situation des jungen Mondes, wenn er die Dunkelheit verläßt ... Das ist der ‹Ort›, der himmlische Hintergrund des Prometheus.» Doch auch eine *Axiothea* galt als Frau des Titanen, – ein «Kabiren-Name», meint KERÉNYI dazu.

61

Nun hatte der kluge *Prometheus*, in richtiger Vorahnung, daß *Zeus* irgendeine Gemeinheit sich schon noch werde einfallen lassen, *Epimetheus*, seinen allzeit zu spät erst merkenden Bruder, gewarnt, nur ja nichts anzunehmen, was *Zeus* ihm sende; doch der, als *Hermes* ihm *Pandora* zuführte, gedachte nicht dieser Mahnung, – er nahm «die unwiderstehliche, jähe» «List» des *Zeus* an, und erst, «als er das Übel besaß, da bemerkte ers.»[63] – Immer wieder, so wird man diesen Zug der Geschichte wohl auslegen müssen, werden die Menschen (die Männer!) auf die Verführungskraft der Frauen hereinfallen; sie könnten gewarnt sein, doch sie ignorieren die Warnung, – zu groß ist die Verzauberung, mit welcher die Götter die Gestalt und das Wesen der Urfrau (und aller Frauen in ihr) begabt haben. Die Faszination der Schönheit betört ihre Sinne, so daß sie stets erst, wenn es zu spät ist, bemerken, wie übel ihnen da mitgespielt wird.

Die Gemeinsamkeit, vor allem aber auch der Unterschied bezüglich der biblischen Paradiesgeschichte (Gen 2,18 – 25) ist an dieser Stelle unübersehbar und höchst bemerkenswert: Auch in der jahwistischen Urgeschichte bringt die Frau, indem sie auf die Verführung der «Schlange» sich einläßt, allerlei Übel über die Menschen, über «Adam», den Mann; doch herrscht zwischen beiden Erzählungen eine Art umgekehrter Symmetrie: während es biblisch als Schuld der Frau erscheint, daß Gott die Menschen bestraft, erschafft in der griechischen Mythologie *Zeus* die Frau überhaupt nur, um eine schon begangene Schuld an den Menschen zu ahnden; und während in der Bibel die Sehnsucht des Mannes nach Gemeinsamkeit sich darin erfüllt, daß Gott seine Einsamkeit durch die Gabe der Frau überwindet, ist das Feuer der Leidenschaft und des Verlangens im Herzen der Menschen in der griechischen Mythe identisch mit der Unentrinnbarkeit jener Qual, in welcher der Feuerraub von dem Herrscher auf dem Olymp an den Menschen gerächt wird. Die Frau erscheint so als Plage, ganz wie SEMONIDES von Amorgos im 7./6. Jh. v. Chr. in seinem «Katalog der Weiber» sie dargestellt hat.

SEMONIDES machte sich, bitter ironisch, daran, verschiedene Frauen-Typen nach Art eines Bestiariums vorzustellen, und zugestehen muß man ihm eine eigentümliche Mischung aus Phantasie, Witz und Beobachtungsgabe. Da sind in seinen Augen manche Frauen offenbar «aus dem borstigen Schweine» entstanden, so sehr besudeln sie «alles im Hause mit Schmutz». Eine andere Art hinwiederum ähnelt «dem verschlagenen Fuchse» –, ein «Weib, aller Dinge kundig, und nichts vom Bösen bleibt ihm verborgen».

---

63 HESIOD: Erga, V. 88–89, S. 311.

Auch mit einem läufigen Hunde erscheinen SEMONIDES manche Frauen vergleichbar, – ein Weibertyp, der «alles hören, alles wissen will» und unaufhaltsam herumschwätzt. In der Erschaffung einer Frau «aus Erde» erblickt SEMONIDES das Wesen einer mißratenen Frau, die weder Gutes noch Böses kennt und, schwerfällig und primitiv, wie sie ist, nur ans Essen denkt, – eine *Pandora* allerdings ist in dieser Weise nicht vorstellbar. Ein anderer Frauentyp da schon eher, denn der entstammt scheinbar dem Meer – «den einen Tag lacht sie und ist vergnügt, ... anderntags unerträglich, ... dann tobt sie.» Und so geht es weiter mit den Vergleichen: Eselfrauen sind, die störrisch zur Arbeit sich nur unter Zwang bequemen, während sie in Liebeswerken es nehmen, wie's kommt; Wieselfrauen auch soll es geben, die beim Liebeslager unersättlich und zugleich widerlich sind, oder Roßfrauen, die sich edel herausputzen – «ein schönes Schaustück ... für andere, dem aber, der sie besitzt, wird sie zum Unheil»; Affenfrauen des weiteren, für jeden Schabernack gut, doch unempfindlich dem Spott gegenüber, den sie schon bei ihrem Auftreten unfehlbar auf sich lenken. Einzig die Bienenfrauen bleiben fern von jeglichem Tadel des lebenserfahrenen Dichters – «wer sie kriegt», verheißt er, «ist ein Glückspilz», denn «himmlische Anmut umfängt ihn». Doch das ändert nicht die Gesamtbilanz seiner Betrachtung:

> Die eigene Frau mag ja ein jeder im Gedenken loben,
> Die des anderen wird er tadeln:
> Wir erkennen nicht, daß wir das gleiche Los haben.
> Denn Zeus hat dieses Übel als das größte geschaffen
> Und ein unzerreißbares Band von Fesseln um uns gelegt,
> Seitdem Hades jene Männer aufnahm,
> Die um einer Frau willen in Krieg geraten waren[64].

Diese Erinnerung an den Trojanischen Krieg will die Erschaffung der Frau gewiß nicht an das Ende des heroischen Zeitalters verlegen, sondern erwähnt das Beispiel der *Helena* nur als zusammenfassenden Beleg für die Verblendung, mit welcher die Männer im Beisein der Frauen geschlagen sind.

Genauer gesagt, wird HESIODS *Pandora* indessen nicht einfach durch ihre Wesensart zur Quelle von mancherlei Unliebsamkeiten und Plagen, sie behält vielmehr in gewissem Sinne die Merkmale der «Urfrau» und Göttin «Allgabe» insofern bei, als von ihr alles Übel und vor allem: das Sterben

---

64 (GERHARD WIRTH:) Griechische Lyrik, 48–50.

über die Menschen kommt[65]. Denn da ist ein Gefäß, ein Tonfaß mit mächtigem Deckel, den hebt *Pandora* empor, und hinaus fliegt all das Unheil, das nach dem Willen des *Zeus* darinnen verschlossen war. Unzählbare Plagen durchschweifen seither die Menschheit –

> Nämlich voll ist die Erde von Übeln, voll auch die Salzflut;
> Krankheiten kommen bei Tag zu den Menschen, andre zur Nachtzeit,
> Wie sie wollen, von selbst, und bringen den Sterblichen Schaden,
> Schweigend, denn ihre Stimme nahm fort Zeus' planender Wille.
> So ist's gänzlich unmöglich, dem Sinn des Zeus zu entkommen[66].

Mit anderen Worten: Mit dem Auftreten der *Pandora* treten die Menschen in die Welt ein, wie sie wirklich ist; denn:

---

65 HESIOD: Erga, V. 90–105, S. 311. – WOLF ALY: Die literarische Überlieferung des Prometheusmythos, in: Hesiod, 339, betont, daß man von einem «Prometheushymnos» bei HESIOD nicht eigentlich reden könne, vielmehr bilde «das Menschengeschlecht» den Hauptinhalt, so daß man die Erzählung der «*Gonaí*-Literatur», den Geschichten über die Entstehung: in diesem Falle «des menschlichen Geschlechtes», zuordnen müsse. S. 341: «In diese Zusammenhänge eingeordnet läßt sich unser Hymnos von der Entstehung des Menschengeschlechts verstehen. Es ist der geistreiche Einfall eines wirklichen Dichters, neben den Göttern auch die Menschen nicht zu kurz kommen zu lassen. Zu dieser Rolle will es passen, daß Vater Zeus eine so klägliche Rolle spielt, aber auch die Menschen werden, wie sie mit dem Weibe nicht fertig werden können, mit Ironie abgefertigt. Ein Spötter war es,» der den *Prometheus*-Hymnos schuf. Aber (S. 336–337): Das ganze ist auch «Ausdruck eines verzweifelten Pessimismus, der rings auf Erden nur Kummer und Sorgen sieht. Das Leben ist schwer … Der Ursprung alles Unglücks, das ist das Ziel, auf das die Geschichte von Prometheus hinführen soll.» – ERNST HEITSCH: Das Prometheus-Gedicht bei Hesiod, in: Hesiod, 421–422, schreibt ganz entsprechend dem *Prometheus*-Gedicht in Theog. 521–616 und in den Erga (42–105) eine gemeinsame Vorlage «als Werk eines älteren Rhapsoden» zu, dessen Handlung in sechs Akten verlief: 1) Prometheus erschafft – ohne oder gegen den Willen des *Zeus* – die Menschen (Männer). 2) «Zeus, vor vollendete Tatsachen gestellt, besteht darauf, daß die neuen Geschöpfe wenigstens seine Oberhoheit respektieren; man einigt sich zu diesem Zwecke auf regelmäßig zu leistende Opfer. 3) Bei der Einigung über einen entsprechenden Modus weiß Prometheus durch geschicktes Arrangement Zeus zu täuschen und den Seinen den besseren Anteil am Opfer zu verschaffen. 4) Zeus, der abermals nur auf entschiedene Verhältnisse reagieren kann, straft durch Verweigerung des Feuers. 5) Prometheus jedoch weiß es seinen Geschöpfen zu beschaffen. 7) Zeus, ein drittes Mal hintergangen, sinnt auf dauernde Bestrafung der wiederholten Unbotmäßigkeit. Und so schafft er als ewige Demonstration seines endgültigen Triumphes *tēn gynaîka* (sc. die Frau, d.V.).» HESIOD habe aus dieser Vorlage in der «Theogonie» «nicht nur den endlichen Sieg des Zeus, sondern auch die vorhergehende Folge von Vergehen und Strafen» übernommen, wohingegen in den «Erga» nicht die Macht des Zeus, sondern der Zustand der Menschen Thema sei. Aus einem «Schwank» sei durch HESIOD große Dichtung geworden (S. 432).
66 HESIOD: Erga, V. 102–105, S. 311.

»zuvor», versichert HESIOD, «da lebten der Menschen Stämme auf Erden Frei von allen den Übeln und frei von elender Mühsal.»[67]

Das klingt wiederum ganz nach dem dramatischen Wandel, den auch die Bibel beschreibt, wenn nach dem «Sündenfall» *Adam*s und *Eva*s Gott in seinen Strafworten genau ein solches Verhängnis den Menschen vor Augen stellt: Die Frau werde fortan in Schmerzen Kinder gebären, der Mann im Schweiße des Angesichts den Acker bearbeiten müssen – bis er selbst wieder zur Erde zurückkehrt, aus der er genommen (Gen 3,16 – 19). Man hat dies als einen Realismus des Daseinssinnes bezeichnet[68], doch trifft eine solche Kennzeichnung auf die biblische Aussageabsicht gerade nicht zu: Die Menschen werden dort nicht in ihrem Sein, wohl aber entscheidend in ihrem Bewußtsein verändert: Sie sind objektiv in den Grundgegebenheiten ihrer Existenz dieselben wie vorher, doch erleben sie diese ihre kreatürliche Wirklichkeit völlig konträr zu dem Zustand, in dem sie sich vormals befanden in der Einheit des Vertrauens zu Gott; jetzt, nach dem Sündenfall, sind sie dazu verflucht, den Zustand ihres Geschaffenseins aus dem Staub der Erde fernab von Gott in seiner ungeschützten und rohen Gnadenlosigkeit zu erleben. Ihnen sind die Augen aufgegangen, und sie müssen erkennen, daß sie nackt sind (Gen 3,7). Das waren sie all die Zeit vorher bereits, nur bot es bislang keinen Anlaß, sich von Grund auf vor den Augen des

---

67 HESIOD: Erga, V. 90, S. 311. – Zu Recht betont ERNST HEITSCH: Das Prometheus-Gedicht bei Hesiod, in: Hesiod, 428: «Die Vorlage erzählte generell von der Bestrafung durch Pandora, anders aber dachte Hesiod, dessen Urteil über die Frauen, wie nicht nur 602–612 (sc. der Theog., d.V.) zeigen, durchaus nicht so eindeutig ist ... das eigentliche Übel ist vielmehr die neue Situation.» Was in der Vorlage ein burlesker Scherz war (die Verwerfung der Frau), wird bei HESIOD als Strafe des *Zeus* zu bitterem Ernst. – KURT VON FRITZ: Pandora, Prometheus und der Mythos von den Weltaltern, in: Hesiod, 402, verweist darauf, daß in den *Erga*, V. 42 ff., *Zeus* nicht nur das Feuer, sondern auch die Nahrungsmittel «verborgen» hat; daran liegt es, daß «der Mensch ... Pflüge und Schiffe verwenden muß» – unter Voraussetzung des Feuergebrauchs. Es ergibt sich (S. 403), «daß in der Prometheusgeschichte der *Erga* die Erwerbung technischen Wissens und die Zähmung der Natur die Folge davon sind, daß der Mensch aus einem natürlichen Paradies vertrieben worden ist». Nicht zu Unrecht vergleicht er diesen Tatbestand mit der biblischen Paradieserzählung. S. 404, betont er, «daß die Zähmung der Natur durch die Listen und Erfindungen des Menschen zu einer Entfremdung von der Natur führt».
68 Vgl. E. DREWERMANN: Strukturen des Bösen, I 94, zu CLAUS WESTERMANN: Genesis 1–11, 361. – KURT VON FRITZ: Pandora, Prometheus und der Mythos der Weltalter, in: Hesiod, 372–373, meint, *Pandora*, die Allgebende, die Erdmutter, «ist zweifellos die Geberin alles Guten. Aber nach einem alten Glauben beherbergt die Erdmutter auch die Seelen der Toten ... Die Geister der Toten (sc. die aus dem Gefäß der Erdmutter entweichen, d.V.) werden ... gefürchtet.» Hier also könnte eine Beziehung zu dem Gefäß der *Pandora* vorliegen.

Schöpfers, vor den Menschen zur Seite, vor sich selber schämen zu müssen. Jetzt unbedingt! Das ganze Dasein – getaucht in Angst und in Schuld, das müßte nicht sein, meint die Bibel; das wartet darauf, durch die Bildung eines neuen Gottesverhältnisses in Vertrauen erlöst zu werden[69].

Doch auch nur diese Annahme ist der Mythe der *Pandora* völlig unmöglich. Wenn *Zeus* den Feuerraub des *Prometheus* derart rächt an den Menschen, vertieft er eine Ambivalenz, die zu ihm gehört und die nie überwunden wurde noch werden wird. Im Gegenteil, man versteht die «Strafe» der *Pandora* überhaupt erst, wenn man den Mythos ganz wörtlich nimmt und in dem Gefäß, das die Frau öffnet, die Gabe des Titanen: das «Feuer» vom Himmel, in ihre eigentliche Konsequenz treten sieht: Das «Tongefäß», das die Urfrau öffnet, ist im letzten ihr eigener Schoß, dem das menschliche Leben entspringt, nun aber erlebt mit Bewußtsein, geschlagen mit der Fähigkeit, hinzusehen, einzusehen, vorherzusehen, in welch einer Lage notwendig die Erdgeburt des menschlichen Daseins sich vorfindet, heimgesucht mit Mühsal und Krankheit, mit Plage und Tod, – das ist die «Strafe», die auf dem Feuerraub, dem Erwachen zur Vernunft, notwendig steht.

Hat der Dichter THEOGNIS von Megara um 500 v. Chr. in seiner pessimistischen Weltsicht unter solchen Umständen dann nicht vollkommen recht, wenn er unumwunden erklärt:

Nicht geboren zu sein ist Erdenbewohnern das Beste,
   Nimmer mit Augen des Tags strahlende Leuchte zu sehn,
Oder geboren, sogleich zu des Hades Toren zu wandeln,
   Hoch von Erde bedeckt, liegend im hüllenden Staub.[70]

Um indessen die Menschen nicht gänzlich der Verzweiflung anheim zu geben und sie zumindest irgendwie noch lebensfähig zu erhalten, hat *Zeus* sich eine weitere List überlegt: *Pandora* erschrickt beim Öffnen ihres Gefäßes – nach dem Willen des «Herrn der Gewitter» –, und der Deckel entgleitet ihr, er fällt wieder zu, so daß als letzte «Gabe» nur die *elpís* – die Hoffnung, am Krugrand noch hängen bleibt und nicht ins Freie gelangt.

Wie dieser Einzelzug der *Pandora*-Mythe zu verstehen ist, läßt sich ganz

---

69 E. DREWERMANN: Strukturen des Bösen, I 91–97. – Historisch und vor allem theologisch macht es sich FRANZ DORNSEIFF: Hesiods Werke und Tage, in: Hesiod, 135, zu einfach, wenn er schreibt: «Die *Pandorageschichte* ist die gleiche Geschichte, die im AT als Evageschichte erscheint, *Prometheus* als ein Urmensch, der wegen seines Ungehorsams bestraft wird, ist von der Gestalt, die dort Adam heißt, schwer zu trennen.»
70 (GERHARD WIRTH): Griechische Lyrik, 112.

gegensätzlich auffassen, doch ist er gerade in seiner Widersprüchlichkeit eindeutig: Mit der verbleibenden Hoffnung sollen die Menschen in ein Leben gelockt werden, dessen Aussichtslosigkeit sie eigentlich klar zu erkennen vermögen. Noch einmal ist SEMONIDES derjenige, der für diesen Eindruck die deutlichste Formulierung gefunden hat, wenn er schreibt:

> Das Endeziel von allem ist, o Sohn,
> Beim hohen Zeus, der stellt's wohin er will.
> Der Mensch ist sinnlos. Immer leben wir
> Nur einen Tag, und wissen nicht, wie Gott
> Mit einem Sterblichen es enden werde.
> Indessen nährt die süße Trügerin,
> Die Hoffnung uns, auch wenn zum Nichtigen
> Wir streben. Dieser hofft den nächsten Tag,
> Der andre künftger Sommer Ernten; da
> Ist keiner, der sich nicht beim neuen Jahr
> Ein freundliches, ein segensreiches Glück
> Verheiße. Jenen rafft indes das Alter weg,
> Eh er zum Ziel gelangte, diesen zehrt
> Die Krankheit auf. Die zähmt der wilde Mars (sc. Ares, d.V.)
> Und sendet sie zur Totenschar hinab
> In Plutos (sc. Hades, d.V.) unterirdisch-schwarzes Haus.
> Die sterben auf dem Meer: Der Sturm ergriff,
> Die schwarze Welle riß sie fort mit sich:
> Hin ist ihr Leben, ihre Hoffnung hin.
> Der greift, unglücklich Schicksal, selbst zum Strick
> Und raubet sich der schönen Sonne Licht.
> Nichts ist von Plagen frei, Zehntausende
> Der Tode stehn, ein unabwendbar Heer
> Von Schmerz und Plagen, stehn dem Sterblichen
> Ringsum. O glaubten meinem Rate sie,
> So liebte keiner doch sein Unglück selbst
> Und zehrte sich das Herz in Unmut ab[71].

71 (GERHARD WIRTH:) Griechische Lyrik, 47–48. – Bemerkenswert ist die Einstellung des SOKRATES der Zukunft gegenüber, denn, wie XENOPHON: Memorabilien, I 6–9, S. 12, berichtet, behielten seiner Meinung nach «das Wichtigste ... die Götter für sich und entziehen es dem Menschen». In der Tat: Menschen bebauen Äcker, errichten Häuser, unternehmen Feldzüge, schließen Ehen, – doch was sich daraus ergibt, wissen nicht sie, sondern einzig die Götter.

Was sich in diesen Zeilen ausspricht, ist nicht nur eine gewisse Skepsis und Zurückhaltung im Umgang mit bestimmten zweifelhaften oder trügerischen Zukunftserwartungen, vielmehr erscheint hier jegliche Hoffnung als etwas Verhängnisvolles, – mit illusionären Versprechen lockt sie in ein Leben hinein, von dem man im voraus schon wissen könnte, daß es nicht lebenswert ist, denn in jedem Falle endet es tödlich, und die Art, in der Menschen ums Leben kommen, unterstreicht nur noch den makabren Zynismus der ganzen Veranstaltung. Von daher empfiehlt sich (in fast buddhistischer Grundeinstellung) eine resignative Form von Weisheit, die, um nicht leiden zu müssen, vor allem auf die Verlockungen weiblichen Liebreizes, aber auch aller anderen Freuden Verzicht tut. Wer nichts mehr hofft, wird nicht mehr enttäuscht, er rechnet rein realistisch immer schon mit dem Ende, das jederzeit eintreten kann.

Doch ist es möglich, so konsequent negativistisch zu denken? Inmitten der Ambivalenz des menschlichen Daseins zwischen Gebären und Sterben als den *beiden* Gaben der Urfrau wäre die Hoffnung nicht in sich selbst ambivalent, wenn sie nicht ebenfalls wirklich verlockende, angenehm zu empfindende Aspekte aufwiese. Der generell das Dasein so desperat darstellende THEOGNIS interpretierte das Verbleiben der Hoffnung im Tongefäß der *Pandora* immerhin auch mit solcherlei Worten:

Einzig die Hoffnung blieb von den Himmlischen unter den Menschen,
    Zu den olympischen Höhn kehrten die übrigen heim.
Treue, die mächtige Göttin, entwich, es entwich die gestrenge
    Zucht, und die Grazien, Freund, suchst du auf Erden umsonst.
Nicht mehr gelten im Volke heilig die teuersten Eide,
    Und der Unsterblichen denkt keiner und ehrt sie mit Scheu,
Sondern der Frommen Geschlecht starb aus, und weder des Rechtes
    Satzungen achten sie mehr noch den geheiligten Brauch.
Aber solange du lebst und das Licht der Sonne darfst schauen,
    Klammre mit treuem Gemüt fest an die Hoffnung dich an.
Und wann unter Gebet süßduftendes Opfer du zündest,
    Sei es zuerst und zuletzt immer der Hoffnung geweiht[72].

---

72 (GERHARD WIRTH:) Griechische Lyrik, 113. – KURT VON FRITZ: Pandora, Prometheus und der Mythos von den Weltaltern, in: Hesiod, 368, meint richtig, da die Büchse der *Pandora* nur Übel enthalte, müsse auch die Hoffnung eigentlich ein Übel sein, doch das ist sie natürlich nicht. S. 406: «Ursprünglich befand sich die Hoffnung zweifellos in einem Gefäß, das nur Güter enthielt.» Tatsächlich erzählt ÄSOP: Zeus und das Fass mit den Gütern, in: Antike Fabeln, 51: «Zeus hatte die Güter alle in einem Fass verschlossen, das er bei einem Menschen stehen ließ. Lüstern wie der war, wollte er wissen, was drin war, und

Mag also die Welt auch an Idealen und Tugenden wie verwaist daliegen, so erscheint es doch als ein wahrer Trost, die Hoffnung nicht zu verlieren. Sie stirbt zuletzt, sagt man ganz richtig; endgültige Hoffnungslosigkeit jedenfalls wirkt selber tödlich. Doch in solch einem Zwischenzustand befindet sich das menschliche Dasein, sobald es seiner Lage in der Welt inne wird: trostlos ausgeliefert dem Tod und doch verlockt von der Hoffnung, er komme nicht jetzt schon, er lasse noch Zeit, er gewähre gnädigen Aufschub. Über allem lastet das Los der Vergänglichkeit. Sie recht eigentlich trennt zwischen Göttern und Menschen: Jene leben unsterblich, zeitenthoben, in ewigem Glück, diese fristen ihr Dasein in Sterblichkeit, Eintagswesen, in Ungewißheit, Unruhe und Unglück. Das alles zu wissen und trotzdem weiterzumachen ist offensichtlich des Menschen Los. Die Gestalt des *Sisyphos* taucht da schon auf, doch gehört sie in einen anderen Zusammenhang – nicht in den des Trugs allen Lebensglücks, sondern in den des schuldhaften Betrugs, im Leben sein Glück zu machen, koste es, was es wolle.

Prometheus, halten wir fest, steht für das Leid, das es kostet, seiner bewußt zu werden. Was aber ist es mit ihm, der doch das Vorausdenken selber verkörpert? Das Schicksal des Sohns der Okeanide *Klymene* bzw. der Titanin des Rechts und der Weisheit *Themis* erscheint wie ein Beweis für die beispiellose Rachgier und Grausamkeit des *Zeus*, wie sie AISCHYLOS in der Tragödie von dem «Gefesselten Prometheus» als Klage und Anklage in ergreifenden Szenen dargestellt hat; doch was der «Vater» der griechischen Tragödie in Wirklichkeit wollte, ist ein noch Anderes, Tieferes, Erlösung Heischendes.

bewegte den Deckel. Da flogen sie alle fort zu den Göttern. – Die Hoffnung allein weilt noch bei den Menschen und verspricht, ihnen die entflohenen Güter wiederzugeben.» – KARL REINHARDT: Prometheus, in: Tradition und Geist, 216–217, stellt gerade bei dem Thema «Hoffnung» den Unterschied zwischen HESIOD und AISCHYLOS heraus: «Das letzte, was dem Pithos (sc. Gefäß, d.V.) der Pandora entfliegen wollte, war nach Hesiod die Hoffnung. Sie blieb im unzerbrechlichen Bau unter dem Deckel. Das erste Geschenk, das der Prometheus des Aischylos sich rühmt den Menschen gebracht zu haben noch vor dem Feuer, ist die Hoffnung! Die blinde Hoffnung! (V. 250) Könnte doch ohne Hoffnung der Mensch nicht leben! Denn ehedem sahen sie den Tod voraus ... Prometheus wird zum Heiland, ehe er noch zum Feuerbringer wird. (Wie Aischylos den Hesiod, so deutet PLATON wiederum den Aischylos um. Gorgias 523 d [sc.: Werke, I 279, d.V.]: Ehedem sahen die Menschen den Tod voraus; dem machte auf Zeus' Geheiß Prometheus ein Ende.)»

5) Das Schicksal des Prometheus oder: Von Wissen und Leid

»Die Menschen begehrten einst von den Unsterblichen das Feuer, wußten aber nicht, es auf die Dauer zu verwahren; Prometheus brachte es ihnen nachher in einem Narthexstengel auf die Erde und zeigte ihnen, wie sie es mit Asche zuhalten konnten. Auf Geheiß des Zeus befestigte ihn deswegen Hermes mit eisernen Nägeln im Kaukasus an einen Felsen und gesellte ihm einen Adler, der von seinem Herzen fraß; was er am Tage verzehrt hatte, wuchs in der Nacht nach. Nach dreißigtausend Jahren tötete Herakles den Adler und befreite dadurch Prometheus.« So schreibt (im 2. Jh. n. Chr.) der römische Mythograph HYGINUS[73] und faßt damit die Geschichte des Titanen in wenigen Zeilen zusammen. Doch warum «bestraft» *Zeus* in so grausamer Weise denjenigen, der den eigentlich zu Unrecht vorbestraften Sterblichen in ihrer Hilflosigkeit beisteht?

Der Eindruck herrscht vor, daß die olympischen Götter und *Zeus* insbesondere den Aufstieg der Menschen zu Bewußtsein und Selbstbewußtsein, zu Kultur und Naturbeherrschung so wenig gern sehen, wie *Uranos* die Entstehung der Titanen und wie *Kronos* die Entstehung der Olympier, – ständig herrscht da ein Widerstand des Alten gegen das Kommende, des Gewesenen und Gegenwärtigen gegen das Künftige, und ein Mißtrauen breitet sich aus, von den eigenen Kindern verdrängt und vertrieben zu werden. Die väterliche Gottheit will nicht, daß die Söhne Macht gewinnen – gegen sie, daß ihre Töchter eines Tages andere Männer liebgewinnen – ohne sie; alles, was da heranreift, richtet sich vermeintlich gegen *Zeus*, und der tut, was er kann, um seine Geschöpfe klein zu halten. In diese Zwiespältigkeit der Gefühle tritt die Grundgestimmtheit des *Prometheus*-Mythos ein: Man ist von *Zeus* abhängig, doch nur, weil er weit größer ist und stärker, weil er die Macht hat. Jedoch kann Herrschaft sich begründen einzig durch den Anspruch machtzentrierter Überlegenheit? – Das ist die Frage, der AISCHYLOS in seinem Drama «Der gefesselte Prometheus» nachzugehen sucht, und die Motive, die er mit dem alten Mythenstoff verbindet, sind wie kaum etwas sonst dazu angetan, bestimmte Grundüberzeugungen der abendländischen Kultur- und Theologiegeschichte auf das nachhaltigste zu erschüttern und eben dadurch ein heilsames Umdenken in den entscheidenden Positionen des menschlichen Selbstverständnisses einzuleiten.

Um gleich mit dem Anfang seiner Tragödie zu beginnen: Was ist das für

---

73 HYGIN, Nr. 144, in: Griechische Sagen, S. 316.

ein Gott, der mit seiner grausamen Strafe an *Prometheus* nichts anderes erreichen möchte, als

> »... daß er lerne, sich des Zeus Herrschergewalt
> zu fügen, menschenfreundlich Wesen abzutun«?[74]

74 AISCHYLOS: Der gefesselte Prometheus, V. 10–11, S. 473. – WOLF-HARTMUT FRIEDRICH: Die Sonderstellung des Aischyleischen «Prometheus», in: Wege zu Aischylos, II 331, verweist auf die «Sonderstellung» der Tragödie und meint: «Entweder bezeugt er (sc. der «Prometheus», d.V.) eine Wendung in der Entwicklung des Dichters ... oder es ist das Werk eines vielleicht nur wenig jüngeren, jedenfalls hochbegabten Tragikers.» IRENE ZAWADZKA: Die Echtheit des «Gefesselten Prometheus», in: Wege zu Aischylos, II 337–348, referiert vor allem die Abweichungen in der Tragödie vom Stil der Dramen des AISCHYLOS: «In dem iambischen Trimeter steht oft (18 mal) ein Bindewort ... im letzten Fuß, wodurch eine enge Verbindung des Verses mit dem nächsten hergestellt wird ... Einen spezifischen Charakter zeigt die Technik des Dialogs, der mehrmals durch lyrische Partien oder einzelne, vom Chor gesprochene Verse oder Interjektionen unterbrochen wird. – Was die Sprache betrifft, fällt die Attraktion beim Relativ auf (sie ist nämlich für die prosaische Ausdrucksweise charakteristisch), der Gebrauch mancher Redewendungen aus der Umgangssprache und das rhetorische Gepräge der Reden.» (337) Gedacht wurde an einen jonischen Dichter (S. 347), oder man glaubte an eine religiöse Krise des Verfassers, vermutlich in der Spätzeit des Dichters, «während des letzten Aufenthaltes ... in Sizilien.» (349) – Anders erscheint die Lage, wenn man bedenkt, daß der «Gefesselte Prometheus» nicht als Einzelstück, sondern als Exposition für die beiden anderen nur fragmentarisch überlieferten Prometheusdramen konzipiert war, wie ROSE UNTERBERGER: Der «Gefesselte Prometheus» des Aischylos, in: Wege zu Aischylos, II 352, hervorhebt. Doch die entscheidende Frage lautet: «Kann derselbe Dichter, dessen tiefe Zeusverehrung seine Tragödien widerspiegeln, jenen gewalttätigen, ja grausamen Tyrannen geschaffen haben?» (354) Eine Antwort könnte darin bestehen, daß «in dieser kosmogonischen Tragödie» die «olympische Weltzeit» «noch nicht eigentlich angebrochen» ist. (355) Die Dimension des Vergangenen trifft sich vielmehr mit der des Zukünftigen, denn: «Bei Aischylos ist Prometheus nicht, wie bei Hesiod, der Japetonide, dessen ‹krumme Gedanken› Zeus gleichwohl durchschaut, sondern er besitzt, als Sohn der Themis, ein Zukunftswissen, das dem des Tyrannen überlegen ist.» (357) Besonders der Chor der Okeaniden «macht ... das neue Regime (sc. des *Zeus*, d.V.) für das furchtbare Schauspiel verantwortlich» (359), doch gerade so bringt er das geheime Vorauswissen des Titanen zum Vorschein. «Prometheus ist der Initiator des neuen Regimes, aber wie er sich treu bleibt als kompromißloser Außenseiter, so Okeanos als ‹naiver Mitläufer›.» (361) Dann aber tritt *Io* auf, «eine tragische Person» (363), die dem untragischen *Okeanos* gegenübergestellt wird. Die Katastrophe am Anfang steigert sich zur Katastrophe am Ende, «aber nur, weil sein (sc. des *Prometheus*, d.V.) Wille nicht gebrochen werden konnte: Noch immer schwebt die Gefahr über dem Haupt des Tyrannen.» (365) Und damit beantwortet sich auch die Frage der «Echtheit» des Stückes durch Hinweis auf das Gesamtkonzept: «Wozu ... sollte diese Vorzeit dargestellt werden, wenn nicht, um sie als Teil des Ganzen darzustellen?» (366) – Freilich, der Konflikt, der in «*Prometheus*» aufscheint, läßt sich letztlich nicht «geschichtlich» relativieren, er ist als «urgeschichtlicher» grundlegend für die Existenz des Menschen. Gleichwohl hielt ULRICH VON WILAMOWITZ-MOELLENDORFF: Aischylos-Interpretationen, 150, es für eine Lösung, wie «für die Grausamkeiten des Judengottes im alten Testamente», zu bedenken, daß da der liebe Gott

Hört man da richtig? *Prometheus* wird abgestraft seiner «Philanthropie» wegen? Ja, als was erscheint dann *Zeus*? Dessen Sohn *Hephaistos*, der schmiedekundige[75], tritt in Aktion, um seinen grausigen Auftrag zu vollenden: Er will es nicht, er soll und muß es. Innerlich fühlt er sich *Prometheus* ganz und gar verwandt, und es schmerzt ihn aufrichtig, den Sohn der «rechtratenden Göttin *Themis*»[76] an den Felsen zu klammern; doch zwingt ihn die Not, sich

> Mut zu nehmen zu dem Werk;
> Bringt doch nicht achten auf des Vaters Wort Gefahr[77].

Die bloße Furcht also vor dem drohenden Zorn des *Zeus* nötigt *Hephaistos* dazu, duckmäuserisch Dinge zu tun, die seiner eigenen Überzeugung stracks widersprechen. Er sieht genau, daß nur das «menschenfreundlich

---

selbst noch sehr jung war, und er fügte (s. o. Anm. 57) hinzu: «Es sind diese Probleme, die den Gnostikern die Unterscheidung des Demiurgen von dem guten Gotte aufnötigten.» In der Tat wird genau in dieser Problemstellung von «Schöpfung» und «Erlösung», von «Natur» und «Gnade» die Einheit und die Differenz zwischen dem griechischen *Prometheus* und dem Gott der Christen deutlich werden. – PAULA PHILIPPSON: Genealogie als mythische Form, in: Hesiod, 680, sieht «eine *allmähliche* Umbildung und Fortentwicklung aus einem sich lediglich auf Kraft und Schrecken stützenden, seine titanischen Gegner durch Blitzstrahl niederringenden Himmelsgott zu dem Zeus, den Hesiod kündet und zu dem Aischylos betet». Dennoch bleibt die Problemstellung von S. BENARDETE: The Crimes and Arts of Prometheus, 126–127, bestehen, daß *Zeus* nicht mehr und nicht weniger plant, als das gesamte Menschengeschlecht auszurotten (AISCHYLOS: Der gefesselte Prometheus, V. 228–233), um ein neues zu zeugen; er tut das allem Anschein nach in derselben Absicht, die schon hinter dem Trojanischen Krieg stand: die Rasse der Heroen auszurotten, damit nicht mehr die Götter Sterbliche heirateten und in ihren Kindern den Tod mit eigenen Augen schauen müßten; «diese neue Rasse würde eine bessere Ausgabe der Heroen gewesen sein, denn sie würden Teil an der Götter Unsterblichkeit gehabt haben; sie würden wie die *Dämonen* gewesen sein, die aus dem Goldenen Zeitalter kamen (Hesiod: Erga, V. 121–126); aber sie würden gezeugt worden sein», und so galt es, für sie Mütter und Väter auszuwählen; *Io* wäre demnach das erste Opfer dieses Plans (AISCHYLOS: Der gefesselte Prometheus, V. 668).

75 Zu *Hephaistos* vgl. KARL KERÉNYI: Die Mythologie der Griechen, I 59–61. – Im Kontrast zu dem fügsamen Fatalismus der Angst bei *Hephaistos* hebt ULRICH VON WILAMOWITZ-MOELLENDORFF: Ursprung der Tragödie. Aischylos, in: Wege zu Aischylos, I 7, hervor: «Es bietet ihm (sc. AISCHYLOS, d.V.) auch die Lehren seines persönlichen Glaubens, nicht anders als Pindar, die Erfahrung, daß Gott bei den Mutigen ist, die der Knechtschaft entgehen, weil sie die unverlierbare Freiheit der Seele besitzen, die den Leib daranzugeben gern bereit ist.» Das trifft in geradezu klassischer Weise auf *Prometheus* zu, als dessen Kontrastfigur *Hephaistos* hier agiert.

76 AISCHYLOS: Der gefesselte Prometheus, V. 18, S. 473.

77 AISCHYLOS: Der gefesselte Prometheus, V. 16–17, S. 473.

Wesen»[78] dem Titanen all die Pein einträgt, die er selbst, der *Zeus*-Sohn *Hephaistos*, ihm jetzt zufügen muß: Die Glieder in Eisen an den Felsen geschmiedet, fernab den Menschen, für die all das geschieht, soll gemartert der Titan, geschlagen mit der Gabe der Unsterblichkeit, sein Dasein zurichten in Einsamkeit, Trostlosigkeit und Ödnis, qualvoll ausgesetzt den Unbilden des Wetters – dem Frost der Nächte und dem Sonnenglast am Tage, rauhreifbedeckt des Morgens und ausgedörrt von der Hitze des Abends –, zurückgeschleudert also in die hilflose und grenzenlose Ausgesetztheit aller Kreatur an die Mitleid nicht kennende, Mitleid verweigernde Natur. Die setzt ganz einfach ihren Gang fort, rücksichtslos, hinweg über die qualverstummten Kinder, die von den Zweigen ihrer Bäume fallen oder die aus dem harten Boden der Erde aufgesprossen, aufgekrabbelt sind – flüchtig wie das Gras des Feldes und vergeblich stets in ihrer mühseligen, ameisengleichen Emsigkeit. Was soll's? Sie sterben bald. Einzig *Prometheus*, der ihr Leid aus Mitleid lindern wollte und zu diesem Zweck sie auszurüsten wußte mit den Gaben der Natur, muß unerbittlich jetzt verkörpern, wie es ist, auf ewig in den Fesseln des Naturzustandes zu verbleiben, – sterben zu wollen, aber nicht zu können, verflucht zu einem Leben, das sich fortsetzt nur im Folterzustand ohnmächtiger Qualen, und zu erleben, wie nun alles technische Geschick nicht länger Freiheit von der Pein des Daseins schafft, sondern im Gegenteil, das Schicksal, bloße Kreatur zu sein, als Strafmittel verschlimmert: Die Chance des Wissens, des Bewußtseins, die *Prometheus* schenkt, verkehrt in feiger Fügsamkeit in des *Hephaistos* Haltung sich von selbst in eine unentrinnbare Gefangenschaft. Letztlich kann man nichts machen. Letztlich ist alle Vorsorge umsonst. Letztlich ist doch das Schicksal stärker.

So formt sich denn das Bild des Menschen als *Prometheus*-List und -Fluch: Tiere ertragen stumm das ihnen auferlegte Maß an Leid in ihrem kurzen Leben; Menschen sehen voraus und wissen, daß es immer nur so weitergehen wird, unendlich, maßlos, unerträglich, und müssen es doch tragen, klagend, fragend, in stolzem Widerspruch, der wenigstens ein Stück noch ihre Würde wahrt. Es liegt ein Rechtsanspruch darin, mit Menschen menschlich zu verfahren und niemals «menschenfreundlich Wesen abzutun». *Prometheus* ist das Göttliche im Menschen selbst und sollte sein das Menschliche in allem Göttlichen. So aber ist es nicht. Es ist, als hätte die Natur in *Zeus*, in den Olympiern, nur eben grad erst Züge einer gewissen Menschenähnlichkeit gewonnen und wahre Menschlichkeit noch nicht ge-

---

78 V. 28, S. 473.

lernt. *Zeus* herrscht so «hart» wie jemand, «der sein Amt neu führt als Herr», erklärt *Hephaistos* seine Lage[79]. Die Grausamkeit der Götter – ist sie nicht selbst schon ein Beweis dafür, wie unsicher und unvertraut der neue Herr des Himmels, der Sieger über die Titanen und Giganten – die alten Mächte der Natur – sich fühlt? Strenges Regime zeugt nicht von Souveränität des Herrschenden, und wäre *Zeus* sich seiner sicher, regierte er nicht derart mit Gewalt und Kraft, – *Krátos* allein vertritt den Spruch des *Zeus* und setzt sich über alles Mitgefühl und über die Bedenken des *Hephaistos* bei seinem grausamen Gewerke skrupellos hinweg, indem er gradheraus erklärt:

> Alles legt Last auf, außer – Herr der Götter sein.
> Und frei davon ist niemand, ausgenommen Zeus[80].

Denn alles Jammern hilft ja sowieso nicht[81]. Wozu also mit sentimentalen Gefühlen sich das Unvermeidliche erschweren? Was sein muß, muß halt sein. Es herrscht Gewalt, und nur der Stärkste darf als glücklich gelten ... Gegen diesen Zynismus reiner Kratokratie steht immerdar *Prometheus*, wie *Hephaistos*, der ihn widerwillig knechtet, anerkennt:

> Selbst Gott, vor Götter-Groll nicht duckend dich hast ja
> Dem Erdvolk Ehrung du erwiesen übers Maß[82].

Menschenwürde gegen Göttergewalt – das ist die Spannung der *Prometheus*-Tragödie des AISCHYLOS. Man mag Menschen mit den Mitteln der Macht an den Kaukasos schmieden und ihr Leben mit nie endender Pein umschließen, – *der* Stolz verbleibt ihnen: zu widersprechen solcher Willkür und darauf zu hoffen, daß der Sadismus in der Art der Strafausübung selbst, wie die Gewalt (wie *Krátos*) sie in immer neuen Akten grausamer Einzelmaßnahmen noch und noch verlangt –

> Gehämmerten Stahlkeils eigenwilligen Keilerzahn
> Treib durch die Brust ihm jetzt hindurch mit voller Wucht[83] –,

daß dieses «Schauspiel», widrig anzuschaun dem Aug, in seiner Gräßlichkeit denjenigen verklagen wird, der's angeordnet hat.

79 V. 35, S. 475.
80 V. 49–50, S. 475.
81 V. 43–44, S. 475, erklärt *Kratos*: «Kein Heil ja bringt es, den bejammern hier; und du – / Da's doch nichts helfen kann, quäl dich nicht nutzlos drum!»
82 V. 29–30, S. 475.
83 V. 64–65, S. 477.

Nur, hat nicht *Krátos* recht? Es nutzt nichts, wo Gewalt herrscht, Recht zu haben, – man wird es nicht bekommen, hat man nicht die Macht. *Prometheus* sitzt buchstäblich in der Klemme. Er, dessen Name auch als der «Fürsorgende» sich übersetzen läßt, bedarf nun selber der Fürsorge[84], doch sie wird gerade ihm niemals zuteil. Er, der Vorausdenker, hätte sich's besser überlegen und rechtzeitig sich gefügig zeigen sollen. Doch so ist er *Prometheus*: Er denkt nicht dran! Er bleibt entschlossen bei dem, wozu er sich entschieden hat. Wohl fordert er in großen Worten die «Allmutter Erde» und den heiligen Äther auf, seine «Schmach und Qual ... die Jahrtausende lang» sich vor Augen zu halten[85], dann aber fällt er selbst sich ins Wort:

> Jedoch – was red ich? Alles seh ich ja voraus
> Genau, was sein wird; und mir unerwartet wird
> Kein Leiden kommen. Was verhängt mir ward, das muß,
> Mein Los, ich tragen möglichst leicht; weiß ich ja doch,
> Daß der Notwendigkeit Gewalt unzwingbar ist.
> Doch weder schweigen noch – nicht schweigen über dies
> Mein Schicksal ist mir möglich. Weil ich Menschen Heil
> Gewährt, bin solcher Not ich qualvoll unterjocht
> ...
> Weil zu sehr ich geliebt das Menschenvolk[86].

84 V. 85–86, S. 477: «Falsch nennen dich Prometheus, den ‹Fürsorgenden›, / Die Götter; selbst brauchst du, wer dir Fürsorge trifft.»
85 V. 88–100, S. 477. 479. – KARL REINHARDT: Aischylos als Regisseur und Theologe, 42, vermerkt: «Im Geiste seines Jahrhunderts ist es, wenn bei Aischylos Zeus zum Tyrannen wird, mit jenem ganzen Beigeschmack, der diesem Wort für seine Zeit anhaftet. Die Vergeistigung treibt in zwei Richtungen zugleich ...: ins Kosmische, das heißt: Natur, Urlandschaft, Hochgebirge, zwischen Himmel und Erde, und gleichzeitig ins Politische.» Diese Spannung zwischen «Natur» und «Geschichte» wird im Vergleich des prometheischen Protestes mit der Christusgestalt entscheidend sein.
86 AISCHYLOS: Der gefesselte Prometheus, V. 101–113. 123, S. 479. – Zu Recht betont HUGH LLOYD-JONES: Zeus bei Aischylos, in: Wege zu Aischylos, I 294–295, daß sich, verglichen mit den anderen Werken des AISCHYLOS, das *Zeus*-Bild im «Prometheus» nicht verändert habe; wohl werde hier *Zeus* als «harter, unbeugsamer Tyrann» dargestellt; jedoch erklärt er vermittelnd: «Jede Regierung sucht Gerechtigkeit unter den Untertanen zu verwirklichen, aber nur wenige Regierungen fragen nach dem Urteil in einem abstrakten Disput über die Gerechtigkeit mit Mächten, die ihre Autorität angegriffen haben.» Zudem müsse ein Gott, der sich um die Menschheit kümmere, nicht notwendig «gut» sein – bei HESIOD vernichtet er immerhin eines der fünf Weltalter! «Die Götter fördern zwar durch ihre Gesetze die Gerechtigkeit bei den Menschen. Aber sie sind nicht dazu verpflichtet, selbst diesen Gesetzen zu gehorchen ... Die Dichter sprechen nicht von der Gerechtigkeit, sondern von der Macht der Götter.» Das mag im allgemeinen wohl sein, doch gerade dagegen protestiert der *Prometheus* des AISCHYLOS! G. M. A. GRUBE: Zeus bei Aischylos, in:

In gewissem Sinne wählt *Prometheus* sich aus Überzeugung seine «Hölle», der Wert, den er verteidigt, lohnt's: die Liebe zu den Menschen! In seiner Einsamkeit kommen die Töchter des *Okeanos* zu ihm und sehen voller Schrecken, unter Tränen, in welcher Lage er sich findet; ihr Urteil fügt sich gänzlich zu der Einschätzung auch des Titanen selbst:

> Sind neue Weltsteurer doch Herren des Olympos;
> Und nach neuer Satzung führt Zeus ohne Fug die Herrschaft;
> Was früher gewaltig war, tilgt er aus nun[87].
>
> …
> Wer fühlte nicht empört mit dir
> Dein Leid, sieht ab man von Zeus? Dieser, bitteren Grolles stets
> Härtend den unbeugsamen Mut,
>
> …
>   wird nicht auf-
> hören, eh satt nicht sein Herz oder einer mit stärkerer
> Faust – schwer erringbar! – ihm raubt die Herrschaft[88].

Daß sich das Rache- und Revanchebedürfnis eines Tyrannen wie des hart-herzigen Sohns des *Kronos* in seiner Art der Willkür-Herrschaft je gesättigt gibt, hält der gequälte *Prometheus* für völlig ausgeschlossen; trotzdem sieht er voraus, daß *Zeus* eines Tages seine Wut sänftigen muß und sich zu einem

Wege zu Aischylos, 311, warnt allerdings davor, den Gottesbegriff des AISCHYLOS zu ver-christlichen, und betont: «Die meisten griechischen Götter sind stets Personifikationen von natürlichen oder seelischen Kräften geblieben, oft ganz unmoralisch eingreifend ins Leben der Menschen, und häufig untereinander uneins. Der Glaube an sie wurzelte im Leben selber, nicht in einem solchen, wie wir es uns gerne vorstellen, sondern wie es wirklich ist.» Zweifellos: Eben daraus entsteht die Tragik des Daseins und deren Darstellung in der Tra-gödiendichtung, doch noch einmal: Eben dagegen rebelliert unüberhörbar und für immer *Prometheus*.
87 AISCHYLOS: Der gefesselte Prometheus, V. 149–151, S. 481.
88 V. 162–166, S. 483. – Zu Recht lehnt KARL REINHARDT: Prometheus, in: Tradition und Geist, 218, den Lösungsversuch ab, es habe AISCHYLOS jenem *Zeus* «der Gewalt und Un-barmherzigkeit» einen «eigenen, gereinigten, gnädigen und barmherzigen» Gott entgegen-setzen wollen, – das, in der Tat, ist die Thematik des jüdischen Christus. Für *Aischylos* gelte, «daß es überhaupt mit der Kategorie der ‹Zeit› und der ‹Entwicklung› bei den Grie-chen eine mißliche Sache sei. Wenn Zeus dem Menschen aufgibt: ‹durch Leiden lernen› (sc. im Zeushymnus des «Agamemnon», V. 177; S. 229, d.V.), so ist die Beziehung zwischen dem Leiden und dem Lernen weder zeitlich noch entwicklungsgeschichtlich: Im Leiden ist das Lernen als Aufgabe, im Lernen das Leiden als Notwendigkeit enthalten. Ebenso bedin-gen einander ‹Macht›, bia, und ‹Gnade›, charis. Die Rechnung zugunsten eines nur gnädi-gen Zeus geht nicht auf… Nichts liegt auch ferner als der Gedanke eines Heilsplans.» All das sind christliche, nicht griechische Gedanken.

Bündnis bereitfinden wird, schon um seinem eigenen Scheitern zu entgehen[89]. Diese Überzeugung stellt für ihn keine Vermutung, sondern eine Gewißheit dar. Bedachtsam verweist er die Okeanostöchter darauf, wie er in der Titanenschlacht dem Rat der *Themis* folgte – die AISCHYLOS nur für einen anderen Namen der *Gaia* erklärt[90] –, und wie er die Olympier dahin beriet, statt mit «Kraft» und mit «Gewalt» die Auseinandersetzung intelligent, durch List, zu ihren Gunsten zu entscheiden. Sie hielten seine Art, Konflikte siegreich zu bestehen, für keines Blickes wert; sie setzten auf Gewalt. Das aber, bemerkt scharfsinnig *Prometheus* jetzt, ist doch das

> Wesen der Gewaltherrschaft
> Als Krankheit, daß den Freunden nie Vertraun sie schenkt[91].

Statt dessen fing der neue Weltenherrscher auf dem Thron des *Kronos* damit an, «den Göttern Amt auf Amt» zu schenken;

> aufs Erdvolk aber, das unselge, nahm
> Er keine Rücksicht; nein, vernichten ihr Geschlecht,
> Ihr ganzes, wollt, ein andres zeugen er aufs neu[92].

Einzig *Prometheus* widersetzte sich dem mörderischen Plan und rettete das Menschenvolk vor dem bereits beschloßnen Untergang im Hades; für dieses Mitleid also wird er mitleidlos von dem Olympier bestraft, – es ist «ein Schauspiel Zeus zur Schmach!»[93] Wer steht da näher der mythischen Figur des persisch-christlichen «Teufels»[94], – ein Gott, der Sinnes ist, wie der Jahwe der Bibel, die Menschheit von der Erde zu vertilgen[95], oder der Titan *Prometheus*, der alles unternimmt, was er vermag, den Menschen beizustehn? In jedem Fall ist er es, der – im Unterschied zum Mythos der *Pandora* – laut AISCHYLOS den Menschen «Hoffnungen, blinde», ins Herz gepflanzt hat[96], indem er gnädig es ihnen ersparte, ihr künftiges Los voraussehen zu können[97]; und darüber hinaus brachte er sie, wie erzählt,

89 AISCHYLOS: Der gefesselte Prometheus, V. 188–192, S. 483. 485.
90 V. 209–210, S. 485.
91 V. 224–225, S. 487.
92 V. 231–233, S. 487; s.o. S. 72, Anm. 74.
93 V. 241, S. 487.
94 Zur Gestalt des «Teufels» vgl. E. DREWERMANN: Wendepunkte, 47–49; 105–110.
95 Vgl. E. DREWERMANN: Strukturen des Bösen, I 192–193; 194; vgl. aber dagegen S. 206–209; 225–226.
96 AISCHYLOS: Der gefesselte Prometheus, V. 250, S. 487.
97 V. 248, S. 487. – HERBERT JENNINGS ROSE: Aischylos als Psychologe, in: Wege zu Aischylos, 162, meint: «Der Chor hat recht, wenn er die Erwartung des Todes eine … Krankheit nennt, d.h. eine Krankheit des Geistes … Das Mittel zur Heilung, das Prometheus

bekanntlich in den Besitz des Feuers mit all den Möglichkeiten seiner Nutzung. Gerad dafür jetzt martert *Zeus* ihn mit nicht endender Qual. Jedoch trägt nicht umsonst der Sohn der *Themis* seinen Namen «Vorbedacht». Verliehen hat ihm seine Mutter das Wissen um ein Rätsel, das *Zeus* noch verborgen ist und ihn gleichwohl zutiefst betrifft: Er wird, so wie er seinen Vater *Kronos* mit Gewalt gestürzt hat, bald schon genauso unerbittlich selbst von seinem Thron gestoßen werden. Denn so viel könnte jeder wissen: Wer seine Herrschaft wesentlich auf Macht, Gewalt und Tyrannei zu gründen sucht, der sät Macht und Gewalt und Tyrannei auch in den Boden seines eigenen Staatsgebiets; mit Macht mag man Herrschaft fundieren, – stabilisieren, daß sie sich auf Dauer stellt, kann man sie nicht auf diese Weise. Anders gesagt: *Zeus* wird sich seinen Machtbesitz nur sichern, wenn er davon läßt, dem Titanen weiter zu zürnen; nur dieser kann ihm sagen, welche Gefahren ihm die Zukunft bringen wird und wie sie zu vermeiden sind; als Vorbedingung dafür aber müßte *Zeus* den Widersacher als denjenigen erkennen, der er einmal war und der er wirklich ist: als einen Teil der praktisch ratenden Vernunft, die mit zu ihm gehört, wenn er erfolgreich Macht nicht nur erringen, sondern auch behalten will.

Damit erhält die Lage des *Prometheus* freilich eine fatale Ähnlichkeit mit der Situation eines Gefangenen, den die gehorsamen Agenten eines «robusten» Regimes ihrer kalt kalkulierten Folterpraxis unterziehen: Sie haben ihn in ihrer Hand und machen mit ihm, was sie wollen; andererseits sind sie in einem wichtigen Punkt auch auf ihn angewiesen: sie benötigen sein Wissen, um sich an der Macht zu halten, und sie fügen mit System, professionell und routiniert, ihrem Opfer nur deshalb jeden erdenklichen Schmerz zu, weil sie bestimmte Informationen benötigen. Doch ausgeliefert ist ihnen allein sein Körper[98], nicht ohne weiteres auch seine Seele und sein Geist.

empfiehlt, ist eines der einfachsten, die es gibt ... die Impfung des Menschen mit ‹blinden Hoffnungen›, ... mit der ganz irrationalen Erwartung eines ewig dauernden Lebens.»
98 Vgl. *Torture in the Eighties*, 18–27: The Process of torture. – Den Foltercharakter der «Strafe» des *Zeus* an *Prometheus* hebt sehr zu Recht KARL REINHARDT: Prometheus, in: Tradition und Geist, 212–213, hervor: «Was verbirgt sich hinter diesem hintergründigen Gewaltandrohen, Befehlen, Martern? Ist es die erhabene Sicherheit des neuen Himmelsherrschers? Es ist das Gegenteil, die Unsicherheit, eine maskierte Angst ... so verkehrt Aischylos auch hierin wieder Hesiods Theogonie in ihr Gegenteil.» «Zugleich ändert (sc. wegen des Zukunftswissens des *Prometheus*, d.V.) die Strafe ihren Sinn. Aus einer Strafe wird sie eine Folter.» – In dem nur fragmentarisch erhaltenen Drama «Prometheus Lyómenos» (Der befreite Prometheus) hat AISCHYLOS offenbar den Titanen noch einmal sein Leid ausführlich schildern lassen. – CICERO: Gespräche in Tusculum, II 23–26, S. 69–70, zitiert die Stelle ausführlich; da spricht *Prometheus* davon, er «suche mit Sehnsucht den Tod als das Ende meiner Leiden. / Aber auch vom Sterben werde ich durch die Macht des Zeus

Für jedes Folteropfer entsteht daraus eine Art von Selbstprüfung: ob es vermag, sich durchzuhalten und nicht nachzugeben, oder ob es jenen Schergen schließlich doch gelingt, ihr Testobjekt im Schmerzzufügen weichzuquälen, daß es aus Schwäche nachgibt und durch Preisgabe seines Geheimnisses sich selbst verrät.

Für einen Foltergefangenen wie *Prometheus* besteht eine Hauptgefahr gerade in seiner Intelligenz: Er weiß – oder er kann sich doch vorstellen –, daß seine Gegner allemal über Zeit, Methoden und Erfahrungen genug verfügen, um beliebig viel an Schmerz, so lang sie wollen und so heftig es für ihre Zwecke passend scheint, ihm zuzufügen. Jedwede Folter ist ein Kampf um Selbstbesitz und Selbstverleugnung; doch realistisch rechnen kann ein jeder «Vorausdenkende», daß er rein körperlich ermüdbar und erschöpfbar ist, – irgendwann werden seine Kräfte schwinden, und auf *den* Augenblick nur warten seine Wächter. Der Kampf ist ungleich und im Grunde schon entschieden, noch ehe er beginnt: *Sie* haben alles, was ein angenehmes Leben ausmacht, und vorenthalten es absichtlich ihrem Folteropfer, um durch Steigerung der Qual ihm ihre Macht und seine Ohnmacht zu beweisen. Menschen in dieser Lage werden irgendwann zusammenbrechen, – wenn sie nicht früh genug der Tod erlöst. Das Folteropfer darf nicht sterben, eh es sein Wissen ausgestöhnt und ausgeröchelt hat, – die ganze «Philosophie» der Folter läuft darauf hinaus. *Prometheus* indessen wird niemals sterben, – ihm kann man unbegrenzt alles erdenkliche Leiden zufügen, ohne befürchten zu müssen, daß es ihn physisch je überfordert. Und doch: wer dächte wie *Zeus,* der Titan sei seelisch durch Schmerzen erpreßbar, der irrte sich gründlich. Eben so ausdauernd stark wie sein Fleisch ist widerstandsfähig sein Geist. Ein *Prometheus* ist nicht zu brechen.

Nur: Welch eine Chiffre des menschlichen Daseins entsteht da! Inmitten einer unmenschlichen Welt kann Menschlichkeit sich einzig und allein im Widerspruch erhalten. Das aber heißt, auf ewig, solange jedenfalls, als *Zeus* auf dem Olymp regiert, zu leiden an der Grausamkeit und der Gewalt, die Menschen sinnlos zugemutet wird. Man möchte es ändern, lindern all das Leid, und wird die eigene Ohnmacht doch nur desto deutlicher verspüren. Mitzuerleben dann die feige Unterwürfigkeit der immerhin Gutmütigen, wie sie sich in *Hephaistos* ausdrückt: sie sind gehorsam dem Gebietenden, selbst wenn sie wissen, daß er unrecht hat; sie machen mit

weit ferngehalten. / Und diese alte schmerzbringende Verderbnis, angehäuft in schrecklichen Jahrhunderten, / ist in meinem Körper befestigt, / aus welchem unter der Glut der Sonne flüssige Tropfen hinunterfallen, / die ununterbrochen die Felsen des Kaukasos besprengen.» Vgl. W. NEŠKOVIĆ (Hg.). Der CIA Folter Report, 37–39.

aus Angst vor dem, der gerade die Macht innehat; sie halten es für weise, Widerstand, der nichts bewirken wird, am besten dranzugeben ..., – dagegen auch erhebt sich wie ein Mahnmal durch die Zeiten der Titan *Prometheus*. Lieber das Leid, den Schmerz nur immer weiter fühlen, als sich resignierend dreinzufügen. Lieber sich selber, seine Menschlichkeit, sein Mitleid mit den Leidenden auf immer sich erhalten, als mit allem Können und mit allem Wissen, mit den besten handwerklichen Künsten, als Handlanger und Helfershelfer zum Machterhalt der Tyrannei der Angst, Einschüchterung und der Gewalt sich selber zu mißbrauchen und zu kujonieren. Lieber den Haß des *Zeus* – oder wer gerade an der Macht ist – auf sich ziehen, als die Wertevidenz von dem, was menschlich ist, zu leugnen. Sich treu zu sein im Besten, was man denkt und fühlt, koste es, was es wolle, das ist die Haltung des *Prometheus*. Da grinst ihn hohnlachend die Macht, *Krátos* selbst, an und hat im letzten nichts weiter zu sagen als: weiter, nur weiter, quäle weiter, und dient in seiner ebenso folgerichtigen wie erfolgreichen Scheußlichkeit doch einzig dazu, den Titanen noch unnachgiebiger in seinen Qualen zu verklammern. Den beiden Sklavenseelen der Regierenden: *Krátos* und *Bía* – Kraft und Gewalt, den zwei Söhnen der *Styx*, des Flusses der Unterwelt[99] – hat *Prometheus* nichts zu entgegnen; sie sind, wie sie sind, sie bleiben, was sie sind; doch ihnen entgegen steht immerdar der Protest des *Prometheus*, das Zeugnis des Glaubens an den Wert des *philanthrōpou trópou* – der menschenfreundlichen Gesinnung.

Eine schwarzfigurige Kylix (eine flache Schale mit Stiel) aus Sparta um 550 v. Chr., die sich heute in den Vatikanischen Museen zu Rom befindet, erzählt und erweitert das Sinnbild *Prometheus* zum Weltbild (Tafel 6c)[100], indem es den Adler des *Zeus*, der in dem Drama des AISCHYLOS (noch) keine Rolle spielt, als Symbol des stetig nagenden Grams in den Mittelpunkt rückt: Alle zwei Tage fliegt dieser Raubvogel herbei und reißt *Prometheus* ein Stück der Leber (nach HYGINUS: des Herzens) aus seinem Leib; die allerdings wächst immer neu nach; psychosomatisch ist sie das Organ,

99 KARL KERÉNYI: Die Mythologie der Griechen, I 33. Genauer gesagt ist nach HESIOD: Theogonie, V. 360–363. 383–385, *Okeanos* der Vater der *Styx*, gezeugt mit seiner Gattin *Tethys*, und Styx, mit *Pallas* vereint, gebar «Durchsetzen» (Kratos) und «Gewalt» (Bia). *Okeanos* wird von HOMER: Ilias, XIV 201, als «Ursprung der Götter» bezeichnet.
100 SOFIA SOULI: Griechische Mythologie, 17. – KARL KERÉNYI: Prometheus, in: Urbilder der griechischen Religion, 198, verweist darauf, daß *Menoitios*, der Bruder des *Prometheus* nach HESIOD: Theogonie, V. 514–516, bestraft wird wie sein Vater, der Titan *Iapetos*: Er wird wegen seiner «Gewalttätigkeit und übermäßigen Manneskraft» in die Finsternis (den *Erebos*) geschleudert, *Atlas* aber (V. 517–520) hält Himmel und Erde auseinander, wodurch der Wechsel von Tag und Nacht, mithin die Zeit, möglich wird.

das krank wird vor Ärger und in dem sich der hilflose Kummer, helfen zu wollen und doch nicht zu können, Tag um Tag festfrißt. Das Schalenbild zeigt den Adler, wie er, die Fänge auf die muskulösen Beine des Gefesselten gestützt, mit erhobenen Schwingen den spitzigen Schnabel in die Brust des an Händen und Füßen Gefesselten bohrt; dessen Haltung, weder ein Stehen noch Sitzen, ist die reine erzwungene Auslieferung an den Anflug seines tierisch-triebhaften Peinigers. Sein Blut fließt und verströmt sich am Boden, und doch ist das langgeflochtene schwarze Haar des Titanen kein bißchen erbleicht noch sein athletischer Körper geschwächt – selbst der Gnadenweg der Natur aller Sterblichen: hinzuscheiden im Schwinden der Kräfte und Sinne, gefühllos zu werden bis zu Bewußtlosigkeit, Schlaf, Apathie und Erschöpfung, ist nicht vergönnt einem *Prometheus*. Er muß das Unerträgliche tragen, Tag um Tag, immer von vorn, ohne Ende, ohne Sinn, dafür alles sehend, mit riesig geöffneten Augen, in ständiger Klarheit und Wachheit, bewußt, selbstbewußt, entschieden, unbeugsam. Was er erduldet, ist das Schicksal aller Geschöpfe, die ihre Lage zu begreifen beginnen: So eingerichtet ist, was man die «Ordnung» der Natur zu nennen pflegt. – Deshalb auch taucht am anderen Ende dieser Welt die Gestalt des *Prometheus*-Bruders *Atlas* auf. Er ist der «Träger», dessen Name vom Kyllene-Gebirge auf der Peloponnes in den Westen der Welt, ans Ende der Erde, verlegt wurde[101]; dort stützt er den Himmel. *Prometheus* sieht in ihm ein weiteres Beispiel für die Art des *Zeus* zu strafen, und es bedrückt des Bruders Los ihn,

> des Atlas, der auf abendländscher Flur
> Dasteht und das Gewölb des Himmels und der Erd
> Aufstützt den Schultern, eine Last, nicht handsam grad[102].

Auf der Kylix-Darstellung stützt der Titan mit der rechten Hand sich auf der eigenen Hüfte ab, um mit der linken das auf seiner Schulter wie ein Riesenfelsen lastende Himmelsgewölbe an langen Fingern auszubalancie-

---

101 KARL KERÉNYI: Die Mythologie der Griechen, I 165; HERBERT HUNGER: Lexikon der griechischen und römischen Mythologie, 78.
102 AISCHYLOS: Der gefesselte Prometheus, V. 348–350, S. 493. – ALBIN LESKY: Griechischer Mythos und Vorderer Orient, in: Hesiod, verweist (unter Bezug auf HOMER: Odyssee, I 52; S. 9) darauf, daß *Atlas* alle Tiefen des Meeres kennt und die Säulen trägt, die Himmel und Erde auseinanderhalten; im hetthischen Gesang des *Ullikummi* ist die Rede von dem Riesen *Upelluri*, auf dessen Schulter ein Unhold wächst, der aus dem Meere aufragt, und so meint LESKY, «daß der Weltriese (sc. *Upelluri*, d.V.), der Himmel und Erde stützt, natürlich ebenso auch das Meer trage. Von hier aus wird ein Atlas, der die Tiefe des gesamten Meeres kennt, ohne weiteres verständlich.»

ren; auch er ist nicht imstande, sich grad aufzurichten; er ist dazu verurteilt, eingekeilt unter Aufbietung aller Kräfte in einer Zwischenstellung zwischen Knien und Stehen zu verharren[103], – damit die Welt nicht einstürzt. Die das Unerträgliche tragen, offenen Auges und unermüdlich, verurteilt zum Weiter-So, weil sie im Protest der Titanen-Brüder *Prometheus* und *Atlas* die Welt erträglich und die Erde bewohnbar halten, sie sind die eigentlichen Widersacher und Stützen zugleich eines Himmels, in welchem auf dem Gipfel des Götterberges Olymp *Zeus* seine Herrschaft angetreten hat, ohne zu wissen, wie lange sie währt.

6) Der vergebliche Ratschlag des Okeanos und das rätselhafte Schicksal der Io

Wie um die klar genug herausgemeißelte Figur des leidend-mitleidigen *Themis*-Sohns *Prometheus* in den Nuancen feiner noch zu modellieren, konfrontiert AISCHYLOS den grausam an den Kaukasos geschmiedeten

103 In den modernen Foltergefängnissen nutzt man die «Tigerkäfige», um genau diese Stellung über beliebig lange Zeit hin zu erzwingen. Oder man läßt, wie in Guantanamo, die Inhaftierten stundenlang stehen – unter kontrolliertem Schlafentzug, versteht sich. Vgl. ROMAN DEININGER: Anleitung zum brutalen Verhör, in: SZ, Nr. 89, 18./19.4.09, S. 9: «Zum Zwecke des Schlafentzugs soll der Gefangene ‹in einer stehenden Position mit den Händen vor dem Körper gefesselt› werden … Die Dauer der Maßnahme dürfte elf Tage nicht überschreiten. Nach ein oder zwei Nächten ununterbrochenen Schlafs könne die Prozedur neu beginnen, medizinische Hilfe müsse aber stets bereitstehen.» «Das US-Justizministerium hat am Donnerstagabend (sc. 15.4.09, d.V.) vier Memoranden aus den Jahren 2002 bis 2005 veröffentlicht, in denen die Rechtsberater der Bush-Regierung 14 harte Verhörmethoden billigten.» Das Dauerstehen war eine von ihnen. STEPHAN GREY: Entführt, verhört, versteckt, in: Edition Le Monde diplomatique, Nr. 16, 2015, 23–25, berichtet von der Unterbringung «in einer eiskalten, winzigen Zelle», Schläge, «Folter mit Elektroden, die … unter ärztlicher Aufsicht an besonders empfindlichen Körperstellen angebracht wurden.» (23) Nach dem 11. September 2001 entstand ein US-System der «Auftragsfolter» in Ländern wie Jordanien, Ägypten, Saudi-Arabien, Syrien (unter ASSAD!), Marokko, Usbekistan u.a.; die Überstellung dieser «outsourcing torture» erfolgte mit Wissen und Beteiligung der BRD über Frankfurt. Erst 2014 mußte die polnische Regierung eingestehen, daß zwischen 2002–2003 der Palästinenser ABD AL-RASHIM AL-NASHIRI und der Saudi ABU ZUBAYDAH von der CIA in einem Geheimgefängnis in Masuren mit Wissen und Duldung der polnischen Behörden monatelang gefoltert worden ist, – mit Scheinhinrichtungen, Waterboarding, das ganze Programm; danach wurden beide nach Guantanamo überstellt, wo sie noch heute festgehalten werden. Der Europäische Gerichtshof für Menschenrechte verurteilte im Juli 2014 Polen zu Schmerzensgeld an beide CIA-Opfer zu je 100 000 Euro; ermittelt wird inzwischen gegen Litauen und Rumänien wegen ähnlicher Vergehen. FREDERIK OBERMAIER: Polen wegen Foltergefängnis verurteilt, SZ 25.7.14.

Titanen nicht nur mit den Okeaniden, deren Chor zwar klagend, doch nicht wirklich tröstend ihn umgibt[104], sondern auch mit deren Vater, mit *Okeanos*[105], der auf dem «flügelschnellen ... Reitvogel»[106], dem *Pegasos*, erscheint, sowie hernach mit *Io*, deren trauriges Geschick als weiterer Beleg für die menschenverachtende Willkür des *Zeus* gewertet werden muß[107].

Okeanos, der (Halb)Bruder, kommt zu *Prometheus* als ein Helfer und ein Freund, doch trifft er in ihm einen tief Gekränkten, ungerecht Behandelten und trotz der Fesselung noch immer geistig Rebellierenden und Revoltierenden. Wie denn auch nicht! Noch einmal: Er selbst, *Prometheus*, hat als

> ein Freund des Zeus,
> Mit ihm zusammen auferbaut sein Königreich[108].

Nun ist er unter Qual und Leid gebeugt; und auch *Okeanos* kommt nicht umhin, den Widerspruch anzuerkennen; gleichwohl will er dem Blutsverwandten helfen. Zwar kann er selbst an dessen Lage nicht viel ändern, doch sieht er noch zwei Wege oder gar Auswege, die aus der Klemme führen könnten: *Als erstes* schlägt er eine Art von psychotherapeutischer Betrachtung vor:

104 In AISCHYLOS: Der gefesselte Prometheus, V. 259–262, S. 489, zum Beispiel mahnt der Chor der Okeanostöchter an: «Siehst du nicht, daß du / Gefehlt hast? *Wie* gefehlt hast, das zu sagen bringt / Nicht Freude mir, dir Schmerz bloß. Also lassen wir's beiseite.»
105 Zu *Okeanos* vgl. KARL KERÉNYI: Die Mythologie der Griechen, I 19: «Mit Okeanos war die Göttin Tethys verbunden ... Mit wem hätte Okeanos der ‹Ursprung› von allem sein können, wenn in seiner Person nur ein männlicher Urstrom dagewesen wäre und keine empfangende Ur-Wassergöttin mit ihm? Wir verstehen auch, warum bei Homer berichtet wird, das Ur-Paar halte sich seit langer Zeit schon von der Zeugung zurück ... Hätte ... die Urzeugung nicht aufgehört, so würde ... unsere Welt keinen Bestand haben ... Alles wäre ins Grenzenlose weiter gezeugt worden. Dem Okeanos blieb also nur die Strömung im Kreise, das Nähren der Quellen, der Flüsse und des Meeres – und die Unterordnung unter die Macht des Zeus.» Vgl. HOMER: Ilias, XIV 206, S. 282. Zu den *Okeanos-Töchtern* vgl. KARL KERÉNYI: A. a. O., I 37–38: Die ältesten Töchter der Tethys und des Okeanos.
106 AISCHYLOS: Der gefesselte Prometheus, V. 286, S. 489.
107 Zum Schicksal der *Io* vgl. APOLLODOR, II 5 ff., in: Griechische Sagen, 37–38; HYGIN, Nr. 145; 149, in: Griechische Sagen, 317; 319.
108 AISCHYLOS: Der gefesselte Prometheus, V. 304–305, S. 491. – KARL REINHARDT: Aischylos als Regisseur und Theologe, 47, betont, daß *Prometheus* «unter den gegebenen Umständen» «mitsamt der Mutter» *Themis* zur Seite des *Zeus* übergelaufen sei und diesem zum Siege verholfen habe. S. 48: «Er ist nicht nur der Retter, sondern auch der Ordner, wie der Götter-, so der Menschenwelt. Aus dem Betrüger, der er bei Hesiod gewesen ist, wird (sc. bei AISCHYLOS, d.V.) das Opfer eines unfaßbaren Undanks.»

Ich seh's, Prometheus, und getreulich raten dir
Will ich das Beste, bist du gleich gewandt und schlau:
Erkenn dich selber und stimm wandelnd deinen Sinn
Dir neu; neu ist ja auch der Fürst im Götterreich (sc. Zeus, d.V.).
Doch wenn so rasche, scharfgeschliffene Worte du
Ausstößt, wird bald dich, hat auch weit, viel höher er
Den Thron, Zeus hören; dann wird die derzeitge Last
Drückender Nöte Kinderspiel dir scheinen nur.
Auf, Unglückselger, was du hegst an Groll, wirf's weg
Und such von solcher Qual und Not Befreiung dir!
...

Du bist noch nicht gefügig, weichst den Übeln nicht,
Willst zu vorhandenen andre noch aufladen dir.
Nicht wirst fürwahr du, nimmst du mich zum Lehrer an,
Wider den Stachel löcken, siehst du doch:
Ein rauher Herrscher, rechenschaftslos, hat die Macht[109].

Die einzige unmittelbar mögliche Änderung der Lage des *Prometheus* erblickt diesen Worten nach *Okeanos* darin, eine andere Bewußtseinseinstellung zu finden. «Erkenne dich selbst.»[110] Dieser Spruch am Eingang des *Apollo*-Heiligtums von Delphi ist hier ganz und gar ins Psychologische gewendet: Es macht keinen Sinn, alten Überzeugungen noch weiter anzuhangen, wenn die Zeiten sich geändert haben; es schafft nur unnötige Leiden, sich gegen die Verhältnisse zu stellen, wie sie sind; die Herrschaft des Titanen *Kronos* ist beendet, jetzt regiert *Zeus* auf dem Olymp; also muß man mit ihm sein Auskommen zu finden sich bemühen, – ihn zu bekämpfen kann das schon vorhandene Leid nur noch vermehren. Gewiß, er ist «ein rauher Herrscher», doch eben weil ihm alle Macht gehört, braucht er niemandem Rechenschaft zu geben, – Macht wäre niemals absolut, wenn über ihr noch eine fremde Maßinstanz oder Kontrollbehörde existieren würde ...

Doch gerade das ist das Problem eines *Prometheus*: Wer Macht hat, hat nicht ohne weiteres auch Recht! Er trägt Verantwortung, er muß schon deshalb, *weil* er Macht besitzt, den Machtgebrauch legitimieren vor dem Forum der Vernunft, der Sittlichkeit, – des Rechts! Macht schafft nicht Recht, – sonst wäre sie nichts als die Quelle allen Unrechts, aller Unmoral. Das Recht steht über aller Macht; es ist das wirklich Absolute, an das alle Macht gebunden ist.

109 AISCHYLOS: Der gefesselte Prometheus, V. 307–316. 320–324, S. 491; 493.
110 V. 309, S. 491.

Genau *die* Überzeugung läßt *Prometheus* rebellieren gegen *Zeus*, gegen die Willkürherrschaft des *Kroníon* (des Sohnes des Titanen *Kronos*), gegen die Tyrannei, mit der er tut, was ihm gefällt. Wohl, wer sein Glück zu machen sucht, muß sich zufrieden geben, muß fügsam werden, muß sich resignativ dreinschicken in das Schicksal; *Prometheus* aber will durchaus nicht in der Weise glücklich werden. Für ihn kommt es nicht einer Form von Selbsterkenntnis, sondern der schlimmsten Form von Selbstverrat gleich, in dieser Frage nachzugeben: Macht ist nicht und darf niemals sein der Ursprung allen Rechts! Um diesen Standpunkt geht es. Macht ist nur legitim im Rahmen eines Rechtes, das für alle gilt; wie aber *Zeus* regiert, erzeugt es Unrecht. Das ist der Grund für des *Prometheus* Rebellion; mit dieser Rebellion ist er identisch; auf sie kann er und wird er nicht verzichten. Warum also nicht gerade weiter «wider den Stachel löcken»[111]? Alles, was ihm *Okeanos* anträgt, bestärkt im letzten nur den Widerstand.

Es ist wie manchmal in der Psychotherapie: Ein wohlmeinender Helfer anempfiehlt die Anerkennung der Realität, wie sie nun mal (geworden) ist, – die Zeiten haben sich geändert, also muß man auch mit den Zeiten gehen. Doch wenn das einfache «Ist so» selbst schon das Unerträgliche bedeutet? Wenn das Realitätsprinzip nicht länger mehr verfängt, weil die Realität in sich bereits als illegitim gilt? Manch ein Psychoanalytiker mag dann sprechen von einer neurotisch bedingten Realitätsverleugnung, von einer narzißtischen Befriedigung im Überich, von einem geheimen Anspruch, selber die Macht zu besitzen, deren Besitz man dem anderen vorwirft ... Aber so wohlgemeint auch immer solche Vorhaltungen sein mögen, sie werden regelmäßig nur die Auflehnung verstärken und verfestigen, nicht weil der Leidende (der «Patient» ganz wörtlich) durch und durch neurotisch wäre, sondern weil ihm die Menschlichkeit, das Mitleid und das Recht für höherwertig gelten als eine Art von Glück, das sich erkauft durch klägliches Kapitulieren vor den obwaltenden Umständen.

Dieser Standpunkt des *Prometheus* hat durchaus etwas Ansteckendes, – er überzeugt in seiner Klarheit und fasziniert in seiner schlichten Größe. Als *zweite* Hilfsmaßnahme stellt *Okeanos* deshalb sich vor, selber bei *Zeus* für seinen (Halb)Bruder sich zu verwenden und in der Sache vorstellig zu werden, wenn nur *Prometheus* nicht durch allzu widerspenstige Reden alle Hoffnungen zunichte macht; denn so erklärt er:

> Und nun geh ich von hinnen und mach den Versuch,
> Falls ich's vermag, dich zu befrein aus dieser Not.

111 V. 323, S. 493.

Du halt dich still und laß zu keck nicht sein den Mund;
Weißt nicht genau du so gewaltig Kluger, daß
Der Zunge eitler Torheit Strafe sich gesellt[112]?

Doch von vornherein ist dieser Plan zum Scheitern verurteilt. Es ist paradoxerweise jetzt der «Realismus» des *Prometheus* im Umgang mit «Göttlichem», der einen solchen Versöhnungsversuch von vornherein für vergeblich erklärt –

Nie überredest du ihn (sc. Zeus, d.V.), er bleibt Bitten taub.
Sieh du nur selbst zu, daß nicht Leid dir bringt die Fahrt[113]!

Ja, *Prometheus* fürchtet, es könnte, wenn er sich in seiner Sache zu sehr en-
gagiert, auch seinen Halbbruder *Okeanos* eine ähnlich qualvolle Strafe er-
eilen, wie sie seinen Bruder *Atlas* bereits getroffen hat – oder den rebellischen
Typhos, der unter «des Ätnas Wurzelgrund» «hinabgezwängt»[114] ward;

selber rette dich, wie du's ja kannst[115],

empfiehlt er ihm; alles andre sei nichts als

Müh, überflüssge, leichtsinnige – Gutmütigkeit[116].

Indessen, auch *Okeanos* denkt in gewissem Sinne «idealistisch», und so
wenig *Prometheus* von seiner «Menschenfreundlichkeit» lassen wird, für
die er derart grausam leidet, so wenig läßt der Gott des Stromes, der die
Welt umfließt, sich von der Freundschaft zu seinem Titanenbruder abbringen, – sie lohnt für ihn jedwedes Risiko; und so spricht er an dieser Stelle
denn die vielleicht schönsten und in ihrer Menschlichkeit am meisten eindrucksvollsten Worte der Tragödie:

Laß mich an dieser Krankheit kranken, ist's ja doch
Gewinn, wenn – wohlgesinnt – man unbesonnen scheint[117].

Fast kommt es zu einem Wettkampf des Edelmuts, wenn *Prometheus* darauf antwortet, er wolle nicht, daß man es später ihm als Schuld vorwerfe,

112 V. 325–329, S. 493.
113 V. 333–334, S. 493. – Zu Recht bemerkt KARL REINHARDT: Aischylos als Regisseur
und Theologe, 45: «Je engherziger Zeus, desto weitherziger er (sc. *Prometheus*, d.V.) …
Und wie täuscht sich doch dieser Okeanos, sowohl über sich selbst wie über Zeus! Je klarer
Prometheus sieht, um so dunstiger wird der Mahner.»
114 AISCHYLOS: Der gefesselte Prometheus, V. 365, S. 495.
115 V. 374, S. 495.
116 V. 383, S. 495.
117 V. 384–385, S. 495.

falls *Zeus* in Zorn gerate über jemanden, der derart Fürbitte einlege für ihn als einen eben erst schuldig Gesprochenen. – Er werde sich das gräßliche Beispiel des an den Kaukasos Gefesselten Warnung genug sein lassen, verspricht ihm immerhin darauf *Okeanos*, als er mit seinem vierbeinigen Vogel («*Pegasos*») sich in des Äthers hohe Bahn hinaufbegibt, – Grund, doch auch Grenze wird für ihn die Strafe seines Bruders sein, sich gegen allen Widerstand für ihn bei *Zeus* nach Kräften zu verwenden. Jedoch wie um die Aussichtslosigkeit des Flehens um Mitleid schon im voraus zu verstärken, brechen die zurückgebliebenen Okeaniden in Klage aus über den Zustand der Welt in den Händen des *Zeus* –

> Denn voll Miß-
> gunst führt ja Zeus hier nach der Will-
> kür Brauch die Herrschaft; und voll Hochmut weist er den
> Göttern von ehdem der Gewalt Speer.
> ---
> Allüberall schon von Gestöhn
> Erschallt das Erdreich; um die groß-
> mächtige, ehrwürdige stöhnt
> Man, deine sowie deiner Bluts-
> verwandten Hoheit[118].

Auch *Prometheus* selbst kann solch weltweiter Klage nur zustimmen. War er es nicht, der den Göttern auf dem hohen Olymp dazu verhalf, ihre jeweiligen Ämter zu erhalten? Und seine Menschenliebe! Sie, die den eigentlichen Grund der fürchterlichen Lage darstellt, in welcher er sich jetzt befindet, erzeigte sich, als er, der Kulturheros, den Menschen alles schenkte, was sie als Menschen in Vernunftbesitz ausmacht, – noch einmal sei es in Erinnerung gerufen: Unfähig waren sie vom Ursprung her, auch nur zwischen Traum und Wirklichkeit zu unterscheiden, – er aber, der im voraus Denkende, ermöglichte es ihnen; er zeigte ihnen, wie man an der Sonne Lehm zu Ziegeln brennt und Holz zum Hausbau herrichtet; er lehrte sie, die Jahreszeiten zu beachten und an dem Stand der Sterne abzulesen, welche landwirtschaftlichen Vorkehrungen im gegebenen Augenblick zu treffen sind; vor allem: die Kultur des Schreibens und des Lesens und damit auch der Weitergabe des in der Gegenwart schon aufgehäuften Wissens an all die Nachgeborenen und noch Nachkommenden, – er war ihr wahrer Schöpfer. Und dann die Tierzucht – Pferde als Transportmittel –, und Schiffsbau,

---

118 V. 402–411, S. 497.

Meere zu durchqueren: sämtliche Neuerungen in Werkzeugherstellung und Arbeitserleichterung erfand er allein zum Wohle der Menschen; Heilmittel gegen mancherlei Krankheit, die Kunst der Zeichendeutung – Mantik und Orakelwesen –, die Anwendung des Feuers zum Schmelzen von Metallen, – alles, alles ersann er, *Prometheus*, seinem Namen damit ewigen Ruhm erschaffend[119]. Jedoch, wie wenig können Menschen ihm jetzt nützen und wie unnütz also scheint letztlich sein Leiden? Der Chor der Töchter des *Okeanos* klagt ganz zu Recht:

> Sieh, wie bleibt ohne Dank, was doch Dank heischt,
>   o Freund, sag, wo bleibt Abwehr,
> Von dem Eintagsgeschlecht der Beistand? Sahst nicht klar du,
> Wie armselige Ohnmacht, kraftlos,
> Einem Traum gleich, dieses Erdvolks
> So ganz blindem Geschlechte den Fuß hemmt? Und niemals
>   geschehen wird's,
> Daß, was verfügt ist von Zeus, durchkreuzt wird von des
>   Erdvolks Ratschluß[120].

Um so vorteilhafter und weiser daher erscheint es, pünktlich und korrekt sich an der Götter Ratschluß zu halten und für die gebührende Entrichtung der Opfer Sorge zu tragen. Dennoch – der letzte Lenker des Weltenlaufs, wie er vielleicht von sich selber vermeint, ist auch *Zeus* nicht. Fast wie eine Hoffnung dünkt es *Prometheus*, daß die drei Schicksalsgöttinnen, die *Moiren* (*Klotho*: die den Lebensfaden Spinnende, *Lachesis*: die das Lebenslos Zuteilende, und *Atropos*: die den Lebensfaden Durchschneidende), auch schon das Schicksal des *Zeus* verfügt haben. *Themis*, die Mutter, tat es ihm kund, doch ist die Zeit noch nicht reif, es kundzutun allen[121], wie die Herrschaft dieses Tyrannen auf dem Götterthron einstens wohl enden wird.

119 V. 505–506, S. 503: «Doch kurzen Worts alles umfassend wißt: es kommt / Jedwede Kunst dem Erdvolk von Prometheus her.»
120 V. 545–551, S. 505. – WOLFGANG SCHADEWALDT: Ursprung und frühe Entwicklung der attischen Tragödie, in: Wege zu Aischylos, 133, sieht in dem dialogischen Parodos (Einzugslied, Auftritt) des Chors der Okeaniden etwas formal «durchaus Neues» und erläutert: «Prometheus soll vernünftig sein, soll nachgeben, sich dem Willen des Zeus fügen. Von dieser Parainese (Mahnung) her ... erhalten die Berichtreden des Prometheus jenen besonderen Charakter der Selbstdarstellung und Rechtfertigung seines Trotzes: er hat den neuen Göttern mit zur Herrschaft verholfen, aber die Menschen vor der Vernichtung bewahrt und ist durch den Raub des Feuers und die Stiftung von Kult und Wissenschaft zum Begründer der menschlichen Kultur geworden.»
121 AISCHYLOS: Der gefesselte Prometheus, V. 511–525, S. 503.

An dieser Stelle nun wechselt die Szene, wie um die Person des *Prometheus* in ihrem Protest gegen *Zeus* noch greller strahlen zu lassen.

Das düstere Bild von der Herrschaftsweise des Olympiers kann keine Gestalt der griechischen Mythologie so effektvoll verkörpern wie *Io*, die *Prometheus* sogleich erkennt, als sie, umherirrend, sich ihm naht, und gleich auch erkennt er ihre Geschichte, noch ehe sie ihm diese mitteilt, – ein Dulder und eine Dulderin begegnen sich da[122], nur in gewissermaßen umgekehrter Grundeinstellung: Während *Prometheus* für schuldig gilt, weil er vermeintlich *Zeus* nicht treu genug gehorsam und ergeben war, wird gerade dies der *Io* zum Verhängnis, daß sie von *Zeus* nicht loskommt. – Sie war die Tochter des Flußgottes *Inachos*, des Königs von Argos, und Priesterin im Tempel der *Hera*; dort freilich blieb ihre Schönheit dem Vater der Götter und Gatten der *Hera* nicht lange verborgen, und um sie sich gefügig zu machen, erfüllte er ihr Unbewußtes mit Vorstellungen liebender Sehnsucht; denn so erzählt *Io*:

> Traumbilder stets ja schwebten in der Nacht in mein
> Jungfraungemach herein mir, redeten mir zu
> mit Schmeichelworten: «O höchst glückselge Maid,
> Was bleibst du Jungfrau länger, steht die Ehe doch
> Dir frei, die höchste? Zeus ja, durch der Sehnsucht Pfeil
> Brennt heiß in Glut dir, trägt nach Kypris› (sc. Aphrodites, d.V.)
> Werk zu zwein
> Begehr; doch du, Kind, weis nicht ab den Liebesbund
> Mit Zeus; nein, geh hinaus zu Lernas tiefem Grund
> Der Wiesen, Vaters Herden und dem Viehgehöft,
> Auf daß Zeus' Auge finde seiner Sehnsucht Ziel!»[123]

---

122 V. 595, S. 507: «Du bist, der Dulder, der mich, so, die Dulderin, richtig zu grüßen weiß.» – WOLFGANG SCHADEWALDT: Ursprung und frühe Entwicklung der attischen Tragödie, in: Wege zu Aischylos, 133–134, sieht in der Einlage der Io-Szene eine «Konfrontation»: «die Konfrontation der von der Göttin Hera verfolgten jungen Frau mit dem von Zeus verfolgten Prometheus». In der folgenden epischen Rede der Deutung des Schicksals Ios erzeige *Prometheus* seine Menschlichkeit, deute aber auch schon seine Rettung an. ALBIN LESKY: Die tragische Dichtung der Hellenen, 139, sieht in der Io-Szene «die Absicht …, Zeus als den Leidensbringer erscheinen zu lassen». Zu Recht betont er aber auch die genealogische Zusammengehörigkeit von Io und *Prometheus*: «Zeus kann seinem Sturz entgehen, wenn er Prometheus löst … Lösen aber kann ihn nur ein Nachkomme Ios im 13. Glied. Dazwischen liegt für die Gequälte viel harte Not.»
123 AISCHYLOS: Der gefesselte Prometheus, V. 645–654, S. 511. – KARL REINHARDT: Aischylos als Regisseur und Theologe, 53, sieht richtig, wenn er den Auftritt der Io mit den Worten kommentiert: «Zu *der* Anklage, die im Titanenschicksal sich erhebt, tritt die An-

Ein um 1530 von CORREGIO gemaltes Ölbild deutet die nächtlichen Traumszenen selbst schon als die geheime Erfüllung des Verlangens, mit dem *Zeus* seine Geliebte umhüllt: Selber als Tochter eines Flußgottes dem feuchten Element entstammend, sitzt *Io* dort neben einer Amphore, welcher Wasser entfließt, das zu den Füßen der Nymphe zu einem Bach wird. Um sich ohne Widerstand der *Io* nahen zu können, hat der Gott die Gestalt einer Nebelwolke angenommen. «In verzückter Hingabe an das Unbekannte räkelt sich Io in der Abgeschiedenheit ihres sumpfigen Fleckens – nicht wissend, was ihr geschieht, hat sie auch keinen Grund zur Gegenwehr. Der Nebel umschlingt sie wie eine zärtliche Umarmung. Und tatsächlich materialisiert sich ein Arm, ein männliches Gesicht erscheint und küßt die Unwissende auf den Mund ... alles ist mit Weichheit umgeben. Licht und Farbe werden in rauchige Schattierungen verwandelt. Konturen verlieren sich zu atmosphärischer Unschärfe: ein letzter Augenblick, bevor der Nebel das Sujet aus diversen Gründen unmalbar werden läßt.» (Tafel 7)[124]

Die *Io* der Überlieferung freilich vermag die Beunruhigung derartiger nächtlicher Erlebnisse nicht länger für sich zu behalten; sie wendet sich an ihren Vater um Hilfe, der, selbst unsicher, das Orakel von Delphi seinerseits um klärende Auskunft bittet. Doch die Botschaft des *Apoll* ist von grausamer Eindeutigkeit: Wenn er nicht wolle, daß sein ganzer Stamm von *Zeus* im Zorne ausgerottet werde, so müsse er *Io* verstoßen; daher

> Zum Leid mir, ihm zum Leid[125],

»gehorsam wider Willen«, tut er's; *Zeus* aber, um vor *Hera* seine ehebrecherischen Pläne zu verhüllen, verwandelt die Geliebte in das Tier, das *Hera* heilig ist: in eine Kuh.

Für den Moment mag man daran erinnern, daß religionsgeschichtlich die Kuh eine zentrale Rolle im Kult der *Hera* einnahm und daß man vermuten darf, die Dienerinnen der *Hera* seien als Kühe verkleidet gewesen; in jedem Falle wurde *Io* schon von HERODOT[126] und DIODOR[127] mit der ägyptischen *Isis* gleichgesetzt, und zu den Ufern des Nils führt im weiteren denn auch die Flucht der *Zeus*-Geliebten – oder: *Zeus*-Verfluchten. Was psychoanalytisch

---

klage in Gestalt der Io. Zum Gefesselten kommt die Verfolgte, Umgetriebene, das ganze Mittelstück ist ein Gespräch der beiden von demselben Gott verfolgten Opfer.»
124 DANIEL UCHTMANN: Liebespaare in der Kunst, 14.
125 AISCHYLOS: Der gefesselte Prometheus, V. 671, S. 513.
126 HERODOT: Historien, II 41; Bd. 1, S. 235: «Isis wird bei ihnen (sc. den Ägyptern, d.V.) als Frau mit Stierhörnern dargestellt, wie die Griechen Io abbilden.»
127 DIODOR: Historische Bibliothek, 1,24; Volumes 1–5, S. 43: «Isis wird von den Griechen ebenfalls (sc. wie *Perseus*, d.V.) in ein anderes Vaterland, nach Argos, versetzt, durch die Fabel von der Verwandlung in eine Kuh.»

ihr ganz offensichtlich zum Verhängnis wird, ist die enge, allzu enge unbewußte Bindung an den Vater, der – überdimensioniert – sich in Gestalt des Göttervaters selbst vergöttlicht; die bittere Vertreibung der Tochter findet ihre Rechtfertigung in der Strenge des Inzest-Tabus, – das Mädchen muß den Weg ins Leben finden, indem es seine Bindung an den Vater auflöst; ein treues Kind wie *Io* aber tut sich gerade dabei äußerst schwer, – es hat Angst vor der feindlichen Welt draußen, es flieht zurück in seinen Schutz, und der Vater selbst erzeigt sich zwiespältig, – gegen sein eigenes Gefühl, legitimiert allein durch einen Götterspruch, weist er die Tochter von sich.

Fortan muß die Liebe des *Zeus* der vereinsamten *Io* die verlorene Liebe des Vaters ersetzen, doch die träumende Seligkeit kindlichen Verlangens von einst wächst sich nun aus zu einer ständigen Verfolgungsangst. Vor allem die Muttergestalt der *Hera* (von einer irdischen Mutter der *Io* erfährt man gar nichts, sie ist einfachhin des *Inachos* Tochter!) verkörpert die Ahnung und zugleich schon die Ahndung der verbotenen Wünsche des Mädchens. Die erzwungene Kuh-Verwandlung, die *Zeus* an ihr vornimmt, setzt in äußerst beredter Weise die Ambivalenz der Gefühle nur weiter fort: Als Kulttier der *Hera* paßt sie sich vollkommen in die Ansprüche und Erwartungen der Mutter(göttin) ein; gleichzeitig aber ist diese Transformation ins Harmlose nur die (leicht zu durchschauende) Camouflage, die es erlauben soll, in der Nähe des Vaters zu verbleiben. Doch die Strafe, die selbst das verdrängte, das unbewußte, verwunschene Wünschen ereilt, zeigt sich in der neuerlichen Qual, die *Hera* über die Konkurrentin an der Seite ihres Gatten verhängt: Sie sendet Bremsen der verhaßten Schein-Kuh auf den Leib, die sie bis zum Wahnsinn malträtieren und ruhelos umhertreiben, – als Nervenkrise infolge rätselhafter Schuldgefühle auf Grund der unterdrückten, doch niemals gänzlich aufgegebenen Inzest-Gebundenheit an *Inachos* beziehungsweise *Zeus*, so wird man diesen Zustand der unglücklichen *Io* diagnostizieren müssen. Sogar den Riesen *Argos* mit den 100 Augen, die sich niemals alle schließen, postiert die mißtrauische *Hera* an der Seite *Io*s, – ein stetes Überwachungs- und Kontrollgefühl begleitet sie unter den «Bremsenstichen», den «Gewissensbissen» der nur scheinbar grundlos zürnenden Göttin. Bedeutet es da eine Erleichterung, daß *Zeus* den getreuen *Hermes* damit beauftragt, *Argos* zu töten, – *Argeïphontes* – *Argos*-Töter heißt er seither? Mit dem Wegfall des Aufsehers beginnt recht erst die rastlose Flucht der hilflos umhergetriebenen *Io*, deren weiteren Weg ihr *Prometheus* nunmehr auf Drängen der Okeanostöchter ansagt, – es wird ein Weg sein, der Generationen danach noch die Tochter-Vater-Ambivalenz in äußerst zugespitzter Weise wiederholt, um sich dann endlich ihrer zu entledigen.

Nach langem Irren durch den Kaukasos, durchquerend die Furt, die als Bosporos – als Kuhfurt – nach ihr selbst benannt sein wird, setzt *Io* über nach Kleinasien, und der Titan vermag an dieser Stelle die Quintessenz nicht zu unterdrücken, die sich beim Anblick all der Pein der in moralischem Betracht doch gänzlich Schuldenreinen wie von selbst ergibt:

> Wahrlich, scheint euch nicht
> Des Götterreichs Gewaltherr allerwegen gleich
> Grausam zu sein? Dies Menschenkind, da er's, ein Gott,
> Wünscht zu umarmen, stieß er so in Irrsals Qual[128].

Am liebsten würde *Io* sich selbst in den Tod stürzen, um der Qual ihres Irrsinns und dem Irrsinn ihrer Qual ein Ende zu bereiten; doch *Prometheus*, der Unsterbliche, kann für sich selber nicht einmal den Tod erhoffen; Hoffnung bildet für ihn allein die Möglichkeit, daß *Zeus* einst einen Sohn erzeugen wird, der ihn vom Thron stößt, so wie er den Vater[129], die eigene Unvernunft wird ihn dahin bestimmen, und es ist nur *ein* Mittel, sich davor zu schützen: Es müßte der Titan, von seinen Fesseln ledig, *Zeus* sein Geheimnis rechtzeitig verraten, welch eine Gefahr sich aus der schon geplanten Hochzeit mit der Meeresgöttin *Thetis* ergeben wird; doch auch so wird *Prometheus* an einem sicheren Tage durch einen der späten Nachfolger der *Io* von seiner Fesselung an den verhaßten Felsen freikommen; denn so,

---

128 AISCHYLOS: Der gefesselte Prometheus, V. 735–738, S. 515. – KARL REINHARDT: Aischylos als Regisseur und Theologe, 54, stellt fest: «Der ‹Tyrann› (sc. Zeus, d.V.) wird zum Verführer einer armen Unschuldigen ... Das Werben des Gottes wird zum unverantwortlichen Mißbrauch der göttlichen Überlegenheit.» Demgegenüber sucht LAURENCE C. WELCH: The Prometheus Myth, 56, die Sichtweise der *Io* der Interpretation des *Prometheus* entgegenzustellen: Während *Io* sich dem Verlangen des *Zeus* unterwerfe, «wissend, daß seine Weisheit unendlich ist», stelle für *Prometheus* das Schicksal der *Io* nur «einen weiteren der tyrannischen Akte des Herrn des Olymp» dar. Doch eine solche Entgegensetzung mißversteht die innere Zusammengehörigkeit der beiden *Zeus*-Geplagten; ganz sicher ist die Episode der *Io* nicht, wie WELCH (S. 81) glaubt, «eine Theodizee» des *Zeus* noch auch bietet sie ein heilsames Vorbild für *Prometheus*. JACQUELINE DUCHEMIN: Le mythe de Prométhée à travers les âges, 45, betont zu Recht, daß in *Io* und *Prometheus* «zwei unverdiente Leidensgeschichten» an zentraler Stelle einander entsprechen. S. 46, verweist sie darauf, daß *Zeus* die geliebte *Io* nicht wirklich vor der rasenden Eifersucht der *Hera* beschützt, die er selber entfacht hat. – Zur Geographie der Wanderungen *Io*s vgl. ULRICH VON WILAMOWITZ-MOELLENDORFF: Aischylos, 153 ff.

129 AISCHYLOS: Der gefesselte Prometheus, V. 762–770, S. 517; V. 908–918, S. 525; 527. – KARL KERÉNYI: Prometheus, in: Urbilder der griechischen Religion, 243, sieht in dieser Weissagung «etwas Einmaliges in der heidnisch-griechischen Literatur: eine Stimmung wie in der Erwartung des Erlösers. Die zweite Prophezeiung – die vom Enkel der Io in dreizehnter Generation, der die Banden des Titanen lösen wird – zielt genau und deutlich auf die Gestalt des Herakles hin.»

sieht es *Prometheus* schicksalhaft voraus, wird sich's mit ihr des weiteren begeben: In Ägypten angelangt, wird sie dereinst endlich ihre menschliche Gestalt zurückerhalten und von *Zeus* den *Epaphos* (»Berührungssproß«) gebären, der als der heilige *Apis*-Stier verehrt wird[130]. «Fünf Alter drauf» jedoch wird dessen Stamm in der Gestalt des Königs *Danaos* nach einem Streit mit seinem Bruder *Aigyptos* nach Argos (zurück)fliehen, – 50 Töchter an seiner Seite. Die 50 Söhne des *Aigyptos* aber folgen ihnen nach und fordern sie als Bräute. Widerstrebend willigt *Danaos* zum Schein in die erzwungene Verwandtenehe, für die Brautnacht jedoch rüstet er jede seiner Töchter mit einem Messer aus und trägt ihnen unter Gehorsamspflicht auf, ihre Vettern eigenhändig zu ermorden. Alle tuen, wie befohlen, gebunden an den Vater.

> Eins nur der Mädchen läßt der Liebe Zauber nicht
> Morden den Gatten, sondern stumpf sie werden in
> Dem Vorsatz; und von zwein das eine wählt sie aus:
> Zu heißen kraftlos lieber noch als mordbefleckt[131].

In dieser, *Hypermestra*, die nach den Worten des OVID mit ihrer Nicht-Tat die würdige Verräterin eines unwürdigen Vaters wurde[132], wird endlich nun der Zwang der Tochter-Abhängigkeit vom Vater aufgelöst durch eigene Entscheidung, wie nur die Liebe sie die Menschen lehren kann. Natürlich zog sich *Hypermestra* mit ihrer Unbotmäßigkeit die Strafe ihres Vaters zu, – einkerkern ließ sie *Danaos* und an den Pranger stellen; doch nicht nur Mut zum Ungehorsam verleiht Liebe, sie spricht auch frei von Schuld: *Aphrodite* selber rettet ihre getreue Dienerin[133]. Ihre Geschwister hingegen

---

130 AISCHYLOS: Der gefesselte Prometheus, V. 850–852, S. 523.

131 V. 865–868, S. 523.

132 OVID: Heroides, XIV 44–66, S. 153, schildert den Sieg der Liebe über den Vatergehorsam in der Seele der *Hypermestra*; zu deren Gestalt vgl. APOLLODOR, II 21 f., in: Griechische Sagen, 40; HYGIN, Nr. 168, in: Griechische Sagen, 324.

133 AISCHYLOS: Der gefesselte Prometheus, V. 864, S. 523: «Solcher Gestalt (sc. als Verderberin, d.V.) mög meinen *Feinden* Kypris (sc. *Aphrodite*, d.V.) nahn.» KARL KERÉNYI: Die Mythologie der Griechen, II 42 bemerkt dazu: «Aphrodite selbst trat zur Verteidigung des Mädchens (sc. der *Hypermestra*, d.V.) vor das Gericht und belehrte alle, die da richten wollten, über ihre Allmacht. Es verlange den reinen Himmel die Erde mit Regen zu durchdringen, so lauteten ungefähr ihre Worte. Verlangen nach Liebe ergreife die Erde, der Regen des Himmels befruchte sie, und sie gebäre dann die Pflanzen und die Tiere, von denen sich die Menschen nähren. Das ist das ewige große Beispiel, das die Liebesgöttin für Hypermestra angeführt hat.» Die übrigen Töchter des *Danaos* wurden auf Weisung des *Zeus* durch *Athene* und *Hermes* entsühnt; vgl. APOLLODOR, II 21 f., in: Griechische Sagen, 40.

wurden zwar von *Hermes* und *Athene* unter der Aufsicht des *Zeus* von ihrer blutigen Tat entsühnt und neu mit Männern von Argos vermählt, doch nach ihrem Tode wurden sie dazu verurteilt, im untersten Teil der Unterwelt mit Krügen Wasser zu gießen in ein Faß ohne Boden[134], – für immer bilden die Töchter des *Danaos* ein Sinnbild für die mühevolle Vergeblichkeit, die ein Leben darstellt, das den Schritt vom Mädchen- zum Frausein aus Angst vor dem Vater und in Abhängigkeit von dem Vater nicht wagt. *Hypermestra* hingegen wird zur Stammmutter des Königshauses in Argos werden, und aus dem wird einst hervorgehen der «Bogenberühmte», der «Kühne», der, so weiß es *Prometheus* durch seine Mutter *Themis*, auch ihn dann erlösen wird: *Herakles*.

Doch wieder: Welche Lehre soll aus all dem gezogen werden? Die Okeaniden ducken sich angesichts des schrecklichen Schicksals der *Io* unter die Hand des gewaltigen *Zeus*, – nur ein Ehebund unter Gleichen, bekennen sie, nicht eine Ehegemeinschaft mit *Zeus* gebühre den Sterblichen, doch müssen auch sie gestehen:

> will Zeus, nicht seh ich, wie
> Ich seinem Plan entfliehn soll[135].

Doch eben: An seinen Liebschaften wird noch der Göttervater selbst zugrunde gehen, auf daß, wie ihm *Prometheus* weissagt, er selbst wohl merkt,

> Wie sehr das Herrsein und das Knechtsein zweierlei.

Verängstigt und erschrocken vernehmen die Okeaniden solche Worte und fragen sich bestürzt, ob der Titan denn keinerlei Furcht vor den Göttern kenne;

> Sich beugen vor des Schicksals Macht, ist weise nur[136],

---

134 KARL KERÉNYI: Die Mythologie der Griechen, II 42, meint dazu: «ihre Gestalten sind in die jenseitige Welt der Abbilder, in das Haus des Hades eingegangen als Beispiele der ewig Unerfüllten – derjenigen, die das *telos*, die Vollendung, sei es als Erfüllung in der Hochzeit, sei es als Einweihung, nie erreichten. Sie trugen in der Unterwelt unaufhörlich in zerbrochenen Krügen Wasser, oder sie schütteten es in ein bodenloses Gefäß.»
135 AISCHYLOS: Der gefesselte Prometheus, V. 906–907, S. 525. – Das klingt, als wäre die menschliche Eigenverantwortung aufgehoben; doch das ist sicher nicht die Aussageabsicht des AISCHYLOS. Recht hat ALBIN LESKY: Entscheidung und Verantwortung in der Tragödie des Aischylos, in: Wege zu Aischylos, I 346, wenn er resümiert: «Aischylos war sicher kein Theologe in dem Sinne, daß er ein logisch wohl fundiertes System zu schaffen suchte ... Die tragische Wucht seiner Dramen aber entspringt aus den Antithesen.»
136 AISCHYLOS: Der gefesselte Prometheus, V. 927, S. 527.

erklären sie die Lebensauffassung wohl aller braven Bürger. Doch gerade dies Sich-Beugen, dieses Sich-Verhuschen, dieses Sich-Gefügigmachen ist absolut inakzeptabel den *Prometheus*-Charakteren; hohnvoll beinahe schleudert der Titan ihnen entgegen:

> Bet an, verehr ihn, schmeichle dem, der jeweils herrscht!
> Ich aber scher um Zeus mich weniger als ein Nichts.
> Schalt er und walt er diese kurze Spanne Zeit,
> wie's ihm behagt; lang bleibt er nicht der Götter Herr[137].

Dem Treulosen sich zu verweigern – das bedeutet es, sich selber treu zu sein; dem Machthaber sich nie zu unterwerfen – das bedeutet es, in Wahrheit frei zu sein; Gewalt und Unrecht nicht als groß zu achten – das nur bedeutet es, selbst groß zu sein und Größe zu bewahren. *Prometheus* hat sie; hier ist er, der Menschenliebende, selbst Urbild, Vorbild aller Menschlichkeit.

7) Hermes oder: Die Entscheidung

Jedoch: Wie anders muß derselbe aufrechte, die Wahrheit liebende *Prometheus* in der Götter Augen scheinen! *Hermes* wird von *Zeus* zu ihm geschickt, daß er in klaren Worten sein «Geheimnis» mitteile, und also wendet dieser Götterbote sich an den Titanen:

> Dich, Weisheitsklügler, überscharf an Schärfe du,
> Der, frevelnd an den Göttern, Taggeschöpfen bot
> Ehr und Geschenk, des Feuers Dieb, dich red ich an!
> Der Vater (sc. Zeus, d.V.) heißt dich, was du prahlst von Ehebund,
> Kundtun, durch den herab er stürzt vom Thron der Macht[138].

Die Replik des *Prometheus* darauf läßt nicht lange auf sich warten: nicht er, die Götter sind

> hochfahrenden Übermutes voll[139],

---

137 V. 937–940, S. 527.
138 V. 944–948, S. 529. – Zu Recht betont LAURENCE C. WELCH: The Prometheus Myth, 62, daß (neben der Gestalt der *Io*) dieses Motiv des Wissens um die Zukunft den *Prometheus* des AISCHYLOS wesentlich von dem des HESIOD unterscheide; allerdings sei auch bei AISCHYLOS *Prometheus* nicht «allwissend»; selbst die Prophezeiung der *Themis* sei bedingunsabhängig (S. 65).
139 AISCHYLOS: Der gefesselte Prometheus, V. 953, S. 529.

und er, der Götterbote *Hermes*, ist nichts als ein armseliger «Götterknecht»; ganz neu erst herrschen diese Götter vom Olymp herab, er aber, der Titan *Prometheus*, hat schon zweimal miterlebt, wie Herrscher stürzten (*Uranos* und *Kronos*), und einen dritten Göttersturz sieht er bereits voraus. Umsonst die Warnungen des *Hermes* daher vor der Fortdauer der Pein, ja, deren Steigerung womöglich durch den Zorn des *Zeus*. Mit dem ihm eigenen Selbstbewußtsein weist *Prometheus* ihn zurecht:

> Mit deinem Dieneramte mein unselig Los –
> Sollst du wohl wissen! – nicht vertauschen möcht ich's je!
> Besser ja dünkt mich's, dienstbar sein dem Felsen hier,
> Als «Vater Zeus» in Pflicht als «treuer Bote» stehn.
> Also Trotz bieten den Trotzbietenden tut not[140]!

Ein Einwand scheinbar läßt sich noch erheben, und *Hermes* macht ihn geltend: Hat sich *Prometheus* nicht tatsächlich durch eigene Halsstarrigkeit in seine Lage selbst hineingebracht, und sollten wirklich stets die anderen, die Götter, schuld an seinen Qualen sein? Ja! ist die eindeutige Antwort des Titanen, tun sie doch «für Gutes Böses ... wider ... Recht»[141] –, *Prometheus* haßt sie allesamt, und nicht entfernt denkt er daran, sein Wissen an *Zeus* zu verraten, mögen die Martern und die Foltern auch noch so grausam von den Göttern ausgesucht und ausgesonnen sein. Daß er, *Prometheus*, weibisch um Erbarmen winselt, darauf wird man in alle Zeit vergebens warten. Mit Schmerzen zwingt man nicht einen *Prometheus* nieder. – Ein solches «Selbstgefühl» sei nur von Wert, wendet der Götterbote *Hermes* ein, wenn man sich's leisten könne, wenn man stark genug im Kräftemessen gegenüber seinem Gegner sich vorfinde, das aber sei wohl kaum der Fall bei ihm, *Prometheus*, gegenüber *Zeus*; denn so sieht er den weiteren Gang der Dinge schon voraus, im Falle der Titan auch jetzt noch jedes Einlenken verweigert: Unter Blitzedräuen und prasselndem Regen wird der Felsen, an welchen *Prometheus* gefesselt, hinabgespült werden in den Tartaros, und wenn er von drunten je wieder zum Licht sich emporhebt, dann nur, damit der Adler des *Zeus* dem Titanen immer von neuem die Leber zernagt.

In dieser stets wieder wachsenden Leber des Riesen hat man naturmythologisch ein Bild für den Mond sehen wollen[142], der, so oft auch «zerstük-

---

140 AISCHYLOS: Der gefesselte Prometheus, V. 966–970, S. 529.
141 V. 976, S. 529.
142 KARL KERÉNYI: Die Mythologie der Griechen, I 174, meint zur Strafe des *Prometheus*: «Man denke daran, daß unsere Götter nicht nur menschliche Eigenschaften besaßen, sondern deren noch viel gemeinsames hatten mit der Sonne und gewissen Sternbildern, vor

kelt», doch immer neu regeneriert, – ein Kreislauf zwischen Zerstörung und Erneuerung, der, wenn auch qualvoll, sich wieder und wieder am Leben erhält. Doch für einen Verächter aller physischen Schmerzen wie *Prometheus* wiegt *die* Folter am ärgsten, die *seelisch* im Bild der zernagten «Leber» zum Ausdruck kommt: das Leiden am Unrecht der Götter, das Mitleiden mit den leidenden Menschen und diese «Fesselung», die alles helfende, heilsame Wirken verhindert. Geböte nicht wirklich die praktische Vernunft, der sogenannte gesunde Menschenverstand, in solcher Lage, ein letztes Mal überlegt, dem Angebot des *Hermes* zu folgen und nicht mehr länger «Selbstgefälligkeit über Besonnenheit» zu stellen[143]? Selbst die freundlichen Freundinnen, die Okeaniden, raten dringlich dazu, –

ist's Weisen Schmach ja, falschen Weg zu gehn[144];

doch gerad die bestgemeinten Vorhaltungen können nur dazu dienen, die Haltung eines *Prometheus* noch herber hervortreten zu lassen:

Qual dulden und Not,
Als Feind von dem Feind, bringt keinerlei Schmach[145],

erklärt er; soll also doch unter Feuer und Blitz, unter Wolkengedröhn und Donnergegroll, unter Sturmböengepeitsch und Wogenschwall der Grund hinabwanken «in des Tartaros Nacht»[146], kein Gott kann einen *Prome-*

allem mit dem Monde und mit dessen Leiden: scheinbare Leiden, die am Himmel zu beobachten waren ... Man hat die Geschichte von der Bestrafung des Tityos (sc. des Giganten, der auf Anstiften *Hera*s die Titanin *Leto*, die Mutter von *Apoll* und *Artemis*, zu vergewaltigen suchte und dafür in den Tartaros geschleudert wurde, d.V.) gehört: seine Leber wurde verzehrt, doch wuchs sie mit dem Monde wieder ... Prometheus mußte die gleiche Strafe erdulden wie Tityos.» DERS.: Prometheus, in: Urbilder der griechischen Religion, 199; 208, sieht in *Prometheus* den «Herold» der Titanen und schreibt: «Das Verwundetsein trifft in der Gestalt des Prometheus mit der Stellung des Vermittelnden ... und ... des Mondes zusammen, und dies bestimmt sein mondhaftes Wesen ... Doch der Mond ist hell und dunkel, und Prometheus gehört in die Dunkelheit. Heilend ist ihm die Nacht, immer wieder verwundend der Tag.» (208) Die Wunde des *Prometheus* erinnert zudem an die Wunde der *Hera*, die ihr an der Brust zugefügt wurde und im Schwinden des Mondlichts sich erneuert. (S. 199)
143 AISCHYLOS: Der gefesselte Prometheus, V. 1034–1035, S. 533.
144 V. 1039, S. 533.
145 V. 1041–1042, S. 533. – KARL REINHARDT: Aischylos als Regisseur und Theologe, 57, vermerkt: «Nach einigen Stellen kann es scheinen, als wollte Prometheus in der Tat Zeus stürzen ... Wollte er ihn stürzen, konnte er nichts besseres tun als schweigen. Der Kampf hat zum Ziel nicht die Vernichtung, sondern die Entscheidung: wer von beiden hat den längeren Atem, der Ohnmächtige und Wissende, oder der Allmächtige und Nichtwissende.»
146 AISCHYLOS: Der gefesselte Prometheus, V. 1051, S. 535.

theus bezwingen. An dieser Feststellung muß *Hermes* resignieren, – wieder-gegeben in seiner Diktion:

> Welcher Art bei dem, der geschlagenen Geists,
> Entschluß ist und Wort, kann hören man hier.
> Denn was fehlt wohl noch an des Wahnsinns Maß
> Seines Wunsches Fluch? Wie gäb auf er die Wut[147]?

Nur den Okeaniden noch möchte er raten, sich eilends hinwegzubegeben, um nicht mit dem Verfluchten gemeinsam in den Abgrund gerissen zu wer-den; doch gerade in denen erzeigt sich erst recht nun, auf wessen Seite sie stehen und daß sie im letzten nicht anders denken als der Titan auch, – mit moralischer Entrüstung weisen sie das an sich wohlgemeinte Ansinnen des *Hermes* weit von sich:

> Sprich anders zu mir und gib Mahnung und Rat,
> Der den Sinn überzeugt; auf keinerlei Art
> Zu ertragen ist ja, was du vorbringst, das Wort;
> Was heißest du mich so Häßliches tun,
> Da mit ihm alle Not ich zu dulden beschloß?!
> Die Verräter fürwahr hab ich hassen gelernt;
> Keine Seuche ja gibt's,
>   Die ich mehr verabscheu als diese[148]!

Das Unglaubliche also geschieht: Die Okeaniden schließen ihrer Freund-schaft und ihrer Treue zuliebe sehenden Auges sich dem Schicksal des *Pro-metheus* an. *Hermes* hat recht, wenn er sagt:

> Schmäht nicht das Geschick, noch behauptet von Zeus,
> Daß hinein in vorher nicht gesehenes Leid

---

147 V. 1054–1057, S. 535.
148 V. 1063–1070, S. 535. – KARL KERÉNYI: Prometheus, in: Urbilder der griechischen Religion, 238, hebt hervor: «Welcher Unterschied zwischen Okeanos und Prometheus und welcher auch zwischen Vater und Töchtern! – Es bedurfte der Epiphanie eines sich in das neue Welt-Gefüge fügenden Urelementes selbst, um der Friedfertigkeit der alles tragenden Natur-Grundlagen – deren eine Okeanos im griechischen Weltbild ist – und des davon sich abhebenden menschenmäßigen Starrsinns des Prometheus gewahr zu werden. Das Titani-sche und das Menschliche seines Charakters heben sich von diesem Hintergrund unheim-lich ab. Und dennoch erscheint die Nachgiebigkeit dem neuen Herrscher gegenüber in der Gestalt dieses Ur-Starken, des Okeanos, als feige Männerklugheit und Neigung zum beque-men Kompromiß im Vergleich mit dem an den Schwachen sich anschmiegenden, schwester-lichen Mit-Leid, ja, Mit-Untergehen und Mit-Verschwinden der Okeaninen in ihrer freiwil-ligen Gemeinschaft mit Prometheus!»

Er euch gestürzt! Nicht also, ihr selbst
Ihr tatet's euch selbst. Laßt ihr wissend doch,
Nicht jählings umgarnt, nicht tückisch bedroht,
In des Unheils unentrinnbares Netz
Euch hineinverwickeln aus Torheit[149].

Ja, wem «Vernunft» nur dazu dient, die eigenen Interessen wahrzunehmen und zu wahren, dem muß die Entscheidung der Okeaniden als schier unfaßbare Torheit erscheinen; doch wer, wie ihr Vater *Okeanos*, es für Gewinn erachtet, «wohlgesonnen unbesonnen zu erscheinen», und wer an dieser «Krankheit» gern «erkrankt», dem hat sich die gesamte Weltordnung des *Zeus* gedreht, der kann nur im Protest einstehen für das Recht der Menschlichkeit, der kann nicht länger Götter dulden, die auf Sterbliche herabwillküren, der muß «den Trotzbietenden trotzen». Die Töchter des *Okeanos* – hier wählen sie gemeinsam mit *Prometheus* den Tartaros, *die Hölle* in der Unterwelt der Griechen.

Der französische Dichter und Philosoph ALBERT CAMUS hat in den Mittelpunkt seines Nachdenkens über die Lage der Menschen inmitten der Welt eben dieses Motiv gestellt: die Hölle wählen! In seinem Traktat über das Absurde bezog er es freilich auf den Mythos von *Sisyphos*[150], doch ebensogut, ja, in gewissem Sinne prägnanter noch, hätte er seinen Widerspruch gegen die gleichgültige Grausamkeit der Natur auch mit der Gestalt

149 AISCHYLOS: Der gefesselte Prometheus, V. 1073–1079, S. 535. – ALBIN LESKY: Die tragische Dichtung der Hellenen, 140, stellt zu Recht das Überraschende der Reaktion des Chores heraus, die «in seinen Liedern kaum vorbereitet ist». Doch der hohe moralische Anspruch der Okeaniden läßt sich nicht rein choreographisch damit begründen, «daß ein geordneter Abzug des Chores nicht erträglich wäre».
150 ALBERT CAMUS: Der Mythos von Sisyphos, 98–101: Der Mythos von Sisyphos, S. 98–99: Der ewige Rebell. – Tatsächlich beginnt CAMUS 1946 seinen Traktat: «Prometheus in der Hölle», in: Literarische Essays, 155, mit den Worten: «Was bedeutet uns heutigen Menschen Prometheus? Man könnte zweifellos sagen, daß dieser gegen die Götter sich aufbäumende Rebell das Vorbild des heutigen Menschen sei, und daß dieser Protest, der sich vor Tausenden von Jahren in den Einöden Skythiens erhob, heute in einer geschichtlichen Umwälzung zu Ende geht, die ohnegleichen ist. Doch gleichzeitig mahnt uns etwas, daß dieser Verfolgte in uns weiterwirkt und wir noch taub sind für den großen Schrei der menschlichen Revolte, für die er das einsame Signal gegeben hat. – Der heutige Mensch ist wirklich jener, der in unwahrscheinlichen Massen auf der engen Erde leidet, der Mensch, der des Feuers und der Nahrung entbehrt und für den die Freiheit ein Luxus ist, auf den man noch warten kann; für diesen Menschen bleibt nur übrig, immer noch etwas mehr zu leiden, wie für die Freiheit und ihre letzten Zeugen jetzt nur noch übrigbleibt, noch mehr zu schwinden. Prometheus war jener Heros, der die Menschen genügend liebte, um ihnen zugleich Feuer und Freiheit, Technik und Kunst zu schenken. Die heutige Menschheit benötigt und erstrebt einzig das Technische» – und hält die Kunst, das Schöne für ein zu beseitigendes Hindernis.

des *Prometheus* ineins setzen können: Menschlichkeit! Mag sein, der Protest ändert äußerlich gar nichts, er verurteilt lediglich den Rebellierenden zu unendlichem Leid; dennoch bleibt es gerade deshalb dabei: Man verriete sich selber, gäbe man nach, gäbe man auf.

Vor allem gibt es eine nicht weiter hinterfragbare, ganz selbstverständliche und evidente Form der inneren Gemeinsamkeit und Solidarität, wie sie, fast überraschend, dann doch aber um so überzeugender, von den Okeaniden vorgelebt wird. All die Zeit über haben sie mit ihren Einwänden und Mahnungen den Titanen zu mäßigen versucht; jetzt aber, da die Würfel endgültig gefallen sind, entschließen sie sich ohne Zögern und in letzter Konsequenz, *Prometheus* bei der Höllenfahrt zu begleiten. – So sieht man wohl nicht selten gerade Frauen die Treue halten ihren Männern, die durch politischen Protest mißliebig bei den Mächtigen geworden sind; nicht die Debatten um die Richtungskämpfe, die pragmatischen Konzepte und die griffigen Parolen interessieren sie, – sie wollen ihren Gatten und Gefährten lediglich von unnötigen Abenteuern abhalten; sie lieben ihn und möchten ihn nicht mutwillig ins Unglück laufen lassen. Dann aber zeigt sich, daß der tollkühn scheinende Protest gegen die herrschenden Verhältnisse schier unvermeidlich und unwiderruflich ist, – aus innerer Wahrhaftigkeit, aus einer Pflicht der eigenen Überzeugung gegenüber gibt es kein Zurück mehr, koste es, was es wolle; und jetzt, wo alles schon entschieden ist, kommt auch die Stunde der Entscheidung für die Frauen an der Seite solcher Männer. Es ist nicht mehr – wenn es je war – die Frage, wer da recht hat: die herrschende «Vernunft», «alternativlos», wie sie sich gern in den Gazetten nennt, oder die praktische Vernunft, die sich ein anderes als das Bestehende nicht als ein fernes Ideal nur vorstellt, sondern es unbedingt und ohne Umschweife gebietet; jetzt geht es ganz und gar um die Person des anderen, mit dem man selbst verflochten ist auf Gedeih und Verderb. In solch einem Moment letzter Bewährung erzeigt sich Liebe als Schicksalsgemeinschaft, unkündbar, unbegründbar, weil selber in sich gründend.

In seinem Roman «Jeder stirbt für sich allein» hat HANS FALLADA einmal den nur scheinbaren Mutwillen einer solchen «Höllenfahrt» der inneren Verbundenheit nach einer wahren Begebenheit beispielhaft an dem Arbeiterehepaar Anna und Otto Quangel geschildert[151]. Die Akteure seiner Ge-

---

151 HANS FALLADA: Jeder stirbt für sich allein, 5, notiert in der Einleitung: «Die Geschehnisse dieses Buches folgen in großen Zügen Akten der Gestapo über die illegale Tätigkeit eines Berliner Arbeiter-Ehepaares während der Jahre 1940 bis 1942 … Es hat dem Verfasser auch oft nicht gefallen, ein so düsteres Gemälde zu entwerfen, aber mehr Helligkeit hätte Lüge bedeutet.»

schichte sind alles andere als Titanen; Kleinbürger der unteren Mittelschicht sind sie, Arbeiter und arme Leute, die nicht mit großen Worten sich gegen die Nazi-Diktatur und ihren Krieg zur Wehr setzen, sondern die nach dem Tode ihres Sohnes nach dem Frankreich-»Feldzug« 1940 nur wie selbstverständlich verstummen bei dem Sieg-Heil-Gebrüll der Kriegsgewinner und Endsieger; die Gefallenen gehen ihnen zu Herzen, und sie lassen ihre Trauer nicht von dem Meer der Fahnen überschwenken. Eine hilflose Flugblattaktion in der eigenen Firma macht *ihn* als Kommunisten verdächtig, und *sie* verrät sich und ihren Gefährten mit einer an sich harmlosen Äußerung. Nicht eigene Entschlüsse und Entwürfe bestimmen den Gang der Handlung, es ist die Macht der Umstände, für deren Wirken die Betroffenen allerdings mit der moralischen Kraft und der Integrität ihrer Person wie ihres Lebens das «Material» zur Verfügung stellen. Eine miniaturisierte Form prometheischen Widerstands zeichnet sich da ab, dem schließlich nicht einmal mehr das «ozeanische» Gefühl von Zusammengehörigkeit und Gemeinsamkeit vergönnt sein wird; vielmehr Isolation, Angst und Verzweiflung – das sind die Ingredienzien dieser Art von «Hölle» in staatlichen Gefängnissen und Irrenhäusern. Man «wählt» sie nicht, man versinkt in ihr, indem man aus seiner Haut nicht heraus kann: Man bleibt, Gott Lob, der Mensch, der man ist. – So ähnlich hier die Okeaniden.

Wie aber *Prometheus* selbst! Bis zuletzt orchestriert er persönlich die Form des Versinkens; zu einem glühenden Fanal gegen das Unrecht der Welt in den Händen der «Götter» erhebt er seinen Untergang; er gleitet nicht ab, wie *Zeus* sich's gedacht; an gerade der Stelle, da die Erde ihn aufnimmt, errichtet er das Podest für das Monument jenes ewigen Protestes, den er, *Prometheus*, als Name und Chiffre verkörpert:

> O Mutter voll Ehr, o Äther, des Alls
> Gemeinsames Licht umschwingend im Kreis,
>   Du siehst, was für Unrecht ich leide[152].

Die Erdmutter *Gaia*, die ihn gebar, und auch *Themis*[153], mit ihrem rechtlichen Sinn – alles Lichtdurchflutete, Sonnenklare ruft er an zum Zeugen der

---

152 AISCHYLOS: Der gefesselte Prometheus, V. 1091–1093, S. 537.
153 V. 209–210, S. 485: «meine Mutter … – Themis heißt / Sie, Gaia, ist trotz vieler Namen *eine* nur.» ULRICH VON WILAMOWITZ-MOELLENDORFF: Aischylos, 136, meint: «Aischylos hat die Gaia mit Themis ausdrücklich gleichgesetzt, weil er diese mit dem Spruch über Thetis (sc. und der drohenden Liaison des Zeus, d.V.) übernahm, (während) die Erde als Mutter aller Titanen (und Giganten) von selbst gegeben war. Späterhin hat es in Athen ein Priestertum der Ge Themis gegeben.» Das *Themis*-Orakel hatte aber ursprünglich mit *Prometheus* nichts zu tun (134). – KARL REINHARDT: Prometheus, in: Tradition und Geist,

Unschuld seiner Menschlichkeit und der Urschuld des *Zeus* mit seiner verzweifelten Machtbesessenheit und verweigerten Güte.

Indes, auch das Leben eines Titanen, so monumental es denn sein mag, darf nicht zur heroischen Pose erstarren. Gewiß, vor allem die Deutsche Klassik und schon gar das Fin de siècle um 1890 sahen in Malerei, Literatur und Musik *Prometheus* als Urfigur des genialischen Menschen, der ob der Übergröße und Weitsicht seines Mutes und seiner Gedanken leiden muß an der Kleingeistigkeit der verwalteten Bürger, der feigen Duckmäuser, der behäbigen Spießer und der gehorsamen Lohnsklaven. – Im Jahre 1894 zum Beispiel zeigt eine Radierung von MAX KLINGER, wie der Gott *Hermes* und der Adler des *Zeus* den Titanen durch die Lüfte entführen zum Kaukasos (Tafel 8a)[154], – nicht ihr eigenes Wollen, der Wille des *Zeus* gebietet

211, betont demgegenüber, es werde dadurch, «daß Prometheus als Titan zum Sohn der Erde, als Sohn der Erde zum Sohne der Themis» werde, «ausgedrückt, daß er als Widersacher des Zeus in seinem Rechte ist». Deutlich hält bei AISCHYLOS *Gaia* zu ihrem Sohne *Prometheus*, während sie bei HESIOD noch *Zeus* rät, die *Metis* (die Klugheit), die Tochter des *Okeanos* und der *Tethys*, seine erste Frau, zu verschlingen, um von der Schwangeren aus seinem Haupte *Athene* hervorzubringen. Überhaupt stellt KARL REINHARDT: Prometheus, in: A. a. O., 216, den *Prometheus* des HESIOD und den des AISCHYLOS einander scharf gegenüber und macht die Gegensätzlichkeit vor allem an der Einstellung der Mutter des *Prometheus*, der Erdgöttin *Gaia* (oder *Ge*) bzw. *Ge-Themis*, fest: «Hesiods Gestalten spielen (sc. bei AISCHYLOS, d.V.) wie in vertauschten Rollen. Stand in der Theogonie dem bedrohten Zeus zur Seite Gaia, da sie ihm eingab, die Hundertarmigen zu begnadigen, so wird in der Promethie (sc. des AISCHYLOS, d.V.) der alte Kampf zwischen Zeus und den Titanen statt durch die Arme durch die ‹List› (V. 212), das heißt durch den Geist entschieden und hält Ge-Themis als Orakelin nicht zu Zeus, sondern zu Prometheus; und in dem neuen Konflikt, der zwischen Zeus und Prometheus um der Menschen willen ausbricht, prophezeit sie diesem seine Erlösung (V. 873), sie bestärkt ihn auszuharren. – Fast ist es, als hätte es Aischylos darauf abgesehen, alles und jedes, was Hesiod sagt, zu verkehren.»
154 MAX KLINGER 1857–1920, S. 193: Die Entführung des Prometheus, 1894; S. 326: «In Anlehnung an die Tragödie des Aischylos hat der Prometheus des Max Klingers nichts mit dem glänzenden jugendlichen Helden und Schöpfer der Menschheit Goethes ... gemein. Vielmehr wird er als im schmerzlichen Pathos erschütterter, ewig einsamer und leidender Held über die Menschheit erhoben. Literarisch wirkte dieses Bild auf den mit Klinger befreundeten Dichter Richard Dehmel, der um 1889 das Gedicht ‹Der befreite Prometheus› schrieb.» – RAYMOND TROUSSON: La Thème de Prométhée dans la Littérature Européenne, 471, konstatiert: «Prometheus ist in unser Vokabular eingegangen als ein Synonym für ‹Revolte›»; doch meint er, das Thema der prometheischen Revolte werde kaum noch mit *Prometheus* in Verbindung gebracht: die menschliche Befindlichkeit werde mit *Sisyphos* verbunden, das Thema der Freiheit mit *Orest* oder *Antigone*, und die Revolte und die Aktion würden in die Hände des *Herakles* gelegt. LAURENCE C. WELCH: The Prometheus-Myth, 369, meint, daß schon GOETHE der Gestalt des *Prometheus* «die Stimme des «Sturm und Drang» verliehen habe. – ARTHUR SCHOPENHAUER: Parerga und Paralipomena, 2. Bd., § 199, S. 438, der in *Prometheus* die menschliche Sorge und Vorsorge personifiziert fand, meinte nicht ohne leichten Spott: «Den Kirchenfeinden unserer Zeit ... würde folgende

dem Gott mit den Flügelschuhen sowie dem «König der Lüfte» den Frevel: Wenn Intellekt und Geistigkeit nichts weiter sind und sein sollen als dienstbereite Befehlsempfänger, dann wird immer wieder entführt und in Fesseln geschlagen die Größe und Würde des Menschen – *Prometheus*.

Doch auf Dauer hat ein solcher Gegensatz keinen Bestand. *Zeus* kann seine Macht nur erhalten, wenn er das Geheimnis des *Prometheus* erfährt, und *Prometheus* kann aus der hehren Gefangenschaft seiner Gedankenfreiheit zur ersehnten Handlungsfreiheit nur wieder aufsteigen, wenn er mit *Zeus* sich versöhnt. Erst wenn beide zusammenfinden, tritt die Ordnung der Welt in ihre Wirklichkeit. Die Gefahr, die *Zeus* droht, läge darin, daß er eine Nereïde, die Meernymphe *Thetis*, begatten würde. Lust dazu verspürte er schon, denn so schön war das Mädchen, daß *Hera* selber es unter den Göttern auf dem Olymp hatte aufziehen lassen; dafür revanchierte die Nymphe sich dadurch, daß sie gemeinsam mit ihrer Schwester *Eurynome* den seiner Mißgestalt wegen von *Hera* verstoßenen *Hephaistos* aufzog. Doch wie dem auch sei, *Themis* hatte *Prometheus* zu wissen gegeben, daß ein Sohn, der aus einer Verbindung von *Zeus* und *Thetis* hervorgehen sollte, seinen Vater vom Thron stürzen würde. Um dieser Möglichkeit zuvorzukommen, sorgte *Zeus* dafür, daß *Thetis* einen Sterblichen, *Peleus*, heiratete, – der Schrecken der Trojaner, *Achill*, entstand aus dieser Verbindung[155], deren Zustandekommen mit dem Urteil des *Páris* den Anlaß für

---

Deutung zusagen: der *Prometheus desmōtēs* (sc. der gefesselte Prometheus, d.V.) ist die von den Göttern (der Religion) gefesselte Vernunft: nur durch den Sturz des Zeus kann sie befreit werden.» – Eine Steigerung in der Darstellung menschlicher Tragik liegt in jedem Falle bei EURIPIDES vor. KARL REINHARDT: Die Sinneskrise bei Euripides, in: Tradition und Geist, 283, begründet diese Feststellung mit der Situation im letzten Drittel des 5. Jhs. und schreibt: «Je traditioneller die Götter, um so unentdeckter die Menschen. Rätselhafte Wesen. Sie suchen nach Halt, nach Maximen, nach alten und neuen Regeln, nach denen sie leben möchten, zu leben glauben, ergehen sich in ohnmächtigen Protesten, fragen nach Recht und Unrecht nur zu sehr und geraten in einen immer reißender werdenden Strudel der Selbstwidersprüche, der Ausweglosigkeiten, der Irrtümer, der Maskierungen vor sich selbst und anderen, des Verkehrten, des Absurden. Mehr und mehr neigt Tugend umzuschlagen in Verbrechen ... angefressen wird die Substanz, das Mark selbst der heroischen Moral ... – Nicht angetastet wird die richtende Moral. Wie alle nihilistisch gerichteten Geister und Künstler ist auch Euripides *Moralist*. Das Rechtsempfinden des Edlen, Würde, Freiheit (doch nicht als zu erringende, sondern als Mitgift des Edlen), Menschlichkeit, Mitgefühl, Freundestreue und Vaterlandsliebe bis zum Selbstopfer ergeben die Maßstäbe, an denen Götter und Menschen gemessen und als falsch erfunden werden.» S. 239: «Doch da der *Grund*, worauf die Moral steht oder stehen sollte, ins Wanken gerät, so gerät damit auch die Moral ... in die Gefahrenzone des Widersinnigen. Der götterlos gewordene Dichter sitzt über dem Verhängnis seiner Götterlosigkeit zu Gericht.»
155 Zu *Peleus* vgl. APOLLODOR, III 160–173, in: Griechische Sagen, S. 110–113: HYGIN: Nr. 54: Thetis, in: Griechische Sagen, 268; Nr. 96, S. 288–289: Achilleus. – KARL KERÉNYI:

den trojanischen Krieg bot[156]. *Prometheus*, indem er sein Geheimnis recht-zeitig kundtat, erlangte ein Ende all seiner Qualen. *Herakles* war es, der, als der größte der Heroen Griechenlands, mit einem Pfeilschuß den leberzerna-genden Adler erlegte und die Fesseln des Titanen löste[157].

Ein apulischer Kelchkratēr (Mischkrug) des Branca-Malers um 325/305 v. Chr. zeigt den Augenblick der Befreiung des Titanen (Tafel 8b; 8c). «In der Bildmitte steht Prometheus frontal mit ausgestreckten Armen in einer Art Felsengrotte. Lockiges Haar und ein dichter Bart umrahmen das sor-genvoll mit Stirnrunzeln zur Seite gedrehte Gesicht. Der nackte Oberkörper zeigt eine kräftige Muskulatur. Von links kommt der jugendliche Herakles, der an der langen Keule und dem Löwenfell zu erkennen ist, das er lässig über die Schulter geworfen hat, was seinen Körper eher betont als verhüllt. Er berührt mit seiner Rechten die Hand des Gefesselten. Nicht der Pfeil-schuß auf den Adler, sondern diese Geste symbolisiert – zusammen mit dem Kranz, den die hinter ihm an den Schild gelehnte Athena hält – die Befrei-ung. Die Frauengestalt rechts wird als Gaia gedeutet, hinter ihr sitzt auf

Prometheus, in: Urbilder der griechischen Religion, 247–249, meint mit Bedauern: «Thetis wurde, auf den Rat der Themis, zur Frau eines sterblichen Helden, des Peleus, bestimmt, damit sie diesen Sohn als Sterblichen gebäre. Welche andere Wendung der Weltgeschichte aber, welche andere Gestaltung der Ordnung der Welt jene Hochzeit hätte bedeuten kön-nen, wenn aus ihr ein solcher Jüngling als unsterblicher Zeus- oder Poseidon-Sohn hervor-gegangen wäre!» «Das Geheimnis, in dessen Besitz Prometheus sich dem Götterkönig ge-genüber wußte, war eine Erlösungsmöglichkeit im griechischen Stil ... Wie wäre die Welt geworden, wenn der so Schöne, so Starke und so wenig nach der Art der machtgierigen, machtausübenden Könige, wie Agamemnon, ja Zeus selbst, Beschaffene, wenn der Lo-dernde und sich Erweichende – wie Achilleus Priamos gegenüber erweicht –, wenn er dem Tode nicht unterworfen gewesen wäre?»

156 Zum Urteil des *Páris* vgl. HYGIN, Nr. 92, in: Griechische Sagen, 288–289.

157 AISCHYLOS: Der gefesselte Prometheus, V. 871–873, S. 523, verweist auf *Herakles*. WOLFGANG SCHADEWALDT: Ursprung und frühe Entwicklung der attischen Tragödie, in: Wege zu Aischylos, 135, betont zwar zu Recht die prinzipielle Bedeutung des versöhnlichen Ausgangs der Prometheus-Trilogie: «Der aus Kampf und Trotz schließlich geborene Aus-gleich zwischen dem Titanen und den jungen Göttern wird die gerechte Zeusherrschaft und damit den gerechten gegenwärtigen Weltzustand konstituieren.» Doch dazu müßte *Zeus* sich selber wandeln, indem er den Protest des *Prometheus* in sich aufnähme. – HERWIG GÖRGEMANNS: Aischylos: Die Tragödien, in: Das griechische Drama, 32–33, rekonstruiert die «Versöhnung» so: «Der Gegensatz zwischen dem machtbewußten jungen Tyrannen, der ‹das Recht bei sich selbst hat› (186 f., vgl. 403), und dem klugen, aber ebenso selbstbewußt-hartnäckigen Helfer der Menschen muß sich aufgelöst haben im ‹Gelösten Prometheus› (‹Prometheus Lyomenos›). In diesem stand am Anfang die Befreiung des Titanen – ein Gnadenakt des Zeus –: Prometheus ... wurde durch Herakles befreit; in diesem Zusammen-hang muß er das Thetis-Geheimnis preisgegeben haben ... Offenbar ist jetzt ein Ausgleich erreicht, und dem Zeitalter der Zeus-Tyrannis folgt die Zeit der Dike, der Rechtsherr-schaft ... Wandlung des obersten Gottes» als Grund der Harmonie der Gegenwart.

seinem zusammengefalteten Mantel Apollon mit einem großen Lorbeerzweig in den Händen. – Unter diesem Bild sind – gewissermaßen als zweites Register – Gottheiten mit Bezug zur Unterwelt angegeben. Die junge weibliche Gestalt in der Mitte mit der Kreuzfackel ist Persephone. Sie steigt gleichsam aus der Unterwelt auf. Links sitzt ihre Mutter Demeter und hält eine Blume in der Hand. Pflanzen und Blüten umgeben die beiden Göttinnen, die mit dem Wachsen und Werden, mit Unterwelt und Fruchtbarkeit verbunden sind. Zwischen ihnen stürzt der Adler des Zeus herab. Die geflügelte Gestalt rechts ist als Furie, eine Rachegöttin, zu deuten. Ihre passive Haltung zeigt an, dass Zeus' Rache ein Ende gefunden hat. – Dieses Vasenbild, das sicher auf die Dramenfassung des Aischylos zurückgeht, ist hier allgemein zu einer Metapher für die Erlösung von Leid und Qual geworden. Der Bezug zu den Unterweltgöttern spricht für die Verwendung des Kraters als Grabgefäß.»[158]

In seinem abschließenden Drama «Der befreite Prometheus», das leider nur in spärlichen Fragmenten auf uns gekommen ist, schildert AISCHYLOS, daß *Prometheus* nach seiner Freilassung «als Zeichen seiner Unterwerfung unter die Macht des Zeus einen besonderen Kranz» trug. «Das andere Zeichen, das er trug, war ein eiserner Ring, angeblich mit einem eingefaßten Stein, zur Erinnerung an den Felsen, an dem er angeschmiedet litt. Es ist freilich auch möglich,» meint KARL KERÉNYI, «daß der eiserne Ring das letzte Überbleibsel darstellt aus einer Zeit, wo Prometheus ein mit Eisen arbeitender Kabir ... war.»[159] – Ein anderes freilich ist wichtiger noch als diese Souvenirs der Heldentage an der Hand des Titanen. AISCHYLOS läßt *Hermes* davon sprechen, daß die Befreiung des *Prometheus* an eine zusätzliche Bedingung geknüpft ist, denn:

> solcher Drangsal End erwarte nicht, bevor
> der Götter einer auf sich nimmt all deine Not
> Und sich bereit zeigt, ins lichtlose Reich zu ziehn
> Des Hades und des Tartaros dunkeltiefe Kluft[160].

158 URSULA KÄSTNER: Die Befreiung des Prometheus, in: Von Göttern und Menschen, 54–55.
159 KARL KERÉNYI: Die Mythologie der Griechen, I 175. DERS: Prometheus, in: Urbilder der griechischen Religion, 258, meint, AISCHYLOS könne dieses Motiv «der samothrakischen Verehrung der Kabiren entnommen haben. Auf Samothrake, der Nachbarinsel von Lemnos (sc. wo *Prometheus* das Feuer raubte, d.V.), bewahrten eiserne Ringe bis in die spätere Antike die Bedeutung ... eines mystischen Bandes, welches zwischen den Eingeweihten in die Mysterien der Kabiren und den geheimnisvollen Großen Gottheiten zustande kam.»
160 AISCHYLOS: Der gefesselte Prometheus, V. 1026–1029, S. 533. – An sich hat man den Eindruck, als wenn eine Versöhnung mit dem *Zeus* des «Prometheus» nicht möglich sei;

Prometheus muß also «einen Erben seiner Qualen darbieten, einen Unsterblichen, der statt seiner leidend in die Unterwelt» eingeht[161]; dieser Unsterbliche ist der Kentaure *Chiron*, der im Unterschied zu den anderen Kentauren (die von *Ixion* abstammen, als dieser eine Wolke umarmte, die der *Hera* glich) von *Kronos* mit *Philyra*, der Tochter des *Okeanos* und der *Tethys*, gezeugt wurde, – Pferdegestalt ward ihm deshalb nur zuteil, weil *Kronos*, um seine Gelüste vor seiner Gemahlin *Rhea* geheim zu halten, sich in einen Hengst verwandelt hatte, als er sich der Geliebten näherte. *Chiron* war, anders als andere Kentauren, von freundlichem Wesen, er liebte die Künste und die Musik, vor allem aber ward er der Erfinder der Heilkunde; wenn *Prometheus* den Menschen erste Medikamente gegeben hatte, so führte *Chiron*, den man auch als den «Gott der heilenden Hand» (von griech.: *cheir* = Hand) hat verstehen wollen[162], dessen Werk zu seiner Vollendung. Seine Weisheit in Fragen der Medizin war so groß, daß er zum Lehrer des Heilgottes *Asklepios* und dessen Söhnen *Machaon* und *Podaleirios* wurde. Gerade so aber wurde sein Schicksal zu einem neuen Sinnbild, in dem die Gestalt des *Prometheus* weiterlebt: Eigentlich – als Sohn des *Kronos* – begabt mit Unsterblichkeit, verzichtete er zugunsten des *Prometheus* auf dieses Geschenk und nahm freiwillig die Sterblichkeit an; als nämlich *Herakles* einmal mit Giftpfeilen Jagd machte auf die Kentauren, verbarg sich einer von ihnen, *Elatos*, in der Höhle des *Chiron*, und als dieser sich mühte, den Pfeil aus dem Leib des Verwundeten herauszuziehen, verletzte er sich selbst und zog sich eine Wunde zu, die niemals mehr sich schloß[163].

doch trifft ALBIN LESKY: Die tragische Dichtung der Hellenen, 143, wohl die Absicht des AISCHYLOS, wenn er «in unserem Stück den Weg zu einer Lösung vorbereitet» findet, «in der Gewalt und Recht, Macht und geistgegründete Ordnung zueinander fanden».
161 KARL KERÉNYI: Die Mythologie der Griechen, I 175.
162 HERBERT HUNGER: Lexikon der griechischen und römischen Mythologie, 91.
163 APOLLODOR, II 85, in: Griechische Sagen, S. 55: «Dort (sc. in Malea, d.V.) suchten sie (sc. die Kentauren, d.V.) bei Cheiron Zuflucht, der, von den Lapithen vom Berge Pelion vertrieben, in der Nähe von Malea (sc. an der Südspitze Lakoniens, d.V.) einen Wohnsitz gefunden hatte. Während die Kentauren sich um ihn drängten, schoß Herakles vom gespannten Bogen einen Pfeil auf sie; der fuhr Elatos durch den Arm und blieb in Cheirons Knie stecken. Betrübt lief Herakles zu ihm hin, und nachdem er das Geschoß herausgezogen hatte, legte er ein Heilmittel auf, das Cheiron ihm gab. Die Wunde war aber unheilbar. So wurde er in die Höhle geschafft, in der er sterben wollte, doch konnte er es nicht – war er doch unsterblich! Erst als Prometheus an seiner Stelle sich Zeus hingab, um unsterblich zu werden, erst da starb er.» ULRICH VON WILAMOWITZ-MOELLENDORFF: Aischylos, 135, meint allerdings kritisch, daß an einen «freiwilligen Einzug in den Hades» bei *Chiron* ursprünglich nicht zu denken sei, – dieses Motiv gehöre zu sehr in die Geschichte von der Hochzeit des *Peleus* und der *Thetis*, vgl. HYGIN, 54, in: Griechische Sagen, 268.

Der Kentaur mit der offenen Wunde als Heiler, der Unsterbliche, der seine Unsterblichkeit preisgibt zur Erlösung eines anderen Unglücklichen, der Weise, der Göttersöhne darin unterrichtet, wie sie siegreich sein können im Kampf gegen allerlei Krankheit, – in dieser Gestalt setzt die Last und die Größe des leidenden *Prometheus* sich fort. Aus dem Protest gegen die Schutzlosigkeit und Ohnmacht der unwissenden Menschen inmitten der Welt, wie ihn *Prometheus* verkörperte, wird in *Chiron* ein heilendes Tun, das, wissend durch eigenes Leid und getrieben von Mitleid, sich mitteilt als Urbild des göttlichen Arztes[164]. Belohnt für seinen Verzicht auf Unsterblichkeit wurde *Chiron*, indem er einging in die Ewigkeit des Himmels: Als das Sternbild des Kentauren erscheint er des Nachts am südlichen Firmament, dicht über dem Horizont, um das Dunkel vor den Augen der Hoffnung suchenden Menschen, so gut er's vermag, ein wenig zu lichten[165].

8) Eine Folgerung in christlicher Absicht oder: Die bleibende Bedeutung des Prometheus-Mythos

Ein Bild von so elementarer Wucht wie die Gestalt des «gefesselten *Prometheus*» – als einer Chiffre des menschlichen Bewußtseins im Widerspruch zur obwaltenden «Ordnung» in Natur und Kultur unter der Herrschaft des *Zeus* – wirft religiös ein Problem auf, das mitnichten für «erledigt» gelten

---

164 KARL KERÉNYI: Der göttliche Arzt, 99, meint: «Chirons Leiden war unheilbar. Und so muß die Welt Chirons mit ihren unerschöpflichen Heilungsmöglichkeiten zugleich eine Welt des ewigen Hinsiechens bleiben. Seine Höhle, ein chthonischer, unterirdischer Kultort, war auch ohne dieses Leiden der Eingang zur Unterwelt. Das Bild, das aus allen diesen Elementen – aus religiösem und dichterischem Stoff – entsteht, ist einzigartig. Der nur halb menschengestaltige, halb theriomorphe (sc. tiergestaltige, d.V.) Gott leidet an seiner Wunde, ewig, er trägt sie nach der Unterwelt, als wäre die Urwissenschaft, die dieser mythologische Ur-Arzt, die Vorstufe und der Vorgänger des hellen göttlichen Arztes, für die Nachzeit verkörpert, nichts anderes als das Wissen um eine Wunde, an der der Heilende ewig mit-leidet.» DERS: Prometheus, in: Urbilder der griechischen Religion, 256, verweist auf HOMER: Ilias, XI 832, S. 229, wo *Chiron* als «der rechtlichste von den Kentauren» gilt, und meint: «Daß ein solcher ... das Leiden des Prometheus übernehmen konnte, nötigt uns doch, von ‹Erlösung› zu sprechen.»
165 WOLFGANG SCHADEWALDT: Griechische Sternsagen, 121–122; vgl. Helmut ZIMMER-MANN – ALFRED WEIGERT: ABC-Lexikon Astronomie, 45: «Centaurus ..., Sternbild des südlichen Himmels, von dem von unseren Breiten aus gesehen nur die nördlichsten Teile etwas über dem Horizont erscheinen. Im südlichen Teil des Sternbildes, durch das sich die Milchstraße zieht, liegt der uns nächste Fixstern, Proxima Centauri, dicht bei dem sehr hellen Stern Alpha-Centauri.»

darf. Stärker als der hebräische *Hiob* ist es der griechische Titan *Prometheus*, der durch sein unverdientes Leid das Weltbild der tradierten Frömmigkeit zersprengt. Man soll dem Gott-Vater gehorchen? Wohl nur, wenn er als Vater-Gott sich zeigt. Gerade das wird auch dem duldenden *Hiob*, wenngleich in anderer Weise, zur offenen Frage und Klage: «daß Gott mir unrecht getan hat und mich mit seinem Jagdnetz umgeben hat. Siehe, ich schreie ‹Gewalt› und werde doch nicht gehört; ich rufe, aber kein Recht ist da.» (Hi 19,6 – 7) «Warum bleiben die Gottlosen am Leben, werden alt und nehmen zu an Kraft? Ihr Geschlecht ist sicher um sie her, und ihre Nachkommen sind bei ihnen ..., und doch sagen sie zu Gott: ‹Weiche von uns, wir wollen von deinen Wegen nichts wissen! Wer ist der Allmächtige, daß wir ihm dienen sollten? Oder was nützt es uns, wenn wir ihn anrufen?›» (Hi 21,7-8.14-15)

Wie soll man einen Gott verehren, der entweder selbst Unrecht verübt oder es offenkundig mit den Ungerechten hält? Was einen *Hiob* anficht, ist die Rechtlosigkeit *der menschlichen Geschichte* – ihre gleichgültige Grausamkeit, ihre teilnahmslose Selbstzufriedenheit, ihr zynisches Hasardspiel mit dem Glück und Unglück ungezählter Menschen. Fügungen Gottes? Waltende Gerechtigkeit? Weit eher: blindes Schicksal. Die Launen einer unbegreifbaren Notwendigkeit. Verfügungen, die sich nicht fügen wollen. – An dieser Stelle geht die Sicht des *Hiob* in die eines *Prometheus* über: Man kann, man darf als Mensch die Welt nicht akzeptieren, wie sie ist.

Doch die Berührung beider ähnelt der Tangente an dem Kreis: Sogleich biegt der Gedankengang des Buches «Hiob» zurück zu seinem Ausgangspunkt: zu Gott, und löst sich damit aus der Gradlinigkeit des Protestes des *Prometheus*-Mythos. Der Grund für diesen Unterschied im Augenblick einer gewissen Kongruenz ist offensichtlich und markiert die Wesensdifferenz von Griechentum und Bibel in der gesamten Grundanlage ihres Denkens. Das Problem, das sich *Hiob* aufdrängt, liegt im Gang all dessen, was die Menschen tun, und so muß es am Ende geradezu als eine Art Erlösung anmuten, wenn sich der Blick des in sein Leiden Eingeschlossenen ins Weite öffnet hin zur Welt: Gott selbst erscheint schließlich als Schöpfer all der staunenswerten Wunder der Natur – der Sterne und des Meeres und der Tiere –, vor denen *Hiob* nur wie ein unwissendes Kind voll Ehrfurcht, eingedenk der Kleinheit seiner Kenntnis, die Hand an den Mund zu legen vermag, um anbetungsvoll zu verstummen. Wie am Ende der Sintflut-Erzählung in Gen 8,21 – 22 tritt am Ende des Buches «Hiob» die Ordnung der Natur als unangreifbarer, fester Bestand dem so chaotisch scheinenden Verlauf der menschlichen Geschichte gegenüber und fungiert geradezu als

Rückzugsraum und als Entlastungsmoment von all den Irrungen und Wirrungen der menschlichen Akteure. «Und Gott sah an alles, was er gemacht hatte, und siehe, es war sehr gut.» (Gen 1,31) Dieses Urteil der priesterschriftlichen Schöpfungsgeschichte wird nach Überzeugung auch des Büchleins «Hiob» in letzter Evidenz ein jeder teilen, dem sich die Augen öffnen für die grandiose Wirklichkeit, in welcher Gott sich selbst in seiner Schöpfung darstellt. Das Problem der Theodizee, der Rechtfertigung Gottes angesichts des Meers von Leid, löst sich im Schöpfungsglauben auf: Die Welt ist gottgemäß in ihrer Größe, und dahinein muß sich des Menschen Kleinheit schicken. So in der Grundhaltung biblischer Frömmigkeit.

Ganz anders im antiken Griechenland! Wenn die Welt so geworden ist, wie HESIOD es darstellt, und mit der Welt die Götter, wie will man dann erwarten, daß ein durchgängiges Planen, ein rücksichtsvolles Lenken und ein weises Wollen sie durchwalte? Es ist die ionische Naturphilosophie vom 6. Jh. v. Chr. an, die mit ihrer Suche nach den Ursprüngen und Ursachen der bestehenden Wirklichkeit erstmals ein kausales Konzept der Naturbetrachtung entwickelt, das man als eine Hauptquelle des naturwissenschaftlichen Denkens im Abendland bezeichnen kann. Ein «Kosmos», gefügt nach rational erkennbaren, mathematisch formulierbaren Gesetzen, entsteht da, der mit den olympischen Göttern HOMERs oder mit der «Theogonie» eines HESIOD durchaus nichts mehr gemein hat; allein der Auseinandersetzung mit jenen aber kann ein *Prometheus* entsteigen, – einer mythischen Weltsicht, in der, was als «Ordnung» sich Geltung verschafft, nur als Ergebnis des Ringens verschiedener gegensätzlicher Kräfte zustande kommt. Da ist kein «Gesetz», das nicht aus dem Kampf antagonistischer Widersprüche hervorgegangen wäre; nicht mechanistische Gleichgewichtszustände stehen in einer solchen Welt zu erwarten, allenfalls Machtverhältnisse von zeitweiliger Konsistenz.

FRIEDRICH NIETZSCHE war es, der dieses dynamistisch-psychologische Weltbild der Griechen auf seine Weise gegen den Widerstand der «Materialisten» ebenso wie der «Idealisten» sich zu eigen gemacht hat. «Und wißt ihr auch, was mir ‹die Welt› ist?» schrieb er. «Soll ich sie euch in meinem Spiegel zeigen? Diese Welt: ein Ungeheuer von Kraft, ... als Spiel von Kräften und Kraftwellen zugleich eines und vieles, hier sich häufend und zugleich dort sich mindernd, ein Meer in sich selber stürmender und flutender Kräfte, ewig sich wandelnd, ewig zurücklaufend, mit ungeheuren Jahren der Wiederkehr, mit einer Ebbe und Flut seiner Gestaltungen, aus den einfachsten in die vielfältigsten hinaustreibend, aus dem Stillsten, Starrsten, Kältesten hinaus in das Glühendste, Wildeste, Sich-selber-Widersprechendste, und dann wieder aus der Fülle heimkehrend zum Einfachen, aus dem Spiel der Widersprüche zurück bis zur Lust des Einklangs, sich selber bejahend noch in dieser Gleichheit seiner Bahnen und Jahre, sich selber segnend als Das, was ewig wiederkommen muß, als ein Werden, das kein Sattwerden, keinen Überdruß, keine Müdigkeit kennt –: diese meine *dionysische* Welt des Ewig-sich-selber-Schaffens, des Ewig-sich-selber-Zerstörens, diese Geheimnis-Welt der doppelten Wollüste ..., ohne Wille, wenn nicht ein Ring zu sich selber guten Willen hat, – wollt ihr einen Namen für diese Welt? Eine *Lösung* für alle ihre Rätsel? Ein *Licht* auch für euch, ihr Verborgensten, Stärksten, Unerschrockensten, Mitternächtlichsten? *Diese Welt ist der Wille zur Macht – und nichts außerdem!* Und auch ihr selbst seid dieser Wille zur Macht – und nichts außerdem!»[166]

Es ist schwer vorstellbar, wie man die Weltdeutung in den alten Geschichten vom Aufstand der Titanen und vom Kampf der Götter mit den Giganten adäquater in eine philosophische «Formel» übersetzen könnte, als es NIETZSCHE in dieser Summe seines gesamten Denkens versucht hat. *Dionysos* und *Herakles*, berichtete APOLLODOR[167], waren die Garanten des Siegs der Götter in der Gigantenschlacht, und in der Tat: Nur in einer «künstlerischen», dionysisch-ekstatischen Form der Weltbetrachtung vermag man – vielleicht – die ästhetische Schönheit beim Anblick der Welt für verlockend genug erachten, um das Unmaß an Leiden in ihr als unvermeidlich zu akzeptieren; doch gerade dann bedarf es zugleich des Heldenmuts eines *Herakles*, um sich von Fall zu Fall, von Krafttat zu Krafttat, mit den Widrigkeiten und Ungeheuerlichkeiten des Daseins herumzuschlagen.

Die skeptische Intellektualität eines *Prometheus* hingegen legt eine entschieden andere Form des «Heldentums» nahe als die einer heroischen Bejahung der Wirklichkeit. Ein Mensch, der zu Bewußtsein erwacht und diese Welt sieht, lehnt sich auf gegen sie. Es ist seine Menschenpflicht. Es ist seine Menschlichkeit. *Dafür* steht die Gestalt des *Prometheus*. Das Empfinden des Mitleids wehrt sich gegen die offenkundige Mitleidlosigkeit

166 FRIEDRICH NIETZSCHE: Der Wille zur Macht, Nr. 1067, S. 696–697. – KARL REINHARDT: Nietzsche und die Geschichte, in: Vermächtnis der Antike, 304, versuchte, sich NIETZSCHE so anzunähern: «Wie das Leben nicht ohne den Tod ist, so ist auch das Höchste nicht ohne die Grausamkeit des Machttriebs, wie das Leben selbst – der Tod ist, so ist ‹Dionysos› selbst – Wille zur Macht. Was Nietzsche unter Geschichte versteht, geht nicht in einem nackten Macht-Materialismus auf. Geschichte ist für Nietzsche viel zu triebhaft, viel zu menschlich, als daß sie in ihren objektiven Formen, ihrem ‹objektiven Geist›, ihren ‹Strukturen› und ‹Ideen› zu erfassen wäre.»
167 APOLLODOR, I 35 ff., in: Griechische Sagen, 11.

unter der Herrschaft der Götter. Wie verteilt man die Gaben der Welt? Das war der Urkonflikt des *Prometheus* mit dem neuen Herrn auf dem Olymp – mit *Zeus* selbst. Nennt man «Gerechtigkeit» dies: den Besitzenden dasselbe zu geben wie den Besitzlosen und damit den Abstand zwischen Oben und Unten nur um ein weiteres zu vergrößern, oder ist es «gerecht», zu teilen nach dem Maß der Bedürftigkeit? Das war die Frage. Ein Gott wie *Zeus*, den man überlisten muß, um hilflosen Menschen hilfreich zu sein, verdient keine Hochachtung; ihn zu bekämpfen ist ein Zeichen ursprünglicher und ungebrochener Humanität. Wie also jetzt sich entscheiden?

FRIEDRICH NIETZSCHE wählte auf seine Weise; er wollte das mutige, das dionysische, das herakleische Ja zur Welt, wie sie ist. Doch im Wege steht dem *Prometheus* – der Protest gegen die Willkürordnung der Götter. Ja, die «Gesetze», die sie erlassen, entstammen dem (momentanen) Stillstand im Kampf um die Macht; die Götter sind so, wie die Welt, die sie formen, und die Welt ist ganz nach ihrem Format; sie selber gehören ihr zu, und sie muß ihnen gehorchen, – alles erscheint da als selbstverständlich und unvermeidbar. Doch nicht für *Prometheus*. Er tritt aus der «Ordnung» heraus, welche die Götter verkörpern, im Namen der Menschen. Und alles nimmt er dafür in Kauf: jedwedes Leid, jedweden Schmerz und, damit ineins, das ewige Nagen des Kummers in Herz und Gedärm.

Es ist und bleibt an dieser Stelle ein schwer begreiflicher Skandal, daß die christliche Theologie mit der Gestalt des Titanen *Prometheus*, dieses Urbilds des Menschseins, dieses Vorbilds der Menschlichkeit, seit eh und je, statt in ihr den Archetypus des leidenden Gottmenschen Christus zu sehen, nichts anderes anzufangen gewußt hat als sie den Verdammten des Tartaros zuzurechnen, die sie auf ihre Art als Teufel interpretierte. Als Sinnbild des Hochmuts galt ihr *Prometheus*, – wer auch schon stünde auf gegen Götter? Trotz, Stolz, Hybris, Maßlosigkeit und Verblendung – das alles sah man in ihm verkörpert, und man akzeptierte nicht nur, man rechtfertigte und fand richtig die Entscheidung des *Zeus*: eine Geisteshaltung wie die des *Prometheus* gehört mit allen Mitteln als schuldig verklagt und niedergequält – gedemütigt bis hin zur Ohnmacht, gefoltert bis zur Wehrlosigkeit, um, wenn es geht, seinen Willen zu brechen. Entschieden ergriff man damit Partei für die Seite der herrschenden Macht, man mißbilligte prinzipiell die Haltung des «Menschen in der Revolte», wie ALBERT CAMUS sein wohl wichtigstes philosophisches Essay gegen die Rechtfertigung des «Bösen» in der Geschichte zur vermeintlichen Befreiung des Menschen genannt hat[168],

168 ALBERT CAMUS: Der Mensch in der Revolte, 8: «Am Tage, an dem das Verbrechen sich mit den Hüllen der Unschuld schmückt, wird – durch eine seltsame, unserer Zeit eigentüm-

man verdammte *Prometheus*, weil er zu wenig «gehorsam» war. Was da in scheinbar frommer Absicht geschah, kommt einem nie wirklich einge-standenen Erdrutsch gleich – einer Verschiebung, einer Verfälschung in allem.

Geläufig ist wohl den meisten das Eingeständnis, die Kirche habe im er-sten Drittel des 4. Jhs., im *Konstantin*ischen Zeitalter, die Botschaft Jesu an den römischen Staat und die Machtinteressen des Kaisers verraten – als Preis dafür, zur Reichsreligion des Imperiums aufzusteigen. Doch der histo-rische Irrtum, wenn man's so nennen darf, hat einen tieferen Grund: Man setzte die biblische Geschichte vom «Sündenfall» *Adam*s in Gen 3,1 – 7 mit der Haltung des *Prometheus* ineins – und mißverstand dadurch beides. *Adam* wie *Prometheus*, so die Erklärung, machten der Unbotmäßigkeit sich schuldig, – *das* vermeintlich war das Gemeinsame, ihr Ungehorsam; doch selbst, wenn es so wäre, ist Ungehorsam immer schon böse, gleich, welchen Gründen er entstammt?

Freilich, die Auffassung, man habe sich der Obrigkeit, ganz einfach, weil sie die Obrigkeit ist, bedingungslos zu unterwerfen, durchzieht das gesamte bibeltheologische Denken: Menschen mag man sich widersetzen, Gott aber schuldet man absoluten Gehorsam. Doch was man in der Auslegung vom «Sündenfall» des Menschen von vornherein übersah: *Adam* (»der Mensch») «sündigt» in der Erzählung der Genesis durchaus nicht aus Ungehorsam; er übertritt Gottes «Gebot», das ist wahr, doch nicht mit erhobener Hand, in

---

liche Verdrehung – von der Unschuld verlangt, sich zu rechtfertigen.» – ILONA OPELT: Nachleben des Aischylos in christlicher Zeit, in: Wege zu Aischylos, I 439, verweist insge-samt darauf, daß besonders KLEMENS VON ALEXANDRIEN die Stoffe des AISCHYLOS in seinen Zitaten «aus dem dramatischen Zusammenhang» löst, sie «generalisiert, moralisiert, trivia-lisiert.» M. a.W.: Das Verständnis für die tragische Dimension verlöscht und reduziert sich auf die Feststellung: «Die keinen Glauben haben, sind ohne Verstand.» Eine solche Einstel-lung vertritt auch TERTULLIAN: Apologetikum, XVIII, in: Ausgewählte Schriften, II 88, wenn er davon spricht, daß er (Gott) «von Anfang an» Männer in die Welt gesandt habe, «die um ihrer Gerechtigkeit und Tadellosigkeit wegen würdig waren, Gott zu erkennen ..., damit sie verkündeten, daß ein einziger Gott sei, welcher alles erschaffen, welcher den Menschen aus Erde gebildet hat». An eben dieser Stelle fügt TERTULLIAN ein: «Er (sc. der Schöpfergott, d.V.) ist nämlich der wahre Prometheus, welcher für den Lauf der Welt die Ordnung festgestellt hat.» Damit wird der «wahre» Gott dem «falschen» Menschenschöp-fer *Prometheus* gegenübergestellt; der Titan selber mit seinem Protest gegen das Unrecht der Welt zählt nicht zu den «Tadellosen» auf dem Wege zum Christus. – ULRICH VON WILAMOWITZ-MOELLENDORFF: Aischylos, 149, urteilte in diesem Punkte richtig über *Pro-metheus*: «Hier erschüttert uns der wilde Kampf; die Göttlichkeit liegt in der Kraft zu handeln und zu leiden. Es ist lediglich ein Erfolg der in der Christenheit herrschenden Heuchelei, wenn der Prometheus des Aischylos ... eine Herabsetzung der Götter in sich schließen oder ihren Bekennern Ärgernis geben» soll.

offener Auflehnung, sondern als Opfer der Angst, Gott zu verlieren[169]. Er ist durchaus kein *Prometheus*. Dieser allerdings tritt mit erhobener Hand, in offener Auflehnung *Zeus* gegenüber, – *Prometheus* in der Tat weigert sich zu gehorchen; doch eben dafür hat er seine Gründe. Er muß so tun. Er ist es sich schuldig, und er akzeptiert nicht, sich dafür schuldig sprechen zu

---

169 Vgl. E. DREWERMANN: Strukturen des Bösen, I 53–74: Im Getriebe der Angst (Gen 3,1–7); III 436–479: Angst, Verzweiflung und Glaube – die Kierkegaardsche Trias. – ELISA-BETH LÖCKER-EULER: Philosophische Deutung von Sündenfall- und Prometheusmythos, 67, betont zu Recht die «tragische Schuld» im *Prometheus*-Mythos und meint: «Man hat un-endliche Belege für den Pessimismus der Griechen, daß es ‹den Menschen von den Göttern zugesprochen im Jammer zu leben› (Ilias 24,49), daß ihnen Trübsal gesandt wird und das Glück mißgönnt.» Von daher meint sie, S. 88: «Prometheus steht an der Grenze des grie-chischen Heroenideals, dort wo der Kampf dem Geist an sich gilt, wo das Tun schon fast ein Märtyrertum der Erkenntnis ist. Insofern ist er in der Art seines Leidens dem Grie-chischen am fernsten, uns am nächsten unter den griechischen Helden.» – Eigentümlich ist die «Vermittlung» im Idealismus. F. F. J. SCHELLING: Philosophie der Mythologie, I 482, führte in der 20. Vorlesung seiner Vortragsreihe aus: «Prometheus ist kein Gedanke, den ein Mensch erfunden, er ist einer der Urgedanken ... – Prometheus ist jenes Prinzip der Menschheit, das wir den Geist genannt haben ... Er büßt für die ganze Menschheit, und ist in seinen Leiden nur das erhabene Vorbild des Menschen-Ichs, das, aus der stillen Gemein-schaft mit Gott sich setzend, dasselbe Schicksal erduldet, mit Klammern eiserner Notwen-digkeit an den starren Felsen einer zufälligen aber unentfliehbaren Wirklichkeit ange-schmiedet, und hoffnungslos den unheilbaren, unmittelbar wenigstens nicht aufzuhebenden Riß betrachtet, welcher durch die dem gegenwärtigen Daseyn vorausgegangene, darum nimmer zurückzunehmende, unwiderrufliche That entstanden ist.» S. 485: «Erkennen müs-sen wir also, daß Prometheus (sc. in seinem Protest, d.V.) in seinem Recht ist; wie er ist, konnte er nicht anders; was er gethan, er mußte es thun; denn er war durch eine sittliche Nothwendigkeit dazu getrieben ... Aber auch Zeus ist in seinem Recht, denn nur um sol-chen Preis erkauft sich die Freiheit und Unabhängigkeit von Gott.» – In dieser Weise kann man – mit HEGEL – in der Tat nur sprechen, wenn man, wie SPINOZA, Gott identisch setzt mit der Natur; nicht von Gott als Person, wohl aber von dem blinden Walten der Natur, das Gott genannt wird oder «Zeus», sich durch Erkenntnis zu lösen, ist dann die Freiheit des *Prometheus*. – So besehen, kann man WILHELM NESTLE: Die Religiosität des Aischylos, in: Wege zu Aischylos, I 264, historisch gewiß zustimmen, wenn er bezüglich des AISCHY-LOS und seines *Prometheus* feststellt: «Weder vom Rationalismus der jonischen Aufklärung berührt, noch irgendeiner Form der Mystik, sei es der eleusinischen oder der orphischen verschrieben, geht er als religiöser Denker selbständig seinen Weg. Der Glanz der griechi-schen Götter erbleicht ihm vor dem Allgott, der mit Zeus nur noch den Namen gemein hat, dessen lebenzeugende Strahlen die ganze Welt durchdringen, der alles wirkt, was geschieht, und alle Menschen, mögen sie gut oder böse sein, zu gebrauchen weiß als Werkzeuge seines hehren Willens, der durch Leiden zur Weisheit erzieht: zur Selbsterkenntnis, zur Welt-erkenntnis, zur Gotteserkenntnis, der das Gute zum Siege führt.» Das ist nicht falsch ge-sehen; aber kann man auch, fortführend, sagen, es sei die Herrschaft des *Zeus* «ein Reich vollkommener Harmonie»? Das gerade nicht! Wohl, des AISCHYLOS Dichtung schildert «das hohe Lied von göttlicher Allmacht», – doch auch von «Gerechtigkeit»? Eben dagegen steht die Gestalt des *Prometheus*.

113

lassen. Nicht Titanen-Hochmut, – Titanen-Großmut treibt ihn dazu. Denn sein Motiv – das ist Mitleid!

Welch eine theologische Sprengkraft in diesem einen Worte liegt, stand FRIEDRICH NIETZSCHE in aller Klarheit vor Augen, – ARTHUR SCHOPENHAUER hatte es ihn gelehrt. «Ich möchte nicht Gott sein», hatte dieser sinngemäß gesagt, «das Leid der Kreaturen griffe mir ans Herz.»[170] SCHO-

---

170 ARTHUR SCHOPENHAUER: Parerga und Paralipomena, I 129, nennt vor allem «die traurige Beschaffenheit einer Welt, deren lebende Wesen dadurch bestehn, daß sie einander auffressen, die hieraus hervorgehende Noth und Angst alles Lebenden ..., die Last des Lebens selbst und sein Hineilen zum bittern Tode, ehrlicherweise» den wichtigsten Einwand gegen die These, «daß sie (sc. die Welt, d.V.) das Werk vereinter Allgüte, Allweisheit und Allmacht seyn sollte». – Sehr zu Recht betont KARL KERÉNYI: Prometheus, in: Urbilder der griechischen Religion, 233, genau diese Widerspruchshaltung, die der *Prometheus* des AISCHYLOS verkörpert: *Prometheus* «erhob ... die menschliche Existenz zur *menschlichen* Existenz: zu einer immer noch tierisch verwundbaren, leidenden, sterbenden, jedoch nicht tierisch fügenden. Ja: zu einer schon befreiten und doch gefesselten Existenz. Denn sobald der Mensch Mensch ist, sobald von ihm als von einem besonderen Wesen die Rede ist – und so ist es im Mythologem des Prometheus, der mit seinem So-Sein-und-Tun-Leiden die menschliche Existenz ausspricht –, ist Feuerlosigkeit ein Mangel, dem man abhelfen *muß*: jenes Sich-nicht-Fügen, ein Sich-nicht-fügen-*Können*. Die Leiden, die aus diesem Sich-nicht-fügen-Können folgen, sind über die tierischen hinausgehende, besondere Leiden – gleichsam Strafen.» Freilich glaubt KERÉNYI, den Konflikt durch Einsicht in eine höhere «Ordnung der Gerechtigkeit» lösen zu können; doch das ist unmöglich. Denn: Welch eine «Ordnung» sollte solche Leiden rechtfertigen? Wahr allerdings ist's, wenn KERÉNYI (S. 235) schreibt: «Prometheus kann sich den Fesseln der Zeus-Welt ebensowenig entwinden wie die Menschheit. Sein Wissen um das Schicksal ist machtlos gegen solche Grundgegebenheiten der menschlichen Existenz, die er vorbildlich erleidet, wie das Gebundensein, das Leiden und Ungerechtigkeit-Erleiden.» In der Tat liegt darin etwas Christusförmiges, freilich ohne Erlösung (S. 175): «Unter allen Göttern der Griechen», schreibt KERÉNYI in gewissem Sinne zu Recht, «hat Prometheus die merkwürdigste Beziehung zur Menschheit: eine Beziehung, die durch Ähnlichkeit und durch Gegensätzlichkeit an die Auffassung des Christentums von seinem Erlöser erinnert. Prometheus steht für die Menschheit ein, macht gemeinsame Sache mit ihr wie kein anderer Griechengott. Darin liegt die Ähnlichkeit mit der Beziehung Christi zur Menschheit. Doch Christus erleidet die menschliche Existenz als Mensch. Seine enge Beziehung zur Menschheit, eine Voraussetzung seines Werkes, erscheint erst durch den Glauben der Christen, er sei Gott, in ihrer ganzen Paradoxie ... Prometheus erscheint nie als Mensch. Er ist ein mythologisches Wesen.» – Das stimmt natürlich, doch geht darüber der eigentliche Differenzpunkt verloren: *Prometheus* leidet mit den Menschen an der Welt der Gewalt, die das Regiment des *Zeus* in der Natur darstellt, und er versucht, die physischen Leiden, die er nicht beseitigen kann, mit technischen Errungenschaften, so gut es geht, zu mildern; das Problem, zu dessen Lösung der Christus das äußerste Leid auf sich nimmt, ist nicht die «Natur», sondern eine «Ordnung», wie Menschen sie sich geben müssen, die an einen *Zeus*-ähnlichen Gott glauben: Sie totalisieren die Angst und sie instrumentalisieren die Grausamkeit. Die *Prometheus*-Mythe erzählt von dem Erwachen des menschlichen Bewußtseins inmitten der Welt, die biblische «Sündenfallerzählung» schildert den Verlust des Vertrauens in Gott; einzig *darauf* antwortet die Erlösungstat des Christus.

PENHAUER war der erste Philosoph im Abendland, der den Schmerz, das Unglück, die Vergeblichkeit, die Qual der immer neu zum Untergang verurteilten Formen des Lebens als Argument begriff gegen die Idee auch nur einer Schöpfung der Welt durch eine weltjenseitige Gottheit. Wie denn? «Und siehe, es war sehr gut!» (Gen 1,31) SCHOPENHAUER erklärte diesen Satz für eine ruchlose Lüge, auf welcher allein allerdings sich der Schöpfungsgedanke errichten lasse. Der Unterschied ist absolut: Den Göttern Griechenlands kann man kaum vorwerfen, daß sie nicht besser sind als die Welt, mit der sie selbst entstanden sind und der sie zugehören; wenn trotzdem *Prometheus* im Namen der Menschlichkeit gegen sie rebelliert, so ist es in gewissem Sinne nur folgerichtig, daß man ihn in Fesseln legt und niederzwingt; kein moralisches Urteil ist da vonnöten. Einem Gott wie *Zeus* genügt wirklich die Macht, um sich zu beweisen, um sich zu beglaubigen; *Prometheus*, so viel er auch weiß, ist ihm nicht gewachsen.

Der Gott der Bibel aber? Er kommt so nicht durch! Mag er auch donnern und blitzen – wie *Zeus*, mag er auch zürnen und wüten – wie *Zeus*, oder auch hassen und rächen – wie *Zeus*, er *ist* nicht *Zeus*! Er ist weltjenseitig. Keinerlei Rechtfertigung findet er deshalb im Zustand der Welt, im Gegenteil, als Schöpfer muß er selber sich rechtfertigen für den Zustand der Welt. Und sein ewiger Ankläger im Erbe des griechischen Mythos trägt diesen Namen: *Prometheus*. Der selber ist Teil dieser Götterwelt, ihr Schatten, ihr Widerspruch, ihr schlechtes Gewissen, niedergehalten noch mit Gewalt in der Ära der Herrschaft des *Zeus*, doch absolut tödlich, konfrontiert man ihn mit der Gottheit der Bibel.

Im Untergrund war es wohl diese Ahnung, die in der christlichen Theologie dahin geführt hat, *Prometheus* als «Teufel» zu dämonisieren. NIETZSCHE, noch einmal, hat das gesehen. «Also», sagt sein «Zarathustra», «sprach der Teufel einst zu mir: ‹auch Gott hat seine Hölle: das ist seine Liebe zu den Menschen›. Und jüngst hörte ich ihn dies Wort sagen: ‹Gott ist tot; an seinem Mitleiden mit den Menschen ist Gott gestorben.› – So seid mir gewarnt vor dem Mitleiden: *daher* kommt noch den Menschen eine schwere Wolke! Wahrlich, ich verstehe mich auf Wetterzeichen.»[171] Die «Hölle» Gottes, der «Tod» Gottes aus Mitleid – dafür im letzten steht die Gestalt des in den Tartaros verbannten *Prometheus*. Als Bild des «Übermenschen» hätte NIETZSCHE sich mit ihm verbündet: «Tot sind alle Götter», so sprach sein «Zarathustra», «nun wollen wir, daß der Übermensch

---

171 FRIEDRICH NIETZSCHE: Also sprach Zarathustra, 2. Teil, Von den Mitleidigen, S. 96.

lebe». Doch der Titan ist gerade nicht der Riese einer «Fernstenliebe» jenseits des Mitleids; er droht die Götter nicht zu stürzen, um auf ihrem Thron zu sitzen, – er verlangt, daß sie ihre Herrschaft ändern. Nach des *Prometheus* Art könnten die Worte auch «Zarathustras» gerichtet sein gegen das Stümperhafte und das Ungerechte aller «Schöpfung»: «Zu vieles mißriet ihm, diesem Töpfer (sc. der in Gen 2,7 den Menschen aus Lehm formte, d.V.), der nicht ausgelernt hatte! Daß er aber Rache an seinen Töpfen und Geschöpfen nahm dafür, daß sie ihm schlecht gerieten (sc. indem er wie der *Jahwe* der Hebräer und der *Zeus* der Griechen die Sintflut über alle Sterblichen verhängte, d.V.), – das war eine Sünde wider den *guten Geschmack*. Es gibt auch in der Frömmigkeit guten Geschmack: der sprach endlich: ‹fort mit einem *solchen* Gotte! Lieber keinen Gott, lieber auf eigene Faust Schicksal machen, lieber Narr sein, lieber selber Gott sein!›»[172]

Das ohne Zweifel ist den Worten nach ein Atemwind, wie er vom Kaukasos herüberweht. Aber das Ziel des Protests des *Prometheus* ist einzig und allein die *Änderung* des Göttlichen, seine Vermenschlichung, nicht seine Beseitigung.

Ein solcher prometheischer Protest ist allerdings gänzlich vergebens, solange er sich richtet gegen eben die Naturordnung, in deren Walten selbst die Götter zur Erscheinung kommen; von einer schier vernichtenden Gewalt ist er indessen, richtet er sich in angegebener Weise gegen eine Schöpfergottheit, die, als weltjenseitige, gemessen an den eigenen Werken, nur allzu offensichtlich ihren selbstgestellten Ansprüchen nicht nachkommt. An dem Protest des Mitleids stirbt die Idee des Schöpfergottes angesichts der Welt. Wogegen aber dann noch protestieren? In keiner Form taugt die Natur als Klagemauer, und mit dem Schwinden Gottes droht der menschliche Protest jegliche Basis zu verlieren. Damit sich nach dem «Tod» des Schöpfergottes wie der Schöpfungsgötter der Gedanke des *Prometheus* fortsetzt, bedarf es eines neuen Ausgangspunktes: Der Gott, der nicht ein Teil der Welt ist, sollte nicht länger von der Welt her vorgestellt und theologisch-metaphysisch «abgeleitet» werden; gerade weil er gänzlich anders ist als alles, was da «Welt» ist, ist er die Grundlage dafür, daß Menschen menschlich leben können inmitten dieser unmenschlichen Welt. Einzig das radikale Anderssein des Göttlichen gewährt die Möglichkeit, daß Menschen ihre Andersheit im Raum der Welt bewahren. Nicht als kausale Ursache der Welt, wie es in der tradierten Kirchenlehre mit dem Anspruch eines Dogmas formuliert ist, läßt sich Gott als Person erkennen; die Men-

172 A. a. O., 1. Teil, Von der schenkenden Tugend 3, S. 84; 4. Teil, Außer Dienst, S. 289.

schen als Personen brauchen Gottes Person als Anker ihrer eigenen Persönlichkeit[173].

Daher muß man den Adressaten des Protestes des *Prometheus* wechseln: Es nutzt nichts, die Welt anzuklagen und den Göttern oder Gott als Schöpfer vorzuwerfen, daß sie skrupellos nur ihre Macht verwalten; es gilt, an Mitleid und an Güte absolut zu glauben gegen alle Welt und darin Gott jenseits der Welt zu finden; von ihm her dann ist der Protest zu richten gegen alles Mitleidlose, Machtbesessene, Unmenschliche, in Wirklichkeit Ungöttliche inmitten dieser Welt. Es braucht unendlich mehr als alle Welt, um gegen alle Welt zu protestieren. Der kosmogonische Konflikt, für den *Prometheus* steht, formt sich mithin zu einer Frage nach der Art, wie wir als Menschen leben. Nicht mehr das Sein der Welt, das Dasein von uns Menschen ist das neue eigentliche Thema; aus einem Mythos aus der Anfangszeit der Götter wird nunmehr eine existentielle Chiffre vom Ursprung unserer Menschlichkeit.

Mit anderen Worten: Die «Welt», gegen die sich ein *Prometheus* stemmt, um einen Raum des Menschlichen zu öffnen, ist letztlich nicht der Kosmos, die Natur der Griechen, sondern recht eigentlich das Chaos in der menschlichen Geschichte und Kultur, – *da* ist der Ort, an welchem Götter, die nach Menschenart auftreten, ihre Menschlichkeit erweisen müßten, und wenn sie es nicht können oder sogar willentlich verweigern, so muß man sie bekämpfen. Keinerlei Aufblicken zu einer angeblich «reinen» Natur, die aus den Händen eines unbegreifbar großen Weltenbaumeisters hervorgegangen wäre, wie im Buch «Hiob», vermag den Grundkonflikt, den der *Prometheus*-Mythos aufwirft, aufzulösen. Was bleibt, ist jedoch nicht die atheistische Verneinung aller Götter, jedes Gottes, wie NIETZSCHE sie im Paradox seines «Dionysos» statt «Christus» postulierte, es ist der Kampf *um Gott* (nicht gegen Gott), der sich in dem Titanen ausspricht. Wie läßt das eigentliche Wesen Gottes sich zurückgewinnen? Das einzig ist die Frage, und sie verweist auf eine alles ändernde Analogie in der Person des Christus; in ihr im Grunde lebt der *Prometheus*-Mythos weiter. Wenn *Zeus* die Position des Obersten auf dem Olymp sich nur erhalten kann, indem er seinen «Widersacher» freigibt und dessen Wissen für sich selber nutzt, so stellt sich dies Problem genauso, nur in äußerster Zuspitzung, in der Auflehnung des Nazareners gegen den Gott der Pharisäer und Gesetzeslehrer seiner Tage zur Rückkehr in den Ursprung eines Gottvertrauens ohne Angst.

Rein äußerlich bereits entspricht das Schicksal des jüdischen Propheten

---

173 Vgl. E. DREWERMANN: Wendepunkte, 73–100: Von den Bedingungen menschlicher Existenz oder: Was Glauben an Gott als den Schöpfer meint.

Jesus dem des griechischen Titanen in dem Kernmotiv von Kampf und Aufruhr und von Aburteilung und Bestrafung: hier der an den Felsen des Kaukasos Geschmiedete, dort der ans Kreuz Genagelte, hier der wegen seiner Menschlichkeit schuldig Gesprochene, dort der wegen seines Eintretens für all die sogenannten «Sünder» als Gottesgegner in den Tod Gegebene, hier der den Menschen durch Vernunft und Kultivierung Hilfreiche, der eben deshalb in Konflikt mit dem Gott *Zeus* gerät, dort der die Kranken Heilende durch seine Güte, dem man entgegenhält, die fest tradierte Frömmigkeit der Väter aufzuheben und in des Teufels Namen die «Dämonen» auszutreiben. Die Menschlichkeit im Widerspruch zum religiös Bestehenden – das ist das beiden offenbar Gemeinsame. Was sie indessen *trennt*, ist – neben dem Bezugspunkt des Protestes: hier die «Natur», dort die «Geschichte» – vor allem die Instanz, die sie verurteilt: hier der Gott selber, *Zeus*, dort die als Gottesstellvertreter auftretenden Heiligtumsbewahrer (Hohe Priester) und Gesetzeshüter (Pharisäer, Schriftgelehrte). Der Widerspruch, der mit *Prometheus* sich verbindet, ist ein Konflikt mit den Olympiern inmitten der Olympier; der Widerspruch des Christus ist ein Widerspruch im Namen Gottes gegen die in seinen Augen Gott Verleumdenden und Gott Verleugnenden, die, mit Berufung auf den Wortlaut des mosaischen Gesetzes, Religion und Menschlichkeit zu Widerspruchsvokabeln machen, – ihnen muß man widersprechen, um Gottes willen, ganz buchstäblich, und im Willen Gottes. Die Menschlichkeit ist Teil der Religion – ihr wesentlicher Inhalt, ihr Wahrheitskriterium, ihr eigentliches Gütesiegel. Das ist die alles überragende Gemeinsamkeit in der Grundüberzeugung des *Prometheus* wie des Christus, wobei *Prometheus* allerdings den Neuankömmling auf dem Götterberg, *Zeus* selbst, persönlich angreift, während der Mann aus Nazaret sich an der Seite seines Gottes derer zu erwehren sucht, die ihm die Menschlichkeit im Auftrag *ihres* Gottes*bildes* übelnehmen.

Es ist sehr wichtig, diesen Unterschied zwischen der Art des prometheischen und jesuanischen Protestes zu betonen, weil er, bei aller Ähnlichkeit der Zielsetzung, davor bewahrt, die Sache Jesu in das gerade in der griechischen Mythologie so weit verbreitete Motiv des Kampfs der Väter gegen ihre Söhne (*Uranos* und *Kronos*) beziehungsweise der Söhne gegen ihren Vater (*Kronos* und *Zeus*) einzuordnen. Vor allem in der Psychoanalyse interpretierte man im Sinn der Abhandlung von SIGMUND FREUD zu «Totem und Tabu»[174] die grausame Hinrichtung Jesu durch die Römer als ein durch

---

174 SIGMUND FREUD: Totem und Tabu, in: Gesammelte Werke, IX 160–169. FREUD folgt hier den Ausführungen von ROBERTSON SMITH mit dem Ergebnis, «daß die sakramentale

und durch «ödipal» bedingtes Geschehen: Die Auflehnung des «Sohnes» Gottes gegen seinen «Vater» sei von diesem durch den Kreuzestod geahndet worden, – die «Ermordung des Urvaters» durch die Brüderhorde[175] habe sich mithin umgekehrt in die Ermordung des Sohnes durch den Vater. Den Grund der Auflehnung (und reaktiv der Unterdrückung) erblickt das Theorem vom Ödipuskomplex in dem Verlangen (je)des Sohnes nach dem Besitz der Mutter, – im Umkreis FREUDS ging OTTO RANK so weit, das Kreuzesholz selbst als Symbol des Leibs der Mutter zu verstehen, mit dem im Leben wie im Sterben zu verschmelzen den Wunsch des Sohnes ebenso ausdrücke wie die Strafe durch den Vater[176]. Auch C. G. JUNG nahm die Symbolik auf[177], wenngleich er sie als innerpsychische Thematik: der Sehnsucht nach Verschmelzung mit dem Mutterarchetyp im Unbewußten, deutete. – Von da aus war es nur ein Schritt zu der von ERICH FROMM in seiner Studie zum «Christusdogma»[178] vorgelegten Sicht des Hauptanliegens Jesu: Der später als Christus Verehrte habe ursprünglich sozial-politisch den Haß der Unterschicht auf die patriarchale Unterdrückung in Religion, Gesellschaft, Wirtschaft und Besatzung durch die Römer in seiner Botschaft vom Reich Gottes freigesetzt; selbst wenn er nicht, wie die Zeloten in den Bergen Galiläas, zum bewaffneten Aufstand aufgerufen habe, so weise seine

Tötung und gemeinsame Aufzehrung des sonst verbotenen Totemtieres ein bedeutungsvoller Zug der Totemreligion gewesen sei».

175 A.a.O., IX 177–186: «Im christlichen Mythus ist die Erbsünde des Menschen unzweifelhaft eine Versündigung gegen Gottvater. Wenn nun Christus die Menschen von dem Drucke der Erbsünde erlöst, indem er sein Leben opfert, so zwingt er uns zu dem Schlusse, daß diese Sünde eine Mordtat war ... Und wenn dies Opfer des eigenen Lebens die Versöhnung mit Gottvater herbeiführt, so kann das zu sühnende Verbrechen kein anderes als der Mord am Vater gewesen sein.»

176 OTTO RANK: Das Trauma der Geburt, 102–112: Die heroische Kompensation; 113–134: Die religiöse Sublimierung: «Auch die Kreuzigung, die als Strafe für die Auflehnung gegen Gottvater im Mittelpunkt der Christusmythe steht, entspricht ... der unlustbetonten Rückkehr in den Mutterleib.» (131)

177 CARL GUSTAV JUNG: Das Wandlungssymbol in der Messe, in: Gesammelte Werke, XI 310–311, sieht im Kreuz «die Funktion eines ordnungserzeugenden Mittelpunktes.» (310)

178 ERICH FROMM: Die Entwicklung des Christusdogmas, in: Gesamtausgabe, VI 11–68; DERS: Die sozialpsychologische Bedeutung der Mutterrechtstheorie, in: Gesamtausgabe, I 84–109. – RAYMOND TROUSSON: La Thème de Prométhée dans la Littérature Européenne, 313, verweist darauf, daß «überraschenderweise» auch der Sohn Gottes, Christus, von den «Satanisten» oder «Titanisten» als einer der Ihren gesehen wird, doch findet er diese Auffassung weniger paradox, als sie auf dem ersten Blick erscheint: «Jesus, das göttliche Ideal der Liebe und der Brüderlichkeit, wird das Opfer des Mandarin Jehovah, das Ur-Opfer für einen despotischen und grausamen Gott.» (313) Entscheidend dabei ist, daß dieser «grausame Gott» allererst im Herzen einer bestimmten Frömmigkeit entsteht und den wahren Gott verstellt, für dessen Verkündigung Jesus allerdings zum äußersten bereit war.

Lehre von der «Brüderlichkeit» und der Menschlichkeit im Kreise seiner Anhänger doch deutlich revolutionäre, gegen die machtpolitischen Autoritäten von Synagoge, Tempel und Provinzverwaltung gerichtete Züge auf, und dieses Aufruhrs wegen sei er hingerichtet worden; später dann habe man im Dienst der Herrschermacht den Crucifixus selbst zum Allherrscher erhoben und seine Botschaft in den Dienst von Obrigkeit und Staatsgewalt gestellt.

Tatsächlich muß man ERICH FROMM zustimmen in der Ansicht, daß Jesus an die Stelle der patriarchalischen Frömmigkeitshaltung seiner Zeit eine eher maternale Einstellung habe setzen wollen, vorausgesetzt, man nimmt die Begriffe so, wie sie gemeint sind. – Mit dem Wort «*Patriarchalismus*» verbindet sich die Abhängigkeit jeglicher Anerkennung von bestimmten Voraussetzungen: Erst wer durch Leistung und moralische Korrektheit sich den Respekt der Mitmenschen verdient, darf darauf zählen, akzeptiert zu sein; die Normen der Gesellschaft sowie ihre Standards gelten absolut und ausnahmslos, – zumal wenn sie, wie in dem Glauben Israels, von Gott selber erlassen wurden; Gerechtigkeit gebietet harte Strafen, vor allem bei gewissen Übertretungen zentraler Weisungen, an denen die Identität der Volkes hängt, wie das Gebot des Sabbats, die Reinheitsbestimmungen oder die kultischen Anordnungen. Mit «*Matriarchalismus*» hingegen verknüpft man psychologisch die Bereitschaft, den andern und sich selber wertzuschätzen schon für die bloße Tatsache der Existenz, – wie eine Mutter ihr Kind in die Arme schließen wird, dankbar dafür, es haben auf die Welt bringen zu dürfen[179]. Eine solche vorbehaltlose (»maternale«) Zugewandtheit und Achtung jedes Einzelnen bildete historisch wohl in der Tat den Kerninhalt der Botschaft, die Jesus im Namen «seines» Gottes an die Menschen richtete, sowie der ganzen Art, in der er insbesondere den «Kranken» und den «Sündern» zu begegnen suchte. Für ihn war Gott nicht der gestrenge Hüter hierarchischer Instanzen und Institutionen, sondern wesentlich der Hirte, der auf die Suche geht nach dem Verlorenen (Lk 15,1 – 7)[180]. In dieser Auffassung konnte er biblisch auf große Vorbilder zurückgreifen, etwa auf den Propheten *Jeremia* mit dessen Verheißung eines «neuen Bundes», in welchem Gott seine Gesetze nicht länger auf Tafeln von Stein, sondern «in ihr Herz und in ihren Sinn schreiben» wird, so daß «keiner den andern noch ein Bruder den andern lehren und sagen

179 Vgl. E. DREWERMANN: Die Spirale der Angst, 244–247.
180 Vgl. E. DREWERMANN: Das Lukasevangelium, II 219–233: Lk 15,1–10: Vom verlorenen Schaf und der verlorenen Drachme oder: Vor Gott kann es nicht sein, daß man etwas verloren gibt.

120

(muß): ‹Erkenne den Herrn›, sondern ... alle erkennen, ... klein und groß ...; denn ich will ihnen ... vergeben und ihrer Sünde nimmer gedenken.» (Jer 31,33.34)

Eine solche Innerlichkeit und Innigkeit des Vertrauens auf einen gütigen, vergebenden, absolut zugewandten Gott verkörperte Jesus. Darin ohne Zweifel lag seine Menschlichkeit und seine Überzeugungskraft, aber auch das Risiko seines Einsatzes: Wer es unternimmt, den Menschen unmittelbar vor Gott zu stellen, macht überflüssig den Vermittlungsdienst von Priestern, Kultdienern, Gesetzesauslegern und all den anderen religiösen Autoritäten, die ihre Existenzberechtigung einzig der Angst verdanken, die sie Menschen vor Gott einzuflößen fähig sind. Natürlich werden diese Kreise sich mit allen Mitteln, die ihnen zu Gebote stehen, gegen eine derart umstürzende Neuerung zu wehren wissen: Der Lügenprophet und der Gotteslästerer aus Nazaret muß sterben!

Dabei führt das Vorgehen der jeweiligen Strafinstanzen (*Zeus* im Fall *Prometheus*, der Hohe Rat im Falle Jesus) eine bemerkenswerte Ähnlichkeit herbei: Wenn der Olympier seinen vermeintlichen Gegner an den Kaukasos schmieden läßt, so nicht nur, um ihn «festzusetzen», wie es auch in einem bloßen Kerkerverlies möglich (und üblich) wäre, sondern vor allem um ihn, sichtbar vor aller Augen, in ständiger Überwachung und Kontrolle zu halten. – Was mit einer solchen Maßnahme erreicht wird und werden soll, zeigt sich in unseren Tagen in der Vernichtung jeglicher Privatsphäre durch die Ausspähprogramme der National Security Agency (NSA) in den Diensten des globalen Hegemonialanspruchs der USA als der westlichen «Führungsmacht»[181]; die permanente Ausforschung sämtlicher elektronischer Kontakte bedingt die ständige Auslieferung und Entfremdung an die Interessen der Regierenden, deren Macht sich durch die vollkommene Intransparenz, hinter der sie ihre eigenen Absichten und Machenschaften verbirgt, sowie umgekehrt durch die komplette Offenlegung aller Aktivitäten ihrer Untergebenen verdoppelt. Die Folge ist eine gänzliche Änderung von Bewußtsein und Verhalten: Wer sich unter der unablässigen Beobachtung einer im Grunde anonymen Staatsmacht weiß, verschiebt seine Gefühle und seine Handlungsweisen in das Unauffällige, das Angepaßte, in das *Comme il faut*; er wagt es nicht mehr, er selbst zu sein, er agiert so, wie es von ihm erwartet wird, – die Angst, durch Normabweichungen als «schul-

---

181 Vgl. GLENN GREENWALD: Die globale Überwachung, 243–296: Die Gefahren der Massenüberwachung: «Erstens verändern Menschen ihr Verhalten radikal, wenn sie wissen, dass sie beobachtet werden. Sie werden alles daransetzen, zu tun, was von ihnen erwartet wird, und wollen Scham und Verurteilung vermeiden.» (247)

dig» vorgeführt zu werden, erstickt nicht nur den Mut zum Widerstand, sie raubt im Ansatz schon jedwede Eigenständigkeit und Kreativität, – oder: Man riskiert alles, trotzdem, gegen alle Angst, wie es *Prometheus* tat, so wie es Jesus tat.

Im Falle Jesu ist das *Markus*-Evangelium noch keine drei Kapitel alt, da «gingen hinaus die Pharisäer und suchten gleich mit den Herodianern einen Beschluß zu fassen gegen ihn, wie sie ihn vernichten könnten.» (Mk 3,6)[182] Jesus nämlich hatte erklärt, der Sabbat sei von Gott für den Menschen gemacht worden und nicht der Mensch für den Sabbat (Mk 2,27), und er hatte es gewagt, einen Mann mit einer verdorrten Hand am Sabbat in der Synagoge zu heilen (Mk 3,1 – 6); wenig später schon kommen «die Schriftgelehrten (eigens) von Jerusalem herunter» und sagen: «Den Beelzebul hat er, und: Mit dem Obersten der Abergeister treibt er die Abergeister aus.» (Mk 3,22)[183] Wie stets beginnt man zu bespitzeln, man sammelt Informationen, man legt Akten und Dossiers an, und man bestätigt dadurch mehr und mehr das eigene Vorurteil, das längst als Urteil feststeht, noch ehe man in die Beweisaufnahme eintritt. Die Überwachung selbst ist die Fixierung an den «Felsen» des *Prometheus*, die Anklageerhebung schon identisch mit der Aburteilung: Wer da Verdacht erregt, – schuldig ist er! Der Endzustand, in dem *Prometheus* sich «gefesselt» an den Kaukasos vorfindet, kehrt wieder in der Daueraufmerksamkeit, die Jesus bei den Pharisäern und den Schriftgelehrten durch die in ihren Augen skandalösen Übertretungen geheiligter geschriebener Gesetze wie von selbst erregt. «Ans Kreuz mit ihm.» (Mt 27,23) Das ist die Reaktion sogar des Volkes am Ende auf den Mann, der ein Reich Gottes hier auf Erden wahrzunehmen meinte und gerade so den grimmen Widerspruch der Priesterschaft, der Theologen und der immer wieder nur Enttäuschten auf sich lenkte.

Jedoch: Der Traum, die Evidenz, Gott herrsche über diese Welt, bestimmte unerschütterlich die ganze Botschaft Jesu. Wie man Vertrauen setzen könnte gegen Angst und damit zugleich ein grundgütiges Verstehen gegen die sonst unaufhaltsamen Revanchegedanken von Gewalt und Aggression, – darin bestand der Inhalt alles dessen, was er tat und sagte. Die Rückgewinnung Gottes, wie er wirklich ist, gegen die vielfältigen amtlichen Verstellungen, behördlichen Versperrungen und theologischen Verzerrungen bedeutete für Jesus ganz dasselbe, wie den Menschen ihre Menschlichkeit zurückzugeben. Nur wer es im Vertrauen auf Gott lernt, die Angst vor

---

182 E. DREWERMANN: Das Markusevangelium, I 280–294: Mk 3,1–12: Die Starrnis des Herzens und die Erlaubnis zum Guten.
183 A.a.O., I 311–321: Mk 3,20–35: Vom Mut zur Freiheit.

Menschen zu besiegen, findet die Wahrheit, die in ihm selber lebt, – nur er wird wagen, die natürliche Regung des Mitleids, der «Sympathie» mit dem Leid lebender Wesen gegen die chronische Apathie in Kultur und Natur zu setzen, und so erst gewinnt er die Statur des «Menschen in der Revolte», auf den ALBERT CAMUS seine Hoffnung setzte – gegen die brutale Dialektisierung der Geschichte, als könnte man durch Krieg und Gewalt Frieden und Güte, durch Lüge und Betrug Wahrheit und Recht und durch Korruption und Intrigen Aufrichtigkeit und Freiheit erzeugen[184]. Den Göttern darf man weder glauben noch ihnen jemals gehorchen, wofern sie Menschlichkeit verachten und Mitleid verlachen; wer aber, wie *Prometheus*, ihnen entgegentritt, der sucht jenen Gott, von dem Jesus ausging: ein Absolutes an Güte jenseits der Menschen, das als ruhender Pol, wie beim Aufblicken des Nachts zu den Sternen, einem jeden den Weg zeigt. Die Kraft zu einem Protest, der mehr ist als eine theatralische Pose, speist sich aus dem Hintergrund einer Bejahung, die niemand sich selbst gibt, doch die er benötigt, um in Negation wie in Affirmation mit sich selber zusammenzuwachsen und strikt den Wesensverformungen fremder Erwartungen und scheinbarer Pflichten zu widersprechen. Einem solchen freilich wird es ähnlich ergehen wie *Heinrich VI.* in den Königsdramen WILLIAM SHAKESPEARES[185], der im 15. Jh. als ein geschlagener und verfemter König nachdachte «über seine Niederlage, seine Feigheit und seine Ehrlosigkeit», dem aber «seine Niederlage … immer sinnvoller, seine Feigheit immer menschlicher und seine Ehrlosigkeit immer mutiger» vorkam[186], – alle Wertmaßstäbe inmitten einer durch und durch verkehrten Wirklichkeit verkehren sich notwendig in ihr genaues Gegenteil.

Der Mythos von PROMETHEUS zwingt mithin, sich zu entscheiden: Ver-

184 ALBERT CAMUS: Der Mensch in der Revolte, 226: «Die Forderung nach Gerechtigkeit führt am Schluß zur Ungerechtigkeit, wenn sie nicht zuvor durch eine ethische Rechtfertigung der Gerechtigkeit begründet wird. Ohne das wird das Verbrechen eines Tages zur Pflicht.»
185 WILLIAM SHAKESPEARE: Heinrich VI., 3 Teile, in: Sämtliche Werke, 417–487; 3. Teil, 3. Akt, 1. Szene, S. 475: Zwei Förster reden mit dem König in einem Jagdrevier im Norden von England, wohin Heinrich sich geflüchtet: *Zweiter*: «Sag, wer du bist, der du von Kön'gen da / Und Königinnen sprichst?» – *König*: «Mehr als ich scheine, / Und wen'ger als ich war durch die Geburt. / Ein Mensch, denn wen'ger kann ich doch nicht sein! / Und Menschen können ja von Kön'gen reden: / Warum nicht ich?» *Zweiter*: «Ja, doch du sprichst, als ob du König wärst!» *König*: «Ich bins auch, im Gemüt – das ist genug.» *Zweiter*: «Bist du ein König, wo ist deine Krone?» *König*: «Im Herzen trag ich sie, nicht auf dem Haupt, / Nicht mit Demanten prangend und Gestein, / Noch auch zu sehn: sie heißt Zufriedenheit, / Und selten freun sich Kön'ge dieser Krone!«
186 URS WIDMER: Shakespeares Königsdramen, 103.

hält man sich wie *Hermes* und *Hephaistos*, bleibt man ein Knecht der Angst, oder: Man wahrt im Widerspruch die Menschlichkeit. Der prometheische Protest hat seine Fortsetzung gefunden im Kampf um Gott in der Gestalt des Christus, und hier wie dort ergeht in unerhörter Aktualität die Forderung, sich den Zynismen der Regierenden nicht minder als der schmerzhaften Resignation der allzu tief Erniedrigten sowie der Gleichgültigkeit der Natur, auf die sie sich berufen könnten, mit aller Kraft zu widersetzen.

Dann, aber wirklich dann erst, mag mäßigend die Mahnung PINDARS gegen alle – unprometheische und ebenso unjesuanische – Hybris gelten, wenn er im dritten pythischen Gesang empfiehlt, bei allem Wagemut die Kleinheit und Begrenztheit alles Menschlichen nicht aus den Augen zu verlieren:

> Über das Maß seines Wesens
> Sollen die Wünsche des Menschen
> Nichts von den Himmlischen heischen.
> Offen vor Augen liegt uns die Wahrheit,
> Irdisch sind wir.
> ---
> Bleibt der Mensch des Weges der Wahrheit
> Sich bewußt, so wird er genießen,
> Was die Götter gewähren.
> Freilich wechselt das Wetter,
> Und je voller des Glückes Strom
> Rauschet, je rascher ebbet die Flut.
> Aber wir können uns fügen und strecken,
> Finden uns ab mit dem Lose des Tages,
> Eigener Kraft und Kunst getreu[187].

Man erzählt, an einem Sommertage habe eine Amsel eine andere auf dem Rücken liegend auf einem Feld angetroffen. «Was ist mir dir los? Der Himmel ist blau, die Sonne ist warm, komm, laß uns fliegen», habe sie zur ihr gesagt. Die so Angeredete aber habe zur Antwort gegeben: «Ich muß doch den Himmel tragen.» – Der Himmel sollte uns tragen, daß wir ihn unter die Flügel nehmen könnten, meinte die unbeschwert fröhliche Amsel; wir trügen keine Verantwortung wie des *Prometheus'* Bruder *Atlas* am westlichen Ende der Welt, wir müßten nicht selber den Himmel abstützen. Dazwi-

---

187 Griechische Lyrik, S. 201; 203.

schen das rechte Maß in Wunsch und in Verpflichtung zu finden, kann die Mahnung PINDARS uns anleiten. – GOETHE in seinem Gedicht «Grenzen der Menschheit» drückte diese Wahrheit, wie um seinen «Prometheus» selbst in die Schranken zu rufen, in den Worten aus:

> Was unterscheidet
> Götter von Menschen?
> Daß viele Wellen
> Vor jenen wandeln,
> Ein ewiger Strom:
> Uns hebt die Welle,
> Verschlingt die Welle
> Und wir versinken.
> Ein kleiner Ring
> Begrenzt unser Leben[188].

188 JOHANN WOLFGANG VON GOETHE: Grenzen der Menschheit, in: Gedichte, 146–147.

Sisyphos oder: In der Mühle des Absurden

1) Von Prometheus zu Sisyphos oder: Von der Veränderung des Maßstabs

Prometheus als Titan der Freiheit eines selbstbewußten Geistes, als leidender Heros stoischer Menschlichkeit, der schließlich auf den Rat seiner Mutter *Gaia* hin sogar auf Rache und Revanche auch gegenüber *Zeus* verzichtet und, christusähnlich, damit ein neues Zeitalter einleitet, – so deutete im Jahre 1820 der englische Dramatiker PERCY BYSSHE SHELLEY in seinem Bühnenstück «Der entfesselte Prometheus» den antiken Mythos[1]. Dabei löste er freilich den entscheidenden Ausgangskonflikt: die Beziehung von Mensch und Natur, in die Vision einer universalen Liebe auf, in wel-

---

1 PERCY BYSSHE SHELLEY: Der entfesselte Prometheus, Vorrede, S. XVIII, erklärte, er habe mit seinem Drama nicht das verloren gegangene Stück der *Prometheus*-Dichtung des AISCHYLOS nachdichten wollen, wie er denn überhaupt «einer Katastrophe abgeneigt» sei, «die schwächlich genug ist, den Vorkämpfer der Menschheit mit ihrem Unterdrücker zu versöhnen. Das sittliche Interesse an der Handlung, welches durch die Leiden und die Standhaftigkeit des Titanen so mächtig erregt wird, müßte vernichtet werden, wenn wir uns ihn denken könnten, wie er seine hohen Worte zurücknimmt und sich vor seinem siegreichen und meineidigen Gegner beugt. Das einzige Geschöpf der Phantasie, welches bis zu einem gewissen Grade dem Prometheus gleicht, ist *Satan*, und Prometheus ist meines Erachtens ein weit poetischerer Charakter als Satan; denn abgesehen davon, daß Muth und Majestät, standhafter und ausdauernder Widerstand gegen eine allmächtige Gewalt nothwendige Seiten seines Charakters sind, zeigt er sich auch frei von den Flecken der Ehrsucht, des Neides, der Rache und des Herrschgelüstes, welche das Interesse an dem Helden des ‹Verlorenen Paradieses› (sc. von JOHN MILTON, d.V.) beeinträchtigen ... Prometheus ist gleichsam der Typus der höchsten Vollkommenheit des Gemüthes und des Geistes, von den wahrsten und reinsten Motiven nach den besten und edelsten Zielen getrieben.» – LAURENCE C. WELCH: The Prometheus-Myth, 173–251: Shelley: Prometheus Unbound, 202–207, versteht insbesondere den Auftritt der Furien in SHELLEYS Drama (S. 20–24) mit ihren Drohungen von Pein und Qual als Beschreibung der Versuchung, angesichts des Scheiterns der revolutionären Bewegung von 1789 in Verzweiflung zu verfallen. «Prometheus unterwirft sich nicht.» (209) Als philosophischen Hintergrund verweist er auf «neuplatonisches» Gedankengut (208; 210). Die Begegnung mit den Geistern (SHELLEY, S. 30–33) – den Begleiterinnen von AISCHYLOS' Okeaniden – zeigt ihm, daß Prometheus auch von falschen Lustversprechen nicht zu irritieren ist (209–217). Den Auftritt von *Asia* und *Panthea* im 2. Akt, 1. Szene (S. 36–44) bringt er mit «des Dichters sehr realer physischer Liebe zu beiden: zu *Harriet Westbrook* und *Mary Godwin* in Verbindung (S. 219); in *Ione* erblickt er im Hintergrund eine dritte Frau, die er vermutlich ihrer «intellektuellen Qualitäten» wegen verehrt habe (240). Im ganzen sei SHELLEYS *Prometheus* «radikal verschieden von dem des Aischylos» (246); die ursprünglich religiöse Auseinandersetzung sei philosophisch zur Frage der Selbstfindung geworden; dabei handle es sich um «den ehrgeizigsten Versuch, griechischen Mythos und modernes Denken zu verbinden.» (251) Der Glaube an

126

die Vervollkommnung der Menschheit mache aus *Prometheus* den Propheten einer neuen Zeit, deren Heraufkunft in dem pantheistisch verstandenen Weltenlauf trotz aller politischen und sozialen Widerstände der jetzt Regierenden im letzten unvermeidlich sei. – JACQUELINE DUCHEMIN: Le mythe de Promèth à travers les âges, in: Bulletin de l' Association G. Budé, 3. série, numero 3, Octobre 1952, 54–58, S. 56, stellt AISCHYLOS und SHELLEY einander gegenüber: «Der Aischylos der Prometheus-Trilogie zeigte die Evolution des Zeus zum Guten, Shelley zeigt uns seinen (Sünden)Fall. Tatsächlich ist beim einen wie beim anderen das Resultat das gleiche: das Böse zerstören, das Gute auferbauen; Zeus tut das Böse – er muß sich wandeln oder verschwinden.» Die Anlehnung an GOETHE liegt auf der Hand; ebenso (S. 57) die direkte Beeinflussung durch PLATON, aber auch durch den Pantheismus der Moderne. – Die «Bösartigkeit» *Jupiter*s nimmt SHELLEY allerdings gleich zu Beginn des 1. Akts seines Dramas zum kontrastiven Ausgangspunkt seiner *Prometheus*-Gestalt, wenn er den Titanen sagen läßt:

Beherrscher du der Götter und Dämonen

Die Erde sieh von deinen Sklaven wimmeln,
Die für Gebet und preisende Verehrung,
Für Noth und Drangsal du mit Furcht belohnst,
Mit Selbstverachtung und mit eitlem Hoffen,
Derweil du mich, der ich ein Feind dir bin,
In augenlosem Hasse ließest herrschen
Und, deiner spottend, triumphiren über
Mein Elend und die Ohnmacht deiner Rache!
Dreitausend Jahre schlafgefloh'ner Stunden
Und jeder Augenblick von scharfer Pein
Gezerrt zum Jahr – Tortur und Einsamkeit,
Spott und Verzweiflung – diese sind mein Reich!
Glorreicher ist's, als jenes, über welchem
Du unbeneidet thronst, o mächt'ger Gott!
Allmächtig – hatt' ich's nicht verschmäht zu theilen
Die Schande deiner Tyrannei. (S. 3)

Ich hasse nimmer,
Wie damals, eh' mich Elend weise machte.
Den Fluch, den einst ich gegen dich geschleudert,
Ich widerrief ihn gern! (S. 5)

Prometheus ward gewandelt durch das Leid, das ihm zugefügt ward. *Zeus* müßte sich wandeln durch das Leid, das er zufügt; so aber endet's mit der Höllenfahrt des *Zeus* (S. 65) und der Heraufkunft einer Erde, die ist «*einer* sel'gen Seele Reich» (S. 101) und über die «Demogorgon» (der Urgeist der Welt) lobpreisend sprechen wird:

Dies ist der Tag, da durch des Menschen Macht
Des Himmels Thyrannei der Abgrund schlang!
In Ketten seufzt der Unterdrücker bang,
Vom Throne, wo geduldig sie gewacht,
In weisen Herzen, nach der letzten Stunde,
Schmerzvollen Duldens, hart am Schlunde,
Steigt Liebe auf, heilkräftig zu umschlingen
Die ganze Welt mit ihren sanften Schwingen. (S. 102–103)

cher Wissenschaft und Erkenntnis zu einem Einverständnis mit der höheren Notwendigkeit des Alls und zur Vollendung des Menschlichen führen sollten. Doch wie glaubwürdig ist eine derartige Neuaufnahme des *Prometheus*-Stoffes?

Witzig-ironisch und mit verführerischem Hintersinn hat ANDRÉ GIDE rund 80 Jahre später, wie im Kontrast dazu, in seiner Erzählung «Der schlechtgefesselte Prometheus» die Frage des Bewußtseins, das der «Vordenkende» schon seinem Namen nach verkörpert, in den Mittelpunkt gestellt und dabei dem Symbol des leberverzehrenden Adlers eine zentrale Rolle zugewiesen[2]: Was wohl empfinden Menschen inmitten einer Welt, in welcher *Zeus* nach Zufallslaune den einen (*Damokles*) mit unerwarteten Geschenken und einen anderen (*Kokles*) mit verletzenden (Schicksals-) Schlägen überhäuft? Der unverdientermaßen Bevorzugte, wenn er sensibel genug seiner Lage inne wird, dürfte als erstes Schuldgefühle entwickeln für eine Gunst, die ihm nicht wirklich zusteht; zumindest wird er auf die Suche gehen nach jemandem, bei dem er sich für das Geschenk seines Glückes bedanken könnte; doch wer sollte das sein? Niemals wird er das wissen, und das schlechte Gewissen wird ihn in einem Zustand ständiger Fesselung einschnüren. Der vom Schicksal Geschlagene und Mißhandelte hingegen wird, teils aus wehrloser Gutmütigkeit, teils aus Ermangelung eines realen Gegenübers, das an sich unbegreifbare Unrecht seines Geschlagenseins hinnehmen müssen, ohne je zu erfahren, wen er dafür haftbar machen könnte.

So haben in wenigen Jahrzehnten die Zeiten sich geändert: Für ANDRÉ GIDE bereits war «Zeus» nicht länger mehr ein «Gott» oder zumindest ein Symbol für Göttliches, sondern im Grunde eine bloße Chiffre für die absolute Unbegründbarkeit des Weltenlaufs. Statt ein reines Geschenk der Liebe zu sein, erscheint die Gabe des Bewußtseins, die sich mit dem Namen des «Prometheus» nach wie vor verbindet, äußerst zwiespältig: wohl, sie erhellt den Menschen die Nächte mit der Glut des Feuers, sie schenkt ihnen ein Empfinden für ihre Schönheit, sie ermöglicht ihnen von daher die Fortpflanzung und verleiht ihnen zudem den Glauben an so etwas wie Zukunft und Fortschritt, doch gerade diese ihre Geistigkeit – das ist ihr «Adler»,

---

2 ANDRÉ GIDE: Der schlechtgefesselte Prometheus, 132–134: Geschichte vom Adler, S. 133: «Ach du lieber Himmel! – Sehen Sie sich den armseligen zersausten Vogel doch mal an! Das ... und ein Adler! Du lieber Himmel!! Höchstens ein Gewissen! ... Glauben Sie doch nicht, Monsieur, daß so ein Adler etwas Besonderes ist. So einen Adler, will ich Ihnen verraten, haben wir im Grunde alle ... Aber wir tragen ihn nicht in Paris ... In Paris ist das sehr unangebracht. Da stört der Adler ... Wenn ihnen das Spaß macht, ihm Ihre Leber zu verfüttern, lassen Sie sich nicht stören; aber ich kann Ihnen sagen, daß der Anblick äußerst peinlich ist.»

ihre «Existenzberechtigung»[3] und ihr Verhängnis, beides ineins. Selber gesteht GIDES «Prometheus»: «Ich liebe die Menschen nicht; ich liebe das, was sie verschlingt»[4], und eben dafür steht das Bild des leberfressenden Raubvogels. Selber mästet *Prometheus* ihn mit seinen Eingeweiden, so daß der «Vogel», dem die Menschen frönen, immer größer, immer stärker wird, sein Wirt(stier) aber, *Prometheus* selber als Vorbild des Menschlichen, wird immer magerer und ausgezehrter. Diese Quälerei, die es unter solchen Umständen bedeutet, ein Mensch zu sein, wird erst enden, wenn die Rollen sich umkehren: Irgendwann lädt GIDES «Prometheus» Damokles und Kokles zu einem Mahl ein, bei dem er ihnen den überfütterten «Adler» als Speise serviert. – Erst wenn all die Schuldgefühle und Gewissensbisse, aber auch all die Vorstellungen einer möglichen Vollendung des menschlichen Wesens nebst den Hoffnungen auf eine bessere Zukunft umgebracht sein werden – so wird man die sonderbare Erzählung des französischen Dichters wohl deuten dürfen –, vermöchte das Menschengeschlecht sich zu einem Festtag reinen Genießens und ungetrübter Freude über sich selbst zu erheben; nicht länger mehr würde es dann fragen nach dem Woher und Wozu, und es plagte sich nicht stets weiter für ein ungewisses Morgen, – es bedürfte überhaupt keiner Rechtfertigungen für sein Dasein mehr, es nähme seine Existenz als Gegebenheit an, ohne noch weiter nach einem verborgenen Geber oder Ankläger dahinter zu suchen, den es durch das Opfer seines Glücks befriedigen könnte, befriedigen müßte. Es lernte, zufrieden zu sein mit sich selbst und mit der Welt, wie sie ist.

Aber jetzt: Angenommen, es ließe sich wirklich so leben, taugt dann *Prometheus* überhaupt noch als Archetypus des menschlichen Daseins? Ehrlicherweise muß man gestehen, daß in GIDES Erzählung aus dem Jahre 1899 von dem Titanen nur noch die Rede geht, um sich seines traurigen Schicksals zwischen Protest und Leid endgültig zu entledigen, und so trifft

---

3 A. a. O., 142.
4 A. a. O., 140. – LAURENCE C. WELCH: The Prometheus Myth, 256–304, interpretiert GIDES Erzählung als den ungelösten Konflikt zwischen Bewußtsein und Unbewußtem, wobei die Frage, welche Eingebungen von Gott, welche vom Teufel sind, letztlich offen bleibe (304). – JACQUELINE DUCHEMIN: Le mythe de Prométhée à travers les âges, in: Bulletin de l' Association Guillaume Budé, 3. série, numero 3, Octobre 1952, 63–66, stellt zu Recht fest: «In dem ‹Schlechtgefesselten Prometheus› handelt es sich nicht mehr um Verzweiflung, sondern um kalten Sarkasmus … Zeus ist hier zu einem allerreichsten Bankier geworden,» der durch seine Gratis-Gabe an einen völlig Unbekannten zwei Unglückliche schafft. «Es geht nicht mehr um Metaphysik. Gides Erzählung betreibt die heftigste Satire der religiösen Dogmen und des Glaubens an die göttliche Güte. Wir befinden uns hier im Herzen des Problems in seiner konkretesten Form: woher das Böse? Gide antwortet: von einer boshaften Laune der Gottheit.» (63–64)

die Feststellung des Theologen HEINZ ZAHRNT aus dem Jahre 1970 in gewissem Sinne wohl zu, der prometheische Trotz komme «uns heute hohl und antiquiert vor. Der heutige Mensch», meinte er, «denkt nicht mehr daran, Gott gleichen zu wollen. Wie kann er auch sein wollen wie einer, an den er nicht mehr glaubt, den es für ihn nicht mehr gibt? Für Prometheus gab es Gott noch, eine höhere Welt über der niederen, das Reich der Ideale, des Wahren, Guten und Schönen – der Glaube daran war die Voraussetzung seines Frevels. Aber was es für Prometheus noch gab und woran er darum noch freveln konnte, das ist für den Menschen des zwanzigsten Jahrhunderts vergangen und nichtssagend geworden. Das Vorbild unserer Zeit heißt nicht mehr Prometheus, sondern Sisyphos.»[5] – Wie sich gezeigt hat, war der Protest des Prometheus alles andere als ein «Frevel», und der Titan wollte durchaus nicht «wie Gott sein», aber daß er im Namen einer «höheren Welt» im Widerspruch stand zu einer allzu klein geratenen Ausgabe des Göttlichen, bleibt um so richtiger gerade im augenscheinlichen Fehlen Gottes beziehungsweise im Kaum-noch-Vermißtwerden Gottes im Bewußtsein des Menschen der Gegenwart. Bereits 1943, mitten im Zweiten Weltkrieg, hatte ALBERT CAMUS seinen berühmten «Versuch über das Absurde» als eine Deutung des Mythos von Sisyphos[6] vorgetragen, wie um gerade diesem Eindruck vorzuarbeiten. Wer aber war *Sisyphos* und was kann er uns Heutigen sein?

2) Die Geschichte von Sisyphos oder: Vom Versuch, dem Tod ein Schnippchen zu schlagen

Auch in ihm, so viel steht fest, klingt Urzeitgeschichtliches an: Urtümliches vom Dasein des Menschen, freilich ganz anders als in *Prometheus*. Dieser widersprach den Bedingungen der Existenz unter der Herrschaft des *Zeus*; ein *Sisyphos* wird zu solch einem metaphysischen Protest niemals sich hinreißen lassen. Er ist ein unverbesserlicher Opportunist, ein Mann, der jeder Lage «das Beste», das ist: den größtmöglichen Vorteil für sich selber abzugewinnen weiß, ein Schelm, der Realist genug ist, um an der Welt nicht zu leiden, und der über hinreichend Witz verfügt, mit List und Verschlagenheit, so gut es geht, den Schlägen des Schicksals auszuweichen, eine

---

5 HEINZ ZAHRNT: Gott kann nicht sterben, 217–218.
6 ALBERT CAMUS: Der Mythos von Sisyphos, S. 9: «Es gibt nur ein wirklich ernstes philosophisches Problem: den Selbstmord.»

Idealbesetzung mithin der Kunst des *savoir vivre*, ein Bursche, dem immer noch etwas einfällt, um mit Finten und Finessen sich von Fall zu Fall aus der Affäre zu ziehen. Oder «amerikanischer» bzw. «internationaler» ausgedrückt: der Typ des *smart boy* – er verkörpert ihn; *cleverness* und *coolness* – wem sie für das höchste gelten, dem geht er voran, *Sisyphos*, der Meister der Tricks, der Virtuose der Verstellung, der Grandseigneur des Gaunertums, der nicht hadert mit dem Schicksal, sondern seine *deals* mit ihm trifft. *Pacta sunt servanda* – Verträge sind einzuhalten? Nicht für einen *Sisyphos*. Die Zeiten ändern sich, und dann, zu gegebener Zeit, wird man sehen. Dann wird man die eingegangenen Konditionen «nachjustieren», «neu verhandeln» oder ganz einfach einseitig auflösen. Das Leben als eine Kette von *jokes*, – so sieht es ein *Sisyphos*.

Als das erste «Ding», das er dreht, wird ein Ereignis berichtet, das offenbar in den Anfangstagen der Menschheit spielt und anmutet wie ein Erinnerungsbruchstück aus früher Kindheit im biographischen Werdegang eines Einzelnen. – Noch einmal gilt es, sich in die Zeit zurückzuversetzen, als auf vielfache Weise die Menschen entstanden: *Zeus* – wir erinnern uns, so ging eine der Sagen –, hatte *Aigina*, die Tochter des Flußgottes *Asopos* geraubt und auf die heute nach ihr benannte Insel Aigina im Saronischen Golf, im Süden der Landenge von Korinth, entführt, – ursprünglich hieß sie Oinone – die Weininsel. Auf dieser gebar die Nymphe *Aiakos*, dem zuliebe *Zeus*, um seine Einsamkeit zu lindern, bekanntlich die Ameisen (griech. *myrmekes*) des Eilands in Menschen (die «Myrmidonen») verwandelte[7]. So weit, so gut. Doch der Diebstahl der Tochter blieb deren Vater natürlich nicht verborgen. Von Phlios aus, einer Stadt weiter landeinwärts in der Argolis am Ufer des Asopos, suchte der Flußgott nach der Entführten und überquerte dabei den Isthmos. Dort, in Ephyra – noch hieß der Ort nicht Korinth –, auf dem Felsen des heutigen Akrokorinth, hatte sich *Sisyphos* wie in dem Ausguck eines Piratennests niedergelassen und konnte von oben her alles beobachten, was auf der schmalen Verbindung zwischen dem Ionischen und dem Ägäischen Meere sich zutrug. *Asopos* fragte ihn nach dem Verbleib seiner Tochter, und gewiß hätte *Sisyphos* ihm sagen können, was er gesehen, – wie *Zeus* mit der Nymphe *Aigina* seewärts nach Süden zu entkommen suchte; aber er zögerte und rückte mit seinem Wissen erst heraus, als der Flußgott oben auf dem Berg eine Quelle entspringen ließ. «Der tiefe Brunnen in seiner alten Einfassung ist heute das einzige, was da oben aus dem Altertum erhalten blieb. Für diesen Preis verriet

7 APOLLODOR, III 157, in: Griechische Sagen, 110.

131

Sisyphos den Räuber.»[8] Mit der Quelle legte er den Grundstein für das spätere Korinth, dessen Entstehung auf ihn zurückgeführt wird. «Er gehört zu den Heroen, die auf dem Isthmos verehrt wurden, und soll die Isthmischen Spiele zum Gedächtnis des toten Melikertes gegründet haben»[9], des Sohns der *Ino*, der Gemahlin des *Athamas*, des Königs von Orchomenós; – zur Strafe dafür, daß *Ino* das Kind des *Zeus* und der *Semele*, den Gott *Dionysos*, bei sich aufgezogen hatte, trieb *Hera* die gutmütige *Ino* in den Wahnsinn, so daß sie sich mit *Melikertes* vom Molurischen Felsen herab in den Saronischen Meerbusen stürzte; als die Meeresgöttin *Leukothea*, als die Weiße Göttin, ward *Ino* seither verehrt, *Melikertes* aber hieß fortan *Palaimon* und galt als Helfer der in Seenot Geratenen[10]. – So gefährlich konnte es sein, sich der eifersüchtigen *Hera* in den Weg zu stellen; und so eng beieinander pflegen zu liegen Fluch und Segen aus den Händen der Götter. Die Grundambivalenz alles Irdischen – wer sollte darüber nicht zum Opportunisten werden!

Freilich, womöglich noch ärger als *Ino*, der Königstochter von Theben, im Schatten der *Hera*, erging es dem vorwitzigen *Sisyphos* selber, der den Brautraub des *Zeus* von seinem Krähennest ausgeforscht und an den Vater des Mädchens verraten hatte, – jene Quelle in Akrokorinth sollte ihn teuer zu stehen kommen. Denn: *Zeus* beauftragte *Thanatos*, den Tod, gegen den Späher und Schwätzer vorzugehen; *Sisyphos* aber wäre nicht «Sisyphos» gewesen, hätte er den Tod nicht von weitem schon kommen sehen. Wie er es anstellte, ist nicht eindeutig überliefert, doch es gelang ihm, den Tod in Fesseln zu schlagen. Niemand in dieser Zeit konnte mehr heimgesucht werden vom Tod, niemand mehr verstarb, so daß, um die Zahl der Menschen

8 KARL KERÉNYI: Die Mythologie der Griechen, II 67.
9 A. a. O., II 69. ULRICH VON WILAMOWITZ-MOELLENDORFF: Der Glaube der Hellenen, I 113, vermerkt: «Korinth ist zwar bei Homer keine Stadt, aber der Name, wohl zunächst des Berges, ist karisch, und Sisyphos beweist einen Herrensitz der zweiten vordorischen Einwanderer.» KARIN SCHLOTT: Aus dem Dunkel ans Licht, in: Bild der Wissenschaft, 12/2014, 71, verweist auf die Veränderungen der griechischen Gesellschaft am Ende der Bronzezeit und sieht in den «Entwicklungen im 9. und 8. Jahrhundert v. Chr. den Beginn der griechischen Stadtkultur». Die Paläste verschwanden schon um 1200, die Siedlungsstruktur dezentralisierte sich, und aus Orten, die schon in der Früheisenzeit (im 11. Jh. v. Chr.) besiedelt waren, erwuchsen «später bedeutende Stadtstaaten wie Athen, Korinth und Sparta.» Bei HOMER: Ilias, VI 152–154, nennt *Glaukos*, der Sohn des *Hippolochos*, den *Sisyphos*, der in Ephyra gelebt habe, den «kérdiston» – den «nützlichsten» bzw. «listigsten» im Sinne von «pfiffigsten» unter den Männern, – offenbar seiner Funktion als Stadtgründer wegen.
10 HYGIN, Nr. 1; 2, in: Griechische Sagen, 241–242; Nr. 4, S. 243. Zu *Hera*s Beitrag notiert er (Nr. 5, S. 244) lakonisch: «Weil Semele sich dem Zeus hingegeben hatte, verfolgte Hera ihr ganzes Geschlecht mit erbittertem Haß.»

begrenzt zu halten, die Götter den Kriegsgott *Ares* aussandten, *Thanatos* zu befreien. *Ares* gelang's, und so geriet *Sisyphos* nun doch in die Hände des Todes[11], – für immer, möchte man denken; doch nicht so mit *Sisyphos*! Der steigerte nur die Frivolität seines Spiels und zeigte darin seine eigentliche Meisterschaft.

Man muß wissen, daß er verheiratet war mit *Merope*, der Tochter des Titanen *Atlas* und der Okeanide *Pleione*, einer der sieben «Pleiaden», die als Siebengestirn am Nachthimmel stehen; mit ihr hatte er auch einen Sohn: *Glaukos*, den «Meergrünen», der, ähnlich wie der Meergott *Poseidon*, eine besondere Vorliebe für Pferde an den Tag legte und in Potniai, zwischen dem Isthmos und dem Parnaß, ein Pferdegestüt unterhielt, das allerdings, verwandt mit den Harpyien und Gorgonen, sich von Menschenfleisch ernährte[12], – *Pelias*, der König von Iolkos, eine Zentralgestalt der *Iason*-Sage, soll nach einer der abweichenden Überlieferungen von den Pferden zerrissen worden sein[13]. Auch *Glaukos*, der Erbe des *Sisyphos* auf dem Thron von Ephyra (Korinth), bewahrte sich also (beziehungsweise er blieb geschlagen durch) die unheimliche Nähe seines Vaters zum Tode. *Dem* indessen kam's in den Sinn, die Regeln der Religion, um seine Haut zu retten, gegen sich selber zu kehren und sogar die Götter der Unterwelt zu überlisten: Noch bevor *Thanatos* ihn jetzt wirklich ergriff und in das Reich der Schatten entführte, bedingte er sich ein letztes Gespräch mit *Merope* aus, in dem er seine Gemahlin dahin bestimmte, keinerlei Opfergaben für ihn an die Herrscher der Unterwelt: an *Hades* und an *Persephone*, zu entrichten, ja, es scheint, als sei die Macht des *Sisyphos* damals so groß gewesen, daß überall auf der ganzen Erde die Totenopfer eingestellt wurden[14]. Selbstredend fragten sich die Götter dort drunten, was da droben im Gange sein mochte, und das war die Stunde des *Sisyphos*. Er überzeugte *Persephone* davon, er könne und werde im Fall seiner vorübergehenden Freilassung wieder für reichlichen Opferdienst sorgen, und so gewährte man ihm eine kurzzeitige Rückkehr zur Oberwelt. Doch kaum unter den Lebenden,

11 HOMER: Ilias, VI 153, S. 114, nennt *Sisyphos* den «schlauesten unter den Männern.» Zu der Überlistung des Todes vgl. KARL KERÉNYI: Die Mythologie der Griechen, II 67–68. Für UDO REINHARDT: Der antike Mythos, 234, ist «Sisyphos der Listenreiche ..., der raffinierteste und zugleich gewissenloseste Sohn des thessalischen Urkönigs, Gründer von Korinth und mythischer ‹Obergauner›»; eben deshalb sei er auf eine Art bestraft worden, die «den Gipfel an Stupidität und Sinnlosigkeit erreichte.»
12 KARL KERÉNYI: Die Mythologie der Griechen, II 69.
13 A. a. O., II 69. – Zur Geschichte von *Iason* vgl. E. DREWERMANN: Liebe, Leid und Tod, 272–310: Medeia und Iason oder: Die Rache einer betrogenen Fremden.
14 KARL KERÉNYI: Die Mythologie der Griechen, II 68.

dachte *Sisyphos* natürlich nicht entfernt daran, sein Versprechen einzuhalten und in das Haus des Hades sich zurückzubegeben[15].

Ein zweites Mal war er damit dem Tode entronnen, diesmal für immer, wie er wohl wähnte. Doch so verhielt es sich nicht. Das Alter schritt fort und zehrte ihn aus, und dagegen half keine List: Er war und blieb nur einer der Sterblichen, und er teilte ihr Los: Auch er mußte hinab in den Hades. Dort aber ward dies seine ewige Strafe, die man am meisten mit seiner Gestalt in Verbindung setzt: Er wurde dazu verurteilt, mit aller Anstrengung immer von vorn einen Berghang hinauf einen Stein zu wälzen, der, angekommen am Gipfel, sogleich wieder herabrollt[16]. Hinauf und hinunter, immer im Kreise, immer von neuem und immer vergeblich – dafür steht *Sisyphos*; dies ist die Summe, das Sinnbild seiner Lebensform, seiner Geistesart.

3) Eine «Urszene» oder: Von Bewußtwerdung und Todesgewärtigung

Alles Wesentliche ist damit über *Sisyphos* gesagt, was aber besagt es? – Das erste Rätsel, das es zu lösen gilt, liegt in der merkwürdigen Ausspähung und Ausplauderung des Raubs der *Aigina* durch *Zeus*, den «Vater» der Götter: Warum verhängt der Olympier die Todesstrafe *dafür* über *Sisyphos*, so als habe dieser sich eines unsühnbaren Vergehens schuldig gemacht, als er *Asopos* kundtat, was er gesehen? Gewiß, wie unerbittlich *Hera* in ihrer Eifersucht wüten konnte, zeigte das Beispiel der unglücklichen *Ino* und ihres Sohns *Melikertes*; doch sollte *Zeus* nur aus Furcht vor dem Groll seiner Gattin den Zeugen seiner neuerlichen Amouren zu beseitigen getrachtet haben? Das ist nicht anzunehmen. Was *Asopos* weiß, wird auch *Hera* erfahren, – der Verrat ist erfolgt, und kein Todesurteil vermag ihn mehr ungeschehen zu machen. Es muß – jenseits aller pragmatischen oder strafrechtlichen Erwägungen – einen geheimnisvollen Zusammenhang geben zwischen dem, was *Sisyphos* sah, und der Problematik des Todes, nur: Worin sollte eine solche Verbindung bestehen? Den *Asopos*, wird überliefert, wußte *Zeus* sich vom Leibe zu halten, indem er ihn mit seinen Donnerkeilen vertrieb, – noch nach Jahren fanden sich Glühkohlen im Flußbett des Verfolgers des *Zeus*[17], des Vaters der geraubten *Aigina*; *Sisy-*

15 A. a. O., II 68.
16 Vgl. APOLLODOR, I 85, in: Griechische Sagen, 21.
17 A. a. O., III 156 f., in: Griechische Sagen, 109–110.

134

phos aber – warum soll er sterben? – Es ist als erstes die Psychoanalyse, die auf diese Frage eine Antwort zu geben vermag, mit ihrer sonderbaren Lehre von der «Urszene», der Belauschung des elterlichen Geschlechtsverkehrs.

SIGMUND FREUD, im Bemühen, den Ursachen vor allem hysteriformer neurotischer Erkrankungen auf die Spur zu kommen, glaubte eine Weile lang, den Kern aller späteren Störungen in einem frühkindlichen Tabubruch gefunden zu haben. Ohne es zu wollen oder auch getrieben von Neugier, so seine Annahme, mußte seine Patientin, sein Patient in einem Alter, das ein Verständnis des Geschauten noch gar nicht zuließ, zum Zeugen der intimen Zusammenkunft von Vater und Mutter geworden sein[18], – darauf jedenfalls schienen die Träume, Assoziationen, Erinnerungen und besonders die Eigenart der Krankheitssymptome hinzudeuten. Was war da passiert? Die unheimlichsten Auslegungen waren möglich und hatten sich in der Evidenz der Angst in die kindliche Seele eingegraben: Hatte der Vater der Mutter Gewalt angetan (die sadistische Interpretation), und warum hatte die Mutter sich eine solche Behandlung gefallen lassen? Wie waren die Geräusche und Bewegungen zu verstehen, die die Eltern zu erkennen gaben, – waren sie Zeichen von Schmerz und Widerstand oder womöglich gar von Lust und Verlangen? Und in welch einer Position befand sich der Vater, die Mutter? Erzeigten sich darin nicht letztlich schon die Rollenfestlegungen von Mann und Frau auch im weiteren Leben? – Die Einstellung eines Jungen, eines Mädchens sich selbst gegenüber kann in der Tat lebenslänglich durch Eindrücke dieser Art festgelegt werden; Ängste wie Hoffnungen, Befürchtungen wie Erwartungen mögen darin ihre Wurzel finden. Und mehr noch: Ist es nicht die Sehnsucht eines jeden Kindes, in eben der bevorzugten Stellung in den Armen und an der Seite der Mutter verbleiben zu dürfen, in welcher man jetzt den Vater *in flagranti* überrascht hat? Offenbar hat die Mutter das Kind an den Vater verraten oder aber, noch schlimmer, dieser Wüstling hat die Wehrlosigkeit der Mutter ausgenutzt und mit Gewalt sich genommen, was ihm nicht zusteht. In jedem Falle richten sich Gefühle der Angst, des Entsetzens, der Empörung, der Enttäu-

18 Vgl. SIGMUND FREUD: Vorlesungen zur Einführung in die Psychoanalyse, in: Ges. Werke, XI 386: «Ich meine, diese Urphantasien ... sind phylogenetischer Besitz. Das Individuum greift in ihnen über sein eigenes Erleben hinaus in das Erleben der Vorzeit, wo sein eigenes Erleben allzu rudimentär geworden ist. Es scheint mir sehr wohl möglich, daß alles, was uns heute in der Analyse als Phantasie erzählt wird, die Kinderverführung, die Entzündung der Sexualerregung an der Beobachtung des elterlichen Verkehrs, die Kastrationsdrohung – oder vielmehr die Kastration –, in den Urzeiten der menschlichen Familie einmal Realität war, und daß das phantasierende Kind einfach die Lücken der individuellen Wahrheit mit prähistorischer Wahrheit ausgefüllt hat.»

schung, des Vorwurfs gegen den Vater; ginge es nach dem Willen des Kindes, – er müßte auf immer das Feld verlassen. Nach der griechischen Sage von *Ödipus*, der gegen sein Wollen, schicksalhaft, seinen Vater *Laios* am Kreuzweg erschlug und Kinder zeugte mit seiner eigenen Mutter *Iokaste*, hat die Psychoanalyse dieses Gefühlsensemble in einer bestimmten Phase der seelischen Entwicklung als «Ödipuskomplex» bezeichnet[19]. – Aber auch der Vater reagiert seinerseits auf die spürbare Feindseligkeit seines Kindes, insbesondere seines Sohnes. Gerade die griechischen Mythen sind voller Erzählungen, ein Orakelspruch habe warnend vorhergesagt, es werde der Vater, zeugte er einen Jungen, von diesem seines Thrones beraubt und getötet werden, also daß er den Neugeborenen gleich nach seiner Geburt im Gebirge – wie *Ödipus* – aussetzen läßt oder bei passender Gelegenheit zu beseitigen sucht. Die Rivalität um den Besitz der Mutter entscheidet der Vater allemal zu seinen Gunsten, indem er androht, den Sohn zu kastrieren, – eine gemilderte Form der Verhängung der Todesstrafe. – Die Belauschung des elterlichen Verkehrs – rein psychologisch führt sie, wie man sieht, zu einem Konflikt in der Tat auf Leben und Tod.

Und was nun hat *Sisyphos* von seinem Ausguck in Akrokorinth aus zu sehen bekommen? *Zeus* ist nicht biologisch sein Vater, aber er ist *der* Vater der Götter und Menschen, – was immer dem leiblichen Vater gilt, läßt sich wie von selbst auch auf ihn übertragen; *Aigina* ist nicht des *Sisyphos* Mutter, doch ihre Auslieferung an diesen Unhold von einem Gott, ihre Wehrlosigkeit gegenüber der männlichen Gewalt, ihre rätselhafte Folgsamkeit gegenüber dem Räuber vereinen alle Elemente der «Urszene» in sich, bis auf eines womöglich: den inzwischen erwachsenen Wunsch, es bei nächster Gelegenheit nach göttlichem Vorbild dem Vergewaltiger gleichzutun. Doch da ist auch *Asopos*, der Vater des Mädchens, und er kann nicht gutheißen, was da geschieht; sein Auftritt belegt die Hemmungslosigkeit des Triebverlangens mit dem Vorwurf der Schuld und nötigt zu einer echten Sublimationsleistung: Die Einrichtung einer Quelle ersetzt das sich wild verströmende Liebesverlangen durch die Schaffung der Grundlage aller Kultur in dem Stadtstaat Korinth; aus einer Stätte sittlicher Wüstenei wird der Isthmos zu einer Oase blühenden Lebens. Mit diesem Ergebnis könnte jetzt eigentlich auch *Zeus* recht zufrieden sein, doch dann müßte er selber hinüberfinden zur Welt der Kultur, er müßte *Aigina* ihrem Vater zurückgeben und auf irgendeine Art tätige Reue bezeigen, – und eben daran ist

19 Vgl. SIGMUND FREUD: Die Traumdeutung, in: Ges. Werke, II/III 267–271, S. 270: «Der Traum, mit der Mutter sexuell zu verkehren, ... ist ... der Schlüssel der Tragödie (sc. des SOPHOKLES, d.V.) und das Ergänzungsstück zum Traum vom Tod des Vaters.»

kein Gedanke. Der archaische Teil des Vaterbildes beharrt auf dem Recht des Stärkeren und bekehrt sich nimmer zur Stärke des Rechts; schon daß da jemand ihm auflauert, ihn ausspäht und ihn verrät an seinen Verfolger, ist in seinen Augen ein Unrecht, das einer Strafe harrt: Wer das Vergehen begeht, die Majestät zu beleidigen, stirbt auf der Stelle; *crimen laesae majestatis* – ein strafwürdigeres Verbrechen kannte man nicht im antiken Rom[20]. Ganz so handelt *Zeus*, und so kann man's verstehen im Rahmen der Rechtsgeschichte ebenso wie der Psychologie des «Ödipuskomplexes».

Erklärungen dieser Art scheinen im ganzen, wie man sieht, nicht unpassend; gleichwohl zeigt sich sogleich auch das Unzureichende einer jeden nur psychoanalytischen Betrachtung antiker Mythen. Zweifellos verhilft die Psychoanalyse zu tiefen Einsichten in die unbewußten Mechanismen der menschlichen Seele und ihrer aus Angst und Scham verdrängten Erlebnisanteile; gleichzeitig aber eröffnet sie selber damit auch schon einen Ausblick auf Fragen des Daseins, die symbolisch in den Themen von Zeugung und Tod, Gewalt und Schuld, Natur und Kultur weit über sie hinausführen. – Zum Vergleich: In der sogenannten Sündenfallerzählung berichtet die Bibel davon, daß *Adam* und seine Frau von der Frucht des Baums der Erkenntnis gegessen hätten und dafür mit dem Tode bestraft worden seien (Gen 3,1 – 7). Mit gewissem Recht hat man in dieser Geschichte – in Übereinstimmung mit manchen Erzählungen in den Stammeskulturen – das Erwachen zu sexueller Reife beschrieben gefunden[21], und manche Theologen lehren bis heute, daß mit der «Sünde» der Tod allererst Einzug in das menschliche Leben gehalten habe (das von Gott eigentlich zur Unsterblichkeit bestimmt gewesen sei)[22]. Doch der reale Zusammenhang von Sexualität und Tod ist weit einfacher und unmittelbarer: Die geschlechtliche Ver-

---

20 Vgl. ELMAR BUND: Maiestas, in: Der Kleine Pauly, III 897–899. Um Zeugenaussagen zu erzwingen, konnte sogar die in Strafprozessen sonst untersagte Folter angewandt werden. So berichtet SUETON: Leben der Caesaren. Tiberius, 58, S. 152–153: «Jemand hatte einer Augustus-Statue den Kopf abgenommen, um einen anderen aufsetzen zu lassen. Die Angelegenheit kam vor den Senat, und da die Beweise nicht zwingend waren, schritt man zur Folter. Der Angeklagte wurde verurteilt, und allmählich ging man in dieser Art von Anklagen so weit, daß als todeswürdiges Verbrechen angesehen wurde, wenn jemand in der Nähe eines Augustus-Bildes einen Sklaven auspeitschen ließ oder seine Kleider wechselte, ein Geldstück oder einen Ring mit dem Bild des Augustus auf den Abtritt oder in ein Bordell mitnahm, oder einen Ausspruch oder eine Maßnahme von Augustus zu kritisieren wagte. Ferner verwirkte der sein Leben, der sich in seiner Stadt an dem Tag eine Ehre verleihen ließ, an dem einst solche auch Augustus verliehen worden waren.»

21 Vgl. E. DREWERMANN: Strukturen des Bösen, II 101–124.

22 Vgl. GERHARD LUDWIG MÜLLER: Katholische Dogmatik, 132; *Catéchisme de l' Église Catholique*, Nr. 400.

mehrung selber beruht auf der Trennung von Körperzellen und Keimzellen, und nur den letzteren kommt so etwas wie eine potentielle Unsterblichkeit zu; der individuelle Organismus, der aus den Somazellen sich bildet, dient, biologisch betrachtet, wesentlich der Weitergabe der Gene, so daß sein Fortbestand nach gehorsamer Erledigung der primären Zweckbestimmung der Natur sich erübrigt. Sexualität und Tod gehören biologisch zusammen[23]. Wem also das Geheimnis des Urtriebs von Zeugung und Geburt sich erschließt, ob *Adam*, ob *Sisyphos*, der begreift zugleich auch die zugehörige Notwendigkeit des Todes. Unsterbliche Wesen brauchen sich nicht zu vermehren, den Sterblichen aber bietet die Vermehrung ihres Keimguts biologisch die einzig mögliche Form von Unsterblichkeit.

Doch gerade damit beginnt recht eigentlich der so ganz anders als bei *Prometheus* geartete Protest des *Sisyphos*. Er weigert sich, die Grundtatsache der Biologie: seine Sterblichkeit, zu akzeptieren. Selbst wenn er dessen geständig sein würde, daß auch er nur ein hinfälliger Mensch ist, – er will, wie *Zeus*, beides: Zeugung *und* Unsterblichkeit, ewige Fruchtbarkeit also, verunendlichte Endlichkeit, die Aufhebung der Grenzen des Irdischen und zugleich ein Leben in der Weise des Irdischen. – Freilich, daß dieses Konzept an seinem eigenen Widerspruch scheitern muß, wird augenblicklich klar, wenn man des *Sisyphos* ersten Schelmenstreich sich näher anschaut, wie er, – mit einem Zaubersessel, sagt man – den Tod zu fesseln vermochte. Stellen wir die Lage uns vor: Es gibt ihn, *Thanatos*, immer noch, doch er ist unwirksam, er hat keinen Zugriff mehr auf die sterblichen Menschen; wenn aber diese so weiterleben wie bisher – sie vermehren sich, sie zeugen und gebären Kinder –, so droht ein Ungleichgewicht zwischen Leben und Tod; Überbevölkerung ist die Folge; es geht in der Tat nicht anders, als daß *Ares*, der Kriegsgott, den Tod entfesselt und die menschliche Spezies «kurzhält», wie Jäger bei der Regulierung des Artengleichgewichts in ihren Revieren sich ausdrücken.

Es ist dies, nebenbei, nur erst *eine* Einsicht, die zeigt, daß ein wichtiger Teil der Geschichte von *Sisyphos* in unseren Tagen wie mit System komplett der Verdrängung anheim fällt. Mit den Mitteln verbesserter Medizin ist's uns gelungen, dem Tod immer engere Fesseln anzulegen, – wir werden in den Industrieländern immer älter, die hohe Kindersterblichkeit früherer Zeiten ist überwunden, alles menschliche Leben, das auf die Welt kommt, hat eine Chance, recht lange zu leben, – so explodiert die Bevölkerung auf diesem Planeten, weil in weiten Teilen vor allem der Länder der Dritten

---

23 E. DREWERMANN: ... und es geschah so, 327–341; 341–350.

Welt eine Einschränkung der Reproduktionsrate kaum in Betracht kommt. Wie aber sollen bis 2050 schon neun Milliarden Menschen Platz haben auf dem Boden der Erdmutter *Gaia*? Soziale Unruhen, Flüchtlingsströme, Absperrungen der Grenzen, Kriege, der Gott *Ares*, – soll das die Lösung sein: die Auflösung der Fesseln, in welche *Thanatos* durch sisypheische Überlistung geschlagen wurde?

Wichtiger noch als dies ist indessen die Feststellung, wie sehr der *Sisyphos*-Mythos in seiner Kernproblematik zwischen Individuellem und Allgemeinem hin und her schwingt. *Sisyphos* selbst als Person, als Individuum, will nicht sterben, eben deshalb muß er dem Tod selber ein Schnippchen schlagen. Sein Lebenswille, sein Nein zum Tode erscheint dadurch als exemplarisch für jedwedes menschliche Handeln; in ihm, dem Einzelnen, zeigt sich etwas, das typisch ist für die «natürliche» Einstellung aller. – Nur wenige denken wie ARTHUR SCHOPENHAUER, der den Willen zum Leben in allem, was lebt, in Anbetracht der nicht endenden Plage und Mühsal sowie der offenkundigen Erfolglosigkeit im ganzen objektiv für eine suchtähnliche Krankheit und subjektiv für einen Wahn hielt[24]; die meisten werden sich wiederfinden in *Sisyphos* und fragen wie er: Wie überlistet man den Tod von Fall zu Fall, wie lebt man möglichst lange dahin, wie ignoriert man die Einheit von Geburt und Tod, die man theoretisch zwar kennt, aber praktisch nicht anerkennt? – Ein Neurotiker, meinte FREUD, wisse zwar um die Wirklichkeit, wolle aber von ihr nichts wissen, – im Unterschied zum Psychotiker, der sie ersetze durch seine Träume (und Albträume)[25]. Übertragen auf die Gestalt eines *Sisyphos*, kehrt die Frage indes an die Psychoanalyse selbst wieder zurück, wie der Mensch mit der Realität des Tods in der Welt jemals sich einverstanden erklären soll. Der Tod ist Teil des Lebens, schon recht, doch richtig zu leben vermag man nur *gegen* ihn. Wer ihn nicht verleugnet, muß ihn überlisten, mit allen zu Gebote stehenden Mitteln. Welch ein Mediziner in diesem Sinne wäre nicht *Sisyphos*? Welcher Hilfesuchende als Patient wär' nicht *Sisyphos*? Und doch: Was soll man nur anfangen mit dem geliehenen, will sagen: dem Tode abgetrotzten, gestohlenen Lebensrecht? Soll man nur immer weiter versuchen, dem Tod von der Schippe zu springen? Die Kunst zu überleben als Lebensinhalt? – Von *Sisyphos* wird in der Tat auch späterhin genau das überliefert, wie er dem

24 ARTHUR SCHOPENHAUER: Die Welt als Wille und Vorstellung, Bd. 2, 2. Buch, Kap. 28, in: Sämtliche Werke, III 407.
25 SIGMUND FREUD: Der Realitätsverlust bei Neurose und Psychose, in: Ges. Werke, XIII 365: «Die Neurose verleugnet die Realität nicht, sie will nur nichts von ihr wissen; die Psychose verleugnet sie und sucht sie zu ersetzen.»

Grundmuster seiner Lebensanlage treu blieb und es geradewegs zur Perfektion steigerte.

4) Wie man so durchkommt oder: Ein Leben voller Tricks und Machenschaften

Es war ein Mann namens *Autolykos*, der «Selbstwolf» (bzw. der «Wolf schlechthin»), den *Hermes* mit *Chione*, der «Schneeweißen», gezeugt hatte; um sich mit ihr zu verpaaren, hatte dieser die Gestalt seines Halbbruders *Apoll* angenommen, der gleichermaßen die Schöne umwarb; im schneebedeckten Parnaßgebirge brachte *Chione* den beiden schließlich Zwillinge zur Welt, – dem *Apoll* gebar sie *Philammon*, den der Gott mit der Leier zu einem begabten Musiker machte, dem *Hermes* indessen gebar sie *Autolykos*, den der Gott der Diebe entsprechend seiner selbst mit der Kunst zum Trickbetrug ausstattete. Tatsächlich war *Chione* von derart hinreißender Erscheinung, daß sie allseits umschwärmt ward; verwöhnt von Bewunderung, ließ sie sich eines Tages dazu hinreißen, in ihrer Schönheit sich sogar mit *Artemis* zu vergleichen, und das nahm die Göttin der Jagd ihr sehr übel; mit einem Pfeilschuß tötete sie ihre Konkurrentin[26]. Das aber, recht deutlich, ist eine andere Geschichte; weder *Autolykos* noch auch *Sisyphos* betraf je eine solche Vermessenheit gegenüber den Göttern; ihr Genie lag entschieden in der Geschicklichkeit zu Gaunereien aller Art, wie Diebstahl, Meineid, Hinterlist, Betrug und Lüge.

Speziell *Autolykos* besaß die Fähigkeit, alles unsichtbar zu machen, was er mit seiner Hand berührte; er verstand es zudem, weiße Tiere in schwarze zu verwandeln und umgekehrt, gehörnten Tieren nahm er die Hörner ab und setzte sie ungehörnten auf. Mit solchen Künsten verfügte er verständlicherweise über alles, was unter Herdenzüchtern einen idealen Trickdieb ausmacht, sogar dem *Sisyphos* wurde er mit seinem Können gefährlich. – Die Herden der beiden weideten seit geraumer Zeit nebeneinander zwischen dem Isthmos und dem Parnaß, – als *Sisyphos* auffiel, daß die Zahl seiner Tiere von Tag zu Tag sich immer weiter verringerte, während die Bestände des *Autolykos* offensichtlich immer größer wurden. Ganz klar handelte es sich um einen Fall von Diebstahl, aber es war unmöglich, *Autolykos* etwas nachzuweisen. Da verfiel *Sisyphos* auf die Idee, seine Kenntnis der Buchstaben sich zu Nutze zu machen: Er kennzeichnete die Hufe

---

26 HYGIN: Nr. 200: Chione, in: Griechische Sagen, 341.

der Rinder mit den Anfangsbuchstaben seines Namens. Doch selbst diese Maßnahme half nichts, – *Autolykos* brachte die Markierungen alsbald zum Verschwinden. «Da goß Sisyphos Blei in die Vertiefung der Hufe, in der Form von Buchstaben, die in den Spuren der Rinder den Satz ergaben: ‹Autolykos stahl mich›.»[27] Als er das sah, mußte *Autolykos* in diesem Wettstreit der Gerissenheit sich geschlagen geben, und er war ein fairer Verlierer: Er schloß mit *Sisyphos* Gastfreundschaft. Der aber revanchierte sich übel. Wie um einen neuen Streich auszuhecken, machte er sich an die Tochter seines besiegten Freundes, an *Antikleia*, heran, so erzählt man sich; in einer anderen Überlieferung freilich wird berichtet, es habe der Vater bereitwillig seine eigene Tochter dem Überlegenen zum Geschenk angeboten, Sinnes vielleicht, daß dieser mit ihr den Schlauesten aller Listig-Verschlagenen zeuge. In jedem Falle wurde *Antikleia* zur Mutter des *Odysseus*, und manche behaupten, sie sei bereits schwanger gewesen, ehe sie *Laërtes* zu ihrem Mann nahm, den HOMER – im Unterschied etwa zu SOPHOKLES[28] – als den Vater seines «vielsinnenden» und «vielduldenden» Helden in der «Odyssee» vorstellt[29].

Wie auch immer man diese – spätere – Eintragung in das bereits fertige Bild des *Sisyphos* deutet, sie bestätigt nicht nur ein weiteres Mal die List (oder Hinterlist) dieses trickreichen Helden, sie demonstriert in Form einer Momentaufnahme zugleich auch, wie ein *Sisyphos*-Leben im Alltag verläuft. Das Kernthema seiner Person, so hat sich gezeigt, ist das Wissen um seine Sterblichkeit; es ist wohlgemerkt kein Wissen nach Art des *Prometheus*: – vorausschauend-hilfreich zur Verbesserung der Lage des Menschen inmitten einer fremden, gleichgültigen, gar feindlichen Umwelt. Umgekehrt: Das Bewußtsein eines *Sisyphos* geht von der Endlichkeit seines Daseins als einer feststehenden Tatsache aus, es leistet sich nicht den Luxus eines prometheischen Widerstandes dagegen, es verhält sich lediglich widerspenstig gegenüber der Nähe des Todes; es bleibt im Endlichen voll und ganz eingeschlossen; es verlangt nicht nach mehr, es richtet sich darin ein, von Aufschub zu Aufschub, solang es geht. Wie kommt man im Leben durch? Wie führt man andere hinters Licht? Wie gelingt es, der französischen Empfehlung nachzukommen: *corriger la fortune* – trigger das Schicksal oder: dreh mit am Glücksrad? Der pragmatische Opportunismus eines *Sisyphos* ist das Haken-

---

27 A. a. O., Nr. 201: Autolykos, S. 341–342; KARL KERÉNYI: Die Mythologie der Griechen, II 68. ROBERT VON RANKE-GRAVES: Griechische Mythologie, I 197, verweist bei dem Hirtenbetrug zu Recht auf die biblischen Geschichten von *Jakob* und *Laban* in Gen 29; 30.
28 Vgl. SOPHOKLES: Aias, V. 189, in: Dramen, S. 20–21.
29 HOMER: Odyssee, I 189 u. ö., S. 17.

schlagen eines Hasen, der vom Hund gehetzt wird, und da der Tod oder der
«Hund» jede Gestalt annehmen kann, ist jeder potentiell ein Feind, – es
kommt drauf an, ständig auf dem *Qui-vive* zu sein.

HEINZ ZAHRNT hatte von daher absolut recht, wenn er den Archetypus
des *Sisyphos* deutlich abzusetzen suchte von der Gestalt des *Prometheus*,
indem er dessen Aktualität und Modernität mit diesen Worten beschrieb:
«Sisyphos, der die Götter leugnet ..., ist die Symbolgestalt der Vollendung
der Neuzeit, da aus der Ausnahme (sc. des Heiligen, d.V.) Gewohnheit, aus
dem Feiertag Alltag geworden ist und die Ideale verblaßt sind oder sich in
tägliche Pflichten verwandelt haben. Sisyphos strebt nicht, wie weiland
Prometheus, nach dem ‹Ideal›, sondern er existiert (sc. mit CAMUS zu reden,
d.V.) im ‹Klima der Absurdität›. Die Welt ist für ihn dicht. Er hat keine
Hoffnung, kaum daß er sich eine Sehnsucht leistet; er ist nur bei sich selbst.
Das Schicksal ist für ihn eine menschliche Angelegenheit, die unter Menschen geregelt werden muß. Bei Prometheus denken wir unwillkürlich an
hohe Felsen, bei Sisyphos an weite Wüsten ... Sisyphos ... denkt ... nicht
an das Vollkommene und fragt nicht nach dem höchsten Sinn, sondern
danach, ob das Leben ... sich lohne. Sein Problem ist (sc. erneut mit
CAMUS, d.V.) der Selbstmord: annehmen oder ablehnen, fliehen oder aus-
harren – das ist für Sisyphos die Frage. Und Sisyphos nimmt an, er harrt
aus – unversöhnt, doch aus freien Stücken. Prometheus hat den Mund
manchmal reichlich voll genommen, Sisyphos hält ihn geschlossen ... –
Vielleicht möchte einer jetzt einwenden, daß Sisyphos von uns zu klein genommen und zu düster gezeichnet sei, und dabei auf die großen Symbole
des Fortschritts in unseren Tagen hinweisen, auf die Forscher, Entdecker,
Ingenieure, Weltraumfahrer: Gleichen sie nicht dem Prometheus? Nein,
obwohl auch sie in den Himmel steigen, Feuer entzünden und sogar Menschen zu machen gedenken, gleichen sie dem Prometheus nicht. Sie sind
keine Idealisten, die in die Höhe blicken, sondern Techniker, die ihre Pflicht
tun. Idealismus würde sie dabei nur stören, wie der ‹Dreckeffekt› bei einem
chemischen Experiment. Er würde sie vom Weg abbringen und ihr Leben
unnötig gefährden. Sie blicken nicht nach oben, sondern nach vorn, und
jeder Schritt, den sie tun, ist vorher sorgsam kalkuliert, im Computer
durchgerechnet und im Simulator ausprobiert. Sie überschreiten nicht ihre
Grenzen, aber sie füllen den begrenzten Raum mit ihren Werken aus.»[30]

Wie man seine «Herden» vergrößert und die Welt mit den eigenen Produkten zustellt, – wenn *Sisyphos* sich durch ein solches Bestreben charak-

---

30 HEINZ ZAHRNT: Gott kann nicht sterben, 218–219.

terisieren läßt, dann, zweifellos, darf seine Gestalt als eine Chiffre des heutigen Menschen gelten. Er weiß um den Tod, doch er verdrängt ihn; die Kürze seines Lebens signalisiert ihm nicht Ernst, sondern Spaß; das HORAZsche *carpe diem*[31] – lebe heute, frei übersetzt – ist sein Motto. – Auf die Ambivalenz dieser Losung hat der Schweizer Autor URS WIDMER hingewiesen: «‹Carpe diem› – das ist ein Ratschlag», meint er, «der einem immer besser einleuchtet, je älter man wird. Je klarer man erfaßt, daß die Zahl der noch kommenden Tage begrenzt ist. Viertausend vielleicht, oder tausendachthundert, oder gar nur noch dreihundertdrei. Wer weiß es. Jeder Tag wird, je weiter der Zähler vortickt, kostbarer. Wenn ich also *jetzt* Lust und Kraft verspüre, – wenn zudem die Sonne scheint, ja, wieso soll ich nicht *jetzt* … ein Erdbeertörtchen essen? Oder mich verlieben? – Wir alle waren einmal unsterblich und wußten nichts von der verrinnenden Zeit. Wir waren nämlich Kinder, und alle Kinder leben, eine kleine Weile lang, im Paradies… Natürlich sind wir aus dem Paradies vertrieben worden…, nämlich als wir begriffen, daß es ein Morgen gibt und ein Übermorgen, und daß der Tod nicht nur Maikäfer, Katzen und Großmütter holt, sondern auch solche wie uns. Das ist ein Schrecken, von dem wir uns für den Rest des Lebens nicht mehr erholen. An den Tod kann man sich nicht gewöhnen. Er bleibt *der* Skandal. – Nutze den Tag: Eine ganze Weile lang ist das ein Ratschlag, dem wir ohne weitere Probleme das Beste abgewinnen können. Ein optimistischer und gewinnbringender Lebensrat.»[32]

Das freilich ist nur die eine Seite, – so lebt's sich als *Sisyphos*. Spätestens aber mit der Entdeckung des Spähers auf dem Felsen von Akrokorinth, mit dem Wissen um Zeugung und Tod, endet die Zeit der zeitlosen Gegenwart im Bewußtsein des Kindes; jetzt, im Bewußtsein der zerrinnenden Zeit, mit Blick auf den vorrückenden Schatten der Sonnenuhr, erscheint die Gegenwart jedes Augenblicks als eine unwiederholbare Kostbarkeit; sie verbraucht sich, indem man versucht, sie genießend auf Dauer zu stellen. Der Widerspruch besteht und läßt sich nicht lösen: Ein Dasein nur in der Zeit verewigt jedes einzelne Zeitmoment, das indes desto flüchtiger wird, je gieriger man's in sich hineinschlingt. Ein solches Dasein ist notwendigerweise strapaziös, – man altert sehr schnell dabei, und was wird dann aus dem «carpe diem»?

»Ja», fährt URS WIDMER fort. «Das immergrüne ‹Carpe diem› der alten Römer ist ein guter und dennoch verstörender Rat, denn er weist uns,

---

31 HORAZ: Oden, I 11, in: Sämtliche Werke, S. 31: «greif diesen Tag, nimmer traue dem nächsten.»
32 URS WIDMER: Das Geld, die Arbeit, die Angst, das Glück, 41–42.

Hand in Hand mit seiner glückspendenden Botschaft, unerbittlich darauf hin, daß wir, den Tag nutzend, nicht nur etwas gewinnen, sondern – je älter, desto schneller – mit jedem Tag auch etwas verlieren. Ein Stück Kraft. Einen Fetzen Gedächtnis. Ein Gran Lust. Unser Glück hoffentlich zuletzt. Aber irgendwann wird unser Triumph gerade noch sein, daß wir es schaffen zu atmen. Einzuatmen. Auszuatmen. Ein, aus, ein. Bis zum letzten Atemzug. Aus. Carpe diem.»[33]

Ganz von allein mithin macht sich geltend das Alter; tritt der Tod selber mitunter auch unvorhergesehen und jäh mitten in unser Dasein, kennt er in der Regel doch keinen gehorsameren und diskreteren unter seinen (Vor)Boten als das Alter, – wer hätte das besser gewußt und eindringlicher in Worte gefaßt als die Griechen in der Antike? Man höre nur in der zweiten Hälfte des 7. Jhs. dem ionischen Dichter MIMNERMOS zu, wie er klagt über die Vergänglichkeit aller Dinge:

> Ähnlich den Blättern der Bäume vom blühenden Lenze gezeitigt,
> Wenn sich des Helios Strahl wiederum stärker belebt,
> Ist auch uns nur wenige Zeit an den Blüten der Jugend
> Freude vergönnt. Kein Gott mahnet vom Bösen uns ab,
> Oder belehrt uns, was gut. Doch neben uns stehen die Keren
> (sc. Ker = Verderben, Tod; Schadendämonen, d.V.),
> Deren eine das Los feindlichen Alters uns bringt,
> Aber die andre den Tod. Denn kurz nur dauert der Jugend
> Frucht, nur so lang, wie am Tag Sonne die Erde bescheint.
> Ist sie dann über das Ziel der beschiedenen Stunde geschritten,
> Dann scheint plötzlich der Tod besser als Leben zu sein.
> Denn viel Böses erzeugt im Gemüte sich. Mancher verlieret
> Sein Vermögen und seufzt unter der Dürftigkeit Last.
> Jenem sind Kinder versagt, wie sehr er sie wünschet, und einsam
> Stets sich quälend darob, steigt er zum Hades hinab.
> Krankheit lastet auf dem und verzehrt ihn. Keiner der Menschen
> Lebet, auf den nicht Zeus viel des Bösen gehäuft[34].

Davor, daß ihm der Tod willkommener sei als das Leben, wird ein *Sisyphos* in der ihm eigenen Mischung aus Furcht und Vermessenheit sich gewiß für eine Weile lang zu schützen vermögen; doch eben: das Alter! Als ein Betäubungsmittel gegen allerlei Plagen des Daseins, wie materielle Ungesichertheit oder Ungemach von Gegnern und Neidern, mag man mit THEOGNIS

33 A. a. O., 43.
34 Griechische Lyrik, 85: Vergänglichkeit.

144

von Megara um 500 v. Chr. die Gabe des *Dionysos* – den Alkohol – empfehlen, und doch, auch dieses Narkotikum, muß er gestehn, verfehlt seine
Wirkung im Fortschritt der Jahre:

> Trink ich des Weins, so vergess ich dabei herzfressender Armut,
>> Und der verlästerte Feind kümmert den Trinkenden nicht.
> Aber ich klage die Flucht der beglückenden Blüte der Jugend,
>> Und daß eilenden Schritts drückendes Alter sich naht[35].

Kann gegen die Ungewißheit des Schicksals jemals das Kalkül einer *Sisyphos*-Schlauheit bestehen? Ebenfalls um 500 v. Chr. warnte ein anderer
Dichter, SIMONIDES von Keos, vor dem Hochmut, die Zukunft in die eigenen Hände nehmen zu wollen:

> Nie sag ein Mensch, was werden wird,
> Noch den er sieht, wie lang er leben werde;
> Die flügelschwingende Mücke
> Verändert so schnell sich nicht wie der Menschen Glück[36].

Gerade deshalb aber fügte er ganz in des *Sisyphos* Weise die Mahnung
hinzu:

> Treu für immer verbleibt kein Gut uns Sterblichgebornen;
>> Drum voll göttlichen Sinns sprach der chiotische Greis
>>> (sc. HOMER, d. V.):
> »Gleichwie die Blätter im Wald, so sind die Geschlechter der
>>>> Menschen.«
>> Aber wie wenige nur, die es mit Ohren gehört,
> Wahrten im Herzen das Wort! Denn jeglichen gängelt die Hoffnung,
>> Männern und Knaben zugleich wurzelt es tief in der Brust.
> Blüht einem Sterblichen noch holdselig die Blume der Jugend,
>> Sinnt er mit leichtem Gemüt vieles von nichtiger Art;
> Nimmer des Alters gedenkt er alsdann und nimmer des Todes,
>> Noch in der Fülle der Kraft ist er um Krankheit besorgt.
> O leichtfertige Toren, verblendete, die da vergessen,
>> Wie so beflügelten Schritts Jugend und Leben entfliehn!
> Doch du präg' es dir ein, und bis du scheidend am Ziel stehst,
>> Pflege mit treuem Gemüt jeglichen schönen Genuß[37].

---

35 A. a. O., 116: Der Alternde.
36 A. a. O., 132: Das Leben der Menschen.
37 A. a. O., 132–133: Mahnung. – Auf die Heimat HOMERs erhoben sieben Städte An-

Es ist in der Tat genau dieser Ratschlag, dem ein *Sisyphos* seine ganze Lebenskunst widmet. Weil das Leben unbeständig und unvorhersehbar ist, hat es keinen Sinn, sich unnütze Sorgen zu machen; es kommt, wie es kommt; uns aber gehört der Augenblick jetzt, und den zu genießen so gut, als es geht, scheint die einzig angemessene Antwort auf die Lage des Menschen inmitten der Welt. Doch wieweit trifft sie zu?

5) Ein Leben im Kreislauf oder: Der Fluch verunendlichter Endlichkeit

Zugeben muß man, daß der französische Philosoph MICHEL DE MONTAIGNE im 16. Jh. wohl noch recht hatte, wenn er in seinen «Essais» zu bedenken gab, es sei ein «Hirngespinst ... zu erwarten, daß man an dem Kräfteschwund sterben werde, den das höchste Greisenalter mit sich bringt, und sich ihn als Ziel unsrer Lebenszeit zu setzen», handle es sich doch bei dem Sterben in hohem Alter «um die seltenste und ungewöhnlichste aller Todesarten ... An Altersschwäche zu sterben», meinte er, «ist ein seltener, ein geradezu außergewöhnlicher Tod ... Es ist die letzte und äußerste Art des Sterbens. In je weitrer Ferne sie vor uns liegt, desto weniger können wir sie erhoffen.» Zudem gelte, daß selbst das schon erreichte Lebensalter keinerlei Gewähr dafür biete, «wesentlich weiter zu kommen. Nachdem wir so vielen Fallstricken des Todes entgangen sind, über die wir die Leute straucheln sehn, müssen wir uns klarmachen, daß ein so ungewöhnliches Glück wie dieses, das uns wider alle Erfahrung noch am Leben erhält, nicht mehr lange fortdauern kann.»[38] Das, zweifellos, ist und bleibt wahr, unabhängig vom statistischen Durchschnittsalter der Lebenserwartung eines Volkes.

Wie aber sollte, wenn es so steht, sich *Sisyphos* nicht zunächst auf seine Weise bestärkt fühlen? Wo jede Hoffnung in die Zukunft sich als trügerisch erweist, bleibt als Gewißheit nur die Gegenwart, – genieße sie! presse sie aus! halt sie fest! Kein Wunder dann aber auch, daß ein solches Leben be-

spruch: Smyrna, Rhodos, Kolophon, Salamis, Chios, Argos und Athen, von denen Smyrna (das heutige Izmir) im nördlichen Teil des ionischen Kleinasiens am ehesten in Frage kommt; doch die Beziehungen zu Chios und die dortige Rhapsodengilde der Homeriden machen ihn zum «chiotischen» Dichter. Ilias VI 146–149, S. 114, heißt es: «So wie der Blätter Geschlecht, so ist auch jenes der Menschen. / Blätter, da schüttelt die einen der Wind zu Boden, und andre / Treibt der sprießende Wald hervor zur Stunde des Frühlings. / So der Menschen Geschlecht, dies sprießt und jenes verwelket.»
38 MICHEL DE MONTAIGNE: Essais, I 57, S. 163: Über das Alter.

ginnt, sich immer rascher im Kreise zu drehen, – eine Rotation, deren Zentrum das Nichts ist, die Leere an Inhalt, der Tod. An gerade diesem Punkte muß *Sisyphos*, der Listige, der Betrüger, sich selbst überlisten und selber betrügen, indem er die Farce seines Daseins immer von vorn in eine hohe Bedeutsamkeit umprägt.

So denn versteht man jetzt wohl die Strafe, welche die Götter auf eine solche Lebensauffassung gesetzt haben: Nicht (willkürlich) von außen wird sie verhängt, sie macht «nur» die Wahrheit offenbar, die sich in einer derartigen Daseinsweise verbirgt.

Eine Darstellung auf der Vorderseite einer attischen Grabamphore aus der Zeit zwischen 510–500 v. Chr. zeigt das Schicksal, das über *Sisyphos* in der Unterwelt verhängt ward (Tafel 9a)[39]. Auf einer schmalen Felsspitze balanciert der von den Göttern Verfluchte einen viel zu großen Stein, dessen Übergewicht an der ihm zugewandten Seite schon anzeigt, was im nächsten Augenblick sich begeben wird: Unweigerlich wird der mit so viel Mühe empor gestemmte Brocken auf seinen Träger zurückfallen. Hinter ihm thront *Persephone* mit einem Ährenbündel in ihrer Hand, aus dem zwei Rispen herabhängen. Wohlgemerkt: Auch das Schicksal der Tochter der Korngöttin *Demeter* bewegt sich im Kreis zwischen Aussaat und Ernte, zwischen Oberwelt und Unterwelt, doch was sie beschreibt, ist der Zyklus der Vegetation, ein Kreislauf der Fruchtbarkeit auf der Ebene der Gattung und des Sich-Begattens, nicht der stetig sich wiederholenden Frustration auf der Ebene des Individuums wie im Leben des *Sisyphos*. Ihr gegenüber sitzt *Hades*, der Bruder des *Zeus* bzw. der «unterirdische Zeus», mit einem Szepter in der Hand; seine gebeugte Haltung und sein schlohweißes Haar kennzeichnen ihn als einen alten Mann, – aber kann ein Totengott altern? Er *ist* das Alter, so wie *Persephone* die Jugend verkörpert, beide in zeitloser Ewigkeit.

Wer dieses Bild sieht, wird eine Frage nicht loswerden, die man indessen kaum jemals gestellt hört: Wieso kann ein Mann von der Cleverneß eines *Sisyphos* offenbar nicht bemerken, wie sinnlos das ist, was er tut? Auf der abgebildeten Felsspitze kann sein Stein, sooft er ihn auch emportragen mag, sich nicht im Gleichgewicht halten. Warum also gibt er das Ganze nicht irgendwann dran?

Eine andere Darstellung auf dem Münchner Unterwelt-Kratēr (Mischkrug), der das Leben im Hades in vielfachen Formen zeigt, gibt in gewissem Sinne darauf eine Antwort; sie demonstriert – in einem Detail des unteren

---

39 RAIMUND WÜNSCHE: Götter strafen Frevler, in: Die unsterblichen Götter Griechenlands, 372–373, Abb. 25.5.

Registers – die Größe der Anstrengung, die *Sisyphos* auferlegt ist; seine Waffen: Keule und Schwert, hat er ebenso wie seinen Hut auf den Boden gelegt, um sich mit voller Kraft seiner Aufgabe widmen zu können; alles sieht daher so aus wie eine einmalige Kraftanstrengung für ein lohnendes Ziel, doch dieser Anschein trügt gründlich; denn hinter ihm steht eine *Erinye*, eine Rachegöttin, mit Schlangen in ihrem gesträubten Haar, und treibt *Sisyphos* mit der Peitsche an; in ihrer ausgestreckten Linken, über die ein Löwenfell sich breitet, hält sie, wie im Kriegszustand, eine Lanze. (Dahinter ist *Hermes* zu sehen, der, mit seinem Stab in der Hand, dem hinter ihm stehenden *Herakles* den Weg zurück in die Oberwelt weist). (Tafel 9b)[40]

Kein Zweifel also: Für die hier dargestellte Furie ist *Sisyphos* ein *aichmálōtos*, ihr mit der *aichmē* (Lanze) Gefangener, ihr Sklave, ihr Beutegut. Der Widerspruch ist überdeutlich: Während *Sisyphos* wähnt, nur mal eben für eine einzelne Aufgabe sich anstrengen zu müssen, verurteilt ihn gerade dieser Glaube zu einem unerbittlichen Immer-von-vorn. Die *Erinye*, die ihn gefangen hält und ihn vorantreibt, ist nicht eine fremde Gestalt neben ihm, sondern der Ausdruck seiner eigenen Uneigentlichkeit und Entfremdung: Immer von neuem, von Augenblick zu Augenblick, ohne Nachgedanken, ohne Innehalten, ohne aufzublicken, setzt *Sisyphos* all seine Kraft ein für ein Projekt, das durchaus keinen Sinn trägt: Ob jener Stein unten liegt oder oben – selbst wenn er sich am Gipfel in stabiler Lage halten ließe –, es bedeutete nichts, es ist völlig egal. Genau das aber gehört zu dem Lebenskonzept eines *Sisyphos*, daß er vor sich selber so tut, als sei das Unbedeutende zumindest jetzt und zumindest für ihn persönlich von unverzichtbarer, immenser Bedeutung. Einer wie er *muß* den Stein, der da vor ihm liegt, den Berghang hinaufschleppen. Keine Rachegeister bestimmen ihn dazu, es tritt nur sein eigenes Denken, seine persönliche Geisteshaltung in ihre letzte Konsequenz. Sie setzt sich in ihrer Flucht vor der Endlichkeit in ihre Unendlichkeit. In dieser Art hat er immer gelebt, so wird er auf immer deshalb zu leben haben.

In der Tat –, dieses Bild besitzt eine gleißnerische Verführungskraft in unseren Tagen. Die *Erinye* mit der Peitsche, die ihren kriegsgefangenen Sklaven vor sich hertreibt, verkörpert auf das genaueste all die Parolen und Versprechungen, mit denen man derzeit auf absurde Weise den gesellschaftlichen Kreislauf von Produktion und Konsumtion beziehungsweise von

40 A. a. O., 372, Abb. 25.2. – ROBERT VON RANKE-GRAVES: Griechische Mythologie, I 197, meint richtig: «Der ‹tückische Stein› des Sisyphos war ursprünglich eine Sonnenscheibe; der Hügel ist das Gewölbe des Himmels.» Doch das ist noch keine «Erklärung für die … Strafe», die das Lichtgestirn über Sisyphos verhängt.

Geld und Ware am Laufen hält. Es geht hoch und immer höher, alles muß wachsen, muß ansteigen, muß sich vergrößern, nur um sich selbst zu erhalten und dem Tod zu entkommen, – Nullwachstum, Minuswachstum, das wäre, zum Beispiel im Wirtschaftsleben, die Katastrophe. Doch dann kommt sie erst recht: die Krise, der Krieg, der Kollaps, und alles stürzt ein, – ein Bankenkrach, eine Energieverteuerung, eine Inflation oder Deflation: Die Vernichtung von Kapital und Arbeit geht ins Gigantische, doch sie bewirkt keine Änderung des Systems, es geht alles so weiter. – Und auch an den Einzelnen richten sich die Lieblingsformeln US-amerikanischer Pädagogik: Ein «Mensch darf nicht aufgeben», läßt ERNEST HEMINGWAY seinen «Alten Mann» sagen. «Man kann vernichtet werden, aber man darf nicht aufgeben.»[41]

Niemals aufgeben, durchhalten, wieder aufstehen, wenn man hinfällt, – das sind die Standards, nach denen ein jeder Sisyphos antritt; er käme sich als Versager vor, würde er sich versagen, er müßte fürchten, ins Nichts zu fallen, wenn er die Blöße sich gäbe, eine Schwäche zu zeigen, er muß sich beweisen als kraftvoll und stark. Dem Teufelskreis solcher Programme, den Tod zu besiegen, entrinnt er nicht, – in seinen Augen käme es einer endgültigen und totalen Niederlage gleich, den «Stein» definitiv niederzulegen; es wäre ein Ungedanke, der seine gesamte Lebenseinstellung zersprengen würde. Man kann nicht unglücklicher sein als in dem Glauben, auf gerade diese Art glücklich zu werden. ALBERT EINSTEIN definierte es einmal als Wahnsinn, wenn jemand immer wieder unter gleichen Bedingungen das Gleich tue und dabei ein anderes Resultat erwarte. Sisyphos tut es; er ist ein Wahnsinniger, ein Süchtiger, der beschlossen hat, nur «Realist» zu sein, indem er die Realität des Todes als die entscheidende Frage an sein Leben verleugnet.

6) Sisyphos als Mythos der Moderne oder: CAMUS' Umdeutung

Und doch ist wohl kaum ein Ausspruch berühmter geworden als der Satz, mit dem ALBERT CAMUS seinen «Mythos von Sisyphos» endete: «Wir müssen uns Sisyphos als einen glücklichen Menschen vorstellen.» Die Faszination, die sein Buch seit den rund 70 Jahren nach seinem Erscheinen bis heute ausübt, verdankt sich nicht nur dem glänzenden Stil, in dem es geschrieben ist, sondern vor allem der Tatsache, daß es ein Zeitgefühl be-

---

41 ERNEST HEMINGWAY: Der alte Mann und das Meer, 101; vgl. S. 117: «Und was hat dich geschlagen? dachte er. ‹Nichts›, sagte er laut. ‹Ich bin zu weit hinausgefahren.»

schreibt und bestätigt, das uns umgibt wie die Atemluft und das CAMUS denn auch als etwas Atmosphärisches, als «das Klima der Absurdität» darstellt[42]. Vor allem der Anspruch, ohne «auszuweichen» sich dem Absurden zu stellen, besitzt mit der Attitüde des Heroischen eine eigene Verführungskraft. Ohne auf LUDWIG FEUERBACHS psychologische Religionskritik zurückzugreifen, in welcher jede Form von Glauben an göttliche Mächte als «Projektion», als Fehleinstellung des (einzelnen) Menschen zum Wesen *des* Menschen, verstanden wurde[43], erklärt auch CAMUS den Glauben an Gott für eine Selbstpreisgabe der Vernunft, für einen Selbstmord des Geistes. Mit der Versicherung, es sei möglich, gegenüber der offensichtlichen Absurdität des Daseins sein Menschsein sich zu bewahren, eben indem man es sich versage, in die Arme eines eingebildeten Gottes zu flüchten, sprach CAMUS aus, was latent das Bewußtsein vieler in der Moderne bestimmt: Man kann ein anständiger Mensch sein, gerade weil man ehrlich und mutig genug ist, an einen Gott nicht zu glauben. So *Sisyphos* als ein Held des Absurden in der Deutung CAMUS'.

Was aber ist das Absurde? Es ging CAMUS nicht darum, ontologisch Seinsstrukturen zu analysieren, es genügte ihm, ein Phänomen zu beschreiben: «Das Absurde», verkündete er, «entsteht aus dieser Gegenüberstellung des Menschen, der fragt, und der Welt, die vernunftwidrig schweigt… Das Irrationale (sc. der Welt, d.V.), das Heimweh des Menschen (sc. der einen Sinn sucht, wo keiner ist, d.V.) und das Absurde, das sich aus ihrem Zwiegespräch ergibt, sind die drei Figuren des Dramas, das notwendigerweise mit der ganzen Logik enden muß, deren eine Existenz fähig ist.»[44] – Was der französische Existentialist in diesen Worten zentral zur Sprache bringt,

42 ALBERT CAMUS: Der Mythos von Sisyphos, 16–17.
43 Vgl. LUDWIG FEUERBACH: Vom Wesen der Religion, in: Werke in 6 Bänden, IV 81–153, Nr. 26, S. 105: «Die Natur ist … dem Menschen ursprünglich … Gegenstand als *das, was er selbst ist*, als ein persönliches, lebendiges, empfindsames Wesen. Der Mensch unterscheidet sich ursprünglich nicht von der Natur, folglich auch nicht die Natur von sich; er macht daher die Empfindungen, die ein Gegenstand der Natur in ihm erregt, unmittelbar zu Beschaffenheiten des Gegenstandes selbst.» S. 106: «Kein Wunder, daß er sie (sc. die Naturwesen, d.V.) dann auch ausdrücklich, mit Wissen und Willen zu einem Gegenstand der Religion, des Gebets, d.h. zu einem durch das Gemüt des Menschen, seine Bitten, seine Dienstleistungen bestimmbaren Gegenstand macht.» S. 106–107: «Die Religion stellt daher den merkwürdigen, aber sehr begreiflichen, ja notwendigen Widerspruch dar, daß, während sie auf dem theistischen oder anthropologischen Standpunkt das menschliche Wesen … als göttliches verehrt, weil es ihr als ein von Menschen unterschiedenes, als ein nicht menschliches Wesen erscheint, sie umgekehrt auf dem naturalistischen Standpunkt das nicht menschliche Wesen deswegen als göttliches Wesen verehrt, weil es ihr als ein menschliches erscheint.»
44 ALBERT CAMUS: Der Mythos von Sisyphos, 29.

ist das Entgleiten der Welt: – «sie wird wieder sie selbst … Auch die Menschen sondern Unmenschliches ab … Dieses Unbehagen vor der Unmenschlichkeit des Menschen selbst, dieser unberechenbare Sturz vor dem Bilde dessen, was wir sind, … ist … das Absurde.»[45] Ganz im Mittelpunkt, wie tatsächlich im griechischen *Sisyphos*-Mythos, steht dabei die Tatsache des Todes: «Das Grauen rührt … von der rechnerischen Seite des Ereignisses her … Aus dem leblosen Körper, auf dem eine Ohrfeige kein Mal mehr hinterläßt, ist die Seele verschwunden. Diese elementare und endgültige Seite des Abenteuers ist der Inhalt des absurden Gefühls. Im tödlichen Licht dieses Verhängnisses tritt die Nutzlosigkeit in Erscheinung. Keine Moral und keinerlei Streben lassen sich *a priori* vor der blutigen Mathematik rechtfertigen, die über uns herrscht»[46].

Genauer gesagt, «ist diese Welt nicht vernünftig – das ist alles, was man von ihr sagen kann. Absurd aber ist die Gegenüberstellung des Irrationalen und des glühenden Verlangens nach Klarheit … Das Absurde hängt ebensosehr vom Menschen ab wie von der Welt. Es ist zunächst das einzige Band zwischen ihnen. Es bindet sie so fest, wie nur der Haß die Geschöpfe aneinanderketten kann.»[47] Nur: Wie darauf antworten?

»Wenn ich ein Problem lösen will», sagt CAMUS, «dann darf ich zumindest durch diese Lösung nicht einen Bestandteil dieses Problems verschwinden lassen.» Das aber geschehe, wenn man «das Absurde … in ein Sprungbrett zur Ewigkeit» verwandele; sobald man das Absurde religiös oder philosophisch zu integrieren suche, lösche man «damit sein eigentliches Wesen aus: Auflehnung, Zerrissenheit und Zwiespalt.»[48] Demgegenüber weigere sich der absurde Mensch, die Vernunft zu diskreditieren und in einem mystischen Sprung in eine unbegreifbare Transzendenz das Absurde Gott zu nennen; der absurde Mensch demgegenüber «erkennt den Kampf an, verachtet nicht durchaus die Vernunft und gibt das Irrationale zu. Er beachtet also alle Erfahrungstatsachen und ist wenig geneigt zu springen, bevor er weiß. Er weiß nur, daß in dieser aufmerksamen Bewußtheit für die Hoffnung kein Platz mehr ist.»[49] «Er wünscht keine Predigt.»[50] «Die Redlichkeit besteht darin, sich auf diesem schwindelnden Grat zu halten; alles andere ist Ausflucht.»[51]

45 A. a. O., 18.
46 A. a. O., 18–19.
47 A. a. O., 23.
48 A. a. O., 31; 35.
49 A. a. O., 36.
50 A. a. O., 46.
51 A. a. O., 46.

Also: «Ich kann in dieser Welt alles widerlegen, was mich umgibt, ... nur nicht dieses Chaos, diesen König Zufall und die göttliche Gleichwertigkeit, die aus der Anarchie erwächst. Ich weiß nicht, ob diese Welt einen Sinn hat, der über mich hinausgeht. Aber ich weiß, daß ich diesen Sinn nicht kenne ... Was bedeutet mir ein Sinn, der außerhalb meiner Situation liegt? ... diese beiden Gewißheiten – mein Verlangen nach Absolutem und nach Einheit und das Unvermögen, diese Welt auf ein rationales, vernunftgemäßes Prinzip zurückzuführen – kann ich nicht miteinander vereinigen. Was für eine andere Wahrheit kann ich erkennen, ohne zu lügen, ohne eine Hoffnung einzuschalten, die ich nicht habe und die innerhalb meiner Situation nichts besagt?»[52] Sobald ich meinem Leben einen Sinn unterstelle, meint CAMUS, «um so mehr Schranken schaffe ich mir, in die ich mein Leben einzwänge ... Das Absurde klärt mich über diesen Punkt auf: Es gibt kein Morgen. Das ist von nun an die Begründung meiner tiefen Freiheit.»[53] Der absurde Mensch «hat es verlernt zu hoffen», und er begrüßt es: «Endlich ist die Hölle des Gegenwärtigen sein Reich. Alle Probleme erhalten ihre Schärfe wieder.» «Der Mensch wird hier endlich den Wein des Absurden finden und das Brot der Gleichgültigkeit, mit dem er seine Größe speist.»[54]

Was man an dieser CAMUSschen Deutung des *Sisyphos*-Mythos allezeit bewundern wird, ist die Konsequenz, mit der sie zur Entscheidung nötigt: «... für ein stolzes Herz gibt es keinen Mittelweg. Es gibt Gott oder die Zeit, Kreuz oder Schwert. Entweder hat diese Welt einen höheren Sinn, der ihre Unruhe überdauert, oder allein diese Unruhe ist wahr. Man muß mit der Zeit leben und mit ihr sterben, oder man muß sich ihr entziehen um eines höheren Lebens willen. Ich weiß, daß man sich abfinden und daß man in der Zeit leben und an die Ewigkeit glauben kann. Das heißt: sich bescheiden. Ich aber sträube mich gegen die Beschränkung, ich will alles oder nichts ... da ich der Ewigkeit beraubt bin, will ich mich mit der Zeit verbünden ... Ich will weder Heimweh noch Bitternis auf meine Rechnung setzen lassen, ich will hier einzig und allein klarsehen.»[55]

Wie aber sieht ein Leben aus, in dem man solchermaßen klar sieht? Als erstes muß in ihm – ganz wie im Mythos von *Sisyphos* – die Länge des Lebens den Wert des Lebens ersetzen: «Quantität statt Qualität!» In CAMUS' Worten: «Der Glaube an den Sinn des Lebens setzt immer eine

52 A. a. O., 47.
53 A. a. O., 52.
54 A. a. O., 48.
55 A. a. O., 74.

Werteskala voraus, eine Wahl, unsere Vorlieben. Der Glaube an das Absurde lehrt … das Gegenteil … Wenn ich mich davon überzeuge, daß das Leben einzig das Gesicht des Absurden hat … – dann muß ich sagen, daß es nicht gilt, so gut wie möglich, sondern so lange wie möglich zu leben … Die Moral eines Menschen, seine Wertskala, hat nur einen Sinn durch die Quantität und durch die Mannigfaltigkeit der Erfahrungen, die er hat sammeln können … also (beruht) … Moral weniger auf der idealen Bedeutung der Prinzipien, als auf der Norm einer meßbaren Erfahrung… Denn das Absurde lehrt einerseits, daß alle Erfahrungen gleichgültig sind, andererseits treibt es zur größten Quantität von Erfahrungen.»[56] Die Folgerung daraus ergibt die Devise: «so intensiv wie möglich leben. Wo die Klarheit regiert, wird die Wertskala nutzlos. Seien wir noch einfacher. Sagen wir: das einzige Hindernis, der einzige ‹Mangel an Gewissen› liegt im vorzeitigen Tod.»[57] Man muß Glück haben, wenn man lange lebt, es hängt vom Willen nicht ab. Damit ist eigentlich alles gesagt.

Jedoch: Wer heute CAMUS liest, dem steht vor Augen als Leitfigur eines Heroismus des Absurden vermutlich weit weniger *Sisyphos* als in seinem Schatten und zu seiner Verdeutlichung die so ganz andere Gestalt des Dr. Rieux aus dem 1947 erschienenen Roman «Die Pest», – des Arztes, der den Tod eines Kindes nicht verhindern kann[58] und der doch mit dem Einsatz seiner Existenz versucht, Leben zu retten. Dr. Rieux will nicht lange, er will richtig leben. Das Absurde – das ist für ihn der Widerspruch zwischen dem Bemühen um menschlichen Beistand und dem Zynismus einer Natur, die unterschiedslos einem Einzeller zuliebe Tausende von Menschen hinwegrafft; das Absurde – das ist auch das Wissen, daß es weder gegen die Krankheit noch gegen den Tod einen endgültigen Sieg zu erringen gibt, – wenn die Seuche zurückkkehrt, beginnt alles von vorn, und dieses von vorn ist der Ausweis, dem Absurden standzuhalten, ohne es zu verleugnen[59]. Dabei ist die Seuche, die «Pest», in sich zugleich ein Symbol für den Tod,

56 A. a. O., 54–55.
57 A. a. O., 56.
58 ALBERT CAMUS: Die Pest, 119–125.
59 A. a. O., 178: «Während Rieux den Freudenschreien lauschte, die aus der Stadt empordrangen, erinnerte er sich … daran, daß diese Fröhlichkeit ständig bedroht war. Denn er wußte, was dieser frohen Menge unbekannt war und was in den Büchern zu lesen steht: daß der Pestbazillus niemals ausstirbt oder verschwindet, sondern jahrzehntelang in den Möbeln und der Wäsche schlummern kann, daß er in den Zimmern, den Kellern, den Koffern, den Taschentüchern und den Bündeln alter Papiere geduldig wartet, und daß vielleicht der Tag kommen wird, an dem die Pest zum Unglück und zur Belehrung der Menschen ihre Ratten wecken und aussenden wird, damit sie in einer glücklichen Stadt sterben.»

den der eine über den anderen zu bringen vermag, – ist nicht ein jeder «verpestet», ganz einfach schon dadurch, daß er sich mit dem staatlich verordneten Töten einverstanden gibt? «Heute geht es darum», erklärt Tarrou, «wer am meisten töten wird. Sie sind alle im Wahnsinn des Mordes befangen, und sie können nicht anders.»[60] «... deshalb habe ich beschlossen, alles abzulehnen, was von nahe oder von ferne, aus guten oder aus schlechten Gründen tötet oder rechtfertigt, daß man tötet.» «Was naturgegeben ist, das sind die Mikroben. Alles Übrige, die Gesundheit, die Rechtlichkeit, die Reinheit, ... ist eine Folge des Willens, und zwar eines Willens, der nie erlahmen darf. Der ehrliche Mensch, der fast niemanden ansteckt, ist jener, der sich am wenigsten ablenken läßt.»[61] Ganz entsprechend erklärt Dr. Rieux: «... da die Weltordnung durch den Tod bestimmt wird, ist es vielleicht besser für Gott, wenn man nicht an ihn glaubt und dafür mit aller Kraft gegen den Tod ankämpft, ohne die Augen zu dem Himmel zu erheben, wo er schweigt.»[62] Jedenfalls gilt: «Wenn man ... das Elend und den Schmerz sieht, welche die Pest bringt, muß man wahnsinnig, blind oder feige sein, um sich damit abzufinden.»[63]

Doch gerade das ist die Gefahr, und die entscheidende Frage richtet sich an CAMUS selbst, wenn er als Folge der «Seuche» notiert: «Die Pest hatte die Werturteile abgeschafft. Und das zeigte sich in der Art, wie kein Mensch sich mehr um die Güte der Kleider oder Eßwaren kümmerte, die man einkaufte. Man nahm alles in Bausch und Bogen an.»[64] Und ärger noch: Rieux muß feststellen, «daß die Gewöhnung an die Verzweiflung schlimmer ist als die Verzweiflung selbst ... die ganze Stadt (glich) einem Wartesaal... (Aber:) Ohne Gedächtnis und ohne Hoffnung richteten sie (sc. die Menschen in Oran, d.V.) sich in die Gegenwart ein. Man muß es wohl aussprechen: die Pest hatte alle der Fähigkeit zur Liebe und sogar zur Freundschaft beraubt. Denn die Liebe verlangt ein wenig Zukunft, und für uns gab es nichts mehr als Augenblicke.»[65]

Wie also erhält man sich die «Fähigkeit zur Liebe», wie gewinnt man eine Hoffnung auf Zukunft gegen das Hasten im Augenblick? Klarer als CAMUS es hier in «Die Pest» tut, läßt sich das Lebenskonzept des sisypheischen Menschen nicht in Frage stellen. Denn *dessen* Dasein geht wesentlich

60 A. a. O., 144.
61 A. a. O., 145.
62 A. a. O., 73.
63 A. a. O., 71.
64 A. a. O., 105.
65 A. a. O., 104.

dahin als das eines «Darstellers des Vergänglichen»[66], nach Art eines Schauspielers, in der Weise eines Komödianten des Quantitativen, des Auftritts. Es wundert nicht, wenn CAMUS im «Mythos von Sisyphos» sein Verständnis einer absurden Existenz, in gewissem Sinne noch ungefiltert und unverantwortet, gerade an dem Beispiel einer solch ständigen quantitativen «Wiederholung in der Liebe», an der Gestalt Don Juans, darzustellen sucht, den er, jenseits aller ethischen Regeln, von dem Vorwurf eines Mangels an Liebe im Vorlauf bereits freizusprechen sucht, indem er ihn buchstäblich als einen Suchenden nach einer maximalen Vielzahl intensiver Erfahrungen portraitiert: «... weil er (sc. Don Juan, d.V.) alle (sc. Frauen, d.V.) gleich stürmisch und jedesmal mit Einsatz seiner ganzen Person liebt, muß er diese Gabe und die Vertiefung (sc. der Liebesbeziehung immer neu mit immer anderen, d.V.) wiederholen. Daher hofft jede ihm zu geben, was ihm bis dahin keine gegeben hat. Sie alle täuschen sich jedesmal völlig, und es gelingt ihnen nur, ihn die Notwendigkeit dieser Wiederholung empfinden zu lassen. ‹Endlich›, ruft eine, ‹habe ich dir die Liebe geschenkt!› Ist es verwunderlich, wenn Don Juan darüber lacht: ‹Endlich? Nein, nur einmal mehr!› Warum sollte man selten lieben, um stark zu lieben?»[67] «Was Don Juan in Tätigkeit versetzt, ist eine Ethik der Quantität – im Gegensatz zum Heiligen, der zur Qualität neigt. An den tiefen Sinn der Dinge nicht glauben – das ist die Eigentümlichkeit des absurden Menschen.»[68] «Ewige Liebe ist stets widerspruchsvoll ... der absurde Mensch vervielfacht auch hier, was er nicht vereinfachen kann.»[69]

Allerdings: Er vervielfacht damit virtuell zugleich sein eigenes Leben, indem er, gleich einem Schauspieler, sich in vielen Beziehungen und in ebenso vielen Rollen darzustellen versucht, um sich selber kennenzulernen. Ein Scheusal wie Jago in SHAKESPEARES «Othello» zum Beispiel muß man spielen, um es ganz zu verstehen[70]; man darf es nicht von der Loge aus als

66 ALBERT CAMUS: Der Mythos von Sisyphos, 69.
67 A. a. O., 61.
68 A. a. O., 63.
69 A. a. O., 64.
70 A. a. O., 70; vgl. WILLIAM SHAKESPEARE: Othello, 1. Akt, 1. Szene, S. 831:
               Dann gibt es andre,
      Die, ausstaffiert mit Blick und Form der Demut,
      Ein Herz bewahren, das nur sich bedenkt:
      Die nur Scheindienste liefern ihren Obern,
      Durch sie gedeihn und, wann ihr Pelz gefüttert,
      Sich selbst Gebieter sind.
      ...
            Ich bin nicht, was ich bin!

Theaterfigur betrachten, um sich moralisch aus der Distanz darüber erheben zu können; man muß die Seiten in sich selber entdecken, die «Jago» sind. Diese Quantifizierung der Erfahrungsvielfalt in der Zeit – das ist für CAMUS' *Sisyphos* die Existenzform des Absurden: «sich selbst der Ewigkeit vorziehen oder sich in Gott versenken – in dieser Tragödie unseres Jahrhunderts müssen wir uns behaupten.»[71] Für CAMUS steht es fest: «Diese absurde und gottlose Welt bevölkert sich jetzt mit Menschen, die klar denken und nicht mehr hoffen.»[72] Der Atheismus wird immer attraktiver werden.

Mit dieser Prognose – schon rein statistisch betrachtet – dürfte CAMUS ersichtlich recht behalten haben. Doch hat er damit auch recht schon in der Sache? Die Frage ist nicht, ob er den *Sisyphos*-Mythos historisch korrekt ausgelegt hat – an Altphilologie lag ihm am allerwenigsten –, «Mythen sind dazu da, von der Phantasie belebt zu werden,» notierte er[73]; doch kann man mit *Sisyphos*, dem Getriebenen, den Gedanken der Freiheit verbinden, mit diesem Eskapisten des Todes die Haltung der Entschlossenheit zu klarsichtigem Leben, mit diesem Verdammten des Kreislaufs die Erfahrung einer Sättigung in steter Wiederkehr? «Dieser Mythos (sc. von *Sisyphos*, d.V.) ist tragisch», erklärte CAMUS, «weil sein Held bewußt ist... Heutzutage arbeitet der Werktätige sein Leben lang unter gleichen Bedingungen, und sein Schicksal ist genauso absurd. Tragisch ist es aber nur in den wenigen Augenblicken, in denen der Arbeiter bewußt wird. Sisyphos, der ohnmächtige und rebellische Prolet der Götter, kennt das ganze Ausmaß seiner unseligen Lage... Das Wissen, das seine eigentliche Qual bewirken sollte, vollendet gleichzeitig seinen Sieg. Es gibt kein Schicksal, das durch Verachtung nicht überwunden werden kann.»[74] «Der absurde Mensch sagt Ja, und seine Mühsal hat kein Ende mehr. Wenn es ein persönliches Geschick gibt, dann gibt es kein übergeordnetes Schicksal oder zumindest nur eines, das er unheilvoll und verächtlich findet. Darüber hinaus weiß er sich als Herr seiner Zeit. Gerade in diesem Augenblick, in dem der Mensch sich wieder seinem Leben zuwendet (ein *Sisyphos*, der zu seinem Stein zurückkehrt), bei dieser leichten Drehung betrachtet er die Reihe unzusammenhängender Taten, die sein Schicksal werden, seine ureigene Schöpfung, die in seiner Erinnerung geeint ist und durch den Tod alsbald besiegelt wird. Überzeugt von dem rein menschlichen Ursprung alles Menschlichen, ist er

---

71 ALBERT CAMUS: Der Mythos von Sisyphos, 71.
72 A. a. O., 78.
73 A. a. O., 99.
74 A. a. O., 99.

also immer unterwegs – ein Blinder, der sehen möchte und weiß, daß die Nacht kein Ende hat. Der Stein rollt wieder.»[75]

Doch gerade so, erklärt CAMUS, «lehrt *Sisyphos* uns die größere Treue, die die Götter leugnet und die Steine wälzt. Auch er findet, daß alles gut ist. Dieses Universum, das nun keinen Herrn mehr kennt, kommt ihm weder unfruchtbar noch wertlos vor. Jedes Gran dieses Steins, jeder Splitter dieses durchnächtigten Berges bedeutet allein für ihn eine ganze Welt. Der Kampf gegen Gipfel vermag ein Menschenherz auszufüllen.»[76] Und dann jener alles beschließende Satz: «Wir müssen uns *Sisyphos* als einen glücklichen Menschen vorstellen.»[77] Genau darum geht es jetzt: Ob der Mythos vom Menschsein in der Moderne unter der Chiffre des *Sisyphos* den Mythos der Griechen von dem in der Unterwelt zu ewigem Kreislauf Verdammten glaubhaft umzuprägen vermag, indem die entschiedene Verachtung des Schicksals eine eigene Freiheit zurückgibt.

Eines wird dem Leser auch heute noch genauso kritisch aufstoßen wie den Zeitgenossen vor mehr als einem halben Jahrhundert bereits: Soll der Ausgebeutete am Arbeitsplatz, soll der im kapitalistischen Wirtschaftsprozeß Entfremdete, soll der zur Fronarbeit Verurteilte, wenn er seiner Lage bewußt wird, durch bloße Vergleichgültigung der Umstände, wie es eben noch hieß, seine Unabhängigkeit wiederfinden können und gegen die Zwänge des Systems zu behaupten vermögen? Lassen sich objektiv bestehende Formen gesellschaftlicher Ungleichheit und Ungerechtigkeit überhaupt als bloße Phänomene des subjektiven Bewußtseins abhandeln? – Die Skepsis regt sich, es könnte, so verwendet, der Begriff des Absurden gerade nicht dazu dienen, klarer zu sehen, sondern dazu, die Härte des Widerstands in den Nebeln des Tartaros unsichtbar zu machen; dann freilich wäre CAMUS' *Sisyphos* ein Blinder, der durchaus nicht sehen will, und gerade kein Realist, der sich der Wirklichkeit stellt, ohne ihr auszuweichen; er wäre ein bloßer Akrobat des Bewußtseins, der die Wahrnehmung der Wirklichkeit so gestaltet, wie er sie braucht, um sich in ihr und an sie nicht zu verlieren; das, in der Tat, hätte etwas mit den Tricks jenes Erzgauners *Sisyphos* gemein. Doch trifft es dann etwa nicht zu, was Kritiker CAMUS damals schon vorwarfen, er verlege die Widersprüche in Gesellschaft und Wirtschaft projektiv in die Natur? Er naturalisiere und verendgültige damit das Soziale, um sich das Recht zu nehmen, auf der politischen Ebene in der Wirklichkeit es nicht bekämpfen zu müssen? Ein Tod durch Krankheit

75 A. a. O., 101.
76 A. a. O., 101.
77 A. a. O., 101.

ist etwas anderes als die Ermordung eines Menschen im Gefängnis eines totalitären Staates, und Krieg ist kein Naturereignis.

Es ist nicht, als hätte nicht gerade CAMUS diesen Unterschied zwischen Natur und Geschichte überaus klar gesehen und selber mit allem Nachdruck betont; im Gegenteil, in seinem zweiten philosophischen Hauptwerk aus dem Jahre 1951 «Der Mensch in der Revolte» entwickelte er die Erfahrung des Absurden zu einem entschiedenen Veto gegenüber dem Staatsterror der STALINistischen Diktatur weiter[78] und ebenso zu einer nachdenklich vermittelnden Einrede gegenüber dem Terror der FLN in seinem eigenen Herkunftsland Algerien[79]; oder, nicht zuletzt, gegenüber der Folterpraxis des französischen Militärs im Anti-Terror-Kampf als einem probaten Mittel, den Rädelsführern der Guerilla auf die Spur zu kommen: Widerlegte sie nicht Zug um Zug die Menschlichkeit, in deren Namen sie verübt wurde? Die Revolte gegen das Absurde werde verraten, argumentierte CAMUS, wenn man aus ihr das Recht zur Revolution oder zur Repression ableite[80]. Denn zweifellos, die «blutige Mathematik» über unseren Köpfen hört auf, absurd zu sein, wenn man sie zur Durchsetzung des «Fortschritts» der Geschichte: zur Befreiung der Völker vom Kolonialismus oder zur Befreiung der Lohnsklaven vom Kapitalismus oder zur Beibehaltung etablierter Herrschaftsformen, instrumentalisiert und obendrein mit den Künsten HEGELianisch-MARXistischer Denkmuster rechtfertigt. Das aber ist gerade unsere Situation: «die Sklavenpferche unter dem Banner der Freiheit, die Massenmorde, gerechtfertigt durch Menschenliebe oder den Hang zum Übermenschlichen stürzen ... das Urteil um. – Am Tage, an dem das Verbrechen sich mit den Hüllen der Unschuld schmückt, wird – durch eine seltsame, unserer Zeit eigentümliche Verdrehung – von der Unschuld verlangt sich zu rechtfertigen ... – Es geht darum zu wissen, ob die Unschuld, sobald sie zu handeln beginnt, sich vom Töten nicht abhalten kann ... Wir wissen nichts, solange wir nicht wissen, ob wir das Recht haben, den ande-

---

78 ALBERT CAMUS: Der Mensch in der Revolte, 306: «Die nihilistische Leidenschaft, die die Lüge und die Ungerechtigkeit vermehrt, vernichtet in ihrer Wut ihre alte Forderung (sc. nach Wahrheit und Gerechtigkeit, d.V.) ... Von Sinnen durch das Gefühl, daß die Welt todgeweiht ist, tötet sie. Die Konsequenz der Revolte spricht im Gegenteil dem Mord die Rechtfertigung ab, da sie prinzipiell Protest gegen den Tod ist.» Vgl. DERS: Weder Opfer noch Henker, 30–37: Die getarnte Revolution: «Einerseits ist die Machtergreifung durch Gewalt eine romantische Idee, die angesichts des Rüstungsfortschritts illusorisch geworden ist. Das repressive System einer Regierung besitzt die ganze Stärke der Tanks und der Flugzeuge. Man würde also Tanks und Flugzeuge brauchen, allein um diese Stärke auszugleichen. 1789 und 1917 sind noch Daten, aber keine Vorbilder mehr.»
79 ALBERT CAMUS: Fragen der Zeit, 184–230: Algerien.
80 A. a. O., 241–248: Der Sozialismus der Galgen.

ren vor uns zu töten oder zuzustimmen, daß er getötet werde. Da jede Handlung heute direkt oder indirekt in einen Mord einmündet, können wir nicht handeln, bevor wir nicht wissen, ob und warum wir töten sollen.»[81]

Zu Recht protestierte CAMUS in diesem Sinne leidenschaftlich gegen die Todesstrafe und damit gegen den «Terror der Vernunft», wie er sich aus den Tagen der französischen Revolution von 1789 bis hin zu den monströsen Schlachtfeldern des 20. Jhs. (und den außergerichtlichen Massentötungen im 21. Jh.) erhalten hat. Der Widerspruch gegen den Tod bedeutete für CAMUS die Essenz der absurden Existenz, den Erfahrungskern verbliebener Menschlichkeit. Bis zu diesem Punkt wird man dem «Menschen in der Revolte» nur zustimmen können. Doch ist er damit auch *Sisyphos* und hält er als «Sisyphos» durch?

Genau hier beginnen all die Fragen von neuem, die CAMUS mit dem Willen zum «Klarsehen» meinte beantwortet zu haben. Richtig: «In der Zeit des Neinsagens konnte es nützlich sein, das Problem des Selbstmordes (sc. wie im «Mythos von Sisyphos», d.V.) zu erörtern. In der Zeit der Ideologien muß man sich mit dem Mord auseinandersetzen.»[82] Doch woher dann der Mut zu sagen: «Die Nihilisten sitzen heute auf dem Thron. Die Gedanken, die vorgeben, unsere Welt im Namen der Revolution zu leiten, sind in Wirklichkeit eine Ideologie der Zustimmung, nicht der Auflehnung geworden. Darum ist unsere Zeit die der privaten und öffentlichen Vernichtungstechnik.»[83] Die Zuversicht einer solchen Aussage bezieht ihre Kraft allein aus der Tatsache, daß CAMUS scheinbar *weniger* «glaubt» als die geistigen Handlanger des STALINschen Gulag oder des Volkskriegs, wie JEAN PAUL SARTRE ihn in Vietnam, in Algerien, in Kenia, allerorten bei den «Verdammten dieser Erde» im Gange sah[84]. Sie alle kämpften für ihre Würde, für ihre Menschenrechte, für ihre Unabhängigkeit, doch sie verrieten, meinte CAMUS, ihre Menschlichkeit durch den Einsatz unmenschlicher Mittel, durch Taten, die man mit strategischen Zielsetzungen als unerläß-

81 ALBERT CAMUS: Der Mensch in der Revolte, 8.
82 A. a. O., 8.
83 A. a. O., 265.
84 Vgl. JEAN PAUL SARTRE: Kolonialismus und Neokolonialismus, 61–79: «Die Verdammten dieser Erde» – Vorwort zu FRANTZ FANON: Die Verdammten dieser Erde, 1961; S. 69: «In diesem neuen Moment (sc. der antikolonialistischen Revolution, d.V.) wird die koloniale Aggression bei den Kolonisierten als Terror verinnerlicht.» S. 72: «Keine Sanftmut kann die Auswirkungen der Gewalt auslöschen, nur die Gewalt kann sie tilgen. Und der Kolonisierte heilt sich von der kolonialen Neurose, indem er den Kolonialherrn mit Waffengewalt davonjagt ... Sobald dieser Krieg ausbricht, ist er erbarmungslos.» Töten als Psychotherapie zur Selbstbefreiung ...?

lich und unvermeidbar deklarieren mag, die aber gleichwohl bleiben, was sie sind: unentschuldbare Verbrechen.

Bei solchen Worten wird deutlich, daß die Definition des Absurden bei CAMUS eine absolute Evidenz des Menschlichen in sich schließt; und so ist es die entscheidende Frage: Woher stammt diese Evidenz? «Camus, warum kann man Ihnen nicht widersprechen, ohne der Menschheit zu widersprechen?» schnaubte SARTRE verärgert[85]. Der polemische Ton seines Vorwurfs stehe dahin; doch die Problemstellung gilt: woher die Gewißheit? Offen muß man gestehen: Sie findet rational keine Begründung! Ist sie am Ende womöglich selbst eine Ideologie, nur restaurativ, statt revolutionär? – An dieser Stelle gerät das gesamte Konzept von der Existenz des absurden Menschen ins Wanken: Die unverzichtbare Gewißheit des Haltepunktes des Absurden – die Behauptung der Menschlichkeit im Widerspruch zu den Zynismen von Natur und Geschichte – droht zu entgleiten.

7) Die Doppelbewegung der Unendlichkeit oder: Die KIERKEGAARD'sche Lösung für Sisyphos

An diesem entscheidenden Punkt seiner gesamten philosophisch-weltanschaulichen Einstellung des dezidierten Atheismus wird CAMUS augenscheinlich von einem Vorurteil eingeholt, das vor allem seine Auseinandersetzung mit SÖREN KIERKEGAARD bestimmt hat. Es ist nicht anders denkbar, als daß er die Hauptkritik des dänischen Religionsphilosophen an einem Daseinsentwurf wie dem seinen sehr wohl gekannt hat: die Quantifizierung von Erfahrungen anstelle der Orientierung an vorgegebenen Werten, die Auflösung der Kohärenz von Pflicht und Verantwortung in eine Addition wechselnder Rollenspiele und probeweiser Beziehungen, die Intensivierung

---

85 JEAN PAUL SARTRE: Antwort an Albert Camus, in: Porträts und Perspektiven, 89: «um ihr Gewissen rein zu erhalten, sind Sie (sc. CAMUS, d.V.) gezwungen zu verdammen; Sie brauchen einen Schuldigen; sind Sie es nicht selbst, ist es die Welt. Sie fällen Ihre Richtersprüche, und die Welt hält still; aber Ihre Verdammungsurteile werden hinfällig, sobald sie irgendwo auftreffen, und Sie müssen ständig von neuem beginnen: hielten Sie inne, so würden Sie sich selbst erblicken; Sie sind, Sisyphos, zum Verdammen verdammt.» S. 99: «Wenn ich dächte, die Geschichte sei ein Schwimmbecken voll Dreck und Blut, dann würde ich wahrscheinlich genauso handeln wie Sie und es mir lieber zweimal überlegen, ehe ich hineinspringen würde. Nehmen wir aber einmal an, ich sei schon drin ... die Geschichte ist, losgelöst vom Menschen, der sie macht, nur ein abstrakter, lebloser Begriff, von dem man weder sagen kann, er habe einen Sinn, noch habe er keinen.» S. 91: «Sie bleiben im Rahmen unserer großen klassischen Tradition, die seit Descartes und mit Ausnahme Pascals durchweg geschichtsfeindlich ist.»

Tafel 1a: *Gaia überreicht Kronos anstelle des Zeus einen Stein* (vgl. S. 26)

Tafel 1b: *Gigantenschlacht, Detail am Fries des Pergamon-Altares:*
Athene bezwingt Alkyoneus (vgl. S. 32–33; 252)

Tafel 2a: *Zeus bekämpft Porphyrion* (vgl. S. 34)

Tafel 2b: *Dione (rechts) und Aphrodite (links) im Kampf gegen die Giganten* (vgl. S. 34–35)

Tafel 3a:
Giganten-
schlacht:
Schatzhaus der
Siphnier: Apoll
und Artemis
bekämpfen
Kantharos
(vgl. S. 35)

Tafel 3b: *Gigantenschlacht: Kybele,*
begleitet von Herakles, greift im
Löwenwagen an (vgl. S. 35)

Tafel 3c: *Der Löwe Kybeles fällt einen*
Giganten an (vgl. S. 36)

Tafel 4a: *Hera tötet einen am Boden liegenden Giganten, Athene mit Schild und Lanze hinter ihr* (vgl. S. 36)

Tafel 4b: *Hera im Kampf, Detail* (vgl. S. 36)

Tafel 16: TIZIAN: *Danae*, 1553/54 (vgl. S. 260–261)

Tafel 15a: TIZIAN: *Danae*, 1544–1546 (vgl. S. 259)

Tafel 15b: ANTONIO CORREGIO: *Danae*, 1531/32 (vgl. S. 260)

Tafel 14: *Ixions Fesselung durch Hermes auf Befehl Heras;*
Haus der Vettier in Pompeji (vgl. S. 250–252)

Tafel 13: ARTHUR HACKER: *Die Wolke*, 1901 (vgl. S. 232–233)

Tafel 12: *Der Raub der Persephone durch Hades;*
apulischer Kratēr, um 355 v. Chr. (vgl. S. 211)

Tafel 11a: *Tophet-Stele in Karthago; Bardo-Museum in Tunis* (vgl. S. 187)

Tafel 11b: PETER PAUL RUBENS: *Saturn (Kronos) frißt sein eigenes Kind*, 1636–1638 (vgl. S. 190)

Tafel 10a: *Münchner Unterwelt-Kratēr, um 325 v. Chr.* (vgl. S. 171; 228)

Tafel 10b: *Tantalos in der Unterwelt, Detail* (vgl. S. 176; 185)

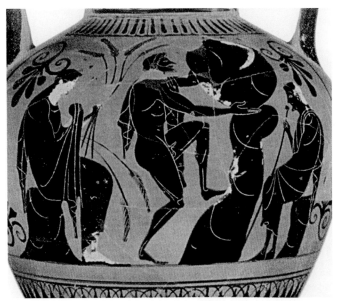

Tafel 9a: *Sisyphos in der Unterwelt;*
attische Grabamphore, um 500 v. Chr. (vgl. S. 147)

Tafel 9b: *Sisyphos, von einer Erinye getrieben;*
Münchner Unterwelt-Kratēr (vgl. S. 147–148)

Tafel 8a: MAX KLINGER: *Entführung des Prometheus*, 1894 (vgl. S. 102)

Tafel 8b: *Die Befreiung des Prometheus durch Herakles; apulischer Mischkrug, 4. Jh. v. Chr.* (vgl. S. 104)

Tafel 8c: *Die Befreiung des Prometheus, Detail* (vgl. S. 104)

Tafel 7: ANTONIO
COREGGIO: *Zeus
naht sich Io als
Wolke,* um 1530
(vgl. S. 90; S. 232)

6a: siehe Seite 434

Tafel 6b: *Erschaffung der Pandora durch Hephaistos und Athene* (vgl. S. 59)

Tafel 6c: *Prometheus wird von dem Adler gepeinigt, Atlas trägt das Himmelsgewölbe; schwarzfigurige Kylix aus Sparta* (vgl. S. 80)

Tafel 5a: *Gigantenschlacht: Zeus verläßt den Olymp;*
Trinkschale des Brygos-Malers, um 490 v. Chr. (vgl. S. 37)

Tafel 5b: *Hephaistos (links) und Poseidon (rechts) im Kampf gegen die*
Giganten (vgl. S. 37 f.)

von Augenblickserlebnissen, deren Konsequenzen inmitten des Zufallsregiments der Welt sich nach Belieben übergehen lassen, – all das trägt für KIERKEGAARD das Siegel einer durch und durch *ästhetischen* Lebensform an sich, wie er sie in «Entweder-Oder» im «Tagebuch eines Verführers» ausführlich geschildert hat[86]. Es bestehe, meinte er, ein unaufhebbarer Gegensatz zwischen dem Ästhetischen und dem Ethischen: «Auf dem Gebiet ... der Naturbestimmtheit, auf dem Gebiet der Ästhetik gilt es: zu können. Auf dem Gebiet des Ethischen: zu sollen. Deshalb verhält das Ethische sich zum Allgemeinmenschlichen, während das Ästhetische sich zur Differenz zwischen Mensch und Mensch verhält ... In bezug auf das Ethische gibt es deshalb keine Bedingungen, es ist das unbedingte Sollen ... Das Ästhetische setzt Bedingungen voraus und ist nur unbedingt, wo die Bedingung unbedingt ist, während das Ethische dadurch unbedingt ist, daß es hier keine Bedingung gibt.»[87]

Was seine eigene Lebenseinstellung angeht, so hätte CAMUS im «Sisyphos» der KIERKEGAARDschen Einordnung in das «Ästhetische» vermutlich durchaus zugestimmt, allerdings verwahrte er sich entschieden dagegen, diese seine Haltung als «Verzweiflung» zu bestimmen, oder vielmehr: Er stimmte ihr zu, indem er sie als eine unausweichliche Gegebenheit akzeptierte: «Ich will wissen», schrieb er, «ob ich mit dem, was ich weiß, und nur damit leben kann ... wenn ich die Grenzen der Vernunft anerkenne, so leugne ich deshalb nicht die Vernunft selber, sondern erkenne ihre relative Macht an. Ich will mich nur auf dem Mittelweg halten, auf dem der Verstand klar bleiben kann. Wenn das sein Stolz ist, dann sehe ich keinen hinreichenden Grund dafür, auf ihn zu verzichten. Beispielsweise gibt es nichts Tieferes als KIERKEGAARDs Ansicht, daß die Verzweiflung keine Tatsache, sondern ein Zustand sei: der Zustand der Sünde. Denn die Sünde entfernt von Gott. Das Absurde, der metaphysische Zustand des bewußten Menschen, führt nicht zu Gott ... Das Absurde ist die Sünde ohne Gott. – Es geht darum, in diesem Zustande des Absurden zu leben ... Das Wahre suchen heißt nicht: das Wünschenswerte suchen. Wenn man sich, um der angstvollen Frage: ‹Was wäre dann das Leben?› zu entgehen, wie der Esel

86 SÖREN KIERKEGAARD: Entweder – Oder, 1. Teil VIII, S. 351–521: Tagebuch des Verführers; S. 348–349 heißt es vorbereitend: «Man macht etwas Zufälliges zum Absoluten und als solches zum Gegenstand absoluter Bewunderung. Das wirkt besonders ausgezeichnet, wenn die Gemüter in Bewegung sind. Bei vielen Menschen stellt diese Methode ein vorzügliches Reizmittel dar. Man betrachtet alles im Leben als eine Wette usw. Je konsequenter man seine Willkür festzuhalten weiß, um so unterhaltsamer werden die Kombinationen.» «Mit der Willkür in einem selbst korrespondiert der Zufall draußen.»
87 SÖREN KIERKEGAARD: Tagebücher, III 239–240.

von den Rosen der Illusionen nähren muß, dann wird der absurde Geist, statt in der Lüge zu resignieren, sich lieber ohne Zagen KIERKEGAARDs Antwort zu eigen machen: ‹die Verzweiflung›. Wenn man alles recht betrachtet, wird eine entschlossene Seele stets damit fertig werden.»[88]

Noch einmal: Wie sollte man nicht eine «entschlossene Seele» bewundern, die illusionslos bei dem bleibt, was sie wissen kann, und die lieber die «Verzweiflung» oder das «Glück» des Absurden wählt, als mit Hilfe eines philosophischen Selbstmords, eines geistigen Salto mortale sich eines unerkennbaren und unbeweisbaren Jenseits zu getrösten? Aber nun: es hieße wirklich, im rein Ästhetischen verharren zu wollen, wenn man es nur bei der Frage beließe, wie man im Absurden sich vorkommt: unangenehm oder angenehm? Was CAMUS partout nicht sehen wollte, macht den eigentlichen Inhalt der KIERKEGAARDschen Kritik aus: Es ist nicht möglich, einen unbedingten Widerspruch gegen die Bedingtheiten der Welt ebenso wie der menschlichen Geschichte einzulegen, aus dem das Absurde hervortritt, ohne selbst einen Standpunkt des Unbedingten einzunehmen; gerade dieser aber geht in einer nur «ästhetischen» Existenzform unabwendbar verloren. Der Vorwurf, daß er, CAMUS, durchaus apodiktisch, nach moralischen Maßstäben die menschliche Geschichte bemesse, um ihre unmenschliche Absurdität, ihre Irrationalität, ihre Illegitimität darzutun, ist solange nicht zu widerlegen, als es keine logische Rechtfertigung dafür gibt, etwas Absolutes inmitten einer relativen Welt zu behaupten. So sehr man CAMUS zustimmen möchte, wenn er rebelliert gegen jegliche Form von Lüge und Gewalt, so sehr fehlt ihm der Grund für den metaphysischen Protest, dem das Absurde entsteigt. Für jemanden, der nur bei dem bleiben will, was er sieht und weiß, ist es schwer, ja, unmöglich, eben jener Welt zu widersprechen, wie man sie sieht und weiß; damit der Mensch mehr ist und anders ist als die Welt, die er vorfindet, bedarf er unbedingt einer Transzendenz, die seiner Menschlichkeit Halt gibt und Stütze ist.

Genau diesen Schluß, den KIERKEGAARD zum Dreh- und Angelpunkt seiner existentiellen Bewußtseinsanalyse erhob, meinte CAMUS als Flucht vor der Absurdität des Daseins ins Unbeweisbare und Illusionäre ablehnen zu müssen. In dieser Einschätzung könnte man ihm folgen, wenn KIERKEGAARD unter «Glauben» tatsächlich das verstanden hätte, was er selber in «Furcht und Zittern» als das Rittertum «der unendlichen Resignation» bezeichnet hat[89]: «In der unendlichen Resignation», schrieb er, «liegt Friede und Ruhe; jeder Mensch ... kann sich dazu erziehen, diese Bewegung zu

88 ALBERT CAMUS: Der Mythos von Sisyphos, 38–39.
89 SÖREN KIERKEGAARD: Furcht und Zittern, 34.

machen, die in ihrem Schmerz mit dem Dasein versöhnt. Die unendliche Resignation ist jenes Hemd, von welchem in einer alten Volkssage erzählt wird. Der Faden wird unter Tränen gesponnen, mit Tränen gebleicht, das Hemd in Tränen genäht, aber dann schützt es auch besser als Stahl und Eisen.»[90] Es gibt keine Hoffnung mehr in der irdischen Welt, also auch keine Enttäuschung, – bis dahin trifft sich die unendliche Resignation des romantischen Ritters aufs Haar mit der Einstellung des absurden Menschen bei CAMUS, nur daß letzterer in den Begrenzungen stehen bleibt, während jener ins Unendliche ausfährt. Doch gerade das ist es nicht, was KIERKE-GAARD unter «Glauben» begreift; «die Bewegung des Glaubens», betont er, «muß beständig kraft des Absurden vollzogen werden, doch wohlbemerkt so, daß man die Endlichkeit nicht verliert, sondern sie ganz und gar gewinnt.»[91] So ging es in dem Glauben Abrahams nicht darum, «daß er einmal im Jenseits selig werden wollte, sondern daß er hier in dieser Welt glückselig werden sollte.»[92] Abraham vollzog in der Betrachtung KIERKE-GAARDS eine «Doppelbewegung» des Unendlichen: als erstes die Bewegung der unendlichen Resignation, die als «das letzte Stadium ... dem Glauben vorausgeht, derart, daß keiner, der diese Bewegung nicht vollzogen hat, den Glauben hat; denn erst in der unendlichen Resignation werde ich mir selbst klar in meiner ewigen Gültigkeit, und erst dann kann die Rede davon sein, mit der Kraft des Glaubens das Dasein zu ergreifen.»[93] In einer zweiten Bewegung aber gewinnt der «Ritter des Glaubens» «kraft des Absurden gerade dieselbe Endlichkeit», die er soeben verlassen hat, wieder zurück[94], und darin eigentlich liegt für KIERKEGAARD die ganze Schwierigkeit und Paradoxität des Glaubens, so groß, daß er gesteht, ihr persönlich nicht nachkommen zu können: «Was mich betrifft», erklärt er, «so kann ich wohl die Bewegungen des Glaubens beschreiben, aber ich kann sie nicht vollziehen. Wenn man lernen will, Schwimmbewegungen zu machen, dann kann man sich im Schwimmgürtel unter die Decke hängen lassen, man beschreibt wohl die Bewegungen, aber man schwimmt nicht; so kann ich die Bewegungen des Glaubens beschreiben, aber wenn ich ins Wasser ge-worfen werde, dann schwimme ich wohl (denn ich gehöre nicht zu den Watenden), aber ich mache andere Bewegungen, ich mache die Bewegun-gen der Unendlichkeit, während der Glaube das Entgegensetzte tut, er

90 A. a. O., 41.
91 A. a. O., 33.
92 A. a. O., 32.
93 A. a. O., 42.
94 A. a. O., 32.

macht, nachdem er die Bewegungen der Unendlichkeit vollzogen hat, die der Endlichkeit.»[95]

Das «Absurde» ist für KIERKEGAARD mithin nicht in der «Welt» selbst gelegen, wie für CAMUS, sondern in der Rückwendung des Glaubenden zurück aus dem Unendlichen ins Endliche; für einen solchen Schritt gibt es keine rationale Begründung, nichts im Endlichen Anziehendes, nichts als Glück zu Kalkulierendes, doch dafür liegt etwas durchaus Versöhnendes darin, etwas von außen gar ans Spießertum Gemahnendes, das hilft, die Welt trotz allem anzunehmen, wie sie ist. Als Schöpfung Gottes ist die Welt «ganz gut». Wenn *das* als Resultat des «Glaubens» aufscheint, kann man tatsächlich verstehen, warum CAMUS lieber den Widerspruch einer absurden Existenz als diese Art von Tröstung und von Einverständnis wählen mochte; doch man versteht zugleich auch nur zu gut, warum sich SÖREN KIERKEGAARD in eine solche Lebensform, wie er sie *Abraham* zuschrieb, durchaus nicht zu schicken wußte, – auch er war ganz und gar ein Geist der Rebellion und deshalb schon ein Mann, der sicher nicht dem Bild des Patriarchen Israels mit seiner Glückssuche im Irdischen entsprechen mochte. Auf keinen Fall darf man vergessen, daß KIERKEGAARD in «Furcht und Zittern» den «Glauben» nicht schon in seinem eigentlichen «christlich» ausgeformten Sinne zu erläutern trachtete, sondern darin nur erst ein Stadium auf dem Lebenswege in Richtung eines solchen Glaubens hat beschreiben wollen; das Christliche – niemand hat diese Wahrheit so wie er betont! – ist gar nicht anders denkbar denn als radikaler Widerspruch zur «Welt»; nicht *Abraham*, einzig der Mann aus Nazaret, der Christus, der Gekreuzigte und Auferstandene, ist für ihn Vorbild letzter Gültigkeit, und erst durch ihn entdeckt sich in der Tat die völlige Unhaltbarkeit der sogenannten Wirklichkeit. Die Kraft zum Widerspruch gegen die Inhumanität all dessen, was die Gesetze der Natur oder die Verfügungen der uns Regierenden als real vorweg definieren, findet überhaupt jetzt erst ihr verbindliches und tragfähiges Fundament.

Um es so zu sagen: Damit CAMUS' absurde Existenzbeschreibung mehr ist als die nur subjektive Anmutung eines an sich recht lebenslustigen und menschenfreundlichen Gemüts inmitten einer leiderfüllten, menschenfeindlich eingerichteten Umgebung, damit sie wirklich das ist, was zu sein sie vorgibt: die gültige Darstellung der *condition humaine* inmitten dieser Welt, muß man in absolutem Sinn an Liebe glauben gegen die Lieblosigkeit in Natur und Geschichte, muß man in absolutem Sinn an Wahrheit glauben

---

95 A. a. O., 33–34.

entgegen all den Tricks und Lügen, mit denen sich die Lebensregeln eines *Sisyphos* zumindest eine Weile lang als irgendwie erfolgreich zeigen, muß man an Menschlichkeit in absolutem Sinne glauben im Widerspruch zu der «natürlichen» oder politisch und sozial organisierten Inhumanität in den Strukturen dieser Welt, und solch ein absoluter Glaube ließe sich nur auf zwei Weisen als vernünftig dartun: moralisch oder religiös. Eine moralische Begründung im Absoluten erforderte den Rückgriff auf eine metaphysische Anthropologie, – eine Wesensbeschreibung des Menschen, aus welcher die entsprechenden ethischen Verhaltensregeln *a priori* sich ableiten ließen; CAMUS glaubte zu Recht (!) nicht an eine solche Rückkehr in mittelalterliche Denkmuster, und an einer Moral mit starren Werten festzuhalten, untersagte er sich kategorisch – ebenfalls zu Recht. Dann aber bleibt, um das zu sagen, was ALBERT CAMUS gesagt hat, nur der religiöse Weg: Um Liebe, Wahrheit, Menschlichkeit als absolute Maßstäbe des Lebens zu entdecken, vor allem: um die Absolutheit jeder einzelnen Person inmitten dieser anonymen, kybernetischen Maschinerie der Welt als letztverbindlich anzunehmen, bedarf es der Bewegung der Unendlichkeit: – weg aus dem Endlichen mit seinen notwendigen Widersprüchen und absurden Ambivalenzstrukturen zur Absolutheit der Person, die Gott ist, eindeutig und rein, doch nicht um diese Welt zu fliehen, im Gegenteil: um von Gott her in diese Welt, ohne je zu begreifen, wie sie seine Schöpfung sein kann, zurückzukehren mit dem Willen und der Festigkeit, ihr standzuhalten. Ohne diese «Doppelbewegung», die der Glaube ist, wäre nicht einmal die Sehnsucht nach dem Schönen, die CAMUS in dem wundervollen Essay «Helena im Exil»[96] beim Betrachten der Weite des Mittelmeers mit Blick aus den Suks

---

96 ALBERT CAMUS: Helenas Exil, in: Literarische Essays, 165–171, S. 168: «Die Geschichte erklärt weder das natürliche Universum vor ihr noch die Schönheit über ihr. Sie hat das Ignorieren gewählt. Wo Platon noch alles enthielt, den Widersinn, die Vernunft und den Mythos, besitzen unsere Philosophen nur noch den Widersinn oder die Vernunft, weil sie die Augen vor dem übrigen schließen. Der Maulwurf meditiert.» «Seit Gott tot ist, bleiben nur noch Geschichte und Macht. Schon seit langem geht das Bemühen unserer Philosophen dahin, die Kenntnis der menschlichen Natur durch diejenige der Verhältnisse zu ersetzen … Während die Griechen dam Willen die Grenzen der Vernunft setzten, haben wir den Aufschwung des Willens ins Herz der Vernunft gelegt, die dadurch verbrecherisch wurde. Für die Griechen bestanden alle Werte einer Tat schon von vornherein und setzten ihr genaue Grenzen. Die moderne Philosophie verlegt die Werte ans Ende einer Tat … Mit den Werten verschwinden die Grenzen.» S. 169: «Europa philosophiert nicht (sc. nach NIETZSCHE, d.V.) mit Hammerschlägen, sondern mit Kanonen. – Die Natur jedoch bleibt. Sie setzt dem Irrsinn der Menschen ihren ruhigen Himmel und ihren Sinn entgegen – bis auch das Atom Feuer fängt und die Geschichte im Triumph des Verstandes und im Untergang der Menschheit endet.» Doch das Jenseits der Geschichte, das CAMUS sucht, kann und darf nicht «die Natur» sein, – sie kennt, so wenig wie die Pest, irgendeine Antwort auf die

seiner Heimatstadt Algier beschrieb, wirklich verständlich, – für Biologen und Verhaltensforscher ist das Schöne – wie für ARTHUR SCHOPENHAUER – nichts weiter als ein Lockmittel zur sexuellen Anziehung.

An dieser Stelle also bietet sich überraschenderweise eine Synthese an zwischen CAMUS und KIERKEGAARD – und damit zugleich auch eine Hoffnung auf Erlösung gerade von dem Fluch des *Sisyphos*. Was KIERKEGAARD meinte – läßt sich, an CAMUS adressiert, nur noch einmal betonen –, ist nichts weniger als eine Flucht aus der Welt, es ist als erstes *jüdisch* eine Rückkehr des Glaubens in diese Welt und zum zweiten *christlich* der Protest des so Zurückgekehrten gegen diese Welt. Das Absurde, das CAMUS so sehr fühlte, – jetzt erst erhält es seine Begründung, seine Notwendigkeit, seine innere Konsequenz als Auftrag und Zeugnis der Wahrheit, jetzt erst gewinnt es seine Plausibilität, seine Vitalität, seine Lebbarkeit. Der Glaube an eine unbeweisbare jenseitige Wirklichkeit ist, wie man sieht, gerade nicht eine Form des Ausweichens, sondern umgekehrt: des unabweisbaren Eintretens, er ist der Anker eines in sich ruhenden Widerstands; nur er läßt wirklich klar sehen, macht er doch fähig, die unmenschliche Absurdität in den Strukturen von Welt und Geschichte als das Inakzeptable allererst zu entdecken. Bei rechter Lektüre fände CAMUS in KIERKEGAARD mithin nicht nur einen Geistesverwandten im Widerspruch, sondern einen gleichgesinnten Gefährten im Kampf; er selbst dann vermöchte herauszutreten aus dem Kreislauf einer verewigten Endlichkeit im Gegenüber des Todes – und mit ihm sein «Sisyphos». KIERKEGAARD seinerseits könnte, an der Seite CAMUS', das Dasein im Irdischen als ganzes, in Freude wie Leid, in Zustimmung wie Widerspruch, in ästhetischer Verzückung über das Schöne wie in moralischer Strenge über das Böse in einer Weise aufgreifen, die seiner eigenen Vorstellung von der Synthese der Existenz in Endlichkeit und Unendlichkeit wirklich entspricht, indem sie sich öffnet zu einer verstehenden Güte jenseits aller Gesetze – zur Gnade. Der Augenblick – er wäre nicht länger das flüchtige Moment einer weiteren Erfahrung in der Zirkularität des Absurden, er wäre, wie KIERKEGAARD ihn definierte, der Schnittpunkt von Zeitlichkeit und Ewigkeit, von Notwendigkeit und Möglichkeit, von Sollen und Können, von wirklicher Freiheit in verantworteter Menschlichkeit[97] im

Fragen der Menschen, und die «Ruhe» des Himmels ist nichts als ein täuschender Schein, der die ungeheure Dynamik der Astrophysik vor unseren Augen verbirgt. Es bedarf eines Jenseits der Geschichte *und* der Natur, um inmitten der Welt so etwas wie Menschlichkeit zu begründen.

97 SÖREN KIERKEGAARD: Der Augenblick, Nr. 1, 24.5.1855, S. 96: «Warum denn will ich im Augenblick wirken? Ich will es, weil ich ewig bereuen müßte, es unterlassen zu haben, und ewig bereuen, wenn ich mich dadurch abschrecken ließe, daß das jetzt lebende Ge-

Widerspruch zur Unmenschlichkeit des Bestehenden. Die Existenzphilosophie fände endlich zu ihrer Einheit – und *Sisyphos* zu der Möglichkeit eines Entrinnens aus dem Tartaros.

8) *Merope und Orpheus oder: Zwei Weisen von Hoffnung*

Zwei Episoden des griechischen *Sisyphos*-Mythos verweisen tatsächlich auf eine solche Aussicht, in der ein Entkommen aus dem ewigen Kreislauf mühsamer Vergeblichkeit vorstellbar ist.

Wie soll man antworten auf die Tatsache des Todes? Das war und ist das Kernproblem eines jeden *Sisyphos*. Flucht, Ausreden, Finessen, Aufschübe und das endlose «Weiter so» im Hamsterrad – das war sein Leben, das wurde sein Fluch. Doch lebte, wie berichtet, neben ihm die Pleiade *Merope*, die Tochter der Okeanide *Pleione* und des Titanen *Atlas*, auf Kyllene in Arkadien[98]. Noch sechs weitere Töchter hatten *Pleione* und *Atlas*, die man die «Hyaden» nennt; denn als ihr einziger Bruder *Hyas* von einem Eber (wie *Adonis*, wie *Meleagros*) oder von einem Löwen getötet wurde, verzehrten sie sich in Trauer so sehr, daß sie als ein Sternbild zwischen den Hörnern des Stieres in Gestalt eines y(psilon) an den Himmel versetzt wurden; die sieben «Pleiaden» hingegen, deren Namen HYGIN von griechisch *pleíōn* – mehr, größer, ableitet und deshalb als «Mehrzahl gegenüber den sechs Hyaden» deutet, kamen als eine Gruppe von Sternen dicht neben einander zu stehen, – auch eine Namensableitung von griechisch *plēsíos* – nahe, scheint daher dem lateinischen Mythenhandbuch aus dem 2. Jh. n. Chr. möglich[99]; das alles aber sind sprachliche (Fehl)Konstruktionen. Ansprechender jedenfalls ist die volksetymologische Ableitung von dem

schlecht eine wahre Darstellung dessen, was Christentum ist, wohl höchstens wird reizvoll und merkwürdig finden können, um alsdann ganz ruhig da zu bleiben, wo es ist, in der Einbildung, daß man Christ sei, und daß das spielerische Christentum der Pfarrer Christentum sei.»
98 APOLLODOR: I 85, in: Griechische Sagen, 21: «Sisyphos, des Aiolos Sohn, gründete Ephyra, das heutige Korinth, und vermählte sich dann mit Merope, der Tochter des Atlas.»
99 HYGIN, Nr. 192, A. a. O., 336–337. Zu den *Hyaden* und *Pleiaden* vgl. Langenscheidt. Großes Schulwörterbuch Lateinisch – Deutsch, 585: *Hyades*: «im Mythos die Töchter des Atlas und die Schwestern der Plejaden; aus sieben Sternen bestehendes Sternbild im Kopf des Stiers und in der Nachbarschaft des Orion; im Altertum als Regensterne bezeichnet, da ihr Untergang Mitte November die Regenzeit ankündigt.» S. 953: *Pleiades*: «die sieben Töchter des Atlas und der Pleione, die von Orion verfolgt und von Zeus als Siebengestirn an den Himmel versetzt wurden; Aufgang Anfang des Sommers und damit Beginn der Schifffahrt, Untergang Anfang des Winters und Ende der Schifffahrt.»

griechischen Wort *pleiádes* – die wilden Tauben, gleichen doch die dicht zusammengedrängten Sterne der Pleiaden irgendwie in der Tat einer Gruppe fliehender Vögel. Dieser Umstand wiederum wurde auch damit erklärt, daß der Jäger *Orion*, dessen Bild dicht neben ihnen am Himmel steht, die sieben Töchter des *Pleiones* nebst diesen selbst sieben Jahre lang mit seiner Leidenschaft verfolgt habe, bis daß *Zeus* sie allsamt an den Himmel entrückte[100]. Wie dem auch sei, von den sieben Pleiaden-Sternen leuchtet einer schwächer als die anderen, und das soll *Merope* sein; sie schäme sich, heißt es, daß sie sich mit einem nur Sterblichen, eben mit *Sisyphos*, vermählt habe, im Unterschied etwa zu ihrer Schwester *Maia*, die von *Zeus* den Gott *Hermes* gebar.

Gewiß, stolz konnte *Merope* auf ihren Gatten nicht gerade sein; und dennoch ist vor allem sie gemeinsam mit ihren Schwestern als ein Symbol der Orientierung im Nachtdunkel der Welt zu begreifen. Denn von alters her galten die Pleiaden als «die Sterne der Schiffahrt (*pléō*, sc. segeln, d.V.), die durch ihren Auf- und Untergang (Mai, Anfang November) bestimmt wurde.»[101] Bei HOMER zum Beispiel hält *Odysseus*, nachdem er von der *Atlas*-Tochter *Kalypso* auf Ogygia Abschied genommen und das Segel auf seinem mit kundiger Hand gezimmerten Floß gehißt hat, Ausschau nach den Pleiaden[102]; in der Schilderung seiner Abenteuer bei dem Phäakenkönig *Alkinoos* auf der Insel Scheria, als er von der Passage durch die «Plankten» (die Prallfelsen: *Skylla* und *Charybdis*) berichtet, vermerkt er, daß dort

---

100 WOLFGANG SCHADEWALDT: Die Sternsagen der Griechen, 26: «Eine andere Geschichte verbindet ihn mit den Pleiaden, die er entweder als Tauben jagt, die aber sonst wohl auch eine Schar liebreizender Mädchen sind, so liebreizend, wie der kleine funkelnde Sternschwarm – Töchter des Atlas … Orion, der ihnen am Himmel so nahe steht und doch auf ewig von ihnen getrennt ist, liebte diese Mädchen. Sie aber flohen vor ihm, und er verfolgte sie fünf oder sogar sieben Jahre lang durch die Wälder Boiotiens, bis Zeus sie schließlich als Sternbild an den Himmel versetzte.» Sein Ende war tragisch und groß zugleich und hängt mit einer anderen *Merope*, der Tochter des *Oinopion*, zusammen. Denn, S. 27–28: «Einst kam er (sc. *Orion*, d.V.) zu Oinopion auf Chios und warb um dessen Tochter Merope. Der Vater verweigerte sie ihm … Grausam blendete Oinopion den trunkenen Orion und warf ihn hinaus an den Strand. Und der blinde Mann tastete sich durchs Meer nach der Insel Lemnos hinüber zu der Schmiede des kunstfertigen Hephaistos, und dort gab man ihm den Schmied Kedalion mit, den er auf seinen Schultern durch das Meer trägt, nicht so wie unser Christophorus den Herrn, sondern damit der kleine Wicht dem Blinden seine Augen leihe. Über die Berge gelangen sie bis zu der Stelle, wo die Sonne aufgeht, und dort hilft ihm der kleine Schmiedemeister, daß er sich die Lichter seiner Augen an der aufgehenden Sonne ansteckt. Und aus dem Leiden und der Blindheit geht er wieder hervor in alter Kraft und vollem Glanz.»
101 Benselers griechisch-deutsches Schulwörterbuch, 720.
102 HOMER: Odyssee, V 272, S. 160–161.

nichts Fliegendes vorbei habe kommen können, «ja selber die scheuen Tauben nicht, die Zeus, dem Vater, Ambrosia bringen.»[103]

Nach dieser Notiz stünde *Merope* nicht nur im Kreis ihrer Schwestern am Himmel, um den Seefahrern Orientierung zu bieten; sie verkörperte zudem auch die Hoffnung, hinausfliegen zu dürfen zu den Göttern und ihnen die Speise der Unsterblichkeit zuzutragen. Mit anderen Worten: Statt in der Art des *Sisyphos* einzig «nach vorne» zu leben oder, richtiger ausgedrückt, perspektivelos von Punkt zu Punkt auf der horizontalen Achse durch die Zeit zu hetzen, kann der Blick sich aufheben in die Weite des Himmels, zu der Sphäre des Göttlichen, zu der Ahnung einer ewigen Heimat. Wenn *Merope* dort ist – als eine derer, welche *Zeus* selber Nahrung der Unsterblichkeit von der Erde emportragen und die dastehen als Ruhepunkte des Lichtes im Dunkel der Nacht –, dann wirklich läßt sich der Kerker der Endlichkeit aufschließen zum Blick ins Unendliche, und hinaustreten dürfte und könnte *Sisyphos* in die Helle des Tages, hindurch durch die Schatten des Todes, hinüber in eine Welt, die keine Sterblichkeit kennt und in welcher die Angst alles Endlichen sich beruhigt im Unendlichen.

Und noch eine andere Szene im Umkreis des *Sisyphos*-Mythos läßt sich deuten als Hinweis auf einen Ausweg aus der Plackerei einer ewig sinnlosen Mühsal, das ist die Erfahrung der Liebe oder zumindest der Sehnsucht nach Liebe. Die Angst vor dem Tode trieb *Sisyphos* in den Kreislauf einer stets überanstrengten Vergeblichkeit; doch könnte es nicht auch sein, daß man lernt, in der Zuneigung *eines* anderen Menschen auszuruhen und ruhig zu werden im eigenen Inneren? Der Drang, die Getriebenheit, jenes amerikanische Standard-Motto: «Du schaffst es» fiele dahin, und man gewönne die Chance, inne zu halten und sich zu fragen: Wozu? Und: Was will ich wirklich? Und: Wer bin ich eigentlich?

Überliefert wird, daß ein Mann in der Kraft seiner Liebe den Tod nicht fürchtete und sich freiwillig hineinbegab in den Hades, und er eigentlich, *Orpheus*, ist das Gegenbild zu dem todesflüchtigen *Sisyphos*. *Orpheus* war ein begnadeter Musiker, ein Sohn (oder Schüler) des leierspielenden *Apoll* und der schönstimmigen Muse *Kalliope*, der, wenn er zum Spiel seiner Leier die Stimme erhob, alle Wesen verzauberte mit seinem Gesang. Ins Herz geschlossen aber hatte er die Dryade (Baumnymphe) oder Naiade (Wassernymphe) *Eurydike*, die kurz nach ihrer Vermählung mit ihm an dem Biß einer Schlange verstarb. Der Dichter, der Sänger, der Lyriker der Liebe, *Orpheus*, indessen war nicht bereit, den frühen und jähen Tod der

103 A. a. O., XII 61–63, S. 370–371.

Geliebten als ein unabänderliches Naturereignis hinzunehmen. Er selber stieg durch die Pforte von Tainaron (an der Südspitze Lakoniens) zur *Styx* (dem Unterweltstrom) hinab, «drang durch die Scharen luftiger Gebilde und die Schemen jenseits des Grabes bis zu Persephone vor und bis zum Herrscher des unholden Reichs, dem König der Schatten. Dann griff er in die Saiten und sang: ... Bei diesen schaudervollen Orten, bei dieser gewaltigen Öde, bei diesem riesigen Reich des Schweigens flehe ich, entzündet Eurydikes allzu rasch erloschenes Lebenslicht aufs neue! Wir sind euch ja alle bestimmt, und nach kurzer Frist eilen wir, ob später, ob früher, alle an den einen Ort... Auch Eurydike wird, wenn sie die gebührende Zahl von Jahren durchlebt hat und ihre Stunde kommt, euch verfallen sein. So will ich kein Geschenk von euch, nur eine Gabe auf Zeit. Wenn aber das Schicksal der Gattin diese Gnade versagt, dann ist es mein fester Wille, nicht zurückzukehren. Freut euch dann am Tod von uns beiden!»[104]

Mit diesen Worten beschrieb der römische Dichter OVID in den «Metamorphosen» den Wagemut einer todüberwindenden Liebe. Einen Mann wie *Orpheus* ängstigt nicht länger die eigene Sterblichkeit, – ihn quält die Trennung von seiner Gemahlin. Und eben dieser Unterschied in der Einstellung zu Leben wie Tod entscheidet sich an der Empfindung innerer Zusammengehörigkeit. In das entsetzliche Einerlei alltäglicher Ödnis dringt der Klang der Saiten der Leier des *Orpheus*, und die Wirkung im Reich der Schatten sogar ist ein wie hypnotischer Stillstand: Da «begannen die blutlosen Seelen zu weinen, Tantalus schnappte nicht nach dem entweichenden Wasser, Ixions Rad stand still..., keine Krüge trugen die Danaiden und du, Sisyphus, ruhtest auf deinem Felsblock aus. Damals, so kündet die Sage, netzten zum ersten Mal Tränen die Wangen der Furien (sc. der *Erinyen*, der Rachegöttinnen, d.V.), weil das Lied sie rührte, und weder die Gattin des Herrschers (sc. *Persephone*, d.V.) vermag dem Flehenden seine Bitte abzuschlagen noch der König der Tiefe (sc. *Hades*, d.V.). Sie rufen Eurydike.»[105]

Die Botschaft, welche die *Orpheus*-Mythe enthält, besteht, wie man weiß, keinesfalls in der Aufhebung der Absurdität des Todes – es wird nicht gelingen, *Eurydike* in das irdische Leben zurückzuholen –, sie verheißt vielmehr die Wiederbegegnung der Liebenden in jener anderen Welt: Als auch *Orpheus* eines Tages verstirbt, erkennt er «die Orte, die er vordem sah, allesamt wieder. Er sucht überall in den Gefilden der Seligen, findet seine Eurydike und umfängt sie mit sehnenden Armen. Dort gehen sie bald beide

---

104 OVID: Metamorphosen, X 11–39, A 257, 259. Vgl. E. DREWERMANN: Liebe, Leid und Tod, 660–692: Orpheus und Eurydike oder: Wir werden uns wiedersehen.
105 OVID: Metamorphosen, X 40–48, A S. 259.

nebeneinander, bald eilt sie voran und er folgt, jetzt ist er der erste, geht vorneweg und blickt sich nach ihr um: nun verläßt sie nie mehr ihren Orpheus!»[106] Es war ein Irrtum des *Orpheus* zu denken, es gebe allein dieses Leben und alles komme nur drauf an, es um jeden Preis zu verlängern; die Erfüllung des *Orpheus*, die Stille, die einzieht in das Haus des Todes und ins Herz der Verdammten, liegt in dem Lied einer Liebe, welche sich weigert, den Tod als das letzte Wort über unser Dasein zu glauben. Zwar markiert das Kap Tainaron geographisch das Ende der Peloponnes, doch ein Ende unseres Lebens markiert der Tod nicht; er ist nur der Hafen, von dem aus die Seelen ablegen zur Ausfahrt aufs Meer der Unendlichkeit – dann ohne Rückkehr, weil auf ewig gemeinsam.

Jener Münchner Voluten-Kratēr (Mischkrug), ein apulisches Mischgefäß aus Canosa, um 330–320 v. Chr., das uns an der linken Seite des unteren Registers bereits das verfluchte Dasein des *Sisyphos* vor Augen gestellt hat (Tafel 9b), entfaltet auf seiner Vorderseite eine Art Gesamtschau der griechischen Unterwelt, die in Rückblick wie Ausblick wohl wert ist, als ganze beschrieben zu werden (Tafel 10a)[107]. – Im Mittelpunkt der gesamten Szene befindet sich der von sechs ionischen Marmorsäulen gestützte Palast von *Hades* und *Persephone*, er, der Herrscher der Unterwelt, dargestellt als ein Mann voller Würde, mit Lockenhaaren und Vollbart, in seiner linken Hand, wie sein Bruder *Zeus*, ein langes Adlerszepter; seine rechte Hand hält er ausgestreckt in Richtung seiner – aus Liebe – der Mutter *Demeter* geraubten Gemahlin: *Persephone*. Diese «trägt einen Polos, eine Götterkrone, auf dem Haupt. In den Händen hält sie eine brennende Kreuzfackel.»[108] Als Herrin der Unterwelt übt *Persephone* auch die Rolle der Totenrichterin aus, deren Gesetze von daher schon für die Lebenden von höchster Bedeutung sind. Gleichwohl sind rechts neben ihrem Palast drei Männer abgebildet, die sich in ihrer Weisheit als die designierten Totenrichter empfehlen: *Minos*, *Aiakos* und *Rhadamanthys*. – Oberhalb von ihnen zeigt eine Szene, daß die Grenze zwischen Diesseits und Jenseits, zwischen Lebenden und Verstorbenen, zumindest für gewisse heroische Gestalten so undurchlässig nicht war, wie sie scheinen mochte. Denn da sieht man in Reisekleidung zwei Männer – *Theseus*, den König Athens, und seinen Gefährten *Peirithoos*. «Beide hatten sich geschworen, dem jeweils anderen beim Raub einer Frau beizustehen. Theseus wollte die schöne He-

---

106 A. a. O., XI 61–66, A S. 311.
107 JÖRG GEBAUER: Die Unterwelt – Das Reich des Hades, in: Die unsterblichen Götter Griechenlands, S. 279, Abb. 18.12.
108 A. a. O., 277.

lena entführen. Peirithoos hatte sich die Unterweltgöttin Persephone als Gemahlin ausgesucht. Solch eine vermessene Tat konnte nicht ungesühnt bleiben. Peirithoos mußte zur Strafe in der Unterwelt bleiben, wenn auch nicht im Tartaros.»[109] Wie zum Zeichen dafür sitzt neben ihm *Dike*, die Göttin der Gerechtigkeit, mit einem gezogenen Schwert in der Hand. – Verurteilt, muß man sagen, wurden eigentlich beide, *Theseus* wie *Peirithoos*; auf immer hatten sie Platz zu nehmen auf den Stühlen der *Lethe*, des Vergessens, – für ihre Gier nach dem immer Anderen, Neuen wurden sie sinnigerweise bestraft mit dem Verlust der Erinnerung. Daß *Theseus* schließlich doch freikam, lag an seinem Gefährten *Herakles*: Im unteren Register sieht man ihn, wie er die letzte und größte seiner zwölf Heldentaten vollbringt, indem er für *Eurystheus* den dreiköpfigen Höllenhund *Kerberos* aus dem Tartaros an die Oberwelt zerrt; es ist jenes Untier, das einen jeden zwar in das Reich der Toten hinein-, doch niemals wieder herausläßt. Begleitet von *Hermes*, dem Seelenführer mit dem Stab in der Hand, wendet er sich bereits in die Richtung, in die der Gott mit der ausgestreckten Rechten schon weist: zurück ins Leben. Und so befreit er auch den gleichgearteten Gefährten herzerfrischender Krafttaten, *Theseus*, aus der Unterwelt. Aber was dann! Wie EURIPIDES es ergreifend dargestellt hat, wird Herakles, als er endlich zu seiner (ersten) Frau *Megara*, der Tochter *Kreon*s, nach Theben zurückkehrt, dort schon sehnsüchtig als Retter empfangen, droht doch *Lykos* (der «Wolf»), da er *Herakles* tot glaubt, um die Macht in der Stadt an sich zu reißen, die Königin samt ihren zwei Kindern umzubringen; diese Untat des *Lykos* vermochte *Herakles* mit seinem Erscheinen zu hindern, doch tragischerweise nur, um sie selbst zu begehen. *Hera* nämlich, die *Herakles* als Kind eines Seitensprungs ihres Bruders und Gatten *Zeus* mit *Alkmene*, der Königin von Tiryns und Gemahlin des *Amphitryon*, sein Leben lang von Herzen haßte, schlug bei seiner Ankunft in Theben den Helden mit Wahnsinn, so daß er im Blutrausch all seine Angehörigen eigenhändig ermordete. Als er wieder zu sich kam und sah, was er angerichtet, wollte er länger nicht leben; und jetzt war es *Theseus*, der seinen Freund aus der «Unterwelt» seiner Schuldgefühle zu befreien vermochte: Er lud ihn ein nach Athen, und *Herakles* folgte ihm, wie ein «Beiboot dem Schiff.»[110] Ist die Liebe so stark wie der Tod, dann ist Freundschaft mächtiger als jedes Schuldgefühl. – Links oben, neben dem Palast der Herrscher der Unterwelt, sieht man *Megara* auf dem Münchner Unterwelt-Kratēr selber und neben ihr ihre zwei halbwüchsigen Kinder sitzen, erkennbar an ihren Verbänden,

109 A. a. O., 278.
110 EURIPIDES: Herakles, 1425, in: Tragödien, I 595.

die sie um Hals und Rumpf tragen, als Opfer der Untat, die *Herakles*, gezwungen von *Hera*, begangen hatte. – Auf diese Weise also schließt sich der Kreis von links oben (*Megara*) zu *Kerberos* (unten), dann zu *Theseus* (rechts oben), – ein Kreis von Schuld und Sühne, von Bestrafung und Befreiung; *Megara* selbst aber und ihre Kinder haben «in der Unterwelt … ein glückliches Dasein gefunden.»[111] – Unterhalb dieser Dreiergruppe sieht man des weiteren *Orpheus*, wie er mit seiner Leier die Herrscher der Unterwelt: *Persephone* und *Hades*, um die Rückkehr seiner geliebten *Eurydike* anfleht. Die zwei Gestalten neben ihm sind schwer zu deuten – eine Familienszene vielleicht; doch am schönsten wär' es, man dürfte in ihnen den Sänger und seine Geliebte selber wiedererkennen, wie sie, vereinigt in ewiger Liebe, Hand in Hand, nebeneinander durch die Gefilde der Jenseitswelt schreiten, unerreichbar vom Tod, als in Wahrheit unsterblich Lebende.

Daß solche Anmutungen und Gedanken dem Münchner Unterwelt-Kratēr nicht fremd sind, sondern ganz im Gegenteil als die beabsichtigte Botschaft dem hier Verstorbenen auf seine letzte Reise mitgegeben werden sollten, zeigt sich im Halsbereich der Vorderseite des Gefäßes, das den Tod als einen Sonnenaufgang darstellt, ganz so wie SOKRATES, als er 399 v. Chr. hingerichtet wurde, sein eigenes Sterben interpretierte[112]. Rechts außen, an der Spitze des Zuges, nämlich sieht man schwebend, geflügelt, den Morgenstern (*Phosphoros*), dessen Verschwinden am Himmel den neuen Tag aufziehen läßt. Ihm folgt in einem Vierergespann *Eos*, die «rosenfingrige», wie HOMER sie nennt[113], die wunderschöne, stets liebebereite, nie alternde, die den Menschen immer von neuem das Licht bringende und zuverlässig damit bezeigende, daß niemals, solang sie auch dauern mögen, die Schatten der Nacht sich als ewig zu behaupten imstande sind. – Hinter *Eos*, auch er mit einem vierspännigen Wagen, taucht aus den Wassern des *Okeanos* der Sonnengott *Helios* auf und zieht am Firmament seine Bahn. Was in der Oberwelt, unter der Herrschaft des *Zeus*, nur ein Tag ist, der kommt und vergeht, das ist in der Unterwelt, im Herrschaftsbereich des «unterirdischen *Zeus*»: des *Hades* und seiner Gemahlin *Persephone*, ein Tag, der niemals mehr endet, wo Recht und Gerechtigkeit (*Dike* und die drei weisen Richter

---

111 JÖRG GEBAUER: Die Unterwelt – Das Reich des Hades, in: Die unsterblichen Götter Griechenlands, 278.
112 PLATON: Phaidon, Kap. 57–67, S. 57–66; vgl. E. DREWERMANN: Liebe, Leid und Tod, 706–707; DERS.: Wendepunkte, 349, Anm. 49; 50; S. 378, Anm. 85; S. 394.
113 HOMER: Odyssee, II 1, S. 35. Vgl. Benselers Griechisch-Deutsches Schulwörterbuch, 795: «rosenfingrig, … Bei(name) der Eos, von den fünf blaßroten, perpendikulär am Horizont aufsteigenden Lichtstreifen, die man in Kleinasien und Griechenland vor dem Aufgang der Sonne wahrnimmt.»

im Jenseits), Liebe (*Orpheus*) und *Treue* (*Theseus* und *Herakles*) und nicht zuletzt auch leidloses Glück (*Megara* und ihre Kinder) zusammenkommen in einem eigenen geschlossenen Zyklus, der den Kreislauf des *Sisyphos* ebenso hinter sich läßt wie die sich verdämmernde Erinnerungslosigkeit des wie mit Demenz geschlagenen *Peirithoos*, des Gefährten des *Theseus*, in seinem Verlangen, die Königin des Todes selbst sich zur Braut zu erwählen, – ein ganz und gar romantisches Motiv im übrigen vom Versinken in Mohnrausch, in Schlaf und Vergessen.

Eines freilich wird hier bereits ebenfalls sichtbar, das ist rechts außen im unteren Register, parallel zu der Sklavenarbeit des *Sisyphos*, die Gestalt des *Tantalos*, auch er ein Verfluchter, ein von den Göttern auf ewig Bestrafter. Wer immer er gewesen und was immer er getan, ist das Thema des nächsten Kapitels, nur so viel schon hier: *Tantalos* deutet hinauf «zur Höhlendecke über ihm, deren überhängendes Gestein ihn bedroht.»[114] Wogegen *Sisyphos* sich mit aller Kraft wehrt, das, fürchtet *Tantalos*, kann jederzeit ihm auf den Kopf fallen. Beide Gestalten also, gibt als Hinweis zur Deutung der Münchner Mischkrug uns mit auf den Weg, sind Gefangene ihrer Angst vor dem Tod, nur daß *Sisyphos* sich aktiv dagegenstellt, während *Tantalos* in der Pose eines schaudernden Zuschauers in trostloser Passivität verharrt. Er weiß, was geschehen müßte, doch selber verrichtet er's nicht.

114 JÖRG GEBAUER: Die Unterwelt – Das Reich des Hades, in: Die unsterblichen Götter Griechenlands, 371, zu Abb. 25.1.

Tantalos oder: Vom Unglück eines maßlosen Strebens nach Glück

1) Wenn der Berg birst oder noch einmal:
Der Fluch verunendlichter Endlichkeit

Der Münchner Unterwelt-Kratēr aus einem Kammergrab in Apulien ahnt wohl das Richtige, wenn er, parallel zu der Gestalt des unglücklichen *Sisyphos*, als einen anderen auf immer im Tartaros Verfluchten *Tantalos* darstellt: Hinter der Göttin *Hekate*, die mit ihrer Fackel zum Ausgang der Unterwelt weist, umkläfft von dem dreiköpfigen *Kerberos*, den soeben *Herakles* hinter sich her ans Licht zieht, steht er, der König von Lydien, *Tantalos*, angetan mit einem orientalischen Prachtgewand und bedeckt mit einer hoheitsvollen Mütze, in der Hand das Szepter der Herrscherwürde, eine stattliche Erscheinung, schwarzbärtig, wohlgenährt, – ein Mann in den besten Jahren, der eigentlich könnte glücklich sein; doch das ist er nicht. Es gibt keinen Thron, auf den er sich setzten könnte, und selbst wenn: Er steht, er muß stehen, angstgepeinigt, wie er ist, mit schreckgeweiteten Augen, nach rückwärts gewandt, doch offenbar unfähig, sich vom Ort wegzubewegen, hinauf deutend mit der Linken nach der überkragenden Höhlendecke, deren Einsturz er fürchtet, den aber, wann immer er eintritt, er sicher nicht aufzuhalten vermag. Einen einzelnen Stein kann *Sisyphos*, wenn auch sinnlos, bewegen, er kann etwas tun, er ist der Gefangene einer Illusion, die man Hoffnung nicht nennen mag; *Tantalos* indessen vermag überhaupt nichts zu tun; er kann die Gesteinsmasse, die ihn gefährdet, in keiner Weise abwehren. Er müßte weglaufen, möglichst schnell, wie ein Bergmann, wenn das Hangende über ihm verdächtig zu knistern beginnt und der Streb zu Bruch zu gehen droht; er müßte laufen um sein Leben, es wäre die einzig vorstellbare Form einer Rettung, oder, wenn ihm die Zeit bleibt, müßte er sie nutzen, die Strecke bergsicher auszubauen. Doch wie gebannt steht *Tantalos* da in all seiner Angst, er kommt nicht von der Stelle, weder zur Flucht noch zur Sicherung, er verharrt, er erstarrt in der Pose der Schreckensbezeigung. Er sieht die Gefahr, überdeutlich, doch sie lähmt ihn – ein archaischer Stillstandreflex, das Gegenteil eines Bewegungssturms: So mag ein Huhn seinen Fluchtlauf jählings beenden, wenn es merkt, daß am Himmel der Habicht ihm folgt, – es duckt sich so dicht, als es geht, an den Boden, die Flügel gespreizt, wie wenn es mit der Farbe der Erde verschmelzen wollte, deren Teint sein Federkleid bildet, vielleicht verliert der Raubvogel es so aus den Augen; das Gebot des Augenblicks lautet: gar nichts mehr zu tun und mit klopfendem Herzen auf das Ende zu warten: Tod oder Rettung, gerad jetzt entscheidet es sich. Ganz anders die Lage des *Tantalos*: Die Gebirgsdecke hat es auf ihn als ihr Opfer nicht abgesehen, sie stürzt ein unter der eigenen Last, wenn die Schwerkraft stärker wird als der Zusammenhalt des Gesteins, das aber ist jederzeit möglich, – es kann jetzt geschehen oder später oder nie; niemand weiß das, und diese Unwissenheit einer Gefahr, deren Eintritt jederzeit möglich, doch niemals vorhersagbar ist, diese Qual eines stets zu gewärtigenden, stets gegenwärtigen Unheils ist eine der Formen der Pein, zu welcher die Götter *Tantalos* auf immer verurteilt haben. (Tafel 10b)[1]

Ursprünglich saß er als einziger der Sterblichen mit ihnen an *einem* Tisch, – sein Vater war *Zeus*, der ihn zeugte mit der Titanin *Pluto*, der «Reichen», einer Tochter des *Kronos*, möglicherweise der Großen Göttin der Berekynten, eines vorgriechischen, großphrygischen Volkes[2]. Ihren Namen: «die Reiche» hatte des *Tantalos* Mutter sich redlich verdient, denn berühmt war vor allem der Goldreichtum Lydiens. In die eigene Ehe hatte *Tantalos* die Pleiade *Dione* geführt, eine Tochter des *Atlas* und der *Pleione*. Das Herrschaftsgebiet des *Tantalos* beschränkte sich zudem nicht auf Lydien, es reichte weit hinein nach Phrygien und Mysien, bis hinauf zum Ida-Gebirge, von dem aus *Zeus* eines Tages dem Wogen des Krieges um Troja zuschauen wird[3]; das aber war weit später, gehörte doch *Tantalos* der Urzeit des Menschengeschlechtes zu: einer seiner Söhne trug den Namen *Broteas*, der an das griechische Wort *brotoí* – die Sterblichen anklingt, die Bezeichnung für «Menschen» schlechthin[4]; ein Urahn der

1 JÖRG GEBAUER: Die Unterwelt – Das Reich des Hades, in: Die unsterblichen Götter Griechenlands, 279, Abb. 18.12. RAIMUND WÜNSCHE: Götter strafen Frevler, in: A. a. O., 370, Abb. 25.1. Bes. ASTRID FENDT: Die Griechen in Italien, 48–51: Der Münchner Unterwelt-Krater.
2 KARL KERÉNYI: Die Mythologie der Griechen, II 53. STRABO: Geographica, X 3,12, S. 679, berichtet: «Die Berekynten ..., ein phrygischer Volksstamm ... verehren gleichfalls die Rhea, feiern ihre Orgien, und nennen sie die Göttermutter, Agdistis, und die Phrygische Große Göttin ... Kybele (und Kybebe).» – UDO REINHARDT: Der antike Mythos, 218, sieht in *Tantalos* besonders über seinen Sohn *Pelops* den Ahnherrn der Dynastie von Argos und Mykene, – vgl. HOMER: Ilias, II 100–108, S. 25.
3 KARL KERÉNYI: Die Mythologie der Griechen, II 53–54: «Seine (sc. des *Tantalos*, d.V.) Mutter war Pluto, die ‹Reiche›, eine Tochter des Kronos und als berekyntische Nymphe Tochter sicherlich auch der berekyntischen Großen Mutter, wenn nicht gar diese selbst unter einem Namen, der der Spenderin von großen Reichtümern eignete.» «Das Reich des Tantalos umfaßte auch Phrygien, das Idagebirge und die Ebene von Troja.»
4 A. a. O., II 53. – Griechisch *brotós* bedeutet eigentlich «eßbar»; Benselers Griechisch-Deutsches Schulwörterbuch, 153.

Menschheit könnte so geheißen haben. In jedem Falle war *Broteas* ein Verehrer der phrygischen Göttermutter *Kybele*, deren Bild er auf dem Berge Sipylos anbringen ließ; weil er sich weigerte, den Kult der *Artemis* anzunehmen, schlug ihn die Göttin mit Wahnsinn: Im Glauben, unverwundbar zu sein, stürzte er sich ins Feuer und kam in den Flammen um[5]. – Wo, soll man sich fragen, sind die Grenzen für einen Sterblichen? Wer sie nicht achtet, dem zeigen sie sich im eigenen Mutwillen: Er gibt sich selbst in den Tod, – ein Untergang, wert eines Sohnes des *Tantalos*.

Dieser freilich, als Gast an der Tafel der Götter, erlangte Unsterblichkeit, und *sein* Name (eine Intensivreduplikation von dem Wortstamm *tal-*)[6] erinnert an *tlēnai* (lat. *tolere*), was «ertragen», aber auch «wagen», «sich erkühnen» bedeutet, und in diesem Sinne paßt der Name *Tantalos*: Der nämlich erdreistete sich, *Zeus*, als dieser gelobte, ihm jeden Wunsch zu erfüllen, die Bitte anzutragen, leben zu dürfen ganz wie die Götter, deren sicherer Sitz der Olymp ist,

> Wie man sagt, den weder die Winde erschüttern, noch Regen
> Je befeuchtet, noch Schnee umstöbert. Heitere Helle
> Breitet sich wolkenlos, und Glanz läuft schimmernd darüber;
> Dort erfreuen die seligen Götter sich alle die Tage[7].

Es wäre der Wunsch und die Wonne wohl aller Menschen, sie könnten zurückkehren in das Goldene Zeitalter, da *Kronos* regierte in zeitlosem Glück, doch gab es damals bezeichnenderweise noch keine Menschen. Den olympischen Göttern ist eigen eine Lebensart, wie sie den Menschen letztlich nur als Verstorbenen zukommt, im Gefilde Elysion, – fern den Grenzen der Erde; einzig

> Dort fließt leicht und mühelos hin das Leben den Menschen.
> Dort ist nicht viel Winter, und nie fällt Schnee oder Regen,
> Sondern stets des Zéphyros (sc. Westwind, d.V.) linde blasende Lüfte
> Läßt Okéanos wehen, die Menschen damit zu erfrischen[8].

Was aber wird, wenn jemand, «viel wagend», verlangt, auf Erden bereits zu sein wie ein Gott, unsterblich, obwohl dem Wesen nach sterblich, himmlisch, obwohl durchaus irdisch, göttlich und dennoch ganz menschlich?

---

5 MICHAEL GRANT – JOHN HAZEL: Lexikon der antiken Mythen und Gestalten, 92–93.
6 Vgl. KARL KERÉNYI: Die Mythologie der Griechen, II 54; vgl. Gemoll – Griechisch-deutsches Schul- und Handwörterbuch, 795.
7 HOMER, Odyssee, VI 42–46, S. 177.
8 A. a. O., Od. IV 565–568, S. 127.

Zeus konnte nicht anders, als sein Versprechen zu halten, – er gewährte dem *Tantalos*, daß sein Wunsch sich erfüllte, nur daß ihm zum Fluch geriet, was als Segen erfleht ward. Ganz wie schon *Sisyphos*, verlangte auch *Tantalos* nach einem Leben in verunendlichter Endlichkeit: Wenn man alles besitzt, was man möchte, so dachte er, und wenn es gelingt, die Übel des launischen Schicksals zu meiden, wie Krankheit, Einsamkeit, Armut und was derlei mehr ist, stünde dann nicht ein gottgleich glückliches Dasein bevor? Genau das nicht!

Bekannt war im Altertum die Geschichte des *Damokles*, eines Höflings an der Seite des *Dionysios II.* von Syrakus, der im Jahre 367 v. Chr. im Alter mit 25 Jahren an die Macht gekommen war und sie 38 Jahre lang tyrannisch ausübte; «wegen seiner ungerechten Herrschaft,» schreibt CICERO, «hatte er sich ... gewissermaßen in einem Gefängnis eingeschlossen,» lebte er doch in ständiger Angst vor einem möglichen Attentat. Wie sein «Glück» sich ausnahm, demonstrierte er selber, als *Damokles* ihn schmeichlerisch pries für «seine Heeresmacht, seinen Besitz, die Herrlichkeit seiner Herrschaft, die Fülle an Gütern und die Großartigkeit des Königspalastes» und erklärte, «es habe niemals einen glückseligeren Menschen gegeben.» Der König erwiderte: «‹Willst du, Damokles, dieses Leben kosten, da es dich so sehr erfreut, und mein Schicksal erproben?›» Als jener, voller Begeisterung, zustimmte, ja, das wolle er, ließ *Dionysios II.* ihn «sich auf ein goldenes Ruhebett legen, bedeckt mit einem prächtig gewebten und kostbar bestickten Teppich. Dazu ließ er mehrere Tische mit getriebenem Gold- und Silbergeschirr aufstellen und zum Dienst bei Tisch Knaben von erlesener Schönheit aufwarten mit dem Befehl, auf jeden Wink hin ihn sorgfältig zu bedienen. Da gab es denn Parfüms und Kränze, Räucherwerk wurde verbrannt, und Platten mit den erlesensten Gerichten wurden aufgetragen. Damokles kam sich hochbeglückt vor. Mitten unter diesem Aufwand aber ließ Dionysios von der Decke ein funkelndes Schwert herabsenken, aufgehängt an einem Roßhaar und so, daß es direkt über dem Scheitel jenes Glücklichen stand. Da schaute jener nicht mehr die schönen Sklaven an noch das kunstreich gearbeitete Silber und langte auch nicht mehr bei den Gerichten zu, die Kränze fielen ihm zu Boden, und schließlich bat er den Tyrannen, weggehen zu dürfen, weil er keine Lust mehr habe, glückselig zu sein.»[9]

Genau dieses Szenarium, das *Dionysios* für seinen Panegyriker zur Erkenntnis der Wahrheit eines vermeintlich gottgleichen Glücks arrangiert,

---

9 CICERO: Gespräche in Tusculum, V 61–62, S. 189.

fügte *Zeus* seinem vermessenen Tischgenossen *Tantalos* zu, – das heißt, er fügte es ihm nicht eigentlich zu, er führte den lydischen Herrscher lediglich zur Einsicht der Lage, in welcher natürlicherweise ein Mensch sich befindet. Wenn Götter strafen, dann häufig grad so: Sie schaffen keine neue Wirklichkeit, sie wecken «nur» ein Bewußtsein dafür, was die Wirklichkeit menschlichen Daseins bedeutet. *Zeus*, heißt es, «ließ über dem Kopf des Tantalos einen Stein hängen, so daß er nichts von all dem, was ihm zur Verfügung stand, genießen konnte.»[10]

Das entscheidende Wort dieser Strafe lautet: «genießen». Es beschreibt genau das, was die «ästhetische» Lebensweise eines *Sisyphos* bereits zur Maxime erhob: zu leben im Augenblick, seiner Gunst sich zu freuen und die völlige Abhängigkeit von den äußeren Umständen als das natürlichste auf der Welt zu betrachten. Ein solcher Lebensentwurf, meinte aus besagten Gründen im 19. Jh. SÖREN KIERKEGAARD, sei verzweifelt, doch stets, wenn erfolgreich, getarnt als Glück. Diese Feststellung trifft auch auf *Tantalos* zu – mit einem Unterschied allerdings: *Sisyphos* unternimmt alles, die Wahrheit seiner Situation zu verleugnen, er kann nicht und will nicht erkennen, wie's um ihn steht, er stemmt sich dagegen, er glaubt zu drehen am Rade des Schicksals und dreht dabei selbst sich im Kreise; er genießt nicht, er bleibt rastlos auf dem Weg zum Genuß. *Tantalos* hingegen hat es eigentlich geschafft: Er sieht sich umgeben von Luxusgütern allerart; was immer er möchte, steht ihm stets zur Verfügung; doch um so schmerzhafter wird ihm das Bewußtsein der Wirklichkeit: Gerad in dem Augenblick, da er genießend zugreifen möchte, sieht er sich konfrontiert mit der Sterblichkeit seines Daseins, – sie hängt über ihm wie ein Fallbeil und vergällt alle Freude.

Insofern besitzt der Stillstandreflex[11] in Gestalt eines *Tantalos* eine spezifisch menschliche Qualität, unvergleichbar mit der Verhaltensweise jener Henne, die auf der Flucht vor dem Habicht sich an die Erde duckt. Für das

---

10 KARL KERÉNYI: Die Mythologie der Griechen, II 55. PLATON: Kratylos, 395 d–e, in: Werke, II 138–139, bringt sogar den Namen *Tantalos* mit dem «Schweben … des Steines über seinem Haupte» in Zusammenhang, indem er aus dem Wort Tantalos *talanteía* heraushört – das «Schwanken»; Gemoll – Griechisch-deutsches Schul- und Handwörterbuch, 779. Vgl. auch PINDAR: Olympische Oden, I 2, 55–57, S. 9.

11 Vgl. JOHANNES HIRSCHMANN: Primitivreaktionen, in: Handbuch der Neurosenlehre und Psychotherapie, II 95: «Die Erscheinungsformen hypobulischer (sc. unterhalb der bewußten Willensentscheidung liegender, d.V.) Reaktionen gruppieren sich um Bewegungssturm und Totstellreflex … Bei ersteren entlädt sich der Affekt in einer wilden Überproduktion ungerichteter Bewegungen … Letzterer zeichnet sich aus durch völliges Sistieren (sc. Stillstehen, d.V.) jeder Bewegung analog der motorischen Erstarrung bei manchen Tieren, deren Leben bedroht ist.»

Erleben eines Tieres existiert die Todesangst nur im Moment der Gefahr, und es reagiert darauf rein situativ, – selbst der Bewegungsstillstand enthält noch die Chance zu entkommen. Im Bewußtsein eines *Tantalos* jedoch gibt es keinen Jäger noch Beutegreifer; *Tantalos* sieht sich konfrontiert mit einer Gefahr, die auf Dauer gestellt ist, – jederzeit kann sie auf ihn herabstürzen. Die Gesteinsmasse über ihm, – nur äußerlich ist sie einem Habicht gleich, der mit dem Huhn ein grausames Spiel treibt: Er hält es hin, er verzögert den Angriff, er kreist, ohne niederzustoßen; das Huhn mag glauben, er habe es aus den Augen verloren, es mag sich in Sicherheit wiegen, – ein wenig wartet es noch, dann wird es, vermeintlich gerettet, davonlaufen. Ein *Tantalos* aber kann seinen geistlosen Gegner nicht täuschen, und eben das ist der Kern seiner Verzweiflung: Sie gründet in dem Bewußtsein, in den Händen einer unbewußten Faktizität gefangen zu sein, sie besteht in dem Kontrast zwischen den geistig vermittelten Bedürfnissen nach Genuß und Gelingen und der geistlosen Macht einer menschenverachtenden Mechanik, sie resultiert aus der Reflexion des Widerspruchs, der dazu gehört, ein endliches Wesen zu sein und zugleich in sich den Wunsch zu tragen, Unsterblichkeit zu erringen. Zwar hat *Tantalos* als ein Gast an der Tafel der Götter sich auch diesen Wunsch zu erfüllen vermocht – objektiv *ist* er unsterblich, doch gerade deshalb lebt er auf ewig nun in dem Grundgefühl aller Sterblichen: in der Angst vor dem Einsturz des «Deckgebirges» über seinem Haupte. *Tantalos* ist eben kein Gott, er bleibt ein Mensch, und sein Verlangen, zu leben wie die Götter, verunendlicht nur seine Endlichkeit. Was *Sisyphos* wollte, erfüllt sich in *Tantalos* als Zustand eines Seins in der vollen Helligkeit des Bewußtseins, mithin als endlose Qual. – Ein Beispiel aus biblischer Überlieferung mag das verdeutlichen.

Die jahwistische Urgeschichte erzählt, nach dem sogenannten Sündenfall habe die Gottheit den Menschen des Paradieses verwiesen, «daß er nur nicht ausstrecke seine Hand und breche auch von dem Baume des Lebens und esse und lebe ewiglich.» (Gen 3,22)[12] Manche Theologen sehen noch heute darin einen Beleg dafür, daß die Menschen von Gott her ursprünglich mit der «präternaturalen Gabe» der Unsterblichkeit ausgestattet gewesen seien und eben diese Bevorzugung durch eigene Schuld verspielt hätten[13]. Tatsächlich aber spricht die Bibel nicht von dem physischen Tod des Menschen; was ihrer Aussage nach mit dem Abfall von Gott in die Welt kommt,

---

12 Zur Stelle vgl. E. DREWERMANN: Strukturen des Bösen, I 100–103.
13 Vgl. *Catéchisme de l'Église Catholique*, Nr. 400. Vgl. dagegen E. DREWERMANN: Strukturen des Bösen, I 107.

ist nicht die biologische Notwendigkeit, sterben zu müssen (beziehungsweise die Rücknahme einer göttlichen Absicht, den Menschen von dem natürlichen Gesetz der Sterblichkeit aller vielzelligen Lebewesen gnädigerweise auszunehmen), vielmehr tritt die Tatsache der Sterblichkeit jetzt, im Zerbruch der ursprünglichen Einheit mit Gott, in einer Form in das menschliche Bewußtsein, die auf alles Handeln und Sein den Schatten der Sinnlosigkeit – nicht nur der Vergänglichkeit, sondern einer letzten Vergeblichkeit – wirft: Nicht länger mehr wird das Dasein im Hintergrund Gottes als ein Geschenk erlebt, es entdeckt sich im Gegenteil inmitten einer gnadenlosen Natur als ein furchtbarer Fluch; nicht: du darfst, nein, du mußt sein, und: Du mußt rechtfertigen, daß du da bist, – so stellt sich fortan das Dasein des Menschen inmitten einer radikal abweisenden Welt dar. Wenn jeden Morgen die Sonne sich über der Erde erhebt, wie um den Blick auf einen sich grenzenlos hindehnenden Friedhof freizugeben, auf den, unbekannt wann, aber bald schon, alles, was lebt, wie Vieh in den Schlachthof hinübergetrieben werden wird – Staub zu Staub, Asche zu Asche –, was soll dann die tägliche Plagerei und Plackerei? Man muß sie ableisten, um sich am Leben zu halten, doch wozu leben? Die Freude selber erstirbt[14].

Unter solchen Voraussetzungen kommt es einem Albtraum gleich, denken zu müssen, in alle Ewigkeit solle der Mensch ein derartiges Schicksal ertragen. *Atlas*, der Bruder des *Prometheus*, im Westen der Welt, kann die Last des Himmels mit seinen Schultern sich aufladen (vgl. Tafel 14), doch unerträglich ist der jederzeit drohende Einsturz des Felsens über dem eigenen Haupte, – Menschen sind keine Titanen, und die Furcht, die man fühlt, richtet sich nicht so sehr auf das Ende von allem, wie es, abstrakt, sich eines Tages ereignen mag, sondern auf das absehbare, wenngleich nicht vorhersehbare Ende des eigenen Daseins. Zur Guillotine verurteilt zu sein ist das eine, doch sein ganzes Leben auf dem Hinrichtungsgestell verbringen zu sollen ein anderes; und nun noch zu erleben, daß sich diese Art Dasein hinzieht und hinzieht ins Endlos-Unendliche, das ist eine Qual, vor welcher der Gott der Bibel die Menschen anscheinend bewahren wollte, indem er sie hinderte, ewiges Leben sich zu eressen. – *Tantalos* indessen, an der Tafel der Götter, hat deren Speise: Ambrosia, zu sich genommen, er ist unsterblich geworden, und so ist er auf immer dazu verflucht, zu leben in einer Endlichkeit, die sich in steter Todesnähe verunendlicht. Er kann nicht leben und er kann nicht sterben; seine Seele, geängstet, fürchtet den Tod und sehnt sich insgeheim eben nach Tod, sein Körper wiederum müßte

---

14 Vgl. A. a. O., I 87–97: Das bestrafte Leben (Gen 3,14–19).

sterben und will nicht sterben. Daß all das sich zuträgt im «Hades», heißt nur, daß die Welt und die Unterwelt für *Tantalos* eins sind.

2) Der Geheimnisverrat oder: Die Weitergabe des Gegebenen

Doch die Frage der jahwistischen Urgeschichte richtet sich eben deshalb auch an *Tantalos* selbst: Wodurch hat er die Gunst der Unsterblichen derart sich verscherzt? Ein Mensch, der in Ewigkeit leben will, muß in der ständigen Nähe der Todesgewißheit diesen Wunsch auf ewig verwünschen. Warum aber soll man nicht denken, eine vertrauensvolle Einstellung zu den Grundgegebenheiten des Daseins in der Gemeinschaft der Götter ließe die Problematik des Sterbenmüssens gänzlich vergessen? Es bliebe einfach dabei: Ein *Tantalos* wüßte sich selbst als unsterblich, und er vertraute darauf, daß die Götter gut zu ihm sind! – Warum fügt sich's für *Tantalos* so gänzlich anders? In seinem Wunsche, zu leben den Göttern gleich, muß etwas liegen, das die Einheit zwischen ihm und den Göttern zerbricht, und dieses «Etwas» wird man kaum anders wiedergeben können, als daß hier als Sein postuliert wird, was nur als Seindürfen, geschenkhaft, zum Glück führt. Eingeladen zu sein bei den Göttern – welch Privileg, welche Auszeichnung, welch ein Erweis von Gunst und Gnade! Doch leben zu wollen wie sie – das heißt, das Glück der gewährten Gnade nicht länger zu würdigen, das heißt, den Geschenkcharakter des Daseins zurückzuweisen, das heißt, als naturhaften Zustand zu fordern, was nichts ist als ein Ereignis in Dankbarkeit. In dem «Wunsche» des *Tantalos* liegt genau dies: eine Unzufriedenheit damit, nur ein Göttergünstling zu sein, sowie das Verlangen, selber ein Gott zu werden.

Es ist offenbar diese Einstellung, die alles verändert. Ganz wie in der Erzählung vom «Sündenfall» erwacht im Bestreben, (wie) Gott zu sein, nur um so demütigender das Bewußtsein, ein bloßer Mensch zu sein. Nicht die ewige Dauer des Daseins steht da in Frage, vielmehr geht es um die Qualität dieses Daseins: Es ist in sich haltlos, nicht-absolut, abhängig also und ungesichert, eben *nicht*-göttlich. Wenn ein solches Dasein versucht, gottgleich zu werden, vertut sich's: Es kommt nicht umhin, zu entdecken, wie erbärmlich es ist, gerade weil es «Erbarmen» nicht länger zu brauchen vermeint, wie armselig es ist, gerade weil es die «Seligkeit» aus sich selber zu ziehen gedenkt, wie elend es in sich zurückbleibt, gerade weil es das Land seiner Heimat auf dem eigenen schwankenden Grund zu errichten versucht.

Aber warum will man so? Die Antwort ist nicht schwer zu finden. – Unter *Menschen* müßte eine Rollenverteilung auf die Dauer wohl als lästig, ja, als demütigend empfunden werden, in welcher man selber stets der Empfangende, niemals der Gebende ist[15]; unter Menschen wäre es üblich, ja, ein Zeichen von Anstand, eine großzügige Einladung mit einer ebenso großzügigen Gegeneinladung zu erwidern; im Verhältnis zu *Gott* indessen ist solch eine Wechselseitigkeit ausgeschlossen. Selbst wenn *Tantalos* an der Tafel der Götter Platz nimmt und mit ihnen speist, als wäre er ihnen ebenbürtig, ihr Partner, ihr Freund, – selbst der Schein seiner Gleichrangigkeit ist eine Gabe göttlicher Gunst, ein Gnadengeschenk, kein Verdienst. Doch gerade deshalb regt sich in *Tantalos* offenbar das Bedürfnis, die Rollen zu tauschen und selbst auch einmal generös zu erscheinen. Den Göttern kann er nichts geben, was sie nicht vorweg ihm gegeben; aber den Menschen! Die größte Gabe der Götter für *Tantalos* ist die Unsterblichkeit; wie, wenn er diese den Menschen zuteil werden ließe! Größer wäre er dann als *Prometheus*, größer selbst als die Mystagogen im Heiligtum der *Demeter* von Eleusis, die im Zeichen der Rückkehr der von *Hades* geraubten *Persephone* den Gläubigen ewiges Leben verhießen. Das Geheimnis der Götter, – wie, er verriet's den Menschen! Der Abstand zwischen den Sterblichen und den Unsterblichen – er fiele dahin! Durch ihn – den König von Phrygien, *Tantalos*!

Tatsächlich berichtet DIODOR, *Tantalos* habe «das Glück, daß er an ihrer (sc. der Götter, d.V.) Tafel speisen und Alles mit anhören durfte», mißbraucht, indem er «den Menschen die Geheimnisse der Unsterblichen» verraten habe[16]; mehr noch, PINDAR erzählt, es habe *Tantalos* die Götter betrogen «und seinen Tischgenossen (sc. den Menschen, d.V.) Nektar und Ambrosia» gegeben, «womit jene (sc. die Götter, d.V.) ihn unsterblich gemacht.»[17] «Auch dies war ein Diebstahl, nicht unähnlich dem des

---

15 Bereits THUKYDIDES: Geschichte des Peloponnesischen Krieges, II 40, S. 78, läßt *Perikles* in seiner Rede auf die Gefallenen sagen: «Nicht mit Bitten und Empfangen, sondern durch Gewähren gewinnen wir unsere Freunde. Zuverlässiger ist aber der Wohltäter, da er durch Freundschaft sich den, dem er gab, verpflichtet erhält – der Schuldner ist stumpfer, weiß er doch, er zahlt seine Leistung nicht zu Dank, sondern als Schuld.»

16 DIODOR: Historische Bibliothek, IV 74; S. 473–474, berichtet: «Tantalus, ein Sohn des Zeus, war ausserordentlich reich und berühmt. Er wohnte in Asien in dem jetzigen Paphlagonien. Wegen seiner hohen Abkunft von Zeus, wurde er, wie man sagt, ein vertrauter Freund der Götter. Zuletzt aber mißbrauchte er das Glück, daß er an ihrer Tafel speisen und Alles mit anhören durfte; er verrieth den Menschen die Geheimnisse der Unsterblichen. Dafür wurde er schon im Leben gestraft und nach dem Tode, der Fabel zufolge, zu den Gottlosen hinabgeschickt und zu ewiger Pein verdammt.»

17 PINDAR: Olympische Oden, I 3,62–63, S. 9.

Prometheus»[18], nur noch weit größer als die Tat des *Titanen*: Wo dieser den Menschen mit dem Feuer die Gabe zugleich des Bewußtseins gebracht hat, schenkt *Tantalos* ihnen Unsterblichkeit! Jener ersparte wohlweislich ihnen in menschenfreundlicher Vorsicht und Voraussicht, die Kümmernisse des künftigen Lebens zu kennen, er aber, *Tantalos*, verleiht ihnen ein Lebensgefühl, als wenn sie selber wie Götter wären! Das «Heilmittel der Unsterblichkeit», als welches die Kirchenväter die Eucharistie zu bezeichnen pflegten[19], – *Tantalos* entwendet's vom Tische der Götter und gibt es den Menschen!

Auch hier, man kann es nicht anders sagen, waltet ein Zug von menschenfreundlicher Gerechtigkeit. Der reich Beschenkte der Götter will selber ein Schenkender sein; um keine bloße Ausnahme zu bleiben, verbreitet er eigenmächtig die Gabe der Götter. Und doch ist alles ganz anders als bei der Teilung der Opfergaben durch *Prometheus* im Opfer zu Mekone: Dem Titanen lag daran, den Abstand zwischen den alles besitzenden Göttern und den mittellos dastehenden Menschen nicht zu leugnen, doch nach Möglichkeit zu verringern; *Tantalos*, indem er die Menschen indirekt selber an der Göttermahlzeit beteiligt, verwandelt das Geschenk der Götter in einen Besitz der Menschen, – er verwandelt einen Akt der Gnade in einen *Anspruch* der Gerechtigkeit, und damit betrügt er nicht nur die Götter, er verfälscht damit auch die Grundlagen des menschlichen Daseins, – man kann nicht einfordern, was man geschenkt bekommt; wer so tut, kehrt das Unterste zu oberst, und gerade so wird man jetzt die «Strafe» verstehen müssen, die ihn dafür ereilt: «Der Vater,» schreibt PINDAR, *Zeus* also, ließ «einen mächtigen Stein über ihm schweben, den er immer von seinem Kopf wegstoßen will: so ist er von Lebensfreude ausgeschlossen.»[20] Statt über

---

18 KARL KERÉNYI: Die Mythologie der Griechen, II 55.
19 IRENÄUS: Fünf Bücher gegen die Häresien, IV 18,5, in: 2. Bd., S. 58, schrieb: «Wie das von der Erde stammende Brot, wenn es die Anrufung Gottes empfängt, nicht mehr gewöhnliches Brot ist, sondern die Eucharistie, die aus zwei Elementen, einem irdischen und einem himmlischen besteht, so gehören auch unsere Körper, wenn sie die Eucharistie empfangen, nicht mehr der Verweslichkeit an, sondern sie haben die Hoffnung auf Auferstehung.» – In entsakralisierter, säkularisierter Form hat sich die Magie der Erwartung, durch Essen unsterblich zu werden, in der Gegenwart durch den Kult des «gesunden», ökologisch «richtigen» Essens erhalten, der in seiner Übersteigerung nicht nur einen gewinnträchtigen Markt für die Nahrungsmittelindustrie eröffnet, sondern deutliche Züge eines Religionsersatzes an sich trägt. Im Grunde sind es die oralen Wunschphantasien eines kleinen Kindes, an der Brust seiner Mutter Leidlosigkeit und ewiges Leben zu erhalten, die in der Religion, gesteigert ins Göttliche, einen Vertrauenshintergrund gegenüber den Widerfahrnissen des Lebens bilden, die aber, entgöttlicht, suchtähnlichen Charakter gewinnen.
20 PINDAR: Olympische Oden, I 2,56–57, S. 9.

das Sipylos-Gebirge friedvoll zu herrschen, häufte *Zeus* den Fels über das Haupt des Daseinsverkehrers und machte ihn damit zu einem Gefangenen seines eigenen Machtanspruchs. Noch PAUSANIAS wird berichten, er habe «das bemerkenswerte Grab» des *Tantalos* «am Sipylos gesehen.»[21]

Was also gehört wem? Was gebührt wem? *Tantalos* ist offensichtlich geprägt von dem Drang, die Grenzen zwischen Diesseits und Jenseits, zwischen Menschen und Göttern, zwischen Relativem und Absolutem nach Kräften zu verwischen und aufzuheben, notfalls in der Weise des *Sisyphos* – mit List und Betrug. So wird berichtet, daß *Pandareos*, der König von Milet, einen goldenen Hund aus dem *Zeus*-Heiligtum entwendet und das Wundertier als Leihgabe *Tantalos* zur Verwahrung gegeben habe. «Der Hehler aber betrog den Dieb. Als der goldene Hund von Tantalos zurückgefordert wurde, leugnete er, ihn je gehabt zu haben, und schwur einen Meineid darauf.»[22] Der Hund hatte aber nicht nur den *Zeus*-Tempel bewacht, sondern zur Geburt des Gottes bereits die Ziege *Amaltheia* gehütet, die den kleinen *Zeus* am Ida-Gebirge auf Kreta mit Nektar und Ambrosia aus ihren beiden Hörnern gesäugt hatte; deshalb bestrafte *Zeus* den Dieb *Pandareos* samt seiner Frau *Hermothoë*, indem er sie tötete, dem *Tantalos* aber dachte er eine eigene Strafe in der Unterwelt zu, – der goldene Wachhund des *Zeus* verwandelte sich für den Hehler und Stehler in den dreiköpfigen Wächterhund *Kerberos* am Eingang zum Hades[23] (vgl. Tafel 10b).

3) Das Opfer des eigenen Sohnes oder: Vom Fluch der Tantaliden

Als das schlimmste Verbrechen des *Tantalos* indessen gilt, was – noch einmal – PINDAR, wenn auch voll Zweifel, als Gerücht von ihm überliefert: Er rief «zum Mahle, das ganz in der Ordnung war, in sein Sipylos...», um die Götter seinerseits zu bewirten.» Da aber soll «der Gott mit dem glänzenden Dreizack», *Poseidon* also, «von Sinnen vor Sehnsucht,» *Pelops*,

---

21 PAUSANIAS: Reisen in Griechenland, II 22,3; Bd. 1, S. 223.
22 KARL KERÉNYI: Die Mythologie der Griechen, II 55.
23 *Kerberos* war das Kind von *Typhon* und *Echidna*, ein Bruder der *Hydra* und der *Chimäre*; «er wird für gewöhnlich als dreiköpfig beschrieben... Er hatte den Schwanz einer Schlange, und aus seinem Rücken entsproß eine Reihe von Schlangenköpfen... Kerberos war so gräßlich anzusehen, daß jeder Mensch, der ihn erblickte, sofort zu Stein wurde.» MICHAEL GRANT – JOHN HAZEL: Lexikon der antiken Mythen und Gestalten, 242–243. Vgl. HOMER: Ilias, VIII 368, S. 154; Odyssee, XI 623, S. 363. Nach HESIOD: Theogonie, 310–315, in: Sämtliche Gedichte, 44, ist *Kerberos* «fünfzigköpfig, rücksichtslos und gewaltig.»

den Sohn des *Tantalos* und seiner Frau *Dione*, «mit goldenen Stuten zum hohen Palast des weitberühmten Zeus» entführt haben. «Dahin kam in der folgenden Zeit auch *Ganymed*, der Zeus denselben Dienst erweisen sollte. Da du (sc. *Pelops*, d.V.) verschwunden warst und die Männer, wie sehr sie sich auch mühten, dich der Mutter nicht bringen konnten, sagte wohl einer der mißgünstigen Nachbarn gleich heimlich, man hätte dich in die feurige Siedehitze des Wassers hinein mit dem Messer gestückelt, untereinander bei Tisch als zweiten Gang ausgeteilt und von deinem Fleisch gegessen.»[24]

Demnach wäre *Pelops* gar nicht von seinem Vater getötet worden, sondern *Poseidon* hätte ihn zum Olymp hin entrückt; und den Grund für diese Annahme gibt PINDAR selbst an: «Ich finde keinen Weg, einen Gott eßgierig zu nennen», schreibt er[25]. Doch genau darin liegt das Problem: Überall auf Erden finden sich Spuren von Menschenopfern, speziell von Kinderopfern in der Religionsgeschichte! Gewiß, PLUTARCH hat recht, wenn er – rund 600 Jahre nach PINDAR – in seiner Abhandlung «Über den Aberglauben» meint, es wäre «für die Gallier und Skythen ... besser gewesen, überhaupt keinen Begriff, keine Vorstellung, keine Kunde von Göttern (gehabt) zu haben, als an Götter zu glauben, die sich am Blut geschlachteter Menschen freuen und darin die höchste Form von Opfer und Gottesdienst sehen.» Auch fragt er: «Wäre es für die Karthager nicht gut gewesen, sie hätten bei der Gründung der Stadt den Kritias (sc. einen athenischen Sophisten und Politiker Ende des 5. Jhs. v. Chr., d.V.) oder Diagoras (sc. einen atheistischen Lyriker der gleichen Zeit, d.V.) zum Gesetzgeber gehabt und an keinen von den Göttern noch von den Dämonen geglaubt, statt daß sie für Kronos solche Opfer brachten, wie sie es taten? ... (So) brachten sie die eigenen Kinder mit Wissen und Bewußtsein als Schlachtopfer dar; Kinderlose kauften dazu kleine Kinder von Armen wie Lämmer oder junge Vögel; die Mutter stand dabei ohne Tränen und Seufzen, denn hätte sie geweint oder geseufzt, so hätte sie auf den Kaufpreis verzichten müssen, aber das Kind wäre trotzdem geopfert worden. Von Lärm war der ganze Raum vor dem Götterbild erfüllt, mit Pfeifen- und Trommelklang, damit man das Schreien nicht hörte. Herrschten über uns Wesen wie ... die Giganten und hätten sie die Götter vertrieben – würden sie sich dann ... andere Dienste fordern?»[26] In einer Religion, die Kinderopfer gebietet, regierten, meinte

24 PINDAR: Olympische Oden, I 2, 37–51, S. 7.
25 A. a. O., I 2, 52; S. 7.
26 PLUTARCH: Über den Aberglauben, Kap. 13, in: Drei Religionsphilosophische Schriften, S. 39; 41.

186

PLUTARCH, nicht Götter, sondern dämonische Ungeheuer, – die Giganten-schlacht müßte noch einmal geführt und mit geistigen Mitteln endlich zu Ende gebracht werden …

Tatsächlich kämpfte immerhin schon die Bibel gegen die kanaanäischen Kinderopfer: *Josia* (König in Juda von 639–609) zum Beispiel ließ das Tophet, das Heiligtum, in welchem Kinder geopfert wurden, im Tal Ben-Hinnom vor der Stadtmauer Jerusalems entweihen, «damit niemand seinen Sohn oder seine Tochter dem Moloch (sc. eigentlich *mäläch* – König, doch vokalisiert nach *boschät* – das Scheusal; der Gott *Baal*, der Herr, d.V.) durchs Feuer gehen ließe» (2 Kön 23,10; vgl. 2 Kön 17,17; Jer 7,31.32; 19,6.11 – 16; 32,35; Ps 106,37); damit richtete er sich nach den Weisungen des mosaischen Gesetzes (Lev 18,21; Dt 18,18) und grenzte die Frömmig-keitshaltung Israels von den kultischen Praktiken der Kanaanäer ab. Zwar wurde im Nahen Osten kein einziges «Tophet» archäologisch aufgefunden, doch im phönizischen Karthago war das Tophet nachweislich «vom An-fang bis zum Ende der Stadtgeschichte in Gebrauch, wie die Abfolge der Schichten deutlich zeigt. Die Opfer wurden anfänglich nur dem Baal-Ham-mon (sc. einer Gottheit, die dem phönikischen *El* bzw. dem griechischen *Kronos* entspricht, wörtlich: «Herr der Räucheraltäre», d.V.) darge-bracht … Wir wissen jedoch, daß Tanit (sc. die karthagische Hauptgöttin, entsprechend der phönikischen *Astarte* bzw. der griechischen *Hera*, d.V.) sich bald dem Baal Hammon zugesellt und ihm sogar in den Erwähnungen vorausgeht.»[27] Daß es sich bei den Opfern im Tophet nicht, wie man mit-unter behauptet hat, um eine rein symbolische Praktik gehandelt hat, bezeugt – neben der Bibel – auch DIODOR, wenn er schreibt: «Es befand sich … bei ihnen (sc. den Karthagern, d.V.) ein ehernes Standbild des Kro-nos, mit abwärts ausgestreckten, auf den Boden zu geneigten Armen, so daß der auf dieselben gelegte Knabe hinunterrollte und in eine mit Feuer angefüllte Vertiefung fiel.»[28] – Eine 1,2 m hohe Tophet-Stele in Karthago aus dem 4. Jh. v. Chr. im Bardo-Museum in Tunis zeigt einen Priester, der auf dem linken Arm ein Kind trägt und die Rechte zur Anbetung erhoben hat (Tafel 11a)[29].

27 SABATINO MOSCATI: Die Phöniker, 276.
28 DIODOR: Historische Bibliothek, XX 14; S. 2024.
29 ANDRÉ PARROT – MAURICE H. CHÉHAB – SABATINO MOSCATI: Die Phönizier, S. 165. – NIGEL DAVIES: Opfertod und Menschenopfer, 52, verweist auf die Gleichstellung des kar-thagischen *Baal* oder *Moloch* mit dem griechischen *Kronos* und dem römischen *Saturn*, betont aber: «Kinderopfer waren eine Eigenart der Karthagienser, ein Erbe ihrer phöni-zischen oder kanaanischen Vorfahren. Zu Ehren Baals, der Sonnen- und auch Feuergott war, wurden die Kinder in eine brennende Grube hineingerollt, die die Form eines Abbildes des

An einem dramatischen Beispiel verdeutlicht DIODOR zugleich, welch ein Sinn den Kinderopfern zukam: «Als Agathokles (sc. der Tyrann von Syrakus, 316–289/288, d.V.) 310 die Karthager besiegte und es ihm durch ein unerwartetes Manöver gelang, den Krieg nach Afrika zu tragen, glaubten die Karthager, sie hätten die Götter schwer beleidigt, und führten den göttlichen Zorn besonders auf den Umstand zurück, daß sie Kronos (sc. *Baal Hammon*, d.V.) zwar früher die Kinder der besten Familien geopfert hatten, sich dann aber dazu verleiten ließen, jene durch eigens zu diesem Zweck gekaufte Kinder zu ersetzen. Jetzt aber ... beschlossen die Karthager, sich vom begangenen Irrtum zu reinigen und 200 aus den besten Familien ausgewählte Kinder zu opfern.»[30]

Die Kinderopfer dienten mithin dem Zweck, die Gottheit gnädig zu stimmen und Gefahren, militärische Niederlagen etwa, aber auch Mißernten und wirtschaftliche Rückschläge, von der Stadt fernzuhalten; sie sind, so besehen, ein Symptom von Unsicherheit und Angst und stellen den Versuch dar, durch eine empfindliche Verzichtleistung einen tatsächlichen oder vermeintlichen Fehler wiedergutzumachen und die zürnende Gottheit zu versöhnen. Kein Opfer jedoch fällt einem Menschen schwerer, nichts Kostbareres läßt sich den Göttern darbringen als das eigene Kind, – je größer die Not, desto verzweifelter daher gerade dieses Bemühen, den bittersten Schmerz auf sich zu nehmen, um die Milde der himmlischen Mächte zu erflehen. «Aberglauben»? Gewiß, doch einzig von daher wird man die Tat des *Tantalos* verstehen müssen. – Zu Recht weist DIODOR darauf hin, daß vergleichbare Vorstellungen von Kinderopfern auch bei den Griechen nicht unbekannt waren[31]. EURIPIDES zum Beispiel läßt in seinem Drama «Iphigenie im Lande der Taurer» *Orest* seine Schwester *Iphigenie*, die als Priesterin den Menschenopfern vorsteht, fragen:

Gottes hatte, das Bild als solches wurde Moloch genannt.» Die Griechen, fügt er (S. 56–57) hinzu, hatten, ihren Legenden nach zu urteilen, «eine Passion» für das Töten von Kindern entwickelt: «Atreus, König von Mykene und Abkömmling des fluchbeladenen Hauses Atreus, verführte die Frau seines Bruders Thyestes, den er aus seinem Königreich verbannte. Später gab er sich versöhnlich und holte Thyestes zurück. Kaum hatte er seinen Bruder in der Gewalt, setzte er ihm eine Mahlzeit aus dem Fleisch seiner eigenen Kinder vor.»

30 SABATINO MOSCATI: Die Phöniker, 276, nach: DIODOR: Historische Bibliothek, XX 14, S. 2022–2023.

31 DIODOR: Historische Bibliothek, XX 14, S. 2024. – ROBERT VON RANKE-GRAVES: Griechische Mythologie, II 27, meint, der Umstand, daß *Tantalos* «häufiger Gast auf dem Olymp gewesen» sei, zeige, «daß sein Kult auf dem Peloponnes einst vorherrschend war». Als Hintergrund des Banketts nimmt er die «Eingeweidesuppe» an, «welche die kannibalistischen arkadischen Schafhirten des Eichenkultes dem Wölfischen Zeus bereiteten».

Und welches Grab wird mich empfangen nach dem Tod? –
Ein heilig Feuer, tief in breitem Felsenspalt

lautet die Antwort[32].

Doch das sind, mag man einwenden, Opfer an Erwachsenen, es sind nicht Mahlzeiten, bei denen Götter Kinder essen, wie *Tantalos* sie arrangiert. Jedoch: Berichtet wurde ähnliches auch von *Lykaon*, dem Sohn des *Pelasgos* und der *Meliboia*, der in der Frühzeit über Arkadien herrschte: Auch er, um *Zeus* auf die Probe zu stellen, soll das Fleisch seines Enkelkindes *Arkas* dem Gott zur Speise dargeboten haben. Daraufhin verwandelte *Zeus* den Frevler in einen Wolf (griech. *lýkos* – Wolf), weil er am Altar des Lykäischen Zeus (Lýkaion hieß ein Gebirge im Süden Arkadiens, wo sich der Hauptsitz des arkadischen Zeuskultes befand) einen Altar gestiftet hatte; immer seither, wenn an diesem Altare geopfert wird, verwandelt ein Mensch sich in einen Wolf, der nach acht Jahren freilich seine menschliche Gestalt zurückerhält, vorausgesetzt, er hat in dieser Zeit kein Menschenfleisch gefressen[33]. – Diese Geschichte ist, wie man sieht, eine archaische Kultlegende von Kinderopfern und Werwölfen und läßt *Zeus* in einem sonderbaren Licht erscheinen. Weit wichtiger aber ist die Tatsache, daß in HESIODS «Theogonie» bereits des *Zeus* Vater, der Titan *Kronos*, seine eigenen Kinder verzehrte. Ganz richtig meinte dazu bereits *Diodor*, «die alte

32 EURIPIDES: Iphigenie im Lande der Taurer, V. 625–626, in: Tragödien, II 763. – Etwas anderes sind die Menschenopfer am Grab, wie *Achill* in HOMER: Ilias, XXII 175–176 «zwölf edle Söhne … der mutigen Troer» am Scheiterhaufen seines Freundes *Patroklos* hinschlachtet, indem er ihnen wie Schafen und Hunden den Hals durchschneidet. Vgl. NIKOLAOS CHR. STAMPOLIDIS: Menschenopfer am Grab, in: Zeit der Helden, 175–179.
33 Vgl. APOLLODOR, III 96, in: Griechische Sagen, 97: «Kehren wir … zu Pelasgos zurück, der … ein Sohn des Zeus und der Niobe … war. Von ihm und der Okeanostochter Meliboia … stammte Lykaon, der über die Arkader herrschte.» HYGIN: Nr. 176, in: A. a. O., 327, schreibt: «Man erzählt: Zu Lykaon, dem Sohn des Pelasgos, kam Zeus als Gast und umarmte seine Tochter Kallisto, woraus Arkas entsproß, der dem Land seinen Namen gab. Die Söhne Lykaons indes wollten Zeus auf die Probe stellen, ob er ein Gott wäre; sie vermischten Menschenfleisch mit anderem Fleisch und setzten es ihm beim Mahle vor. Als er es merkte, stürzte er voller Zorn den Tisch um und erschlug Lykaons Söhne mit dem Blitz. An der Stelle erbaute später Arkas eine Stadt, die den Namen Trapezus (sc. von *trápeza* – Tisch, d. V.) erhielt. Ihren Vater verwandelte Zeus in einen *lykos*, das heißt Wolf.» Zur Werwolf-Tradition vgl. MICHAEL GRANT – JOHN HAZEL: Lexikon der antiken Mythen und Gestalten, 266–267. OVID: Festkalender, II 282; 423–424, S. 71; 73, bringt die «Lupercalien» mit Arkadien in Verbindung; sie waren ein Fest des *Pan* und wurden begangen am 15. Februar. Langenscheidt. Großes Schulwörterbuch Lateinisch – Deutsch, 749, vermerkt zur Aufführung der *Lupercalien*, dem Fest des *Lupercus*, des altrömischen Hirten- und Fruchtbarkeitsgottes, der dem *Faunus* (*Pan*) gleichgesetzt wurde: «Die Priester liefen nur mit einem Fellschurz gekleidet um den Palatin und schlugen mit Riemen auf entgegenkommende Frauen ein, was Segen für die Ehe bringen sollte.»

Sage» sei «bei den Karthagern» in ihrer Opferpraxis lediglich «aufbewahrt worden»[34].

Im Museo del Prado in Madrid hängt ein Bild, das PETER PAUL RUBENS zwischen 1636–1638 zu diesem Thema gemalt hat und das ihm Gelegenheit bot, «die Grausamkeit der Tat noch plastischer werden zu lassen. Der grauenhaften Erzählung vom Vater, der, getrieben von der Angst, eines seiner Kinder werde ihn entmachten, seinen Nachwuchs bei lebendigem Leibe verschlingt, gibt Rubens gesteigerte physische Präsenz. Den wuchtigen Körper stützt der greise Gott auf sein Attribut, die Sense – Zeichen des Ackergottes Saturn und seiner Vernichtungskraft zugleich. Mit unfaßbarer Brutalität beugt der sich über das halbwüchsige Kind, um es mit animalischer Miene zu zerfleischen. Das Fressen des Kinderfleisches steigert Rubens zu effektvoller Schockwirkung. Die Linke krallt der kräftige Alte in den kleinen Körper. In Panik und grauenvollem Schmerz wirft der sich hintenüber, versucht zu fliehen, dem Schmerz auszuweichen, windet und biegt sich. Die Füßchen zappeln hin und her und verkrampfen sich hintereinander, die Linke rudert hilflos abwehrend durch die Luft ... Der Kopf ist in den Nacken geworfen, die Pupillen verdrehen sich schon wie bei einem Sterbenden, Tränen schießen in die Augen und der Mund gellt einen furchtbaren Schrei in die Nacht. Der Greis aber starrt mit rotunterlaufenem irren Blick auf das, was sein furchtbares Tun anrichtet. Selber irrsinnig zerrissen zwischen panischer Angst vor dem eigenen Nachwuchs, Verzweiflung, wie die Falten der Stirn anzeigen, und dumpf brütender Entschlossenheit, was der starrende Blick verrät, läßt er nicht ab von seiner gequälten Beute.»[35] (Tafel 11b)

Angesichts der Gräßlichkeit dieses Bildes kommt man nicht länger mit der eingangs zum *Prometheus*-Mythos gegebenen Erklärung aus, es handle bei dem Tun des *Kronos* sich um eine bloße Chiffre der Zeit (griech. *chrónos*), die notwendigerweise alles verschlinge, was sie hervorgebracht; wohl verweist RUBENS auf diesen Zusammenhang mit den drei Sternen am dunklen Nachthimmel, – GALILEI hatte 1610 «den Planeten Saturn und zwei vermeintliche Begleitplaneten» in dieser Konstellation gesehen, – «die tatsächliche Gestalt des Rings um den Saturn wurde erst später entdeckt.»[36] Doch so sehr die Problematik von Tod und Vergänglichkeit auch das Thema des *Tantalos* prägt, – das Opfer seines Sohnes *Pelops* zur Mahlzeit der Götter hat religionsgeschichtlich erkennbar andere Gründe, auf die am

---

34 DIODOR: Historische Bibliothek, XX 14, S. 2024.
35 NILS BÜTTNER – ULRICH HEINEN: Peter Paul Rubens, 229; Abb. S. 228.
36 A.a.O., 229.

ehesten die Sense in der Hand des römischen Erntegottes *Saturn* hinweist; dessen mehrtägiges Fest wurde vom 17. Dezember an gefeiert und hob für kurze Zeit die sozialen Unterschiede auf, – «die Herren mußten ihren Sklaven bedienen.»[37] Vor dem Tod sind alle gleich, könnte man diesen Brauch kommentieren. Doch nicht um das Sterben, sondern ums Leben ging es in den Saturnalien, näherhin um die Sicherung der Lebens*mittel*. Mit dem Aufkommen der Agrarkultur scheint sich ein Weltbild geformt zu haben, innerhalb dessen die Menschen selber wie die Früchte des Feldes betrachtet und behandelt wurden, von denen sie ihr Dasein fristeten, – ihre Zerstükkelung und Beisetzung in der Erde galt den frühen Pflanzern als ein symbolisch-magischer Akt der Vermehrung und Aussaat, während der Ernteertrag als eine Art Selbstopfer des Gottes angesehen wurde, der in den jeweiligen Erzeugnissen zur Erscheinung kam[38]. In der Frucht des Getreides aß man die Gottheit, und so war es nur richtig, sie selbst zu ernähren durch das Opfer von Menschen, ein Geben und Nehmen, in welchem allein der Kreislauf von Leben und Tod sich erhält.

Insbesondere auf die Mythe von *Dionysos*, dem Gott des Weines, verdient im griechischen Umfeld verwiesen zu werden: In Delphi, wo man das Grab des *Dionysos* annahm, feierte man alle zwei Jahre die Wiedergeburt des Gottes, – deutlich gehört er in seinem periodischen Sterben und Wiederauferstehen zu der Schar der Vegetationsgottheiten. Aber auch ältere Züge sind mit ihm in der Gestalt des *Zagreus*, des «Großen Jägers», verbunden: *Zagreus* war das Kind des *Zeus* und der *Persephone*, das von den Titanen auf Weisung *Hera*s hin zerrissen wurde; *Zeus* aber verschlang das noch zuckende Herz des Kindes oder er ließ es seine Geliebte *Semele* verschlingen, jedenfalls entstand aus ihr durch die Verbindung mit *Zeus* der junge *Dionysos*[39]. – *Zagreus* war anscheinend ein alter Jagdgott, der

---

37 STEWART PEROWNE: Römische Mythologie, 39. OVID: Festkalender, I 293–294, S. 17, erinnert an die Zeit des *Saturn* (*Kronos*), als er «kaum einen gesehen» habe, «dessen / Herz nicht Gewinn an Gold als etwas Süßes empfand.»
38 ADOLF E. JENSEN: Die getötete Gottheit, 31, verweist auf die «dramatische Aufführung jenes Urzeit-Ereignisses, das durch eine Tötung das erste Sterben brachte, die Nutzpflanzen hervorrief und die Menschen in sich fortpflanzende Wesen verwandelte.»
39 KARL KERÉNYI: Dionysos, 78–85: Zagreus. – Zu Recht verweist NIGEL DAVIES: Opfertod und Menschenopfer, 81–82, auf die Ähnlichkeit solcher Vorstellungen mit dem christlichen Abendmahl: «Das gebrochene Brot erinnert an das in Stücke gehackte Opfer, sei es Osiris in Ägypten oder der Stier, der in den ekstatischen Dionysos-Riten zerteilt und roh gegessen wurde.» Nicht umsonst hörten die Heiden bei dem Opfer des (Gottes)Sohnes, der sich den christlichen Gläubigen im Mahl zur Speise gibt, den Ritus des Kinderopfers heraus und warfen den Christen neben «Atheismus» und «ödipodeische Beilager» auch «thyeste-

dann in der Gestalt des *Dionysos* der Welt der Vegetationsriten eingefügt wurde.

Insofern ist das, was *Tantalos* tat, als er seinen Sohn *Pelops* den Göttern zur Speise gab, ursprünglich gewiß nicht als ein Akt barbarischer Grausamkeit oder ruchlosen Frevels gemeint, vielmehr handelt es sich um das Relikt eines archaischen Rituals, das erst in späteren Zeiten nicht mehr verstanden und dann zum Abscheu skandalisiert wurde. Für den Zusammenhang mit den alten Fruchtbarkeitsriten spricht denn auch ein besonderer Zug der *Pelops*-Sage: Die Götter weigerten sich, von dem «Opfer» zu essen, nur *Demeter*, in selbstvergessener Trauer noch ob des Raubs ihrer Tochter *Persephone*, nahm versehentlich ein Schulterstück des geopferten Kindes zu sich; als dann *Rhea* die Glieder des Getöteten wieder zusammensetzte, ergänzte man das Fehlende mit einem Stück Elfenbein; PINDAR erzählt, die Schicksalsgöttin *Klotho* (die den Lebensfaden Spinnende) habe das Kind aus dem Kessel gehoben, «dessen Schulter im Elfenbeinglanz prangte.»[40] Daß es gerade die Erdgöttin *Demeter* ist, die von der «Speise» des *Tantalos* kostet, dürfte noch das Wissen enthalten, daß es ursprünglich ihr Schoß war, in dem Tod und Auferstehung sich wieder und wieder vollzog.

Daß im übrigen das «Opfer» des *Pelops* kein einmaliges Geschehen war, zeigt sich nicht zuletzt an dem «Fluch», der über dem Hause des *Tantalos* lastete, – man muß es sich nur in Erinnerung rufen: *Pelops* selber umwarb, erwachsen geworden, die Tochter des Königs *Oinomaos* von Pisa, *Hippodameia* mit Namen, die ihr Vater freilich nur demjenigen in die Ehe zu geben gewillt war, der ihn in einem Wagenrennen auf Leben und Tod zu besiegen vermochte. Dreizehn Freier schon hatte er eingeholt und mit dem Speer niedergestreckt; auch *Pelops* drohte ein gleiches. Der aber bestach den Wagenlenker des Königs, *Myrtilos*, Stifte aus Wachs anstelle eiserner Nägel in die Naben des königlichen Rennwagens einzusetzen, so daß *Oinomaos* in voller Fahrt ein Rad verlor und von den rasenden Rossen zu Tode geschleift ward; seines Mittäters und Mitwissers *Myrtilos* entledigte sich *Pelops*, als dieser *Hippodameia* vergewaltigen wollte, indem er ihn von einem Felsen ins Meer stürzte[41]; sterbend noch verfluchte *Myrtylos* aber den *Pelops* und all seine Nachkommen, und dieser Fluch entfaltete eine

ische Mahlzeiten» vor. Vgl. ATHENAGORAS: Bittschrift für die Christen, 3, in: Frühchristliche Apologeten, I 319.

40 PINDAR: Olympische Oden, I 1,26–27, S. 7. Vgl. HYGIN, Nr. 83, in: Griechische Sagen, 281–283.

41 *Epitome*, 2,3–10, in: Griechische Sagen, 130; HYGIN, Nr. 84, in: Griechische Sagen, 282. – Vgl. auch die Geschichte der *Marpessa* bei APOLLODOR, I 60, in: Griechische Sagen, 15–16.

furchtbare Wirkung. Zwar entsühnte *Hephaistos* den *Pelops*, so daß dieser das Erbe des *Oinomaos* antrat, Herrscher über Elis wurde und seine Macht über die ganze Halbinsel ausdehnte, die nach ihm den Namen trug: Peloponnes – die «Pelopsinsel»; doch an den beiden Söhnen, die er mit *Hippodameia* zeugte: an *Atreus* und *Thyestes*, erfüllte sich ein schreckliches Schicksal.

Alles begann damit, daß *Thyestes* und *Atreus* auf Betreiben der *Hippodameia* ihren Stiefbruder *Chrysippos*, den Lieblingssohn des *Pelops* mit einer Nymphe, aus Eifersucht auf dessen Schönheit ermordeten. Daraufhin verbannte *Pelops* seine beiden Söhne außer Landes, doch erhielten sie ein «Anrecht auf die Herrschaft in Argos.»[42] Nun hatte *Atreus* der Göttin *Artemis* gelobt, ihr das schönste Stück Jungvieh seiner Herde zu opfern[43]. Doch als bald hernach ein goldenes Lamm zur Welt kam, brach *Atreus* sein Versprechen und hielt das Tier als ein Symbol seiner Herrschaft über Argos zurück. *Thyestes* indessen verführte *Aerope*, die Frau des *Atreus*, und entwendete «mit ihrer Hilfe das goldene Lamm.»[44] – Die Praxis, das schönste Stück Jungvieh der Jagdgöttin zu opfern, könnte selber eine Vorform der Kinderopfer in den agrarischen Gesellschaften darstellen, wofern nicht das Opfer eines neugeborenen Lamms, wie im Exodus-Bericht der Bibel (Ex 12,12), die Tötung der eigenen erstgeborenen Kinder durch einen apotropäischen Zauber verhindern sollte; Kinderopfer und Tieropfer stehen jedenfalls in einer engen Beziehung zueinander, und das eine kann ausgetauscht werden gegen das andere.

So besehen handelte *Atreus* genau entgegengesetzt zu seinem Großvater *Tantalos*: wo dieser seinen Sohn zu opfern entschlossen war, verweigerte sein Enkelsohn der Göttin sogar das Opfer eines (allerdings besonders kostbaren) Tieres. Gleichwohl stellte *Zeus* sich auf die Seite des *Atreus*, indem er ihn durch *Hermes* dazu überredete, mit *Thyestes* folgende Abmachung zu treffen: Die Königsherrschaft gehe an *Atreus* nur dann über, wenn *Helios* den entgegengesetzten Weg am Himmel zurücklege. Auf diese – absolut unwahrscheinliche – Klausel ließ *Thyestes* sich nur allzu gern ein, doch prompt kehrte die Sonne ihren Lauf um und ging im Westen auf und im Osten unter. Damit war der Betrug des *Thyestes* vor aller Augen offenbar; *Atreus* ward König und vertrieb seinen Bruder, nicht zuletzt deshalb,

---

42 HERBERT HUNGER: Lexikon der griechischen und römischen Mythologie, 78. Vgl. HYGIN, Nr. 85–88, in: Griechische Sagen, 283–285.
43 HERBERT HUNGER: A. a. O., 78.
44 A. a. O., 79.

weil er von dem Ehebruch mit seiner Gattin *Aerope* erfahren hatte[45]. Allerdings war der Zwist damit keinesfalls ausgestanden.

Mit *Aerope* nämlich hatte *Atreus* drei Söhne: den *Pleisthenes* und die aus dem Trojanischen Krieg bekannten *Agamemnon* (den Herrscher von Mykene) und *Menelaos* (den Herrscher über Sparta und Gemahl der *Helena*); offenbar nicht ohne Mithilfe *Aeropes* gelang es *Thyestes*, den noch kleinen *Pleisthenes* mitzunehmen und bei sich aufzuziehen. Als er groß war, schickte er ihn zurück an den Hof des *Atreus* mit dem Auftrag, ihn umzubringen; doch *Atreus* erfuhr früh genug von dem Anschlag und tötete *Pleisthenes*; zu spät erst erkannte er, daß er in ihm sein eigenes Kind getötet hatte[46]. – Was *Tantalos* freiwillig tat, um den Göttern ein Opfer zu bringen, das widerfuhr in der zweiten Generation mithin einem Enkelsohn des *Atreus* unfreiwilligerweise. Doch auch damit war der Fluch im Hause der Tantaliden mitnichten ans Ende gelangt.

Thyestes hatte zwei Söhne: *Tantalos* und jenen *Pleisthenes*, wie sie bei HYGIN heißen[47]. Um sich an seinem Bruder zu rächen, versöhnte *Atreus* sich zum Schein mit *Thyestes* «und holte ihn in sein Reich zurück. Darauf schlachtete er die Söhne ... und setzte sie ihm zum Mahle vor. Während er noch davon speiste, ließ Atreus die Hände und Köpfe der Knaben herbeibringen. Das war ein Verbrechen, wegen dessen sogar Helios seinen Wagen abwandte.»[48] *Thyestes* floh zu dem König *Thesprotos* in Epirus; von dort gelangte er nach Sikyon, wo seine Tochter *Pelopeia* untergebracht war. Dort überraschte er sie, als sie der *Athene* ein Opfer darbrachte; mit verhülltem Haupt sprang *Thyestes* herzu und umarmte sie; *Pelopeia* «riß ihm ... das Schwert aus der Scheide und verbarg es zurückkehrend unter der Fußspitze der Athene. Am folgenden Tage bat Thyestes den König, ihn nach Lydien (sc. in die Heimat des Tantalos, d.V.) heimzuschicken. Inzwischen kam wegen des Verbrechens des Atreus Mißwachs auf den Feldern und Hungersnot über Mykene, worauf ein Orakelspruch dem König verkündete, er solle den Thyestes zurückholen. In der Meinung, Thyestes halte sich dort auf, begab er sich zunächst zu König Thesprotos, und als er Pelop(e)ia erblickte, bat er Thesprotos, sie ihm zur Gattin zu geben, im Glauben, sie sei dessen Tochter. Um keinen Verdacht aufkommen zu lassen, gab dieser ihm Pelop(e)ia, die schon von ihrem Vater Thyestes ein Kind trug, den Aigisthos. Als sie zu Atreus kam, gebar sie und setzte den Neuge-

---

45 HYGIN, Nr. 86, in: Griechische Sagen, 283.
46 HYGIN, Nr. 88, in: A. a. O., 283–284.
47 A. a. O., Nr. 85; Nr. 88, S. 283.
48 A. a. O., Nr. 88, S. 283–284.

borenen aus; Hirten legten ihn einer Ziege unter, aber Atreus ließ ihn ausfindig machen und als eigenes Kind aufziehen. In der Zwischenzeit sandte er seine Söhne Agamemnon und Menelaos, Thyestes zu suchen; um sich zu erkundigen, wandten sie sich nach Delphi. Zufällig hatte sich auch Thyestes dahin begeben, der das Orakel wegen der Rache an seinem Bruder befragen wollte; er wurde von ihnen ergriffen und vor Atreus geführt, der ihn in Gewahrsam nehmen ließ, zugleich schickte er nach Aigisthos, den er für seinen Sohn hielt, und gab ihm den Auftrag, Thyestes umzubringen. Als dieser Aigisthos erblickte mit dem Schwert in der Hand und es als dasjenige erkannte, das er damals bei der Umarmung verloren hatte, fragte er ihn, woher er es habe. Seine Mutter Pelop(e)ia habe es ihm gegeben, erwiderte jener, worauf er diese herbeiholen ließ. Sie erklärte, bei einer nächtlichen Umarmung habe sie es einem Unbekannten aus der Scheide gezogen und bei dieser Umarmung Aigisthos empfangen. Darauf riß sie ihm das Schwert aus der Hand, indem sie tat, als wollte sie sich darauf besinnen, und stieß es sich in die Brust. Aigisthos zog es aus der Brust seiner Mutter und eilte, das noch blutige Schwert in der Hand, zu Atreus. Dieser glaubte, Thyestes sei ermordet, und äußerte laut seine Freude; aber als er am Strand ein Opfer darbrachte, erschlug ihn Aigisthos und kehrte mit seinem Vater Thyestes in sein angestammtes Reich zurück.»[49]

Wie sich zeigt, besteht der «Fluch» der Tantaliden im wesentlichen darin, daß sich das Motiv des Kindesopfers zur Versöhnung der Götter immer mehr vermenschlicht – ins Unmenschliche. Aus einem Ritus wird Rache, aus einem Opfer ein Mittel zur Machtdurchsetzung, was einmal der Fruchtbarkeit diente, ist nur noch furchtbar in der Kraft der Zerstörung: Wie in der Bibel nach der Ermordung *Abel*s die Erde sich weigert, dem Ackerbauern *Kain* ihre Früchte zu geben (Gen 4,11.12), so verdorren die Fluren von Argos rund um Mykene und ahnden mit Mißwachs die Missetat ihres Herrn. Die gemeinsten Gefühle: Rachsucht und Machtgier, die übelsten Mittel: Arglist und Lüge, und die wildeste Wollust: Sex und Gewalt, kennzeichnen die Geschichte der Kinder des *Tantalos*.

---

49 A. a. O., S. 284–285.

4) Die Strafe des Tantalos oder: Das greifbar nahe und doch unnahbare Glück

Freilich, die Art dieses Fluchs, seine unheimliche Aktualität, begreift man erst, wenn man sich anschaut, wie die Götter *Tantalos* selber bestraften. Als *Odysseus* auf den Rat der Zauberin *Kirke* hin zum ersten Mal das Reich des *Hades* betritt, erlebt er die Pein des auf immer Verdammten *vis-à-vis* mit; denn so berichtet er – laut HOMER – am Hof des Phäakenkönigs *Alkinoos*:

> Und den Tantalos sah ich, der, schwere Qualen ertragend,
> In einem Teiche stand, der ihm mit dem Wasser ans Kinn schlug.
> Dürstend schien er und konnte zum Trinken es doch nicht erreichen;
> Denn sooft er sich bückte, der Greis, im Wunsche zu trinken,
> So oft schwand es hinweg, verschluckt, und die Erde, die schwarze,
> Kam um die Füße hervor; ein Dämon machte sie trocken.
> Hochbelaubte Bäume gossen ihm Frucht übers Haupt hin,
> Apfelbäume mit glänzenden Früchten, Granaten und Birnen
> Und süß schmeckende Feigen und prangende grüne Oliven;
> Aber sooft er sich reckte, der Greis, sie mit Händen zu greifen,
> Schnellte sie immer der Wind empor zu den schattigen Wolken[50].

Parallel dazu, wie auf dem Unterwelt-Kratēr in München, schildert an gleicher Stelle HOMER auch das Schicksal des *Sisyphos* in der Darstellung seines Helden *Odysseus*:

> Auch den Sisyphos sah ich, der, starke Qualen ertragend,
> Einen gewaltigen Stein mit beiden Händen daherschob.
> Ja, fürwahr, mit Händen und Füßen dagegen sich stemmend,
> Stieß er den Stein den Hügel hinan; doch wenn er ihn gerade
> Über den Gipfel zu wälzen gedachte, dann trieb seine Wucht ihn
> Immer zurück, und der tückische Stein rollt' wieder zu Tale.
> Aber er stieß ihn von neuem und strengte sich an und der Schweiß rann
> Ihm von den Gliedern herab, und Staub stieg über sein Haupt auf[51].

Beide, so viel ist deutlich, bilden die Brennpunkte ein und derselben Ellipse des Unglücks, des «starke Qualen ertragend»: der eine im Streben nach einem möglichst langen Leben in der Flucht vor dem Tod, der andere im Besitz eines unendlichen Lebens, ständig bedroht von der Last seiner End-

---

50 HOMER: Odyssee, XI 582–592, S. 361.
51 A. a. O., XI 593–600, S. 363.

lichkeit. In welchen Illusionen sich *Sisyphos* gefangen setzt, hat sich gezeigt; was aber ist es mit dem Fluch des *Tantalos*, – wie die Götter, gemäß seinem Wunsche, leben zu müssen und gestraft gleichzeitig zu sein mit dem Bewußtsein, doch nur als Mensch existieren zu können? Warum bringt er, als Gast an der Tafel der Götter, mit der Schlachtung seines Sohnes ein derart monströses Opfer dar? Der religionsgeschichtliche Hintergrund verrät, daß es sich überhaupt um ein Opfer, nicht einfach um einen furchtbaren Frevel handelt; doch was steht hinter der Psychologie solcher Opfer? Die Angst vor dem Verlust der Lebensressourcen, gewiß; doch was sagt über sich selbst aus, wer seinen eigenen Sohn einer grausamen Gottheit zum Opfermahl bringt? – Diese Frage, bis in den Wortlaut hinein, erinnert in äußerster Ambivalenz auch an den christlichen Zusammenhang von Kreuzigung und Abendmahl; was aber ist da gemeint in der ungeheueren Spannbreite zwischen Verhängnis und Vergebung, zwischen Fluch und Erlösung, zwischen Unglück und Rettung?

Der Kern der *Tantalos*-Problematik besteht allem Anschein nach in dem Gefühl, selbst im Rang eines Königs, als Privilegierter an der Tafel der Götter, als ein über alle Maßen Begünstigter, eigentlich nicht zu genügen und jedenfalls nicht genug getan zu haben, um all die empfangenen Auszeichnungen zu verdienen. Abgründig existiert da ein fundamentales Legitimationsdefizit für die bloße Tatsache des eigenen Daseins, – man hat kein Recht, überhaupt zu sein. Wie also rechtfertigt man es, unter lauter Göttern als Mensch aufzutreten?

Offensichtlich ist es nicht hinreichend, in der Opferpraxis lediglich ein magisches Ritual des «*do ut des*», der (römischen) Übereinkunft eines Deals mit den Göttern nach der Devise: «Ich gebe, auf daß du gibst», zu erblicken oder eine aufgenötigte beziehungsweise freiwillig auferlegte Sühneleistung für begangene Schuld. Wie, wenn die «Schuld», die es wieder gutzumachen gilt, gar nicht eine einzelne Tat ist, sondern in der Tatsache gründet, daß es so etwas wie mich überhaupt gibt? Dann erhält das Opfer den Sinn, die eigene Existenz als etwas absolut Brauchbares, Nützliches, Notwendiges, Unentbehrliches, zumindest hoch Willkommenes und Erfreuliches einer Bezugsperson darzubieten, deren Urteil über alles entscheidet: über Sein und Nichtsein, Wert und Unwert, Bejahung und Ablehnung; und zwar muß man dieser anderen alles entscheidenden Person dieses Opfer darbringen, weil sie sich durchaus auch anders als bestätigend und zustimmend verhalten könnte. Man kann ihrer Zuneigung und Geneigtheit nicht sicher sein, – diese Unsicherheit, diese Angst bildet das wesentliche Ingredienz eines jeglichen Opfers.

An dieser wichtigen Stelle gilt es, Verwechslungen in der Motivation eines «Opfers» zu meiden. In GIOVANNI BOCCACCIOS «Dekameron» zum Beispiel geht die Erzählung von dem jungen Edelmann *Federigo*, der, in Ermangelung einer anderen Speise, seiner geliebten *Giovanna*, die überraschend zu ihm zu Besuch kommt, einen herrlichen Falken schlachtet und als Braten ihr vorsetzt; als sie ihn später bittet, ihr das berühmte Tier für ihren kranken Sohn als Geschenk zu überlassen, muß er unter Tränen gestehen, es für sie bereits verpfändet zu haben; natürlich erkennt sie in seinem Tun die Größe seiner Liebe, hatte er sich doch bereit gezeigt, selbst das Liebste, das er besaß, für sie hinzugeben[52]. Unzweifelhaft: Dieser Mann handelte wirklich aus Liebe, nicht aus Sorge, der Liebe verlustig zu gehen. – Eine ganz gegenteilige Geschichte erzählt HENRIK IBSEN in seinem Drama «Die Wildente», und sie macht den ganzen Unterschied deutlich: Auf Anraten des befreundeten Gregers Werle soll die gedrückt dahinlebende, von Erblindung bedrohte Hedwig, um ihre Liebe zu ihrem Vater zu beweisen, von dem sich herausstellt, daß gar nicht er, sondern Gregers Vater sie gezeugt hat, eine Wildente töten, die sie auf dem Dachboden hält und die das einzige auf Erden ist, woran sie wirklich hängt; nur ein solches Opfer, erklärt Gregers, könne ihr die Liebe des (Stief)Vaters erhalten und damit den Fortbestand der Ehe ihrer Eltern retten. Hedwig versteht sehr wohl die Bedeutung dieses ihres Opfers, aber die Ente erschießen, – das kann sie nicht; statt ihrer erschießt sie sich selbst[53]. – So im Grunde ist jedes wirkliche Opfer in der Religionsgeschichte der Menschheit: Es rettet und rechtfertigt ein Dasein, das anders als unberechtigt, als verloren gelten muß. Im Opfer akzeptiert der Opfernde gewissermaßen sein eigenes Todesurteil als rechtens, und seine Opferhandlung gewinnt damit die Bedeutung einer ersatzweisen Selbsttötung. Die Ente oder ich, – so war es bei Hedwig, so ist es grundsätzlich bei jedem Opfer.

Und nun *Tantalos*! Sein ständiges Vernichtungsgefühl, das ihn im Tartaros peinigt, ist nicht erst das Ergebnis, sondern – wie allzumeist, wenn Götter strafen – der Grund seines grausigen Opfers: Er tötet seinen Sohn *Pelops*, um seiner eigenen Beseitigung zuvorzukommen; andererseits ist er

---

52 GIOVANNI BOCCACCIO: Das Dekameron, 5. Tag, Neunte Geschichte: Federigo degli Alberighi und sein Falke, 454–461.
53 HENRIK IBSEN: Die Wildente, 5. Akt, in: Dramen, II 247: Gregers: «Sie wollte dir das Beste opfern, was sie auf der Welt hat; denn sie meinte, dann müßtest du sie wieder liebhaben.» «Sie wollte nur deine Liebe wiedergewinnen, Hjalmar; ohne die meinte sie nicht leben zu können.» Der ehemalige Theologe Molvik kommentiert den Vorfall mit erhobenen Händen: «Gelobt sei der Herr; zu Staub sollst du werden; zu Staub sollst du werden –». (S. 250)

auf das engste mit seinem Sohne verbunden. Nicht nur biologisch verkörpert *Pelops* einen Teil seines Lebens, er repräsentiert zugleich die Zukunft seiner Dynastie, er ist, rein immanent betrachtet, als sein Sohn die einzig mögliche Form, die Unsterblichkeit der Götter in der Sterblichkeit eines Menschen nachzuahmen: Man «lebt» in seinen Kindern «weiter»! So glaubt, wer an nichts glaubt außer an das, was er sieht. Jemand wie *Tantalos*, der den Göttern das eigene Kind zum Opfer darbringt, beraubt sich gerade dieses biologisch einzigen Trostes gegen die Sterblichkeit, um dafür Unsterblichkeit von den Göttern sich schenken zu lassen. Er ahnt nicht, daß er sich damit selbst genau zu dem Schattendasein verdammt, dem er entrinnen möchte; ganz und gar taucht er damit ein in die zwanghafte Logik jeder Fruchtbarkeitsreligion, die in Gestalt des *Baals*-Kultes der Phöniker von der Bibel bekämpft wurde: Wer das menschliche Dasein einzig als Teil der Natur betrachtet, steht immer wieder vor dem unlösbaren Problem des Kommens und Gehens inmitten einer Welt, die dem Einzelnen in blinder Grausamkeit jederzeit die völlige Zurücknahme seines Daseins zumutet. Wer ist er als Person? Die Natur sagt es ihm nicht; sie nimmt wie selbstverständlich ihn selber zum Opfer ihres Selbsterhalts und verlangt ihm rigoros jede Art von Opferleistung ab, um für eine kurze Zeit sein Dasein zu rechtfertigen.

5) Tantalos als Chiffre der Gegenwart oder: Von Überfülle und Leere

Doch eben damit gewinnt die Tragödie des *Tantalos* eine geradezu atemberaubende Aktualität. Statt als eine bloße Zerrgestalt maßloser Dreistigkeit und unfrommer Frechheit im Umgang mit Göttlichem und Heiligem in Erinnerung zu bleiben, taucht mit ihm aus der Vergangenheit eine Urgestalt auf, die imstande ist, die Geisteshaltung ganzer Epochen in ihrem Streben nach Glück und in ihrem Sterbedasein voll Unglück warnend zu deuten. Denn nicht zu übersehen ist: *Sisyphos* ebenso wie *Tantalos* verkörpern entschieden ein Leben in reiner Diesseitigkeit; wenn sie sich ein «Jenseits» vorstellen, dann allein als verunendlichte Endlichkeit; mehr, als an Lebensinhalt auf Erden sich finden läßt, soll es nicht geben, kann es nicht geben, darf es nicht geben; das steht dieser Lebensauffassung fest: Es wäre Verweigerung der Härte des Daseins, eine Verleugnung der Wirklichkeit durch bloßes Wunschdenken, eine Verneinung der Verantwortung den Gegebenheiten der Welt gegenüber. Doch was bleibt übrig nach Wegfall jeder transzendenten Hoffnung – außer dem Rückfall in den Kult der «Fruchtbarkeit»? *Prometheus* mag eine Gestalt zur Deutung des 19. Jhs. gewesen sein, *Sisyphos* zur Deutung des 20. Jhs, – *Tantalos*, wenn wir nicht achthaben, könnte den Grundkonflikt konfigurieren, in den, sehenden Auges, unser 21. Jh. hineinstürzt, erscheint doch die Ausgangslage und ihre Bedingung auf frappierende Weise als tantaloid. – Vier Motive zugleich sind maßgebend für diesen Eindruck.

1) Jeder, der unsere geschichtliche Lage, unseren Wohlstand betrachtet, muß, neidvoll beinahe, zugeben: Wir sitzen, wie *Tantalos*, göttergleich an der Tafel der Götter, und diese gewähren uns scheinbar bereitwillig alles, was wir begehren. – Zum Beweis: Es hat noch nie eine Zeit in der menschlichen Geschichte gegeben, in welcher für die Masse der Menschen Konsumgüter in so unvorstellbaren Mengen zur Verfügung bereitstanden. Was vor 3000 Jahren allenfalls Könige, Adlige und Priester an Luxus sich leisten konnten – und auch das nur gelegentlich, als festliche Ausnahme –, steht den «Normalbürgern» heute wie ein Gewohnheitsrecht, wie ein Anspruchsrecht, wie ein Menschenrecht zur Verfügung. Wovon man im Altertum allenfalls träumen konnte, um sich die Möglichkeiten des grenzenlosen Genießens göttlicher Wesen vorzustellen, hat sich mit den Mitteln moderner Technik mehr als erfüllt: zu Wasser, zu Land, in der Luft sich bewegen zu können wie nach Belieben, Speisen, erlesene, zu sich zu nehmen, Getränke, betörende, angeboten zu finden, Gewänder in schönster Verarbeitung, gewirkt aus schmeichelnden Stoffen und Tüchern, in allen Läden kaufen zu können, Geräusche und Töne zu vernehmen, umspielende, erregende, beruhigende, je nach Bedarf, mit Bädern und Salben und Medikamenten den eigenen Körper zu pflegen, – alles, buchstäblich alles, was wünschbar erscheint, läßt sich vorstellen, herstellen, bestellen, aufstellen, anstellen. Mit dem Maschinenzeitalter des 19. Jhs. wurde der materielle Mangel an Nahrungsmitteln, Gebrauchsgütern und Luxuswaren endgültig ersetzt durch ein riesiges Angebot an Produkten, die auf den Markt zu werfen und an den Mann zu bringen zum Hauptanliegen des 20. Jhs. wurde: Werbung, Vertrieb und Marketing, plus Management und Maximierung der Profite wurden zum Kugellager für das Drehmoment des wirtschaftlichen Fortschritts. Und wie nun wir – im 21. Jh.?

Wenn es eine Gottheit gibt, an die wir wirklich glauben und zu deren Tafel wir uns drängen, so ist's, wie in den Tagen der Phöniker, *Baal*, der Gott der Fruchtbarkeit. In unserer Sprache: Wachstum. Wachsen muß alles oder es stirbt: der Aktienindex, die Börsenrendite, die Unternehmerprofite, die Zinsgewinne, die Binnennachfrage, die Exportüberschüsse, das Tempo, der Umsatz, die Leistung, – die Menschheit als ganze, sie wächst und wächst: auf neun Milliarden schon bis 2050, auf zwölf Milliarden bis 2100? Das System unseres gesellschaftlichen Zusammenhalts, der Sinn alles staatlichen Handelns kennt kein anderes Ziel als eben dies: Wachstum um jeden Preis. Fruchtbarkeit und Verzehr, Produktion und Konsumtion auf exponentiell expandierender Skala, – sie sind das Absolute, der höchste Wert, die einzig anzubetenden Götter in unserem geistigen Universum, und über ihnen, als der *Zeus* der Moderne, als der «Vater» der Götter, als der Stärkste auf dem Olymp der Macht: *das Geld.* Es ist auf dem Markt die Tauschform von Leistung und Ware zum Ankauf neuer Leistung und neuer Ware, es ist dasjenige, das in abstrakter Form alles bedeuten kann und schon deshalb als das einzig Bedeutende gilt: Wer Geld genug hat, kann alles sich leisten,– alles, was es auf Erden gibt; und gibt es noch mehr und noch anderes? Nicht in unserer Welt!

Doch selbst die Götter folgen Gesetzen, und über ihnen waltet das Schicksal. Es kommt objektiv einer Verharmlosung gleich, unser (kapitalistisches) Wirtschaftssystem des «freien» Marktes in seinen Exzessen auf die private «Gier» einzelner zurückzuführen. «*Tantalos*» in der Tat repräsentiert die Gesinnung einer ganzen Kultur, die Einstellung einer ganzen Religion, die Selbstgewißheit eines geschlossenen Weltbildes: Wer an den Gott der Fruchtbarkeit in seiner Geldform glaubt, für den besitzt nichts einen Wert, als was sich im Preisindex darstellen läßt, und so wird er erleben, daß er niemals Geld genug in seiner Hand halten kann. Er kann sich's nicht leisten, es zu verschleudern, er muß es reinvestieren oder, besser noch, er muß es, vorbei an der sogenannten Realwirtschaft, anlegen in der Finanzwirtschaft: Er muß Geld zu Geld machen, er muß das Geld für sich arbeiten lassen, er muß als leistungsloses Einkommen Gewinn ziehen aus dem Geldbesitz selbst. Dafür steht die Spirale von Zinsen und Zinseszinsen auf jeder Schuldverschreibung bei den Geldinstituten, und sie geht ein in die Überteuerung aller Preise, sie reißt durch den bloßen Faktor der (Lauf)Zeit der Schulden die Kluft zwischen den Geldbesitzern (den Reichen) und den Geldabhängigen (den Armen) immer weiter auf. Der helle Himmel der Götter und der finstere Abgrund der Verdammten bleiben unüberbrückbar getrennt von einander durch die Logik einer Fruchtbarkeitsreligion der ständig steigenden Gewinne in ihrer Geldform.

2) Eben deswegen aber erfordert die Teilnahme an der Mahlgemeinschaft der Götter das Erbringen immer neuer Opfer vor allem an Menschen. – Wie schon sollte man im Raum einer bloßen Natur- und Fruchtbarkeitsreligion Menschen anders betrachten denn als Naturprodukte,

dazu bestimmt, fruchtbar zu sein und sich zu mehren, wie es als Schöpfungsgebot sogar in der Bibel gleichermaßen für Tiere wie Menschen ausgesprochen wird (Gen 1,22.28), um dann, nach Ableistung des Wachstumsauftrags, selber als Einzelwesen wieder einzugehen in den Stoffwechselhaushalt der Natur? Menschen, die sich so sehen, können nicht anders als sich hin- und hergerissen zu fühlen zwischen *Eros* und *Thanatos*, zwischen Sexualität und Tod, zwischen Zeugung und Zerstörung, – ein Kreislauf, den in Gang zu halten die Einstellung von *Sisyphos* und *Tantalos* gleichermaßen erfordert: – *Sisyphos*, daß er illusionär sich eine Hoffnung bewahre, die ihn zur Erbringung der geforderten Arbeitsleistung bereit macht, *Tantalos*, daß er, hellsichtig genug, die Angst vor der eigenen Zurückweisung mit der Bereitschaft zum Opfern beantworte. Nun haben wir in der Moderne die «Natur» weitgehend durch die «Kultur» ersetzt, – wir leben nicht mehr, wie Wildbeuter, von dem, was die Natur uns an Nahrung mal widerstrebend, mal üppig gewährt, sondern wir verändern in Kenntnis der natürlichen Abläufe deren Wirken entsprechend den Überlebensinteressen der menschlichen Spezies. Aus der Ökologie ist die Ökonomie geworden mit durchgreifenden Folgen: Wieviel etwas Wert hat in der Natur, gleich, ob Wasser und Wald, Feld und Weide, Boden und Bodenschätze, ermißt sich allein an dem Preis, den man im Fall des Verkaufes des jeweiligen Objekts erzielt, und der wiederum bestimmt sich wesentlich durch die künftigen Gewinnerwartungen des neuen Besitzers.

Kein Wunder, daß unter solchen Voraussetzungen auch vom Menschen selbst nichts weiter übrig bleibt, als daß er das Austauschmaterial im Kreislauf des Erhalts einer Energie bildet, die jetzt die Form des Geldes angenommen hat. Was ein Mensch wert ist, zeigt sich fortan ganz allein an seiner Arbeitsleistung. Er, der nichts weiter anzubieten hat, als seine Arbeitskraft, kann leben nur, indem er sich für die jeweils von ihm erbrachte Tätigkeit entlohnen läßt. Doch wieviel muß derjenige bezahlen, der seine Arbeitskraft in Dienst nimmt? Gerechterweise das, was er selbst an ihm verdient, doch kann er das in einer Welt der permanenten Konkurrenz? Um in dem «Wettbewerb» der Unternehmer und der Anbieter sich durchzusetzen, muß er seine Produkte möglichst kostengünstig auf den Markt werfen, und das geht nur bei möglichst niedrigen Löhnen und möglichst billig eingeholten Rohstoffen: – der Arbeiter wird gerad soviel an Arbeitslohn erhalten, als er für sich und seine Angehörigen zum Leben braucht, und auch die Angehörigen – die Frauen insbesondere – kann man durch Lohndumping zur Arbeitsleistung zwingen. Die Sicherung des Industriestandortes als ein Hauptziel nationaler Politik führt wie von selbst dahin, in Menschenleben nichts weiter zu erkennen als Humankapital, – als eine Anhäufung von Geld, das durch entsprechende «Ausbildung» vorgestreckt wurde, um sich so schnell und so effektiv wie möglich in Gewinnerträge umzuwandeln.

Es ist klar: Ein solches Leben hat keinen anderen Zweck zu verfolgen, als dem Stoffwechsel zu dienen: zu essen, zu arbeiten, ein bißchen zu genießen und irgendwann als unbrauchbar sich selbst im Tod zurückzunehmen. In einer Welt, in welcher Geld der Wertmaßstab aller Dinge ist, haben auch Menschen nur in verdinglichter Form noch einen Wert. Nicht was sie sind, – was man mit ihnen machen kann, entscheidet, ob und inwieweit sie noch berechtigt sind zu sein. Das Opfer ihrer eigenen Person an den abstrakten Götzen Geld ist die Bedingung dafür, akzeptiert zu sein. Das Nichts, die Nichtigkeit und die Vernichtung, die der Tod ist, genügen, um das Hangende über dem Haupt des *Tantalos* zu bilden.

Wie ein solches Unleben sich darstellt, hat JOSEPH ROTH 1927 in seinem Bericht «Die Flucht ohne Ende» aus der Sicht des Kriegsheimkehrers *Tunda* zu beschreiben versucht, der nach Jahren des Aufenthalts in Sibirien nach Wien zurückgelangt, doch dort kein Zuhause mehr findet. Immer schon war ihm «die Zeit des Kapitalismus» als «die Zeit der Opfer» erschienen. «Seit den ersten Anfängen der Geschichte opferten die Menschen. Zuerst Kinder und Rinder für den Sieg, dann opferten sie die Tochter, um den Ruin des Vaters zu verhindern, den Sohn, um seiner Mutter ein angenehmes Alter zu bereiten, die Frommen opferten Kerzen für das Seelenheil der Toten, die Soldaten opferten ihr Leben für den Kaiser.»[54] Doch jetzt muß *Tunda* erkennen, daß in den Menschen, die ihm begegnen, die «Fähigkeiten, zu erleben, Schmerzen zu fühlen, Freude, Angst, Kummer, Jubel und alles, was das Leben ausmacht, erstorben waren.»[55] «Arm sein war in ihren Augen das Unmännlichste – und nicht nur in ihren Augen. In dieser Welt war Armut Unmännlichkeit, Schwäche, Torheit, Feigheit und ein Laster.» Dabei zelebriert diese Welt sich in steifer mechanisierter Konformität und Korrektheit. «Wer dirigierte diese Menschen?», fragt sich *Tunda*. «Wer legte sie aus, in diesem Museum, das Champs Élysées genannt wird, wer hieß sie herumgehen und sich drehen wie Mannequins? ... Ach, was trieben sie nicht alles! Manchmal kamen sie Tunda vor wie Totenwürmer, die Welt war ihr Sarg, aber im Sarg lag niemand. Der Sarg lag in der Erde, und die Würmer bohrten Wege durch das Holz, bohrten Löcher, kamen zusammen, bohrten weiter, und einmal wird der Sarg ein einziges Loch sein – dahin die Würmer und der Sarg, und die Welt wundert sich, daß keine Leiche dringe-

54 JOSEPH ROTH: Die Flucht ohne Ende, 26.
55 A. a. O., 114.

legen hat –»[56] Unwirklich waren sie in *Tunda*s Augen alle, gar nicht existent in eigentlichem Sinne, dafür traten sie auf mit «starken, weißen, breiten und wie eine Reklame für Kalodont wirkenden Zähnen, die sie entblößten, statt zu lächeln, mit breit wattierten Schultern und schmalen Taillen ..., mit bunten und dummen Katzenschleifchen am Hals, mit sauber geschnittenem, gut gepflegtem Haar ..., massiert, geduscht und jeden Augenblick wie aus Seebädern gestiegen ... Sie sprachen mit schallenden Stimmen, in den Mundhöhlen entstand schon das Echo. Höflichkeitsphrasen ... sagten sie mit unerschütterlichem Ernst auf. Von allen Gebieten des menschlichen Lebens wußten sie zu sprechen, in dem Ton, in dem die mondänen Zeitschriften auf den letzten Seiten und im kleinsten Druck, nachdem die Moden der nächsten Saison absolviert sind, pflichtgemäß von Politik, Literatur und Finanzen berichten ... und sie waren alle gleich schön, wie Vögel ... Schwestern von verblüffender Gleichheit. Daß sie verschiedene Namen trugen, war ein Irrtum der Behörden. Übrigens hatten die meisten englische Namen. Man hatte sie – und das war vollkommen gerecht – nicht nach Heiligen genannt und nicht nach Großmüttern, sondern nach Heldinnen amerikanischer Filme... Nichts fehlte ihnen mehr zur Übernahme bestimmter Rollen.»[57]

Eben dies: Daß das Leben selber zur Ware wird, beraubt die Menschen ihrer Individualität, betrügt sie um ihre Lebenswirklichkeit und preßt ihnen den Stempel von Seriennummern auf Stirn, Brust und Rücken. Nicht nur die Produkte, auch die sie herstellenden und verbrauchenden Menschen werden serielle Massenerzeugnisse, die in all ihrer Sorge um ihr alterndes, verrinnendes Leben keinen Lebensinhalt mehr kennen, für den es sich lohnen würde, zu leben. Was vor rund 90 Jahren JOSEPH ROTH in Wien und Paris wahrnahm, die Amerikanisierung der Welt als «alternativlose» Durchsetzung der kapitalistischen Wirtschaftsform, erscheint rückblickend als eine prophetische Warnung, deren Erfüllung in unseren Tagen in vollem Gange ist.

3) Erfordert ist zur Aufrechterhaltung dieses Systems vor allem die Darbringung der eigenen Kinder, um die Anwesenheit an der Tafel der Götter zu rechtfertigen. – Nicht früh genug kann den Heranwachsenden beigebracht werden, daß das Leben kein «Spiel» ist, sondern der «Ernstfall», das heißt, sie müssen sich anstrengen, aufpassen, fleißig sein, lernen – und aufhören, Kinder zu sein. Kinder möchten spielen, – zweckfrei, aus Freude, voll Phantasie, neugierig auf so vieles noch Unbekanntes, nachahmend,

56 A. a. O., 116.
57 A. a. O., 126–127.

was sie gesehen, nachdenkend, was sie erfahren, nachbildend, was sie beeindruckt. Schon die Verhaltenspsychologie von Tierkindern verrät die überragende Bedeutung spielerischen Erlernens bestimmter Grundszenen des Lebens, und sie verweist zugleich auf die Notwendigkeit, den Kleinen in der Nähe der Mutter angstfreie Zonen der Unbedrohtheit, der Geborgenheit und des Vertrauens einzurichten[58]; eine tantaloide Kultur indes, wie die unsere, weiß das alles von Grund auf anders und besser: Die Kin-

---

58 ARNO GRUEN: Verratene Liebe – Falsche Götter, 129–130, macht am Beispiel einer Rede von MARGRET THATCHER in der Church of Scotland im Jahre 1988 deutlich, wie die psychopathische Trennung von Wort und Gefühl, verbunden mit der Vermittlung von Schuldgefühlen, die das Opfer (von Wirtschaft und Politik) zum Täter erklären (es fordert zu viel, es tut nicht genug, es trägt nicht genügend Eigenverantwortung), unser Denken bestimmt und schon in Kindertagen vermittelt wird: «Vielleicht wäre es am besten», sagte Frau *Thatcher*, «wenn ich damit beginne, wie sich mir die Dinge persönlich als Christin wie auch als Politikerin darstellen. Kürzlich fand ich beim Lesen den schlichten, einfachen Satz: Christentum bedeutet Erlösung im Glauben und nicht soziale Reform.» – An dieser Stelle bereits wird der Hörer, meint GRUEN, vom Mitgefühl getrennt – und das mit Berufung auf ein recht verstandenes Christentum! Es geht weiter: «Die meisten Christen begreifen es als ihre persönliche christliche Pflicht, ihren Mitmenschen zu helfen und das Leben von Kindern als ein uns anvertrautes Gut anzusehen. Diese Pflichten rühren nicht von einer staatlichen Gesetzgebung her, die vom Parlament verabschiedet wird, sondern daher, daß man Christ ist.» Natürlich ist das Leben, Gott Lob, mehr als politische Gesetzgebung, doch für Frau *Thatcher*, für diese Ikone des Neoliberalismus im UK, folgte daraus: «wir dürfen uns nicht zum christlichen Glauben bekennen und in die Kirche gehen, nur weil wir soziale Reformen, Wohltätigkeit oder ein allgemein besseres Benehmen anstreben…» Natürlich nicht «nur», aber eigentlich auch. Frau THATCHER hingegen will sagen: «überhaupt nicht», denn so geht es bei ihr weiter: «sondern weil wir an die Heiligkeit des Lebens, an die Verantwortung, die mit der Freiheit einhergeht, und an das höchste Opfer Jesu Christi glauben». Eigenverantwortung im Status bürgerlicher Ohnmacht als Folge der staatlichen Deregulation und Zwangsprivatisierung des Wirtschaftslebens zugunsten von Unternehmergewinnen sowie die Mahnung, die strukturelle Ausbeutung mit der nötigen Opfergesinnung in Christusfrömmigkeit zu ertragen, – das ist nicht nur eine schizophrene Umkehrung von Begriffen, sondern es führt auch zu deren Abspaltung von den eigentlichen Gefühlen, die Menschlichkeit ermöglichen. – Erstaunlicherweise hat bereits HORAZ: Satiren, I 1,68–79, in: Sämtliche Werke, 313, ganz in diesem Sinne das Mythem von *Tantalos* verwandt, um die dauergestreßte Glücksunfähigkeit seiner Zeitgenossen beim ständigen Jagen nach Glück kritisch bewußtzumachen; er schrieb:

> Tantalus hascht im Durst nach den Wassern, die weg von den Lippen
> fliehen – du lachst? Der Name ist anders, doch geht die Geschichte
> dich an: du schläfst auf den Säcken voll Gier, die von überall her du
> hast gescharrt, und sie zwingt dich, zu schonen sie, gerade wie wenn sie
> Gottesgut wären, und so sich zu freuen wie über Gemälde.
> Weißt du denn nicht, wozu eine Münze ist tauglich und nützlich?
> Brot soll gekauft werden, Kohl, ein Sextarius Wein, dazu füg noch,
> was des Menschen Natur mit Schmerzen vermißt, ist's verweigert.

der müssen nicht vielseitig in ihren Entfaltungsmöglichkeiten «gebildet» werden, sie müssen eine optimale Ausbildung im europaweiten und globalen Leistungsvergleich erhalten, um in der Konkurrenzgesellschaft von heute und morgen den «Wohlstand», das ist: den Platz an der Tafel der Götter, halten zu können. Auf den Jüngeren ruht die Hoffnung der Älteren, doch nur, indem man sie als Kinder tötet, um sie im Tophet des *Baal* durchs Feuer gehen zu lassen. Wie im antiken Karthago müssen die Eltern mitleidlos, ohne Tränen, mitansehen, wie die Priester des Gottes der «Fruchtbarkeit» beziehungsweise der Geldgewinnmaximierung den Kindern die Seele rauben, um nur noch eine mechanische Hülle zur völligen Nutzung und Ausbeutung übrig zu halten, ja, sie müssen ihren Stolz darein setzen, das Opfer ihrer eigenen Söhne und Töchter zu betreiben und zu begleiten.

Die modernen Verfahren der «Kinderschlachtung» sind relativ einfach. Als erstes gilt: Es geht nicht um das, was du möchtest, es geht um das, was du mußt, und das bestimmen wir, deine Erzieher, deine Lehrer, deine Trainer, deine Schleifer – deine «Ausbilder». Also: statt Bedürfnissen Pflichten, statt Zustimmung Zwang, statt Freude fremde Forderungen zum Zwecke wachsender Entfremdung. Als nächstes: die Abspaltung und Unterdrückung der Gefühle. Was du fühlst, so lautet die Lektion, ist das nur Subjektive, ist nur der Standpunkt deines Ich, ist nur das rein Emotionale, Irrationale, Dysfunktionale; nur was du denkst, ist logisch, klar, zielführend, zweckgerichtet und erfolgreich. Deswegen mußt du dich entscheiden, denn du kannst nicht beides: fühlen und denken. Je stärker du fühlst, desto schwächer dein Denken. Also: Laß dich nicht irritieren. Lerne, erkenne, denke, – entwickle deine kognitiven und rationalen Ressourcen. Es gilt das Objektive, das Verwertbare, das der Gemeinschaft Nützliche. Dafür dich einzusetzen, dafür dich hinzugeben, dafür dich aufzuopfern sei dein Stolz und deine Ehre, sei dir der Sinn deines Lebens ...

Das Ende der Kindheit – mit solchen Parolen wird's zum Programm. Die Spaltung der Persönlichkeit zwischen Innen und Außen, Selbstbestimmung

Oder macht dies etwa Freude, vor Furcht wie betäubt, nicht zu schlafen,
Tage und Nächte vor schlimmen Dingen zu zittern, vor Bränden,
und vor den Sklaven, daß fliehen und aus dich plündern sie könnten?
Ich möchte sein an solchen Schätzen immer der Ärmste!

In Briefe 2,2,155–159, in: Sämtliche Werke, 625, warnt er vor der Glück- und Ruhelosigkeit der Habgier mit den Worten: «Ja, wenn Reichtum klug machen könnte, wenn du durch ihn weniger Begier und Furcht empfändest, dann müßtest du freilich erröten, lebte auf Erden wohl jemand, der noch habgieriger wäre als du selber!»

und Fremdbestimmung, Autonomie und Heteronomie, Mündigkeit und Abhängigkeit – so wird sie durchgesetzt. Die innere Zerrissenheit des Persönlichkeitsaufbaus zwischen Überich und Es, die Verängstigung und Einschüchterung des Ich, die Unfähigkeit, sich selber Ziele zu setzen außerhalb der kollektiven Funktionalisierung in den Verwertungskategorien von Kapital und Rendite – so läßt sie sich etablieren. «Früh muß sich biegen, was ein Häkchen werden will», heißt es in einem deutschen Sprichwort. Die Zukunft kann gestalten nur, wer Macht hat über Kinderseelen. Unsere Zukunft – das ist «Fruchtbarkeit», ist Wirtschaftswachstum, ist der Anstieg der Anlegergewinne an der Börse, ist eine progressiv dynamische Expansionsrate des Auftragsvolumens in In- und Ausland... Also! Aber:

4) Das Paradox ist die Wahrheit des Fluchs des *Tantalos*. – Er lebt wie ein Gott. Er hat alles. Er weiß alles. Er kann alles. Und dennoch entgleitet ihm alles. Im Versuch, es zu haschen, huscht es hinweg. Das ersehnte Glück – es scheint ihn zu fliehen. Wonach immer er greift, es entgeht ihm. Ein *Tantalos* kann nicht genießen. Er ist wie ein Süchtiger. Er wird niemals satt. Er kennt keine Ruhe, – nur Angst und Getriebenheit. Er findet keine Stille, – nur Lärm und Gedröhn und Gestöhn. Er hat kein Verhältnis zur Dankbarkeit, – er, der lebenslang anderen geben mußte, was er besaß, hat nie gelernt, sich beschenken zu lassen. Er kann nichts bei sich behalten. Er kann nichts zu sich nehmen. Er kann in weitestem Sinne nichts an sich heranlassen.

Und so wird *Tantalos*, der Opferer seines Sohnes, zum Sinnbild und zur Offenbarung des Fluchs, der notwendigerweise auf jeden Lebensentwurf sich legt, der ganz und gar in den Bahnen einer rein immanenten ökologischen und ökonomischen Weltsicht zu bleiben gewillt ist. Ein Dasein, dem es einzig um Daseinssicherung geht, fällt zurück in die fundamentale Haltlosigkeit und radikale Ungesichertheit, die wesentlich dazugehört, daß wir nur Menschen sind. Wer die Angst vor dem immer Zuwenig des eigenen Lebens zu überwinden versucht, indem er so viel an Nutzen als möglich aus sich herauspreßt, der wird nur um so verlangender das Ungenügen all seines Bemühens zu spüren bekommen. Und ein Lebenskonzept, das nichts weiter will, als genießen und glücklich sein, wird in dem Unglück der eigenen Genußunfähigkeit sich eingesperrt fühlen wie in einem Kerker.

Da steht *Tantalos* bis zum Halse im Wasser, doch er kommt nicht zum Trinken; da streckt er sich hungrig nach den Früchten der Bäume, die zum Greifen ihm nah sind, doch er kann sie nicht fassen. Er dürstet und hungert in ewiger Qual in einem Durst, der nur im Ewigen gestillt werden könnte, und in einem Hunger, der mit allen Nahrungsmitteln der Erde keine Sättigung findet. Das, wonach Menschen verlangen, ist unendlich viel mehr als alles Endliche, und nur dort, im Unendlichen, beruhigt sich der Durst ihres irdischen Daseins und der Hunger ihrer kreatürlichen Hinfälligkeit nach wirklichem, ewigem Leben. – Wie läßt *Tantalos* sich aus dem Tartaros holen?

6) Die Rettung des Verdammten oder: Eine Wende in christlicher Absicht

Zwei Bilder des Neuen Testamentes scheinen geeignet, darauf eine Antwort zu geben. – Eine Szene des *Johannes*-Evangeliums hat das Thema des Daseinsdurstes in den Mittelpunkt ihrer Betrachtung gestellt. Die Rede geht von einer Frau, der Jesus im samaritanischen Sychar am Jakobsbrunnen begegnet (Joh 4,1 – 42)[59]. Er selber hat Durst, es ist Mittag, und die Frau kommt gerade zum Wasserschöpfen. Wie viel aber ist nötig, daß ein Jude und eine Samariterin, ein Rechtgläubiger und eine Häretikerin, ein Mann und eine Frau ins Gespräch miteinander kommen? Gewiß, es gibt den elementaren Durst des Körpers nach Flüssigkeit; doch was, wenn diese Art Durst sich beruhigt hat? Dann wird man alsbald entdecken, daß es noch eine ganz andere Art von Durst und Bedürftigkeit gibt, die dem Leben allererst seine Richtung und seinen Sinn verleiht. – Ein Mensch will nicht nur leben, er will wissen, wozu er lebt, und das sagt ihm einzig die Liebe. Doch dieser Frau sagt Jesus auf den Kopf zu, daß sie sich mit ihrem Verlangen nach Liebe genauso im Kreise dreht wie mit ihrem täglichen Gang zum Wasserschöpfen am Brunnen. Fünf Männer schon hatte sie gehabt, und auch der Mann, mit dem sie jetzt lebt, ist nicht wirklich ihr Mann, – ein «Lebensabschnittspartner» vielleicht, wahrscheinlich weit weniger. Denn auch im Verlangen nach Liebe zeigt sich dasselbe: Kein Mensch kann in seiner Begrenztheit so lieben, daß es im Absoluten die angstvolle Frage nach dem Wert der Person eines Einzelnen wirklich beruhigt. Die Person eines anderen kann mit ihrer Liebe den absoluten Wert, die Schönheit, die Wahrheit und Größe eines einzelnen Menschen erkennen, doch von ihrem Urteil hängt es nicht ab. Sie kann nur in einem sonst dunklen Kerker ein Fenster aufschließen zum Licht, das aus der Sphäre des Göttlichen in den Innenraum des Verlieses unserer irdischen Gefangenschaft hereinströmt. – Ein solches Fenster zum Absoluten und Unbedingten der Liebe wollte Jesus

59 Vgl. zur Stelle E. DREWERMANN: Das Johannes-Evangelium, I 187–203.

uns sein. Alle Religion, bis dahin gebunden an äußere Lokaltraditionen und konfessionelle Sonderdoktrinen, verwandelt fortan ihre Form und vergeistigt sich selbst zu einer Unmittelbarkeit des Vertrauens, in welcher Gott selber dem Menschen sich mitteilt in dem Geschenk seiner Liebe.

Ein gleiches geschieht in der Szene von der «wunderbaren Brotvermehrung» (Joh 6,1 – 15) sowie der nachfolgenden «eucharistischen Rede» (Joh 6,22 – 59)[60]. Wenn es irgendein Gleichnis und eine Überwindung der Logik des Geldes in einer rein irdischen Weltsicht gibt, so ist es dieses: Da haben Tausende von Menschen sich um Jesus versammelt, um bis in den Abend hinein ihm zuzuhören, doch der Ort ist abgelegen, und viele haben keinen Proviant mitgenommen; sie hungern. Was tun? Jesus fordert die Jünger auf, den Leuten zu essen zu geben; doch deren Antwort ist die alle Zeit übliche: Sie haben nichts zu verteilen. Sie haben kein Brot. Sie haben kein Geld. Sie können nichts erübrigen. – Man nehme nur eine einzige Zahl: Pro Jahr verhungern auf dieser Erde rund 18 Millionen Menschen; jeder Verhungerte ist ein Ermordeter, meint zu Recht der Schweizer JEAN ZIEGLER[61], denn er müßte nicht sterben, es gäbe an Geldern und Nahrungsmitteln die

---

60 Vgl. A. a. O., I 280–291. – Zu Recht bemerkt KARL SCHEFOLD: Die Bedeutung der griechischen Kunst für das Verständnis des Evangeliums, 103: «Seit zwei Jahrhunderten verkleidet sich die Vergötzung der materiellen Werte so geschickt ins Gewand des Fortschritts, daß selbst die Kirchen diesen ungeheuerlichen Abfall von Gott zu Götzen kaum bemerkt haben. Man betont die materiellen sozialen Aufgaben, ohne die tiefere geistige Not zu sehen ... – Nicht äußere Einflüsse sind das Wichtige an dem, was das Evangelium mit der griechischen Kultur verbindet, sondern tiefere Entsprechungen im Ringen um ein neues Leben aus dem Geist.»
61 Vgl. JEAN ZIEGLER: Das Imperium der Schande, 101: «Wer an Hunger stirbt, stirbt als Opfer eines Mordes.» S. 100: «Im Jahr 2001 starb alle sieben Sekunden ein Kind unter zehn Jahren. Im selben Jahr sind 826 Millionen Personen aufgrund der Folgen schwerer und chronischer Unterernährung invalid geworden. Heute sind es 841 Millionen. Zwischen 1995 und 2004 ist die Zahl der Opfer chronischer Unterernährung um 28 Millionen gestiegen.» – Ist es da ein Trost, wenn die Welthungerhilfe im Oktober 2014 in ihrem Welthunger-Index feststellt, die Zahl der Hungernden gehe zurück, da im Jahre 2014 nur noch 805 Millionen Menschen als unterernährt zu gelten hätten gegenüber 842 Millionen in 2013? In: Westfalenblatt, 14. Oktober 2014. Tatsächlich kommen die Zahlen der Weltagrarorganisation (FAO) nur dadurch zustande, daß als «Hungernder» gilt, wer weniger als 1800 Kalorien pro Tag zur Verfügung hat. In Wahrheit liegt laut Germanwatch «die Zahl der Hungernden ... weltweit bei 1,3 Milliarden, andere Experten gehen sogar von zwei Milliarden aus.» Zudem gibt es auch den «stillen» Hunger, der im Mangel an nährstoffreicher Nahrung besteht und schon bei Kindern Wachstum und geistige Entwicklung hemmt. M. BAUCHMÜLLER – D. KUHR: Drei Tage gegen Hunger, SZ 20.11.14, S. 8. Am übelsten ist die Ausbeutung des Elends, indem Wasser- und Nahrungsknappheit zu Spekulationsobjekten an der Börse von Chicago gemacht und in die geostrategischen Machtspiele vor allem der USA eingefügt werden.

Hülle und Fülle. Doch das eben ist nicht die Sicht der «Verantwortlichen» in der perspektivelosen Verwaltung des Endlichen. Sie mögen die Not in den Ländern der Dritten Welt durchaus sehen, – sie haben stets Wichtigeres zu tun, als wirklich zu helfen. Allein in Deutschland: Wir haben hohe Ausgaben für militärische Einsätze in aller Welt zu tätigen – mehr als 35 Milliarden Euro für Rüstung sind seit Jahren schon Standard –, und so kommen wir halt immer noch nicht dahin, ein in den 60er Jahren des vergangenen Jahrhunderts bereits gegebenes Versprechen einzuhalten und wenigstens 0,7 % des Bruttosozialproduktes für Entwicklungshilfe einzusetzen; mehr als 0,3 – 0,4 % ist es niemals geworden! – Alle «Erwachsenen», Mächtigen und «Verantwortlichen» rechnen so: Was haben wir für uns selber?, und siehe: Es ist niemals genug da für andere. Auch die Jünger in der Geschichte von der Brotvermehrung im *Johannes*-Evangelium denken so, – sie wollen die Leute einfach wegschicken, im politischen Neusprech: abschieben. Da findet sich ein Junge mit ein paar Broten und ein paar Fischen, die gibt er Jesus, und der verteilt sie an seine Jünger zum Weiterverteilen an die Leute, und mit mal langt es für alle! – Wenn es gelingen könnte, aus einer Schar von rechnenden Erwachsenen wieder Kinder zu machen, die, angstfrei, bereitwillig teilen, so kehrte auch das, was wir haben, zurück in die freie Verfügungsgewalt unserer selbst. Wir gehörten uns wieder, wir gewönnen die Freude zurück an dem, was wir sind, und wir würden fähig zu schenken und zu teilen. Wir erführen wieder uns selbst in Dankbarkeit als Geschenk. Es zerränne uns, *Tantalos* gleich, nicht alles, was wir sind und was wir besitzen, zwischen den Händen. Im Teilen bliebe es bei uns. Wir könnten's in Ruhe genießen.

Was aber ist's mit dem «Opfer»? – In einer langen Rede in Kapernaum – an der anderen Seite des Sees von Gennesaret, wie es symbolisch betont hervorgehoben wird –, spricht Jesus davon, daß auch alles Essen im Grunde nach etwas Absolutem verlangt. Selbst das Manna, das *Mose* vom Himmel herabrief, war eine Speise der Sterblichkeit; unsterblich aber wird jeder, der sein Leben gründet in Gott und es ihm im ganzen anheim stellt. Wieder sieht Jesus in diesen Worten sich als Mittler eines solchen Vertrauens. «Wer mein Wort hört und glaubt dem, der mich gesandt hat, der hat das ewige Leben und kommt nicht ins Gericht, sondern er ist vom Tode zum Leben hindurchgedrungen» (Joh 5,24), sagt er. Ein solcher weiß richtig zu leben, so daß er in Ewigkeit nichts zu bereuen hat.

Es geschieht in der Haltung eines solchen Vertrauens, daß auch die archaischen Bilder antiker Opfervorstellungen sich öffnen ins Freie. Gott, der Vater, opfert seinen Sohn, – das sagt genauso auch die christliche Erlösungs- und Abendmahlslehre. Die Vorstellung selbst ist keine andere, als sie auch in der *Tantalos*-Geschichte angesprochen wird, nur in bewußter Umkehrung der Perspektive: Hier opfert nicht ein Mensch, die Gottheit zu versöhnen, seinen einzigen Sohn, hier opfert Gott, den Menschen zu versöhnen, sich in seinem Sohne. Das äußere Symbol ist nach wie vor das gleiche: die Frucht des Feldes, Korn, gemahlenes Getreide, Brot – das ist das Lebensmittel, das die Erdgöttin den Menschen schenkte und das diese sich durch kulturelle Arbeit selbst ermöglicht haben. Doch daraus erfolgt nunmehr ein Neues. Im Kreislauf der Natur ist Tod und Leben eins; jetzt aber gilt: «Wenn das Weizenkorn nicht in die Erde fällt und erstirbt, bleibt es allein; wenn es aber erstirbt, bringt es viel Frucht. Wer sein Leben liebhat (sc. wem es nur um den Erhalt des irdischen Lebens geht, d.V.), der wird's verlieren; und wer sein Leben auf dieser Welt haßt (sc. wer es nicht als endgültig und absolut setzt, d.V.), der wird's erhalten zum ewigen Leben.» (Joh 12,24.25)[62] Wenn es gelingt, die Angst vor der Endlichkeit, die Furcht vor dem Tode abzustreifen im Vertrauen auf ein ewiges Leben, löst sich die unglückselige Gefangenschaft des *Tantalos*-Daseins als einer verunendlichten Endlichkeit endgültig auf und es entdeckt sich, wie Gott in Wirklichkeit ist: ein gütiger Grund unserer Existenz, dem wir im letzten alles verdanken und der von uns nicht länger mehr Opfer verlangt, weil seine Gnade als unverrückbar glaubhaft uns zugesagt ist. Die Ambivalenz all der Rituale des «Gottessens» hebt sich hinweg wie im Erleben eines Kindes, das an dem Körper seiner Mutter mit der Nahrung, nach der es sucht, zugleich alles erfährt, was es sein Leben lang braucht und voraussetzt: gewollt zu sein und geliebt zu werden, berechtigt zu sein und gemocht zu werden, also: bejaht zu sein im Dasein als Ganzem vorab zu jeglicher Leistung. Das allein ist des *Tantalos* Freiheit. Denn nur so hebt das Deckgebirge über seinem Haupt sich hinweg und droht nicht länger mit Einsturz; es löst sich auf im Vertrauen in das Geschenk eines ewigen Lebens, das nicht mehr als endliches sich verlängern muß ins Unendliche.

Ein anderer apulischer Kratēr aus der Zeit zwischen 360–350 v. Chr. im Britischen Museum in London zeigt, wie man das Erleben der Endlichkeit im Tode auch anders denn in Angst, Flucht und Verleugnung sehen kann (Tafel 12)[63]. Dargestellt ist etwas, das gemeinhin bezeichnet wird als der Raub der *Persephone* durch den Totengott *Hades*, denn gerade so: Als ein gewalttätiger Raub mußte der Tod des Mädchens seiner Mutter *Demeter* in

---

62 Zur Stelle vgl. E. DREWERMANN: Das Johannesevangelium, II 92–107: Joh 12,20–50: Wer so stirbt, in dem verherrlicht sich Gott und: Als Licht bin ich in die Welt gekommen.
63 SOPHIA SOULI: Griechische Mythologie, 55,

ihrer Trauer erscheinen, und sie bestand, wenn irgend die Erde ihre Früchte weiterhin geben sollte, in ihrem Heiligtum zu Eleusis mit Nachdruck darauf, daß *Persephone* ihr zurückgegeben werde. Ein Wissen um die Unsterblichkeit des Menschen jenseits seiner quasi vegetativen Vergänglichkeit lag darin. Das Bild dieses Mischkrugs hingegen zeigt noch etwas anderes, – die verborgene, nächtliche Wahrheit des Todes. Da sieht man *Hades*, wie er, getroffen von dem Pfeile des *Eros*, entbrannt von Liebe auf Weisung *Aphrodites*, auf seinem vierspännigen Wagen *Persephone* zu sich geholt hat und sie sehnsüchtig anschaut. Sekundiert wird er, erkennbar an seinem Reisehut, von *Hermes*, dem Seelenbegleiter, der wie zum Schutze die Linke ausstreckt, um den Platz des Mädchens im Wagen des *Hades* zu sichern, während die Kore (das Mädchen) selber, schleierverhüllt, doch mit hoher offener Brust, ihrem Liebhaber gegenüber verschüchtert den Blick zu erwidern versucht. Vornean leuchtet die Unterweltgöttin *Hekate* mit der Kreuzfackel den Weg über den nächtlichen Himmel aus, an dem schimmernd die Sterne stehen. – Wenn so der Tod ist, reißt er nicht weg in ein Reich der Schatten, der Dunkelheit und des Nichtseins, vielmehr zeigt er sich als eine Verschmelzung der Liebe in jener himmlischen Anderswelt, die den Tod nicht mehr kennt. Es wäre die Versetzung des unglücklich sich quälenden *Tantalos* endlich in das leidlose Elysion wirklichen Lebens.

Bis dahin freilich bleibt als eine Warnung der *Persephone* vor der strafenden Göttin *Ate* (der Verblendung) bei einem Zuviel an Kleinmut und Hochmut in Armut und Reichtum ein Gedicht zu bedenken, das im 3. Jh. v. Chr. RHIANOS von Bene auf Kreta in Anspielung auf das unglückliche Schicksal des lydischen Königs *Tantalos* gestaltet hat und das – in der Übersetzung von JOHANN GOTTFRIED HERDER – so lautet:

> Also irren wir Menschen mit unseren Seelen. Wir alle
> Tragen die Gaben, die uns der Götter prüfende Waage
> Zuwog, in unverständiger Brust. Der Dürftige klagt
> Traurig und mißt den Göttern von seinem Übel die Schuld bei,
> Achtet sich selbst nicht mehr, nicht mehr die männliche Tugend,
> Wagt zu sprechen nicht mehr, nicht mehr zu beginnen was Edles,
> Sondern schaudert und bebt, wenn die reichen Mächtigen
> > dastehn;
> Kummer und Elend nagen ihm stets das welkende Herz ab.
> Jener im Gegentheil, dem über viele zu herrschen
> Gott gab und ihm Güter und Glück gewährete, denkt nicht,
> Wem zu gut er die Erde mit seinen Füssen betrete;

Er vergisset, daß die ihn erzeugten, Sterbliche waren,
Donnert in seinem Stolze dem Zeus gleich, hebet das Haupt hoch,
Ob er ein Zwerg gleich ist und buhlt um die schöne Minerva
(sc. *Athene*, d.V.),
Oder spähet sich gar einen Schleichweg aus zum Olympus,
Daß an der Göttertafel er mit Unsterblichen speise.
Aber es schleicht auch ihm mit leisen Tritten (sc. die Göttin der
Verblendung, d.V.) Ate
Ungesehen heran und unerwartet: sie gehet
Auf dem Scheitel der Menschen; den Alten erscheinet sie Jungfrau,
Jünglingen alt; doch bringt sie jedem Verbrecher die Strafe
Und vollführet Jupiters (sc. *Zeus'*, d.V.) Amt und der strengen
Vergeltung.[64]

64 Griechische Gedichte, 193; 195.

Ixion oder: Die Sehnsucht nach dem Ursprung

Man kann den Heerzug der im Tartaros Verdammten nicht durchgehen, ohne des *Ixion* zu gedenken. *Prometheus* warf *Zeus* vor, nicht «menschenfreundlicher Art» zu sein; *Sisyphos* beobachtete, wie *Zeus* die Flußnymphe *Aigina* entführte, – beide erlebten in offenem Widerstand wie in trickreichem Ausweichen *Zeus* als ihren Feind, und der Beweis für ihren Eindruck: *Zeus* herrscht allein mit Hilfe der Kinder der *Nyx* (der Nacht) und des Titanen *Pallas*: mit *Bia* (Gewalt) und *Kratos* (Kraft). *Nyx* ist auch die Mutter des *Thanatos* (Tod), der *Nemesis* (Vergeltung), der *Eris* (Zwietracht), des *Geras* (Alter), der drei *Moiren* (Schicksalsgöttinnen) und vieler anderer unheilvoller Gestalten; über sie alle – ihnen zu Diensten oder sie in Dienst stellend – gebietet *Zeus*; er kann kein Gott sein, dem man einfachhin vertraut. Das galt sogar und gerade im Falle des *Tantalos*: Bevorzugt von *Zeus*, an der Tafel des Olympiers, vermeinte er, seinen eigenen Sohn zum Opfer darbringen zu müssen. Was für eine Welt aus Ärger und Angst, aus Aggression und Arglist, aus Ablehnung und Abgewiesenheit! Die Geschichte von *Ixion* ist anders. Ihr Thema ist nicht der Tod, sondern die Schuld, nicht die Nähe drohender Vernichtung, sondern die Suche nach Sühne und Vergebung, nicht die Grausamkeit der Natur, sondern die Größe des Strebens nach Einheit und Unschuld – inklusive des tragischen Versehens und Vergehens gerade im Gefolge dieses Verlangens.

1) Der König der Lapithen oder: Plädoyer für einen Mörder

Jede Geschichte hat ihre Vorgeschichte; hier heißt sie: *Phlegyas*. Er war der Sohn des *Ares* und König von Orchomenós in Böotien; und er hatte zwei Kinder – einen Sohn: *Ixion*, und eine Tochter: *Koronis*. In *Koronis* verliebte sich *Apollon*, der mit ihr den *Asklepios* zeugte. Als *Phlegyas* durch das Delphische Orakel bestätigt bekam, der berühmte Heilgott sei wirklich das Kind seiner Tochter mit dem Gott von Delphi, griff er dessen Heiligtum an, tötete den allseits bekannten Sänger *Philammon*, der als Sohn des *Apollon* und der *Chione* (der «Schneeweißen») dort Dienst tat, wurde aber, wie einige berichten, von *Apollon* selbst dafür umgebracht; der römische Dichter VERGIL, der in seinem Nationalepos der «Aeneis» seinen Helden *Aeneas* dem unglücklichen *Phlegyas* in der Unterwelt begegnen läßt, überliefert, wie *Ixion*s Vater in ewiger Reue seine Mahnung an die Menschheit herausschreit:

«Laßt euch warnen und handelt gerecht und ehret die Götter».[1]

Diese Warnung hätte als erstem seinem Sohne *Ixion* selber zur Lehre gerei-
chen sollen, doch das tat sie offenbar nicht. *Ixion* herrschte über die *Lapithen*, einen griechischen Stamm in Thessalien, und hatte beschlossen, *Dia*,
die Tochter des *Eioneus* von Magnesia, in die Ehe zu führen. Dafür war er
bereit, einen hohen Brautpreis zu entrichten. Also lud er seinen künftigen
Schwiegervater in das thessalische Larissa mit dem Versprechen, die Hoch-
zeitsgabe ihm dort auszuhändigen; tatsächlich aber hob *Ixion* eine Fallgrube aus, die er mit Glühkohlen füllte; in diese stürzte *Eioneus* und kam
kläglich darin um. Es war der erste Mord, den in der griechischen Mythologie jemand an einem Familienangehörigen verübte[2], eine Tat, vergleichbar mit dem Brudermord *Kain*s in der Bibel (Gen 4,1 – 16), doch psychologisch noch rätselhafter als dieser, weil scheinbar völlig unmotiviert. In der
Bibel tötet *Kain* seinen Bruder *Abel* im Glauben, im Gegensatz zu diesem
mit seinem Opfer von Gott nicht anerkannt zu sein, – die Unsicherheit der
göttlichen Akzeptation, der Versuch, mit Opfervorleistungen die fragwür-
dige Gnade Gottes sich zu verschaffen, die Situation der Konkurrenz und
schließlich das Gefühl von ungerechter Behandlung und Abgelehntheit
kommen zusammen in der einen Tat: sich des lästigen und gefährlichen
Nebenbuhlers ein für allemal zu entledigen; dabei gilt der Zornesausbruch

---

1 Zu *Ixion*s Herkunft vgl. MICHAEL GRANT – JOHN HAZEL: Lexikon der antiken Mythen
und Gestalten, 230: Ixion; 338: Phlegyas. – VERGIL: Aeneis, VI 620, S. 160.
2 DIODOR: Historische Bibliothek, IV 69, S. 468, nennt *Antion* und *Perimela* als Eltern des
Ixion und fährt fort: «Dieser (sc. *Ixion*, d.V.) vermählte sich mit Dia, der Tochter des
Hesioneus. Ixion hatte, wie man sagt, dem Hesioneus reichliche Brautgeschenke versprochen; allein er lieferte seiner Gattin die Geschenke nicht aus. Hesioneus nahm Pferde dafür
zum Pfande. Nun lud Ixion den Hesioneus ein und versprach, in Allem Folge zu leisten. Als
aber Hesioneus kam, warf ihn Jener in eine Grube, die mit Feuer brannte. ‹Diese Tat (sagt
die Fabel) war zu strafbar, als daß Jemand den Mord hätte sühnen können. Endlich wurde
Ixion von Zeus entsündigt. Da verliebte er sich in die Hera, und erfrechte sich, ihr buhleri-
sche Anträge zu machen. Hierauf schuf Zeus ein Bild der Hera aus einer Wolke und
schickte es ihm zu. Ixion zeugte mit der Wolke die sogenannten Centauren, welche menschliche Gestalt hatten. Zuletzt wurde Ixion zur Strafe für seine schweren Verbrechen von
Zeus auf ein Rad gebunden, und leidet nun nach seinem Tod ewige Pein.›» So das Schicksal
des *Ixion*; wie aber fing alles an – mit dem Mord an seinem Schwiegervater? – UDO REIN-
HARDT: Der antike Mythos, 232–233, verweist, wie zur Erklärung, auf den Lapithenkönig
Phlegyas (= «Brandstifter»), der den Tempel des *Apollon* in Brand steckte, weil der Gott
den Tod seiner Tochter *Koronis* verschuldet hatte (die ihm den Heilgott *Asklepios* gebar);
dessen Sohn *Ixion* – nach einer von DIODOR abweichenden Überlieferung – läßt in einer
feuerigen Fallgrube seinen Schwiegervater verbrennen, doch wie soll sich daraus eine
«Schicksalskonzeption» als ein «nahezu geschlossenes Gesamtsystem» (re)konstruieren,
wie REINHARDT meint?

*Kain*s im Grunde Gott selber, – der Brudermord ist im letzten ein verschobener Vatermord[3].

Das alles, so furchtbar es ist, läßt sich verstehen, erklärt es doch in gewisser Weise jede Form von Gewalt, die Menschen an Menschen verüben, und zwar gerade weil sie einander nahe stehen: Wären *Kain* und *Abel* nicht Brüder, so würden sie einander niemals zu derart tödlichen Konkurrenten, – sie gingen sich weniger an. Kann man deshalb aber auch schon behaupten, daß alle Morde irgendwie «Verwandten»morde sind? Im Grunde ja. Auch *Ixion* hätte keinen Anlaß, *Eioneus* derart hinterhältig «reinzulegen», würde dieser nicht durch die Heirat mit dessen Tochter *Dia* zu seinem Schwiegervater. Was aber soll daran so tödlich sein, daß es solch einen gemeinen Mord provoziert?

Ganz sicher falsch wäre es, Habgier als Grund anzunehmen. Zwar geht kontraktgemäß beim Eheabschluß der Wert der Brautgabe aus dem eigenen Besitz in fremde Hände über, doch darin besteht gerade der Sinn eines solchen Gütertauschs: daß fortan zwei Familien auch wirtschaftlich enger zusammenhalten und im übrigen der Vater für den «Verlust» seiner Tochter entschädigt wird. Eben hier aber scheint der springende Punkt zu liegen: Man muß damit rechnen, daß der Vater seine Tochter nur widerstrebend, am liebsten gar nicht, hergibt und daß er eigentlich voller Mißtrauen und geheimem Groll auf die Annäherungen des Brautwerbers blickt.

Die Rede war schon von *Oinómaos* in Elis, der seine Tochter *Hippodameia* in einem Wettkampf auf Leben und Tod gegen jeden verteidigte, der sie für sich zu gewinnen versuchte[4]. Dieses Motiv von der «Preisjungfrau» ist in den Mythen und Märchen der Völker so weit verbreitet, daß es offenbar auf einen typischen Konflikt hinweist: Die Heirat jeder Frau ist ein Kräftemessen zwischen dem Vater der Braut und dem möglichen Schwiegersohn, und die Frage ist, wer den Sieg davonträgt. *Entweder* es gelingt dem Vater, seine Stellung in der Seele der Tochter zu halten oder womöglich sogar noch zu festigen, dann ist es um den Brautwerber geschehen, – es hat sich gezeigt, daß er nicht mithalten kann, er ist zwar jünger, doch nicht stärker, wendiger und erfahrener als der Alte; *oder* es siegt die Jugend über die Jahre, – dann ist der Vater zumindest als Vater erledigt und der Bräutigam schließt seine Braut zu Recht in die Arme, – in ihm bricht das Neue

---

3 Vgl. E. DREWERMANN: Strukturen des Bösen, II 267–276: Die psychodynamischen Konflikte der Erzählung (von Kain und Abel); 276–294: Die phasenspezifische Thematik der Erzählung.
4 Vgl. *Epitome*, 2,4, in: Griechische Sagen, 129; HYGIN, Nr. 84, in: Griechische Sagen, 282.

sich Bahn, an seiner Seite gewinnt die Vaterstochter Zukunft und Weite, in ihrem neuen Bündnis geht das Leben weiter; und dahinter zurücktreten muß, was zunehmend nur noch Erinnerung wird.

Die Geschichte von *Ixion* erzählt nicht ausdrücklich von einem solchen Zweikampf zwischen Vater und Bräutigam, und doch ist sie am einfachsten von diesem Ansatz aus zu verstehen: wie *Pelops* fürchten mußte, der Geschicklichkeit des furchtbaren *Oinómaos* beim Wagenrennen nicht gewachsen zu sein und deshalb zu der List mit den Wachsstiften griff, zu deren Einbau in die Achsen des Rennwagens er den Fuhrmann *Myrtilos* (dessen Bild am Nachthimmel erstrahlt) überredete, so führt anscheinend auch *Eioneus* die Aura der Unbesiegbarkeit in jedem Falle einer offenen Auseinandersetzung mit sich, – deshalb schon muß man ihn überlisten, weil man seiner sonst nicht Herr wird; mit Worten jedenfalls kann und darf man ihm nicht verraten, daß aus der Sicht des Brautwerbers um des Königs Tochter wohl auch die Hoffnung mitschwingt, durch Einheirat am Hofe eines Tages selber König werden zu können – das alte Thronrivalenmotiv! Tatsächlich aber geht es in der Geschichte von *Ixion* entschieden nicht um Macht, sondern um Liebe. So muß man sagen, wofern man nicht im Status bloßer Anklage sich selbst beruhigen und *Ixion* als einen gemeinen, hinterhältigen Mörder qualifizieren will, dessen Tat «eindeutig», wie's aussieht, «aus niederen Motiven» (Machtgier, Karrieresucht und dergleichen), «kaltblütig» und «vorsätzlich» begangen wurde.

Das Verwirrende ist, wie bei vielen, wenn nicht bei den meisten «grausam verübten» Verbrechen, daß sie selber alles andere als «einfach» zu verstehen sind, sondern bei näherem Hinsehen eine tiefe Gebrochenheit in der Struktur der «Täter»persönlichkeit zu erkennen geben. *Ixion*, gerade wegen seines gräßlichen Vergehens, zu verstehen, statt ihn moralisch und juridisch, wie es für gewöhnlich geschieht, schuldig zu sprechen und entsprechend zu verurteilen, bedeutet nicht nur, die Rolle des Staatsanwalts gegen die des Verteidigers einzutauschen, es bedeutet zugleich auch, Partei zu ergreifen für jemanden, dessen spätere Verdammung auf ewig durch göttliches Urteil förmlich dazu zwingt, sich immer neu zu fragen, was in Menschen vor sich geht, wenn sie so sind und handeln wie *Ixion*, und was sich tun läßt, sie aus ihrer äußeren und inneren Gefangenschaft zu befreien. Wenn sich das erste Entsetzen und Erschrecken über die Mordtat des Königs der Lapithen gelegt hat, stellt sich seine Untat als Aufgabe zur Lösung und Erlösung dar; nur wer versteht, vermag zu heilen, und nur der Heilende kann helfen. Die Gestalt des *Ixion* ist an dieser Stelle bereits wie ein Stein im Strom, an dem die Wellen aufschäumen und sich zerteilen zwischen zwei einander entgegengesetzten Haltungen, deren eine festschreibt und fortstößt und deren andere dem Delinquenten nachzugehen und ihn zurückzuholen versucht. Nur die letztere Vorgehensweise öffnet den Blick für die Abgründe in der Seele eines – Mörders aus Liebe!

Daß es sich so verhält, dafür freilich spricht in der *Ixion*-Mythe so gut wie alles. Als erstes muß man sich schon fragen, was es mit der merkwürdigen Fallgrube auf sich hat, die *Ixion* für seinen Schwiegervater *in spe* aushebt. Wenn er ihn schon umbringen will, könnte dann nicht jemand seines Ranges irgendeinen seiner Hofschranzen für einen «Spezialeinsatz», *top secret*, versteht sich, in Stellung bringen? Er will keine Mitwisser? Natürlich, doch das Beispiel des *Pelops* zeigt, wie's gemacht wird: erst läßt man morden, und dann schafft man den Auftragsmörder selbst beiseite. So ist es professionell. So machen's alle Geheimdienste, und welch ein Politiker könnte ihrer entraten? Fast macht es ihn schon wieder sympathisch, wenn wir sehen, wie umwegig und ungeschickt König *Ixion* zu Werke geht, um den unschuldigen *Eioneus* aus dem Wege zu schaffen. Nur: wieso ist er ihm im Wege? Offenbar glaubt *Ixion* wirklich, seinem Schwiegervater nicht trauen zu dürfen. Wenn dieser sagt, er gebe ihm gern seine Tochter in die Ehe, schon gar für das angebotene Brautgeschenk, so zeigt sich in *Ixion*s Augen womöglich gerade das Gegenteil.

Gleich zwei Gründe sind es, die ihn zu dieser Ansicht bestimmen könnten. *Zum einen*: Wann je sagen Menschen in Macht, also Personen im Amte, die Wahrheit? Sie haben «nützliche und offene Gespräche geführt» – das heißt: sie konnten sich in keinem wichtigen Punkt ihrer Verhandlungen einigen. Sie fordern den anderen auf, endlich «faire und freie Wahlen abzuhalten» – das heißt: sie erhoffen sich eine Legitimation ihrer eigenen Interessenausdehnung, die auf ein gewünschtes «Regime change» hinausläuft. Sie setzen «weiter auf diplomatische Mittel (wie: Sanktionen, Embargos usw.)», halten aber «alle Karten auf dem Tisch» – das heißt: sie treffen längst schon Vorbereitungen für «gezielte Militärschläge» (zur Zerstörung des Kommunikationsnetzes, der Infrastruktur, der Energieversorgung) oder auch schon zur «Entsendung von Friedenstruppen» in die jeweiligen «Unruhegebiete» (deren Spannungen die eigene Politik wie mit Absicht erzeugt hat). Machthabern zu vertrauen – das hieße: Die veröffentlichte Meinung für bare Münze zu nehmen, statt die Wahrheit als das genaue Gegenteil des Gesagten zu vermuten, schließlich ist jede Lüge nur eine intelligentere Form der allerorten herrschenden Gewalt. Wie also sollte *Ixion*, der König der Lapithen, Glauben schenken ausgerechnet dem Vater seiner Braut? Wann je hätten Gefühle der Liebe zum Kalkül der Macht gepaßt?

Und *ein zweites*: Wenn schon in der «hohen Kunst» der «Diplomatie» stets die Sprache des «*double speak*» und des «*double bind*» gepflegt wird, wie dürfte man dann in persönlichen Angelegenheiten einem anderen das erzeigte Wohlwollen als tragfähig abnehmen? Gerade die Worte, die nicht gesagt werden, deuten die geheime, die eigentliche Wahrheit in Beziehungen an. Also: könnte nicht doch *Eioneus* an seiner Tochter *Dia* hängen wie *Oinómaos* an *Hippodameia*? Eben weil darüber kein Wort verlautet, mag man mißtrauisch werden, und das bloße «könnte», das bloße Spiel mit der Möglichkeit, sorgt allein schon für allerlei Irritationen. So viel steht fest: man muß auf der Hut sein.

Dennoch läßt sich mit Unsicherheit und Angst allein noch nicht das Explosivgemisch buchstäblich mörderischer Gefühle synthetisieren. Dazu gehört in jedem Fall als wichtigstes die absolute Bedeutung, die für *Ixion* die Geliebte, *Dia*, besitzt. Nur wenn die Beziehung zu ihr über alles entscheidet, über Leben und Tod, wird paradoxerweise der Mord an ihrem Vater verständlich, – vorausgesetzt, dieser wird als ein mit anderen Mitteln nicht zu überwindendes Hindernis auf dem Wege zum Glück erlebt. Wenn allerdings es sich so verhält, dann genügt in der Tat die bloße Befürchtung einer Absage, um eine ganze Wellenfront aggressiver Gefühle sich aufschaukeln zu lassen bis hin zum äußersten. Es muß nicht einmal sein, daß *Eioneus* wirklich etwas gegen die Heirat seiner Tochter mit dem Lapithen-König einzuwenden hätte, es genügt, daß subjektiv die Möglichkeit, es könnte so sein, als wahrscheinlich angenommen wird, um jene Kaskade feindseliger Stimmungen in Gang zu setzen.

Allerdings ist an dieser Stelle die Geschichte des *Ixion* denn doch von Grund auf anders, ja, diametral entgegengesetzt zu der Geschichte des *Pelops*: Dieser sah sich real der oft schon bewiesenen Feindschaft seines potentiellen Schwiegervaters ausgesetzt, und er konnte dessen offen ausgesprochene Tötungsabsicht entweder nur mit vorweggenommener Kapitulation beantworten oder, wie er es tat, mit einem eigenen insgeheim gefaßten Mordplan. Umgekehrt *Ixion*. Er selber ist es, der seinen Schwiegervater beseitigen will und dafür zum Mittel der List greift. Der Mord des *Pelops* schaltet einen Gegner aus, der sich ihm in der Wirklichkeit entgegenstellt; *Ixion* hingegen ermordet einen nur angenommenen, doch gleichermaßen als tödlich empfundenen und entsprechend gefürchteten Gegner.

Mit solcherlei Überlegungen beginnen die Einzelzüge von *Ixion*s Tat Gestalt anzunehmen und zunehmend klarer sich abzuzeichnen, indem die im Unbewußten liegenden Antriebe ihre Berücksichtigung finden. Wann immer es in einer Liebesbeziehung einem der Partner um Sein oder Nichtsein im *Hamlet*schen Sinne geht, so daß die Geliebte dem Liebenden das Leben erhält beziehungsweise zurückschenkt, wird man psychoanalytisch von einer *Übertragung des Mutterbildes* sprechen müssen[5]. Wer die Frau jenes *Phlegyas* war (*Perimela?*), die *Ixion* das Leben geschenkt hat, weiß man kaum, doch sie muß – vielleicht gar als Fehlende, als früh Verstorbene, als geschichtlich nicht weiter Erwähnenswerte! – eine enorme Macht im Leben ihres Kindes entfaltet haben, derart, daß es auf die Suche ging nach der wohl auch ihm nicht weiter bekannten Mutter, mit geradezu kindlicher Anhänglichkeit, so wie man ein Gänseküken hinter dem «Objekt» herlaufen sieht, das in der sensiblen Phase seiner Prägung sich vor seinen Augen bewegt hat, – an *das* fühlt es sich gebunden, das ist seine Mutter oder es ersetzt seine Mutter. Diese Ersatzmutter kann notfalls eine Pendeluhr oder ein Grasbüschel im Wind sein, – wenn es sich nur bewegt, wenn es nur an etwas Lebendiges erinnert, wenn es nur real oder symbolisch das Gesuchte verkörpert, wird es mit der Energie eines Triebbedürfnisses, eines unwiderstehlichen Zwangs, wie magisch zu diesem Objekt einer vorgestellten Geborgenheit hingezogen werden.

So gut wie alle «spontanen», heftigen Empfindungen von heißem Begehren und leidenschaftlicher Zuneigung, die wie ein Schicksalseinbruch erlebt werden – als hätte *Eros*, der Sohn *Aphrodite*s, mal wieder unvorhergesehenerweise einen seiner Pfeile in das Herz eines Menschen gelenkt –, wird man als eine plötzliche Wiederkehr des Erinnerungsnachbildes (der Imago) der vermißten und doch immer gesuchten Mutter verstehen dürfen[6]. Stets

---

5 SIGMUND FREUD: Zur Dynamik der Übertragung, in: Ges. Werke, VIII 364–365, meinte, «daß jeder Mensch durch das Zusammenwirken von mitgebrachter Anlage und von Einwirkungen auf ihn während seiner Kinderjahre eine bestimmte Eigenart erworben hat, wie er das Liebesleben ausübt, also welche Liebesbedingungen er stellt, welche Triebe er dabei befriedigt, und welche Ziele er sich setzt. Das ergibt sozusagen ein Klischee (oder auch mehrere), welches im Laufe des Lebens regelmäßig wiederholt, neu abgedruckt wird, insoweit die äußeren Umstände und die Natur der zugänglichen Liebesobjekte es gestatten.» CARL GUSTAV JUNG: Die psychologischen Aspekte des Mutterarchetypus, in: Ges. Werke, IX 1, 97–98, betonte: «meine Auffassung unterscheidet sich darin prinzipiell von der psychoanalytischen Theorie, daß ich der persönlichen Mutter nur bedingte Bedeutung zuspreche. Das heißt: es ist nicht bloß die persönliche Mutter, von der alle jene in der Literatur geschilderten Wirkungen auf die kindliche Psyche ausgehen, sondern es ist vielmehr der auf die Mutter projizierte Archetypus, welcher dieser einen mythologischen Hintergrund gibt und ihr damit Autorität, ja Numinosität verleiht.»
6 CARL GUSTAV JUNG: Die psychologischen Aspekte des Mutterarchetypus, in: Ges. Werke, IX 1,107, meinte, die Mutter sei «die Trägerin jenes uns eingeborenen Bildes der mater natura und mater spiritualis …, des Gesamtumfanges von Leben, dem wir als Kind anvertraut und zugleich preisgegeben sind. Er (sc. der psychologisch Kundige, d.V.) darf auch nicht einen Augenblick zögern, die menschliche Mutter von dieser schreckenerregenden

in solchen Beziehungen geht es nicht um etwas, sondern um alles. Das Gelingen oder Mißlingen des gesamten Lebens steht auf dem Spiel, und entsprechend groß ist der innere Druck, das heißt die Bindungsenergie selber, um jeden Preis die gesuchte Beziehung aufrecht zu erhalten. Anfälle von Angst und Verlorenheit, von grenzenloser Einsamkeit und Traurigkeit breiten sich aus in all den Augenblicken, in denen die Innigkeit der «Dualunion» der Verliebten nach dem Vorbild der Einheit von Mutter und Kind in Gefahr zu geraten droht, und umgekehrt ist das Glück unbeschreiblich, wenn der oder die Geliebte endlich sich wieder meldet, endlich sich wieder öffnet, endlich wieder so ist wie gewünscht und wie nötig.

In solchen Beziehungen des absoluten Verlangens nach totaler Einheit legt sich die Erwartung und Erfahrung der wiederzufindenden und der wiedergefundenen Mutter auf den Partner, überträgt sich auf ihn, wiederholt sich an ihm, und um so heftiger ist demgemäß auch der Widerstand, der Zorn, der Affektstau, wenn jemand von außen her störend in dieses Gefüge erhoffter Seligkeit eindringt. Im kindlichen Erleben war es – wie bei der Belauschung des elterlichen Verkehrs in der Urszene der Geschichte von *Sisyphos* – mit Regelmäßigkeit der Vater, auf den die versammelten Aggressionen des Kindes sich bündelten, wenn es die Einheit mit der Mutter durch jenen anderen in Gefahr sah, und so legt es sich überaus nahe, in Verlängerung der Übertragung starker Gefühle der Zuneigung von der Mutter auf die Geliebte auch die Ängste und Abwehrgefühle, die ursprünglich dem Vater galten, auf dessen Nachfolger zu richten; wer aber käme als ein solcher väterlicher Wiedergänger des Vaters geeigneter in Frage als der Schwiegervater? *Ixion* wünscht und betreibt dem Anschein nach dessen Tod in der Furcht, er könnte als *Dia*s Vater sich ähnlich zerstörerisch in die Beziehung drängen, wie das Kind die Einmischung des Vaters an der Seite der Mutter erlebt haben mag. Etwas Lebensnotwendiges droht *Ixion* durch den Auftritt des Schwiegervaters weggenommen zu werden, – nur weil er so fühlt, verspürt er den Drang, diesen Mann als Störfaktor ein für allemal auszuschalten. Keine Brautgabe erwartet ihn, sondern der Tod.

Aber: selbst wer bereit ist, die Gestalt eines Mörders wie *Ixion* bis dahin verstehen zu wollen, wird sich doch fragen, was es mit der sonderbaren

Belastung zu erlösen, aus Rücksicht auf sie und auf sich selber. Denn eben gerade diese Bedeutungsschwere ist es, die uns an die Mutter verhaftet und diese an das Kind kettet ... Darum hat der Mensch instinktiv dem Elternpaar immer das präexistente Götterpaar zugesellt als ‹godfather› und ‹godmother› des Neugeborenen, damit dieses nie sich dahin vergesse, aus Unbewußtheit oder kurzsichtigem Rationalismus die Eltern mit Göttlichkeit zu behaften.»

Hinterlist des Mordanschlages selber auf sich hat. Fallgrube, Glühkohlen, Verbrennen bei lebendigem Leibe – was soll diese schwer begreifbare Häufung von Heimtücke, Berechnung und Grausamkeit?

2) Die Psychoanalyse eines Verbrechens oder: Verstehen statt Bestrafen im Beispiel des Zeus

Eine Antwort darauf fällt nicht schwer: Die «Hinterhältigkeit» des Attentats auf *Dia*s Vater dürfte sich aus dem Bemühen erklären, unnötige Schwierigkeiten mit der künftigen Gemahlin selber zu vermeiden. Niemals darf sie dahinterkommen, auf welch gemeine Weise *Eioneus* in den Tod getrieben wurde. Am einfachsten – alles sieht nach einem Unfall aus! Einen solchen vorzutäuschen scheint der Zweck der Fallgrube; sie ermöglicht es, nach begangener Tat ungehindert einzustimmen in die Trauerklage aller Anverwandten und an *Dia*s Seite das Schicksal zu verwünschen, das solch ein Unheil jäh und plötzlich über *Eioneus* gebracht hat. Was mußte er auch ausgerechnet den Pfad entlang gehen, auf dem man des Abends Rehe auf die Lichtung treten sieht! Für *sie* war die Fallgrube eingerichtet; sie sollten, wenn eines hineinfällt, fertig gegart auf den Glühkohlen und ohne lange Arbeit zur Hochzeitstafel aufgetragen werden. Alles sollte besonders festlich begangen werden, – und jetzt solch ein unverhoffter, tragischer Schicksalsschlag! Falls dieses Arrangement aufgeht, setzt es *Ixion* in den Stand, seine trauernde Gemahlin als Tröster und Retter noch enger an sich zu binden. Vor *Ixion* dem Mörder ihres Vaters würde *Dia* mit Sicherheit Reißaus nehmen, an *Ixion* dem verständnisvollen Partner ihrer Einsamkeit kann sie mehr denn je Beistand und Halt gewinnen. Einzig die Tarnung des Mordes als (Jagd)Unfall bringt beide Zielsetzungen zusammen: die Bindung der Braut an ihren Vater abzuschneiden und gleichzeitig selber sich als dessen Nachfolger und Stellvertreter anzuempfehlen.

Die Hauptvoraussetzung in alledem besteht indes darin, daß *Dia* an ihren Vater genau so stark gebunden ist wie *Ixion* an seine Mutter, und eben diese Annahme scheint zuzutreffen, sobald man das Motiv der «Preisjungfrau» nicht aus der Sicht des Brautwerbers allein, sondern zugleich auch aus der Sicht der Braut betrachtet[7]. Um sich auf eine Heirat mit dem

---

7 Das Motiv der «Preisjungfrau» ist in dem Motivregister von WALTER SCHERF: Lexikon der Zaubermärchen, 492 (Freierprobe), 507 (Schwiegervater haßt den Helden), 513 (Vater begehrt Tochter), (Vater ist sein Kind), in die verschiedenen Aspekte zerlegt. – *Euenos* z. B., der Sohn des *Ares* und der *Demonike*, hatte eine Tochter, *Marpessa* mit Namen, die ihm

König der Lapithen einzulassen, muß *Dia*, so wie jede Frau, die in die Heirat willigt, sich von ihrem Vater lösen. Auch sie trägt die Imago ihres Vaters in sich und nimmt sie wie von selbst zum Maßstab für die Wählbarkeit des neuen Partners: Welche Charakterzüge an ihm können mit einiger Wahrscheinlichkeit bestätigen und fortsetzen, was schon in Kindertagen an der Person des Vaters als positiv erfahren wurde und in lebendiger Erinnerung geblieben ist, und was an ihm scheint tauglich, alte Defizite und Enttäuschungen durch bessere Erlebnisse zu korrigieren und zu überreifen? In jedem Falle wird es innerseelisch zu einer Auseinandersetzung, zu einem Konkurrenzvergleich zwischen dem Bild des Vaters und den Eindrücken des neuen Gatten kommen, und klar ist, daß das Herz seiner Geliebten nur erobern kann, wer es vermag, das väterliche Nachbild der Erinnerung mit seiner Gegenwart zu überstrahlen.

Welches der beiden Bilder im Erleben der Braut schließlich die Oberhand gewinnt, läßt unter Umständen sich wirklich nur wie ein Wettrennen, wie ein Zweikampf oder – entsprechend der nachfolgenden Geschichte von *Perseus* – wie eine (Drachen)Tötung darstellen. Sogar die «Fallgrube», in welcher *Eioneus* inmitten der Glühkohlen umkommt, wäre als das Schreck- und Wunschbild eines reinen Traumerlebens vorstellbar: Möge der Vater doch nur endlich ein für allemal verschwinden! Der «Unfall»tod des Vaters erleichterte (als Bild!) zudem die Schuldgefühle für derartige Wunschphantasien, – ein Mord fand eigentlich ja gar nicht statt. Der Vater kam ums Leben, doch ohne eigenes Dazutun, schicksalhaft, tragisch, sehr bedauerlich, aber man konnte nichts tun; was man dazu getan hat oder hätte tuen wollen, wird dahinter unsichtbar.

Wer will, kann zudem sprach- und religionsgeschichtlich noch darauf verweisen, daß *Phlegyas*, der Vater des *Ixion*, seinem Namen nach («der Brandstifter») selber das Feuer verkörpert; insofern handelt sein Sohn nur konsequent, wenn er seinen Schwiegervater mit Feuer vernichtet. Oder aber der ganze Vorgang ist aus *Dias* Sicht tatsächlich rein symbolisch zu lesen und das Bild bezieht sich auf das «Feuer» der Liebe zwischen Mann und Frau, in welchem die Tochter-Vaterliebe verfällt und verglüht. Sogar die «Fallgrube» läßt sich als ein weibliches Symbol deuten: dann würde der

Alkippe, eine Tochter des *Ares* auch sie, geboren hatte. «Marpessa ... war von großer Schönheit und wurde daher von vielen zur Frau begehrt. Ihr Vater, der eifersüchtig über das Schicksal seines Kindes wachte, forderte jeden der Freier zu einem Wagenrennen auf Leben und Tod. Die Köpfe seiner besiegten Gegner ließ er als Mahnung an weitere Bewerber von den Mauern seines Hauses herabhängen.» *Idas* aber, ein Sohn des *Poseidon*, gewann mit dem Gespann seines Vaters die Braut. VIBEKE CH. KOTTSIEPER – MATTHIAS STEINHART: Frauen wider göttliche Begierde, in: Starke Frauen, 245. Vgl. APOLLODOR, I 60.

Vater im Schoß der eigenen Tochter zu Asche verbrennen, sobald diese in dem «Feuer» erglüht, das *Ixion* in ihr angelegt und entfacht hat; er verstürbe ganz ähnlich wie in einem Hexenprozeß vormals die Frauen, denen man vorwarf, Menschen wider Willen zur Liebe verzaubert oder ihre Liebe mit Angst verstört zu haben.

Nur: beide Interpretationsweisen, ob real oder symbolisch, sind selbstredend nicht gleichwertig. Ein absoluter Unterschied besteht, ob etwas reinweg im Innerseelischen verbleibt oder ob es gewaltsam in einer kriminellen Handlung sich entlädt. Denken darf man, daß viele Verbrechen vermeidbar wären, verstünden die späteren «Täter» den Sinn ihrer Handlungsmotive rechtzeitig genug. So wie neurotische Symptome sich bilden, wenn die symbolische Botschaft der Träume aus dem Unbewußten der Seele lange Zeit ignoriert wird, so können innerpsychische Konflikte in einer Weise nach außen treten, in welcher reale Handlungen den Wert von Ausdruckssymbolen gewinnen. Gerade also wenn wir annehmen, daß *Ixion* «wirklich» seinen Schwiegervater umgebracht hat, offenbart seine Tat ebenso wie der Tathergang die innere Getriebenheit eines Mörders, der aus der Angst heraus handelt, seine Geliebte den Händen ihres Vaters nicht entwinden und an sich binden zu können.

Die überragende Bedeutung der Vatergestalt im Hintergrund der Beziehung *Ixion*s zu seiner Frau *Dia*, die er seinerseits mit den Erinnerungsbildern seiner Mutter belegt, wird auf überraschende Weise durch den weiteren Gang der mythischen Überlieferung bestätigt. Danach nämlich nahm *Zeus* sich der Tat des *Ixion* an, und das nicht ohne eigenes Interesse, – er selbst, erklärt er seiner Gattin *Hera* bei HOMER[8], hat sich in die schöne Braut verliebt. Es ist, als wenn die in sich bereits übergroße Gestalt des Schwiegervaters *Eioneus* zumindest nachträglich noch aufwachsen würde zu der absoluten Person des «Vaters der Götter und Menschen», zu *Zeus*. Unüblich ist das nicht. Das Vaterbild wird überhöht zum Gottesbild, und umgekehrt: Der Vater (beziehungsweise der Schwiegervater) wird erlebt in einer absoluten, göttlichen Größe, und so verhielt es sich gewiß bei *Ixion*, als er *Eioneus* als derart mächtig ansah, daß dieser mit der Liebe seiner Tochter *Dia* über alles im Leben des Brautwerbers entscheiden hätte können.

Bezeichnenderweise jedenfalls entsteht der Eindruck, als wenn *Zeus* selber eine gewisse Mitverantwortung, wo nicht Mitschuld, an *Ixion*s Untat verspüren würde. Denn so ging es weiter: Während alle verständlicherweise

8 HOMER: Ilias, XIV 315–328, S. 286, gesteht *Zeus* seiner Schwestergemahlin *Hera* u. a. seine Liebe auch «zu Ixions Gemahlin».

Scheu trugen, die notwendigen Reinigungsriten zur Entsühnung *Ixion*s von seinem Verbrechen zu vollziehen, erbarmte sich *Zeus* dieses sonst schier unrettbaren Delinquenten und lud ihn aus reiner Gnade zu sich auf den Olymp ein; wie *Sisyphos* ließ er ihn Platz nehmen an seiner Tafel! In unbegreiflicher Güte erwies sich *Zeus* gegenüber dem Schuldiggewordenen als *Hikesios* – als Schirmherr der Schutzsuchenden, denn zu einem solchen Schutzsuchenden war *Ixion* durch sein Verbrechen geworden, und obendrein erzeigte sich *Zeus* als *Katharsios*, als Sühnegott der menschlichen Frevel[9].

Extremer, wie man sieht, kann die Ambivalenz der Gefühle im Umkreis des Vaterkomplexes kaum ausfallen: Die eben noch auf Leben und Tod gefürchtete Gestalt des (Schwieger)Vaters – jetzt, wo *Ixion* sich ihrer entledigt hat, verwandelt sie sich in die Gestalt des grundgütigen (Gott)Vaters *Zeus*. Entsühnung statt Bestrafung! Vergebung gegenüber dem Verbrecher! Einladung auf den Olymp statt Verstoßung in den untersten Pfuhl des Totenreichs, – *Ixion* kann sich nicht nur wie im Himmel wähnen, *Ixion* ist im Himmel! – Fast schon möchte man meinen, nun endlich ein göttliches, ein gültiges Beispiel für den rechten Umgang mit straffällig Gewordenen mitten im griechischen Mythos gefunden zu haben: aufnehmen statt wegsperren, – nur so werden Menschen wirklich zu bessern sein. Denn so viel steht fest: Nur wer versucht, sie zu verstehen, wird sie lehren können, sich selbst zu verstehen und dadurch zu läutern. Und allein wer imstande ist, gegen Gewalt eine verzeihende Güte zu setzen, wird den anderen aus dem Teufelskreis seiner Ängste und Obsessionen erlösen. In der Tat: würde die Geschichte des *Ixion* an dieser Stelle schon enden, – sie wäre zweifellos eine

9 MARTIN P. NILSSON: Geschichte der griechischen Religion, I 419, hebt hervor: «Beides, die Sühnung des Mörders und der Verkehr, wurde durch die ungeschriebenen Gesetze ermöglicht, welche geboten, den Schutzflehenden zu schonen.» «... schon in archaischer Zeit wird Zeus Xenios erwähnt ... Der Name bezeichnet Zeus nicht nur als Schützer der Gastfreundschaft ..., sondern auch ... des Fremden.» ULRICH VON WILAMOWITZ-MÖLLENDORFF: Der Glaube der Helenen, II 120, A 1, verweist am Beispiel des *Ixion* darauf, daß *Zeus* selbst «Kränkung von *xenos* (sc. dem Fremden) und *hikétēs* (sc. dem Schutzsuchenden, d.V.)» ahndet; «überhaupt die Schwachen, Vergewaltigten und Betrogenen vertrauen auf die Hilfe des Zeus, auch dann noch, als es Richter gibt ... Es ist klar, daß das Rechtsgefühl in den Zeiten vorstaatlicher Rechtspflege und weiter, wenn diese versagte, Hilfe von der Gottheit erwartet hat.» ERIKA SIMON: Ixion und die Schlangen, in: Jahreshefte, XLII 11, betont das Grundsätzliche in der Entsühnung durch *Zeus*: «Auch Apollon reinigt den Muttermörder Orest in Delphi und beruft sich dabei auf seinen Vater Zeus, der den ersten sterblichen Verwandtenmörder, Ixion, entsühnt und so das Vorbild gegeben habe. Alle Götter hatten sich von Ixion abgewandt, Zeus allein erbarmte sich seiner und machte ihn rein.» AISCHYLOS: Eumeniden, V 441, in: Tragödien, 429, nennt den Muttermörder *Orest* durch den Mund *Athene*s denn auch «einen heiligen Schützling, wie es einst Ixon war».

unübertreffliche Vorbildgeschichte für den Sieg des Guten über das Böse, ein moralisches Lehrstück ohnegleichen, imstande, einen Kultursprung im Umgang mit menschlicher Schuld auszulösen, ein unerhörtes Dokument der Relativierung und Suspendierung eines nur ethisch-juridischen Standpunkts in der Betrachtung des menschlichen Lebens durch die religiöse Erfahrung der «Rechtfertigung des Sünders» «allein aus Gnade». Es ist nicht zuviel gesagt: endete die Geschichte von *Ixion* bereits hier, so böte sie eine Berührungsstelle von griechischem Mythos und christlichem Glauben, wie sie dichter nicht gedacht werden könnte.

Doch leider findet die Geschichte von *Ixion* eine tragische Fortsetzung, und was jetzt sie erzählt, hat man stets als einen unbegreifbaren und gar nicht genug zu ahnenden Frevel betrachtet; gleichwohl verfügen wir nach allem Gesagten bereits über die nötigen Voraussetzungen, um auch die weitere Entwicklung der Erzählung in all ihrer vermeintlichen Monstrosität zu begreifen, ja, hier schon vorweg zu erahnen. Was nämlich im folgenden sich begibt, ist nicht, wie es scheint, die pure Unverfrorenheit und skandalöse Blindheit eines pathologisch Kriminellen gegenüber den elementaren Erfordernissen von Dankbarkeit und von Respekt, es stellt «nur» eine weitere und jetzt endgültige Drehbewegung im Mechanismus einer gänzlich unheilvollen seelischen Dynamik dar.

In kurzen Worten beschreibt HYGIN, was geschah: «Ixion ... versuchte Hera zu umarmen. Auf des Zeus Geheiß legte Hera eine Wolke an ihre Stelle, und Ixion glaubte, es sei das Bild Heras. Aus dieser Verbindung entstanden die Kentauren. Doch Hermes band auf des Zeus Befehl Ixion in der Unterwelt auf ein Rad, das immer noch dort sich drehen soll.»[10] In der *Epitome* zur Bibliothek des APOLLODOR heißt es, etwas ausführlicher: «Ixion liebte Hera und wollte ihr Gewalt antun. Als sie es Zeus sagte, wollte dieser sehen, ob es sich so verhielt, gab einer Wolke die Gestalt der Hera und ließ sie sich neben ihn legen. Er prahlte dann auch, er habe Hera umarmt, weswegen ihn Zeus auf ein Rad band, auf dem er, durch Winde in der Luft herumgewirbelt, diese Strafe erleidet. Die Wolke aber gebar von Ixion den Kentauros.»[11] Dieses pferdemenschliche Monstrum, um die Geschichte zu Ende zu bringen, *Kentauros*, verpaarte sich mit den Stuten vom Berge Pelion in Magnesia, und so entstand das Geschlecht der Kentauren[12].

10 HYGIN: Nr. 62, in: Griechische Sagen, 271.
11 *Epitome*, I 20, in: Griechische Sagen, 127.
12 GEORGES DUMÉZIL: Le Problème des Centaures, 192, sieht das Rad des Ixion als ein Sonnensymbol und datiert die Geburt der Zentauren «auf das Ende des Winters, d. h. unter den vier Sonnenpunkten im Jahr auf die Tag- und Nachtgleiche im Frühling.» HERBERT

Übrigens gingen, wie stets, die einzelnen Geschichten auch je für sich weiter: Jene «Wolke» (*Nephele*) war in anderem Zusammenhang die Gemahlin des *Athamas*, des Königs von Orchomenós in Böotien, die ihm *Phrixos* und *Helle* gebar, die beiden Geschwister, die *Zeus*, aus Abscheu vor Menschenopfern, durch einen goldenen Stier errettete, als sie ihm dargebracht werden sollten, um eine Hungersnot abzuwenden[13]. *Ixion* und *Dia* hinwiederum hatten einen Sohn: *Peirithoos*[14], der als Nachfolger auf dem Thron der Lapithen sogleich in einen Krieg mit den Kentauren verwickelt wurde, beanspruchten diese doch als Kinder des *Ixion* ebenfalls einen Teil seines Reichs; am Ende des erbittert geführten Kampfes einigte man sich darauf, daß die Kentauren den Berg Pelion zugesprochen bekamen. Vor allem schloß *Peirithoos* Freundschaft mit *Theseus*, dem König von Athen. Dessen Hilfe kam ihm sehr zustatten, als er *Hippodameia* (oder *Deidameia*, jedenfalls nicht die gleichnamige Frau des *Pelops*) heiraten wollte; denn zu seiner Hochzeit hatte er auch die mit ihm inzwischen in gutnachbarschaftlichen Verhältnissen lebenden Kentauren eingeladen. Diese aber, an Weingenuß nicht gewohnt, betranken sich auf der Hochzeitsfeier derart maßlos, daß sie Anstalten machten, die Braut mitsamt

HUNGER: Lexikon der griechischen und römischen Mythologie, 214, sieht in den *Kentauren* «Naturdämonen, wie sie die primitiven Menschen allenthalben in der Natur, besonders dort, wo es nicht ganz geheuer ist, zu sehen pflegen. Ihr Reich sind schwer zugängliche Gebirge und unwegsame Wälder. Solchen Dämonen traut man Gewalttätigkeit (Frauenraub) ohne weiteres zu. Die Wilden Männer des germanischen Volksglaubens entsprechen ungefähr den griechischen Kentauren. – Die ältesten bildlichen Darstellungen zeigen einen Pferdeleib an einen vollkommenen Menschenleib angesetzt, d. h. Kentauren mit nur zwei Pferdebeinen. Erst seit dem Ende des 6. Jh. v. Chr. herrscht der bei uns geläufige Typus mit vier Pferdebeinen vor.» BIRGITTA EDER: Der Kentaur von Lefkandi, in: Zeit der Helden, 185, stellt in der früheisenzeitlichen Plastik aus der Nekropole von Lefkandi auf Euböa «eine der ältesten Darstellungen der mythischen Figur überhaupt» vor und betont: «Neben den wilden Kentauren, die auch als Trunkenbolde und Frauenräuber mythisch berüchtigt sind, treten auch die milden, gastfreundlichen und klugen Kentauren auf,» – *Chiron* ist der bekannteste von ihnen, der schon von HOMER: Ilias, XI 832, als «der rechtlichste von der Kentauren» bezeichnet wird. CARL GUSTAV JUNG: Symbole der Wandlung, in: Ges. Werke, V 356, verweist darauf, daß «das Pferd als das Bild der tierischen Komponente des Menschen» «auch die sexuelle Triebhaftigkeit» repräsentiere (und deshalb «reichlich Beziehungen zum Teufel hat»).

13 MICHAEL GRANT – JOHN HAZEL: Lexikon der antiken Mythen und Gestalten, 79: Athamas; vgl. APOLLODOR, 1,80, in: Griechische Sagen, 19.
14 Vgl. KARL KERÉNYI: Die Mythologie der Griechen, II 188–189: «Peirithoos gehörte in die Reihe der Zeussöhne. Dia, die Gattin des Ixion, eine dem Namen nach mit dem Himmel verbundene Heroine, gebar ihn dem Himmelskönig. Daher galt er den Späteren als Sohn des Ixion und Bruder der Kentauren, die von dem Frevler herstammten. Zeus soll ihn in Hengstgestalt gezeugt haben, wie Kronos den Chiron.»

ihren Brautjungfern zu entführen. Das Gelage artete aus zu einem wüsten Handgemenge, viele auf beiden Seiten wurden getötet, doch siegreich blieben am Ende nicht ohne das Eingreifen des *Theseus* die Lapithen, – die Kentauren wurden aus Thessalien vertrieben und existierten seither nur noch auf der Peloponnes weiter.

Das Thema: Brautwerbung und Gewalt setzt sich mithin auch in der nächsten Generation nach *Ixion* fort, wenngleich es dort die Form eines bloßen Rivalenkampfs annimmt. Speziell *Peirithoos* selber wird nach dem Tod seiner Gemahlin die Spur der unglücklichen Liebe bis zum Exzeß weiterverfolgen: An der Seite des *Theseus*, dem er bereits geholfen hatte, *Helena* aus Sparta zu entführen, nahm er sich vor, ausgerechnet *Persephone*, die Herrin der Unterwelt, für sich zu gewinnen; es wurde eine Hochzeit mit dem Tode, indem, wie jener apulische Kratēr (Tafel 10a) zeigt, *Peirithoos* für immer auf dem Stuhl des Vergessens im Hades festgesetzt wurde[15]. Wie die Sippe des *Tantalos* an dem Frevel ihres Urahns zu leiden hatte, so setzt die Unbedingtheit in dem Verlangen nach Liebe sich offenbar auch in Ixions Nachfolgern fort. – Was aber ist es mit diesem selber?

Wer das Verhalten des Lapithen-Königs nur als «Frechheit» und «Frevel» betrachtet[16], mißversteht es im Kern. Man darf nicht vergessen: Die

---

15 *Epitome*, I 23 f., in: Griechische Sagen, 128.

16 LUKIAN: Göttergespräche, VI: Ixion, in: Gespräche der Götter und Meergötter, der Toten und der Hetären, 15, läßt (spöttisch) *Zeus* von etwas so Schändlichem sprechen, daß er's gar nicht sagen kann. «Aber freilich,» erklärt er, «sind wir selbst schuld daran und treiben die Menschenliebe offenbar zu weit, da wir sie (sc. die Menschen, d.V.) sogar zu unseren Zechkumpanen machen.» GEORGES MÉAUTIS: Mythes inconnus de la Grèce Antique, 13–32, versteht von vornherein *Ixion* als Verkörperung «der menschlichen Undankbarkeit» und beruft sich (S. 19) dabei zu Recht auf PINDAR: Pythische Oden, II 20–45, S. 95; 97, wo steht: «Nach der Götter Befehl wird Ixion, so heißt es, immerfort / auf dem geflügelten Rad gedreht, / und er verkündet dieses den Menschen: / dem Wohltäter nahe in freundlichem Begegnen und lohne es ihm. / Er hat es deutlich erfahren: denn bei den wohlgesinnten Kroniden (sc. *Zeus* und *Hera*, d.V.) / war ihm ein glückliches Leben beschieden, doch er ertrug nicht den reichen Segen, und verblendet / begehrte er Hera und das wonnige Bett des Zeus, / für das sie bestimmt war. Frevelmut trieb ihn zu Verbrechen / über die Maßen. Alsogleich erfuhr der Mann das ihm Gebührende / und erlitt unendliches Leid. Zweifache Schuld erweist sich ihm / als sträflich: einmal, weil der Held / nicht ohne List als erster verwandtes Blut vergossen unter den Menschen, / dann weil er im Erhabenes bergenden Gemach / des Zeus Gattin zu verführen suchte. An sich selbst soll man bei jedem allemal die Grenze sehen. / Eine verirrte Verbindung führt allzuoft ins Unglück. / Auch auf ihn traf dies zu: denn er lag bei einer Wolke / und suchte wahnschaffenes Glück, der törichte Mann. / Denn sie glich der erhabenen Tochter / des Uranossohns Kronos. Listig unterschoben diese Wolke ihm / die Hände des Zeus, ein trauriges Glück. Und eine Fessel mit vier Speichen schuf er sich / zu seinem eigenen Verderben: in unentrinnbaren Fußangeln gefangen, mußte er den weithin gültigen Spruch bezeugen. / Ohne die Chariten gebar ihm

entscheidende Wandlung, die sich für und in *Ixion* vollzogen hat, besteht in seiner Erhöhung zum Olymp an die Seite eines gütigen Vatergottes, der ihn bereitwillig entsühnt und freundlich bei sich aufnimmt. Alles spricht dafür, daß gerade diese völlige Umkehrung der Situation die Ursache für das jetzige Verhalten *Ixions* darstellt. In gewisser Weise lebt er in einem sich realisierenden Wunschtraum, der sich ausnimmt wie eine Reaktionsbildung auf die eigentlich zu erwartenden Strafen für den Mord an *Eioneus*. Es ist dabei nicht nur, daß die Gestalt des verweigernden (Schwieger)Vaters ausgetauscht wird gegen die Person des gewährenden (Gott)Vaters *Zeus*; mit der Überhöhung der männlichen Seite der menschlichen Beziehung ins Göttliche geht naturgemäß auch eine Überhöhung der weiblichen Seite einher: nicht nur die Vatergestalt, vor allem auch die Muttergestalt gewinnt die Züge einer überirdischen, unwiderstehlichen Faszination; ja, man muß sagen: Nach Wegfall des väterlichen (bisher in *Eioneus* hineinprojizierten) Verbots kehrt das Mutterbild in seine ungehemmte ursprüngliche Anziehungskraft zurück. Was *Ixion* all die Zeit schon in *Dia* gesucht hat, – hier nun in *Hera*, der Göttermutter, der Schwester und Gemahlin des Vatergottes selber, tritt es ihm entgegen. Was als Vergebung und Entsühnung gemeint war, wirkt unter den Voraussetzungen einer psychischen Struktur, wie *Ixion* sie aufweist, als Fortnahme aller (paternalen) Verbotsschranken, die bis dahin den Zugang der (kindlichen) Wünsche nach dem Besitz der Mutter versperrten. Der Urwunsch: zurückkehren zu dürfen in den Schoß der Mutter, setzt sich frei und drängt zur Erfüllung.

Generell kann man sagen, daß jede Liebesbeziehung, in welcher der

dieses einzigartige Wesen / den einzigartigen, gewaltigen Sproß, der weder unter Menschen noch bei den Satzungen der Götter Ehre genießt. / Die Amme nannte ihn Kentauros, der / die Stuten von Magnesia begattete am Fuß des Pelion (sc. des Gebirges im Osten Thessaliens, d.V.). / Daraus entstand ein wunderliches Volk, / beiden Elternteilen ähnlich, der Mutter unten, oben dem Vater.» MÉAUTIS (S. 15–17) übernimmt diese Darstellung und Wertung, um (S. 32) festzustellen: «Die Mythe von Ixion, wie man sieht, weil sie einen der wesentlichen Punkte der menschlichen Seele berührt: ihre Verbindung mit dem Göttlichen, ihre Reaktion im Gegenüber des Göttlichen, ist nicht ohne Gewicht ... sie zeigt den Schatz an Weisheit und Sittsamkeit, den die Mythologie enthält.» Doch wenn Menschen nach dieser «Weisheit» zu handeln vermöchten, gäbe es keinen *Ixion*; die Frage ist nicht, wie man sein Tun moralisch bewertet, sondern wie man sein Verhalten versteht und dadurch vermeidbar macht. – ROBERT VON RANKE-GRAVES: Griechische Mythologie, I 187, sieht in *Dia*, der Frau des *Ixion*, die «Mondgöttin des Eichenkults», die eigentlich mit *Hera* identisch sei; erst die olympischen Priester hätten «das rituelle Bild des gekreuzigten lapithischen Königs», der mit seinem Samen und Blut die Erde befruchtete und an einem Baum aufgehängt wurde, als Strafe mißverstanden. *Ixions* Fallgrube betrachtet er als Ersatzopfer an Kriegsgefangenen. – PHILOSTRATUS: Apollonius von Tyana, VII 12, S. 292, erblickt in *Ixions* Qual das Ur-Bild und den Beweis herrschaftlicher Willkür nach Art des Kaisers *Domitian*.

Partner zum Gott und die Partnerin zu einer Göttin erhöht wird, einen deutlichen Hinweis auf den Eintrag starker kindlicher Wünsche nach der Verschmelzung mit dem Vater beziehungsweise mit der Mutter enthält; doch besteht ein erheblicher Unterschied zwischen der Bindung eines Mädchens an den Vater und eines Jungen an seine Mutter: – weit stärker als das Verlangen nach der Einheit mit dem Vater ist das urtümliche Bedürfnis nach der (Wieder)Vereinigung mit der Mutter; und gerade dafür steht – wie kein anderer sonst in der (griechischen) Mythologie – der König der Lapithen: *Ixion*.

3) Ixions Strafe oder: Vom Verlangen nach der Mutter

Richtig erkannt hat als erster die Tiefe und die Bedeutung einer solchen Sehnsucht ARTHUR SCHOPENHAUER, indem er hinter der Sexualität mit ihrem Drang nach der Vereinigung der Geschlechter und der Weitergabe von Leben ein ganz anderes Verlangen am Werke sah: nach der Rückkehr zum Ursprung, nach einem Anhalt all der Unruhe des Daseins, nach einem Verweilen in jener Stille und Geborgenheit, wie sie bestand, noch ehe man durch die Geburt hinausgestoßen wurde in die Turbulenz der Natur, in die Tortur der Welt. «Das ist», schrieb er, «der schmerzenslose Zustand, den (sc. der griechische Philosoph, d.V.) Epikuros als das höchste Gut und als den Zustand der Götter pries, denn wir sind, für jenen Augenblick (sc. der Aufhebung des Sexualtriebs sowie der Polarität der Geschlechter, mithin der Einheit mit dem Ursprung, d.V.), des schnöden Willensdrangs entledigt, wir feiern den Sabbath der Zuchthausarbeit des Wollens, das Rad des Ixion steht still.»[17]

Mit diesen Worten folgte SCHOPENHAUER allerdings einer Überzeugung,

---

17 ARTHUR SCHOPENHAUER: Die Welt als Wille und Vorstellung, 1. Bd., 2. Buch, § 38, in: Sämtliche Werke, II 231. Dazu umgekehrt lautet seine Diagnose: «Dauernde, nicht mehr weichende Befriedigung kann kein erlangtes Objekt des Wollens geben: sondern es gleicht immer nur dem Almosen, das dem Bettler zugeworfen, sein Leben heute fristet, um seine Quaal auf Morgen zu verlängern. – Darum nun, solange unser Bewußtseyn von unserm Willen erfüllt ist, solange wir dem Drange der Wünsche, mit seinem steten Hoffen und Fürchten, hingegeben sind, solange wir Subjekt des Wollens sind, wird nie und nimmermehr dauerndes Glück noch Ruhe. Ob wie jagen, oder fliehn, Unheil fürchten, oder nach Genuß streben, im Wesentlichen einerlei: die Sorge für den stets fordernden Willen, gleichviel in welcher Gestalt, erfüllt und bewegt fortdauernd das Bewußtseyn; ohne Ruhe aber ist durchaus kein wahres Wohlsein möglich. So liegt das Subjekt des Wollens beständig auf dem drehenden Rade des Ixion, schöpft immer im Siebe (sc. durchlöcherten Kruge, d.V.) der Danaiden, ist der ewig schmachtende Tantalus.»

die sich bereits in den Anfängen der griechischen Naturphilosophie aussprach, etwa wenn THALES von Milet das Wasser für den Ursprung aller Dinge erklärte[18], – zu Recht verwies der erste und größte Mytheninterpret der Psychoanalyse OTTO RANK in seiner Arbeit über «Das Trauma der Geburt» darauf, daß mit diesem «Wasser» letztlich nur der «Mutterschoß» gemeint sein könne. Als wenn er die Gedanken SCHOPENHAUERS hätte vorwegnehmen wollen, ergänzte im 6. Jh. v. Chr. ANAXIMANDER die These seines Vorgängers denn auch mit der Lehre: «Das Vergehen der seienden Dinge erfolge in die Elemente, aus denen sie entstanden seien, gemäß der Notwendigkeit: Denn sie zahlten einander Strafe und Buße für ihre Ungerechtigkeiten nach der Ordnung der Zeit.»[19] Nach dieser Darstellung erscheint das Dasein nicht nur als «laut», «unruhig», «wüst» und erfüllt von Leid und Elend, es ist auch gekennzeichnet als schuldbeladen und weit entfernt von dem «Ursprung» eines idealen Seins. Vor allem PLATON hat (in Anknüpfung an pythagoreische und orphische Lehren) diesen Ansatz zu einem geschlossenen philosophischen Konzept entwickelt, das OTTO RANK verkürzt, aber korrekt dahin wiedergibt, es stehe die Urgottheit *Eros* sowohl für den Schmerz, «durch eigene rätselhafte Schuld in die Geburt gestürzt» worden zu sein, als auch für das Verlangen nach der Rückkehr zu «dem verlorenen Paradies seines reinen und eigentlichen Wesens»[20]. Letztlich, meinte er vom Standpunkt der Psychoanalyse aus, stecke dahinter die Sehnsucht nach einer vorgeburtlichen Schmerzlosigkeit, wie denn alle melancholischen Gestimmtheiten «zur intrauterinen Situation» tendierten[21]. Der Ursprung aller Triebe, lehrte in gleichem Sinne SIGMUND FREUD, sei der Wunsch zur Rückkehr in den Anfang – ins Anorganische, in den Tod, wie er annahm.

Doch genau hier beginnt die eigentliche geistige Herausforderung, vor welche die *Ixion*-Mythe stellt. Gewiß hatte OTTO RANK recht, wenn er die «Schuld» des *Sisyphos*, die «Urszene» des elterlichen Verkehrs belauscht zu haben, als weniger ursprünglich ansah denn den «Frevel» des *Ixion*, sich

18 Vgl. Die Vorsokratiker, I 15. «Thales ... sagt, das Wasser sei das Prinzip (aller Dinge) ... Er ist vielleicht dadurch zu dieser Vermutung gekommen, dass er sah, dass die Nahrung aller Dinge feucht ist und dass das Warme selbst aus dem Feuchten entsteht und durch dieses lebt ... das Wasser aber ist für alles Feuchte das Prinzip seiner Natur.» Zit. nach ARISTOTELES: Metaphysik, 1. Buch, 3. Die alten Philosophen, S. 24–25 (983 b 20).
19 OTTO RANK: Das Trauma der Geburt, 161–162; vgl. Die Vorsokratiker, I 37.
20 OTTO RANK: Das Trauma der Geburt, 166.
21 A. a. O., 60. – CARL GUSTAV JUNG: Symbole der Wandlung, in: Ges. Werke, V 532, meinte: «Was in Wirklichkeit bei der Inzest- und Mutterleibsphantasie geschieht, ist ein Versinken der Libido ins Unbewußte, in welchem sie einerseits persönliche infantile Reaktionen, Affekte, Meinungen und Einstellungen provoziert, andererseits aber auch Kollektivbilder (Archetypen) belebt.»

im Rahmen einer himmlischen «Mutterleibsphantasie» nach der Vereinigung mit der Muttergöttin *Hera* zu sehnen[22]. Was aber begibt sich in dem sonderbar «wolkigen» Zusammensein beider? Was geschieht da? Die Antwort darauf enthält eine Weichenstellung, welche richtungsentscheidend für die gesamte Weltbetrachtung ist.

Einer Wolke konnte *Hera* selbst sich schon einmal bedienen, um – mit Hilfe des Busenbandes der *Aphrodite* – ihren Gemahl *Zeus* zu verführen und ihn vom Trojanischen Krieg abzulenken[23]; die Wolke diente ihr dabei allerdings nur als Hülle, die das intime Geschehen vor den Augen der Götter und Menschen verbarg. Anders verhielt es sich, als *Zeus* persönlich sich der unschuldigen *Io*, der Tochter des *Inachos*, des ersten Königs von Argos, näherte; da nahm er die Gestalt einer Wolke an, um sich vor der Geliebten unsichtbar beziehungsweise weniger erkennbar zu machen, der wahre Zweck seiner Tarnung aber bestand in der Schaffung eines größeren Vertrauens der in Liebesdingen Unerfahrenen und Ahnungslosen. Wie auf dem Bild von ANTONIO CORREGIO (Tafel 7) zu sehen, verbarg *Zeus* sich nicht nur in der Wolke, er nahte der Geliebten *als* Wolke[24] – in einer fast unkörperlichen Berührung, so hingeweht und hingehaucht in seiner Zärtlichkeit, wie schwebend in seinem Drängen, ganz einhüllend und umhüllend in einer Verschmelzung gänzlicher Geborgenheit. Wenn laut Überlieferung *Zeus* ausgerechnet eine solche Wolke jetzt gewissermaßen als *Hera*-Attrappe *Ixion* vorschweben läßt, um ihn auf die Probe zu stellen, so verdichtet sich darin – ebenso «überirdisch» wie «schwebend» – alles, wonach *Ixion* selber sich sehnt.

Es gibt wohl kein Bild, das eine solche Seelenlage einfühlsamer erfassen könnte als das im Jahre 1901 entstandene Gemälde des britischen Malers ARTHUR HACKER «Die Wolke», das sich heute im Museum von Bradford befindet. Einen weiblichen Akt in natürlicher «Umgebung zu zeigen – oft in einem schläfrigen Zustand –, war in der französischen Malerei (sc. um 1900, d.V.) seit langem üblich, da so die ungestörte, voyeuristische Betrachtung des weiblichen Körpers ermöglicht wurde»[25], – man denke nur

---

22 OTTO RANK: Das Trauma der Geburt, 183–184.
23 HOMER: Ilias, XIV 154–353, S. 281–287. *Zeus* versichert dort *Hera*:
   »... ich lege herum eine goldene Wolke,
   Eine solche, daß Helios selbst uns hindurch nicht erblicke,
   Von dem her doch das schärfste Licht kommt, etwas zu sehen.» (XIV 343–345, S. 287)
24 DANIEL UCHTMANN: Liebespaare in der Kunst, 14–15.
25 ALISON SMITH (Hg.): Prüderie und Leidenschaft, 221, Abb. 143: ARTHUR HACKER (1858–1919): Die Wolke.

an ALEXANDRE CABANELS Bild «Die Geburt der Venus»[26], wo die Göttin lasziv, «in einer sexuell einladenden Pose» schlafend daliegt, als träumte sie selber den gleichen Traum wie ihr Betrachter. Auf HACKERS Bild «Die Wolke» beeindruckt vor allem die «zeichnerische Raffinesse» und «symbolistische Verschmelzung von Wirklichkeit und Fantasie…: Ein liegender Akt schwebt auf einer Schäfchenwolke dahin, die von einem schillernden Regenbogen angestrahlt wird… Die erotische Stellung der Beine der Hauptfigur…, die aufreizend mit dem einen Fuß den anderen liebkost,» erinnert gewiß eher an ein Schlafzimmer oder Ateliersofa als an luftig-ätherische Höhen[27]; doch genau um diese Einheit von ganz und gar irdischem Verlangen und überirdischer Sehnsucht geht es auf diesem Bild (Tafel 13), das eben dadurch einen wichtigen Beitrag leistet, die Gestalt des *Ixion* zu verstehen: Da erscheinen Naturgestalten und Naturgewalten eingebettet in einen Panpsychismus, der einen Unterschied zwischen Innen und Außen nicht länger mehr zuläßt: alles Psychische ist «real», und alles Reale trägt die Bedeutung psychischer Qualitäten. Und ist das so fremd?

Spielerisch hat wohl ein jeder schon mal in den Wolken am Himmel bestimmte Gestalten zu erkennen gemeint und dabei erlebt, wie Vorstellung, Gefühl und Verlangen sich ins Unerreichbare und doch so Nahe projizieren können; wenn aber der Himmel sich selber in solchen «Gesichten» zu zeigen beginnt, ist die Grenze zwischen Realitätswahrnehmung und Traumerleben durchlässig geworden, – das sehnsüchtig Gewünschte kommt wie verselbständigt mit einer eigenen Anziehungskraft auf den Wünschenden zurück; und gerade so ergeht es auf HACKERS Gemälde der Gestalt des Mannes am unteren Bildrand, der zusammengekauert, wie erdrückt von der Last des eigenen Verlangens, ausgemergelt und ausgezehrt wie ein Süchtiger von der eigenen Sehnsucht, leidend unter der eigenen Leidenschaft, mit träumenden Augen nicht aufzuschauen wagt zu dem erregenden Konterfei seines Idols; dieses selbst wie im Schlaf, hat den linken Arm schon emporgehoben, wie um in der ersehnten Umarmung den Geliebten auf dem verlockend hingebreiteten Busen zu betten; neben ihr liegt eine andere dunkelhaarige Schöne halb bäuchlings, ihre linke Hand auf die «Wolke» gelegt, als wenn auch sie darin einen erträumten Geliebten zu streicheln gedächte. Der Träumer solch überirdischer Bilder indes schaut wie in einen Abgrund unendlicher Leere. HACKER ließ sein Gemälde ausstellen mit einem Gedichtzitat von PERCY BYSSHE SHELLEY zum Thema «Wolke»:

26 ROBERT ROSENBLUM: Die Gemäldesammlung des Musée d' Orsay, 38–39: ALEXANDRE CABANEL (1823–1889): Die Geburt der Venus.
27 ALISON SMITH: Prüderie und Leidenschaft, 221.

Und ich sonn all die Zeit mich im Himmelsblau weit
Bis er Regen wird und vergeht[28].

In der Tat rufen auf HACKERS Bild «die Naturgewalten bestimmte physische
und psychische Reaktionen hervor: Die Sonne fördert Sexualität und Las-
zivität zutage, der Regen führt zu Introspektion und Niedergeschlagenheit.
Hacker ordnet diese beiden Pole den Geschlechtern zu, wobei er Ersterem
die Gestalt der Femme fatale gibt und Letzteres als ihr Opfer erscheinen
lässt.»[29]

Ganz so müssen wir uns in der Tat *Ixion* als eine Persönlichkeit vorstel-
len, die nicht selbstbestimmt und selbstbewußt handelt, sondern, durch-
schimmernd fast, wie aufgelöst in ihrer Körperlichkeit ebenso wie in ihrer
Geistigkeit, von ihren eigenen Sehnsüchten fortgezogen und wie eine ent-
leerte Hülle zurückgelassen wird. Sieht so ein «Mörder» aus? Ein gieriger
Triebtäter? Das gerade nicht. Eher jener «bleiche Verbrecher», von dem
FRIEDRICH NIETZSCHE sprach[30], – eine Person, die, von Schuldgefühlen,
Skrupeln und Zweifeln zersetzt, gegen ihren Willen miterleben muß, wie
der «dionysische» Anteil ihrer Seele, lange zurückgestaut, mit Macht
schließlich durchbricht[31].

Welch ein Bild dann, daß das Resultat der (Mes)Alliance von *Ixion* und
der Wolke der *Hera* die Erzeugung des *Kentauros* gewesen sei, – eines Vier-
beiners mit Verstand, eines Pferdemenschen, eines Wesens mit dem Unterleib eines Tieres, doch mit dem Kopf und dem Herzen eines Menschen, die
gestaltgewordene Widersprüchlichkeit mithin von Natur und Kultur, Sinnlichkeit und Sittlichkeit, Wollen und Sollen, Mögen und Müssen, die Frucht
eben jener Zerrissenheit, die in *Ixion* selber bereits existiert[32]. Ursprünglich

28 Zit. n. a. a. O., 221.
29 A. a. O., 221.
30 FRIEDRICH NIETZSCHE: Also sprach Zarathustra, 1. Teil, Vom bleichen Verbrecher,
38–41: «‹Feind› sollt ihr sagen, aber nicht ‹Bösewicht›; ‹Kranker› sollt ihr sagen, aber nicht
‹Schuft›; ‹Tor› sollt ihr sagen, aber nicht ‹Sünder›.» «Hört, ihr Richter! Einen anderen
Wahnsinn gibt es noch: und der ist *vor* der Tat. Ach, ihr krocht mir nicht tief genug in diese
Seele!» «Was ist dieser Mensch? Ein Haufen von Krankheiten, welche durch den Geist in
die Welt hinausgreifen: da wollen sie ihre Beute machen. – Was ist dieser Mensch? Ein
Knäuel wilder Schlangen, welche selten beieinander Ruhe haben, – da gehen sie für sich
fort und suchen Beute in der Welt. – Seht diesen armen Leib! Was er litt und begehrte, das
deutete sich diese arme Seele, – sie deutete es als mörderische Lust und Gier nach dem
Glück des Messers.» NIETZSCHE meinte auch (S. 39): «Es gibt keine Erlösung für Den, der
so an sich selber leidet, es sei denn der schnelle Tod.» Doch nur um diese Auffassung zu
widerlegen, beschäftigen wir uns mit *Ixion*.
31 Noch einmal NIETZSCHE: A. a. O., 58: «Wie artig weiß die Hündin Sinnlichkeit um ein
Stück Geist zu betteln, wenn ihr ein Stück Fleisch versagt wird.»
32 ULRICH VON WILAMOWITZ-MOELLENDORFF: Der Glaube der Hellenen, I 191–192: «In

waren die *Kentauren* wohl Naturdämonen, ähnlich den Wilden Männern im germanischen Volksglauben[33], beheimatet in unwegsamen Gebirgen und undurchdringlichen Wäldern, doch gerade so verkörpern sie Möglichkeiten und Handlungsimpulse, die im Triebbereich des Unbewußten der menschlichen Seele angelegt sind, wenn sie zerrissen wird zwischen Muttergebundenheit und heroischer Selbstüberforderung. Nur wohlgemerkt: *Ixion*, wenn er schon als «Vater» der *Kentauren* gilt, ist selber kein «Kentaur», er verkörpert in seinem Wesen nur erst die Widersprüchlichkeit und Zerrissenheit, die in jenen Halbwesen Gestalt gewinnen wird und gewonnen hat.

Nach allem Gesagten wäre es nun freilich entschieden zu kurz gedacht, in dem Widerspruch, der in *Ixion* angelegt ist und der sich in den *Kentauren* fortzeugt, einen gewissermaßen nur moralischen Konflikt zwischen Überich und Es erblicken zu wollen; *Ixion*s eigentliches Streben findet in dem sexuellen Verlangen zwar seinen Ausdruck, doch zielt es letztlich in angegebenem Sinne auf eine Aufhebung der gesamten Wirklichkeit, auf die vollkommene Einheit mit jener Frau, die im Grunde die Mutter ist und in welche zurückzukehren die Urschuld des Geborenseins allein zu revidieren vermag. Widersprüchlich ist dieses Streben nach psychoanalytischer Auffassung notwendigerweise schon deshalb, weil es mit der Vorstellung ultimativer Lustbefriedigung zugleich ein Maximum an Angst mobilisiert. Wie in manchen physikalischen Theorien vom Ende des Universums damit gerechnet wird, daß ein Zusammensturz des Alls in einem Schwarzen Loch einen Rückstoßeffekt zeitigen und damit einen neuen Anfang starten könnte, so prallt nach psychoanalytischer Vorstellung die rückwärtsgewandte Sehnsucht nach endgültiger Ruhe im Schoße der Mutter immer

---

einer anderen Weise finden wir Einheit und Vielheit bei den männlichen Waldbewohnern, die für die Menschen kaum etwas leisten, weder im Guten noch im Bösen, also auch keinen Kultus erfahren. Man kann es sich nicht wohl denken, daß der Wald je ohne solche Bewohner, zur Göttlichkeit gesteigerte Tiere des Waldes, gewesen wäre, zumal sie bei anderen Indogermanen nicht fehlen... – Pferdegestaltig sind die thessalischen Kentauren und die ionischen Silene... Der Kentaur hat seine Pferdegestalt nie abgelegt, ist vielmehr immer mehr Pferd geworden, der Silen behielt nur Ohren, Schweife und Hufe des Pferdes, aber *hippos* (sc. Pferd, d.V.) konnte er noch lange heißen. Wenn makedonische alte Münzen den Kentaur, thasische (sc. von der Insel Thasos, vor der thrakischen Küste gelegen, d.V.) den Silen als Frauen-(Nymphen-)räuber zeigen, so leuchtet ein, daß sie ursprünglich dasselbe waren, der Silen nur in Asien der Menschengestalt mehr angeähnelt ist.» – OTTO RANK: Das Trauma der Geburt, 155–156, setzte auch die trojanische Geschichte vom hölzernen Pferd mit der Rückkehr in den tierischen Mutterleib in Zusammenhang und meinte: «So ist das trojanische Pferd das direkte unbewußte Gegenstück zu den Kentauren und Sphingen des Mutterlandes.»

33 HERBERT HUNGER: Lexikon der griechischen und römischen Mythologie, 214.

wieder zurück an der Angst vor einer drohenden Vernichtung und wird auf diese Weise stets von neuem ins Leben zurückgetrieben. Ein unentrinnbarer Kreislauf entsteht so, wie er bereits in ähnlicher Weise bei *Sisyphos* und *Tantalos* zu beobachten war, nur daß deren Bemühungen frustrane Kreisläufe *innerhalb* des Lebens im Protest gegen den Tod beziehungsweise im Suchen nach Verunendlichung des endlichen Lebens erzeugten; *Ixion* hingegen strebt *in Totalität* nach dem Ende eines Lebens voll Leid und nach dem Anfang eines Lebens ungetrübten Glücks; er verklammert Ende und Anfang von allem ineins, er sagt ganz und gar Nein, um als Antwort ein uneingeschränktes Ja zu vernehmen. Mit seiner *Hera*-Liebe wird er somit zum Heros des Unmöglichen – oder: zum Propheten der *Religion*, wie OTTO RANK kritisch vermerkte[34]. In jedem Falle befindet er sich an einer entscheidenden Grenzstelle von Wahnsinn oder Frömmigkeit, von Illusion oder Hoffnung, von Scheitern oder Erfüllung, und die Frage ist, was da gilt. Wer ist er – *Ixion*?

Für die Psychoanalyse, selbstredend, ist er die Verkörperung eines verständlichen, doch unverständigen Strebens, für das er von den Göttern in gewissem Sinne zu Recht damit bestraft wird, auf ein feuriges Rad gebunden zu werden, das niemals mehr stillsteht. Letztlich wird er damit zum tragischen Sinnbild alles biologischen wie menschlichen Daseins: es strebt nach einer Ruhe, die es niemals erlangt, weil es vom Endpunkt seiner Sehnsucht immer von neuem aus Angst ins Leben zurückgetrieben wird. Endgültig ist nur der Tod, der nicht danach fragt, ob wir ihn herbeisehnen oder nicht; in den Versprechungen der Religion von einem ewigen Leben jenseits des Todes hingegen erblickt die Psychoanalyse, konsequent in ihrer Methode, lediglich eine Umkehrung der ursprünglich regressiven Sehnsucht nach dem Schoß der Mutter, aus dem das Leben kam, in eine nach vorn gerichtete Erwartung, es möchte nach dem Tode sich erfüllen, was vor dem Tode, im wirklichen Leben, erfahrungsgemäß einem jeden versagt bleibt. Erneut zeigt sich gerade an dieser Stelle indessen die Größe wie auch die

---

34 OTTO RANK: Das Trauma der Geburt, 132, meinte, die «Identifizierung mit dem passiven Heros, dem die Rückkehr auf dem Wege des lustvollen Leidens (sc. Christi am Kreuz, d.V.) geglückt ist», sei «ein großartiger Heilungsversuch, der die Menschheit aus dem Untergang der antiken Welt gerettet hat.» CARL GUSTAV JUNG: Symbole der Wandlung, in: Ges. Werke, V 346, schreibt speziell zum Kreuz als Muttersymbol: «Das Kreuz scheint ... ein vielschichtiges Symbol zu sein: eine wesentliche Bedeutung ist die von ‹Lebensbaum› und ‹Mutter› ... Die verschiedenen Formen ... (sc. der Kreuzesdarstellungen, d.V.) haben den Sinn von ‹Leben› und ‹Fruchtbarkeit› sowie von ‹Vereinigung›, die man sich als Hierosgamos des Gottes mit seiner Mutter zum Zwecke der Todesüberwindung und Lebenserneuerung zu denken hat.»

Grenze der psychoanalytischen Sicht auf den Menschen: vollkommen richtig entdeckt sie den Symbolismus der Sehnsüchte der menschlichen Seele, dann aber erklärt sie gerade die Symbolbildungen der Psyche für etwas nur Uneigentliches, das es auf die «Realität» des erfahrbaren Lebens zu reduzieren gelte. – Gerade das Beispiel des *Ixion*-Rades veranschaulicht, mehr noch als in den bisherigen Geschichten, das Unzureichende einer solchen Betrachtungsweise: sie schreibt fest, wovon sie erlösen möchte und müßte.

4) Von Symbolen und Begriffen oder: Die Grenze einer rein reduktiven Betrachtungsweise

Von allem von der «Natur» reden die Mythen sinndeutend-symbolisch. – Tatsächlich läßt von alters her sich *die Sonne* als ein Rad vorstellen, das jeden Tag auf vorgegebener Bahn über den Himmel rollt; und naturmythologisch hat man denn auch in dem Rad, auf das *Ixion* geflochten ward, das Tagesgestirn selbst zu erkennen gemeint. Als die «Speichen» dieses «Rades» läßt sich bereits das alte Emblem der Swastika, des in Asien und Europa weitverbreiteten Glückssymbols des «Hakenkreuzes», deuten. Wie auf HACKERS Gemälde die Naturgegebenheiten von Wolke, Regen und Regenbogen seelische Gestimmtheiten ausdrückten, galt in den Mythen der Völker insbesondere die Sonne selber als ein zentraler Träger der Hoffnung auf Leben. – Erinnert sei, als Beleg dafür, nur an die Religion der Alten Ägypter, die im Lauf der Sonne am Himmel die entscheidende Antwort auf die Infragestellung des Lebens in Nacht und Tod erblickten[35]: Nur scheinbar tauchte vor ihren Augen die Sonne am Abend ins Dunkel, in Wahrheit nahm *Nut*, die Göttin des Himmels, sie in ihren Schoß auf, um sie verjüngt am anderen Morgen wieder zur Welt zu gebären. – Das Rad des *Ixion* stellt demnach als erstes den ewigen Kreislauf von Tag und Nacht, von Sommer und Winter im Zyklus des Lebens auf dieser Erde dar. Zur Darstellung dieses Sinngehaltes verwandten die Ägypter auch das Bild einer Schlange, die kreisförmig mit dem Maul ihren Schwanz aufnimmt und als *Ourobóros*[36], als Schwanzbeißer, die ewige Wiederkehr aller Dinge verkörpert. Wenn in

35 Vgl. E. DREWERMANN: Ich steige hinab in die Barke der Sonne, 96–118.
36 Vgl. MARIANNE OESTERREICHER-MOLLWO: Herder Lexikon Symbole, 121: «Ouroboros ... eine sich in den Schwanz beißende Schlange (gelegentlich auch ein oder zwei Drachen oder – seltener – ein langhalsiger Vogel oder deren zwei); Symbol der Unendlichkeit, der ewigen Wiederkehr, des Abstiegs des Geistes in die phys. Welt u. seiner Rückkehr. In der Alchimie oft Symbol für die sich wandelnde Materie.» Vgl. WOLFGANG BAUER – IRMTRAUD DÜMOTZ – SERGIUS GOLOWIN: Lexikon der Symbole, 46: Die kosmische Schlange.

manchen Abbildungen das Rad des *Ixion* von Schlangen gebildet oder an der Felge von Schlangen umgeben wird, so weist diese Darstellung offenbar in die gleiche Richtung. Doch wichtig jetzt: die Ägypter verbanden mit dem Sonnen-Gott *Re* keinesfalls nur den ewigen Kreislauf der Natur, sie sahen in ihm ein zentrales Symbol ewigen Lebens. Und damit stellt sich eben jene Grundfrage, wie wir Mythen interpretieren: realistisch oder symbolistisch.

Die «Realität» der Sonne, wie wir sie seit dem Jahre 1905 mit ALBERT EINSTEINS Äquivalenzgesetz von Materie und Energie als einen riesigen Fusionsreaktor zu kennen meinen, in dem unter Ausstoß gewaltiger Energiemengen Wasserstoff zu Helium «verbrennt»[37], macht scheinbar alle Sonnen-Mythen obsolet; zudem verdankt sich die gesamte Bilderwelt von Licht und Schatten, Tag und Nacht, einzig der Rotation der Erde um die eigene Achse, und bei aller Bedeutung, die der Lichteinfall unseres Zentralgestirns objektiv für die Entwicklung des Lebens auf diesem Planeten besitzt, – mehr als die physikalischen und biologischen Tatsachen sind darin nicht enthalten. Naturwissenschaftlich ist das so, und wenn die Mythen im Sprechen von Sonne und Mond und Berg und Meer nichts weiter hätten bieten wollen als Naturerklärungen, so böten sie vielleicht ein recht vollständiges Kompendium für die Verirrungen des menschlichen Geistes, ansonsten aber wären sie keiner weiteren Beachtung mehr wert. Die Religion insgesamt wäre nichts weiter als eine auf Unwissenheit und Angst basierende Fehleinstellung des Menschen zu der ihn umgebenden Natur, – im Zeitalter der Wissenschaft erübrigte sie sich als überführter Aberglaube von allein.

So und nicht anders dachte und denkt im Ansatz auch die Psychoanalyse, nur daß sie, als eine hermeneutische und eben nicht naturwissenschaftliche Betrachtung des Menschen, dabei mit sich selber in Widerspruch gerät: statt den Symbolen ihren Sinn zu lassen und in ihrer Auslegung dem Weg zu folgen, den diese selber weisen, blockiert die Psy-

CARL GUSTAV JUNG: Symbole der Wandlung, in: Ges. Werke, V 479, Abb. 107, zeigt den sich selbst verschlingenden Drachen und meint (S. 476): «Die Angst vor dem Mutterschoß des Todes ist zur Wächterin des Lebensschatzes geworden. Daß die Schlange in diesem Zusammenhang wirklich ein Todessymbol ist, geht auch aus dem Umstand hervor, daß die Seelen der Verstorbenen, den chthonischen (sc. Erdhaften, d.V.) Göttern gleich, als Schlange erscheinen, als Bewohner des Reiches der Todesmutter.» – ERIKA SIMON: Ixion und die Schlangen, in: Jahreshefte, XLII (1955), 5–26, 16–17, verweist auf Darstellungen aus dem 4. Jh. v. Chr. in Campanien, die *Ixion* mit Schlangen umwunden sein lassen – als «Wesen mit strafender Funktion».
37 Vgl. E. DREWERMANN: Im Anfang ..., 87–107: Warum die Sonne leuchtet.

choanalyse, wenn sie nach wie vor den Standpunkt OTTO RANKs von vor 100 Jahren einnimmt, die Route möglicher Befreiung und zwingt rein reduktiv in eine Welt zurück, der zu entkommen gerade das Bemühen all der Tartaros-Bewohner ist. In *Ixion* kristallisiert sich dieser Tatbestand in exemplarischer Weise.

Denn was hätte die Psychoanalyse in tradierter Form ihm wohl zu sagen? In etwa dies: «Du liebst *Dia*, indem du sie vergöttlichst. Das zeigt: du bist noch immer wie ein kleines Kind an deine Mutter gebunden, und eben deshalb spürst du Angst und zugleich eine mörderische Wut auf deinen (Schwieger)Vater. Doch statt davon zu lassen und langsam erwachsen zu werden, willst du auf die romantische Überhöhung der Liebe offenbar nicht verzichten. Du pflegst weiter neurotische Wünsche, statt die Realität anzuerkennen. Insofern ist deine Wolkenhochzeit mit *Hera* nur der Höhepunkt der phantastischen, obsessiven und im Grunde asozialen Träumereien deines unerledigten Mutterkomplexes. Ehe du *den* nicht überwindest, das heißt ehe du auf deine infantilen Triebfixierungen nicht endgültig Verzicht leistest, kann es nur so kommen, wie es kommt: du drehst dich im Rade, verflucht zu einem ewigen Teufelskreis von Übererwartungen und Enttäuschungen, Sehnsüchten und Schuldgefühlen, Leidenschaften und Ängsten, – du suchst die Frau und willst die Ruhe. Sage selbst: wie soll das gehen?»

Verweisen könnte man umgekehrt auch auf das Schicksal von Frauen, die als Mutter-Ersatzobjekte, als Schönheitsköniginnen, Sexbomben oder Strandnixen in den Medien zu «Sternen» am Himmel aufsteigen, – sie können, wofern sie diese Rolle für sich selber übernehmen, nur scheitern. *Pamela Anderson* zum Beispiel: Sie wird verehrt als eine der weltweit größten Sexappeal-Frauen aller Zeiten, eine lebende *Aphrodite* (*Hera*, die Hüterin der Ehe, wäre zu wenig, um derlei Phantasien zu befriedigen); doch soeben melden die Zeitungen, sie sei nach einem knappen halben Jahr bei ihrem zweiten Ehe-Versuch mit dem Pokerspieler *Rick Salomon* schon wieder geschieden. In einem offenen Brief schreibt sie: «Kein Mann weiß, was er mit mir anfangen soll, und ich gebe mir selbst die Schuld ... Ich wusste von Anfang an, dass es falsch ist. Ich will hier weg.» Sie fügt noch hinzu, sie liebe es, verliebt zu sein, aber «die ganzen Erwartungshaltungen machen es unmöglich, glücklich oder zufrieden zu sein. Ich habe es so sehr versucht.» Auch die solchermaßen Angebetete dreht sich mithin, wie *Ixion*, im Kreise. «Ich habe mich nie schön gefühlt, sondern immer sexuell», erklärt die «Playboy-Ikone» (Bild, 10.7.14). «Es fühlt sich nicht gut an, benutzt, vernachlässigt, ignoriert und kontrolliert zu werden. Ich habe es satt, das ist erniedrigend. Ich muss meine Situation verändern.» Aber wie, inmitten einer Welt, welche «Liebe» rein reduktiv betrachtet – als eine Funktionsform der Biologie?

Das Beste, was bei Anmahnungen dieser Art im Raum der Psychoanalyse erzeugt wird, ist eine resignative Selbstbescheidung, – man richtet sich ein im Mittelmaß, man lernt, das Irdische begrenzt zu bedienen und begrenzt zu genießen, man fristet sein Auskommen, solang es vergönnt ist, – mehr ist realistischerweise «nicht drin», auch «nicht machbar», auch «nicht vernünftig». Doch was soll eine Vernunft, die eine solch elende Lebenskunst vorschreibt? Der Mensch besitze die Ideen der Vernunft als Regulativ seines Denkens und Handelns, meinte IMMANUEL KANT[38]; der Pragmatismus einer praktischen Vernunft, wie die Empfehlungen jener Seelendiät ihn indessen nahelegen, grenzt an Zynismus: was immer *Ixion* sucht, läßt sich zwar biologisch und auch psychologisch recht gut begreifen, doch nur, um es vermöge des «Vernunft»gebrauches hinter sich zu lassen. Wie aber, wenn man die Sehnsucht nach der Mutter einmal nicht nach den (möglichen) Ursachen ihrer Entstehung befragt, sondern sich von ihr als einem Symbol den Weg eines bestimmten Sinngehalts weisen läßt, der sich, weil jenseits aller möglichen Erfahrung, nur in ihm selber ahnungsweise mitteilen läßt, – wenn man also, wie C. G. JUNG es vorschlug, das Symbol der Mutter nicht kausal nach rückwärts, sondern final nach vorwärts interpretiert?

Eine wirklich symbolistische Deutung der Mythen – ebenso wie der Träume – ist bei näherer Hinsicht unerläßlich, und dies im Umgang mit der Imago beziehungsweise mit dem Archetyp der Mutter als einer symbolischen Gestalt der Seele nicht minder als bei der Auslegung all der anderen bildhaften Requisiten antiker Erzählungen.

So steht es zum Beispiel dahin, ob jemals die Sonne ernsthaft als eine Art Rad oder Wagen (oder Pferdewagen oder Schiff) angesehen und geglaubt wurde. Offenbar nicht! Anscheinend wußte man von Anfang an, daß die Sonne etwas ist, das sich *wie* ein Wagen, doch nicht *als* ein Wagen über den Himmel bewegt; niemals wollte man mit dem Bild vom Sonnenwagen die Sonne physikalisch erklären, man schaute vielmehr zu ihr auf, weil man in ihr ein Sinnbild des menschlichen Daseins erblickte, – ihr Untergang im Westen glich dem bitteren Sterben, ihr Aufgang im Osten aber der Freude,

---

38 Vgl. IMMANUEL KANT: Kritik der praktischen Vernunft, in: Werke in 12 Bden., VII 108, Vorrede: «Die Ideen von Gott und Unsterblichkeit sind ... nicht Bedingungen des moralischen Gesetzes, sondern nur Bedingungen des notwendigen Objekts (sc. des höchsten Gutes, d.V.) eines durch dieses Gesetz bestimmten Willens, d. i. des bloß praktischen Gebrauchs unserer reinen Vernunft.»

240

im Himmel (im Schoße der Himmelsgöttin *Nut*) wiedergeboren zu werden und zu neuem, ewigem Leben zu erwachen. Wohl, ANAXIMANDER konnte erklären, die Sonne «sei ein Kreis, 28-mal so groß wie die Erde, dem Rad eines Wagens ähnlich, mit hoher Felge voll Feuer, die an einer Stelle durch eine Öffnung wie durch ein Blasebalgrohr sichtbar wird.»[39] Doch wußte er selbst nur zu gut, daß er lediglich mit Hilfe von Vergleichen ausdrücken konnte, was zu erkennen ihm versagt blieb. Die «Felge voll Feuer» war bei ihm kein Symbol, sondern *ein Begriff*, dessen Inhalt für ihn indessen rätselhaft blieb: welch ein Brennstoff zum Beispiel sollte ein so gewaltiges Feuer wie das auf der Sonne am Lodern halten? Noch die Thermodynamik des 19. Jhs. scheiterte an dieser Frage. Ist aber das Sonnenrad *ein Symbol*, tritt es sinndeutend auf, um die menschliche Seele mit Hoffnung zu erfüllen.

Man betrachte, um das zu verstehen, nur das Symbol des indischen Dschainismus: eine Swastika (ein Hakenkreuz) «unter drei nebeneinander stehenden Punkten, über denen sich noch ein *Halbmond* mit einem Punkt befindet.» Die vier Arme des rechts gedrehten Rades «sollen die vier Daseinsstufen versinnbildlichen, in denen eine Seele wiedergeboren werden kann: Götterwelt oben, Höllenwelt unten, Menschenwelt links, Tierwelt rechts. Die drei Punkte über der Figur stellen die ‹drei Edelsteine› dar: rechtes Wissen, rechter Glaube, rechter Wandel. Der Halbmond mit Punkt bedeutet die Erlösung.»[40] (Abb. 3)

Unzweideutig dreht sich hier das Sonnenrad der Wiedergeburt als Bild einer Welt, an die alle Menschen wie schicksalhaft gebunden sind, solange

Abb. 3: Indische Swastika

39 Die Vorsokratiker, I 45.
40 HELMUTH VON GLASENAPP: Die nichtchristlichen Religionen, 115.

sie mit ihren Leidenschaften und Begierden dem Gang der Dinge anhaften; gesucht aber ist ein Verfahren, das es erlaubt, mit Hilfe der «drei Edelsteine» zur «Erlösung» zu gelangen. Von welcher Art, konkret gefragt, müßten für *Ixion* wohl «das rechte Wissen» und «der rechte Glaube» sein, um sich aus dem Kreislauf von Sonne und Welt zu befreien?

Recht hat die Psychoanalyse, wenn sie den Lapithen-König darauf hinweist, daß er in seiner Liebe zu *Dia* Gefühle, die ursprünglich der Mutter galten, auf die Geliebte überträgt; es bedeutete in der Tat einen wichtigen Schritt psychischer Reifung, wenn er nach und nach das Bild seiner Mutter von den Erfahrungen zu unterscheiden lernte, die er mit der wirklichen *Dia* und, an ihrer Seite, mit sich selber machen könnte. «Deine Frau ist nicht deine Mutter, und du selbst bist nicht mehr das Kind, das du damals in deiner Anlehnungs- und Hilfsbedürftigkeit warst.» So weit, so richtig. Und: «Deine Frau ist keine Göttin. Sie ist nur ein Mensch mit all seinen Schwächen und Stärken, das heißt, sie hat ihre Grenzen, sie hat eigene Bedürfnisse, sie ist nicht unendlich belastbar, dafür steht sie dir als eine wirkliche Partnerin gegenüber. Sie möchte nicht angehimmelt und angebetet werden, wohl aber beachtet und geachtet werden.» Auch diese Lerninhalte seelischer Entwicklung sind unstreitig richtig, und wenn die psychoanalytische Therapie darauf hinführt, leistet sie Entscheidendes. Das Fatale der analytischen Betrachtung indessen liegt darin, daß ihre rein kausal-reduktive Interpretationsweise zwar desillusionierend, nicht aber motivierend wirkt, indem in ihr die Sehnsucht nach der Mutter selber absolut unsymbolisch, als eine letzte nicht weiter reduzierbare Tatsache betrachtet wird[41]. So entsteht die Auffassung, daß ein Neurotiker, als welcher auch *Ixion* gelten

41 Zu Recht betont deshalb CARL GUSTAV JUNG: Die psychologischen Aspekte des Mutterarchetypus, in: Ges. Werke, IX 1, 114, daß alle «ursprüngliche Objekterfassung … nur zum Teil vom objektiven Verhalten der Dinge» ausgeht, «zum größeren Teil … von intrapsychischen Tatbeständen, welche nur vermöge der Projektion mit den Dingen überhaupt zu tun haben.» S. 115: «Die Trägerin des Archetypus (sc. der Mutter, d.V.) ist in erster Linie die persönliche Mutter.» Dann aber verschiebe sich das Bild auf die Großmutter, die nicht selten Züge der Weisheit, aber auch der Hexenhaftigkeit annehme; eine weitere Rangerhöhung erfahre der Archetypus im Bilde der Großen Mutter, die «eine gütige Fee und andererseits eine böse, oder eine wohlwollende, helle und eine gefährliche, dunkle Göttin» sein könne. – WALTER F. OTTO: Theophania, 19–22, versuchte vergeblich, die Tiefenpsychologie als dem Mythos unangemessen hinzustellen; er schrieb: «Die tiefenpsychologische Mythendeutung … geht von einem vorgefaßten Begriff des Mythischen aus, um ihn in den Traumvisionen bestätigt zu finden. Und dieser Begriff beruht auf einem Mißverständnis.» Insbesondere das «Mutterbild habe mit der antiken Göttergestalt einer ‹Großen Mutter› nichts als den Namen gemein.» (21) Im Gegenteil muß man sagen, an der Mutter erfährt das Kind, was ihm als Erwachsenen dereinst für göttlich gelten wird.

242

mag, ganz einfach seine Geliebte mit seiner Mutter verwechselt und halt von dieser kindlichen Fixierung lassen muß. Dann aber fällt er ganz und gar zurück in die Endlichkeit eben jener Welt, der er gerade entkommen will, und alle Psychoanalyse kann ihm nur versichern, daß er der irdischen Gefangenschaft zwischen Geburt und Tod niemals entrinnen wird. Er mag zur Sonne aufschauen, sooft er will, – sie enthält nicht die geringste Antwort auf seine Fragen. Er mag sich zurücksehnen nach der vorgeburtlichen Geborgenheit im Schoß seiner Mutter, doch dahin führt kein Weg mehr, – auch seine Mutter wird sterben oder ist schon gestorben, und sie kommt nicht mehr wieder. – So muß die Welt erscheinen, wenn man sie in realen (naturwissenschaftlichen) Begriffen denkt, statt den Inhalten der Symbole nachzuträumen, die der menschlichen Seele entsteigen. Was also sind sie: das Uneigentliche, Illusionäre, von der empirischen Wirklichkeit Wegführende? Oder die Wahrheit der Seele, das Offenbarende, das die vordergründige Welt zur eigentlichen Wirklichkeit hin Öffnende? Von der Antwort darauf hängt alles ab. – Wie demnach, wenn die Sonne *als Bild* des menschlichen Daseins im Sinne der Alten Ägypter eine Botschaft enthielte zugunsten des Lebens und gegen den Tod? Dann müßte man der menschlichen Sehnsucht eine Berechtigung zusprechen, die sich nicht an der äußeren Wirklichkeit mißt, sondern an der Wirkung, die sie auf die menschliche Seele ausübt.

5) Ixions Erlösung oder: Von der Bedeutung des Archetyps der Mutter

Wonach also verlangt *Ixion*, wenn er in seiner Liebe zu *Dia* nach seiner Mutter zurückschaut? So wenig wie die Sonne als Rad oder Wagen über den Himmel rollt, sondern ein Bild ist für die Wiederkehr des Lebens aus Tod und aus Nacht, so wenig verlangt *Ixion* in Wirklichkeit nach seiner Mutter; was er sucht, ist eine Geborgenheit, für welche der Schoß seiner Mutter ein Bild ist. Genauer gesagt: So wie die Sonne religiös als ein Symbol zu erscheinen vermag, so ist auch die Gestalt der Mutter wesentlich ein Symbol für eben jene Sehnsucht nach dem Ursprung. Nicht um die individuelle Mutter geht es, die biographisch-faktisch erlebt wurde, sondern um das Urbild, um den Archetypus der Mutter. Dieses *Bild* der Mutter ist ursprünglicher als die Erfahrungen, die das Neugeborene mit der Person macht, die es zur Welt gebracht hat; es enthält ein vorgegebenes Schema vertrauensvoller Erwartungen, die in der wirklichen Welt von der liebsten

Mutter auf Erden nur zum Teil erfüllt werden können. Die individuelle Mutter tritt selber in eine Zuversicht ein, die sie im Erleben ihres Kindes weder begründet hat noch zu erfüllen vermag; mit all dem, was sie selber verkörpert, wird sie zu dem Symbol einer Hoffnung, die weit über sie hinausgeht.

«Was du suchst in deiner Liebe zu *Dia*», müßte man deshalb zu *Ixion* sagen, «ist nicht die Rückkehr zu deiner leiblichen Mutter, sondern die Einkehr zu dem geistigen Symbol deiner Mutter. Deine Mutter stand und steht für die Sehnsucht nach einer Geborgenheit, die du in ihrem Bild als ein absolutes Verlangen mit auf die Welt gebracht hast, die deine wirkliche Mutter aber allenfalls andeutungsweise befrieden konnte. Eben deshalb gehst du dein Leben lang auf die Wanderschaft und suchst das Bild deiner Mutter wiederzufinden in deiner Geliebten. Doch auch sie wird dir nicht zu schenken imstande sein, wonach du verlangst, und so wird es jetzt eine ganz entscheidende Frage in deinem Leben, ob du dich enttäuscht und verbittert in dich selber zurückziehst und den Standpunkt eines zum Zynismus neigenden Skeptikers der Liebe einnimmst, oder ob du das Bild deiner Sehnsucht ins Absolute stellst und dadurch die Menschen an deiner Seite in ihrer Realität und Relativität zu lieben lernst.»

Alles in dieser symbolistischen Deutung der Muttergestalt hängt davon ab, daß der Ursprung dieses Bildes nicht (nur) auf die biographischen Erinnerungen der frühen Kindheit zurückgeführt wird, sondern vor allen individuellen Erfahrungen als ein Urbild der Sehnsucht in der menschlichen Seele, als *Archetypus* der Mutter, vorausgesetzt wird. Wohlgemerkt handelt es sich dabei nicht um eine rein theoretische Konstruktion oder Spekulation, sondern um eine biologisch sinnvolle und psychologisch beobachtbare Tatsache[42]: Wir Menschen sind, biologisch betrachtet, zu früh geborene «Traglinge»[43], deren Abhängigkeit von der Mutter – schon auf Grund einer erheblichen Phase der Nachreifung des Gehirns außerhalb des Mutterleibes – weit größer ist als selbst bei den uns nächststehenden Primaten: den Bonobos und den Schimpansen, so daß gerade diese Verbindung zwischen

42 Vgl. die Beobachtungen schon von ADOLF PORTMANN: Biologische Fragmente zu einer Lehre vom Menschen, 57: «Ein hilfloser Nestflüchter – so erscheint der neugeborene Mensch dem Zoologen. Ist es uns bewußt, daß diese Tatsache die Regel der Säugetiere durchbricht?» S. 58: «Nach einem Jahr (sc. erst, d.V.) erlangt der Mensch den Ausbildungsgrad, den ein seiner Art entsprechendes echtes Säugetier zur Zeit der Geburt verwirklichen müßte.»
43 A. a. O., 58: «Entscheidend ... ist die Notwendigkeit der Forderung einer uns ungefähr ein Jahr verlängerten Tragzeit für ein menschenähnliches Säugetier, für einen echten Tiermenschen oder ein Menschentier!»

Mutter und Kind entsprechend stabil abgesichert sein muß. Und das geschieht durch ein angeborenes System von Wechselreaktionen. Wie die meisten Tiere fertige Schemata der Wahrnehmung und instinktiv vorgegebene Muster des Verhaltens mitbringen, die es erlauben, eine sonst nicht zu bewältigende Fülle von Sinneseindrücken zu ordnen und sinnvoll zu beantworten, so ist bei allen Säugetieren insbesondere das Verhältnis von Mutter und Kind durch eine Reihe von korrespondierenden angeborenen auslösenden Mechanismen des Verhaltens vorweg definiert[44]. Es handelt sich dabei nicht um starre Muster, sondern um Bedürfnisse, die flexibel an die jeweilige Situation angepaßt werden können und die ihre endgültige Ausprägung erst durch die Eindrücke während des angeborenen Zeitraums der dafür vorgesehenen Lernphasen erfahren; unverändert aber erhält sich in dem archetypischen Erwartungsbild eines immer schon mitgebrachten Urvertrauens zu einem «mütterlichen» Hintergrund der «Welt» das Verlangen, einer Erfüllung der Ursehnsucht solchen Suchens möglichst nahezukommen.

Mit anderen Worten: die Sehnsucht nach dem Ursprung gilt nicht einer sexuellen Vereinigung mit der individuellen Mutter, sondern das «ödipale Verlangen», das die Psychoanalyse unterstellt, besitzt selber einen wesentlich symbolischen Inhalt, der neurotisch erst wird, wenn er sich in Angst und Enttäuschung vergegenständlicht und zu einem lebensverweigernden Rückzug auf das mütterliche «Libidoobjekt» führt, wie SIGMUND FREUD sich eindeutig und klar ausgedrückt hat. Nur: wenn die Psychoanalyse selber das Weltbild der Neurotiker sich zu eigen macht und zu einer irreduzierbaren Wirklichkeit erklärt, auf die alle anderen psychischen Phänomene zurückgeführt werden könnten und müßten, so setzt sie sich selbst außerstande, einer neurotischen Erkrankung noch hilfreich entgegentreten zu können. *Ixion* ist definitiv nicht zu therapieren, solange man den Unterschied von Bild und Begriff, von Symbol und Gegenstand, von Sinn und Sein in der psychotherapeutischen Theoriebildung selbst nivelliert.

In der klassisch zu nennenden Betrachtungsweise OTTO RANKS etwa bleibt der griechische Sagenheld auf immer dazu verurteilt, sich im Kreise zu drehen, indem er zurück will zu einer Mutter, die wir nicht einmal dem

---

44 A. a. O., 64–65: «Beim Menschen ist die durch gesteigerte Gehirnentwicklung bedingte Verlängerung der abhängigen Entwicklungsperiode auf eine Art gelöst, wie wir sie ähnlich auf viel einfacheren Stufen der Organisation auch finden: Einer Verlängerung der Tragzeit wird ... vorgezogen ... eine Periode intensiver Pflege und Wartung durch die Eltern. Der neugeborene Mensch, seinem Grundplane nach ein Nestflüchter, gerät in eine besondere Art von Abhängigkeit.»

Namen nach kennen und die den Sohn des *Phlegyas* doch nur um so mehr in den Bann schlägt: er sucht sie und flieht sie, er verlangt und vermeidet sie, er begehrt und entehrt sie, – er bleibt gebunden an das Rad einer komplexbedingten Fixierung, die sein Leben «ausmacht», in des Wortes doppelter Bedeutung; und die Psychoanalyse, statt ihm beizustehen, erklärt und verklärt ihn in RANKS Theorie zu einem Antihelden, der nur getan hat, was eigentlich alle wollen, doch aus Angst sich verbieten: die Mutter als Sexualobjekt für sich zu gewinnen.

Dabei läge die Hilfe nicht fern, man müßte nur PLATON, auf den auch RANK sich bezog, entschiedener und so, wie er es wirklich gemeint hat, aufgreifen: Gerade die *Eros*-Lehre des griechischen Philosophen verweist darauf, daß die Suche des Liebenden zwar auf die Person des Geliebten geht und ihn meint und begehrt, doch daß das, was in ihm gesucht wird, letztlich ein Urbild ist, das sich in ihm als ein unvollkommenes Abbild verkörpert. Die «Wirklichkeit» ist liebens- und begehrenswert der «Ideen» wegen, die ihr als geistige Gestalten zugrunde liegen; in ihnen sehnt sich der Liebende nach einem Wissen zurück, das er immer schon, vor seiner Geburt in diese Welt hinein, besaß, und alles Glück, das er sich erhofft, besteht in der Schau, das heißt in dem Wiedererkennen dieser Grundgestalten des Schönen und Wahren und Guten.

Noch einmal also: Was sucht *Ixion*? Seine Mutter, sagt die Psychoanalyse, und eben das stellt sich in ihren eigenen Augen als ein durch und durch krankhafter Kreislauf dar – ewig unerfüllbar, ewig vergeblich, letztlich lebensverstörend und lebenszerstörend. Um davon sich zu lösen, müßte *Ixion* jenseits der Psychoanalyse begreifen, wonach er wirklich verlangt: er trägt in sich, gleich einer PLATONischen «Idee», das *Bild* (s)einer Mutter, und nach dem sehnt er sich in der Frau, die er liebt und begehrt, und dem strebt er nach in der Erwartung, selber geliebt und erwünscht und gemocht zu sein von Grund auf. Das, freilich, ist gleichermaßen ein Widerspruch, – lieben kann keine Idee, lieben kann kein Bild, doch eben deshalb kann der Geliebte wie niemand sonst die Ursehnsucht nach dem Ursprung freisetzen und auf sich lenken.

In jeder Liebe ist das so: Man spürt in dem Geliebten den Himmel nahe, man fühlt in ihm etwas Absolutes, Endgültiges, Unendliches, so daß es im Neuen Testament sogar heißt, die Liebe selber sei Gott (1 Joh 4,16), und doch stellt gerade dieses Erleben vor eine Alternative: Man kann es interpretieren in den Gedanken von SCHOPENHAUER und FREUD, – dann gelingt es der Sexualität, für kurze Zeit das Individuum in den Dienst der Weitergabe der Gene zu zwingen, so daß es sich selbst eine vermeintliche Ewigkeit und Bedeutsamkeit zuschreibt, die allenfalls der Gattung, nicht aber ihm selber zukommt; löst der Taumel von Faszination und Ekstase sich auf, erlebt man sich wie gefesselt auf dem Rade des *Ixion*: man verliebt sich von neuem, man steigert den Einsatz, man sucht in der Frau an der Seite nach der Göttin und betritt damit doch nur das Wolkenkuckucksheim wahnhafter Phantasien, – das Rad dreht sich weiter, die Qual aus Enttäuschung und suchtähnlichem Verhalten findet ihren Fortgang. *Oder*: man begreift, daß das Sehnsuchtsbild nach Vertrauen, Glück und Geborgenheit alle Stadien der Liebe begleiten wird, mit der Mutter (und dem Vater) beginnend, sich fortsetzend in deren Ersatzgestalten von Mädchen und Jungen, von Frau und von Mann im Erleben des Heranwachsenden und des Erwachsenen, doch nie sich darin erfüllend, um schließlich sich festzumachen im Absoluten, im Göttlichen. Fortschreitend in der seelischen Entwicklung lernt man auf diese Weise, das Bild des «Mutterarchetypus» in der Sprache C. G. JUNGS von den einzelnen Partnern menschlicher Beziehung zu lösen und es im letzten zu beziehen auf ein Gegenüber, dem man sich nur hingeben kann, ohne es für sich in Besitz nehmen zu wollen. Das (sexuelle) Verlangen nach Verschmelzung und Einheit läutert sich wie von selbst zu dem Erleben einer absoluten Geborgenheit im Unendlichen, so daß alles erfahrene Glück der Liebe im Gegenüber eines einzelnen Menschen sich bestätigt, intensiviert und verewigt.

6) Vom göttlichen Ursprung der Liebe oder: Das Ende der Suche

Mitunter in der Psychotherapie läßt dieser Prozeß einer inneren Klärung sich stufenweise beobachten und in gewisser Weise bereits als Modell von *Ixion*s Heilung interpretieren. FREUD selber stellte in seiner Abhandlung über «Die endliche und die unendliche Analyse» im Jahre 1937 mit einiger Resignation fest, daß es Patienten gebe, die trotz aller Erklärungen der ödipal bedingten Ursachen ihrer Erkrankung sich schlicht weigerten, ihre libidinösen Fixierungen auf die Mutter (beziehungsweise den Vater) aufzugeben[45]; solche Patienten könne man nicht therapieren, man müsse ihre Analyse (als einen richtigen Versuch am falschen Objekt gewissermaßen)

---

45 SIGMUND FREUD: Die endliche und die unendliche Analyse, in: Ges. Werke, XVI 61: «Es war ein Fall von Selbsthemmung der Kur; sie war in Gefahr, gerade an ihrem – teilweisen – Erfolg zu scheitern. In dieser Lage griff ich zu dem heroischen Mittel der Terminsetzung.»

abbrechen. Doch das Erstaunliche ist nicht das gelegentliche Mißlingen der Psychoanalyse, sondern der Glaube der analytischen Theoriebildung selber, man könne im großen und ganzen denn doch den «Mutterkomplex» in der Seele von Kranken heilen, indem man ihnen bedeutet, es gebe generell nichts anderes als diese Welt mit ihrem Antagonismus von Sexualität und Tod, – sie selbst sei das Rad des *Ixion*, auf das wir nun mal geflochten blieben bis zum Verschleiß, bis zum Verlöschen, erlösbar nur durch die «Gabe» der Sterblichkeit.

Ein Hauptgrund für eine Analyse, die «unendlich» zu werden droht, besteht in aller Regel darin, daß ein Patient sich in seine Therapeutin, eine Patientin in ihren Therapeuten verliebt mit dem Anspruch, diese müßten die unerledigten Bedürfnisse der Kindertage hier und jetzt mit ihrer eigenen Person nacherfüllen. Natürlich geht das nicht, und natürlich kann man solche Patienten irgendwann, wie *Zeus* und *Hera*, im Mythos von *Ixion*, «zum Teufel schicken», das heißt: in den Tartaros werfen und sich selbst überlassen; doch eigentlich sollte eine Therapie nicht die Selbstentlastung des Therapeuten, sondern die Heilung des Patienten zum Ziel haben. Dann aber käme alles darauf an, den Grund des «*ixion*alen» Suchtverhaltens bewußt zu machen: Es entsteht – wie jede Sucht – durch die Vergegenständlichung von etwas Geistigem, durch die Materialisierung eines psychischen Bedürfnisses, durch die Verendlichung von etwas Unendlichem, durch die Verabsolutierung von etwas Relativem, durch die Vergöttlichung von jemandem, der «nur» ein Mensch ist, – durch die Verwechslung eines archetypischen Bildes inklusive all seiner Bedürfnisinhalte mit der konkreten Gestalt eines Einzelnen, der mit seiner (begrenzten!) Zuwendung, Geduld, Empathie und Verstehensbereitschaft unvermeidbar die «Wolke» der angesammelten Erwartungen auf sich lenkt, doch nur, um sie dem «Himmel» zurückzugeben, aus dessen Sphäre sie kommt[46].

Anders gesagt: In dem Partner, den man liebt, erscheint stets das Bild von etwas Unendlichem, Göttlichem, Absolutem; durch die Liebe wird seine Person zu einem Fenster in der Kerkerwand unserer irdischen Gefan-

---

46 Vgl. CARL GUSTAV JUNG: Zur Empirie des Individuationsprozesses, in: Ges. Werke, IX 1, 372: «Der Individuationsprozeß ... ordnet das Viele dem Einen unter. Der Eine aber ist Gott, zu welchem die Entsprechung in uns die imago Dei, das Gottesbild, darstellt.» DERS.: Psychoanalyse und Seelsorge, in: Ges. Werke, XI 378: «FREUD steht ... auf dem Standpunkt eines rationalistischen Materialismus ... Mit dieser Weltanschauung läßt sich eine ... weitgehende Anerkennung des animalischen Menschen ... durchführen ... der moralische Konflikt beschränkt sich dann anscheinend auf einen leicht zu vermeidenden Zusammenstoß mit der öffentlichen Meinung.» Doch eben das genügt in keiner Weise, dem Problem der Individuation gerecht zu werden.

genschaft, welches das Licht der Ewigkeit in den Innenraum unseres Daseins hereinströmen läßt. Nur in Richtung einer solchen größeren Erfüllung kann die Seele eines Menschen dahin reifen, sich nicht länger wie süchtig an die Gestalt eines einzelnen vergöttlichten Menschen zu klammern. Er tut's aus Angst, – da hat die Psychoanalyse vollkommen recht; doch die Überwindung der Angst kann einzig gelingen in einem vertieften Vertrauen, – nicht in der Einführung eines Realitätsprinzips, das den Symbolen der Sehnsucht die Wahrheit abspricht, sie zu infantilen Illusionen erklärt und damit die Umdrehungen des Rades des *Ixion* nur noch beschleunigt. Eine Auflösung der «unendlichen Analyse» hingegen könnte gelingen im Unendlichen, indem man die religiöse Implikation des Mutterarchetyps zu Bewußtsein bringt und positiv aufgreift.

Wie dies geschehen kann, hat der sehr stark an seine Mutter MONIKA gebundene AUGUSTINUS in den «Bekenntnissen» gezeigt, als er in dem berühmten Abschiedsgespräch von der bereits Sterbenden in Ostia den stufenweisen Gang der Seele durch «die ganze Körperwelt» schilderte: «Wir sagten uns ...: Brächte es einer dahin, daß ihm alles Getöse der Sinnlichkeit schwände, daß ihm schwänden alle Inbilder der Erde, Wasser, Luft, daß ihm schwände auch das Himmelsgewölbe und selbst die Seele gegen sich verstummte und selbstvergessen über sich hinausschritte ..., wenn also ... das All in Schweigen versänke, weil es sein Lauschen zu dem erhoben hat, der es erschaffen, und wenn nur Er allein spräche, nicht durch die Dinge, nur durch sich selbst, so daß wir sein Wort vernähmen nicht durch Menschenzunge, auch nicht durch Engelsstimme und nicht im Donner aus Wolken, noch auch in Rätsel und Gleichnis, sondern Ihn selbst vernähmen, den wir in allem Geschaffenen lieben, Ihn selbst ganz ohne dieses, wie wir eben jetzt uns nach ihm reckten und in windschnell flüchtigen Gedanken an die ewige, über allen beharrende Weisheit rührten; und wenn dies Dauer hätte und alles andere Schauen, von Art so völlig anders, uns entschwände und einzig dieses den Schauenden ergriffe, hinnähme, versenkte in tief-innere Wonnen, daß so nun ewig Leben wäre, wie jetzt dieser Augenblick Erkennen, dem unser Seufzen galt: ist nicht dies es, was da gesagt ist: ‹Geh ein in die Freude deines Herrn›?» (Mt 25,21)[47] Das ist, wenn man so will, PLATON, 700 Jahre später, in christliche Mystik übersetzt; es ist in jedem Falle die einzig mögliche Befreiung *Ixion*s vom Rade.

Gänzlich entfällt, wie sich zeigt, in dieser Betrachtung der Daseinsnot, die in *Ixion* sich verkörpert, die übliche moralische Selbstgewißheit seiner

---

47 AUGUSTINUS: Bekenntnisse, IX 10, S. 164–165.

Verurteilung: War er nicht wirklich auf sträfliche Weise «undankbar», daß er die Sühne des *Zeus* und dessen Einladung an die Tafel der Götter nur dazu nutzte, um seine Begierlichkeit ins Ungemessene zu steigern und lüstern sogar *Hera*, der Gemahlin des «Vaters der Götter und Menschen», nachzustellen? – Zugegeben: in der Antike dachte man so. Sehr viel mehr Einfühlung mit der Haltung der Götter als mit *Ixion*s Qual zeigt denn auch ganz in dieser Einstellung ein Fresko, das im Haus der VETTIER in Pompeji in einer Exedra (einem lichtdurchfluteten Salon als Aufenthalts- und Speiseraum) zu sehen ist und im «vierten Stil» (auch als «illusionistischer Stil» bezeichnet, vorherrschend nach der Restauration nach dem Erdbeben von 62 n. Chr.)[48] gemalt ist. Das gesamte Thema der Bildfolge in diesem Raum sind «absonderliche Vereinigungen», – so ist gleich gegenüber der *Ixion*-Darstellung die Szene festgehalten, da der kunstfertige *Daidalos* der Gemahlin des Königs *Minos* von Kreta, *Pasiphaë*, die hölzerne Attrappe einer Kuh überstellt, in der die Tochter des *Helios* und der Okeanos-Tochter *Perseïs* ihren unwiderstehlichen Drang, sich von einem Stier begatten zu lassen, nachkommen wird; die Raserei ihrer Liebe ist eine Strafe des *Zeus* dafür, daß *Minos* einen weißen Stier nicht dem höchsten der Götter zum Opfer gebracht hatte. Indem *Pasiphaë*, psychoanalytisch betrachtet, in den Bildern von «Mann», «Stier» und «Gott» augenscheinlich beherrscht ist vom Vaterkomplex, bildet sie in der Tat das geeignete Pendant zu dem unglücklichen *Ixion* mit seiner Muttergebundenheit. Hier wie dort aber geht es wesentlich um «die Macht der Götter», namentlich «des *Zeus* und seiner Söhne als Garanten der Weltordnung: segenbringend gegenüber den Schuldlosen und Gottgeliebten, strafend gegenüber den Frevlern und Gottverhaßten.»[49]

Ja, es könnte sein, daß mit dem Rückblick auf derartige Perversionen, die ein Monstrum wie den *Minotaurus* oder den *Kentauros* hervorbrachten, ein deutlicher Kurswechsel gegenüber der Ära NEROS zwischen 54–68 durch die flavische Dynastie, beginnend mit Kaiser VESPASIAN (69–79), markiert werden sollte: War nicht NERO mit seiner Mutter IULIA AGRIPPINA (der Tochter des AGRIPPA GERMANICUS und der AUGUSTUS-Enkelin VIPSANIA AGRIPPINA, mithin der Schwester des Kaisers CALIGULA, der Nichte und Gemahlin des CLAUDIUS, den sie zugunsten ihres Sohnes NERO aus der Ehe mit DOMITIUS AHENOBARBUS hatte ermorden lassen) in einer Weise verbunden, daß die versuchte Schändung der Göttermutter *Hera* durch *Ixion*

---

48 SALVATORE CIRO NAPPO: Pompeji, 130.
49 FILIPPO COARELLI (Hg.): Pompeji, Abb. S. 306; Text S. 309.

durchaus als eine Chiffre für die mehrfach unter dem Deckmantel aufrichtiger Sohnesliebe verübten Mordanschläge des Kaisers gegen seine Mutter gelten konnte? Noch die Leiche der Ermordeten betastete der Sohn, wie um sie ästhetisch zu begutachten, verfolgt bis zum Wahnsinn von den «brennenden Fackeln der Furien», die Rache nahmen für sein Verbrechen[50]. In dem Wandgemälde (Tafel 14) spräche sich dann das Urteil der Geschichte über den Verworfenen aus. Doch was gilt schon das Urteil der Geschichte?

Deutlich ist auf dem Bild jedenfalls, daß es um *Ixion* buchstäblich nur am Rande geht: Er wird, in der Statur eines kleinen Jungen, soeben von *Vulcanus* (*Hephaistos*) auf das achtspeichige Rad gebunden, «an dem er auf ewig über den Himmel rollen wird». Daneben steht, seinen makellosen sonnengebräunten Männerkörper in olympischer Nacktheit dem Betrachter darbietend, der Gott *Merkur* (*Hermes*) mit seinem Hirten- und Heroldsstab, an dessen Spitze zwei einander zugewandte Schlangen erscheinen, die mit dem Ring, den sie bilden, ihrerseits wieder an das Zeichen des *Ouroboros* gemahnen. Als Totengeleiter ist es *Hermes*, der *Ixion* unerbittlich den Weg an den Ort seiner Qual, in den Tartaros, weisen wird. Offenbar handelt er dabei ganz nach dem Willen der *Iuno* (*Hera*), die da thront mit einem Szepter in der linken Hand, schöngewandet, mit einer goldenen Krone im Haar und goldenen Reifen um die entblößten «weißen» Oberarme; ihre rechte Hand hat sie erhoben, als wollte sie soeben den Schleier sich vor die Augen halten, um jenen Verworfenen nicht länger sehen zu müssen, – irgendwo im Ungefähren begegnet ihr Blick sich mit dem des *Hermes*, der selbst als ein notorischer Fremdgänger galt ... Die Götterbotin *Iris* dicht neben der Königin des Olymp verweist mit ausgestreckter Hand darauf, wie der überbrachte Befehl bereits seine Ausführung findet. Unten am Boden, wie eine Dienstmagd, hockt anscheinend *Nephele* (die Wolke), die in der *amour fou* des zu immerwährender Strafe Verfluchten den *Kentauros* zur Welt bringen wird, – jenes Wesen, das, ähnlich dem *Minotaurus* der *Pasiphaë*, männliche und tierische Züge in sich vereinigt; – all das sind womöglich denn doch politische Anspielungen auf die Unnatur gewisser herrschaftlicher Gestalten wie *Nero*. Doch solcherlei Reminiszenzen sollen fortan *passé* sein: Oberhalb des Bildes der Bestrafung des *Ixion* erscheint in der Exedra des Hauses der VETTIER betont das Bild «einer Gottheit mit Füllhorn im Arm». An die Verkörperung der Eintracht (*Concordia*) könnte man dabei denken[51], aber auch an *Tellus* (*Gaia*), die als Erdgöttin allen

50 SUETON: Leben der Caesaren. Nero, Kap. 34, S. 253–254.
51 FILIPPO COARELLI (Hg.): Pompeji, 309.

Segen der Fruchtbarkeit verkörpert (vgl. Tafel 1b)[52]. Auch diese Botschaft der Bildlegende wäre dann unüberhörbar: Die Zukunft der Flavier möge gesegnet sein, und Gestalten wie *Ixion* (oder *Pasiphaë*) haben wir hinter uns... Aber: Das haben wir nie! Wir werden sie nie los, solange wir den Konflikt nicht verstehen und lösen, der in ihrer Tragödie seine archetypische Macht entfaltet.

Ein zweites Mal müßte jetzt also *Zeus* als Schirmherr gerade der Schuldiggewordenen die Bühne betreten. Fatalerweise spielt er in der Bestrafungsszene im Hause der VETTIER jedoch keine Rolle, – so als sollte die Ahndung des frevlerischen Übergriffs, dessen *Ixion* sich schuldig gemacht hat, ganz und gar in das Ermessen *Hera*s gestellt werden. Damit freilich wäre ein Grundprinzip rechtsstaatlicher Justiz außer Kraft gesetzt, wonach niemals das Opfer einer Straftat Richter in eigener Sache sein darf, – Unbefangenheit und Überparteilichkeit des Urteils sind ihm am wenigsten möglich. Statt dessen wäre es von größter Bedeutung, daß *Zeus* mit seinem Bemühen, *Ixion* zu entsühnen, sich nicht geschlagen gäbe! Jetzt ist sein göttliches Erbarmen weit mehr noch gefordert als damals nach der zynisch-verzweifelten Mordtat *Ixion*s an seinem Schwiegervater *Eioneus*. Daß der Lapithen-König als Täter seinerzeit rein aus Gnade freigesprochen wurde, konnte ja die Suchtstruktur seines Persönlichkeitsaufbaus nicht ändern, es brachte vielmehr die latenten Wünsche seiner Tat allererst in ganzem Umfang ans Licht; doch darauf zu antworten, nicht mit einer entsetzten Abwehrreaktion, sondern in Ernstnahme der Tiefe der seelischen Verwirrung, an welcher er leidet, wäre nunmehr dringend geboten.

Die Lösung des Problems, das *Ixion* verkörpert, kann mithin letztlich nur die Religion sein; sie, je nach der Stärke der Angst oder des Vertrauens, die sie erzeugt, entscheidet über die psychologische Wirkung des Archetypus der Mutter: Entweder verströmt seine Energie sich im Endlichen, dann beginnt das Rad des *Ixion* sich zu drehen wie eine Mühle an einem Gebirgsbach, oder sie sublimiert sich in der Erkenntnis der Abbildlichkeit alles Endlichen; dann wirklich kommt *Ixion* frei. Sein rückwärts gerichtetes Anklammern- und Festhalten-Wollen kann endlich sich öffnen in das Vertrauen, das mit dem Archetypus der Mutter der Tendenz nach eigentlich gemeint und gegeben ist: bejaht zu sein ohne Bedingung, geliebt zu sein ohne Verdienst, gemocht zu sein, ohne vorweg erst dieses oder jenes geleistet zu haben. Das Empfinden, im ganzen Dasein umfangen zu sein, ist nicht ein Resultat glücklicher Erinnerungen an den faktischen Verlauf einer

---

52 Vgl. GERHARD RADKE: tellus, in: Der Kleine Pauly, V 374–375. VERGIL: Aeneis, VII 136, S. 175, nennt *Tellus* (griech. *Gaia*) «die älteste Göttin».

zufälligerweise relativ konfliktfreien Kindheit, es ist das Ergebnis eines empirisch unbeweisbaren Glaubens an die Berechtigung und Wahrheit des Symbols, mit dem jedes Kind auf die Welt kommt: des archetypischen Bildes der Mutter. Auch das Bild des *Zeus* erführe ineins damit seine Läuterung: Es träte aus den moralisch-juridischen Ambivalenzen von Lohn und von Strafe heraus und nähme die Chance wahr, auf die in der Mythe von *Ixion* der Gott *Zeus* überraschenderweise schon einmal kam: in Güte zu helfen, statt in Strenge zu strafen. Eine theologisch gestützte Form von Psychotherapie – nur so steht das Rad des *Ixion* still.

Man kann es auch anders sagen: Um *Ixion* aus dem Tartaros zu erlösen, kommt es darauf an, die Wahrheit seiner «Wolke» zu begreifen und sie ihm selber bewußt zu machen: was er in seiner Sehnsucht nach Liebe sucht, ist nicht ein Gegenstand, sondern ein Zustand, vermittelt durch seine Mutter, doch nicht identisch mit seiner Mutter, – eine Geborgenheit, die absolut gilt, trotz aller Widersprüche und Widerstände der Welt. Wie wahr also sind jene Sehnsüchte, die mit dazu gehören, daß wir Menschen sind, und wie wahr folglich sind die Inhalte jener Symbole, die diese Sehnsüchte ausdrücken und ihre Erfüllbarkeit darstellen, indem sie sich auf endliche Erfahrungen eines Vertrauens berufen, das sie ins Unendliche verlängern[53]?

In literarischer Form hat diese Frage JUREK BECKER in seinem Roman «Jakob der Lügner» im Jahre 1969 gestellt und in gewisser Weise beantwortet. In einem jüdischen Ghetto tröstet Jakob Heym manche der verzweifelten Lagerinsassen mit Nachrichten, die er als Besitzer eines verbotenen Radios gehört haben will: Bald wird die Rote Armee kommen und alle befreien. Wer will, kann diese Mitteilungen als phantastische Durchhalteparolen abtun, – ein Wunschdenken, wie es umgekehrt auch die Endsiegideologen auf seiten der Faschisten pflegten, illusionäre Hoffnungen, die helfen, ein an sich hoffnungsloses Leben nicht vor der Zeit schon fortzuwerfen. Auch «religiöse» Erwartungen, die nichts weiter sind und sein wollen als Tricks im Überlebenskampf, unterliegen dem Urteil, lediglich frommer Betrug (eine *pia fraus* nannten's die Römer) zu sein. Wie aber, wenn eine Lösung nicht innerhalb des Lebens, sondern für das Dasein insgesamt gesucht wird, wenn also nicht etwas, sondern alles auf dem Spiel steht, wenn es nicht darum geht, eine «akute Krise», wie man so sagt, zu «meistern», sondern wenn man dringlich eine Antwort benötigt für jene Krise, die im Rahmen der Natur die Existenz des Menschen selbst wesentlich darstellt?

53 Vgl. E. DREWERMANN: Wendepunkte, 73–100: Von den Bedingungen menschlicher Existenz oder: Was Glauben an Gott als den Schöpfer meint.

Der Unterschied ist leichthin auszumachen: Tröstungen gegenüber konkreten Krisen in der Realität widerlegen oder erledigen sich durch den Gang der Geschichte von ganz allein: Die Rote Armee wird kommen, – aber zu spät. Es ist während des Abtransports in die Vernichtung, daß Jakob die kleine Lina an ein Märchen erinnert, das er ihr einmal erzählt hat und das von einer «Wolke» als dem Medikament gegen eine tödliche Krankheit handelte: Die Tochter des Königs liegt sterbenskrank darnieder, und selbst der bestbezahlte Arzt des Landes weiß keine Rettung, denn die Prinzessin sagt: «Sie will eine Wolke haben, wenn sie die hat, wird sie sofort wieder gesund. ‹Aber eine richtige!› hat sie noch gesagt.»[54] Der König, als er das hörte, war verzweifelt, – wie sollte man «eine richtige Wolke zu beschaffen» vermögen? All seine Berater, so teuer er sie im Erfolgsfalle auch zu prämieren gedachte, wußten nicht weiter; sie fingen an, einen Turm zu bauen, um ein paar Wolken vom Himmel zu holen, doch sie hatten damit kein Glück. Aber dann: «Eines schönen Tages hat der Gärtnerjunge, mit dem die Prinzessin manchmal draußen gespielt hat, als sie noch ein gesundes Mädchen war, der hat in den Palast reingeschaut, ob in irgendeiner Vase Blumen fehlten. Und dabei hat er sie in ihrem Bett liegen sehen, unter der Decke aus Seide und bleich wie Schnee. Die ganzen letzten Tage schon hatte er sich den Kopf zerbrochen, warum sie nicht mehr in den Garten kam, aber den Grund dafür wußte er nicht. Und deswegen hat er sie gefragt: ‹Was ist los mit dir, Prinzeßchen? Warum kommst du nicht mehr raus in die Sonne?› Und da hat sie auch ihm gesagt, daß sie krank ist und nicht eher gesund wird, bis ihr jemand eine Wolke bringt. Der Gärtnerjunge hat ein bißchen nachgedacht, dann hat er gerufen: ‹Aber das ist doch ganz einfach, Prinzeßchen!› – ‹So? Das ist ganz einfach?› hat die Prinzessin verwundert gefragt. ‹Alle Weisen im Land zerbrechen sich umsonst die Köpfe, und du behauptest, das ist ganz einfach?› – ‹Ja›, hat der Gärtnerjunge gesagt, ‹du mußt mir nur verraten, woraus eine Wolke ist.› Da hätte die Prinzessin fast lachen gemußt, wenn sie nicht so schwach gewesen wäre, sie hat geantwortet: ‹Was stellst du auch für dumme Fragen! Jedes Kind weiß, daß Wolken aus Watte sind.› – ‹Aha, und sagst du mir noch, wie groß eine Wolke ist?› – ‹Nicht einmal das weißt du?› hat sie sich gewundert. ‹Eine Wolke ist so groß wie mein Kissen. Das kannst du selber sehen, wenn du bloß den Vorhang zur Seite schiebst und zum Himmel blickst.› Da ist der Gärtnerjunge ans Fenster getreten, hat zum Himmel geblickt und gerufen: ‹Tatsächlich! Genausogroß wie dein Kissen!› Dann ist

54 JUREK BECKER: Jakob der Lügner, 172.

er losgegangen, hat bald der Prinzessin ein Stück Watte gebracht, und das war so groß wie ihr Kissen.»[55]

Auf diese Weise wurde die Prinzessin ganz schnell wieder gesund. Aber: «Wolken sind nicht aus Watte!» Vergeblich wird Jakob versuchen, auf dem Weg in den Tod Lina diese «Wahrheit» um die Entstehung und Zusammensetzung von Wolken zu vermitteln. Nur: Ist sein «Märchen» nicht unendlich viel wahrer als seine «Aufklärung»? Wenn Menschen nur Ruhe finden, indem sie ihren Kopf, wie als «Kinder» an die Brust ihrer Mutter, so als «Erwachsene» auf eine Wolke am Himmel zu legen vermögen, so bestehen für sie die «Wolken» wirklich aus «Watte» und nicht aus «Nebeln», denn sie bedürfen der symbolischen Wirklichkeit ihrer Wahrheit, um einen Glauben jenseits der Zerstörung des Menschlichen in Natur und Geschichte begründen zu können. Die Wolke – die Mutter, die Göttin, der Himmel: für die Bibel waren Wolken die Wagen, mit denen Gott über den Himmel fährt (Ps 104,3); doch sagen wollte sie damit, daß «so hoch der Himmel über der Erde …, er seine Gnade walten läßt» über die Menschen, und daß er sich ihrer erbarmt, «wie ein Vater sich seiner Kinder erbarmt», «weiß er doch, was für Gebilde wir sind, denkt er doch, daß wir nur Staub sind.» (Ps 103,11-14)

55 A. a. O., 173.

Perseus und Andromeda oder:
Von wechselseitiger Erlösung

All den Negativ-Helden bisher war eines gemeinsam: sie hatten ihr Unheil durch eigenes Handeln selber verschuldet. Das Unglück der meisten Menschen indes liegt wie schicksalhaft auf ihren Schultern, – ein Fluch, verhängt auf Grund fremder Verstrickung, vornehmlich schon der eigenen Eltern. Beides, natürlich, vermag ineinander zu gehen: Grundkonflikte der Existenz, die Gültigkeit beanspruchen für einen jeden, weil er ein Mensch ist, können, wenn nicht gelöst, die gesamte eigene Biographie durchziehen und psychologisch das Leben anderer schwerstens belasten, und umgekehrt: psychische Konflikte in zwischenmenschlichen Beziehungen können sich in bestimmten Typologien der Persönlichkeitsentwicklung verfestigen und die Hauptthemen des späteren Lebens vorwegnehmen. Existenzanalyse und Psychoanalyse müssen in diesem Falle zusammenkommen, um – vor dem Hintergrund entsprechender religiöser Einsichten und Desiderate – den mythischen Erzählungen gerecht zu werden. Je mehr der Akzent sich freilich ins Psychologische verlagert, gewinnen die mythischen Überlieferungen Züge, die in die Erzählgattung des *Märchens* hinüberweisen, mit dem erfreulichen Befund, daß nunmehr nicht allein von Schuld, Fluch und Verdammnis die Rede geht, sondern explizit auch bestimmte Wege zur Erlösung sichtbar werden. Je größer die Herausforderungen, die jemand zu bestehen hat, desto mehr wächst er selber, falls er sie löst, zu dem Format eines «Helden» heran.

Einer der Größten unter den Heroen des antiken Griechenlands war zweifellos *Perseus*. Er blieb auf das engste verwoben mit der Angst seiner Mutter *Danaë* auf der Flucht vor deren Vater *Akrisios*, dem König von Argos. Mit eigener Hand tötete er die schreckliche Medusa *Gorgo*, eigentlich, um sich und die Mutter von *Polydektes*, dem König von Seriphos, zu befreien; doch wie *en passant*, bei seiner Rückkehr, befreite er die schöne *Andromeda* von einem furchtbaren Meerungeheuer und von ihrem düsteren Brautwerber *Phineus*; versehentlich, heißt es, tötete er später auch seinen Großvater *Akrisios*; in planender Absicht jedenfalls gründete er Mykene; und dort, vor der Stadt, erhielt er sein Ehrengrab[1]. Welch eine

---

1 Eine ausführliche Darstellung der *Perseus*-Sage findet sich bei APOLLODOR, II 35–49, in: Griechische Sagen, 43–46; vgl. auch HYGIN, Nr. 63–64, in: A. a. O., 271–272. – ULRICH VON WILAMOWITZ-MOELLENDORFF: Die griechische Heldensage, in: Sitzungsberichte, Berlin 1925, I 59–60, betont gattungsgeschichtlich die Nähe der *Perseus*-Sage zum Märchen: «Lange haben wir verkannt, daß in weitem Umfang als Heroensage erscheint, was gar

Geschichte, die alles enthält, was Mythen und Sagen und Märchen von Helden zu allen Zeiten und Zonen der Erde berichten!

1) *Perseus und Danaë oder: Ein Junge und seine Mutter*

Typisch, will sagen: menschheitlich verbreitet und allgemeingültig zu nennen sind für einen Helden in Mythos, Sage und Märchen bereits die Umstände seiner Geburt[2]: Auf verborgene Weise ist er göttlicher Abkunft –

keinen geschichtlichen Inhalt hat, sondern als Märchen oder Novelle zu fassen ist. Das liegt daran, daß für diese reizvollen Wandergeschichten, die in den Märchen namenlos zu sein pflegen, die Griechen heroische Träger wählen ... Perseus war der Stammesheld der Mykenäer, Sohn des Zeus von der Danae, die zuerst die Eponyme (sc. Personenname als Gattungsbezeichnung, d.V.) des Danaervolkes gewesen sein muß. Es kommt ihm zu, seine Heldenkraft in großen Taten zu beweisen, aber wie er von den Göttern ausgerüstet zu den bösen Graien (sc. den Grauen, den alten Frauen, d.V.) und guten Nymphen zieht, die Gorgo enthauptet und der Verfolgung durch ihre Schwestern entgeht, das ist so durchaus den Märchen vieler Völker entsprechend, daß es eitel ist, anderes darin zu finden; auch der Königssohn, der eine Jungfrau von einem Drachen befreit, hier die Andromeda, ist ein beliebtes Märchenmotiv.» Historisch war *Perseus* «der Heros von Mykene»; erst HOMER scheint *Agamemnon*, «dessen Geschlecht dauert in Kyme (sc. einer Stadt an der Ostküste Euboias, d.V.) und auf Lesbos», «in das Mutterland ... gebracht» zu haben. ULRICH VON WILAMOWITZ-MOELLENDORFF: A. a. O., II 242. – UDO REINHARDT: Der antike Mythos, 117–119, nennt *Perseus* unumwunden – wie *Kadmos* und *Bellerophontes* – einen «Märchenhelden» (117), ohne freilich auf den sich daraus ergebenden psychologischen Zugang zu der Geschichte hinzuweisen.

2 OTTO RANK: Der Mythus von der Geburt des Helden, 79–80, entwickelte aus einer Vielzahl von heroischen Geburtsgeschichten als Schema der Durchschnittssage den folgenden Handlungsablauf: «Der Held ist das Kind vornehmer Eltern, meist ein Königssohn. – Seiner Entstehung gehen Schwierigkeiten voraus, wie Enthaltsamkeit oder lange Unfruchtbarkeit oder heimlicher Verkehr der Eltern infolge äußerer Verbote oder Hindernisse. Während der Schwangerschaft oder schon früher erfolgt eine vor seiner Geburt warnende Verkündigung (Traum, Orakel), die meist dem Vater Gefahr droht. – Infolgedessen wird das neugeborene Kind, meist auf Veranlassung des Vaters oder der ihn vertretenden Person, zur Tötung oder Aussetzung bestimmt; in der Regel wird es in einem Kästchen dem Wasser übergeben. – Es wird dann von Tieren oder geringen Leuten (Hirten) gerettet und von einem weiblichen Tiere oder einem geringen Weibe gesäugt. – Herangewachsen, findet es auf einem sehr wechselvollen Wege die vornehmen Eltern wieder, rächt sich am Vater einerseits, wird anerkannt andererseits und gelangt zu Größe und Ruhm.» Dieses Schema paßt ersichtlich auch auf die *Perseus*-Sage (S. 29–30); allerdings ist *Perseus* viel enger mit seiner Mutter verbunden als etwa *Moses* (S. 16–20), *Ödipus* (S. 24–26), *Dionysos* (S. 30–32), *Romulus* (S. 52–58) oder *Herakles* (S. 57–60) – eine für die Interpretation wichtige Tatsache. – Religionsgeschichtlich vgl. zum Verständnis der «Heroen» WALTER BURKERT: Griechische Religion der archaischen und klassischen Epoche, 311–318: Die Heroen, der im Heroenkult keine bloße Fortsetzung des mykenischen Totenkultes sieht (so MARTIN P. NILSSON: Geschichte der griechischen Religion, I 715–719), sondern sich auf die zahlreichen «Got-

einen Vater hat er nicht oder man kennt ihn nicht –, doch er wird verstoßen und ausgesetzt, denn als gefährlich erscheint er einem Machthaber gerade im engsten Umkreis seiner Angehörigen; glücklicherweise indessen wird er gerettet; in der Fremde wächst er auf und bewährt sich durch herrliche Taten im Kampf gegen Ungeheuer und Feinde, bis er als strahlender Sieger zurückkehrt und verdientermaßen die Herrschaft antritt.

Des *Perseus* Geschichte beginnt mit dem geschwisterlichen Machtkampf eines Zwillingspaares: *Akrisios* und *Proitos*, die – wie *Esau* und *Jakob* in der Bibel[3] – schon im Mutterleib sich zanken um den Vortritt der Geburt; beide waren die Söhne des *Abas* und damit die Enkel jener standhaften *Danaos*-Tochter *Hypermestra*, die als einzige der 50 Danaïden sich weigerte, dem Befehl ihres Vaters nachzukommen und ihren Freier *Lynkeus* in der Brautnacht zu ermorden[4]. *Akrisios* und *Proitos* stritten sich um das Königtum in Argos, und erst nach einer unentschieden verlaufenen Schlacht einigten sie sich auf die Teilung der Herrschaft: *Proitos* residierte in der von *Kyklopen* errichteten Burg von Tiryns, *Akrisios* in Argos. *Proitos* heiratete in Lykien die Königstochter *Stheneboia*, die sich – wie die Frau des *Potiphar* in *Joseph* oder wie *Phädra* in *Hippolutos*[5] – in *Bellerophontes*, den Sohn des *Glaukos*, den Enkel des *Sisyphos*, verliebte[6]. Drei Töchter hatte *Proitos*, die sich geschlossen weigerten, den Gott *Dionysos* zu verehren, und deshalb gemeinsam von ihm in Raserei versetzt wurden; auch sein Sohn *Megapenthes* widersetzte sich dem Gott und wurde dafür bestraft, ähnlich wie *Pentheus*, der namensverwandte König von Theben.

Akrisios hingegen und seine Frau *Aganippe* in Argos hatten nur eine Tochter: *Danaë*; da der König sich einen Sohn als Thronnachfolger wünschte, befragte er das Orakel von Delphi und erhielt die Auskunft, er selbst werde keinen Sohn bekommen, wenn aber seine Tochter *Danaë* einem Sohn das Leben schenke, werde dieser ihm zu einer tödlichen Gefahr

teskinder» bei HESIOD bezieht; dann aber meint er vermittelnd (S. 313): «Die Kontroverse der Religionswissenschaft, ob die Heroen als ‹abgesunkene Götter› zu gelten haben oder als reale, obschon kultisch verehrte Tote, ist … wohl mit einem Sowohl-als-Auch zu schlichten. Wenn Begriff und Kultform von adligem Totenkult, Polis-Anspruch und Homerischem Epos fixiert worden sind, so schließt dies die Annahme sehr altertümlicher Traditionen in diesem Komplex nicht aus.» Immerhin (S. 314): «Die Trennungswand besteht: Kein Gott ist Heros, kein Heros wird zum Gott; Dionysos und Herakles freilich können dieses Prinzip durchbrechen.»

3 Gen 29,23–26. Vgl. dazu OTTO RANK: Das Inzestmotiv in Dichtung und Sage, 297–302.
4 Vgl. APOLLODOR, II 24, in: Griechische Sagen, 41.
5 Gen 39,7–18. – Zu der tragischen Geschichte der *Phädra* vgl. E. DREWERMANN: Liebe, Leid und Tod, 152–180: Phädra und Hippolytos oder: Verlorene Jugend.
6 APOLLODOR, II 30 ff., in: Griechische Sagen, 42.

werden[7]. Daraufhin ließ *Akrisios* seine Tochter in einem unterirdischen ehernen Verlies gefangen halten, auf daß es ihr unmöglich ward, mit einem Mann zusammen zu kommen. – Eine solche Gefangenschaft im Inneren der Erde verleiht der griechischen *Danaë* unzweifelhaft die Züge einer Erdgöttin, und so ist es kein Wunder, daß ihre christliche Nachfolgegestalt: die heilige *Barbara*, von den Bergleuten noch heute als ihre Schutzpatronin verehrt wird[8].

Doch kann ein junges Mädchen leben ohne Liebe? Selbst wenn sie es gekonnt hätte, – der Gott *Zeus* bei ihrem Anblick konnte es nicht. «In goldenen Regen verwandelt, floß Zeus durch das Dach des unterirdischen Gemachs. Die Jungfrau fing ihn auf in ihrem Gewand. Aus dem Regen trat der Herr des Himmels. Das Grab wurde zur Hochzeitskammer. Ein Sohn des Zeus wurde geboren. Das ist die Geschichte von der Empfängnis des Perseus.»[9] Es ist eine Szene, welche die Maler der Renaissance-Zeit: TIZIAN vor allem, aber auch CORREGGIO, zutiefst beeindruckt hat.

Zwischen 1544–1546 malte TIZIAN sein berühmtes Bild «Danae mit Cupido», das heute in der Gallerie Nazionali di Capodimonte in Neapel hängt. (Tafel 15a) MICHELANGELO soll es getadelt haben, da die Venezianer «nicht nach der Antike ... zeichneten.»[10] In der Tat: TIZIANs *Danaë* verrät eine Natürlichkeit, die griechischen Statuen nachempfunden sein mag, doch diese in Form- wie Farbgebung weit hinter sich läßt. Es ist ein Bild voller Sehnsucht, – eine ausgestaltete Männerphantasie, möchte man meinen, und schon beginnt man denn auch, die Begierden des «Vaters der Götter und Menschen», des olympischen *Zeus*, zu begreifen. Doch in Wahrheit ist, was gezeigt wird, der Traum der *Danaë* selbst: In ihrer verlockenden Nacktheit, einen Lakenzipfel über den linken Schenkel gebreitet, bekleidet sonst nur mit Armreif und Ohrring, liegt die *Akrisios*-Tochter

---

7 HYGIN, 63, in: Griechische Sagen, 271.
8 Zur hl. *Barbara* vgl. HILTGART L. KELLER: Reclams Lexikon der Heiligen und der biblischen Gestalten, 59–60. *Barbara*, deren Fest am 4. Dezember begangen wird, gilt «als Tochter des reichen Dioscuros von Nicomedien», der, «um sie zu bewahren, in einen Turm» einschließt. Als sie gegen dessen Willen sich als Christin taufen läßt, will dieser sie töten, doch gelingt ihr die Flucht, denn «ein Felsspalt öffnet sich, um sie zu verbergen. Von einem Hirten verraten ..., findet sie der Vater», der, nach qualvoller Folter durch den Statthalter *Marcianus*, sie mit eigener Hand enthauptet. Sie wird als eine der 14 «Nothelfer» verehrt «als Beistand der Sterbenden ... Auch gegen Unwetter und Feuersgefahr» wird sie angerufen. Als Patronin der Bergleute wird sie seit dem 18. Jh. verehrt, – mit dem Aufkommen des industrialisierten Kohlebergbaus offenbar.
9 KARL KERÉNYI: Die Mythologie der Griechen, II 45.
10 EBERHARD KÖNIG (Hg.): Die großen Maler der italienischen Renaissance. Der Triumph der Farbe, Abb. S. 336–337; Text S. 335.

erwartungsvoll hingebreitet auf ihrem Pfühl, voller Verlangen nach der Ankunft ihres Geliebten – des Größten der Götter; ihm entgegen schaut auch der geflügelte Eros-Knabe, der die ganze Szene als eine sich erfüllende schicksalhafte Liebesbeziehung konfiguriert. Hat er den Gott, hat er die Gottesgeliebte zur Liebe bestimmt? Offenbar beide. Der ersehnte Gott – er naht sich in einem Schauer aus Gold, selbst unsichtbar bleibend, könnte sein Anblick die Sterbliche doch – wie *Semele*, die Mutter des *Dionysos*[11] – mit Vernichtung bedrohen. Die hinter dem Pfeiler dämmernde Bläue des Himmels indes verrät schon die ungetrübte Nähe des Glücks, die Verschmelzung des Göttlichen und des Menschlichen, die Einheit von Ideal und Wirklichkeit in der Reinheit einer faszinierenden weiblichen Schönheit, die nicht zum Besitzen, einzig zum Schauen einlädt, zum Mitträumen, nicht zum Betasten, – ein Überirdisches an sich selbst, das wie *Aphrodite*, die Göttin der Liebe, die Seele erhebt zu dankbarer Andacht, staunend, daß solch ein vollkommenes Wunder den Menschen geschenkt ward.

Für ein Bild von *Eros* und *Aphrodite* hat man zunächst auch CORREGGIOS «Danaë» aus dem Jahre 1531/32 gehalten, das heutigentags in der Galleria Borghese in Rom zu betrachten ist. (Tafel 15b)[12] Der Goldregen, der in *Danaë*s Schoß als göttlicher Same den Helden *Perseus* hervorbringt, ist auf diesem Bild kaum zu sehen; dafür ist *Eros*, zur Wolke des sich herabsenkenden Gottes aufblickend, voller Eifer bemüht, der versonnen vor sich hinschauenden *Danaë* das Laken vom Körper zu ziehen, auf daß es den überreichen Segen des Gottes nicht länger aufhalte. Vor dem hohen Prunkbett spielen zwei Eroten, als sei dieser alles bestimmende Augenblick einer Heiligen Hochzeit für sie nicht mehr als ein launiger Einfall, nicht der Wendepunkt eines gesamten menschlichen Daseins. Auch auf diesem Bild dämmert der blauende Morgen durchs Fenster herein.

Wie ganz anders indessen das Motiv der Göttergemahlin *Danaë* auch interpretiert werden kann, hat TIZIAN später, im Jahre 1553/54, in einem weiteren Bilde gezeigt, das heute im Madrider Prado hängt (Tafel 16a)[13]:

---

11 Vgl. APOLLODOR, III 26 f., in: Griechische Sagen, 82: «Für Semele entbrannte Zeuz und kam ohne Wissen der Hera zu ihr, doch wurde sie von dieser überlistet. Als Zeus ihr jeden Wunsch zu erfüllen versprach, bat sie ihn, er möchte einmal so zu ihr kommen, wie er als Werber zu Hera gekommen sei. Zeus konnte sein Wort nicht zurücknehmen, und auf einem Wagen, unter Wetterleuchten und Donnerschlägen, kam er in ihr Gemach und schleuderte den Blitz. Vor Schreck schwanden Semele die Sinne, sie brachte ein Sechsmonatskind zur Welt» – *Dionysos*.

12 EBERHARD KÖNIG (Hg.): Die großen Maler der italienischen Renaissance. Der Triumph der Farbe, Abb. S. 421.

13 Die Sammlungen des Prado, 268.

Hier «ist Danae weniger skulptural (sc. dargestellt, d.V.) ... sie verhüllt ihr Geschlecht nicht, zeigt sich in einer Haltung der glücklich Hingegebenen und drückt eine bewußte Zufriedenheit mit dem Geschehen aus. Die Kontraste zwischen ihrem Körper und den Tüchern, zwischen den Zonen von Licht und Dunkel sowie die beinahe ineinanderlaufenden Schattierungen der Farbtöne verhelfen der malerischen Substanz zu einer Dichte, die nicht aus der plastischen Anordnung resultiert, sondern in Abhängigkeit von Luft und Licht zunimmt. Die erotische Sinnlichkeit der Danae erhält, vergleichbar der geistigen und seelischen Erfahrung bei Michelangelo, den Status der Idee.»[14] Gleichwohl scheint TIZIAN auf diesem Bild einer Überlieferung zu folgen, «nach der Danae keine tugendhafte Dame, sondern eine Kurtisane war»; der Goldregen, in dem der Gott dem Mädchen naht, nimmt auf dem Bild jedenfalls die Gestalt zählbarer Münzen an, als wollte der Gott die ihm – wie das Hündchen zur Seite – gehorsame *Danaë* für deren Dienste im voraus entlohnen; beflissen fängt die Amme denn auch den Goldsegen in einem Tuch auf, um ihn gewiß recht anders zu nutzen als für die Geburt eines künftigen Helden.

Eine solche Version der Geschichte scheint bereits vorbereitet in der Darstellung auf einem rotfigurigen Mischkrug aus Böotien, der um 430 v. Chr. entstanden ist und sich heute im Pariser Louvre befindet (Tafel 16b). Da sieht man «*Danaë* in ihrem Gefängnis aus bronzenen Wänden hingestreckt auf einem Bett; ihr Gewand, weit geöffnet, enthüllt ihre jugendliche, pralle Büste; der Goldregen fällt in Form runder Stückchen mit unscharfen Rändern ... auf ihren entblößten Leib. An den Wänden sind Gefäße aufgehängt, die vielleicht an ihr tägliches Leben erinnern sollen, besonders ein Wasserkrug und ein Eimer oder ein Schöpfgefäß.»[15] Auf diesem Bild hat man nicht den Eindruck, als werde *Danaë* von dem Gott plötzlich und zu ihrer Überraschung heimgesucht, sondern es sieht so aus, als biete sie sich absichtlich dar, um in klingender Münze den Goldregen in Empfang zu nehmen, eine Sklavin der Liebe, die weiß, was sie tut.

Wie aber sollen derartige Betrachtungen zu einer Frau passen, die von ihrem Vater solchermaßen unterdrückt wird wie *Danaë*? Die Antwort ist paradox: Gerade für eine solche Frau ist eine derartige Ambivalenz der Gefühle schier unvermeidlich, denn wenn es schon sein soll, kann man beides sein und muß man beides werden: die gehorsame Tochter im elterlichen Gefängnis und zugleich eine Buhlerin um Liebe, voll Sehnsucht, unbe-

14 A. a. O., 266.
15 Chefs-d' oeuvre de la céramique grecque dans les Collections du Louvre, Abb. 76, S. 163; Text S. 162.

261

aufsichtigt, im geheimen. – Man denke sich, um diese Widersprüchlichkeit zu begreifen, einen Vater, der seine Tochter ganz buchstäblich «wegsperrt», um die Gefahr zu bannen, sie könnte schwanger werden und einem Sohn das Leben schenken. Was sonst für jeden König der Antike bis hin noch heute zu den Fürstenhäusern in Europa für das am meisten Wünschenswerte galt und gilt, ein Sohn möge der Dynastie die Thronfolge sichern, das gerade betrachtet der König von Argos als eine tödliche Gefahr für den Erhalt der eigenen Macht. In welcher Angst lebt dieser Vater! Daß seine Tochter sich gehorsam «rein» erhalten könnte, traut er ihr in keinem Falle zu. Die Angst um sich selber verdichtet sich daher zur Angst vor ihr; wie aber wird nun ein Mädchen reagieren, das in der Angst seines Vaters eingekerkert wird für die einfache Tatsache, daß es vom Mädchen zur Frau heranreift? Ein solches Mädchen kann nur *träumen* von der Liebe und vom Frausein, ganz wie es die *Danaë* auf dem ersten Bild TIZIANs tut; die Furcht vor dem eigenen Vater erzeugt als Gegenbild aber zugleich das Verlangen nach einem ganz anderen: gütigen, gewährenden, göttlichen Vater, im Gegensatz zu jenem «wirklichen», irdischen *Akrisios* mit seiner Unterdrückkung, seinem Zwang und dem Verbot des Kostbarsten im Herzen eines Mädchens: der Innigkeit der Liebe. Stellt man sich darüber hinaus vor, wie eine solche Geschichte für gewöhnlich weitergeht, so ist der Weg in die Prostitution tatsächlich so selten nicht: die untersagte Sexualität verselbständigt sich als Sehnsucht nach einem Leben jenseits der väterlichen Verbote und Vorschriften; innerlich hingegen setzt die Verurteilung durch den Vater sich fort in beinahe masochistischen Formen der Selbsterniedrigung: Äußerlich tut man das direkte Gegenteil dessen, was der Vater gebot, doch man tut es mit Angst und mit Schuldgefühlen. Also hängt man sich an einen Mann, der als Vaterersatz verehrt wird, als wäre er «Zeus», und der doch als gewöhnlicher Mensch nur enttäuschend sein kann; und da man an der Seite des Vaters niemals die Erfahrung gemacht hat, seine Liebe zutiefst zu verdienen, verdient man sich künftig die Liebe von Männern, die den Vater gegenbesetzen könnten, indem man für sie ganz wörtlich «die Haut zu Markte trägt». Hilflosigkeit, Abhängigkeit, Flucht und Selbstbestrafung – was TIZIANs zweites Bild andeutet, kann wirklich in seiner ersten Darstellung psychologisch bereits vollkommen angelegt sein.

Doch *Danaë* wäre nicht, wie auf dem Gemälde CORREGGIOS, fast zu verwechseln mit *Aphrodite*, der Göttin der Liebe, wäre das Kind, dem sie das Leben schenkte, nicht wirklich ein Erzeugnis des *Eros* gewesen, der sie, überschwemmt mit dem Reichtum des Gottes, zur Annahme ihrer Mütterlichkeit zu öffnen verstand. Eine ungewollte Schwangerschaft ist für jedes

262

Mädchen erst einmal eine Katastrophe; im Fall der *Danaë* aber steht das angstbedingte Verbot des Vaters absolut der Niederkunft seiner Tochter im Wege. *Danaë* könnte ihr Kind abtreiben. Doch das tut sie nicht, sie bringt es zur Welt. Welch ein Ausmaß an Angst sie dabei zu überwinden hatte, zeigt sich sogleich an den Strafen, die *Akrisios* über sie verhängte: «Die Amme mußte sterben, denn sie war es doch, die mit der Oberwelt verkehrte, um das Mädchen ernähren zu können. Im Palasthof, wie es sich ziemte, stand ein Altar des Zeus. Bei diesem Altar zwang Akrisios die Tochter, zu bekennen, wer der Vater des Kindes ist. ‹Zeus› – so lautete die Antwort und wurde nicht geglaubt. Akrisios ließ das Kind und die Mutter in eine Truhe sperren, in eine geschlossene Arche, und auf das Meer aussetzen. So schwammen sie beide, dem Tode geweiht, auf den Fluten.»[16]

Besonders für das Neugeborene entsteht dadurch eine höchst widersprüchliche Lage. Eigentlich steht auf die Geburt des Sohnes die Todesstrafe; daß *Akrisios* sie an seiner Tochter dennoch nicht vornimmt, sondern ersatzweise an der Amme vollstrecken läßt, zeugt zwar nicht von seinem Gerechtigkeitssinn, wohl aber von einem Rest an Liebe zu seiner Tochter und auch wohl zu seinem Enkelkinde. *Danaë* und ihr Sohn werden verstoßen ins eigentlich Tödliche und doch gerettet. Die Kiste ebenso wie das Meer, in welchem der kleine *Perseus* in den Armen seiner Mutter umhertreibt, verstärkt, ja, verdreifacht symbolisch den Eindruck der Schoßgeborgenheit inmitten einer gefahrvollen Welt; und doch ist *Danaë*, die Mutter, selbst voller Angst. – Schon SIMONIDES von Keos (um 556–467/6) versuchte, sich in ihre Gefühlslage hineinzuversetzen – in die Empfindungen einer Ausgesetzten, Verstoßenen und Verlassenen, deren Seele so aufgewühlt ist wie das Meer, das sie drohend umspült, und die doch sich verantwortlich fühlt für das einzige, was ihr geblieben ist: für ihr Kind; er schreibt:

                                --- doch dann
        Als sausender Wind und bäumende Welle
        Sich über sie stürzten im künstlichen Sarg,
        Da kam ihr die Furcht, da rannen die Tränen,
        Und Danae schlug um den Sohn,
        Den Perseus, den zärtlichen Arm:
        «Kind – so tief ist mein Leid, und du
        Liegst in friedlichem Schlafe und träumst,
        Sorgloser Säugling, im Kasten voll Düsters,

---

16 KARL KERÉNYI: Die Mythologie der Griechen, II 45.

Mitten in eisengegürteter Nacht.
Hingegossen ins schwarzblaue Dunkel
Leuchtest du schimmernd heraus,
Unbekümmert, ob salzige Wogen
Nässen dein Haar im Vorüberjagen,
Unbekümmert ums Heulen des Sturmes,
Ruhst du, holdes Gesichtchen,
Auf deiner purpurnen Windel.
Wäre mein Grauen auch dir ein Grauen,
Ja, dann könnte dein Ohr, so fein,
Lauschen nach meinem Wort; doch ach ...
Schlafe nur, schlafe mein Sohn! Und schlafe,
See du! Schlafe auch, Not ohne Grenzen!
Du aber, Vater im Himmel, o selber
Wend es zum Heil; doch klingt dir mein Beten
Maßlos und wider die Zucht: so verzeih!»[17]

Welch ein Kontrast da zwischen der wachsamen Angst der Mutter und der schlummernden Obhut des Kindes! Offenbar ist es *Danaë* wirklich gelungen, all ihre eigene Furcht dem geliebten Kind zu ersparen, und selbst wenn es ihr Wunsch hätte sein können, in ihm so etwas zu sehen wie einen Gefährten in ihrer Gefahr, – sie verzichtet, wenngleich unter Schmerzen, darauf, es zu einem trostvollen Gegenüber und verständigen Gesprächspartner ihrer eigenen Einsamkeit zu erwählen. Statt dessen wendet sie sich dem «Vater im Himmel» zu und bittet ihn, in rührender Demut, um Beistand. Eine solche Mutter, die sich birgt in Gott und darinnen ihr Kind geborgen sein läßt, weist diesem den wohl wichtigsten Weg zu jenem Vertrauen, das es später zu seinen furchtlosen Taten befähigen wird. Solche freilich werden bald schon in Vielzahl von Nöten sein.

Denn: «Nach dem Willen des Zeus» wurde die Lade mit *Danaë* und ihrem Sohne zu der Kykladen-Insel «Seriphos verschlagen, wo ein Fischer mit Namen Diktys sie fand und aufbrach. Als er die Frau mit dem Kind erblickte, führte er sie gleich zu dem König Polydektes, der sich mit ihr

---

17 Griechische Lyrik, 131–132: Die Klage der Danaë. – Auch LUKIAN: Meergöttergespräche, XII, in: Gespräche der Götter und Meergötter, der Toten und der Hetären, 80, läßt die Meergöttin *Thetis* die geduldige Sanftmut *Danaës* rühmen: «Über ihr eigenes Schicksal beklagte sie sich mit keinem Wort, sondern nahm das, was man über sie beschlossen hatte, mit Geduld hin. Für das Kindchen aber bat sie flehentlich, es doch nicht sterben zu lassen, und sie weinte und hielt es dem Großvater entgegen, und es war sehr schön; und es selber, in seiner Unschuld und von nichts Bösem wissend, lächelte aufs Meer hinaus – wieder füllen sich mir die Augen mit Tränen, wenn ich bloß daran denke!»

264

vermählte und Perseus im Tempel der Athene erzog.»[18] So erzählt der römische Mythograph HYGINUS um 200 n. Chr. Doch es gibt auch andere Überlieferungen. *Diktys* bedeutet so viel wie «Netzmann» oder «Fischer», und *Polydektes*, sein Bruder und König der Insel, bedeutet «der Viel-Empfangende»; es ist ein Name, wie er in zahlreichen Varianten dem König der Unterwelt zukommt, und das könnte heißen, daß *Perseus* nicht nur wie im Grabe empfangen, sondern auch wie im Hades geboren ward: «Was der eine fing, mußte zur Beute des anderen werden. So wurde Danae die Gefangene des Polydektes, zum dritten Mal mit ihrem Kinde gleichsam in die Unterwelt gelangt. Als Sklavin des Königs lebte sie fortan in dessen Haus»[19], spricht PINDAR doch von *Danaë* als von einer «Mutter ständiger Knechtschaft» und von dem «erzwungenen Bett» an der Seite des *Polydektes*[20].

Es bedarf nicht viel an psychoanalytischer Einsicht, um hier bereits hinter diesen Überlieferungsvarianten das eigentliche Thema der *Perseus*-Mythe: den Kampf um die Mutter gegen den Vater, auftauchen zu sehen. Der Großvater war es, der die Geburt des Enkels zu verhindern trachtete; dafür war es der «Vater der Götter und Menschen», der auf wunderbare Weise zum Vater des Kindes wurde; der Mann jetzt neben der Mutter, *Polydektes*, kann aus der Sicht des Sohnes nur mit Gewalt sich die Liebe der Mutter geraubt haben, die eigentlich und unverbrüchlich ihm, dem Kinde, gehört. Dieser also ist sein geborener Feind, den es fortan zu bekämpfen und zu beseitigen gilt. Daß *Perseus* aufwächst im Tempel der *Athene*, dürfte bedeuten, daß, wie bei *Danaë* das Bild des Mannes sich aufspaltet in den «Gott» und in den Gewalttäter, so im Erleben des Sohnes das Bild der Mutter sich umkehrt: von der erniedrigten Tochter und Sklavin in Grab und Gefangenschaft zu dem Bild einer strahlenden Göttin, mit deren Beistand es gelingen wird, die reale Mutter zu erlösen. Und so kam es denn auch.

Die rechte Gelegenheit bot sich *Perseus*, als *Polydektes* eines Tages einen *éranos* – ein Freundesmahl, eine Art Benefiz-Gala, veranstaltete, bei der für *Hippodameia*, die Tochter des *Oinomaos*, eine Brautgabe gesammelt werden sollte; *Polydektes* tat damit offenbar seine Absicht kund, um die

18 HYGIN, Nr. 63, in: Griechische Sagen, 271. – ROBERT VON RANKE-GRAVES: Griechische Mythologie, I 220, sucht die Geschichte von *Danaë*, *Perseus* und der Arche mit *Isis*, *Osiris*, *Set* und dem Kinde *Horus* zu vergleichen. Die Tötung der *Medusa* betrachtet er als Hinweis auf «den Übergang der Macht der Mondgöttin an die hellenischen Eindringlinge», als um 1400 v. Chr. das mykenische Knossos fiel.
19 KARL KERÉNYI: Die Mythologie der Griechen, II 46.
20 PINDAR: Pythische Oden, XII 15, S. 175.

allseits umworbene Tochter des Königs von Elis selbst anzuhalten, – im Zusammenhang mit *Pelops*, dem Sohn des *Tantalos*, war von der sonderlichen Brautwerbung durch ein Pferderennen auf Leben und Tod schon die Rede. Ganz entsprechend wurde von den Teilnehmern des Festmahls erwartet, daß sie als Geschenk ein Pferd mitbrächten; alle taten auch so, *Perseus* aber war dazu nicht in der Lage. «Fischer züchten bekanntlich keine Pferde, wie hätte Perseus eins mitbringen können?»[21] Womöglich hatte *Polydektes* die Teilnahmebedingungen an seinem Festmahl sogar gerade so eingerichtet, daß *Perseus* nicht daran teilnehmen konnte und beschämt, als ein Flüchtlingskind, von der Insel hätte fortgehen müssen, – seine Mutter hätte er schutzlos dann bei dem König zurücklassen müssen. Doch *Polydektes* rechnete nicht mit dem Stolz des *Zeus*-Sohnes. Der nämlich erklärte, er werde, statt eines Pferdes, das Haupt der gefürchteten *Gorgo Medusa* mitbringen, und auf dieses Angebot ging *Polydektes* gern ein, wohl in dem Glauben, den Sohn seiner schönen Sklavin bei einem solch waghalsigen Vorhaben wie von selbst «entsorgen» zu können.

2) Die Tötung der Gorgo Medusa oder: Das Ende der Angst

Die *Gorgonen*, muß man wissen, waren «drei weibliche Wesen von furchterregendem Aussehen», Töchter des *Phorkys*, eines der «Alten vom Meer», und seiner «unförmigen Riesenschwester *Keto*»[22] (griech: *kētos* – das Meerungeheuer); ihre Namen waren: *Stheno* (die Starke), *Euryale* (die Weitspringende) und *Medusa* (die Herrscherin); als ihre Schwestern galten die *Graien* (griech: *graia* – alt, schrumpelig). Anders als *Medusa* waren die beiden anderen Gorgonen unsterblich. Alle aber waren sie geflügelt, hatten «Schlangenhaare und mächtige Zähne. Ihr Blick» ließ «jeden, der sie sieht, zu Stein werden.»[23] Ein Bild auf dem Giebel des Artemis-Tempels in Korfu um 590 v. Chr. zeigt die *Gorgo* mit Schlangenhaaren und Schlangengürtel, mit tellerrunden Augen, Stupsnase und herausgestreckter Zunge, – eine wahrhaftige Schreckgestalt, deren Anblick jeden erstarren ließ. (Abb. 4)[24]

21 KARL KERÉNYI: Die Mythologie der Griechen, II 47.
22 MICHAEL GRANT – JOHN HAZEL: Lexikon der antiken Mythen und Gestalten, 163.
23 HERBERT HUNGER: Lexikon der griechischen und römischen Mythologie, 144.
24 SOFIA SOULI: Griechische Mythologie, 107. – MARTIN P. NILSSON: Geschichte der griechischen Religion, I 227, verweist auf die Nähe der *Gorgo* zum «Dämonenglauben» und auf die Tatsache, daß sie «Medusa» – «Herrscherin» heißt; näherhin sieht er sie in der Nähe zu der «Herrin der Tiere» und zu der «Zauberkönigin Hekate».

Abb. 4: Die Gorgo Medusa am Artemis-Tempel in Korfu, um 590 v. Chr.

Wie man in der Renaissance sich eine Medusa vorstellte, verdeutlicht am eindrucksvollsten ein Bild CARAVAGGIOs um 1590/92 in den Uffizien zu Florenz (Tafel 17)[25]: die aufgerissenen Augen, dazwischen die Zornesfurche auf der Stirn, der wie zu einem Schrei geöffnete Mund – gerade so wird das Gesicht eines jeden spontan sich verformen, der dieser Visage des Schrekkens ansichtig wird; vor allem die Haare als ein Gewusel giftiger Schlangen steigert das Grauen ins Ungemessene.

Dabei war *Medusa*, die vom 4. Jh. an auch ganz anders, als eine schöne Frau, als ein kentaurenähnliches «Mischwesen von Weib und Stute» dargestellt werden konnte[26], ursprünglich die Geliebte des *Poseidon* gewesen, der sie selber in Hengstgestalt im Tempel der *Athene* bestieg; erst zur Strafe habe, erzählt OVID, die darüber erzürnte Göttin ihre schönen Haare in Schlangen verwandelt. Im Grunde versprach *Perseus* also gegenüber *Polydektes* auf seine Weise ebenfalls, ein Pferd mitzubringen, nur eben eines mit *Gorgonen*-Antlitz. – Eine Relief-Amphore aus Böotien, die um 660 v. Chr. entstanden ist, zeigt *Perseus*, wie er, hinter sich schauend, die *Medusa* enthauptet; diese aber hat die Gestalt eines weiblichen Kentaur, –

25 CARAVAGGIO: Medusenhaupt, in: Eberhard König (Hg.): Die großen Maler der italienischen Renaissance. Der Triumph der Farbe, Abb. S. 495.
26 HERBERT HUNGER: Lexikon der griechischen und römischen Mythologie, 144.

einer Frau also mit Pferdeleib (Abb. 5)[27]. Allerdings trägt die *Medusa* ihr *Gorgonen*-Antlitz. Wenn *Perseus* in Aussicht stellt, eben den Kopf dieses Ungeheuers herbeizuschaffen, so steht dahinter wohl schon die Absicht, den Vergewaltiger seiner Mutter vor Schrecken versteinern zu lassen; der aber mag sich vorerst mit der Aussicht beruhigen, der junge Mann selber werde an seiner für unlösbar geltenden Aufgabe ganz gewiß scheitern.

Abb. 5: Gorgo Medusa und Perseus, Relief-Amphore aus Böotien, um 600 v. Chr.

Ehrlicherweise muß man gestehen, daß *Perseus* tatsächlich aus eigener Kraft sein Ziel niemals hätte erreichen können, doch ging er listig und geschickt vor. Bei der Suche nach den *Gorgonen* traf er, wie APOLLODOR schreibt, «geleitet von Hermes und Athene,» auf die Schwestern jener Monstren, die *Graien*: auf *Enyo* (kriegerisch wild), *Pemphredo* (launisch)

27 THOMAS H. CARPENTER: Art and Myth in Ancient Greece, S. 111, Abb. 150: «Relief-Amphore aus Böotien. Perseus, der Schuhe trägt und einen Hut, mit der Kibisis über der Schulter, schaut weg, während er Medusa enthauptet, welche die Gestalt eines weiblichen Kentauren hat.» S. 104: «Gorgonen mit Pferde-Leibern erscheinen auf manchen Ost-Griechischen Gemmen ein Jahrhundert später.»

und *Deino* (schaurig), die «altersgrau von Geburt an» sind: «Die drei hatten zusammen nur ein Auge und einen Zahn, mit denen sie abwechselten. Perseus nahm sie ihnen fort, und als sie die Rückgabe verlangten, erklärte er sich dazu bereit, wenn sie ihm den Weg zu den Nymphen führten (sc. den Quellnymphen, den Najaden, in einer Höhle der Insel Seriphos, d.V.). Diese hatten Flügelschuhe und eine Art Tasche (sc. griech: *kibisis*, von *keisthai* – liegen; Versorgungstasche, d.V.), wie man sie Kiepe nennt, und dazu noch den Helm des Hades (sc. der seinen Träger unsichtbar machte, d.V.). Die Phorkostöchter (sc. Variante zu *Phorkys*, d.V.) zeigten ihm den Weg, worauf er ihnen das Auge und den Zahn zurückgab und zu den Nymphen (sc. den Najaden, d.V.) gelangte. Dort bekam er das Gewünschte: die Kiepe nahm er auf den Rücken, schnallte sich die Schuhe an und setzte den Helm auf. Mit diesem konnte er sehen, wen er wollte, während er selbst von keinem anderen gesehen wurde. Nachdem er dann noch von Hermes eine stählerne Sichel erhalten hatte, flog er zum Okeanos (sc. zu dem Titanen, der als Strom die Erdscheibe umfließt, d.V.) und traf dort die Gorgonen schlafend ... Perseus trat an die Schlafenden heran, mit abgewandtem Gesicht in seinen ehernen Schild blickend, der ihm das Bild der Gorgo zeigte, und indem ihm Athene die Hand führte, schnitt er ihr das Haupt ab. Als das Haupt abgeschnitten war, sprang aus der Gorgo der Pegasos heraus, das Flügelroß, und Chrysaor (sc. «goldenes Schwert», d.V.), der Erzeuger des Geryones (sc. eines dreiköpfigen Riesen, den er mit der Okeanide *Kallirhoë*, der «Schönfließenden», zeugte, d.V.). Poseidon hatte beide gezeugt (sc. und *Medusa* war schon mit ihnen schwanger, d.V.). Perseus steckte das Haupt der Medusa in seinen Tragsack und ging, wieder mit abgewandtem Gesicht, die Gorgonen aber waren inzwischen von ihrem Lager aufgefahren und verfolgten ihn, doch konnten sie ihn dank dem Helm, der ihn verbarg, nicht sehen.»[28]

Das alles geschah jenseits des *Okeanos* «bei den Gärten der Hesperiden, wo der Bereich der Nacht beginnt»[29]; denn dort war die Heimat der *Gorgonen*. «Weder Sonne noch Mond beschien sie jemals. Weglose Wald- und Felsenlandschaft nahm dort ihren Anfang. Kisthene, das Land der ‹Felsenrosen› wurde sie auch genannt und war vom Osten her gleichfalls erreichbar: Das Land der Finsternis war es, in dem alle Lebenslichter verschwinden und von dem aus sie wiedererscheinen, an Ost und West gleicherweise angrenzend. Es ist denkbar, daß nicht einmal Pallas Athene den Weg durch jenen Bereich zu den Gorgonen kannte. Denn nicht alles wußten die jünge-

28 APOLLODOR: II 36–41, in: Griechische Sagen, 44–45.
29 KARL KERÉNYI: Die Mythologie der Griechen, II 47.

ren Gottheiten, wovon die älteren, wie die Moiren (sc. die Schicksalsgöttinnen, d.V.) und Graien, Kenntnis hatten.»[30]

In der Sprache des Mythos läßt sich klarer nicht ausdrücken, was in der Tiefenpsychologie als Reise der Seele in die Abgründe und Gefahren des eigenen Unbewußten bezeichnet wird. Im Grunde handelt es sich um einen klassischen Märchen-Stoff, denn wirklich erhält der griechische Mythen-Held Perseus all die wunderbaren Hilfsmittel, die üblicherweise nötig sind, eine Jenseitswanderung erfolgreich zu bestehen: Flügelschuhe, eine Tragetasche (*Kibisis*) und nicht zuletzt eine Sichel (*hárpē*), wie *Kronos* sie von seiner Mutter *Gaia* bekam, um seinen Vater *Uranos* zu kastrieren; zudem jenen Zauberhelm, der ihn – wie die Seelen im Hades – unsichtbar machte für die (noch) Lebenden. In jedem Betracht handelt es sich also um einen Abstieg in die Unterwelt der Psyche, und ein solcher ist offenbar nötig, um einen Engpaß zu überwinden, in den die Einseitigkeit der bisherigen Bewußtseinseinstellung wie schicksalhaft hineingeführt hat. Worin dieser Engpaß besteht, ist dabei mit Händen zu greifen: Des *Perseus* Aufbruch findet seinen Anlaß in den erklärten Heiratsabsichten des Mannes, der die eigene Mutter als seine bestellte Bettsklavin hält! Die Furcht vor diesem Manne, im eigenen Herzen wie im Herzen der Mutter, ein für allemal zu überwinden – das ist der Sinn und das Motiv des heldenhaften Entschlusses, die «Medusa» zu enthaupten. Dieses Motiv selber ist hochsymbolisch und ein wichtiger Schlüssel zum Verständnis der Psychologie eines Helden von *Perseus*-Art.

Um die Ausgangssituation eines Jungen wie *Perseus* zu begreifen, muß man im «wirklichen» Leben noch einmal sich in die Seelenlage eines Kindes hineinversetzen, dessen Mutter es zwar unter väterlichem Verbot, doch nach göttlichem Willen zur Welt gebracht hat. Das Selbstbild eines solchen Kindes wird hin und her schwanken zwischen Gefühlen der Minderwertigkeit und der Auserwähltheit, zwischen tiefster Unsicherheit und höchster Berufung, zwischen totaler Nichtigkeit und vollkommener Überwichtigkeit. Für seine Mutter, für *Danaë*, ist es ganz ohne Zweifel das Einzigbedeutsame, das Allesbedeutende, der Grund ihres Lebens, ihr Halt, ihre Hoffnung, ihr Herzensinhalt. Dabei wird diese, ganz wie SIMONIDES sagte, es vornehm vermeiden, mit dem eigenen Kummer den Sohn zu belasten, – nur ausruhen soll er in ihren Armen, retten wird sie ihn durch alle Fährnisse und Widerfahrnisse, und tatsächlich, darf man denken, ist ihr dieses Kunststück der Lebensbewahrung und Lebensbewährung wohl auch ganz gut

30 A. a. O., II 47–48.

gelungen: *Perseus* jedenfalls ist *Akrisios* glücklich entronnen. Doch jetzt: das Dasein auf Seriphos im Myrtoischen Meer, etwa 100 km südöstlich der Argolis, steht unter der Herrschaft eines Tyrannen, nicht weniger willkürlich als die des Großvaters schon! An dieser Stelle wird ein Konflikt unvermeidlich: Seine Mutter zu sehen, geliebt und begehrt von dem Größten der Götter, doch aus Angst unterdrückt von dem eigenen Vater, erniedrigt zudem und mißbraucht von dem «König» auf diesem Eiland des Überlebens einzig in Schmach und in Schande, – eine solche Situation erlaubt nur zwei Weisen der Antwort: entweder zu resignieren in der gefügigen Unterwerfung der Mutter oder zu rebellieren im Aufbegehren eines verbliebenen Restes an Würde und Widerstandskraft. Für die erste Haltung spricht «vernünftigerweise» alles, in der zweiten indessen klingt erneut das Thema des Titanen *Prometheus* an: des Aufstands gegen die herrschende Macht. Indes, die Entscheidung, kaum daß sie ansteht, ist schon gefallen: *Perseus* hat *Zeus* selbst auf seiner Seite, und *Polydektes* ist kein Gott; kann ein *Perseus* da wirklich noch wählen? – Doch wieder werden als erstes die Ambivalenzgefühle in ihm sich steigern.

Einerseits gilt: Die mütterliche Resignation in Gefügigkeit stellte bisher das psychische Milieu seiner gesamten Jugend dar; sie umgab ihn wie einen Bergarbeiter die matten Wetter im Streb einer Grube bei mangelnder Zufuhr von Frischluft, – ein ganz und gar eingekerkertes Dasein tief drunten war es, lichtlos und aussichtslos, und vor allem: absolut hilflos und wehrlos. Selbst eine solch wunderbare Mutter wie *Danaë* wird es nicht haben verhindern können, dieses ihr aufgezwungene Grundgefühl des Daseins zumindest teilweise auf ihren Sohn zu übertragen; die Gefahr bestünde also durchaus, daß *Perseus* sich ihre Einstellung jetzt, wo es drauf ankommt, wie selbstverständlich zueigen machte. Ja, es läge eigentlich sogar nahe, daß das Kind der *Danaë* das Gefühl eines buchstäblich «unterirdischen», illegitimen, verweigerten und verpreßten Daseins im Erleben seiner Mutter in seinen eigenen Selbstentwurf übernähme, daß es also, schon aus Liebe zu der trostbedürftigen Schönen und in Abhängigkeit von ihr, als der Gefährte ihrer trauernden Schwermut sich bereit hielte, daß es mithin den Bruch zwischen göttlicher Herkunft und allzu irdischer Abkunft endgültig festschriebe: Eigentlich ein geborener Gottessohn, ist ihm unter den kleingeistigen Menschen, wie schon der Mutter, einzig ein Leben in Leid und Entwürdigung eigen. Die Seele der Mutter prägte in diesem Falle die Seele ihres Kindes, wie das Bild eines Stempels sich identisch weitergibt in seinem Abdruck. *Oder aber* – die zweite Möglichkeit –: der «Abdruck» erzeugt in psychischer Dialektik sein spiegelverkehrtes Umkehrbild; dann, in der Tat, darf vorweg man schon sagen, formt sich die Statur eines künftigen Helden, eines Sohnes, der sich im Widerstand gegen den Vater und zur «Rettung» der Mutter von ganz unten emporarbeitet zu strahlender Höhe, zur Befreiung der *Danaë*, zur Freiheit seiner selbst; dann in der Tat entsteht ein *Perseus*, der den Willen des *Prometheus* unter den Menschen zum Sieg führen wird.

Wie er das, ausgestattet von den Nymphen sowie von *Athene* und *Hermes*, zu leisten vermag? Kein Zufall wird's sein, daß das Werkzeug, mit dem er die entscheidende Tat: die Enthauptung der gräßlichen *Gorgo Medusa* vollführen wird, das nämliche ist, mit dem bereits *Kronos* im Auftrag der Mutter (*Gaia*) das Gemächte seines Vaters (*Uranos*) abschlug: die Sichel, die *hárpē*. Sie wird beim Aufkommen des Ackerbaus als Erntemesser der Schnitter eine geradezu kultische Verehrung genossen haben, galten in den antiken Agrarkulturen doch Leben und Tod, Aussaat und Ernte, Entstehen und Vergehen als eine zyklische Einheit[31]: Aus dem Geschlechtsteil des Himmelsgottes entstand die Göttin der Liebe und Schönheit, *Aphrodite*, als die gestaltgewordene Erfüllung alles männlichen Verlangens, und aus den Blutstropfen, die zur Erde, in den Schoß der *Gaia*, fielen, entstanden die *Giganten* zusammen mit den *Erinyen* (den Furien) und den *Meliai* (den Eschennymphen). Auch die Enthauptung der *Gorgo Medusa* liest sich wie ein Geburtsvorgang, entspringen doch dem Rumpf der Getöteten das Flügelpferd *Pegasos* und der – vermutlich monströse – *Chrysaor*.

Derartige Geschichten bieten für die Psychoanalyse stets einen wichtigen Beleg für die Rekonstruktion kindlicher wie neurotischer Phantasien über die Entstehung des weiblichen Geschlechts: es hätte sich gebildet aus der gewaltsamen Entfernung eines ursprünglich männlichen Sexualorgans; eben deshalb erscheint es als eine offene Wunde, die zurückblieb, als – wie bei *Uranus* – das männliche Schamglied abgeschnitten wurde; auch die Monatsblutung der Frau stützt vermeintlich diese durch und durch un-

---

31 ADOLF E. JENSEN: Die getötete Gottheit, 94–95, sieht in der *Medusa*-Mythe «nur eine Variante der Persephone-Mythe», deren Name «die von Perseus Getötete» bedeuten könnte. Das Motiv vom Kopfabschlagen bringt er mit der Kopfjagd in Verbindung. «Wir kennen die Vorschrift für den Kopfjäger bei Naturvölkern, sein Opfer von hinten anzufallen, damit ihn nicht der Blick des Sterbenden treffe.» Auch ist «die Sichel als Mordwaffe ein mondförmiges Werkzeug ... – dazu bestimmt, Samentragendes zu töten. Auch in einem anderen Fall wird die Sichel als Waffe ausdrücklich erwähnt: Kronos verstümmelt mit ihr den Uranos, und auch diese Tötung hat die Zeugung neuen Lebens zur unmittelbaren Folge. Bei manchen Völkern kommt den Genitalien als erbeutete Trophäe an Stelle des Kopfes ... eine analoge Bedeutung zu. Tötung und Zeugung neuen Lebens, Mord und zeremonielle Behandlung der erbeuteten Trophäe finden wir also auch hier im Bereich der mythischen Gestaltung von Tod und Zeugung.»

heimliche Vorstellung im Hintergrund vielfacher neurotischer Ängste. – In diesem Sinne wäre die Enthauptung der *Medusa* zu lesen als eine Art Kastration: Die Schnittwunde an ihrem Hals wäre identisch mit dem gebärenden Schoß einer Frau, ihr «Tod» eine Form ihrer Fruchtbarkeit, das Opfer des Männlichen die Bedingung des Weiblichen. Ja, in seiner Theoriebildung ging SIGMUND FREUD noch einen Schritt weiter und erklärte das schlangenumwickelte Haupt der *Medusa* mit ihrem offenen Munde (vgl. Tafel 17, das Bild CARAVAGGIOS) überhaupt für ein Symbol der Mutterschoßes, dessen Anblick so schrecklich wirke, weil es den männlichen Albtraum, selber kastriert zu werden, als eine reale Möglichkeit erscheinen lasse[32]. – Solche Symboldeutungen weisen psychoanalytisch auf etwas zweifellos Zentrales hin, sie machen therapeutisch aber erst Sinn, wenn man sie selber symbolisch in das Erleben eines Mannes wie *Perseus* rückübersetzt, und das fällt jetzt nicht mehr schwer.

Da steht auf der einen Seite die überragende Gestalt des (großväterlichen, königlichen, göttlichen) Mannes. Die Angst, die sie verbreitet, läßt sich nur überwinden, indem man ihre «Potenz» beschneidet oder gleich ganz «abschneidet». Nicht eine ursprüngliche Sexualangst gilt es da zu überwinden, wohl aber die Angst vor der Macht eines Patriarchen, der auf Leben und Tod, auf Sein oder Nichtsein bestimmt, ob überhaupt und, wenn ja, wer man zu sein hat. Eine solche «Kastration» des Vaters zur Überwindung der eigenen «Kastrations»angst ist ein unerhörter Schritt in Richtung der Ausbildung einer eigenen Persönlichkeit. Bislang besaß die väterliche Autorität allemal die Macht, ihre eigenen Ängste und Ansprüche zur Vorschrift zu erheben; damit ist jetzt Schluß. Der *Ent*schluß des *Per-*

---

32 SIGMUND FREUD: Das Medusenhaupt, in: Ges. Werke, XVII, 47–48, meinte: «Kopfabschneiden = Kastrieren. Der Schreck der Meduse ist also Kastrationsschreck, der an einen Anblick geknüpft ist. Aus zahlreichen Analysen kennen wir diesen Anlass, er ergibt sich, wenn der Knabe, der bisher nicht an die Drohung (sc. der Kastration, d.V.) glauben wollte, ein weibliches Genitale erblickt. Wahrscheinlich ein erwachsenes, von Haaren umsäumtes, im Grunde das der Mutter. – Wenn die Haare des Medusenhauptes von der Kunst so oft als Schlangen gebildet werden, so stammen diese wieder aus dem Kastrationskomplex und merkwürdig, so schrecklich sie an sich wirken, dienen sie doch eigentlich der Milderung des Grauens, denn sie ersetzen den Penis, dessen Fehlen die Ursache des Grauens ist. – Eine technische Regel: Vervielfältigung der Penissymbole bedeutet Kastration, ist hier bestätigt. – Der Anblick des Medusenhaupts macht starr vor Schreck ... das Starrwerden bedeutet die Erektion, also in der ursprünglichen Situation den Trost des Beschauers. Er hat noch seinen Penis, versichert sich dessen durch sein Starrwerden. – Dies Symbol des Grauens trägt die jungfräuliche Göttin Athene in ihrem Gewand. Mit Recht, sie wird dadurch zum unnahbaren, jedes sexuelle Gelüste abwehrenden Weib. Sie trägt doch das erschreckende Genitale der Mutter zur Schau. Den durchgängig stark homosexuellen Griechen konnte die Darstellung des durch seine Kastration abschreckenden Weibes nicht fehlen.»

seus, aufzubrechen und die *Medusa* zu enthaupten, ist identisch damit, seinen eigenen Weg zu finden, – also: selber zu denken, selber zu urteilen, selbst seinen Kopf zu gebrauchen. Der Kopf der *Medusa* ist sonach als erstes ein Bild für jedwedes entfremdete, abgeleitete, aufgezwungene Denken, – für eine Angst, die alle Entwicklung versteinern und erstarren läßt; die «Kastration» des «Vaters» umgekehrt ist in ihrer sexuellen Darstellungsform selbst das Symbol für einen zutiefst geistigen Vorgang: für die Reifung einer selbstbewußten, autonomen Persönlichkeit, die sich nicht länger, verängstigt, ein X für ein U vormachen läßt.

«Aber die *Medusa* ist doch nicht ein männliches, sondern ein weibliches Bild!» – Natürlich. Direkt und unmittelbar geht es um die Angst vor der Mutter und um die Mutter, sie ist die «Medusa»; doch käme eine solche Angst niemals zustande, ohne daß im Hintergrund die Gestalt des ängstigenden Vaters stünde. Man darf nicht vergessen, daß *Perseus* seinen Großvater *Akrisios* niemals wirklich kennengelernt hat, – alles, was er von ihm weiß, beruht auf den Mitteilungen seiner Mutter, und es ist *ihre* Erlebnisweise und Handlungsbereitschaft, in welcher sein Wesen und sein Verhalten weiterwirkt in der Seele des Enkels. Die Mutter, anders gesagt, wiese gorgonenhaft schreckliche Züge nicht auf, gäbe es nicht den immer noch spürbaren Einfluß des Großvaters auf ihre Gefühle und auf ihr Gebaren. Wer also ist er, der (Groß)Vater, daß eine Gottesgemahlin wie *Danaë* derart sich einschüchtern läßt?

Erst in dieser verschobenen Fragestellung der ursprünglichen Angst vor dem Vater kommt das «Kastrations»motiv auf die Gestalt der Frau und der Mutter zurück. Wie doppelbödig diese Auseinandersetzung mit dem Vater psychologisch verläuft, zeigt sich denn auch bereits an dem «Angebot» der Brautgabe, das *Perseus* dem Unterdrücker seiner Mutter, dem König von Seriphos, *Polydektes*, unterbreitet: Nach außen hin dienstbeflissen und freundlich, kaschiert es nur mühsam den Todeswunsch, den der Sohn der *Danaë* hegt, und auch *Polydektes* geht, scheinbar ebenfalls dankbar und hoffnungsfroh, auf das todesgefährliche Ansinnen seines Quasi-Stiefsohnes ein. Beider Verhältnis zu einander erfüllt ganz und gar das psychiatrische Muster eines *double bind*, einer Doppelbindung, indem der Überlegene für den Abhängigen eine Situation schafft, in der alles umgekehrt gemeint ist, als es den Worten nach klingt: «Bring mir das Haupt der *Medusa*,» – das heißt auf seiten des Königs: «Geh mir aus den Augen und komme nie wieder, – ich wünsche am liebsten dich tot.» – «Ich bringe dir den abgeschnittenen Kopf der *Gorgo*,» – das heißt auf seiten des Jungen: «Laß endlich meine Mutter in Ruhe; heirate ruhig *Hippodameia*, aber verschwinde, ich gleichfalls wünsche am liebsten dich tot.» Die Angst, die beide: *Perseus* wie *Polydektes*, vor einander haben, bringt diese charakteristische Form des *double speak* mit sich. An die Stelle einer offenen Konfrontation tritt in diplomatisch getarnter Hochachtung der geheime Todeswunsch, den ein jeder für den anderen hegt. Für *Perseus* freilich geht es darum, den Schatten des (Groß)Vaters und «Königs» in der Seele der Mutter aufzuhellen; es geht darum, die Mutter selber von der Unterdrückung und Bedrückung durch Männer wie *Akrisios* und *Polydektes* zu retten; doch nicht minder geht es auch darum, in der Wiederherstellung der Mutter die eigene Männlichkeit wiederzufinden. In der Rettung der Mutter erlöst sich der Sohn.

Man mag sich fragen, was für ein sonderbar verdrehtes Leben das ist, in dem ein Junge es als die Hauptaufgabe seines Daseins betrachten muß, seine Mutter von den Männern zu befreien, um selbst als Kind existieren zu können. Welch ein ungeheures Maß an Verantwortung! Welch eine gewaltige Überforderung! Doch gerade so entwickelt sich, wenn es gut geht, ein *Perseus*! Worin, näher gefragt, besteht also *sein* «Kastrationskomplex»? Eigentlich nicht in der Angst vor dem Vater, weit eher und näherliegend, wie angedeutet, in der Angst um die Mutter und in der Angst vor der Mutter. Ein Kind, das aufwächst wie *Perseus*, so feinnervig, wie SIMONIDES es dargestellt hat, steht von Anfang an in der Pflicht, sich einzufühlen in die jeweils schwankende Gefühlslage seiner Mutter; es muß sich in sie hineinversetzen – in ihre Tränen, ihre Träume, ihre Klagen, ihre Anklagen; es muß ihre weibliche Seele verstehen; und es muß, um all das zu können, selber ein Stück weit verweiblichen. Diesen drohenden Verlust an «männlicher» Durchsetzungsfähigkeit zugunsten einer «weiblichen» Form von sensibler Rücksichtnahme kann man im Jargon der Psychoanalyse durchaus als «Kastrationsangst» bezeichnen, doch bleibt zu beachten, daß die Themenstellung selbst nicht «sexuell» bestimmt ist, sondern sich aus der persönlichen Beziehung eines Jungen zu einer Mutter ergibt, die ihn nicht bewußt für sich beanspruchen möchte und die dennoch unbewußt mit ihrer eigenen Rücksichtnahme das Verständnis ihres Kindes permanent einfordert und in gewissem Sinne überfordert. An der Seite einer *Danaë* hat es ein Junge wie *Perseus* ersichtlich schwer, sich zum Mann zu entwickeln. An sich steht ein solcher Entwicklungsweg jedem gewöhnlichen Jungen bevor; für *Perseus* aber ist der Schritt zum Mannsein, besteht er ihn, nicht mehr und nicht weniger als der Weg eines werdenden Helden, und auf sonderbare Weise kommen da zu Recht in der *Perseus*-Mythe die «Grauen» (die *Graien*) ins Spiel.

Es gibt eine Angst vor der Mutter als Frau, die gleichermaßen zum Erleben eines jeden Kindes wie jedes Erwachsenen gehört und die doch nur selten bewußt eingestanden wird, – das ist die Angst vor dem Altern. Für einen Jungen, der zur Welt kommt, erscheint die Mutter ohne jede Übertreibung als eine lebenspendende Göttin, als ein guter Engel, als die Schönste und Liebenswerteste unter allen Frauen auf Erden; dann aber zeigt sich, daß die Welt, in die hinein eine Mutter ihr Kind entläßt, keinesfalls das Gefilde der Seligen ist, – vieles wirkt gerad so bedrückend und quälend, wie die Mutter es bereits vorgelebt hat und wie es das Kind ihr nun nachlebt. Die größte Enttäuschung aber bereitet in all dem das Alter. Nicht einmal, daß man selbst den Verfall der Zeit am eigenen Leibe zu spüren bekommt; empfindlicher noch ist es die Zerstörung des Schönen, die im Fortschritt der Jahre dem Glücksverlangen entgegentritt. Die Schönheit insbesondere der Frauen verlockt, aber grad sie vergeht, ganz wie das Leben selbst, – eine Erfahrung, die das Bild der Frau in vielen Kulturen in die Widerspruchsgestalt der Großen Göttin einerseits und der Teufelsfrau, der Hexe, andererseits aufgespalten hat. Allerorten beziehen sich die Darstellungen solcher dämonischer, zaubermächtiger Wesen charakteristischerweise auf altgewordene Frauen, deren weibliche Formen erschlafft, deren Haut eingefallen und deren Zähne ausgefallen sind, – die *Grauen*, auf die *Perseus* als erstes stößt, um die *Medusa* zu finden, verkörpern gerade diese ungeheuerlich wirkenden Frauengestalten: die «Graïen», die «Alten», die sich in ihrer «Wildheit» (*Enyo*), ihrem launischen Wesen (*Pemphredo*) und ihrem schaurigen Anblick (*Deino*) zu erkennen geben. Sie sind buchstäblich «einäugig», das heißt, sie betrachten die Welt unter einer einzigen, gehässigen Perspektive, in der ihre Wesensart gemeinsam zusammenkommt. Nur noch mühsam und (wieder buchstäblich:) «verbissen», mit nur einem Zahn, fristen sie ihr Dasein, und *Perseus* kann sie am Leben nur lassen und mit ihnen leben, wenn sie ihm den ganz und gar gegenläufigen Weg zu den (Wasser)Nymphen, den *Naiaden*, weisen. Auch hier kommt es wieder zu der dialektischen Gegenbesetzung einer Angst, die alle Menschen teilen, die aber nur die Mutigsten unter ihnen, die Helden, stellvertretend für alle überwinden.

Nymphen galten in der Antike als junge Frauen in heiratsfähigem Alter, und sie stammten ab von den Göttern, oft von *Zeus* selber, und waren beliebt als Ammen von Götterkindern; von der Angst vor den «alten» Frauen führt die Suchwanderung *Perseus* jetzt also in die genau entgegengesetzte Richtung: zu der Faszination junger Mädchen, die zwar nicht unsterblich sind wie die Götter, doch langlebig in ihrer Jugendlichkeit. Es ist zum ersten Mal, daß der junge Mann überhaupt seinen Blick auf eine Frau wirft, die nicht seine Mutter ist, daß er die Angst vor dem Weiblichen im Umkreis der Mutter verläßt und daß er, erfüllt von der Sehnsucht nach Liebe, mit den Zaubermitteln beschenkt wird, die er benötigt, um der *Gorgo Medusa* den Kopf abzuschlagen.

Die «Helden»-Tat, die er damit vollbringt, mutet in ihrer martialischen Symbolik auf den ersten Blick freilich eher als ein sadistischer Gewaltakt denn als ein Werk der Liebe an. Und dennoch handelt es sich eben darum. Stets, wenn in den Märchen Helden mittels eines Zauberschwertes Ungeheuer töten, harrt im Hintergrund eine Prinzessin auf den Tag ihrer Erlösung, und auch in der *Perseus*-Mythe wird die Geschichte in dieser Weise sich fortsetzen; hier aber geht es vorerst um ein Tun, das einzig der Selbstbefreiung dient und das nicht schon adressiert ist an ein noch unbekanntes Gegenüber. Gleichwohl sind es die Nymphen, die mit Gaben, wie nur die Liebe sie zu schenken vermag, *Perseus* in den Stand setzen, seine *Medusen*-Angst zu überwinden.

Da ist – neben der *hárpē* – die merkwürdige Tasche, die «*Kiepe*», die *kibísis*, die später das Haupt der *Medusa* aufnehmen wird. Ein solches Behältnis ist in der Sprache des Unbewußten ein unzweideutig weibliches Symbol[33], und es könnte an dieser Stelle bedeuten, daß der Sieg über die Angst vor der Frau nur gelingen wird, wenn er, *Perseus*, seine eigenen weiblichen Züge nicht länger verdrängt und verleugnet, sondern sich ihrer als praktischer Möglichkeiten des eigenen Wesens bewußt wird. Er, der Versteher und Freund seiner Mutter, wird sich selber und *Danaë* nur dann zu befreien vermögen, wenn er das Beste im Erbe und Erleben seiner Mutter in die eigene Hand nimmt.

Und dann sind da die *Flügelschuhe*. Sie können stehen für die Erhebung im Geiste, für die Gewinnung eines Standpunktes jenseits der Schwerkraft, für eine innere Freiheit, welche die Bindung an allzu irdische Ziele zurückläßt. Von der Psychoanalyse werden Flug- und Schwebeträume in aller Regel als die Erreichung des «Höhepunktes» im sexuellen Erleben gedeu-

---

33 SIGMUND FREUD: Das Motiv der Kästchenwahl, in: Ges. Werke, X 23–37, sieht in den drei Kästchen in WILLIAM SHAKESPEARE: Der Kaufmann von Venedig, 1. Akt, 7. Szene, in: Sämtliche Werke in einem Band, S. 173–174, «das Bild der Mutter im Laufe des Lebens ...: Die Mutter selbst, die Geliebte, die er nach deren Ebenbild gewählt, und zuletzt die Mutter Erde, die ihn wieder aufnimmt. Der alte Mann aber hascht vergebens nach der Liebe des Weibes, wie er sie zuerst von der Mutter empfangen; nur die dritte der Schicksalsfrauen, die schweigsame Todesgöttin, wird ihn in ihre Arme nehmen.» – DERS.: Die Traumdeutung, in: Ges. Werke, II/III 359, stellt fest: «Dosen, Schachteln, Kästen, Schränke, Öfen entsprechen dem Frauenleib, aber auch Höhlen, Schiffe und alle Arten von Gefäßen.»

tet[34], doch verleiht zwar die Liebe ein Gefühl des Glücks, als würde man wie von selber zum Himmel getragen und sähe die Erde tief unter sich liegen, es würde die Liebe aber gewiß zu eng betrachtet, wollte man sie allein als ein physiologisch bedingtes Triebbedürfnis «abhandeln»; jene Magie, mit welcher die Nymphen *Perseus* ausstatten, schenkt diesem vorerst jedenfalls nicht eine sexuelle Befriedigung, wohl aber ein Selbstgefühl nie gekannter Überlegenheit.

Damit verbunden auch ist der *unsichtbar machende Helm*, – die Tarnkappe der Märchen. Sehen zu können, ohne gesehen zu werden, das ist fast schon so viel wie Allmacht. In der Mythe von *Prometheus* bereits klang, allerdings umgekehrt, dieses Motiv an: der an den Felsen Gefesselte, der den Blicken des *Zeus* in jedem Moment Ausgesetzte und Ausgelieferte, befindet sich in einer Position völliger Ohnmacht. Hier ist es *Perseus*, der mit seinem Zauberhelm sich der Kontrolle aller entzieht, dafür aber alle anderen ringsum zu kontrollieren vermag. Wie unentbehrlich dieses Geschenk der Nymphen ihm sein wird, zeigt sich alsbald, wenn er der *Medusa* begegnet: Er darf, um ihren Blick zu vermeiden, nur von rückwärts ihr nahen, mit abgewendetem Kopf (wie in Abb. 5, S. 268), tastend nach ihrem Hals. Die ganze Angst vor der unheimlichen Erscheinung des Weiblichen ist gebannt allein schon in diese Form der Annäherung.

Um so nötiger ist deshalb noch einmal die Gabe des *Hermes*: die Titanenwaffe, die *hárpē*. Sie, als ein zweifellos phallisches Symbol, überwindet die Kastrationsangst durch die Besinnung auf die vorhandene Stärke. Innere Größe, geistige Macht und männliche Kraft – sie alle kommen zusammen, um die Angst vor der Mutter, der Frau, der kastrierenden «Hexe» in Gestalt der *Graīen* und der *Medusa* zu überwinden, geschenkt von den Nymphen und begleitet vom Boten der Götter: von *Hermes*.

Wie APOLLODOR berichtet, stand nun des weiteren auch *Athene* dem Helden zur Seite, als er in seinem Schilde den Anblick der *Gorgo Medusa* zurückspiegelte und sie ihm die Hand zum Hals des Ungeheuers führte. Unter all den «Gaben», die nötig sind, um den uralten kindlichen Ängsten den Garaus zu machen, ist dieses Moment wohl das wichtigste: die Fähigkeit zur Nachdenklichkeit, zur Reflexion, – eine Einsicht, die schwer zu überschätzen ist.

---

34 SIGMUND FREUD: Die Traumdeutung, in: Ges. Werke, II/III 399, vertritt die Ansicht, «daß ein guter Teil dieser Fliegeträume Erektionsträume sind, da das merkwürdige und die menschliche Phantasie unausgesetzt beschäftigende Phänomen der Erektion als Aufhebung der Schwerkraft imponieren muß. (Vgl. hierzu die geflügelten Phallen der Antike.)»

Die übliche Vorstellung von der Überwindung von Angst läuft hinaus auf einen moralischen Appell an Mut und Tapferkeit, Disziplin und Sich-am-Riemen-Reißen, und gewiß scheint es unter Umständen möglich, gewisse Schwächen und Unsicherheiten willentlich auszugleichen, doch gilt das allenfalls in der Auseinandersetzung mit realen Gefahrensituationen. Kindliche Ängste aber beruhen nicht auf der Einsicht in wirkliche Bedrohungen, sie haben ihren einzigen Inhalt darin, die Mutter verlieren zu können. Das freilich ist eine Form von Realangst, denn geschähe dies, ergäbe sich in der Tat angesichts der kindlichen Hilflosigkeit eine äußerst zugespitzte Gefahrenlage[35], und die Momente, in denen es in Kindertagen zu solchen Szenen kommen konnte, werden im Unbewußten für alle Zeiten gespeichert; bei gegebenem Anlaß, rein assoziativ, können die entsprechenden Gefühle in der Gegenwart dann scheinbar völlig grundlos wieder auftauchen. Sie signalisieren Gefahren, die der Verstand in der jetzigen Realität für nicht existent erklärt, – sie sind «irrational»; dennoch treten sie mit großer Heftigkeit, einbruchartig, auf und sorgen für einen Zustand der inneren Erregung und Panik, der mit den Mitteln bloßer Selbstbeherrschung nicht mehr zu steuern ist. Das einzige, was da hilft, ist in der Tat der «Rückblick» in den Schild, ist Reflexion: Es muß, um die «unvernünftige», nicht «situationsadäquate», neurotische Angst in der Gegenwart zu überwinden, dem gegenwärtigen Erleben der Erlebnisinhalt zugeordnet werden, der damals seine traumatisierende Wirkung entfaltet hat, – man muß nachdenken, man muß sich zu erinnern suchen, bis man's gefunden hat; dann erst kann man das damals Erlebte mit der Gegenwart vergleichen und sich bewußtmachen, über welche Fähigkeiten heute man verfügt, um wieder Herr der Lage zu werden. Allein in diesem Angang: von rückwärts, kann es gelingen, der *Medusa*, diesem Ursymbol allen Grauens, den Garaus zu bereiten; in frontalem Angriff würde man unweigerlich zu ihrem Opfer.

Was aber geschieht, wenn man das Haupt der *Gorgo* endlich in Händen hält, wenn man die alte Angst «handhabbar» gemacht hat: – sie ist nicht verschwunden, man trägt sie mit sich, man verfügt über sie? Ein unangefochtener Sieg kann nicht ohne weiteres das Ergebnis solcher Auseinander-

---

35 SIGMUND FREUD: Vorlesungen zur Einführung in die Psychoanalyse, in: Ges. Werke, XI 422, schreibt: «Das kleine Kind ängstigt sich zu allererst vor fremden Personen ... das Kind erschrickt vor der fremden Gestalt, weil es auf den Anblick der vertrauten und geliebten Person, im Grunde der Mutter eingestellt ist ... Es kann auch kaum zufällig sein, daß in dieser für die kindliche Angst vorbildlichen Situation die Bedingung des ersten Angstzustandes während des Geburtsaktes, nämlich die Trennung von der Mutter, wiederholt wird.»

setzungen sein, vielmehr ist es psychologisch ganz und gar wirklichkeitsnah, wenn überliefert wird, daß augenblicklich nach dem «Tod» der *Medusa* deren zwei unsterbliche Schwestern zur Verfolgung auf *Perseus* angesetzt hätten: Kaum glaubt dieser, den Kopf der *Medusa* in seiner «Tasche» zu haben, da sieht er sich, als wären sie die *Erinyen*, den Angriffen dieser beiden ausgesetzt. Und so stimmt es: Man überwindet Ängste nicht ein für allemal; sie kommen wieder, sie fliegen hinterher, und sie verbinden sich mit gewissen Selbstvorwürfen und Schuldgefühlen: War es wirklich nötig, derart gewalttätig und erbarmungslos vorzugehen? Wohlgemerkt: die Enthauptung der *Medusa* ist auch ein Bild für den «Schnitt» zwischen Mutter und Sohn; die Selbstbefreiung des Heranwachsenden von der alten Angst bedeutet nicht zuletzt auch, eine neue Einstellung zu der Frau zu finden, die dem Kinde das Leben geschenkt hat und die es nun doch in sein eigenes Leben entlassen muß. Je inniger die Bindung zwischen Mutter und Sohn bisher sich gestaltete, als desto schmerzlicher wird auf beiden Seiten die Trennung empfunden werden, desto dramatischer wird sie verlaufen, und desto heftiger werden die inneren Verfolger, in Gestalt der Schwester-*Gorgonen*, nachsetzen. Was kann ein *Perseus* da tun?

Das psychische Paradox ist: Er geht aus dem bestandenen Abenteuer seiner Freiheit gestärkt hervor. Bisher bewegte er sich auf den Flügeln von Sehnsucht und Liebe; jetzt aber entsteigt der getöteten *Medusa* das Flügelroß *Pegasos*, das «Kind» des *Poseidon*, und dieses nun wird zum Gefährten des Helden. Nicht länger mehr muß er sich anstrengen beim Steuern seiner Gedanken, gleich einem Schwimmer, der mit seinen Armen die Wellen durchteilt; fortan kann er sich tragen lassen von der Kraft seiner neu gewonnenen Einstellung, die, je länger sie währt, von selber sich festigt. Jetzt in der Tat liegt die Welt ihm zu Füßen; jetzt ist er, bisher ein Kind in der Angst seiner Mutter, fähig, anderen Angst zu machen. Denn: Er hat sich selber kennengelernt, er hat seine Vergangenheit angeschaut, er ist mit sich selber identisch geworden; und so wird er immer von neuem erleben, daß er in seiner Angstfreiheit anderen Verängstigten unheimlich wird. Ja, er kann die Mechanik der Angstverbreitung, wenn nötig, wie eine Waffe handhaben: Er muß nur den Kopf der *Medusa* aus seiner *kibisis* hervorholen, – dann werden vor allem die Gerade-aus-Geher, die In-Reihe-und-Glied-Marschierer, die «Disziplinierten», die sich selbst nicht Kennenden, vor Schrecken versteinern. Erst jetzt, nachdem er innerlich zu sich selber gefunden, tritt *Perseus* aus sich heraus, setzt er sich auseinander mit seinen Mitmenschen, findet er zu ihnen als möglichen Begleitern und Geleitern seines Lebens.

3) Andromeda und Kassiopeia oder: Ein Mädchen und seine Mutter

»*Gorgonen* gibt es ja gar nicht.« Mit einer Bemerkung wie dieser kann man, wie alle Sagen, Märchen und Mythen, so auch die Geschichte des *Perseus* abtun. Es ist ja richtig: Die *Gorgo Medusa* existiert nicht in der äußeren Realität, sie ist kein Gegenstand der Naturkunde; doch längst hat innerlich sich eine ganz andere Wirklichkeit zu erkennen gegeben, der leichthin zum Opfer fällt, wer sie verleugnet: Da sind Ängste, die den Zugang zur Wirklichkeit draußen verstellen, solange sie nicht im Bewußtsein durchgearbeitet und integriert sind. In der Geschichte von *Perseus* freilich liegt zwischen Innen und Außen eine Zone, die ihrerseits, wie es wohl sein muß, halb real, halb phantastisch anmutet und von der ausführlich der römische Dichter OVID in seinen «Metamorphosen» berichtet.

Mit der «glänzenden Beute des Schlangenwesens» in der Hand, erzählt er, habe *Perseus* «mit rauschenden Flügeln» die Lüfte durchschnitten, und überall, wo die Tropfen des Bluts der *Medusa* zur Erde gefallen, im Sande von Libyen insbesondere, hätten Schlangen sich gebildet; darum sei dieses Gebiet noch heute auffallend zahlreich «von Nattern bewohnt.»[36] Hin und her geworfen von den launischen Winden sei der Held schließlich weit nach Westen «in des Atlas Reich» verdriftet worden. Dort habe er nur eine Nacht lang sich ausruhen wollen bis zum Anbruch des Morgens, doch habe er sich dem Bruder des *Prometheus*, dem Beherrscher des westlichen Randes der Erde, dem Herrn über den Baum mit den goldenen Äpfeln, vorgestellt als ein Sohn des *Zeus*, und das habe den Titanen mißtrauisch gemacht; denn der

dachte des alten
Spruches – den hatte dereinst die parnasische Themis (sc. die delphische Göttin der Wahrsagung, d.V.) gegeben:
»Atlas, die Stunde erscheint, da wird man das Gold deines Baumes Rauben: ein Jupitersohn erwirbt sich den Ruhm dieser Beute.»[37]

Ursprünglich hatte das delphische Orakel (am Fuß des Parnaß) mit diesen Worten wohl auf *Herakles* hinweisen wollen, der als den 11. Auftrag des *Eurystheus*, des Königs von Mykene und Tiryns, die «Äpfel der Hesperiden» hatte holen sollen; bei dieser Tat aber war *Atlas* dem Sohn des *Zeus*

---

36 OVID: Metamorphosen, IV 616–620, B S. 143.
37 A. a. O., IV 642–645, B S. 144.

und der *Alkmene* selber behilflich gewesen[38], – es ist OVID, der mit dem Orakelspruch die wenig gastfreundliche Art des *Atlas* begründet, der «niemals ... Fremden den Zutritt zu seinem Gebiete» gewährte und mit Gewalt auch *Perseus* zu vertreiben suchte. Der aber habe in seiner Bedrängnis «das starrende Haupt der Meduse» hervorgeholt; und da sei es geschehen:

> Atlas wurde, so riesig er war, ein Gebirge: die Haare
> Und sein Bart, sie werden zu Wäldern, die Schultern und Hände
> Sind jetzt Joche; was eben noch Haupt, ist oben der Gipfel;
> Knochen – sie werden zu Stein; dann wächst er unendlich, nach allen
> Seiten sich dehnend – so habt ihr's beschlossen, o Götter! – der ganze
> Himmel, er ruhte auf ihm mit allen den vielen Gestirnen[39].

Die «Metamorphose», die OVID hier schildert, begründet (als «Aition», als Ursachenerklärung) die Entstehung des Atlas-Gebirges im äußersten Westen der damals bekannten Welt. In der Entwicklung der Persönlichkeit eines *Perseus* aber erfolgt hier ein weiterer wichtiger Schritt in die wirkliche Welt eines Erwachsenen: Selbst wenn eine Riese vom Format eines *Atlas* ihm entgegenträte, er müßte nicht länger ihm ausweichen. Die überwundene Angst, gehandhabt als Waffe, setzt selbst einen Titanen in Angst und läßt ihn versteinern. – Eine solche Erstarrung vor Schrecken ist psychologisch, erneut, ein Stillstandreflex, wie er als ein angeborener auslösender Mechanismus (neben dem «Bewegungssturm») den Lebewesen zur Angstsicherung von altersher mitgegeben ist[40]. Doch je nach den Umständen kann gerade diese Primitivreaktion die Todesgefahr noch vergrößern, indem sie das Opfer eines Beutegreifers gegenüber dem Angreifer vollends wehrlos macht. – So schildert zum Beispiel HOMER, wie der Schwiegersohn des *Anchises* mit Namen *Alkáthoos* von *Idomeneus* durch die Hände *Poseidon*s getötet wird,

> Der ihm die Blicke betörte und hemmte die strahlenden Glieder;
> Denn er vermochte nicht rückwärts zu fliehen noch auch zu entweichen,
> Sondern der Säule gleich oder dem Baume, dem oben belaubten,

---

38 Vermutlich hat OVID den Orakelspruch selbst erfunden, «um die Ungastlichkeit des Atlas zu erklären; er kümmert sich dabei nicht darum, daß nach der gewöhnlichen Sagenversion Atlas – ohne ein Gebirge zu sein – dem Herakles bei der Gewinnung der Hesperidenäpfel sogar behilflich war». HERMANN BREITENBACH: Ovid: Metamorphosen, S. 558, Anm. zu V. 643 ff.
39 OVID: Metamorphosen, IV 656–662, B S. 145.
40 Vgl. JOHANNES HIRSCHMANN: Primitivreaktionen, in: Handbuch der Neurosenlehre und Psychotherapie, II 95.

Stand er reglos, und mitten traf in die Brust mit dem Speere
Heros Idomeneus ihn und zerbrach ihm den ehernen Panzer
Ringsum, der ihm zuvor den Leib geschützt vor Verderben[41].

Es ist der Schrecken selber, der den so hoffnungsfrohen Trojaner beim Anblick seines rasenden Feindes zu jedem Widerstand unfähig macht und ihn
damit als leichte Beute dem Mordwütigen ausliefert.

Aber ein ganzes Gebirge als die versteinerte Angst eines Titanen? Welch
eine Weltsicht tut sich da auf, und über welch eine Macht verfügt *Perseus*,
jetzt als ein Mann, der mächtig geworden ist seiner eigenen Angst! – Er
wird diese Macht dringend benötigen, denn auf seinem (seelischen Ent-
wicklungs)Weg nähert er nunmehr sich dem eigentlichen, wenngleich unbewußten Ziel seiner Ausreise: Bewußt ging es ihm bislang um den Kopf der
Gorgo Medusa, doch das war nur seine erste Antwort auf die Hochzeits-
pläne des *Polydektes*; unbewußt ist längst in ihm bei der Loslösung von der
Mutter und in der Begegnung mit den Nymphen der Wunsch erwacht,
selbst eine Frau für sich zu gewinnen. Und hier bereits ahnt man: Erneut
werden gerade bei diesem Schritt in Richtung möglicher Partnerschaft mit
einer Frau die alten Ängste sich wieder und sogar noch verstärkt zu Wort
melden. Bisher ging es um die Erlösung der Mutter beziehungsweise um die
Durcharbeitung ihres Schattenbildes in der Seele des Sohnes; jetzt geht es
um die Aufnahme einer realen Beziehung zu einem anderen Menschen im
Erbe der eigenen Mutter, – also wesentlich auch um die Durcharbeitung
einer Vielzahl projizierter Ängste und tatsächlicher Konflikte im Leben der
Geliebten. Kein Wunder, daß jetzt die eigentliche Heldentat eines *Perseus*
bevorsteht: der Kampf mit dem Drachen und die Rettung der Jungfrau.

Perseus, erzählt OVID weiter, gelangte auf seiner Himmelsreise schließlich zu den Fluren des *Kepheus*, des Königs von Äthiopien (oder Palästina)
und des Vaters der *Andromeda*. Diese erblickte «der Enkel des Abas», wie
sie

die Arme
Fest an die Klippen, die harten, gebunden – er hätte für Marmor-
Werk sie gehalten, doch rührte ein leichter Wind ihre Haare,
Und es rannen die Tränen, die heißen –, da fängt er nichtsahnend
Feuer und staunt: ergriffen vom Bild der herrlichen Schönheit
Hätte er fast in der Luft seine Federn zu rühren vergessen.
Weiland beginnt er: «O du – du verdienst nicht solcherlei Ketten
Sondern ganz andere, wie sie um sehnend Verliebte sich schlingen.»[42]

41 HOMER: Ilias, XIII 435–440, S. 262.
42 OVID: Metamorphosen, IV 672–679, B S. 145–146.

Natürlich haben die Maler immer wieder gerade dieses Sujets sich angenommen und alles getan, den Eindruck des *Perseus* beim Anblick *Andromeda*s in ihren Gemälden zu bestätigen. Erneut soll es, wie von OVID geschildert, zu einem Stillstand jeder Bewegung, zu einem unwillkürlichen staunenden Innehalten kommen, zu einer Versteinerung nicht wie bisher der Angst, sondern diesmal der Faszination. – Insbesondere den Aktmalern des prüden Viktorianischen Zeitalters bot das Bild der gefesselten Schönen eine willkommene Gelegenheit, erlaubtermaßen sowohl ihr geheimes Verlangen wie auch ihre eigene Gehemmtheit, zugleich aber auch die angstbesetzte Unterdrückung der Frau als einer Sklavin wild rauschender männlicher Begierden darzustellen. In der Tate Gallery in London findet sich ein Bild der «Andromeda», das EDWARD JOHN POYNTER im Jahre 1869 gemalt hat (Tafel 18)[43]: als eine Einzelfigur, umweht von einem Sturm, der ihr das blaue Gewand gänzlich vom Leibe gerissen, steht die «äthiopische» (das heißt: die ganz und gar europäische) Prinzessin da, die Hände auf dem Rücken gefesselt, vollkommen schutzlos und nackt, den Kopf abgewandt, die Augen geschlossen, wie um denjenigen nicht sehen zu müssen, der sie sieht, – erneut bildet das Motiv des Gesehenwerdens, ohne selber sehen zu können, das Thema, nur jetzt in der Allmachtspose des idealen Voyeurs. POYNTERS *Andromeda* allerdings erregt neben dem Verlangen nach ihrer Schönheit zugleich ein Gefühl des Mitleids. Tosende Fluten umspülen den schmalen Felsen, an den sie gefesselt ist, jederzeit droht sie das Meer zu verschlingen, – man muß sie retten; nur wie?

43 EDWARD JOHN POYNTER (1836–1919): Andromeda, 1869, Tate Gallery London, in: Alison Smith (Hg.): Prüderie und Leidenschaft, Abb. 32, S. 97. – OTTO RANK: Psychoanalytische Beiträge zur Mythenforschung, 177–266: Die Nacktheit in Sage und Dichtung, S. 264–265, stellt einander summarisch gegenüber: die *Verdrängungsform* der im Grunde kindlichen Schaulust, die elterlichen Sexualfunktionen und -organe, besonders der Mutter, zu betrachten, in dem Motiv der Blendung oder der Unsichtbarkeit des Objektes, und ihre *Befriedigung*form «als straflose Durchsetzung der Schaulust ... 1) mittels der eigenen Unsichtbarkeit (subjektiv), 2) mittels der Fähigkeit, das Liebesobjekt jederzeit sichtbar zu machen.» Doch es geht nicht nur um Neugier, sondern wesentlich auch um Macht. – Religionsgeschichtlich dürfte etwas dran sein an der Mutmaßung von ROBERT VON RANKE-GRAVES: Griechische Mythologie, I 221, der das Motiv vom Drachenkampf aus dem syrischen Bilde des Sonnengottes *Marduk* oder *Bel* herleitet, der auf weißem Pferd die *Tiamat*, ein Seeungeheuer, tötet (vgl. Jes 51,9; Hiob 9,13 und 26,12 – Rahab ist das Meer, eigentlich «das Weite»). Er meint: «Auf diesem Bild stellt die juwelentragende, aber sonst nackte Andromeda entweder Aphrodite oder Astarte, die lüsterne Meeresgöttin, ‹Beherrscherin der Männer›, dar. Aber sie wartet nicht darauf gerettet zu werden; Marduk selbst band sie hier an, ... um weiteres Unglück zu verhüten.» M. a.W.: Aus einem kosmogonischen Mythos ist eine Liebesgeschichte geworden, und *die* gilt es auszulegen.

Als erstes muß und möchte *Perseus* natürlich erfahren, was die unbekannte Schöne in ihre beklagenswerte Lage gebracht hat; denn so heißt's bei OVID:

«Sag mir – ich möchte es wissen – den Namen des Landes und deinen,
Und weshalb du gefesselt!» Zuerst schweigt jene: die Jungfrau
Wagt nicht, zum Manne zu sprechen; sie hätte das züchtige Antlitz
Gern mit den Händen verhüllt, doch waren die Arme gebunden.
Aber die Augen erfüllen sich ihr – das kann sie – mit Tränen.
Häufiger drängt er, da gibt sie, um ja nicht den Schein zu erwecken,
Ihre Verschuldung verschweigen zu müssen, den Namen des Landes
An und den eignen dazu, und daß ihre Mutter sich allzu
Sehr der Schönheit gerühmt[44].

Die Frage des *Perseus* richtet sich bezeichnenderweise nicht auf die Klärung der eigenen Bedürfnisse; er fragt nicht, was durchaus möglich und nötig wäre: «Wie kommt es, daß du beim bloßen Anblick einer gefesselten, leidenden Frau von überirdischer Schönheit dich auf der Stelle unsterblich in sie verliebst und alles, dein Leben, wagst, sie zu erlösen?» Und weiter: «Warum kannst du die Annäherung an eine Frau dir nur zutrauen als die Heldentat der Rettung einer weinenden Schönen?» – Die Fragen, so erst gestellt, beantworten sich von allein: Stets ist die «Liebe auf den ersten Blick», der «Pfeil des Eros», eine Folge der Übertragung starker Gefühle von der Mutter der Kindertage auf die Partnerin heute, und ersichtlich setzt das Motiv von *Danaë*s Rettung aus den Händen des *Polydektes* sich nunmehr fort in der Befreiung *Andromeda*s. Man darf sogar annehmen, daß nach der Enthauptung der *Medusa* auch *Perseus* selbst um diesen Zusammenhang irgendwie weiß; nur eins steht im vorhinein ganz sicher fest: *Andromeda* ist nicht *Danaë*, sie hat ein eigenes Schicksal, und er tut nur gut daran, erst einmal auszumitteln, mit wem er es in der gefesselten Schönen wirklich zu tun hat. OVID freilich hat nur allzu sehr recht: Ein solches Nachfragen ist ein Prozeß, der Zeit und Geduld braucht und vor allem Respekt vor des anderen Scham sowie eine Menge an Einfühlung in seine Scheu und Verletzbarkeit. Es gilt, Tränen umzuwandeln in Worte, um *Andromeda*s Fesseln zu lösen; es gilt, die völlig Schutzlose nicht länger bloßzustellen; es gilt, in den Augen der Weinenden wie in dem Schacht eines Brunnens die Sonne sich spiegeln zu sehen, – wie im Verlies des *Akrisios* der Himmelshelle, *Zeus* selber, sich über *Danaë* ausgoß in einem Schauer

44 OVID: Metamorphosen, IV 680–688, B S. 146.

goldenen Lichts. Was dann hervortritt, ist eine eigene, höchst eigentümliche Biographie, die ihrerseits der Erlösung harrt.

Was in der Vorgeschichte *Andromeda*s tatsächlich passiert ist, bleibt in der Überlieferung unklar, doch es ergänzt sich:

Sie war die Tochter des *Kepheus* und der *Kassiopeia*, des Königspaares der Äthiopier. Nun hatte in ihrem Stolz *Kassiopeia* damit geprahlt, entweder sie selber oder, wie andere sagen, ihre Tochter *Andromeda* sei schöner noch als die *Nereïden*, die 50 Töchter des Meeresgottes *Nereus* und seiner Frau *Doris*, der Tochter des *Okeanos* und der *Tethys*[45].

Ein Mosaik aus dem 4. Jh. n. Chr. aus Nea-Paphos auf Zypern zeigt den Schönheitswettbewerb zwischen der äthiopischen Königin und den Töchtern des *Nereus* (Tafel 19a): «Auf der linken Seite der Darstellung enthüllt Kassiopeia mit einer – an Aphrodite Anadyomene (sc. an die dem Meer entsteigende, d.V.) erinnernden – Geste ihr violett-purpurnes, mit einer Goldborte verziertes Gewand und zeigt die Blöße ihres vollkommenen, cremig-rosigen Körpers, die durch den goldenen Halsschmuck mit grünen Edelsteinen in einem Medaillon und Armbändern noch betont wird. Zur Seite gekämmtes, kastanienbraunes Haar, in dem ein goldenes Diadem glänzt, umrahmt das wohlgestaltete Antlitz mit großen, braunen Augen, einer kleinen, geraden Nase und einem kleinen Mund... Neben der Königin steht in einer Pose voll ernster Ruhe eine geflügelte, an Nike (sc. die Siegesgöttin, d.V.) erinnernde Göttin, deren Kopf eine hellblaue Aureole umgibt. In der linken Hand hält sie ein Palmblatt, mit der rechten senkt sie auf Kassiopeias Haupt den Siegeskranz herab, der ein Medaillon enthält. Sie ist Krisis, die Verkörperung des Wettgerichtes. Sie trägt ein langes, goldschimmerndes und unter der Brust gegürtetes Gewand. Von ihren Schultern fällt ein silbrig-blauer Mantel herab. Ihr Antlitz ist fein geschnitten, und ihr hoheitsvoller Blick ist auf Kassiopeia gerichtet. Das braune, hochgesteckte Haar wird von einem weiß-blauen Band zusammengefaßt. Die Flügel sind gelb und blau-grau gehalten.» Hinter *Kassiopeia* sieht man den Kopf eines jungen Mädchens, *Apaine* mit Namen; aus den Wolken rechts über *Kassiopeia* erscheint der Sonnengott *Helios* mit einer rot-braunen Chlamys (Obergewand) und einer langen Peitsche; ihm entsprochen haben wird auf der linken Seite ein – leider verlorenes – Bild der *Selene* (der Mondgöttin). In

45 HYGIN, Nr. 64, in: Griechische Sagen, 272. APOLLODOR, II 43, in: A. a. O., 45, schreibt: «Kassiepeia (sc. für *Kassiopeia*, d.V.), des Kepheus Weib, hatte mit den Nereiden um ihre Schönheit gestritten und sich gerühmt, schöner zu sein als sie alle. Darum zürnten sie und mit ihnen Poseidon, der eine Überschwemmung über das Land schickte und ein Meeresungeheuer.»

der Nähe der *Krisis* steht neben einer goldenen Vase ein kleiner nackter Knabe, – offenbar hat er gerade das glückliche Los gezogen, das er *Kassiopeia* zum Zeichen des Triumphs überreicht. Die Mitte des Bildes beherrscht die Gestalt «eines ehrwürdigen Greises mit edlem Antlitz... Sein Haupt ist mit einem goldenen Kranz geschmückt» und von einer blau-weißen Aureole umgeben. «Obgleich nur der Kopf und die linke Hand mit einem goldenen Szepter erhalten blieben, dürfen wir annehmen, daß er sitzend dargestellt war.» Es ist *Aion* – der «Herr der Ewigkeit, ohne Anfang und Ende, selbst Anfang und Ende der Dinge, unveränderlich und ungerührt». Er «erfüllt hier die Rolle der letzten Instanz, des gerechten, höchsten Richters.»[46]

Und als solcher spricht er *Kassiopeia* das Urteil: Selbst wenn sie schöner ist als die Nereïden, – sie ist eine Sterbliche, sie wird altern, ihr Sieg ist nur der Triumph eines Augenblicks. – Die *Nereus*-Töchter *Doris*, *Thetis* und *Galateia* sieht man auf der rechten Seite des Mosaiks – «mit üppigen, barocken Körpern, die mit windgebauschten Gewändern auf den Rücken von Meereskentauren und Tritonen in die Ferne reiten. Die Nereiden sind beinahe nackt, und ihre creme-rosigen Körper kontrastieren mit der dunkleren, kräftigen Farbe der auseinandergewehten Gewänder. Alle tragen goldene Diademe, Halsketten und Armbänder, und um ihre Häupter leuchten hellblaue Aureolen. Im Vordergrund sehen wir Thetis, die schönste der fünfzig Schwestern. Später einmal, von König Peleus entführt, wird sie die Mutter des Achilleus werden.» Bequem zurückgelehnt, ruht sie auf einem Meereskentaur «mit muskulöser Brust und starken Armen.» Krebsscheeren wachsen diesem über der Stirn aus dem verwehten Haar. Er verfügt noch über einen zweiten Kopf, «den eines Drachen mit langem, grünlichem Hals und weit geöffnetem Rachen.» Es ist *Bythos*, der Meerestiefe. Links neben *Thetis*, die den Rücken eines blauen Fisches zum Fußschemel nimmt, sitzt *Doris*, die mit der Hand auf *Kassiopeia* hindeutet, während ihr silbrig-blauer Schal um Haupt und Schultern geweht wird. *Galateia* «hat sich auf dem Fischschwanz eines jungen Tritons niedergelassen. Ihre Beine bedeckt ein goldenes Gewand, dessen Ende über ihrem Kopf im Winde weht.» Der Triton trägt den Namen *Pontos* – das weite Meer; in der linken Hand hält er ein Ruder, «an seinem linken Vorderarm hängt ein geflecktes Pantherfell.» In seinem Gesicht und in seiner abwehrenden Geste äußert sich Groll über die Krönung *Kassiopeia*s. «In den Wolken ... erscheinen die Gestalten von Zeus und Athena. Mit ausdrucksvollen

---

46 WIKTOR A. DASZEWSKI: Dionysos der Erlöser, 29–31. Abbildung S. 25.

Bewegungen ihrer Hände weisen sie auf Kassiopeia. Zeus, dessen linke Schulter von einer Chlamys (sc. Oberkleid, d.V.) bedeckt wird, trägt auf seinem Haupt einen Goldkranz und hält in der linken Hand ein langes Szepter. Athena, mit Goldhelm und Aegis ausgestattet, faßt mit der Linken ihren goldenen Schild ... Die Szene wird von zwei kleinen Eroten ergänzt. Einer lugt hinter Galateia hervor, mit der Hand in Richtung des Ufers weisend, der andere, mit bekümmertem Blick auf das ferne Ufer schauend, reitet auf dem Rücken eines mächtigen Stiers, den er mit einer Peitsche antreibt» und den er am Zaumzeug lenkt. «Beiden Eroten ... wachsen aus den Schultern kleine blau goldene Flügel.» (Tafel 19b)[47, 48] Sie zeigen an, daß der ganze Wettstreit der Schönheit im letzten ein Bemühen um eine Liebe darstellt, die *Kassiopeia* durch körperlichen Liebreiz zu gewinnen hofft. Und eben darin liegt all die Zweideutigkeit, die wie ein Fluch über ihre Tochter kommen wird.

Was für ein seltsames Motiv allein dieser Wettbewerb schon! – Schönheit, sollte man meinen, sei ein Leuchten aus innen, wirksam vor allem in innerer Ruhe, im Vollbesitz seiner selbst, doch ist sie natürlich auch ein Mittel, bewundernde Blicke auf sich zu lenken und mit dem eigenen Liebreiz Liebe zu wecken. Je unsicherer eine Frau in diesem Punkte sich fühlt, desto mehr mag sie sich umschauen nach anderen: Wie machen sie's, wie setzen sie sich in Szene, und wie vermag man's ihnen gleichzutun oder sie womöglich zu übertreffen? Ein ruhiges Selbstbewußtsein scheint aus dem eifersüchtigen Schönheitsvergleich der *Kassiopeia* mit den Meeresnymphen nicht gerade zu sprechen, eher ein Stolz, der ein tieferliegendes Gefühl der Minderwertigkeit kompensiert. Nur warum?

Vielleicht bietet bereits die Unsicherheit der Überlieferung den entscheidenden Hinweis: Hat *Kassiopeia* selbst sich gebrüstet mit ihrer Schönheit oder war ihre Tochter ihr ganzer Stolz? Womöglich beides! Denkbar ist, daß die Königin ursprünglich ihrer eigenen weiblichen Ausstrahlung sicher sein durfte; doch dann – erneut! – das Alter! Für eine Frau, deren Selbstwertgefühl sich wesentlich mit dem Attribut ihrer Schönheit verbindet, bedeutet es stets eine Krise, spätestens um die 50 herum erleben zu müssen, wie die jugendliche Straffheit der äußeren Erscheinung nachzulassen beginnt; eine Zeitlang läßt sich's überschminken, überstrahlen oder überspielen, doch grausam beinahe schreitet der Prozeß Tag um Tag weiter voran. Dann legt ein Vergleich sich mit Jüngeren nahe: «So schön war ich selbst mal», lautet die bedauernde Feststellung eines Selbstlobs zur Unzeit. Da-

47 A. a. O., 31–32.
48 Abbildung A. a. O., 22–23.

288

mals nahm man es gar nicht recht wahr oder man nahm es für selbstverständlich, jetzt, da es in gewissem Sinne zu spät ist, trauert man einer Vergangenheit nach, von der man nur dies weiß: Sie kehrt nicht mehr wieder.
Wie beneidenswert sind da die Nymphen! Sie kennen kein Altern, sie leben
in ewiger Jugend, wie die Nymphe *Kalypso* auf der Insel Ogygia, – ihr
Name («die Verhüllende») verweist an sich auf eine Göttin des Todes, doch
bedeutet er nur ein zeitloses Dasein in unvergänglicher Schönheit. Den
Sterblichen demgegenüber verbleibt einzig *ein* Weg, die Altersfreiheit von
Göttern und Nymphen in etwa zu kompensieren, das ist: zu leben in und
mit den eigenen Kindern.

Insofern gehen beide Überlieferungen ineinander: *Kassiopeia*, sobald sie
merkt, daß sie im Konkurrenzvergleich mit den Wassernymphen notwendig
die Unterlegene sein wird, kann gleichwohl sich klammern an ihre Tochter:
Sie, in ihrer Jugend, ist das Bild jener Schönheit, die sie selbst einst besaß,
und sie ist schöner und wahrer und wirklicher, sie ist menschlicher, als alle
Schönheit von *Nereïden*. Es ist ein verzweifelter Stolz, der sich darin ausspricht, – das umgekehrte Leben von «Schneewittchens» Stiefmutter[49],
doch nicht weniger tödlich als jenes.

Wie aber nun wird ein Mädchen sich fühlen, das, wie *Andromeda*, unter
solchen Umständen der ganze Stolz seiner Mutter zu sein hat? In seiner
Gestalt erschaut diese sich selbst, in seiner Beachtung gründet sie ihre
Selbstachtung, in seinem Leben lebt immer auch sie. Es ist nicht, daß eine
solche *Kassiopeia*-Mutter ihrem Kinde nicht von Herzen alles Glück der
Erde wünschen würde, und doch verhindert sie's im gleichen Atemzug, da
sie die Tochter zu einem Ersatzleben nötigt für ihr eigenes schwindendes
Selbstbewußtsein. Ein Mädchen wie *Andromeda* wächst nicht auf, wie
Perseus, im Schatten seiner Mutter, es ist selber der Sonnenschein seiner
Mutter; doch die enge Verbindung zwischen den beiden wird unausweichlich zur Fesselung der Tochter, sobald diese erwachsen wird. Deutlich wird
dann, wie wenig eigener Spielraum ihr bleibt.

Insbesondere *ein* Paradox entsteht da: Es kann nicht anders sein, als daß
ein Mädchen, so schön wie einer *Kassiopeia* Tochter nur sein kann, von
allen Männern umworben wird; dieses selbst aber steht in der Pflicht, all
diese Werbungen abzuwehren. Ständig ergeht da die Warnung: «Paß auf
dich auf! Verkauf dich nicht unter Wert! Du bist einer Königin Tochter! Du
weißt, wie stolz ich auf dich bin, mach mir keine Schande!» – So entsteht
nach und nach wie von selbst jene Wirklichkeit auf POYNTERS Gemälde:

---

49 Vgl. E. DREWERMANN: Schneewittchen, 34–42: Der tödliche Neid auf die Jugend.

Fast schamlos wird man angeschaut von allen, doch man selber darf niemanden anschauen, man wird begehrt von so vielen Wogen des Gefühls und der Leidenschaft, doch selber sind einem die Hände gebunden, – niemanden darf man von sich aus umarmen.

Parallel zu der so empathischen Darstellung der Klage der *Danaë* durch SIMONIDES hat auch die Klage der *Andromeda* ihren dichterischen Ausdruck gefunden in dem (nur fragmentarisch erhaltenen) «Andromeda»-Drama des EURIPIDES, wo die gefesselt dem Drachen Ausgelieferte ihre Angst und Hilflosigkeit in die Worte faßt:

> Siehst du? Tanzend nicht im Kreis
> Gleichjunger Mädchen, steh ich hier
> Ohne ...
> Ach, eingeflochten nun in festen Banden hier,
> Dien ich zum Fraße ... dem Seetier!
> Drum nicht mit Hochzeitsliedern,
> Mit Fesselklagegesängen
> Beklagt mich, Fraun, die Traurige,
> Die Trauriges erduldete
> – O ich armes, armes Kind! –
> Und von Verwandten Gesetzloses litt,
> Mocht flehn ich auch zu dem Mann,
> Tränenreiche Todesklage verströmend.
>
> – – –
>
> O meines Schicksals unbeugsamer Dämon!
> O ich zum Jammer Geborne!
> Wer wird nicht mein Mißgeschick,
> Mein herbes, schaun in Leides Gegenwart?
> Daß doch ein flammender Blitz mich des Äthers,
> Mich Unselige, zu Boden schlüge!
> Nimmer ja mag die unsterbliche Leuchte
> Anzuschaun mich erfreun, weil ich hänge!
> Halsschneidende Schmerzen, auf
> Finsterem Pfad zu den Toten![50]

Unter so viel Qual und Klage mag es widersinnig scheinen, es ergibt sich aber oft genug psychisch tatsächlich so, daß gerade die Gestalt der *Andromeda* zum festen Repertoire der Phantasie und der Träume erwachsener

---

50 EURIPIDES: Andromeda, Fr. 122, in: Sämtliche Tragödien und Fragmente, gr.-dt., VI 55.

Frauen zählt. Sie sehen sich nackt gefesselt an einem Pfahl oder Felsen, und was diese Vorstellung auslöst, ist eine sonderbare Mischung aus widerspenstigem Schaudern und wonnevollen Schauern. Die Fesselung signalisiert eine völlige Auslieferung an die Willkür fremder Gewalt, – was diese will, weiß man im voraus; doch was man als fremdes Wollen da weiß, ist zugleich das, was man selber wohl auch will, doch nimmermehr wissen noch wollen darf.

Niemand hat diese zwiespältige Seelenlage aus Angst und Verlangen in der Gestalt einer Gefesselten so eindringlich dargestellt, wie im Jahre 1840 der französische Maler THÉODORE CHASSÉRIAU auf seinem Bild «Andromeda und die Nereiden», das ebenfalls im Pariser Louvre zu besichtigen ist. Soeben sind in fleißigem Gehorsam die Meerjungfrauen dabei, ihr Opfer an den Felsen zu ketten, und man ahnt in dem abgewandten Kopf und den dennoch nach vorne gerichteten Augen der Königstochter, daß etwas Schreckliches sich der Wehrlosen naht. Und doch scheint gerade dieser Kontrast von Hingezogenwerden und Sich-Abwenden, von Wollust und Grauen die Faszination dieser Szene zu bilden. «Genüßlich kostet er (sc. der Maler, d.V.) es aus, den überschlanken, makellosen Frauenkörper machtlos zu zeigen. Das innere Aufbegehren der Nackten erhöht noch den Reiz und befriedigt die uneingestandenen sadomasochistischen Gelüste der Betrachter ... Lüsternes fürs Bildungsbürgertum.» (Tafel 20a)[51]

Doch wichtiger als ihre kunstgeschichtliche Einordnung ist der psychologische Spürsinn solcher Bilder: Alle – heutigentags offenbar sich einer steigenden Beliebtheit erfreuenden – Fesselungsspiele haben derartige Gefühlsambivalenzen zur Grundlage: Von außen, nicht durch eigenes Tun, in fremder Gewalt, ohne eigenen Willen geschieht etwas eigentlich Schreckliches, das insgeheim gleichwohl gemocht und ersehnt wird. In dem Aufgezwungenen vollzieht ich das stets Unterdrückte, Verbotene und Wegerzogene, das einem zuteil wird, ohne selber dafür die Verantwortung übernehmen zu müssen. Lust und Qual gehen da ineinander, – eine Erregung, die Trieberfüllung und Strafe vereinigt; ein Widerspruch, in dem das Verbotene ersehnt wird, weil das Ersehnte unter Verbot steht; ein *double bind*, das in der Tat einen *Perseus* mit der Doppelbindung an *seine* Mutter

---

51 EVA GESINE BAUR: Meisterwerke der erotischen Kunst, 18. – Schon LUKIAN: Meergöttergespräche, XIV, in: Gespräche der Götter und Meergötter, der Toten und der Hetären, 83, ließ sich natürlich diesen Aspekt der Geschichte nicht entgehen; er schreibt: «da erblickt er (sc. Perseus, d.V.) Andromeda, an einen weit ins Meer hinausragenden Felsen angeschmiedet, mit aufgelösten Haaren, halb nackt bis weit unter den Busen hinunter, Götter, wie schön sie war! ... unvermerkt verwandelte sich sein Mitgefühl in Liebe.» Gerade so wird *Andromeda* zum Liebling der Maler.

zu dem idealen Erlöser einer *Kassiopeia* macht. Nur: wo soll er jetzt ansetzen?

Folgt man OVID, tut er erneut das einzig Richtige: Er redet als erstes mit den Eltern des Mädchens und sichert sich damit im Vorlauf dessen Einverständnis für das, was er selbst will: Er liebt *Andromeda*, und er will als Braut sie gewinnen. Also spricht er die jammervoll trauernden Eltern an, die wohl wissen, daß sie selber es sind, die *Andromeda* in diese Notlage gebracht haben: ihre Fesselung an den Felsen, das Umtostwerden von den Wogen des Meeres ... – der Mythos erklärt, all das sei die Strafe *Poseidons* für die Beleidigung der *Nereïden* durch den Hochmut der Königin *Kassiopeia* gewesen: Der Gott des Meeres habe das Land mit furchtbaren Überschwemmungen heimgesucht, die nur endeten, wenn *Kepheus* seine Tochter einem Meerungeheuer zum Opfer gebe[52]. Und gerade das ist geschehen! Noch sieht man weder auf POYNTERS noch auf CHASSÉRIAUS Bild den Ansturm des tierischen Monstrums, dieses Urbilds eines ungestümen sexuellen Verlangens, doch gerade mit der Angst davor wird *Perseus* sich jetzt auseinander zu setzen haben, will er die Gunst *Andromedas* für sich gewinnen. Deshalb wohl richtet er diese Worte an die Eltern seiner erhofften Braut:

> »Euch werden zu Tränen noch lange
> Zeiten verbleiben, doch kurz ist die Frist, um Hilfe zu bringen.
> Sollte ich, Perseus, Jupiters (sc. Zeus', d.V.) Sprößling und Sohn jener Mutter,
> Welche der Gott im Gefängnis mit goldenem Samen begnadet,
> Diese umwerben, ich, Perseus, Besieger der schlangenbehaarten
> Gorgo, der mutig mit Flügeln die himmlischen Lüfte durcheilte,
> Sicher, man zöge als Eidam mich vor! Doch will ich den großen
> Gaben auch noch ein Verdienst, wenn die Götter mir hold sind, gesellen:
> Rettet mein Mut sie vom Tod, so sei sie die Meine; das biet ich!«
> Einverstanden sind rasch die Eltern – wer konnte da schwanken? –
> Und sie flehn und versprechen dazu noch die Herrschaft als Mitgift[53].

---

52 APOLLODOR, II 43, in: Griechische Sagen, 45. – ULRICH VON WILAMOWITZ-MOELLEN-DORFF: Die griechische Heldensage, II 223–224, zeigt die Abhängigkeit OVIDS gerade an dieser Stelle von APOLLODOR, weniger von EURIPIDES, und meint: «Offenbar hat dem Ovid eine wohl ausführlichere prosaische Erzählung entsprechend der apollodorischen vorgelegen, zu der natürlich auch das Gorgonenabenteuer gehörte.»

53 OVID: Metamorphosen, IV 695–705, B S. 146–147. – Zum Verlust des Augenlichts als Bild der Kastration vgl. KARL ABRAHAM: Über Einschränkungen und Umwandlungen der Schamlust, in: Gesammelte Schriften, II 236, der resümiert: «Die ‹Strafe› der Blendung er-

Wohlgemerkt handelt es sich in der nachfolgenden Szene des Kampfs mit dem Seeungeheuer gerade nicht mehr um das häufige Motiv der Preisjungfrau wie bei *Oinomaos* und *Pelops* oder wie im Ansatz auch in der Beziehung des *Perseus* zu *Polydektes*; statt eines Kampfs gegen den (Schwieger)Vater, geht es jetzt im Bild von dem Kampf mit dem Ungeheuer aus dem Meere um die Gewinnung der Seele der Geliebten, mithin zugleich um eine Läuterung auch der eigenen Seele von all ihrer noch unbezwungenen und ungebärdigen «tierischen» Wildheit. – Vermutlich daran wird es liegen, daß gerade das Motiv der *Perseus*-Mythe von der Rettung der Jungfrau von dem Drachen des Meeres sich in der christlichen Legende einer besonderen Beliebtheit erfreut: Der heilige *Georg* am Silena-See in Libyen rettet eine Jungfrau von einem Drachen[54], und schon in der *Johannes*-Apokalypse (in Apk 12,1 – 18) befreit der Erzengel *Michael* die heilige Jungfrau mit ihrem Kinde aus der Umklammerung des großen siebenköpfigen Drachens, dessen Schwanz ein Drittel der Sterne vom Himmel fegt ... Nicht zuletzt im spanischen Stierkampf hat dieser Rest des antiken *Mithras*kultes[55] bis in die Gegenwart sich erhalten: Begeistert umjubeln bei günstigem Ausgang einer Corrida die Frauen auf der Tribüne der Plaza ihren Torero, der in kühler Selbstbeherrschung Macht bewiesen hat über den ungestümen Ansturm des Stiers. Alte Astralmythen verdichten sich da zu einem symbolischen Kampf zwischen Licht und Dunkelheit, Gut und Böse, Bewußtsein und Unbewußtem, und worum es im Grunde zu tun ist, stellt sich dar als ein Kampf um die Liebe, um die Einheit von Mann und von Frau, von dem Heros *Perseus* und seiner geliebten *Andromeda*.

wies sich als Vergeltung verbotener, der Mutter zustrebender Schaugelüste und der aktiven Kastrations- oder Blendungsphantasie gegenüber dem Vater.» Zu erinnern ist etwa an die Blendung des Kyklopen *Polyphem* in HOMER: Odyssee, IX 375–400, S. 277; 279.

54 Vgl. die «Legenda aurea» des JACOBUS DE VORAGINE, 300–306: Von Sanct Georg, S. 301–303. Vgl. auch HILTGART L. KELLER: Reclams Lexikon der Heiligen und der biblischen Gestalten, 216–219. DANIEL BERESNIAK: Le Dragon, 56–69: Le dragon dans la tradition chrétienne, weist auf die Gleichstellung von «Drache» und «Teufel» hin und ebenso auf den Drachenkampf des Erzengels *Michael* in Apk 12; doch das sind christliche (Um)Deutungen der alten Mythenstoffe; in der Auseinandersetzung von *Perseus* und *Andromeda* (oder *Roger* und *Angelica*) sieht er in dem Drachen «die weiblichen Energien» dargestellt, die es zu integrieren gilt (46–55).

55 Vgl. MAARTEN J. VERMASEREN: Mithras, 63–68: Der heldenhafte Kampf gegen den Stier.

4) Die Tötung des Drachens oder: Die Befreiung der Jungfrau

Eine korinthische schwarzfigurige Amphore zwischen 575–550 v. Chr., die sich heute in der Antikensammlung in Berlin befindet, zeigt «die älteste uns bisher bekannte Darstellung» dieser Szene der Mythe von *Perseus* und *Andromeda* in einer «eigenen Version»: «In der Mitte steht in Ausfallstellung Perseus mit Flügelschuhen, knappem Wams und Reisehut (Petasos). An seinem Arm hängt eine prall gefüllte Tasche, die vermutlich das Medusenhaupt enthält. Als Waffen hält er runde Steine in den Händen, von denen ein Vorrat zwischen seinen Beinen aufgehäuft ist. Er schleudert sie mit ausholenden Bewegungen dem Ungeheuer entgegen, dessen Kopf mit hundeartiger Schnauze am linken Bildrand zu sehen ist. Wellen vor dem Fuß des Perseus geben das Meer an. Rechts steht Andromeda im langen roten Gewand und wendet dem Helden ihren Kopf zu. Ihre angewinkelten Arme deuten vielleicht die Fesselung an. Andererseits hält auch sie in den Händen Steine – als Helferin für Perseus? Diese Version ist sehr ungewöhnlich. Doch können durch die rechts- bzw. linksläufigen korinthischen Beischriften die Dargestellten zweifelsfrei gedeutet werden: Ketos (sc. das Seeungeheuer, d.V.), Perseus, Andromeda.» (Tafel 20b)[56]

Entscheidend an dieser «ungewöhnlichen» Version ist die herausragende Betonung des Allergewöhnlichsten: *Andromeda*s Befreiung kann nur gelingen, wenn sie selbst, was *Perseus* will, auch als ihr eigenes Wollen begreift, wenn sie also ihm hilft, sich in ihr zu erlösen, wie er ihr hilft, sich in ihm zu erlösen. Eine solche Wechselseitigkeit unterscheidet sich sehr von der «klassischen» Version, wie zum Beispiel OVID sie wiedergibt; da bleibt die Jungfrau ganz passiv, wohingegen alle heldischen Aktivitäten dem Heros zugeschrieben werden; so etwa, wenn der römische Dichter schreibt:

> Schau, wie ein rüstiges Schiff, von den Armen schwitzender Burschen
> Angetrieben die Wasser durchfurcht mit dem Schnabel am Buge,
> Also das Tier, mit dem Stoße der Brust die Wellen zerteilend.
> So weit war's von den Klippen entfernt, als die bleiernen Kugeln
> Der balearischen Schleuder die Luft zu durchwirbeln vermögen,
> Als der Jüngling geschwind vom Land mit den Füßen sich abstieß
> Und sich steil in die Lüfte erhob. Wie der Schatten des Mannes

---

56 Von Göttern und Menschen, 24, zu Abb. 10, S. 25: Perseus und Andromeda, Text v. Ursula Kästner.

Über der Fläche erscheint, da stürzt auf den Schatten die wilde
Bestie, und gleich wie Jupiters (*Zeus'*) Vogel (der Adler), sobald
                              er im freien
Feld eine Schlange erblickt, die den bläulichen Rücken sich sonnte,
Sie von hinten befällt und, damit sie nicht wende das ganze
Maul, in den schuppigen Nacken die gierigen Krallen hineinschlägt,
So bedrängte des Inachus (sc. des Vaters der *Io*, d.V.) Enkel, durch's
                              Leere in schnellem
Sturzflug stoßend, den Rücken des wütenden Tieres und tauchte
Ihm in den Bug zur Rechten den Stahl bis zum hakigen Bügel.
Schwer verwundet erhebt sich das Tier bald hoch in die Lüfte,
Bald verschwindet's im Wasser, dann dreht es sich wieder, dem wilden
Eber vergleichbar, den bellend umtobt die Meute der Hunde.
Jener entgeht mit den Flügeln geschwind den gierigen Bissen,
Doch wo sich's bietet, da schneidet die Hippe ihm bald in den Rücken,
Welcher mit hohlen Muscheln besät ist, und bald in die Rippen,
Bald in den Schwanz, wo der Leib sich verdünnt in der Art eines Fisches.
Fluten von Wasser entsteigen dem Rachen der Bestie mit rotem
Blute vermengt: das Gespritze benetzt und beschwert ihm die Federn.
Da wagt Perseus nicht länger, den vollgesogenen Schwingen
Sich zu vertrauen: er sieht eine Klippe – sie ragt, wenn die Wasser
Ruhen, hervor mit der Spitze, doch Wellenbewegung verdeckt sie –,
Fest an den Felsen gestemmt – die Linke umfaßt eine Zacke –,
Bohrt er dreimal und viermal dem Tier durch die Weichen die Waffe.
Lauter Beifall erfüllt das Gestade und dringt zu den hohen
Sitzen der Götter: Cassiope, Cepheus der Vater, sie grüßen
Freudig den Helden als Eidam, bekennend, er sei der Erretter,
Er der Schützer des Hauses. Es schreitet gelöst von den Ketten
Sie, die Jungfrau, für die er's getan, und sie, die Belohnung[57].

An Geschichten von Helden, die Drachen töten, um eine Jungfrau vor
ihnen zu retten, hat es in Mythen, Märchen, Legenden und Sagen keinen
Mangel; doch die Frage ist, worum es ihnen wirklich zu tun ist. Es ist möglich, wie *Theseus* den *Minotauros* zu töten, nicht um *Ariadne* zu retten,
sondern um die in ihrer Liebe ihm Hilfreiche zwar mit sich zu nehmen,
doch dann auf Naxos allein zurückzulassen. Es ist auch möglich, wie *St.
Georg* einen Drachen zu töten und damit einem jungen Mädchen das
Leben zu retten, ohne sie im folgenden weiter noch zu beachten. Doch zu-

---

57 OVID: Metamorphosen, IV 706–739, B S. 147–148.

meist – wie im Märchen der Brüder GRIMM von den «Zwei Brüdern» (KHM 60)[58] – gilt der Kampf mit dem Ungeheuer, ganz entsprechend wie in der Mythe von *Perseus*, der Gewinnung der Geliebten.

In größtmöglicher Treue zu OVIDs Vorlage war es der Florentiner Maler PIERO DI COSIMO, der auf seinem Bilde «Perseus rettet Andromeda», das heute in den Uffizien gezeigt wird, zwischen 1510–1515 das gesamte Geschehen der Befreiung der äthiopischen Prinzessin in drei Phasen dargestellt hat. Da sieht man, wie *Perseus* – nicht auf dem *Pegasos*, sondern, wie OVID es schildert – auf Flügelschuhen, gerüstet mit Schild, Helm und Harnisch, von rechts oben her aus dem Himmel, gleich einem rettenden Erzengel, herabschwebt; ihm gegenüber windet sich in einem weißen Gewand, das bis auf den Schoß und die Beine ihren schönen Körper vollkommen freigibt, die dunkelhaarige *Andromeda* in Todesangst; verzweifelt versucht sie, gefesselt in Ufernähe an einen kahlen Baumstumpf unterhalb zweier phantastisch gelegener Häuser, so weit es geht, von dem gigantischen Ungeheuer sich abzuwenden, das gierig und drohend soeben aus einem giftig grünen Meeresarm aufsteigt und seine elefantenähnlichen Stoßzähne gegen die Jungfrau richtet, – ein chimärisches Monstrum mit den Nüstern und der Mähne eines Raubtiers, mit dem Hinterleib einer Riesenschlange und dem Körper eines gigantischen Vierfüßlers. Doch im letzten Moment, gerade zur rechten Zeit, hat *Perseus* sich auf den Rücken des Ungeheuers gestellt, – schon schwingt er, offenbar zum zweiten Mal, den Krummsäbel (nicht eine «Sichel»), gegen den Hals des bereits blutenden Untiers, und man weiß: Es wird ihm gelingen! Zwar scheinen die Angehörigen der königlichen Familie – in blauem Umhang und mit weißem Turban *Kepheus*, der Vater; zu Boden gesunken, halbnackt, die schöne *Kassiopeia*, beide schaudernd sich abwendend, genau wie ihre männlichen und weiblichen Bediensteten – schier untröstlich über die Katastrophe, die sie wohl kommen sehen, doch nicht mitansehen können; aber getrost! Am rechten Bildrand erscheint erneut *Kepheus*, diesmal, um die freudvolle Vermählung seiner geretteten Tochter mit ihrem Retter unter dem Jubel der Leute und zu den Klängen der Musikanten des Hofs zu begehen. (Tafel 21a)[59] Alles fügt sich so zueinander, – das Glück kann beginnen. – Doch droht da noch eine Gefahr, auf welche ein *Perseus* achthaben sollte.

---

58 Vgl. E. DREWERMANN: Die zwei Brüder, 71–73: Der Sieger und seine Tiere oder: Das Enthaupten der sieben Köpfe.
59 PIERO DI COSIMO: Liberation of Andromeda (1510 oder 1513), in: GLORIA FOSSI: The Uffizi Gallery, 202–203. EBERHARD KÖNIG: Die großen Maler der italienischen Renaissance. Der Triumph der Zeichnung, 554.

Gerade weil die Rettungstat anscheinend ganz von ihm als dem «Helden» ausgeht, kann eine Beziehung wie die von *Perseus* und *Andromeda* auch sehr bald schon in ein arges Zerwürfnis einmünden. Im Gefälle der ohnehin verwirrenden Übertragung der Bilder von Vater und Mutter auf den Partner kann vor allem die Pose des «Ich-bin-der-Held», «Ich-rette-die-Mutter», «Ich-rette-die-Braut», zu einem unerträglichen Macho-Gehabe führen. – Auf einem Bild aus dem Jahre 1940/41, das heute unter dem Titel «Perseus» im Essener Folkwang-Museum ausgestellt ist, hat MAX BECKMANN auf dem Mittelteil eines Triptychons dieser Möglichkeit Ausdruck verliehen: *Perseus* erscheint da als ein nordischer Held mit mähnenhaftem Blondhaar und struppigem Bart, gehüllt in einen Badeanzug, soeben die Planken eines Schiffes besteigend; um seine Schultern gelegt hat er als Trophäe ein dreiflossig geschwänztes Fischungeheuer, doch in der Linken, als Lebendbeute, hält er, auf den Kopf gestellt, eine ebenfalls blonde Frauengestalt mit offener Brust und kräftigen Schenkeln. Zu ihr empor schaut, wie ein dämonisches Kind, der Kopf der getöteten Schlange, *Andromeda* selbst aber, ehrfürchtig fast, schaut von unten empor zu ihrem Retter. Dessen Blick freilich, in grinsendem Triumphalismus, wendet sich bereits ins Weite, neuen Heldentaten entgegen, wie das martialisch erhobene Schwert in der Rechten vermuten läßt, mit dem er als Phallussymbol imponiert. «Sein brutales Äußeres, das unangenehm verschlagene Gesicht ... lassen ihn nicht als Retter, sondern eher als Aggressor erscheinen, und die Frau und die Schlange ... sind *ein* Opfer. Perseus wird zum brutalen Unterdrücker, der sich nicht irgendwen, sondern eine Frau unterwirft ... Die Unfreiheit des Individuums ... läßt sich nicht durch Unterwerfung aufheben.» (Tafel 21b)[60]

Entscheidend bei der «Rettungstat» eines *Perseus* muß es deshalb sein, daß er seiner eigenen Angst nicht durch die Attitüde des «Ich bin es», «Ich kann es», «Ich weiß es» auszuweichen sucht. Die Angst vor der Frau, der er begegnete in seiner Mutter, war schon in Kindertagen gebunden an die Königsgestalt einer *Danaë*, einer *Zeus*-Geliebten, einer aus Angst um den eigenen Machterhalt von seiten des Vaters unwürdig Behandelten, die sich aus ihren Niedergedrücktheiten nur befreien ließ durch Einfühlung, Sensibilität und Respekt. Diese Angst jetzt kann sein wie ein vielköpfiges Schlangenungeheuer, gegen das man nur ankommt mit eiserner Entschlossenheit; doch die Frau, die eine solche Angst auslöst, ist selber das Opfer, nicht der Ursprung der Unheimlichkeit all dieser alten Erinnerungen. BECKMANNS «*Perseus*» betrachtet «Frau» und «Schlange» als ein und dasselbe, und

---

60 MAX BECKMANN – Retrospektive, hg. v. Carla Schulz-Hoffmann u. Judith C. Weiß, S. 41–42: MAX BECKMANN: Perseus. Triptychon 1940/1941, Essen, Museum Folkwang.

beider wird er nur Herr, indem er sie beide zugleich demonstrativ unter den Arm klemmt; wie verklemmt er dabei indessen selber ist, bemerkt er nicht. Der *Perseus* hingegen, den die griechische Mythe schildert als den Sieger über die eigene Angst in Gestalt der *Medusa*, verfügt über andere Möglichkeiten, sich der Geliebten zu nähern, als eine solche Unterwerfung unter das Gehabe männlicher Macht.

Gewußt hat das im Jahre 1622 PETER PAUL RUBENS. Auf einem Bild in der Gemäldegalerie zu Berlin: «Perseus befreit Andromeda» hat er in psychologischer Meisterschaft die Art der Begegnung zwischen den Liebenden selbst als den eigentlichen Akt der Befreiung geschildert: «Das Untier liegt bereits getötet im Wasser. Im tiefroten Mantel des Siegers (sc. bzw. des Liebenden, d.V.) löst Perseus Andromedas Fesseln.»[61] Er selbst ist in Helm und Harnisch gekleidet, sie, völlig nackt, steht da in gänzlicher Schutzlosigkeit und blickt ihm nicht in die Augen, sondern demütig-verschämt auf den Boden. Gerade aber in diesem äußersten Kontrast von scheinbarer Macht und scheinbarer Ohnmacht erweist sich die Wahrheit ihrer Begegnung: «Die kraftvolle Bewegung des Helden und die verinnerlichte Hingabe der im hellen Licht zart modellierten Frauenfigur künden ... von der gerade erwachenden Liebe, die sich mit der Befreiung erfüllt.» «Zwei Putti sind ... hierbei behilflich, während drei weitere sich um den Pegasus tummeln, an dem sie einander heraufhelfen bzw. die Zügel halten. Das Geschehen ist auf dem vom Betrachter leicht distanzierten Felsplateau in der Bewegung von links nach rechts chronologisch sinnvoll vor Augen geführt und findet seinen Höhepunkt in den sich wechselseitig bedingenden Haltungsmotiven der Hauptakteure.» (Tafel 22a)[62] – Wieviel Zärtlichkeit liegt allein in dem Blick, mit dem unter dem Helm weg *Perseus* die Geliebte von ihren Fesseln befreit! All die geflügelten Putti erzeigen das Leichte und Spielende dieser hochernsten Begegnung, in welcher zwei Menschen sich in einander erlösen. Nicht nur ein Mann und eine Frau finden da zu einander; in *Perseus* verschmelzen zugleich Stärke und Sensibilität zu einer Einheit, – sie widersprechen sich nicht mehr, sie treten zusammen zu einer einzigen befreienden Handlung der Liebe; in *Andromeda* wiederum vereinen sich Schönheit und Scheu, Anmut und Hingabe, Schutzlosigkeit und Vertrauen, Nacktheit und Freiheit, Natürlichkeit und Glück. All die Gaben der Nymphen und Götter finden ihre Erfüllung.

Auffallend ist, daß *Perseus* im Kampf gegen das Seeungeheuer sich nicht

61 PETER PAUL RUBENS: Perseus befreit Andromeda (um 1622), in: Gemäldegalerie Berlin, 192–193.
62 A. a. O., S. 192.

seiner Allzweckwaffe: der Angstverbreitung mit Hilfe des Haupts der *Medusa*, bedient. Er wird dieses Haupt später der Göttin *Athene* weihen, die es seitdem auf ihrer Brust trägt, – die kämpferisch-schreckliche Seite aller «Helden»frauen verkörpernd; doch bis dahin wird er selber es dringlich noch brauchen. Denn so setzt die Geschichte jetzt weiter sich fort: Kein anderer als der Vaterbruder *Phineus*, *Andromeda*s Onkel, hatre ein Auge auf seine Nichte geworfen, und diesmal geht es nicht anders: Nur durch den Anblick des Kopfes der *Gorgo* wird der Unhold besiegt, – er versteinert; seine Braut aber trägt *Perseus* durch die Lüfte zurück nach Seriphos. Dort findet er «seine Mutter und ihren Beschützer, den Fischer (sc. *Diktys*, d.V.), als Schutzsuchende am Altar... Vor den Gewaltsamkeiten des Polydektes mußten sie sich dorthin flüchten. Nun erschien der junge Heros wieder, schneller, als man hätte glauben können. Der Eranos (sc. der Festakt, d.V.), für den Perseus das Haupt der Gorgo anstatt eines Rosses versprochen hatte, war noch nicht einmal zu Ende. Die Teilnehmer, welche alle nur gewöhnliche Pferde mitbringen konnten, waren noch beisammen, als Perseus mit seinem Geschenk erschien, durch die Luft fliegend mit seinen Flügelschuhen, das Haupt der Medusa im Sack von seiner Schulter hängend. Niemand wollte da wahrhaben, daß der Heros sein Versprechen gehalten hatte. Am wenigsten Polydektes, der König. Er ließ das Volk zusammenrufen, wohl um Perseus des Betrugs zu überführen. Man scheint dem Jüngling in Seriphos nicht geneigt gewesen zu sein. Perseus trat vor die Versammlung der Seriphier, holte den Kopf aus der Kibisis und zeigte ihn zum Beweis der Volksversammlung. Seitdem gehörte Seriphos zu den felsigsten Felseninseln des Archipelagus: Alle wurden versteinert... Diktys wurde zum König von Seriphos. Perseus aber verließ die Insel und zog mit Danae und Andromeda heim, nach Argos.»[63]

Eigentlich hätte die Geschichte an dieser Stelle ihr Ende finden können; doch das tat sie bezeichnenderweise noch nicht, – Mythen sind keine Märchen. Vielmehr ist von etwas Tragischem noch zu berichten: Aus Furcht vor der Erfüllung jener Weissagung, er werde durch einen Sohn seiner Tochter den Tod finden, hatte König *Akrisios* inzwischen Argos verlassen und war in das thessalische Larissa gezogen. *Perseus* aber lag daran, sich mit ihm zu versöhnen, was doch nur heißen konnte: ihm die Angst vor jenem Orakel zu nehmen, das sein ganzes Leben belastet und ihn sogar dazu gebracht hatte, seiner eigenen Tochter und seinem Enkelkind bitteres Unrecht zuzufügen, – sie hätten beide tot sein können! Gründe, Rache zu nehmen, hätte

63 KARL KERÉNYI: Die Mythologie der Griechen, II 50.

es daher genügend gegeben. Doch *Perseus* sann auf Versöhnung, nicht auf Vergeltung. Dann aber kam alles ganz anders: Zur Feier des Friedens veranstalteten die jungen Männer von Larissa Diskos-Wettspiele, und *Perseus* konnte der Versuchung nicht widerstehen, – er nahm selbst daran teil. Dabei schleuderte er die Scheibe so unglücklich, daß er *Akrisios* damit am Fuße traf und ungewollt tödlich verwundete[64]. Das Orakel sollte also doch recht behalten.

«Eine Wunscherfüllung im Unbewußten» – welch ein Psychoanalytiker würde, wenn er das liest, nicht sogleich so sagen! Dagegen jedoch spricht vieles. Als erstes: Warum soll es nicht wirkliche Unfälle geben? Zudem: mit dem Diskos tötete auch der Gott *Apoll* den von ihm geliebten Jüngling *Hyakinthos*; – niemand wird hier geheime verdrängte Todeswünsche unterstellen wollen. Warum also bei *Perseus*, der gar keinen Grund (mehr) besaß, seinem Großvater nachträglich heimzuzahlen, was er getan hatte? Vor allem aber: Der Tod durch den Diskos scheint jenseits einer rein persönlichen Motivation viel eher ein Motiv aus den Vegetationsriten aufzugreifen: Die Schönheit der Blumen vergeht, wenn die Bahn der diskosförmigen Sonnenscheibe sich senkt; des Gottes Kraft aber ist es auch, die sie (die Hyazinthe) wieder sprießen läßt. Ihr Name (wie die Endung – inthos zeigt) ist vorgriechisch, doch der Kult des *Hyakinthos* ist in dorischen Gebieten mehrfach bezeugt.[65] Auch mit *Perseus* und der Tötung des Drachen scheint eine solche solare oder stellare Bedeutung verbunden gewesen zu sein, wurde der Heros doch selber mitsamt all den Akteuren des Mythos als Sternbild an den Himmel versetzt.

Bis dahin freilich geschah noch folgendes: In Tiryns herrschte nunmehr *Megapenthes* («der viel Leidende»), der einzige Sohn des *Proitos*, des Bruders des *Akrisios*, und der war entschlossen, den (wenn auch unbeabsichtigten) Tod seines Onkels zu rächen. Hat er *Perseus* getötet? Oder war es so, daß *Perseus*, aus Scham seines Unglücks wegen, die Herrschaft mit

---

64 APOLLODOR, II 46 f., in: Griechische Sagen, 46; Hygin, Nr. 63, in: A.a.O., 271.
65 Vgl. KARL KERÉNYI: Die Mythologie der Griechen, II 173: «man weiß, daß Hyakinthos in Amyklai neben Sparta seinen Kult hatte.» Zu *Hyakinthos* vgl. APOLLODOR, I 16 f., in: Griechische Sagen, 6: «Zu Pieros (sc. dem König von Pella in Makedonien, d.V.), dem Sohne des Magnes, war nach dem Willen der erzürnten Aphrodite Kleio (sc. der «Ruf», die Muse der Geschichte, d.V.) – sie hatte ihr nämlich die Liebe zu Adonis vorgehalten – Leidenschaft entbrannt. Als Frucht ihrer Vereinigung mit ihm gebar sie den Hyakinthos, in den sich später Thamyris, der Sohn des Philammon und der Nymphe Argiope, verliebte; er gab damit das erste Beispiel der Knabenliebe. Den Hyakinthos aber tötete später Apollon, dessen Liebling er war, ohne daß er es wollte, mit einer Wurfscheibe.» *Thamyris* wird uns beim Wettstreit mit den Musen beim Spiel der Kithara wiederbegegnen. (S.u.: *Marsyas*)

Megapenthes tauschte, so daß dieser in Argos den Thron bestieg, während er selber nach Tiryns ging? Beides wird überliefert. Fest steht, daß auf *Perseus* die Gründung der Burgen von Midea und Mykene zurückgeführt wurde. So erzählt eine Sage, *Perseus* habe einmal seinen Durst mit einem Pilz (griech: *mýkēs*) gestillt und an jener Stelle aus Dankbarkeit «Mykene» gegründet, – die Wasserversorgung der Burg durch den Brunnen Perseia bildete in der Tat die Bedingung, die Festung bewohnbar zu machen. Während *Megapenthes* mit seinen drei Schwestern sich, wie eingangs erwähnt, dem Siegeszug des Gottes *Dionysos* widersetzte und dafür ähnlich bestraft wurde wie sein Namensvetter *Pentheus*, der König von Theben, galt *Perseus* als Stammvater einer Reihe von königlichen Söhnen. So gebar *Andromeda* ihm *Perses*, den Ahnherrn der Achämeniden (der Perserkönige); in Mykene fanden sich *Alkaios* und *Elektryon* unter seinen Söhnen, – *Elektryon* wurde zum Vater der *Alkmene*, mit der *Zeus* den *Herakles* zeugte; eine seiner Töchter hieß *Gorgophone*, – sie wurde zur Großmutter der spartanischen Dioskuren (der «Zeussöhne») *Kastor* und *Polydeukes*[66].

Unter diesen Umständen versteht man, daß ein attischer Kelchkratēr um 400 v. Chr., der sich in der Antikensammlung in Berlin befindet, die Rettung *Andromeda*s als den Anfang eines (im ganzen) glücklichen Lebens hinstellt: Inmitten einer fruchtbaren, idyllischen Landschaft sieht man *Andromeda* als «eine junge Frau in reich verzierten orientalischen Gewändern, die Arme weit ausgebreitet. Feine Geländelinien deuten eine felsige Gegend an, in der zahlreiche Pflanzen sprießen ... Etwas tiefer, auf dem Boden zu ihrer Linken, steht ein nackter Jüngling mit Umhang, Riemenschuhen, Helm, einem quer über den Oberkörper geführten Band, an dem vermutlich eine Tasche hängt, sowie einer eigenartigen Sichel in der Rechten. Es ist Perseus ..., der sich Andromeda und dem sitzenden bärtigen König ihm gegenüber zuwendet. Da dieser die gleiche orientalische Mütze wie Andromeda trägt, wird er ihr Vater, der Äthiopierkönig Kepheus, sein. ... Neben dem König steht Hermes, ... am Heroldstab und Reisehut erkennbar. Auf der anderen Seite, im Rücken von Perseus, befindet sich Aphrodite, die dem Helden einen Kranz aufsetzt. Kleine Truhen und ein hausförmiges Kästchen füllen die wenigen Freiflächen.» (Tafel 22b)[67]

Der Sieg des *Perseus* als ein Sieg *Aphrodite*s – schöner und stimmungsvoller ließe sich die Mythe dieses großen Helden des antiken Griechenlands nicht beschließen, wäre darüber hinaus nicht ein anderes noch zu erwäh-

---

66 KARL KERÉNYI: Die Mythologie der Griechen, II 51.
67 Von Göttern und Menschen. Bilder auf griechischen Vasen, Abb. 11, S. 26; AGNES SCHWARZMAIER: Nach der Rettung: Perseus und Andromeda, S. 27.

nen: die Versetzung aller Beteiligten an den Himmel! «Wenn wir von dem Sternbild des Großen Bären und dem Orion am Himmel ein Stück weiter nach Westen gehen, so gelangen wir in den Bereich von sechs Sternbildern, die über den Himmelspol hinweg ziemlich genau dem großen Wagen gegenüber wieder ein zusammenhängendes großartiges Himmelsgemälde bilden. Die Hauptfiguren in diesem Gemälde sind Perseus und Andromeda. Andromeda war für die Griechen dargestellt durch die langgestreckte Reihe ihrer vier Hauptsterne als die unglücklich gefesselte Jungfrau, die am Gestade des Meers dem Meeresungeheuer zum Fraß ausgesetzt ist. Allein, schon fliegt Perseus durch die Luft heran, und führt in dem hellen Stern Algol, ‹Teufel›, wie wir ihn heute mit seinem arabischen Namen nennen, das unheimliche Haupt der schrecklich blickenden Gorgo mit sich. Die dritte Figur unseres Himmelsgemäldes ist die Königinmutter Kassiopeia; durch die auffällige Gestalt eines großen lateinischen W ist sie heute auch dem flüchtigen Himmelsbetrachter inmitten der Milchstraße wohlbekannt. ... Für die Griechen aber war sie ... die unglückliche Frau und Mutter, die in der Sorge um die Tochter, die man um ihrer eigenen, der Mutter, Verschuldung willen gefesselt dem Meeresungeheuer darbietet, die beiden Arme jammernd erhebt mit eindrucksvoller Geste. Wieder über ihr, noch mehr dem Himmelspol zu, folgt ihr Gatte Kepheus, ein nicht sehr helles Sternbild in rhombischer Form; und tief unter Andromeda wieder das riesige langhingestreckte Sternbild des Walfisches oder richtiger des Meeresungeheuers, Ketos, wie die Griechen dazu sagen ... Schließlich gehört als sechstes und letztes Sternbild zu dieser Gruppe ... jenseits der Andromeda das große, beinahe einem Kreis sich nähernde Vieleck des Pferdes Pegasos. Alle diese sechs Sternbilder zusammen ... stellten dem Griechen die Sage von Perseus und Andromeda dar.»[68]

68 WOLFGANG SCHADEWALDT: Griechische Sternsagen, 29–31. – ALETTA SEIFFERT: Gefürchtet, bewundert, vergöttert, in: Zeit der Helden, 352, verweist zu Recht darauf, daß «Heroen ... aus ihren Gräbern heraus in das Geschehen auf Erden eingreifen konnten.» Sie wurden deshalb «kultisch verehrt.» S. 355: «Die Position von Heroen zwischen Göttern und Menschen spiegelte sich ... in ihren Kulten wieder: Die Riten, die zu Ehren von Heroen abgehalten wurden, hatten zum einen große Ähnlichkeit mit jenen, die man an den Gräbern von Toten abhielt, und denen für chthonische Götter (Götter, die in der Unterwelt lebten), zum andern mit Riten, für die olympischen Götter.» – In der Gegenwart hat – trotz aller spektakulären Verformungen der Heroengestalt in Kino, Mode und Reklame – der Zug einer helfenden, rettenden Ausnahmegestalt wie Widerstandskämpfer oder karitativaufopferungsvoller Persönlichkeiten an Bewunderung und Verehrung nichts verloren, allerdings erscheint er zumeist in säkularisierter, oft auch trivialisierter Form; vgl. SUSANNE ERBELDING: Batman, Kahn, Mandela und Co., in: Zeit der Helden, 375–376.

Mit anderen Worten: Wer seine Augen zum Nachthimmel erhebt, der sieht dort verewigt die unsterbliche Liebesgeschichte von *Perseus* und *Andromeda*, die beide, je für sich, ihre Bindung an die Mutter und an den Vater zu überwinden vermochten, indem sie die ärgsten Ängste ihrer Kindertage in einer erwachsenen Bindung aneinander zu überlieben imstande waren. – Wer am Nachthimmel diese Botschaft der Sterne in der Mythologie der Griechen nachzeichnen möchte, der kann praktischerweise vom mittleren Stern der «Deichsel» des Großen Wagens (die wohl jeder kennt) ausgehen und eine Linie zum Polarstern ziehen, – in deren Verlängerung kommt er dann zu dem linken der beiden unteren Sterne des Himmels-W, der *Kassiopeia*. Folgt er von diesem Stern der äußeren W-Linie, gelangt er zu einem der hellsten Sterne der *Andromeda*, zur «Scheat»; und verlängert er diese Linie weiter, gelangt er zum *Pegasos*. Den *Perseus* findet er, indem er durch den «Kasten» des Großen Wagens eine Diagonale von links unten nach rechts oben zum Polarstern zieht und sie etwa fünfmal verlängert. Das (lichtschwache) Sternbild des *Kepheus* liegt auf der Verlängerungslinie der beiden hinteren Kastensterne des Großen Wagens über den Polarstern hinaus. Der *Walfisch* (*Ketos*) gehört bereits dem südlichen Sternhimmel zu und ist mit bloßem Auge kaum sichtbar. Der Kernbestand aber der Sternbilder des *Perseus*-Mythos am Himmel zählt zu den «Circumpolarsternen», zu jenen Sternbildern also, die in jeder Nacht den Polarsten umkreisen, ohne jemals unter dem Horizont zu versinken ...

Wie ein solches «ozeanisches» beziehungsweise «uranisches» Gefühl der Liebe sich ausspricht, hat RAINER MARIA RILKE in den «Neuen Gedichten» von 1907 unter dem Titel «Die Liebende» darzustellen versucht, indem er schrieb:

> Das ist mein Fenster. Eben
> bin ich so sanft erwacht.
> Ich dachte, ich würde schweben.
> Bis wohin reicht mein Leben,
> und wo beginnt die Nacht?
>
> Ich könnte meinen, alles
> wäre noch Ich ringsum;
> durchsichtig wie eines Kristalles
> Tiefe, verdunkelt, stumm.
>
> Ich könnte auch noch die Sterne
> fassen in mir; so groß

scheint mir mein Herz; so gerne
ließ es ihn wieder los,

den ich vielleicht zu lieben,
vielleicht zu halten begann.
Fremd, wie nie beschrieben,
sieht mich mein Schicksal an.

Was bin ich unter diese
Unendlichkeit gelegt,
Duftend wie eine Wiese,
hin und her bewegt,

rufend zugleich bange,
daß einer den Ruf vernimmt,
und zum Untergange
in einem Andern bestimmt[69].

69 RAINER MARIA RILKE: Der neuen Gedichte anderer Teil, in: Sämtliche Werke, I 621-
622.

Midas, Marsyas und Arachne oder: Lehren aus der Götter Strafen

1) Zwischen Pan und Apoll oder: Die Tragödie, nur Kreatur zu sein

Sonderbar geht es zu im Leben von Menschen: Was eben noch Leid war, währt es nur lange genug, formt sich zum Ton einer Klage, die immer neu sich wiederholt, variiert und melodisch komponiert. Eine Musik entsteht, die als Schwingung der Seele beginnt, in Resonanz auf sich selber zurückwirkt und die Einsamkeit der Trauernden tröstet. Das Eigene erklingt wie ein Fremdes und dennoch gänzlich Vertrautes. Man hört sich selbst und ist dennoch nicht völlig allein.

So wird's erzählt von den *Gorgonen*: Als ihre Schwester, die *Medusa*, starb unter den Sichelhieben des *Perseus*, erhob ihr Weh sich als ein langgezogener Klang des Schmerzes, und ihn vernahm *Athene*. So tief berührt war die Göttin davon, daß sie nachbilden wollte, was sie hörte, und so schuf sie die erste Flöte[1].

1 OVID: Festkalender, VI 695–710, S. 285, läßt *Athene* (lat.: *Minerva*) zum sogenannten Quinquatrenfest, das – vom 19.–23. März – der Göttin geweiht war, begründend erklären:
> «Der März begeht für mich ein Fest dieses Namens.
> Auch diese Schar (sc. die Flötistinnen, d.V.) verdankt meiner Idee den Beruf.
> Ich durchbohrte erstmals ins Holz des Buchsbaums einige Löcher,
> Schuf so die Flöte, die dann Töne hervorgebracht hat.
> Mir gefiel zwar der Klang, doch ich sah dann im Spiegel der Wellen,
> Daß mein Mädchengesicht plötzlich ganz pausbäckig war.
> ‹Das ist die Kunst mir nicht wert›, rief ich, ‹leb wohl, meine Flöte!›
> Warf sie gleich weg, und sie fiel dort an dem Ufer ins Gras,
> Wo sie ein Satyr (sc. *Marsyas*, d.V.) findet, erst stutzt und nicht weiß, was ihr Nutzen
> Sein mag, und als er sie bläst, merkt, daß sie Töne erzeugt.
> Bald läßt er Luft durch die Löcher, bald hält er sie fest mit den Fingern,
> Gibt vor den Nymphen sofort mit seiner Kunst mächtig an.
> Phöbus fordert er dann zum Wettkampf heraus, aber Phöbus (sc. Apoll, d.V.)
> Siegte und hängte ihn auf, zog ihm vom Leibe die Haut.
> Ich aber hab' dieses Spiel erfunden, ich hab› es begründet;
> Deshalb hält diese Kunst heilig den heutigen Tag.»

Zu den Quinquatren vgl. OVID: Festkalender, III 809–848, S. 143; 145, zum 19. März. – HYGIN, Nr. 165, in: Griechische Sagen, 322, stellt die «Erfindung» der Flöte so dar: «Athene soll als erste aus einem Hirschknochen eine Flöte hergestellt haben und sei zum Mahl der Götter gekommen, um zu singen. Hera und Aphrodite verspotteten sie, weil sie

a) *Das Lied der Flöte oder: Pans Klagegesang*

Musikgeschichtlich kann man sicher darüber streiten, was einmal am Anfang stand: War es wirklich die Flöte oder nicht vielleicht doch die Trommel? Die Herzschläge der Mutter, die ein Kind, noch ungeboren, schon vernimmt, bevor es auf die Welt kommt, sind zweifellos die ersten Rhythmen, die sich in sein Gedächtnis schreiben. Sie hüllen es ein in eine Atmosphäre der Geborgenheit und der Einheit. Ein hohles Holzstück, ein mehr oder minder straff gespanntes Fell, die eigene Brust, der Bauchraum – dumpf im Klang und unterschiedlich schnell in der Frequenz der Schläge, so bildet sich der Schall der Trommel. Dichter am Ursprung aller Tonschöpfung kann wohl kein anderes Instrument als eine Trommel stehen. Nur: Holz und Fell und Fleisch vergehen schnell, es gibt von ihnen keine Spuren in den Zeiträumen der Paläontologen und der Prähistoriker. Durch Funde belegt ist als erstes die Flöte.

Schon die Neanderthaler scheinen sie gekannt zu haben. (Vgl. Tafel 22c)[2] Ein hohles Knochenstück – wenn man hineinbläst oder, richtiger, wenn man über den Eingang einer solchen Röhre Atemwind hinstreichen läßt, erklingt ein helles Pfeifen, das je nach Mundstellung verschieden hoch und niedrig sich vernehmen läßt. Entscheidend dafür ist die Länge der Luftsäule: Wie weit wählt man den Weg der Atemluft zwischen dem Eingang und dem Ausgang an dem Röhrenkörper, gleich, ob er nun aus Holz besteht, aus Knochen oder aus Keramik? Es sind die Löcher, die in passender Entfernung zu einander den Weg der Luft verkürzen oder, je nachdem, verlängern und damit auch die Tonhöhe nach oben oder unten regeln. Es kann nicht allzu schwer gewesen sein, dieses Grundprinzip der Flöte zu entdecken, nicht sehr viel schwerer jedenfalls, als jenen dumpfen Klang der Trommeln zu erzeugen.

Doch wie anders geht das Lied der Flöte als der Tritt der Trommel! Diese, wenn man sie hört, erinnert in gewisser Weise an die Ureinheit im Schoß der Mutter und schreitet den Weg ab, der uns vom Ursprung trennt; jene erschallt als Wehlaut über den Verlust der Einheit und über die Verlorenheit im Zustand des Getrenntseins. Vollkommen unabhängig von einan-

---

bläulich anlief und die Backen aufblies. Als häßlich befunden und beim Spiel verlacht, kam sie in den Wald Ida zu einer Quelle, hier erblickte sie sich beim Spielen und sah, daß sie mit Recht verlacht worden war. Daher warf sie die Flöte fort und sprach den Fluch aus, daß, wer sie aufhebe, schwer sollte bestraft werden. Die Flöte fand der Hirt Marsyas, ein Sohn des Oiagros, einer von den Satyrn.» – JOHN PINSENT: Griechische Mythologie, 70, schreibt: «Athene erfand die Flöte, als sie das ersterbende Gezisch der Schlangen in Gorgos Haar nachahmen wollte.»

2 ROB DINNIS – CHRIS STRINGER: Britain. One Million Years of the Human Story, 106.

der erzählen die Völker deshalb in erstaunlich gleichsinniger Weise, wie die Flöte gleichzeitig mit dem Tod und mit dem Schmerz entstand.

Am Rio Apaporis, einem Nebenfluß des Amazonas, zum Beispiel, berichten Yahuna-Indianer von ihrem Kulturbringer *Milomaki*[3]: Der kam aus dem Wasserhause, aus dem Hause der Sonne, und er brachte den Menschen die Musik. Er sang so schön, daß die Männer ihn töteten. Der Grund: Er schenkte ihnen ein Empfinden für die Kostbarkeit des Lebens; da ergriff sie der Schmerz über das bittere Schicksal des Todes, und sie sprachen den schuldig, der ihnen das Bewußtsein dafür eröffnete. *Milomaki* wurde verbrannt, doch er sang und sang, und aus seiner Asche erhob sich der Zweig der Paschiuba-Palme, aus deren Holz die Männer die Flöten schnitzen; die Frauen dürfen nicht anwesend sein, wenn die Männer am Fest *Milomakis* auf ihnen spielen. Die Frauen verkörpern das Leben, ähnlich der Trommel, die Männer – als Jäger, als Krieger – indessen erweisen sich als verwandt mit dem Tod; ihr Instrument bezeichnenderweise ist die Flöte. Schon deren Form trägt phallische Züge, und sie beschwört nicht nur eine Stimmung der Trauer, sie erregt auch den Willen, die Zweiheit zu leugnen und die Einheit nach Möglichkeit wiederzufinden. Tod und Leben, Sterben und Zeugen, Verletzen und Gebären verschmelzen im Lied der Flöte kultisch zu ein und demselben Symbol – wie beim Tod der *Medusa*, wie beim Tod des *Adonis*, wie beim «Raub» der *Persephone* …, die Flöte aber ertönt wie eine langgezogene Klage der Wehmut über den Zustand der Getrenntheit.

Niemand hat dieses Empfinden feinsinniger ausgedrückt als der persische Mystiker und Gründer des Ordens der tanzenden Derwische: DSCHALAL AD-DIN AR-RUMI (1207–1273): «Unsere Musik,» schreibt er, «ist das Echo der Hymnen, welche die Sphären in ihrem Kreislauf singen … Der Gesang der wandelnden Welten ist es, den die Menschen wiedergeben wollen, indem sie die Hilfe der Laute und der Stimme in Anspruch nehmen. Wir haben alle diese hohen Melodien im Paradies vernommen, das wir verloren, und obwohl uns die Erde und das Wasser niedergedrückt haben, behalten wir die himmlischen Gesänge in unserem Gedächtnis. Wer liebt, der nährt seine Liebe, indem er der Musik lauscht, denn die Musik erinnert ihn an die Freuden seiner ersten Vereinigung mit Gott … Höre die Stimme der Flöte, die aus Schilfrohr geschnitten wurde, höre, was sie erzählt und worüber sie klagt. Seitdem man mich im Schilf am Moor geschnitten, so sagt sie, beklagen sich Mann und Frau bei meiner Musik. Mein Herz ist von der Verlassenheit zerrissen; dem ist so, damit ich den Schmerz ausdrük-

3 E. DREWERMANN: Milomaki oder vom Geist der Musik. Eine Mythe der Yahuna-Indianer, 22 ff.: Text und Deutung.

ken kann, den die Sehnsucht bringt. Jeder, der weit von seinem Ursprung entfernt lebt, sehnt sich nach dem Tage der wiederkehrenden Vereinigung ... Die Klage der Flöte ist nicht nur Luft, sondern auch Feuer. Wer dieses Feuers entbehrt, ist wie ein Toter. Das Feuer der Liebe ist es, welches der Flöte ihre Seele gibt ... Die Flöte ist die Vertraute der unglücklich Liebenden. Sie hat meine innersten Geheimnisse enthüllt. Wer kennt ein Gift oder ein Gegengift, das sich mit der Flöte messen könnte? ... Stehe auf, mein Sohn! Zerbrich deine Ketten und sei frei. Wie lange werden dich Gold und Silber noch knechten? ... Sei mir gegrüßt, Liebe, du sanfter Wahn! Du, die du alle unsere Gebresten heilst, du Chirurg unseres Ehrgeizes und unserer Anmaßung, der du unser Plato und unser Galenus (sc. griech. Arzt im 2. Jh. n. Chr., d.V.) bist. Die Liebe verzückt unsere irdischen Körper gen Himmel und läßt mit Freuden sogar die Hügel tanzen ... Wenn mein Geliebter mich auch nur mit seinen Lippen berührt, werde ich gleich der Flöte in Melodien ausbrechen. Der Geliebte ist alles in allem, der Liebende ist nur der Schleier. Der Geliebte ist alles, was lebt, der Liebende ein totes Ding ...»[4]

In dieser Deutung ist die Musik der Flöte Ausdruck und Mittel für das Verlangen und das Erleben einer vollständigen Auflösung des Ich in dem ekstatischen Rausch einer verschmelzenden Einheit mit dem einzig Geliebten, mit dem Ursprung von allem, – mit Gott, mit der Mutter ..., die Sehnsucht des *Ixion*, gefaßt in tönende Worte, in die Musik eines ergreifenden Klagegesangs.

Unter solchen Betrachtungen wird es auch historisch verständlich, daß die Flöte als Musikinstrument der Ursprünglichkeit verhaftet blieb, die sie selber in ihren Klängen beschwört. In den griechischen Mythen waren es bevorzugt die waldbewohnenden *Satyrn*, die das Flötenspiel liebten und bei den Gelagen des Gottes *Dionysos* nicht fehlen durften. Oberflächlich betrachtet, verkörperten die *Satyrn* eine ungezügelte sexuelle Ausschweifung – in ständiger Bereitschaft, anmutigen Nymphen nachzustellen und sich an ihnen zu befriedigen; jedoch wie stets im Mythos ist auch ihr Treiben symbolisch zu verstehen. Gestalt gewinnt in ihnen der wilde Drang zu Zeugung und zu Fruchtbarkeit; ihr Lebensraum ist die «Natur» (das noch von Menschen Unberührte), und als Naturkräfte im Menschen treten sie denn auch in Zerrformen des Menschlichen belustigend, erschreckend und verstörend in Erscheinung. Daß sie dabei mit Pferdeohren, Pferdeschwanz

---

4 Zit. n. ÉMILE DERMENGHEM: Mohammed in Selbstzeugnissen und Bilddokumenten, 152–153.

und Hufen abgebildet werden[5], beweist die Kraft des tierischen Verlangens, das sich in ihrem zumeist ityphallischen Gehabe ausdrückt. Als Anführer der Satyrn betätigt sich gelegentlich der Wald- und Weidegott *Pan*, ein Sohn des *Hermes*, mit Bocksfüßen und Hörnern, – die christlichen Teufelsdarstellungen haben sein Portrait als Kinderschreck verewigt. Sein triebhaftes umherschweifendes Wesen konnte allerdings auch schon in der Antike, zumal wenn er in der Mittagshitze plötzlich sich sehen ließ, bei Nymphen wie Mädchen *pan*ischen Schrecken verbreiten. Doch gerade so, als ein durch und durch bocksgeiles Wesen, war er den Hirten bei der Vermehrung ihrer Herden hochwillkommen und geachtet[6], und eben in diesem Zwischenbereich von Natur und Kultur, Tierischem und Menschlichem, Triebhaftem und Tröstlichem erklang das Spiel seiner Flöte.

Pan nämlich hatte einst der arkadischen Nymphe *Syrinx* nachgestellt, und diese, um ihre Jungfräulichkeit zu retten, hatte die Nymphen des Flusses Ladon gebeten, sie in Schilf zu verwandeln; das geschah, doch *Pan*, als er an den Fluß kam, schnitzte aus dem Schilfrohr eine Flöte, der er nach seiner Geliebten den Namen «Syrinx» gab[7]. Dieses Instrument des *Pan* ist die klassische Hirtenflöte. Wie gerade auf ihr das Lied der Liebe in seufzender Wehmut erklingt, hat erneut OVID in seinen «Metamorphosen» dargestellt. Denn kaum hatte *Syrinx* durch die Gunst der «Nymphen der Wellen» ihre weibliche Gestalt in ein Schilfrohr gewandelt, da nahte sich ihr schon der Verfolger; und jetzt schreibt OVID:

> ... als Pan schon glaubte, nun habe er Syrinx ergriffen,
> Hielt er an Stelle des Körpers der Nymphe nur Schilfrohr in Händen.

5 UDO REINHARDT: Der antike Mythos, 61, hält «die Kombination Männerkörper mit Pferdeohren, Pferdeschwanz und anfangs z. T. noch Pferdebeinen bei den Silenen» für «eine genuin griechische Eigenbildung im Rahmen des neuen Dionysoskultes,» da «diese ... Variante im altorientalischen Bereich bisher nicht belegbar» sei. Vgl. auch HERBERT HUNGER: Lexikon der griechischen und römischen Mythologie, 370: «Während man unter Silenen bis in die Spätantike nur zweibeinige bärtige Pferdewesen verstand, wurde die Bezeichnung Satyr zumindest seit dem 4. Jh. v. Chr. nach Belieben auch für die Silene verwendet. Vorbereitet ist diese Vermischung in der Auffassung der Satyrspiele des 5. Jh., in denen die Satyrn als Kinder des Silen auftreten.» Vgl. auch MARTIN P. NILSSON: Geschichte der griechischen Religion, I 232–235: Satyrn und Silene: «Auf den Bildern treten die Silene in der Gefolgschaft des Dionysos auf, oder mit den Nymphen sehr frei verkehrend.» (232)
6 Vgl. HERBERT HUNGER: Lexikon der griechischen und römischen Mythologie, 300–301. MICHAEL GRANT – JOHN HAZEL: Lexikon der antiken Mythen und Gestalten, 318–319. KARL KERÉNYI: Die Mythologie der Griechen, I 138–140, verweist auf die Ähnlichkeit des *Pan* zu den Satyrn, der ursprünglich (dem Namen nach «das All») «vielleicht ... die dunklere Hälfte eines männlichen Götterpaares bildete.» (139)
7 Vgl. MICHAEL GRANT – JOHN HAZEL: Lexikon der antiken Mythen und Gestalten, 380.

Doch wie er tief aufseufzte, bewegte sein Atem die Halme,
Und es erscholl eine zarte Musik, einer Klage vergleichbar.
Von der Entdeckung bezaubert, gerührt von der Süße der Töne,
Sagte der Gott: «So kann ich mit dir mich stets unterhalten!»
Damit vereinigt er Rohre verschiedener Länge; er bindet
Sie mit Wachs und behält für die Pfeife den Namen des Mädchens[8].

Wie in der Flöte *Athene*s die Klage des Todes erschallt, so also ist die Flöte des *Pan* eine Ersatzgestalt, eine Metamorphose, eine Sublimation der schmerzlich vermißten Geliebten, deren unerreichbare Nähe der Klang der Syrinx beschwört. Damit indessen vertieft sich die Thematik des Stoffes in entscheidender Weise. Wie in der *Ixion*-Mythe, wie in der *Perseus*-Sage läßt sich von Tod und von Liebe nicht reden, ohne Grundfragen des menschlichen Daseins darin neu angesprochen zu finden.

b) *Midas oder: Ein Leben zwischen den Extremen*
Die «religiöse» Entwicklung, welche die Mythe von der Erfindung der Flöte in der griechischen Überlieferung nimmt, findet ihren Anfang und ihre Überleitung am einfachsten in der Gestalt des phrygischen Königs *Midas*, des Sohnes des *Gordios*. Von diesem *Gordios* erzählt man, es habe beim Pflügen ein Adler einmal einen ganzen Tag lang sich auf dem Joch seines Pfluges niedergelassen, und um zu erfahren, was dieses Zeichen bedeute, sei er nach Telmessos in Lykien gegangen, weil die Bewohner dort für besonders begabt mit prophetischen Fähigkeiten gehalten wurden. Tatsächlich habe ihm dort ein Mädchen, das gerade an einem Brunnen Wasser schöpfte (wie in Joh 4,7 die Frau am Jakobsbrunnen!), geraten, dem *Zeus* ein Opfer darzubringen. Dieses Mädchen habe *Gordios* geheiratet und mit ihm den Sohn *Midas* gezeugt, – andere freilich berichten, die Göttermutter *Kybele* habe ihn zur Welt gebracht[9]. In jedem Falle bleibt die Gestalt des *Midas* mit den Schicksalsmächten der «Erde» verwandt. – Zum «König» übrigens wurde sein Vater selber durch einen providentiellen Zufall: Als die Phryger uneins darüber waren, wer ihr König werden solle, erteilte das Orakel ihnen die Auskunft, sie sollten auf denjenigen warten, der auf einem Karren zum Tempel des *Zeus* gefahren komme, – das gerade war *Gordios*, und so ward *Midas* nach dessen Tode sein Thronnachfolger. Man glaubte im weiteren auch, daß derjenige, der den Knoten am Joch des Karrens des *Gordios* zu lösen vermöchte, zum Herrscher über ganz Asien aufsteigen

8 OVID: Metamorphosen, I 705–712, B S. 50.
9 HYGIN, Nr. 191, in: Griechische Sagen, 336.

werde. Einzig *Alexander* der Große «löste» den «Gordischen Knoten», indem er ihn mit dem Schwerte zerhieb, – das rätselhaft Geheimnisvolle des Daseins und die brutale Einfachheit des «praktischen» Tuns treten schon in dieser Erzählung bemerkenswerterweise in scharfem Kontrast einander gegenüber[10]. *Alexander* war jemand, der, als er im Traum einen *Satyr* sah, der von ferne ihn neckte, darin die Botschaft verkleidet glaubte: «Sa Tyros – (die Stadt) Tyros wird dein sein.»[11] Traumgesichte als Machtvisionen! Hier bereits ahnt man, daß es um die Dynastie des *Gordios* gegenüber dem gewalttätigen Durchsetzungswillen von Eroberern und Herrschern nach Art des Makedoniers nicht zum besten bestellt sein wird.

Tatsächlich sind von *Midas* denn auch zwei Erzählungen im Umlauf, die – aus griechischer Sicht – ein eigentümliches Licht speziell auf das phrygische Königtum werfen; beide erzählt gleichfalls OVID in seinen «Metamorphosen».

Die erste: Der alte *Silenos*, der Erzieher des *Dionysos*, war einmal von phrygischen Bauern gefangen worden

> Während er schwankte vom Wein und vom Alter. Mit Kränzen
> umwunden,
> Ward er vor Midas geführt ...
> ...
>
> Dieser erkennt des heiligen Dienstes vertrauten Gefährten,
> Und er feiert, erfreut ob der Ankunft des Gastes, ein herrlich
> Fest, zehn Tage und Nächte in ununterbrochener Folge[12].

Dann, am 11. Tage, bringt *Midas* seinen so wohl im Rosengarten[13] bewirteten Gast zurück nach Lydien zu seinem Zögling *Dionysos*.

---

10 PLUTARCH: Alexandros, 18, in: Lebensbeschreibungen, IV 281.
11 A. a. O., Alexandros, 24, in: Lebensbeschreibungen, IV 289. – ROBERT VON RANKE-GRAVES: Griechische Mythologie, I 257–258, hält den Gordischen Knoten für ein Zeichen des *Dionysos*, das «in eine lederne Schnur gebunden» gewesen sei. «Gordion war das Tor zu Asien (Kleinasien); seine Zitadelle beherrschte die einzige brauchbare Handelsroute von Troja nach Antiochien.»
12 OVID: Metamorphosen, XI 91–96, B S. 349.
13 HERODOT: Historien, VIII 138,2–3; Bd. 2, S. 1161, erwähnt die «Midasgärten» und schreibt: «In diesen Gärten wachsen wilde Rosen, von denen jede 60 Blätter hat und an Duft die anderen Rosen weit übertrifft. In diesen Gärten wurde auch Silenos gefangen.» ROBERT VON RANKE-GRAVES: Griechische Mythologie, I 257, sieht in den Rosengärten des Midas einen Hinweis «auf einen orgiastischen Kult der Aphrodite, der die Rose geweiht war».

Dieser, erfreut, daß der Pfleger ihm wiedergegeben, gestattet
Ihm, sich etwas zu wünschen: willkommne Gnade, doch unnütz!
»Mache, daß alles, was ich mit dem Körper berühre, in gelbes
Gold sich verwandle!« so sagt er, unfähig die Gabe zu nutzen[14].

Wenn Götter lohnen und strafen, dann mit Vorliebe dadurch, daß sie erfüllen, was Menschen erbitten, – ihre eigenen Wunschvorstellungen sind es, die ihnen Glück oder Unglück bereiten. *Dionysos*, zweifellos, will *Midas* belohnen für seine Gastfreundlichkeit und Großzügigkeit, doch was für Wünsche wird der Sohn der Fruchtbarkeitsgöttin *Kybele* (in einer der Herkunftsvarianten über *Midas*) an den Gott des selbstvergessenen Weinrauschs *Dionysos* richten – außer irdisches Glück im Übermaß? Was aber wäre – bis in unsere Zeiten hinein – ein vollkommenes Glück schon anderes als – unendlicher Reichtum! Wenn man «eine goldene Nase» hat, also instinktiv weiß, wie, wo und wann an Geld zu gelangen ist, oder wenn man, noch besser, «ein goldenes Händchen» besitzt, so daß alles, was man anfaßt, in pures Gold sich verwandelt, hat man vermeintlich jene Kunst zur Meisterschaft weiterentwickelt, auf die es als einzige im Leben tatsächlich ankommt. Wer unbegrenzt Geld zu machen versteht, steht selbst in dem Ruf, ein «gemachter Mann» zu sein. Alles kann er sich leisten, denn, was wäre nicht käuflich auf Erden? Arbeitskräfte, Dienstleistungen, Genüsse allerart, gewisse Gefälligkeiten in Politik und Gesellschaft, – alles nur Wünschenswerte, wenn man nur Geld hat, kann man sich mühelos zueignen. Kein Versprechen in allen wirtschaftlichen Aktivitäten scheint deshalb attraktiver als diese Verheißung unendlichen Glücks in den Händen dessen, dem alles in Gold sich verwandelt, wenn er's nur anfaßt.

Und doch gibt es kaum einen Kommentar auf die Strafe, die bereits *Tantalos* litt, als dieses Motiv der Unvernunft des phrygischen Königs *Midas*. Sein Wunsch an *Dionysos*, gemeint als Gnade, ging in Erfüllung, und doch erwies sich eben deshalb sein unweiser Wunsch als schlimme Verwunschenheit: Der grüne Zweig einer Eiche, den *Midas* berührt, wird auf der Stelle zu Gold, der Stein, den er anfaßt, die trockenen Ähren, ein Apfel – alles, was seine Hände auch immer ergreifen, ist Gold! Wie wunderbar! scheint es.

Oh, wie kann er die Hoffnung fassen! Nur goldene Berge
Stellt er sich vor! Da decken die Diener dem Frohen die Tafel;
Hoch auf türmt man das Mahl; auch geröstete Frucht ist zur Stelle.
Aber, o weh! Sobald die Rechte die Gabe der Ceres (sc. der Demeter, d.V.)
Streift, da wird sie ihm steif und starr, die Gabe der Ceres.

14 OVID: Metamorphosen, XI 100–103, B S. 349.

Wenn er mit gierigen Zähnen die Speisen zu kauen sich anschickt,
Sind sie, vom Zahne berührt, von gelblichem Blech überzogen.
Eben mischt er die Gabe des Spenders mit lauterem Wasser:
Flüssiges Gold rinnt ihm durch die Kehle – o schauet das Wunder!
Gänzlich betäubt von der Not, die ihm neu, der Reiche, der Arme,
Will er den Schätzen entfliehn und haßt, was er eben gewünscht hat!
Keinerlei Fülle befriedigt den Hunger, es brennt in der Kehle
Trockener Durst: den Schuldigen quält das Gold, das verhaßte[15].

Wie es möglich ist, an gedeckter Tafel zu verhungern, aus Unfähigkeit, etwas zu genießen, zeigte bereits das Schicksal des *Tantalos*: Er speiste unter den Göttern und war doch nur ein Mensch voller Zweifel bezüglich der Rechtfertigung seines Daseins, voller Angst auch gegenüber der jederzeit lauernden Todesgefahr, eine *Damokles*-Existenz schlechterdings. Alles, wonach *Tantalos* seine Hand ausstreckte, floh ihn und mied ihn. *Midas*, in paradoxer Parodie auf das gleiche Motiv, erhält alles, was er nur wünscht, doch: Was er für Glück hält, ist Unglück! Denn: Glück ist nicht käuflich erwerbbar! Glück ist ein Zustand, kein Gegenstand, auch nicht ein Umstand. Was *Midas* lernt, lernen muß, ist deshalb nicht mehr und nicht weniger als die Umwandlung seiner gesamten Lebenseinstellung. Flehentlich bittet er *Bacchus* (*Dionysos*), seine Gabe, gnädig gegeben, gnädigerweise wieder zurückzunehmen und ihn «dem gleißenden Unheil» zu entreißen. Doch wie kann das gelingen? Kann man die Sucht nach Geld und Genuß, das Gefühl eines endlosen Hungers und Durstes nach einem Leben, das man selbst sich versperrt mit dem Glücksfetisch endlosen «Habens», je heilen? Ist die Grundhaltung einer ganzen Gesellschaft zu korrigieren und zu kurieren, die in nichts anderem besteht, als die Umwandlung aller Welt in zählbare, zahlbare Münze für den obersten Maßstab und Wert aller Dinge zu halten? Die Schönheit eines Waldes – sie zählt nichts, außer man kauft das betreffende Areal und nutzt es zugunsten der Forstwirtschaft. Die Majestät eines Flusses – sie bedeutet nichts, außer man nutzt sie zur Wasserwirtschaft, zur Elektrizitätsgewinnung, für die Tourismusindustrie oder als Verkehrsweg für die Schifffahrt. Wie kann man Einhalt gebieten der Maßlosigkeit der Geldberauschten, der Goldsüchtigen, außer man überliefert sie selbst der Erfahrung des *Midas*, daß man Geld und Gold nicht essen kann?

Das Heilmittel, das *Dionysos* vorschlägt, ist so übel nicht: *Midas*, so sagt er, solle im Flusse Paktolos, der bei Sardes in Lydien fließt, ein Bad nehmen, indem er

---

15 A. a. O., IV 117–130, B S. 350.

«... schreite den gleitenden Wellen entgegen
Über die Höhe des Ufers, bis daß du zum Ursprung gelangest!
Wo der schäumende Quell am kräftigsten sprudelt, da halte
Unter das Haupt und wasche den Leib und tilge den Frevel.»
Wie ihm geboten, so handelt der König. Die schaffende Goldkraft
Drang in das Wasser: sie wich in den Strom aus dem menschlichen
Körper[16].

Noch heute, versichert HYGINUS im 2. Jh. n. Chr., heißt der Fluß deshalb Chrysorrhoas (»Goldstrom»)[17], nahm er doch durch die Berührung des Königs «eine goldene Farbe» an. «Der Paktolos führt vom Tmolos (sc. einem Gebirge südl. von Sardes, heute türk. Bos Dagh, d.V.) herab Goldstaub mit sich,» notierte schon HERODOT[18], und so versteht sich die Geschichte von *Midas* scheinbar ganz einfach als «Aition» (als ein Begründungsmythos) für diese seltsame, also erklärungsbedürftige Naturtatsache; die «Erklärung» selber erfolgt dabei offenbar gänzlich im Rahmen eines magischen Denkens, wonach physische Berührungen psychische Kraftübertragungen mit durchaus materiellen Wirkungen zeitigen können.

Ein solches Denken ist weit verbreitet. Die Bibel etwa weiß von der Heilung des an Lepra leidenden aramäischen Feldhauptmanns *Naaman* zu berichten, dem der Prophet *Elischa* aufträgt, zu seiner Heilung sich siebenmal im Jordan zu waschen (2 Kön 5,10); und noch heute gelten in der katholischen Kirche Quellen wie im südfranzösischen Lourdes als Wallfahrtsorte von wunderbar göttlicher Heilkraft (damals der Göttermutter *Kybele*, heute der Gottesmutter *Maria* zugeschrieben). Doch was versteht man auf diese Weise? Mit derartigen Erklärungen der «Erklärung» eines lydischen Flusses durch die Mythe des *Midas* verfehlt man die eigentliche Aussage der Erzählung, die zweifellos lautet: Von der Sucht nach Gold und Geld kann ein Mensch nur geheilt werden, wenn er seine Natürlichkeit zurückgewinnt, wenn er dem Strom des Lebens gegen die Strömung bis zur Quelle hin folgt und sich buchstäblich «den Kopf waschen» läßt in dem reinigenden Wasser, das frei dahin fließt – unbezahlt und unbezahlbar. Erst indem *Midas* merkt, wie kostbar und wohltuend die Welt ist, die ihm alles, was sein Leben ausmacht, umsonst zur Verfügung stellt, lernt er ein Glück kennen, das er nicht ausbeuten muß, um es in Geldbesitz zu verwandeln, sondern das es zu hüten und zu bewahren gilt. «Goldwert» ist der Fluß nicht,

16 A. a. O., IV 138–143, B S. 351.
17 HYGIN, Nr. 191, in: Griechische Sagen, 336.
18 HERODOT: Historien, V 101, 2; Bd. 1, S. 741.

weil er «immer noch starrt ... von Gold»[19] in rein äußerem Sinne, sondern weil er die Last und das Laster der Gier von dem König abzuwaschen vermocht hat.

Um 1624 hat der französische Maler NICOLAS POUSSIN auf einem Bild mit dem Titel «Midas und Bacchus» diesen ersten Teil der *Midas*-Mythe zusammengefaßt. (Tafel 23a)[20] Dargestellt ist die Szene, in welcher der König in blauem Gewand und rotem Mantel reumütig zu *Dionysos* (lat.: *Bacchus*) zurückgekehrt ist und kniefällig den Gott um die Zurücknahme seiner verhängnisvollen Gabe bittet. Der Gott selber, «dessen roter Mantel herabgefallen ist» und den Anblick seines nackten wohlgeformten Körpers freigibt, «läßt die Trinkschale herabsinken» und zeigt in der Milde seines Blicks und der Geste seiner dargereichten linken Hand, daß er dem Wunsch des törichten Bittstellers anstandslos stattgeben wird. Wüßte man nicht, daß es sich in seiner Gestalt um den Gott des Weines handelt, so könnte man ihn mit seinem Lockenhaar für den ewig jugendlich schönen *Apoll* halten. Doch die Umstände sind eindeutig: Zu seinen Füßen schaut knurrend folgsam ein Panther zu ihm empor; zur Seite hockt ein Trunkener, der bestrebt scheint, ihm die segnende Hand zu küssen; hinter ihm «spielt ein Bacchant die Doppelflöte.» *Silen*, den *Midas* zu *Dionysos* zurückgebracht hat, liegt volltrunken ausgestreckt, den Weinkrug noch in der Hand, Weinlaub im Haar, auf einem Stein und stellt mit seinem aufgeschwemmten Körper die Wirkung langjährigen Weingenusses in üppigen Mengen aller Welt sichtbar zur Schau. Will wirklich *Midas* so werden? «Am Boden im Vordergrund lagert» auf ihren blau-weißen Gewändern «eine schlafende Nymphe,» verführerisch hingegossen, die Beine verschränkt, den linken Arm über den Kopf zurückgelehnt, wie bereit zu einem Liebesspiel, dessen Wonne sie in Rausch und Traum noch einmal zu erinnern scheint. Neben ihr, als wär' es ihr Kind, schlummert ein ebenfalls mit Weinlaub umkränzter Putto, vor ihm ein umgestürzter Weinkrug und ein fast leergetrunkener Becher. Am rechten Bildrand «necken Putten mit Masken einen Ziegenbock.»

Es ist nicht anders vorstellbar, als daß *Midas* von diesem Leben nach dem Lustprinzip tief beeindruckt ist. Gleich jetzt begibt er sich zum Paktolos-Fluß, «um sich reinzuwaschen»[21]; an dessen Ufer lagert ein Bacchant, der ihm, wie in einem Taufritus, das Wasser über den Kopf gießt, – gerade eine solche «Kopfwäsche» benötigt der König zu seiner «Wiedergeburt». Gleich-

19 OVID: Metamorphosen, IV 145, B S. 351.
20 HELGE SIEFERT: Alte Pinakothek. Französische und spanische Malerei, 98–101: NICOLAS POUSSIN: Midas und Bacchus.
21 A.a.O., 98.

wohl verstrickt seine «Bekehrung» ihn in ein neues Abenteuer der Unvernunft, – es ist die zweite Geschichte von *Midas*, die bei OVID sich betont liest als die latente Hintergrundseite des «Goldkönigs». Statt *Apoll* und *Dionysos* in *einer* Gestalt wahrzunehmen, werden die beiden Götter alternativ ihm gegenübertreten und ihm unversehens neues Ungemach zufügen.

Was die neue Begegnung mit *Dionysos* in dem phrygischen König bewirkt, stellt in den Worten OVIDS sich als eine vollkommene Kehrtwende dar. *Midas* fortan

> ... haßt ... die Schätze; er liebt jetzt Wälder und Felder;
> Pan ist sein Gott, der haust ja stets in den Höhlen der Berge.
> Aber der Fürst blieb töricht, und nochmals sollte der Herrscher,
> Wie schon früher, durch läppische Torheit Schaden erleiden[22].

Was sich da anbahnt, ist eine «Bekehrung», die nichts weiter ist, als eine neue «Verkehrung», weil sie im Wissen um die Falschheit des Alten simpel in das gegenteilige Extrem eines vermeintlich Neuen zu flüchten sucht.

Allerdings: Den Schrecken über die tödliche Gefahr der bisherigen Lebensanlage kann man im Fall eines *Midas* nur allzu gut verstehen, – er muß wirklich «alles», seine gesamte Lebenseinstellung ändern; doch um so sorgfältiger müßte er darauf achten, daß seine Kehrtwende von eigener Erkenntnis und ausgewogener Einsicht getragen wird. Soviel stimmt: Der Traum vom «Goldkind» ist ausgeträumt, er hat sich als Dieb eines wirklich glücklichen Lebens erwiesen. Doch was folgt daraus? – HENRY THOREAU im 19. Jh., um die Künstlichkeit und Unlebendigkeit der «zivilisierten» Stadtbürger hinter sich zu lassen, zog sich in die Abgelegenheit einer einsamen Blockhütte zurück und beschrieb in seinem Buch «Walden», welche Freuden sich entdecken lassen, wenn man die Geistes- und Ruhestörungen der verwalteten Welt zu vermeiden vermag[23]. Doch man muß aufpassen: Zwi-

22 OVID: Metamorphosen, XI 146–149, B S. 351.
23 HENRY D. THOREAU: Walden oder Hüttenleben im Walde, 57–58: «Der nackte Urmensch lebte zwar einfach, war aber wenigstens nicht an ein Haus gebunden. Wenn er gegessen und geschlafen und sich so wieder gestärkt hatte, dachte er ans Weiterziehen. Die ganze Welt war sein Zuhause... Doch siehe, der Mensch ist zum Werkzeug seiner Werkzeuge geworden. Einst pflückte er einfach Früchte, wenn er Hunger hatte, jetzt ist ein Bauer aus ihm geworden, und statt unter einem Baum Obdach zu suchen, ist er jetzt Hausbesitzer. Wir schlagen nicht mehr da und dort unser Nachtlager auf, wir sind seßhaft geworden und haben den Himmel vergessen. Das Christentum haben wir lediglich als ein verbessertes Verfahren der Agrikultur angenommen. Wir haben für diese Welt einen Familiensitz und für die nächste eine Familiengruft gebaut. In den besten Kunstwerken spricht sich das Bemühen aus, von diesen Verhältnissen freizukommen; sie bewirken aber bloß, dass wir uns in unserem Zustand wohlfühlen und jenen höheren vergessen.»

schen dem Diktat des Überich und den Triebwünschen des Es sollte stehen eine selbstbewußte Persönlichkeit, stark genug, eine Synthese zwischen «Kultur» und «Natur» in eigener Entscheidung zu leben und zu verantworten. Und eben das gelingt *Midas* – wie der griechische Mythos ihn schildert – gerade nicht. Es ist erneut sein Verständnis von Musik, an dem sich das zeigt.

Alles beginnt mit einer Unmöglichkeit, die indessen als eine göttliche Wirklichkeit eingeführt wird: Auf dem Gebiet der Musik, auf den Höhen des Tmolos, kommt es zu einem Wettstreit zwischen *Pan* und *Apoll*, zwischen Flöte und Leier. – In seinem von einem Millionenpublikum begeistert gefeierten Film «Wie im Himmel»[24] hat der schwedische Regisseur KAY POLLAK im Jahre 2005 exemplarisch zu zeigen versucht, wie absurd dieses ganze Vorhaben eines Musikwettstreits an sich bereits ausfallen muß. Ein Stardirigent, nach einem Herzinfarkt auf der Flucht vor dem Ruhm und auf der Suche nach sich selbst, baut in seinem ehemaligen Heimatort einen

24 KAY POLLAK (Reg.): Wie im Himmel, Schweden 2005. – Tatsächlich aber gehört der Musikwettstreit, der musische Agôn, zum Fest des Pythischen Apoll. WALTER BURKERT: Griechische Religion der archaischen und klassischen Epoche, 228, meint: «An allen Apollonfesten ist Apollons Musik in den Chören der Knaben und Mädchen präsent..., Wettkampf im Lied zur Leier und zur Flöte, auch im Flöten-Solo-Spiel ... Der Sieger erhält den Lorbeerkranz. Auf solche Tradition hat die Renaissance mit der Dichterkrönung des *poeta laureatus* zurückgegriffen. Die Musen sind für die Griechen freilich die Töchter des Zeus und der Erinnerung (sc. der *Mnemosyne*, d.V.); aber Apollon ist ihr Anführer: *Musagétes*.» Es gilt zugleich (S. 230): «Apollon bleibt der ‹Gott der Ferne›; der Mensch erkennt sich selbst in der Distanz zum Gott... So wendet der Gott mit der Gebärde der Überlegenheit sich ab von den Menschen insgesamt, Frommen und Gottlosen, Unreinen und Reinen. Doch die Menschen, die im Bewußtsein ihres Elends eben diesen Gott sich denken, wagen damit den Entwurf des Höheren, Absoluten; die Erkenntnis der Schranke besagt, daß das Beschränkte nicht alles ist. Auch das allzu Menschliche gewinnt Licht und Form aus jener Ferne. Es war einleuchtend und doch eine Verengung, dass man seit dem 5. Jahrhundert begann, Apollon als Sonnengott zu verstehen.» – *Homerische Hymnen*: Apollon, V. 184–193, S. 22, besingen den Gott als

Auf der gewölbten Phorminx spielend; da geben die Saiten
Einen lieblichen Klang unterm Schlag des goldenen Plektrons.
Aber er schwingt sich danach von der Erde wie ein Gedanke
Auf zum Olymp zu des Vaters Haus und der Götter Versammlung:
Gleich sind die Götter entzückt vom Gesang und den Tönen der Leier.
Alle Musen singen dazu mit herrlichen Stimmen,
Künden der Götter unsterbliches Los und alle die Leiden,
Die unter Göttergewalt die Menschen erdulden, und wie sie
Machtlos und unwissend sind und weder Abwehr des Alters
Noch einen Heiltrank gegen den Tod zu finden vermögen.

Die Musik des *Apoll* – das ist das Lied des unendlichen Abstands von Sterblichkeit und Unsterblichkeit.

317

Kirchenchor auf, dessen Teilnehmer von ihm systematisch darin geschult werden, ihren eigenen Ton zu finden, statt sich mit der Stimme anderer zu vergleichen. Nach anfänglichem Zögern folgt er schließlich denn doch der Einladung zu einem Chorwettbewerb, aber nur in der Absicht, seine Gruppe dort in einer Weise singen zu lassen, wie noch nie bei solch einer Veranstaltung gesungen wurde: Seine Chormitglieder verweigern sich jedem Leistungsvergleich, sie horchen nur auf sich selbst, auf einander, und finden so – wie im Jazz – zu ihrer eigenen Melodie. Gäbe es solche «Orte» der Erfahrung, so verstünde man, christlich gesprochen, wohl in der Tat, wie die Engel singen im Himmel. Musik hingegen sich aufführen zu lassen im «Ranking» von «Charts» ist ein Widerspruch in sich selbst, und daß es, zur Vermarktung musikalischer «Produkte», allerorten gleichwohl mit der größten Selbstverständlichkeit geschieht, ist eher ein Indiz für den Ungeist der Zeit als dessen Rechtfertigung durch die Vielzahl verkaufter CDs.

Was aber geschieht, wenn es, wie im Mythos von *Midas*, gleichwohl zu einem solchen Musikwettstreit kommt: – welch eine Musik, welch ein musikalisches Instrument soll dann als «besser» eingestuft werden? Und was eigentlich steht auf dem Spiel bei einem solchen «Vergleich», einer «Wahl»?

Erzählt wird, daß *Pan* auf den Höhen des Tmolos (jenes phrygischen Berges, der, personifiziert, an dieser Stelle die Rolle des Schiedsrichters übernimmt), «dort in den Bergen voll Stolz seine Lieder den zarten Nymphen» auf seiner Syrinx vorgespielt habe; in den Worten OVIDS:

.... er trällert auf wachsverstrichener Flöte von Schilfrohr.
Ja, er wagt es, Apollos Gesang zu verachten, und stellt sich
Keck dem Gegner zum ungleichen Wettkampf: Tmolus soll richten!
Hoch am Berg hat der Richter sich niedergesetzt; von den Ohren
Streicht er die Bäume: nur Eichen umkränzen die bläulichen Haare;
Eicheln hangen dem Greis um die eingesunkenen Schläfen.
Und jetzt spricht er und blickt auf den Gott der Herden: «Der Richter
Wäre bereit!» Das ländliche Rohr läßt jener ertönen
Und bezaubert mit seinen barbarischen Klängen den Midas
– Der ist gerade zugegen –. Dann wendet zum Antlitz des Phoebus
                                        (sc. Apoll, d.V.)
Tmolus das heilige Haupt; es folgt der Bewegung der Wald nach.
Schau, wie parnassischer Lorbeer die Haare des Gottes, die blonden,
Kränzt, er schleppt an der Erde den Mantel, den tyrischer Purpur
Färbte, er hält in der Linken die Laute aus indischem Elfen-
Bein und mit Edelsteinen geziert, in der Rechten den Schlegel.

Ja, so weiß nur ein Künstler zu stehn. Dann rührt er mit feinem
Daumen die Saiten: den Tmolus ergreift die Süße der Töne.
«Pan hat verloren», so spricht er, «das Rohr steht unter der Leier.»
Jedermann lobt den Spruch, die Entscheidung des heiligen Berges:
Midas allein klagt an: falsch nennt er das Urteil und wider-
Rechtlich gefällt. Da duldet der delische Gott (sc. *Apoll*, der auf
         der Insel Delos zur Welt kam, d.V.) es nicht länger,
Daß so läppische Ohren die menschlichen Formen behalten,
Sondern er zieht sie empor, er füllt sie mit weißlichen Zotteln,
Macht sie unten gelenkig und gibt ihnen flinke Bewegung.
Menschlich bleibt er im ganzen, nur hier wirkt seine Verdammung:
Denn jetzt trägt er die Ohren des langsam schreitenden Esels[25].

Wer nach dem Urteil des Gottes das Ohr eines Esels besitzt, soll Eselsohren
bekommen, – erneut ein echtes Jus talionis. Um jedoch seine Schande nicht
öffentlich werden zu lassen, setzte *Midas* seither sich eine phrygische Mütze
(eine Tiara) auf; nur vor seinem Barbier konnte er die Teilverwandlung in
einen Esel nicht gänzlich verbergen; unter Todesstrafe verbot er es ihm,
seine Beobachtung anderen mitzuteilen. Wie aber soll ein gewöhnlicher
Mensch ein solch ungewöhnliches Wissen verborgen halten? In seiner Not
hub der Ärmste eine Grube aus, hauchte sein Wissen in die Höhlung der
Erde und schaufelte sie hernach gewissenhaft zu. Doch vergeblich! Über die
Stelle wuchs wieder der Schilf, und der, «vom Südwind gefächelt»,

Tönt die verschütteten Worte: bekannt sind die Ohren des Fürsten[26]!

Denn: «König Midas hat Eselsohren», flüstert über den Flötenliebhaber
fortan das Röhricht und gibt durch sein Selbstzeugnis Kunde von der Torheit des phrygischen Königs.

Die ganze Satire, erkennbar, ist aus griechischer Sicht gegen die Phryger
gerichtet: Sie tragen ihre komischen Mützen offenbar nur, um ihre Eselsohren darunter zu verstecken ... Das, zweifellos, ist ethnographischer Spott,
humorvoll, zum Lachen, nicht boshaft. Ernst indessen ist die Psychologie der
Persönlichkeit eines wirklichen *Midas*. Daß man etwas Unliebsames an der
eigenen Erscheinung nicht wahrhaben will und vor aller Augen verhüllt,

25 OVID: Metamorphosen, XI 154–179, B S. 351–352.
26 A. a. O., XI 193, B S. 353. – ROBERT VON RANKE-GRAVES: Griechische Mythologie,
I 257, meint, «daß der ursprüngliche Midas auf seine Eselsohren stolz war. Eselsohren auf
einem Rohrzepter galten als königliches Zeichen, das von allen dynastischen Göttern Ägyp-
tens getragen wurde. Es erinnert an die Zeit, als der eselsohrige Set ... ihr oberster Gott
war».

entspricht geradezu klassisch dem Vorgang der Verdrängung, doch so, wie der Mythos es schildert, ist das Wissen um die Folgen eines solchen «Abwehrmechanismus»[27] genial zu nennen: Der im Bewußtsein als beschämend verdrängte Inhalt kommt wie von außen, als fremde Botschaft, von überall her auf das Ich zurück. Was man selbst aus verletztem Ehrgefühl sich selber nicht einzugestehen wagt, davon spricht (projektiv) alle Welt – atmosphärisch, nicht ein Einzelner sagt es, es liegt in der Luft …

Grund genug also hätte *Midas* auch selber, an seinen geistigen Fähigkeiten zu zweifeln: erst seine ebenso unglückselige wie unbedachte Geldgier, jetzt seine suchtähnliche Suche nach einem einfachen Leben in Wald und Flur, jetzt seine Vorliebe für *Silen* und *Pan*, jetzt sein Hang zu unreflektiertem Genuß … Eigentlich ist *Midas* geblieben, was er all die Zeit war: ein Augenblicksmensch ohne Nachgedanken, in gewissem Sinne ein Ästhet des Naiven, unbewußt seiner selbst und ausgeliefert dem Äußeren, jemand, der in Tracht und Pracht seine elementare Tumbheit kaschiert und kultiviert, nur um sie desto umfänglicher zu kalibrieren. Zu ihrer Ehre muß man es sagen: So sind nicht «die» Phryger; *Midas* indessen – wo wäre er nicht? – Doch nun jenseits der Possen: Was hat es mit diesem Musikwettbewerb eigentlich auf sich?

Was wirklich in dem «Wettkampf» zwischen einem Gott wie *Pan* (oder, ihm nahverwandt: *Dionysos*) und dem lichthellen Gott *Apoll* zum Ausdruck kommt, ist, in tieferer Betrachtung, eine Zweiteilung, die der menschlichen Psyche zutiefst eigentümlich ist: Auf der einen Seite steht das Unbewußte mit seinem Ensemble von Trieben, Affekten, Emotionen und Vorstellungen, die sich in der «Sprache» der Musik, doch auch in Träumen sowie in darstellender und dichtender Kunst ihren Ausdruck verschaffen; auf der anderen Seite steht das Bewußtsein mit seinem Versuch, eine Ein-

---

27 Vgl. ANNA FREUD: Das Ich und die Abwehrmechanismen, 65–73: Die Verleugnung in Wort und Handlung: «So wie beim neurotischen Konflikt die Wahrnehmung des verpönten Triebreizes durch Verdrängung abgewehrt wird, so weigert sich das kindliche Ich mit Hilfe der Verleugnung, den peinlichen Eindruck aus der Außenwelt zur Kenntnis zu nehmen. Bei der Zwangsneurose wird die Verdrängung durch eine Reaktionsbildung gesichert, die das Gegenteil der verdrängten Triebregung enthält (Mitleid statt Grausamkeit, Scham statt Zeiglust).» Neurosepsychologisch trägt die extreme Ambivalenz der Gestalt des *Midas* zweifellos solche zwangsneurotischen Züge in sich, – die Überleitung zu den ausgesprochen sadistischen Zügen des Mythos von *Marsyas* läßt nicht auf sich warten. – Die *Leier*, die *Apollon* als sein Instrument beherrscht, dürfte nach dem Bild des «Leierspielers beim Bankett» aus dem mykenischen Palast von Pylos einmal als «Brücke zur Gottheit» gegolten haben; zugleich war der musikalische Vortrag während des Mahles auch ein «Mittel der Machtinszenierung und ideologischer Eckpfeiler der *wánax*-Herrschaft (sc. griech: *ánax* – Herr, d.V.).» MANOLIS MIKRAKIS: «Mit Schwert und Leier …», in: Zeit der Helden, 340.

heit des Erlebens und Denkens zu bilden. Wohlgemerkt: gerade bewußte Gestaltung kann Kunstwerke schaffen, ja, im Grunde müssen Fühlen und Denken, Bildern und Bilden – *Dionysos* und *Apoll* auf der Ebene der Götter im Mythos – zusammenwirken, um einen kreativen Vorgang zu ermöglichen. Dennoch ringen beide auf dem Terrain der menschlichen Seele um ihre Vorherrschaft, und es fällt dem Ich alles andere als leicht, zwischen ihnen die nötige Integration zu erstellen. Der «Wettkampf» zwischen *Pan* und *Apoll* wird zwar ausgetragen auf dem Gebiet der Musik, doch dahinter steht die Frage, wie ein Mensch selbst sich versteht. *Midas* strebte mit seinem Verlangen nach «Gold» psychologisch (symbolisch) im letzten nach einer strahlenden Bewußtseinshelle, wie sie dem sonnennahen *Phoibos Apollon* zugeschrieben wird; seine Erfahrung, daß eine reine Verstandes- und Bewußtseinseinseitigkeit Leben nicht ermöglicht, sondern verstellt, hat ihn jetzt zu einem Anhänger des *Pan* werden lassen, und so vernimmt er lieber den Klang der Flöte als die Laute der Leier. Doch das eine ist so unweise wie das andere, – menschlich zu sein vermag ein Mensch nur in der Ganzheit und Einheit seiner Persönlichkeit, und eine solche besitzt *Midas* ersichtlich nicht. Aus dem Desaster seines Verlangens nach «Gold» hat er ganz richtig gelernt, daß ein nur «verständiges» oder «vernünftiges» Leben nicht «satt macht», es erstirbt an seinem eigenen unstillbaren Hunger, es geht zugrunde an dem Willen der perfekten Steuerung und rationalen Planbarkeit, – man kommt dabei zu allem, nur nicht zu sich selbst; das alles stimmt. Jedoch die Konsequenz, die *Midas* daraus zieht, tauscht lediglich ein anderes Extrem gegen das alte aus: Die Flucht in die «dionysische» Ausgegossenheit der Rauschekstase und der Selbstauflösung, die sich in *Pan* (oder *Dionysos*) verkörpert, läuft auf die gleiche «Eselei» hinaus, nur unter umgekehrten Vorzeichen: Weder «*Apoll*» allein noch auch «*Dionysos*» allein machen das Leben eines Menschen aus; wer «weise» leben will, wird merken, daß er des einen «Musik» ebenso bedarf wie des anderen, je nach den Fragen, die das Leben stellt.

Doch eigentlich ist es zu wenig, im Falle des *Midas* nur von «Unweisheit» und «Eselei» zu reden. Was in dem «Wettstreit» zwischen Flöte und Leier letztlich sich entscheidet, ist – jenseits der *Midas*-Komödie – in Wahrheit eine Tragödie, wie sie in einer Parallel-Überlieferung in der Geschichte von *Marsyas* zum Ausdruck kommt.

c) *Marsyas oder: Der musikalische Rausch der Verschmelzung*
Wir erinnern uns, daß es die Göttin *Athene* war, die «aus einem Hirschknochen eine Flöte hergestellt haben» soll, um die Klagelaute der *Medusen*

nachzubilden. Eines Tages nun, berichtet HYGIN, sei sie «zum Mahl der Götter gekommen, um zu singen. (Aber) Hera und Aphrodite verspotteten sie, weil sie bläulich anlief und die Backen aufblies. Als häßlich befunden und beim Spiel verlacht, kam sie in den Wald Ida (sc. in einem Gebirge in der Troas gelegen, d.V.) zu einer Quelle, hier erblickte sie sich im Wasser beim Spielen und sah, daß sie mit Recht verlacht worden war. Daher warf sie die Flöte fort und sprach den Fluch aus, daß, wer sie aufhebe, schwer sollte bestraft werden. Die Flöte fand der Hirt *Marsyas*, ein Sohn des Oiagros (sc. des Vaters auch des *Orpheus*, d.V.), einer von den Satyrn; fleißig übte er darauf und erreichte von Tag zu Tag einen lieblicheren Ton, so sehr, daß er Apollon zum Wettstreit mit dem Zitherspiel herausforderte. Apollon kam, und sie nahmen die Musen zu Schiedsrichterinnen. Als Marsyas schon als Sieger aus dem Wettstreit hervorging, drehte Apollon die Zither um – und der Ton blieb derselbe; das konnte Marsyas auf der Flöte nicht erreichen. Daher band Apollon den besiegten Marsyas an einen Baum und übergab ihn einem Skythen, der ihm gliedweise die Haut abzog; den übrigen Körper überließ er seinem Schüler Olympos zur Bestattung. Von seinem Blut erhielt der Fluß Marsyas (sc. in Phrygien, d.V.) seinen Namen.»[28]

Vor allem die grausige Szene der «Häutung», wie sie am ehesten offenbar dem wilden Reitervolk der Skythen zugetraut wird, hat erneut OVID in ergreifenden Worten zu beschreiben und zu beschwören versucht und damit auch den Flußnamen selber begründet. In Vorahnung schon einer schrecklichen Strafe von seiten des Gottes habe *Marsyas*, sagt er, laut seine Reue herausgeschrien und das Flötenspiel selber für nicht so bedeutsam erklärt; doch vergebens!

> Während er schreit, wird die Haut ihm über die Glieder gerissen,
> Und er ist nur eine Wunde: es rinnt ihm das Blut von dem Körper,
> Bloß sind die Sehnen, enthüllt, die Adern vibrieren ihm ohne
> Jegliche Haut; man könnte die Eingeweide, die zucken,
> Zählen und auch in der Brust die deutlich schimmernden Fasern.
> Ihn beweinen die ländlichen Faune, die Götter der Wälder,

---

28 HYGIN, Nr. 165, in: Griechische Sagen, 322. – ROBERT VON RANKE GRAVES: Griechische Mythologie, I 69, sieht in *Apoll*s Sieg über *Marsyas* und *Pan* eine Erinnerung «an die hellenische Eroberung Phrygiens und Arkadiens. Außer bei der Landbevölkerung wurden die Windinstrumente durch Saiteninstrumente ersetzt. Marsyas' Bestrafung,» meinte er, «bezieht sich auf das rituelle Enthäuten einer heiligen Ziege – wie Athene den Pallas seines magischen Brustpanzers beraubte… Ebenso entfernte man die gesamte Rinde von einem Erlenast, um eine Hirtenflöte anzufertigen. Die Erle galt als Verkörperung eines Gottes oder Halbgottes.»

Und seine Brüder, die Satyrn, Olympus auch, den er noch immer
Liebte, die Nymphen dazu und alle, die dort in den Bergen
Wolletragende Schafe und Rinderherden betreuten.
Feucht wird die fruchtbare Erde; durchfeuchtet zieht sie die Tränen-
Tropfen in sich und saugt sie hinein in die innersten Adern.
Und sie formt sie zu Wasser und läßt in die Lüfte sie strömen.
Nunmehr strebt's zwischen Uferhängen zum wogenden Meere
Und heißt Marsyas jetzt, der klarste von Phrygiens Strömen[29].

Die «einfachste» Deutung dieser schauerlichen Geschichte besteht, wie zumeist, in der erneuten Feststellung eines «Aitions»: Da ist ein Fluß in Kleinasien mit Namen Marsyas, und in ihm sieht der Mythos die Tränen fließen,
welche geweint wurden und werden von den Nymphen der Berge (den
Oreaden) und den Hirten des Landes um *Marsyas*, der auf grausame Weise
von *Apollon* bestraft ward: indem er ihn häutete. Dieses Detail ist tatsächlich ein «Aition». HERODOT überliefert, daß «mitten auf dem Markt von
Kelainai (sc. der bedeutendsten Stadt im SO Phrygiens, dem späteren Apa-
mea, d.V.) ... der aus der Haut des Silens Marsyas bereitete Schlauch aufgehängt» gewesen sei, «dem, wie die Phryger erzählen, Apollon die Haut
abgezogen und aufgehängt hat.»[30] Doch wiederum muß man fragen: Was
an dieser höchst irritierenden Erzählung ist mit solchen Erklärungen wirklich verstanden? Eigentlich nichts! Jeder, der sie hört, bedauert und betrau-
ert spontan mit den phrygischen Nymphen und Hirten den Satyrn *Marsyas*,
der mit Geduld und Fleiß das offenbar schwierige Flötenspiel sich derart
kunstgerecht beigebracht hat, daß er sogar dem Gott *Apoll* an Können
ebenbürtig ward, und wer würde den Trick schon billigen, mit welchem der
Gott die Leier umgekehrt vorspielte, nur um das bereits ergangene Urteil
über seine Darbietung ins Gegenteil zu verkehren! Was überhaupt soll das
für ein Gott sein, der, gekränkt in seiner Ehre, solchermaßen Rache übt an
einem allenfalls Unterlegenen und dessen Grausamkeit anscheinend keine
Grenzen kennt?

Die Antwort ergibt sich auch hier aus einer symbolischen Vertiefung der
Perspektive. Was in der Mythe wie ein einfacher Konkurrenzvergleich zwischen menschlichem Hochmut und göttlichem Machtanspruch erscheint,
verbirgt unter der Hülle einer bloßen Warnung vor Eitelkeit und Hybris ein
gänzlich anderes, weit tieferes Problem: Was wird aus Menschen, die sich
vor die «Wahl» gestellt sehen zwischen *Pan* und *Apoll* und die, statt nach
seelischer Einheit zu streben, in ihrer Aufspaltung verbleiben?

29 OVID: Metamorphosen, VI 387–400, B S. 195.
30 HERODOT: Historien, VII 26,3; Bd. 2, S. 901.

Was wird, wenn man dem blondgelockten, sonnenhellen, «goldenen» *Apoll* nachstrebt, hat sich an der Gestalt des *Midas* gerad eben gezeigt: Man kann nicht leben, wenn die Welt, die man berührt, sich augenblicklich in ihrer Geld- und Goldform materialisiert. Jedoch im Schicksal des *Marsyas* gewinnt darüber hinaus noch eine andere «apollinische» Gefahr Gestalt, die in jener detailgenauen Darstellung der Folterhinrichtung des Satyrs bei OVID zu Tage tritt, – das ist die Fähigkeit zu der Zerlegung einer lebenden Gestalt in ihre Einzelteile, zur quasi wissenschaftlich mitleidlosen Analyse. – Vor allem LUDWIG KLAGES hat in den fünf Büchern seines philosophischen Hauptwerks «Der Geist als Widersacher der Seele» diese «tiefe Kluft ... zwischen Leben und Geist» herauszuarbeiten versucht: «Das Erleben,» behauptete er, «hat den Charakter der Stetigkeit, das Bewußtsein den einer Lückenreihe; im Erleben hängt ... die erlebende Seele mit dem erlebten Bild zusammen, im Bewußtsein sind voneinander getrennt das wissende Ich und sein Gegenstand.»[31] Insofern steht das Denken für KLAGES grundsätzlich außerhalb und in Gegensatz zu dem ewig flutenden Erleben der Seele, das nach seiner Auffassung wesentlich passiv bleibt; der Geist hingegen tritt auf als ein feststellendes, aktives Prinzip, das die Anschauungsbilder des Erlebens in unlebendige Objekte zergliedert; und diese Lebensfeindlichkeit des Denkens als einer bloßen Verstandestätigkeit läßt sich in der Tat mit dem Gott *Apoll* in Verbindung bringen, dem «Pythontöter, ... dessen Tempel erst aus dem Grab der erlegten Schlange wächst.»[32] Er, der fernhintreffende Bogenschütze HOMERs, taugt durchaus als Bild und Verkörperung einer Geistigkeit, die in ihrem kalten Machtanspruch und in ihrer eitlen Kränkbarkeit äußerst destruktive Züge an sich trägt.

Solch eine Warnung vor dem «apollinischen» Extrem kann in unseren Tagen kaum eindringlich genug ausfallen. In einer weitgehend von Wirtschaftsinteressen geprägten Lebensweise sind wir soeben dabei, zielgrade die gesamte Wirklichkeit gewissen Gewinnvorteilen zu unterwerfen. Im Umgang mit Tieren zum Beispiel sind uns ihre Bedürfnisse, ihr Verhalten, ihre Anatomie, ihre Neurologie noch niemals so gut bekannt gewesen wie heute, doch all dieses Wissen nutzen wir konsequent nicht zu ihrem Schutz und zu ihrer Schonung, sondern im Gegenteil zu ihrer Ausbeutung und zu ihrer Ausnutzung, und dies so roh und gefühllos, als hätten wir es nicht mit empfindungsfähigen Wesen, sondern mit rein mechanischen Objekten zu tun, deren körpereigene Erzeugnisse und deren Körper selber wir restlos in

31 LUDWIG KLAGES: Der Geist als Widersacher der Seele, I 253.
32 A. a. O., I 753.

die Nahrungsmittelproduktion «einspeisen» dürften; selbst die Schmerzbezeigungen der Tiere betrachten wir behavioristisch objektiv als Abfolge bestimmter Verhaltensreaktionen, – das Wort «Gefühl» schon wäre zu subjektiv! Und wie die Tiere, so die Menschen. Sie spielen als Subjekte keine Rolle, sobald es darum geht, Arbeitnehmer möglichst billig, das heißt: unternehmensgünstig, einzustellen oder den Betrieb zu «verschlanken», also: Arbeitskräfte wegzurationalisieren ... Und man muß zugeben: Eine gewisse Form von «Rationalität» verrät dieses Denken in der Tat, nur daß es alles das zerstört, was man mit Menschlichkeit, Gemüt und Glück verbindet. Eine vereinseitigte, absolut gesetzte Intellektualität, das apollinische Prinzip, wenn es vereinseitigt und isoliert genommen wird, ist in sich selber desaströs.

Kann es dann aber eine Lösung darstellen, wie *Midas* es versuchte, sich ins Bukolische zurückzuziehen und ein Leben in vermeintlicher Ursprünglichkeit, Naturnähe und möglichster Bedürfnislosigkeit zu führen? Das könnte sehr wohl eine Lösung sein und müßte nicht mit jener «Eselei» bloßen Banausentums identisch werden, wofern man nur vermeidet, aus einer Lebensweise in Naturverbundenheit und Mitgefühl eine Art Weltanschauung zu entwickeln, wonach der Mensch, auch er, nichts weiter ist und sein soll als selbst ein bloßer Teil der ihn umgebenden Natur. Denn das erscheint als eigentlicher Sinn der «Strafe», die *Apoll* über den Satyr *Marsyas* verhängt: Sie macht ihm gerade in ihrer Grausamkeit bewußt, wie wissenschaftlich und rein rational ein Menschenleben zu betrachten ist, das ganz und gar in der Natur aufgeht: Es wird von ihr ermöglicht und hervorgebracht, doch bald schon ohne jegliches Bedauern in seine einzelnen Bestandteile zurückzerlegt und aufgelöst. Mehr ist er nicht, wenn der Mensch nichts sein soll als nur Natur! Nicht pure Eitelkeit also und bloße Virtuosität im Leierspiel kennzeichnet den Gott an dieser Stelle; *Apoll* vielmehr, so unmenschlich er auftritt in dieser unsinnigen Konkurrenz: wer kann es besser?, vereinseitigt und im Kontrast zu *Pan*, so recht hat er, wenn er ein Leben, das nichts weiter sein will als «Natur», in aller Schonungslosigkeit sich selbst in seinem Schicksal als Naturwesen vor Augen stellt: Zerfasert wird es Zug um Zug in Alter, Krankheit und qualvollem Tod.

Wer ist dann *Marsyas*? Er ist, in dieser Sicht, der Mensch, der seiner selbst im Raum der Welt bewußt wird und ihr dennoch niemals entrinnen kann. Niemals wird er zum Kreise der Olympier gehören. Es bleibt ihm nur der Klang der Klage auf der Syrinx; und was die wilden Skythen ihm zufügen, – sie treiben's mit ihm nur, wie die Natur es ihnen vormacht. Nicht edle Grazilität und wilde Barbarei stehen in dieser Mythe einander gegenüber; es geht darum, wie Menschendasein sich im «Geiste der Musik» selber versteht und deutet.

Gesehen hat die spannungsvolle Gegensätzlichkeit von *Pan* (*Dionysos*) und von *Apoll* FRIEDRICH NIETZSCHE in seiner Erstlingsschrift «Die Geburt der Tragödie» aus dem Jahre 1872, indem er alles Leid der Welt aus einem Übermaß rauschhafter Lust zu verstehen suchte. Das Dionysische betrachtete er als ein Zerbrechen der individuellen Form des Daseins im Sinne des apollinischen «Erkenne dich selbst»[33], und gerade die Musik bot ihm das Vorbild für diese Auffassung. «Unter dem Zauber des Dionysischen», schrieb er, «schließt sich ... der Bund zwischen Mensch und Mensch wieder zusammen: Auch die entfremdete, feindliche und unterjochte Natur feiert wieder ihr Versöhnungsfest mit ihrem verlorenen Sohne, dem Menschen. Freiwillig beut die Erde ihre Gaben, und friedfertig nahen (sc. wie im mythischen Fest des *Dionysos*, d.V.) die Raubtiere der Felsen und der Wüste. Mit Blumen und Kränzen ist der Wagen des Dionysus überschüttet: Unter seinem Joche schreiten Panther und Tiger. Man verwandele das Beethoven'sche Jubellied der ‹Freude› in ein Gemälde und bleibe mit seiner Einbildungskraft nicht zurück, wenn die Millionen schauervoll in den Staub sinken: So kann man sich dem Dionysischen nähern. Jetzt ist der Sclave freier Mann, jetzt zerbrechen alle die starren, feindseligen Abgrenzungen, die Noth, Willkür oder ‹freche Mode› zwischen den Menschen festgesetzt haben. Jetzt, bei dem Evangelium der Weltenharmonie, fühlt sich jeder mit seinem Nächsten nicht nur vereinigt, versöhnt, verschmolzen, sondern eins, als ob der Schleier der Maja zerrissen wäre und nur noch in Fetzen vor dem Ur-Einen herumflatterte. Singend und tanzend äussert sich der Mensch als Mitglied einer höheren Gemeinsamkeit: Er hat das Gehen und das Sprechen verlernt und ist auf dem Wege, tanzend in die Lüfte emporzufliegen. Aus seinen Gebärden spricht die Verzauberung. Wie jetzt die Thiere reden und die Erde Milch und Honig giebt, so tönt auch aus ihm etwas Uebernatürliches: als Gott fühlt er sich, er selbst wandelt jetzt so verzückt und erhoben, wie er die Götter im Traume wandeln sah. Der Mensch ist nicht mehr Künstler, er ist Kunstwerk geworden, die Kunstgewalt der ganzen Natur, zur höchsten Wonnebefriedigung des Ur-Einen, offenbart sich hier unter den Schauern des Rausches. Der edelste Thon, der kostbarste Marmor wird hier geknetet und behauen, der Mensch, und zu den Meißelschlägen des dionysischen Weltenkünstlers tönt der eleusinische Mysterienruf: ‹Ihr stürzt nieder, Millionen. Ahnest du den Schöpfer, Welt?›»[34]

33 FRIEDRICH NIETZSCHE: Die Geburt der Tragödie, 21–22.
34 A. a. O., 23–24.

Der «Geist der Musik» erhebt in NIETZSCHES Deutung den Einzelnen in einem Taumel der Selbstvergessenheit zu dem Gefühl der Verschmelzung mit allem und allen, zugleich aber steigert er auch das Selbstgefühl und damit das Grausen angesichts der sicheren Zerstörung von allem und allen. Die Erfahrung des Apollinischen, die Individuation, wird damit selber zu einem Gleichnis für das Leid, das es mit sich bringt, als Einzelner seiner bewußt zu werden. Aus diesem Widerspruch entsteht nach NIETZSCHE die tragische Dichtung, in der er geradezu eine «Freude an der Vernichtung des Individuums» erblickt[35], indem «die dionysische Kunst … uns von der ewigen Lust des Daseins überzeugen» will, die freilich nicht, mit ARTHUR SCHOPENHAUER gesprochen, «in den Erscheinungen, sondern hinter den Erscheinungen» gesucht werden muß: «Wir sollen erkennen, wie alles, was entsteht, zum leidvollen Untergange bereit sein muss, wir werden gezwungen, in die Schrecken der Individualexistenz hineinzublicken – und sollen doch nicht erstarren: ein metaphysischer Trost reisst uns momentan aus dem Getriebe der Wandelgestalten heraus. Wir sind wirklich in kurzen Augenblicken das Urwesen selbst und fühlen dessen unbändige Daseinsgier und Daseinslust; der Kampf, die Qual, die Vernichtung der Erscheinungen dünkt uns jetzt wie nothwendig, bei dem Uebermass von unzähligen, sich in's Leben drängenden und stossenden Daseinsformen, bei der überschwenglichen Fruchtbarkeit des Weltwillens: wir werden von dem wüthenden Stachel dieser Qualen in demselben Augenblicke durchbohrt, wo wir gleichsam mit der unermesslichen Urlust am Dasein eins geworden sind und wo wir die Unzerstörbarkeit und Ewigkeit dieser Lust in dionysischer Entzückung ahnen. Trotz Furcht und Mitleid sind wir die glücklich-Lebendigen, nicht als Individuen, sondern als das *eine* Lebendige, mit dessen Zeugungslust wir verschmolzen sind.»[36]

Sollte also, wenn es so wäre, immer von neuem der bewußtseinsklare *Apoll* sein Gegenüber *Marsyas* strafweise spüren lassen, was es bedeutet, ein Individuum zu sein inmitten einer Welt, die in dem verlockenden Lied der Verschmelzung zugleich Schmerz ist und Trauer? Und sollte die Musik seiner Leier nur immer wieder die geschundene Kreatur daran gemahnen, daß der Traum des Klangs der Syrinx, dem NIETZSCHES Worte gelten, sich niemals außerhalb einer kurzzeitigen Ekstase erfüllen wird? Wie in und mit einer solchen Zerrissenheit leben?

Der rumänische Autor E. M. CIORAN hat in seinem «Buch der Täuschungen» aus dem Jahre 1936 einen zu NIETZSCHE scheinbar konträren Stand-

35 A. a. O., 102.
36 A. a. O., 103–104.

punkt eingenommen, der indessen, nur vom anderen Ende her, die gleiche Unentrinnbarkeit des Widerspruchs zwischen *Apoll* und *Pan* darstellt. Für CIORAN entsteht die Tragik nicht aus dem erhebenden «Geist der Musik», sondern umgekehrt: Die Musik entsteigt der Tragik des Lebens – ganz wie die Flöte *Athenes*, auf welcher *Pan* seine Lieder spielte, indem er der *Medusen*-Klage über den grausigen Tod ihrer Schwester *Gorgo* Ausdruck verlieh. «Nur jene lieben die Musik,» schreibt ganz entsprechend CIORAN, «die am Leben leiden»[37], und fährt fort: «Der metaphysische Wahnsinn der musikalischen Erfahrung wächst, je mehr du im Leben verloren und gelitten hast, denn dadurch hast du vollständig in eine andere Welt eindringen können. Je mehr du dich ins musikalische Erlebnis vertiefst, desto mehr erweiterst du das ursprüngliche Unbefriedigtsein und verschärfst das Urdrama, das dich bewog, die Klanggewalt zu lieben. Wenn die Musik Wirkung einer Krankheit ist, dann fördert sie nur noch deren Fortschreiten... Viel mehr als die Poesie schwächt die Musik den Lebenswillen und die vitalen Triebkräfte.»[38] Mit NIETZSCHE anerkennt auch CIORAN, daß die «Musik ... uns als materielle Wesenheiten auf(löst) und ... in die Lüfte» erhebt. «Jeder musikalische Augenblick», meint er, «hat nur Wert, sofern er das Bewußtsein der Begrenzung im Raume zersprengt und das Gefühl des Daseins in der Zeit zersetzt.»[39] In der Musik erklingt auch für CIORAN die Symphonie einer Weltwirklichkeit jenseits von Raum und Zeit; doch eben deshalb stärkt sie in seinen Augen nicht den «Willen zum Dasein» im Individuum, sondern läßt ihn im Gegenteil ersterben: Selber erzeugt sie den Wunsch, die Last des Daseins abzuwerfen. Musik bietet für den rumänischen Essayisten mithin die einzige Lösung aus der Gefangenschaft all der Fesseln, die uns in dieser Welt des Scheins gebunden halten; sie ist, anders gesagt, die Montgolfiere, um ein für allemal der Lebensnotdurft zu entschweben; denn sie wirkt, so verstanden, ganz wie das Schwert des *Alexander* über dem Knoten von *Midas'* Vater *Gordios*: auftrennend. Doch ist so etwas möglich?

Gegen die Ansicht NIETZSCHES wie auch CIORANS spricht ganz entschieden das Bild des *Marsyas* selbst. Was er erleidet, ist die Pein des Todes, wie er sie *als Einzelner* erleben und erleiden *muß*, – keine «musikalische» Weltfreudigkeit und kein tragödienschaffender Weltschmerz führen vorbei an dieser Tatsache. Doch man muß genau hinsehen, um sich dessen klar zu werden.

---

37 E. M. CIORAN: Das Buch der Täuschungen, 40.
38 A. a. O., 41.
39 A. a. O., 39.

Tafel 17a:
Danae; rotfiguriger
Mischkrug,
um 430 v. Chr.,
aus Böotien
(vgl. S. 261–262)

Tafel 17b:
CARAVAGGIO:
Medusa, 1590–1592
(vgl. S. 267; 273)

Tafel 18: EDWARD JOHN POYNTER: *Andromeda*, 1869 (vgl. S. 284)

Tafel 19a: *Der Schönheitswettstreit der Kassiopeia; Mosaik aus Nea-Paphos, Zypern, 4. Jh. v. Chr.* (vgl. S. 286)

Tafel 19b: *Der Schönheitswettstreit der Kassiopeia* (vgl. S. 287–288)

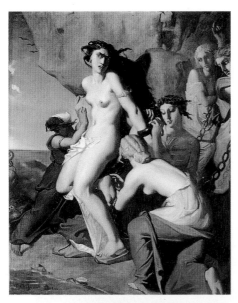

Tafel 20a:
THÉODORE CHASSÉRIAU:
Andromeda und die Nereiden,
1840 (vgl. S. 291)

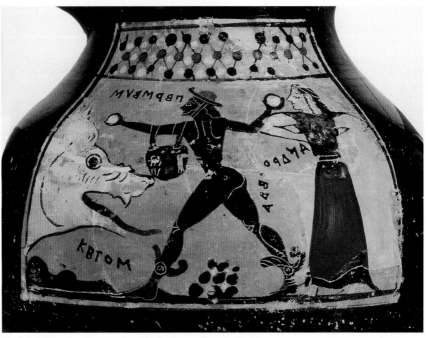

Tafel 20b: *Andromedas Befreiung durch Perseus;*
korinthische Amphore, 585–550 v. Chr. (vgl. S. 294)

Tafel 21a:
PIERO DI COSIMO:
*Perseus rettet
Andromeda,*
1510–1515
(vgl. S. 296)

Tafel 21b:
MAX BECKMANN,
Perseus, 1941
(vgl. S. 297–298)

Tafel 22a: PETER PAUL RUBENS: *Perseus befreit Andromeda*, 1622
(vgl. S. 298)

Tafel 22b: *Andromeda zwischen Kepheus
(links) und Perseus (rechts); attischer
Kelchkrater, um 400 v. Chr.* (vgl. S. 301)

Tafel 22c: *Flöten aus Knochen, Süddeutschland, etwa
40.000 Jahre alt* (vgl. S. 306)

Tafel 23a: NICOLAS POUSSIN: *Midas und Bacchus,* 1624 (vgl. S. 315)

Tafel 23b: *Die Bestrafung des Marsyas;*
Mosaik aus Nea-Paphos, Zypern, 4. Jh. n. Chr. (vgl. S. 329)

Tafel 24: TIZIAN: *Die Schindung des Marsyas*, 1575/76 (vgl. S. 330)

Tafel 25: PIETRO PERUGINO: *Apoll und Marsyas*, 1490–1500 (vgl. S. 333)

Tafel 26a: *Frau beim Spinnen; Mosaik aus Nordafrika* (vgl. S. 342)

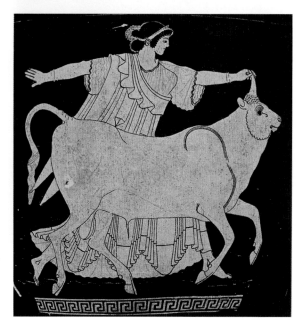

Tafel 26b:
Zeus entführt als Stier Europa; Mischkrug aus Tarquinia, um 450 v. Chr. (vgl. S. 360)

Tafel 27a: PETER PAUL RUBENS: *Leda und der Schwan*, 1580–1600
(vgl. S. 362–363)

Tafel 27b: JEAN-ANTOINE WATTEAU: *Zeus verführt Antiope*, 1715
(vgl. S. 363)

Tafel 28a: MICHELANGELO: *Maria, Detail des Deckenfreskos „Das Jüngste Gericht" in der Sixtinischen Kapelle, 1537–1541* (vgl. S. 379)

Tafel 28b: TINTORETTO: *Die Vermählung Ariadnes mit Bacchus in Gegenwart von Venus, 1577/78* (vgl. S. 385–386)

Tafel 29a: *Dionysos, geführt von einem Satyr, nähert sich Ariadne, 3. Jh. n. Chr.* (vgl. S. 386)

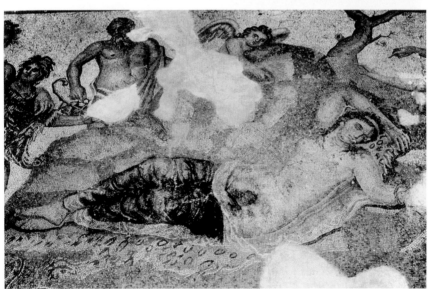

Tafel 29b: *Ariadne empfängt Dionysos* (vgl. S. 387)

Tafel 30a: *Athena weckt Theseus, Ariadne zu verlassen; Lekythos, um 500 v. Chr.* (vgl. S. 415–416)

Tafel 30b: *Marmorne Darstellung der schlafenden Ariadne, 2. Jh. n. Chr.* (S. 417–418)

Tafel 31a: *Dionysos und Ariadne; bronzener Mischkrug aus Derveni, um 330–320 v. Chr.* (S. 418–419)

Tafel 31b: *Dionysos umarmt Ariadne, der Eros den Brautkranz reicht; apulischer Kelchkratēr, um 330–320 v. Chr.* (vgl. S. 420)

Tafel 31c: *Kentauren-Mutter mit Kind; Detail des Dionysos-Sarkophags, um 240 n. Chr.* (vgl. S. 427)

Tafel 32: *Die
Heilige Hochzeit
von Dionysos und
Ariadne;
Sarkophag aus dem
2. Jh. n. Chr.*
(vgl. S. 427–431)

d) *Die Schindung des Satyrs oder: Von Einheit und Unsterblichkeit*

Eine Darstellung der grausamen «Bestrafung» des *Marsyas* bietet ein Mosaik aus römischer Zeit (4. Jh. n. Chr.) in Nea Paphos auf Sizilien (Tafel 23b), das 1983 von der Universität Warschau freigelegt wurde. «Apollon, im Dreiviertel-Profil ..., ruht auf einem grauen Felsen, den Unterarm auf seine goldene Kithara gestützt. In der linken Hand hält er den Lorbeerzweig des Sieges, der mit einem weiß-roten Band geschmückt ist.» Seine Tunika ist orangefarben, ein grau-blauer Mantel bedeckt Hüften und Beine, an den Füßen trägt er Sandalen. «Sein Kopf ist mit einem Kranz aus Blättern, Blumen und weiß-roten Bändern geschmückt und mit einer Aureole umgeben. Das lange, braune Haar fällt in Locken auf die Schultern. In der nach vorn ausgestreckten rechten Hand hält er ein Plektron und weist mit dem Zeigefinger auf Marsyas. Sein Gesichtsausdruck ist trotz der edlen und feinen Züge finster und drohend ... Neben dem Gott steht eine leicht an eine Säule gelehnte Frauenfigur» in einem langen weißen Gewand mit bordeauxfarbenem Mantel. Es ist *Planē* – «die allegorische Darstellung eines irregeleiteten Geistes. Auf der anderen Seite des Bildes sieht man eine Gruppe von drei Gestalten: In der Mitte erscheint im Dreiviertel-Profil der bärtige, muskulöse und in ein Pantherfell gekleidete Marsyas, dessen Gesicht mit vorspringender Nase und nach unten gesenkten, traurigen Mundwinkeln voll Angst und Leiden ist. Er wird durch zwei Skythen unter einen Baum – seinen Hinrichtungsort – geführt. Das Haupt des Marsyas umgibt ein Kranz aus langen, schmalen, schilfrohrähnlichen Blättern.» Beide Skythen tragen eine phrygische Kappe unterschiedlicher Farbe. Der rechts stehende Henker hält das linke Handgelenk des *Marsyas* gefaßt und packt ihn am Hinterkopf, der andere, sehr muskulös gezeichnet, faßt *Marsyas* mit der Linken an den Haaren, «in der rechten hält er ein Messer mit nach oben gerichteter Schneide ... Zu Füßen Apollons kniet Olympos, der Schüler und Sohn des Marsyas, bekleidet mit einer orange-cremfarbenen Chlamys (sc. Oberkleid, d.V.) sowie einer phrygischen Kappe.» Flehentlich bittet er um Gnade für seinen Vater und Lehrmeister, aber vergebens. Verächtlich liegt die Flöte des *Marsyas* zu Füßen des «siegreichen» Gottes. Die Dramatik des Bildes drückt vor allem die Psychologie der Szene aus: «den strengen Ernst und die Entschlossenheit Apollons, die Mißbilligung der Plane, Entsetzen und Verzweiflung des Marsyas, sowie Selbstsicherheit und Hoffart der skythischen Henker.»[40]

In äußerster Steigerung dargestellt hat die Wahrheit dieser unerlösten

---

40 WIKTOR A. DASZEWSKI: Dionysos der Erlöser, 27–29. Abb. A. a. O., Tafel 6, S. 14–15: Figurenmosaik im Hauptsaal des «Aion-Hauses».

Tragik jeder nur «dionysischen» Weltbetrachtung im Jahre 1575/76 der italienische Maler TIZIAN auf seinem Ölbild «Die Schindung des Marsyas» (Tafel 24)[41]. Es ist ein Bild, auf dem das «grausige Geschehen … zunächst hinter dem Flimmern der Farben zu verschwinden» scheint. «Erst bei näherer Betrachtung erkennt man, daß Apoll bereits begonnen hat, die Haut zu lösen; ein kleines Hündchen leckt (sc. bereits, d.V.) vom Blut des Satyrs.»[42] An den gespreizten Bocksbeinen aufgehängt, mit dem Kopf nach unten, die Hände gefesselt, muß der *Satyr* bei vollem Bewußtsein, die Augen geöffnet, die tödliche Tortur an sich vollziehen lassen. Der skythische Schindergeselle trägt einen schwarzen Bart, sein Haupt verhüllt eine schwarze Kappe, und sein nackter Oberkörper verleiht ihm vollends die Züge sadistischer Blutrünstigkeit. *Apoll* selber, bekleidet nur mit einem übergeworfenen blauen Tuch, das blonde Lockenhaar von einem Lorbeerzweig umkränzt, hat sich tief vorgebeugt und hält das Messer schon in der Hand, um mit fast chirurgischer Akribie von der Brust her seinem Opfer die Haut vom Körper zu schneiden. Herzu tritt ein *Satyr* mit einem Eimer in der rechten Hand, der die Linke wie zu einem beschwörenden Flehen und Fragen emporhebt. In sich versunken, die Hand an den Mund gelegt, sitzt melancholisch-nachdenklich König *Midas* da, in dem manche TIZIAN selber erkennen möchten, eine dünne Goldkrone im Haar, neben ihm ein Junge, der hilflos den Betrachter anschaut, einen großen Hund noch gerade zurückhaltend, der lüstern bereits in Richtung auf sein Opfer hin das hechelnde Maul halb geöffnet hält. Und zu all dem spielt jemand, vielleicht *Apoll* selber in seiner Hauptrolle, auf der «Lyra», hier einem violinähnlichen Streichinstrument, seinen Sieg feiernd zu all dem Schmerz wie zum Hohn.

Ein Gemälde von solcher Gräßlichkeit verweigert sich nicht nur einer Auflösung in musikalisch-dionysischer Ästhetik, es widersetzt sich auch einer an sich nicht unmöglichen kultisch-religionsgeschichtlichen Sinnverleihung des Rituals der Menschenschindung. Keinesfalls nämlich wird von einer solchen Praktik im Auftrag eines Gottes nur im griechischen Mythos von *Marsyas* berichtet. Vollkommen unabhängig davon, doch erstaunlich gleich in der Bedeutung der Symbolsprache, «archetypisch» also, kannten zum Beispiel die mesoamerikanischen Indios (Mixteken, Zapoteken und Pipil) das Schinden von Menschen im Zusammenhang mit einer männlichen Vegetationsgottheit, welche die Azteken unter dem Namen *Xipe totec* (»Unser Herr, der Geschundene») von ihnen übernahmen. «Für die Azte-

41 EBERHARD KÖNIG (Hg.): Die großen Maler der italienischen Renaissance. Der Triumph der Farbe, 359.
42 A. a. O., 358.

ken war Xipe ein Frühlingsgott, da sie die abgezogene Haut als das neue Kleid auffaßten, das die Erde überzieht, wenn sie sich nach den ersten Frühlingsregen mit frischer Vegetation bedeckt; daher schilderte das Kultdrama (sc. des Menschenschindens, d.V.), das sie bei seinem Fest aufführten, die Ackerbestellung in allen ihren Phasen.»[43] Offenbar hat man es hier mit einem Akt analoger Magie zu tun: So wie die Haut des Gefangenen von seinem Körper gezogen wird, um damit die menschlichen Vertreter des Gottes zu bekleiden[44], so möge, unterstützt von diesem Ritual, die Erde sich häuten und ihre pflanzliche Oberfläche erneuern. Doch eben damit wird das Grauen des TIZIANschen Bildes nur noch eindringlicher und seine Botschaft nur um so deutlicher: Menschen sind niemals nur Teil der Natur. Die Vegetation mag durch Verdorren und Erblühen ihre Haut verjüngen, ein Mensch stirbt qualvoll an der Prozedur des «Schindens». Andere mögen seine Haut im Ritus überstreifen, er selbst bleibt tot ohne jedwede Rückkehr einer Neubelebung. Wohl, die Vegetation kommt und vergeht und kommt wieder, für sie ist die Schindung der Haut ein Prozeß der Er-

43 WALTER KRICKEBERG: Altmexikanische Kulturen, 213.
44 GÜNTER LANCZKOWSKI: Götter und Menschen im alten Mexiko, 82–83, schreibt: «Auf den Kult, der ihm (sc. dem Fruchtbarkeitsgott, d.V.) dargebracht wurde, verweist ein ... Name, ... nämlich *Xipetotec*, ‹unser Herr der Schinder› oder ‹unser Schindherr›. Die Bilderhandschriften machen vollends deutlich, wie dieser Name zu verstehen ist, wenn sie den Gott mit einer abgezogenen Menschenhaut bekleidet darstellen. Denn dies verweist eindeutig auf die rituelle Praxis des Menschenschindens. – Wenn es in einem Text von dem Gott heißt: ‹Die Haut hat er angezogen, die Menschenhaut›, so war diese einem rituell getöteten Menschen abgezogene und dem menschlichen Vertreter des Gottes übergezogene Haut für die Azteken Symbol des neuen Kleides, das die Erde alljährlich im Frühling überzieht. Dies zeigt, daß die Azteken Xipetotec als einen Frühlingsgott verehrten, der speziell das Wachstum der keimenden Saat fördert. – Den Charakter des Frühlingsgottes unterstreicht auch das Datum des Festes, das dem Xipetotec am 26. Februar gefeiert wurde. Das Kultdrama, das an diesem Tag im Dienste des Gottes zelebriert wurde, schilderte die Ackerbestellung in allen ihren Phasen. Im Mittelpunkt stand dabei die symbolische Erneuerung der Erde durch das Menschenschinden. ‹Menschenschindung›, *Tlacaxipeualiztli*, war auch der Name des Festes. Die lebendigen menschlichen Vertreter des Gottes Xipetotec, die an diesem Fest mit der Haut der Opfer bekleidet wurden, hießen *Xipime*.» – NIGEL DAVIES: Opfertod und Menschenopfer, 61, erinnert an den «Gott, der jedes Jahr starb und wiedergeboren wurde, wenn die Sonne die Natur wiedererweckte. Der Adoniskult war bereits im 5. Jahrhundert in Griechenland sehr verbreitet. Lange schon war er von seinem wesentlichen Inhalt, dem Menschenopfer, gereinigt worden.» So wäre denn in der *Marsyas*-Mythe vielleicht ein Rest solch altertümlicher Vorstellungen enthalten. Wie ein ursprüngliches Kinderopfer durch das Töten und Häuten von Lämmern oder Ziegen ersetzt wird, zeigt die Bibel mit ihrem Pessah-Ritual und ihrer Auseinandersetzung mit den kanaanäisch-phönizischen Opferriten für den *Baal*; vgl. A. a. O., 72–76: Tofet. – Es ist nicht zu übersehen, daß die Verehrung des Bluts des getöteten Gottes *Adonis* bzw. seines Opfers in der Passion Christi weiterlebt (81–82).

neuerung. Für Menschen als Individuen aber gilt gerade das Gegenteil. Ihr Tod ist kein Opfer, das zu bringen wäre für den Fortbestand und das Wachstum des Lebens. Für sie muß eine Antwort sich finden, die den tragischen Widerspruch von *Apollon* und *Marsyas* überwindet.

Die Andeutung solch einer Antwort könnte liegen in jener Notiz des HYGIN[45], wonach *Marsyas* ein Sohn des *Oiagros* war, eben des thrakischen Königs, der auch als Vater des *Orpheus* galt, dem die Muse *Kalliope* das Leben geschenkt hat. *Orpheus* war es, der bekanntlich als einziger in der griechischen Mythologie mit seiner Musik das Rätsel des Todes zu lösen verstand: Zwar gelang es ihm nicht, *Eurydike* aus dem Hades in dieses irdische Leben zurückzuholen, doch was wäre damit auch schon zu gewinnen gewesen? Ein bloßer Zeitaufschub, nichts weiter. Tatsächlich indessen lernte in den klagenden Lauten seiner Leier *Orpheus* selber die Liebe zu der zu früh schon Verschiedenen festzuhalten, und so geschah es, als er selber, von Mänaden zerrissen, ihr nachfolgte, daß er ihr wiederbegegnete in jener anderen Welt, die sich ihm für immer erschloß als das wirkliche Leben. Sein Irrtum war es, erkannte er jetzt, daß er jemals zu glauben vermocht hatte, es sei dieses irdische Dasein bereits das eigentliche, das einzige Leben; erst wenn das Vorspiel des Lebens auf Erden sich lichtet, wenn der Vorhang des Todes sich hebt, erzeigt sich die Wahrheit unseres Daseins[46], – als das Versprechen und das Vertrauen einer Liebe, die nicht mehr der «Fruchtbarkeit» dient, sondern allein der Verschmelzung; die den Einzelnen nicht mehr als Mittel zum Zweck bloßen Wachstums erübrigt, sondern die ihn in seiner Schönheit als unsterblich entdeckt; die ihn bei der Hand nimmt, um in ewiger Gegenwart ihn niemals mehr zu verlassen. Eine Musik, die so wäre, erklänge unter uns wirklich auf Erden schon «wie im Himmel».

45 HYGIN, Nr. 165, in: Griechische Sagen, 322.
46 Vgl. GERHARD FINK: Publius Ovidius Naso: Metamorphosen, A S. 353–379: Einführung, S. 368–371: Der Irrtum des Lebens. Von Tod und Leben: «…es war sein (sc. des *Orpheus*, d.V.) großer Irrtum gewesen, daß er die irdische Existenz des Menschen für das Leben und die lange Zeit danach für den Tod hielt, daß er meinte, nur in jener kurzen Spanne das Glück, die Geborgenheit an der Seite der Geliebten finden zu können, obwohl ihm das Schicksal beides verwehrte… ‹Euer sogenanntes Leben aber ist in Wahrheit der Tod› – so spricht in Ciceros Werk über den Staat der Geist des großen Scipio zu seinem Adoptivsohn und versichert zugleich, daß erst nach dem Tod das wahre Leben beginne. – Der tatsächliche Schluß der Orpheus-Erzählung, mehr als 700 Verse hinter ihrem von vielen Interpreten angenommenen Ende, liefert den Schlüssel zu ihrem Verständnis und verrät wohl auch, was für Ovid die letzte und größte aller Verwandlungen war, die Verwandlung des Todes, der scheinbar endgültigen Vernichtung, in ein seliges, ewiges Leben.» (S. 371) – Zum Traum des *Publius Cornelius Scipio Aemilianus Africanus minor Numantinus* vgl. CICERO: De republica – Vom Staate, V 9–26, S. 262–283.

Bei jedem aufmerksam Betrachtenden erzeugt TIZIANs Ölgemälde eine unwiderlegliche Evidenz: Weder symbolisch noch real, weder als Teil von religiösen Riten noch im Raum eines wie immer vorstellbaren ökologischen oder ökonomischen Verwertungsprozesses sind Menschen zu vernutzen als Rohstoffmasse zum Erhalt der Energiebilanz in den Metabolismen und Metamorphosen der Natur oder zur Steigerung der eingesetzten Vermögensbeträge im Wirtschaftskreislauf; je näher die Gestalt des *Pan* oder *Dionysos* an die «Natur» heranrückt, desto mehr wird eklatant die Wahrheit über die Menschen: Niemals sind sie nur ein Teil der Natur; niemals dürfen sie miteinander so verfahren, wie die Natur mit ihnen jederzeit verfährt; als Menschen existieren sie nur im Unterschied, im «Anderssein» zu der stummen Grausamkeit, mit der die Erde Leben aussät und wieder zurücknimmt. *Marsyas*, *Xipe totec* – all die Gestalten der Geschundenen warten auf den Protest, den der Titan *Prometheus* aus Mitleid mit den Menschen gegen die Einrichtung der Welt im Zeitalter des *Zeus* eingelegt hat. *Apoll* und *Pan* – sie müssen zueinander finden, nicht weniger als der Olympier und sein Rebell.

Eine versöhnliche Vorstellung solch einer Einheit hat der umbrische Maler PIETRO PERUGINO zwischen 1490–1500 auf seinem Ölgemälde «Apoll und Marsyas» darzustellen versucht, das heute im Pariser Louvre zu sehen ist. (Tafel 25)[47] Unter zierlichen, spärlich belaubten Bäumen, die wachsen, als wären sie Gräser, doch vor einer Kulturlandschaft, in der eine steinerne Brücke einen friedlich dahinfließenden Strom überspannt und den Weg freigibt zu einer ummauerten Stadtanlage mit Wehrturm und Dom, steht da, in natürlicher Nacktheit, ohne Scheu, seinen makellos geformten Körper mit den anmutig schlanken Gliedern dem Betrachter zu zeigen, in langem Blondhaar, lässig einen Stab in der Linken, die Rechte in die Hüfte gestützt, der Gott *Apoll* wie angelehnt an einen Strauch und schaut aufmerksam lauschend herab auf das Flötenspiel des Satyrs *Marsyas*. Er selber hat sein Spiel bereits vorgetragen und seine Leier zu Boden gestellt; unverkennbar verrät seine Pose den Anspruch auf Überlegenheit, doch geht davon keinerlei Haß- oder Rachelust aus. Eher respektvoll und freundlich vernimmt der Gott den Klang des Satyrs, der, ebenfalls unbekleidet, mit kurzgeschnittenem Haar, wie andächtig nach innen lauschend, die Augen geschlossen, sein Flötenstück zum besten gibt; auch er ist ein schöner Jüngling mit zarten, geschmeidigen Gliedern, nichts weist hin auf die übliche

---

47 EBERHARD KÖNIG (Hg.): Die großen Maler der italienischen Renaissance. Der Triumph der Zeichnung, 581: PIETRO PERUGINO: Apoll und Marsyas (oder: Apoll und Daphnis?)

bocksfüßige Wildheit und Geilheit, in der man sonst *Satyre* die Wälder und Felder durchstreifen sieht; weit eher wird hier eine einverständliche Liebe unter Männern zelebriert.

Handelt es sich überhaupt um den Satyr *Marsyas* oder nicht eher um den Hirten *Daphnis* (von *daphne* – Lorbeer), der unter Waldnymphen aufwuchs und zum Erfinder der Schäferdichtung wurde[48]? – er stand unter dem Schutz von *Apoll* und *Artemis*, und *Pan* hatte ihm seine Flöte geschenkt. *Gegen* diese Annahme scheint der Greifvogel zu sprechen, der über dem Haupte *Apoll*s an dem abendlich dämmernden Himmel im Fluge soeben eine Ente angreift; aber wie «verschwebt» dieser «Anflug» von Grausamkeit, der zweifellos zur Natur gehört, gegenüber der Freundlichkeit, welche Menschen, die ihre Natürlichkeit sich bewahren, ohne sich an die Natur zu verlieren, einander zu schenken imstande sind, sobald sie nur lernen, respektvoll die «Musik» zu vernehmen, die im Herzen eines jeden erklingt.

Diese Aufgabe freilich ist identisch damit, die Liebe zu lernen. Im 1. Jh. v. Chr. überliefert PARTHENIOS von Nikaia die tragische Geschichte, die sich mit *Daphnis* verbindet, einem Jüngling, der in Sizilien lebte und als ein Sohn des *Hermes* galt[49]; *Hermes* war es ja, der aus dem Panzer einer Schildkröte als erster eine Leier schuf, deren Töne *Apoll* so sehr gefielen, daß er sich ein solches Instrument schenken ließ, – für immer wurden dadurch der Hirtengott *Hermes* und der Heil- und Orakelgott *Apoll* miteinander befreundet[50]. – *Daphnis* «war von schöner Gestalt. Er mied die Gesellschaft der Männer, weidete am Ätna die Rinder und lebte im Winter wie im Sommer im Freien. Die Nymphe Echenais – so geht die Sage – liebte ihn und warnte ihn, mit einem Weibe zu verkehren; wenn er nicht gehorchte, würde

---

48 A. a. O., 580.
49 PARTHENIOS, Nr. 29, in: Griechische Sagen, 189.
50 APOLLODOR, III 112 ff., in: Griechische Sagen, 100–101, erzählt von dem Diebstahl, den *Hermes* an den Rindern des *Apoll* beging; er mußte die gestohlenen Tiere zurückgeben. «Als aber Apollon die Leier hörte, gab er dafür die Rinder. Beim nächsten Weiden der Rinder wiederum verfertigte sich Hermes eine Hirtenflöte und blies darauf. Apollon wollte auch diese haben und dafür den goldenen Stab geben, den er für das Rinderhüten bekommen hatte. Damit war Hermes wohl zufrieden, nur wollte er für die Hirtenflöte noch die Seherkunst dazu haben. So gab ihm jener den Stab und unterwies ihn außerdem im Weissagen mit Steinchen, und Zeus bestellte ihn als seinen und der unterirdischen Götter Boten.» MARTIN P. NILSSON: Geschichte der griechischen Religion, I 529–535, zeigt die Stellung *Apollon*s auch im Vegetationskult auf, resümiert dann aber: «Ein agrarischer Gott im eigentlichen Sinn war Apollon nicht, darauf bezügliche Epitheta fehlen eigentlich. Wie wir deutlich sehen können, hat er sich als übelabwehrender Gott agrarischer Bräuche angenommen, welche eine Schädigung der Saaten abzuwehren bezweckten.»

334

er die Augen verlieren. Eine Zeitlang leistete er entschlossen Widerstand, obwohl nicht wenige ihn rasend liebten, dann betörte ihn eine der Königstöchter in Sizilien (sc. *Xenia* mit Namen, d.V.) im Weinrausch und erregte die Begierde in ihm, sie zu umarmen. Darauf ging es ihm ähnlich wie dem Thraker Thamyras (sc. auch *Thamyris*, d.V.): wegen seiner Torheit wurde er geblendet.»[51] *Daphnis* tröstete sich – ähnlich wie *Orpheus* nach dem Verlust *Eurydikes* – über seinen Schmerz, indem er sein Unglück zur Musik der Syrinx in Verse faßte. «Zum Schluß aber stürzte er in den Fluß Anopos; und weil er seine Gelübde gegen (Eche)Nais gebrochen hatte, ließen ihn die Flußnymphen ertrinken.»[52]

Der Verlust des Augenlichts, von dem PARTHENIOS erzählt, gilt psychoanalytisch als eine symbolische Form der Kastration, – ein Jus talionis also auch hier, das als Strafe auf ein verbotenes sexuelles Geschehen gestellt ist: Die Untreue der Liebe bestraft sich mit der Unfähigkeit zur Liebe. Gleichwohl wußte *Daphnis*, bevor er im Wasser (im Schoß seiner Mutter) versank, nach wie vor eine Zeitlang noch über die melancholische Melodie der Musik seiner Syrinx zu verfügen, – seine Trauer und Reue blieb ihm unverkennbar als ein starkes Motiv seiner künstlerischen Kreativität für eine Weile wohl noch erhalten. Jenem *Thamyris* hingegen erging es anders. Auch er, berichtet APOLLODOR, war «von hervorragender Schönheit und in der Kunst des Gesanges und der Kithara ausgezeichnet.» So «vereinbarte er einen Wettstreit mit den Musen, wobei abgemacht wurde, daß er im Falle des Sieges bei jeder von ihnen der Liebe genießen dürfe, während sie ihm als Unterlegenem alles nehmen könnten, was sie wünschten. Die Musen gewannen den Wettkampf und nahmen ihm daraufhin das Augenlicht und seine Kunst des Gesanges und der Kithara.»[53]

Es ist dies der letzte Ausgang eines Musik»wettbewerbs», wie er in solcher Unversöhntheit nicht mehr nur zwischen *Apoll* und *Marsyas* (oder *Pan*), sondern sogar im Wettstreit der Musen, reinweg also im Raume der Kunst, denkbar ist: Es kann sein, daß jemand nach dem Vorbild des Thrakers *Thamyris* mit dem Anspruch auftritt, der Beste unter seinesgleichen zu sein, und dann in Bitterkeit feststellen muß, daß dieses sein Selbstbild empfindlich von der Wirklichkeit abweicht. Je nachdem, inwieweit er mit dem Ideal des vollendeten, des unvergleichlichen und einzigartigen Künstlers identisch ist, kann seine gesamte Selbstachtung an einer solchen Erfahrung

51 PARTHENIOS, Nr. 29, in: Griechische Sagen, 189.
52 MICHAEL GRANT – JOHN HAZEL: Lexikon der antiken Mythen und Gestalten, 112.
53 APOLLODOR, I 16, in: Griechische Sagen, S. 6.

zerbrechen. Er ist nicht der Beste, also ist er gar nichts, – zwischen *summa cum laude* und «nicht genügend» existiert auf der Skala seiner Selbstbewertung kein Zwischenwert. Alles oder nichts, Genie oder Versager, VIP («*very important person*») oder *nobody* – entweder – oder! Die Frustration, die Vernichtung, die ein *Thamyris* erlebt, wenn er in irgendeiner Bewertung der «Musen» nicht auf das allerbeste abschneidet, kann in der Tat dazu führen, jeden Antrieb zu künstlerischem Schaffen ersterben zu lassen. «Es hat ja doch alles keinen Zweck.» Dieser Selbstzweifel einer zerstörerischen Hyperkritik sich selbst gegenüber boykottiert im Ansatz jede gültige Zeile, jeden Pinselstrich, jede Note. Man kann es nicht, wie man sollte, drum will man's auch schon gar nicht mehr versuchen. Man zerbricht sich selber sein eigenes Ich, aus Ekel vor dem schmählich zerbrochenen Ideal-Ich. Man wollte mit dem Mittel der Kunst der Liebling aller sein, nun haßt man sich selber in trostloser Einsamkeit; man ist liebesunwert in den eigenen Augen, denn man glaubt, so erscheine man unzweifelhaft in aller anderen Augen.

So oder so ist das Ergebnis eindeutig. Die Rettung des *Midas* hätte bestehen können in einer Synthese von *Pan* bzw. *Dionysos* und *Apoll*, die Rettung des *Marsyas* kann allein sich ergeben aus einer orphischen Überwindung der Tragik des irdischen Daseins durch die Entdeckung der Ewigkeit des individuellen Seins, wie es die Liebe verlangt und vermittelt. Die Rettung eines *Thamyris* demgegenüber ist geistig weniger anspruchsvoll (was nicht bedeuten muß, daß sie therapeutisch einfacher wäre): Er müßte seine künstlerische Bestätigung nicht länger mehr im Beifall und in der Gefälligkeit der Menge wie der Medien suchen, sondern in der Stimmigkeit und in der Wahrheit des Ausdrucks für das, was er mitteilen möchte. Nicht als Mittel zur Selbstdarstellung ist künstlerisches Schaffen geeignet, – es trägt seinen Wert an sich selbst, es hat keinen anderen Zweck als den Dienst an der Offenbarung der Wahrheit und Schönheit und Einheit des Daseins, – nicht anders als die Liebe und, damit verbunden, als die Hoffnung auf Unsterblichkeit. Die Voraussetzung dafür aber ist ein gewisses Selbstvertrauen, das die geheimen Minderwertigkeitsgefühle nicht erst in überhöhten Ichansprüchen kompensieren muß, ist eine gewisse Einheit in sich selbst, die nicht länger mehr zwischen dem Geltungswillen draußen und der Wahrheit drinnen hin und her gerissen wird, ist eine Festigkeit und Ehrlichkeit im Umgang mit sich selbst, die nicht mehr abhängt vom Applaus der anderen. – Muß man denn «Künstler» sein? Und wer, wenn er sich künstlerisch betätigt, weiß schon, ob er's, wann er's ist? Womöglich ist es menschlich viel wahrer und schöner und in sich stimmiger, wie in dem Roman «Stiller» von MAX FRISCH aus dem Jahre 1954[54], ein einfacher Kunsthandwerker, statt ein «Künstler» zu sein ... In jedem Fall gilt die Mahnung, die FRIEDRICH HÖLDERLIN einmal «an sich selbst» richtete:

> Lern im Leben die Kunst, im Kunstwerk lerne das Leben,
> Siehst du das eine recht, siehst du das andere auch[55].

Denn dies war seine Erfahrung:

> Götter wandelten einst bei Menschen, die herrlichen Musen
> Und der Jüngling, Apoll, heilend, begeisternd wie du.
> Und du bist mir, wie sie, als hätte der Seligen Einer
> Mich ins Leben gesandt, geh ich, es wandelt das Bild
> Meiner Heldin mit mir, wo ich duld und bilde, mit Liebe
> Bis in den Tod, denn dies lernt ich und hab ich von ihr.

> Laß uns leben, o du, mit der ich leide, mit der ich
> Innig und glaubig und treu ringe nach schönerer Zeit.
> Sind doch wirs! und wüßten sie noch in kommenden Jahren
> Von uns beiden, wenn einst wieder der Genius gilt,
> Sprächen sie: es schufen sich einst die Einsamen liebend
> Nur von Göttern gekannt ihre geheimere Welt.
> Denn die Sterbliches nur besorgt, es empfängt sie die Erde.
> Aber näher zum Licht wandern, zum Aether hinauf
> Sie, die inniger Liebe treu, und göttlichem Geiste
> Hoffend und duldend und still über das Schicksal gesiegt[56].

---

54 MAX FRISCH: Stiller, in: Ges. Werke, III 2, S. 361: «Ich bin nicht Stiller!» Mit diesem Bekenntnis der Nicht-Identität beginnt der Roman. S. 671 heißt es: «Mit der Einsicht, ein nichtiger und unwesentlicher Mensch zu sein, hoffe ich halt immer schon, daß ich eben durch diese Einsicht kein nichtiger Mensch mehr sei. Im Grunde, ehrlich genommen, hoffe ich doch in allem auf Verwandlung, auf Flucht. Ich bin ganz einfach nicht bereit, ein nichtiger Mensch zu sein. Ich hoffe eigentlich nur, daß Gott (wenn ich ihm entgegenkomme) mich zu einer anderen, nämlich zu einer reicheren, tieferen, wertvolleren, bedeutenderen Persönlichkeit machen werde – und genau das ist es vermutlich, was Gott hindert, mir gegenüber wirklich eine Existenz anzutreten, das heißt erfahrbar zu werde. Meine conditio sine qua non: daß er mich, sein Geschöpf, widerrufe.»
55 FRIEDRICH HÖLDERLIN: Gedichte, in: Werke und Briefe, I 36.
56 A. a. O., I 32–33.

2) Arachne und Athene oder: Der Kampf um Anerkennung

Merkwürdig mag es scheinen, daß manche Konflikte sich in immer gleicher Weise darstellen, egal, auf welcher Skala des Daseins sie sich aufführen. Eine Hauptfrage jeder Künstlerexistenz besteht in der Bewertung der hervorgebrachten Werke: Nach welchem Maßstab sind sie zu beurteilen? Man muß selbst wissen, ob das, was man schafft, in Form und Inhalt dem entspricht, was man mitteilen möchte, – dabei kann es bleiben; jedoch ein Kunstwerk ist nicht rein privat, es braucht ein Publikum, das sich in irgend einer Weise von ihm angesprochen fühlt, es muß etwas zum Ausdruck bringen, das für viele gilt und in dem Sinne exemplarisch ist. Doch in der Öffentlichkeit unterliegt ein Werk sehr widersprüchlichen Bewertungen, – der Kampf, wer als der Größte gilt, beginnt. So in der Kunst. *Pan, Marsyas, Thamyris* – sie alle scheitern an dem Wettstreit mit dem Gott *Apoll* oder den Musen, den Töchtern der Titanin *Mnemosyne* (der «Erinnerung») und des *Zeus*. Wie aber, wenn man «bescheiden» wird und nicht als «Künstler» auftritt, nur als Kunsthandwerker? Auch dann können die gleichen Konflikte entstehen, freilich geboren nicht länger aus gewissen Gegensätzen des menschlichen Daseins (wie den genannten: Individuation und Sterblichkeit, Fruchtbarkeit und Tod, Menschlichkeit und Kreatürlichkeit, Bewußtsein und Unbewußtes), sondern aus einer eher persönlichen, wenngleich weit verbreiteten Motivation: dem Streben nach Achtung aus Furcht vor Verachtung. Beispiele dafür kennt jeder. Nirgends allerdings ist dieses Thema so eindrucksvoll dargestellt worden wie in OVIDS «Metamorphosen»: in der Figur der unglückseligen *Arachne*, die von der Göttin *Athene* in eine Spinne verwandelt ward.

a) Das Spinnensymbol oder: Die Angst vor der Frau

«Arachnophobie» – die «Angst vor Spinnen» kennen nicht wenige. Beim Anblick dieser Gliederfüßer (mit zwei Mundwerkzeugen und vier Gangbeinen) geraten sie in panisches Entsetzen, dem sie sich nicht anders entziehen können, als daß sie das «Untier» augenblicklich aus den vier Wänden ihrer Wohnung entfernen. Der Ekel vor dem «Ungeziefer» ist nicht ganz unverständlich, hat doch der Weg der «Arthropoden» schon im Kambrium in der Evolution sich von den Chordaten und damit auch von den Vertebraten (Wirbeltieren) getrennt[1]. Vollkommen fremd und unheimlich mutet deshalb schon der Beutefang und Verzehr dieser fleischfressenden fallenstellenden

---

1 Vgl. E. DREWERMANN: ... und es geschah so, 535–538.

Räuber an: «Alle echten Spinnen können ... einen Faden spinnen, der ähnlich wie das Seil eines Kletterers eingesetzt wird. Die Spinnfäden werden aber auch in den Dienst des Beutefanges gestellt», etwa indem «einige kräftige, straffe Fäden quer über den Eingang» der «Schlupfwinkel» gespannt werden. «Die Bewegungen dieser Fäden melden der Spinne jedes Tier, das den Schlupfwinkel betritt.» Manche «Spinnen stellen zum Fangen fliegender Insekten Netze und andere Gespinstfallen her... Die Spinne hält sich entweder im Zentrum dieses Netzes auf, oder sie sitzt außerhalb desselben auf der Lauer, indem sie einen Signalfaden festhält. Sobald sich ein Insekt im Netz verfangen hat, eilt die durch die Vibrationen alarmierte Spinne zur Beute hin und immobilisiert diese, um sie möglicherweise erst später zu verzehren.»[2] Zu diesem Zweck umfassen die Chelizeren (das zangenförmige Extremitätenpaar neben dem Mund) die Beute und injizieren ihr ein lähmendes Gift, dem auch Verdauungsenzyme beigemischt sind. «Die Enzyme bauen die Eiweiße der Beute zu löslichen Produkten ab, die von den Spinnen aufgesogen werden. Dem Spinnendarm sind zahlreiche blind endende Seitentaschen angeschlossen, in denen die aufgenommene flüssige Nahrung gespeichert wird, die später einem endgültigen Verdauungsprozeß unterworfen wird.»[3] Die Vorstellung auch nur, auf solche Weise verspeist zu werden, hat zweifellos etwas Beängstigendes.

Nun muß freilich niemand – außerhalb von Horror-Fantasy-Movies – ernsthaft befürchten, auf solche Weise ums Leben zu kommen, – bis auf wenige tropische Giftspinnen richten die «Arachnae» keinerlei Schaden bei Menschen an; allenfalls können sie in Wohnräumen vielleicht als ein Indikator für Schmutz und Unordnung genommen werden. Angst aber, die keine reale Begründung hat, dürfte neurotischen Ursprungs sein, und so haben Psychoanalytiker sich vorgestellt, daß vor allem die Körperform der Spinnen gewisse Assoziationen mit ängstigenden Inhalten auslösen könnte. Insbesondere KARL ABRAHAM versuchte 1922 in seinem Aufsatz «Die Spinne als Traumsymbol» anhand der Spinnenzeichnung eines seiner Patienten «die Spinne als Muttersymbol» zu interpretieren und leitete die «besondere Art der Tötung – Zerdrücken – ... aus der sadistischen Theorie des Koitus» ab; in seinen Augen verbarg sich dahinter «die latente Wunschregung, die Mutter im Koitus zu töten.»[4] Näherhin wird in der Spinne die «böse», die «phallische» Mutter dargestellt, «vor der,» wie SIGMUND

---

2 J. E. SMITH – R. B. CLARK – G. CHAPMAN – J. D. CARTHY: Die wirbellosen Tiere, 129.
3 A. a. O., 128.
4 KARL ABRAHAM: Die Spinne als Traumsymbol, in: Ges. Schriften, I 242.

FREUD 1933 den Gedanken ausführte, «man sich fürchtet, so daß die Angst vor der Spinne den Schrecken vor dem Mutterinzest und das Grauen vor dem weiblichen Genitale ausdrückt. Sie wissen vielleicht», fügte er hinzu, «daß das mythologische Gebilde des Medusenhaupts auf dasselbe Motiv des Kastrationsschrecks zurückzuführen ist.»[5] Vor allem die Tatsache, «daß die Spinne ihr Opfer durch Aussaugen» tötet, kann als «Kastrationssymbol» dienen, «also der typischen Phantasie vom Verlust des Penis im Geschlechtsakt Ausdruck» verleihen.[6] So demnach kommt es zur Arachnophobie. Zum Erleben eines Phobikers indessen gehört es, daß seine Angst mit «vernünftigem» Zureden nicht zu beruhigen ist; worauf sein anfallartiges Schock-Erlebnis beim Anblick eines – objektiv auch in seinem eigenen Urteil völlig harmlosen – Tierchens sich «eigentlich» bezieht, ist ins Unbewußte verdrängt worden, so daß er daran keine Erinnerung, aber darauf auch keinen Einfluß mehr hat, – die Phobie ist in jeder Hinsicht seiner Kontrolle entzogen.

Wie aber wird eine Frau (als Mutter) zu einer «Spinne»? Darauf könnte der Mythos von *Arachne* eine Antwort geben, vorausgesetzt, daß man die Untersuchung ein Stück weit verschiebt: Das Thema dieser Geschichte ist nicht primär die mögliche Angst von Männern vor Frauen – auch und gerade Mädchen in der Pubertät können an «Arachnophobie» leiden –, worum es geht, ist die Verformung des Weiblichen in etwas buchstäblich «Fürchterliches», und zwar durch die konfliktbeladene Auseinandersetzung zu einer anderen Frau, in diesem Fall mit der Göttin *Athene*. Wenn irgend in der Mythologie eine weibliche Gestalt «phallische» Züge trägt, so ist es diese dem Haupte des *Zeus* entsprungene Göttin, die das Haupt der *Gorgo Medusa* als Schild auf ihrer Brust trägt und mit Helm und Speer es geradezu liebt, in die Kriege der Männer mit Rat und Tat, mit List und Arglist entscheidend einzugreifen[7]. Nicht nur die Psychologie einer Frau steht

5 SIGMUND FREUD: Neue Folge der Vorlesungen zur Einführung in die Psychoanalyse, in: Ges. Werke, XV 25.
6 KARL ABRAHAM: Die Spinne als Traumsymbol, in: Ges. Schriften, I 245.
7 Zur Gestalt der *Athene* vgl. ERIKA SIMON: Die Götter der Griechen, 179–212. Archäologisch zeigt sich, daß «in der Gestalt der Pallas Athene die minoisch-mykenische Phase der griechischen Religion (sich) am reinsten erhalten» hat. (S. 179) Ursprünglich wohl eine Palastgöttin, stieg *Athene* zur Stadtgöttin schon von Tiryns auf. «Im Athen des 6. Jahrhunderts wurde dieser alte Typus (sc. der Göttin mit Schild und Lanze, d.V.) umgebildet zur Athena Promachos, der Vorkämpferin.» (S. 192) «Athene ist mit Apollon darin verwandt, daß sie niedere Instinkte verabscheut und die Hybris rächt wie dieser.» (S. 197) – Wie *Athene* z.B. Hektor hinterhältig in den Tod lockt, indem sie die Gestalt seines Bruders *Deïphobos* annimmt und ihn dann allein läßt, als *Achill* sich ihm naht, schildert HOMER: Ilias, XX 214–299, S. 460–463. – WALTER BURKERT: Griechische Religion der archaischen

340

deshalb zur Debatte, sondern zugleich eine bestimmte Art von «Theologie»: Wenn Götter so sind, wie *Athene* in dem Mythos der *Arachne* geschildert wird, so wird rasch erkennbar, wie ganz anders Göttliches in Erscheinung treten müßte, um die Wesensverwandlung von Menschen in Monstren zu verhindern oder zu revidieren.

b) *Arachnes Werdegang oder: Perfektion als Daseinsbedingung*

Geschildert hat das Drama der Begegnung von *Arachne* und *Athene*, wie gesagt, der lateinische Lyriker OVID. Das 6. Buch seiner «Metamophosen» beginnt er mit dem Entschluß der «Tritogeneia» (so nennt man *Athene* «als am libyschen See Triton geboren»; zu denken aber ist bei der Ableitung des Wortes eher an den Bach Triton, der von Süden her in den Kopaissee in Böotien mündet)[8], selber zu streben nach Ruhm und nicht länger nur fremden Lobreden lauschen zu müssen, denn so meint sie: «Man darf meine Gottheit nicht straflos verachten»; und dabei fällt ihr insbesondere die lydische Jungfrau *Arachne* ein, von der sie gehört hat, diese «weigere ... ihr den Vorrang» «in der Arbeit der Wolle».[9] Wie das kommt, schildert OVID mit psychologischer Meisterschaft.

Arachne ist, wie er mehrfach betont, ein Arme-Leute-Kind. Ihr Vater *Idmon* kam aus Kolophon, einer griechischen Stadt im Westen Kleinasiens, und er war Färber von Beruf; mit Hilfe des Purpursaftes aus Phokaia (am Nordeingang des Golfes von Smyrna) tauchte er Wolle in kräftiges Rot. Auch *Arachne*s Mutter, inzwischen verstorben, entstammte einfachen Verhältnissen. Und offenbar waren es diese Umstände, gegen welche das Mädchen sich wehrte. Mit außerordentlichem «Kunstfleiß» hatte es «sich einen Namen gemacht in den lydischen Städten.» Ihr Wohnsitz war «das kleine Hypaipa»[10], eine unbedeutende Stadt im Süden von Sardes; *Arachne* aber machte durch ihr handwerkliches Geschick den Ort zu einer Art Wallfahrtszentrum für Kunstbeflissene. Sogar die *Oreaden* (Bergnymphen) vom Tmolos ebenso wie die *Naiaden* (Wassernymphen) vom Paktolos eilten

---

und klassischen Epoche, 219, meint zum Bild der *Athene*: «Neben ... urtümlicher Grausamkeit steht die Sorge für friedliches Handwerk, zumal die Arbeit der Frauen an Spindel und Webstuhl. Athena *Ergáne* ist Erfinderin und Patronin der Wollarbeit, der ‹prächtigen Werke›, die einen so wesentlichen Bestandteil häuslichen Besitzes und Stolzes ausmachten; sie führt auch selbst die Spindel. Ihr weben die Frauen Athens gemeinsam den Peplos (sc. das Gewand, d.V.), der am Panathenäenfest überreicht wird; eingewirkt freilich sind regelmäßig Bilder vom Gigantenkampf.»

8 Vgl. Benselers Griechisch-Deutsches Schulwörterbuch, 901.

9 OVID: Metamorphosen, VI 6, B S. 180.

10 A. a. O., VI 12, B S. 180; vgl. XI 152, B S. 351.

herbei, um «nicht allein die fertigen Werke», sondern auch die Arbeitsweise *Arachne*s zu bestaunen.

> Ob sie zuerst die Wolle, die rohe, zu Knäueln sich ballte,
> Oder das Werk mit den Fingern betrieb und die Flocken – sie glichen
> Nebelgebilden – in langem und häufigem Ziehen erweichte,
> Oder mit leichtem Daumen die rundliche Spindel bewegte,
> Ob mit der Nadel sie malte: man dachte an Schulung durch Pallas
>   (sc. Athene, d.V.).[11]

So perfekt also ist die Arbeit *Arachne*s, daß ihr Können nicht anders erklärbar scheint, als daß sie bei *Athene* selber in die Schule gegangen sein muß, gilt diese doch als die Lehrmeisterin weiblicher Handfertigkeit[12], – ein Mosaik aus Nordafrika hat gerade das Spinnen zum Thema (Tafel 26a). Sie sei «genial», würde in unseren Tagen vermutlich das Urteil über *Arachne* lauten, wobei die «göttliche» Begabung noch in der Ableitung von dem lateinischen Wort *genius* – Schutzgeist durchschimmert. Allerdings stimmt das eine so wenig wie das andere. *Arachne* ist nicht von der Göttin in ihrer Kunst unterwiesen worden noch ward ihr die Kunstfertigkeit in die Wiege gelegt. Ein Bonmot ALBERT EINSTEINs besagt, ein Genie sei jemand, der eine Idee habe, für deren Bestätigung er bereit sei, viel Arbeit auf sich zu nehmen, und der am Ende Glück haben müsse, wenn sich seine Eingebung als richtig erweise. In diesem Sinne ist *Arachne* durchaus kein Genie. Die «Idee», die sie hat, bezieht sich nicht auf einen allgemeingültigen geistigen Inhalt, was sie unter Beweis stellen möchte, ist eine Idee von sich selbst, ihr Ichideal, darin bestehend, die Beste im Weben zu sein.

Wie der Aufbau eines solchen Ichideals zustande kommen kann, hat OVID mit sparsamen Bemerkungen hinreichend angedeutet: Da wächst ein Mädchen nach dem (wie anzunehmen) *frühen* Tod seiner Mutter als Halbwaise auf, und es droht damit, darf man denken, seinem Vater schon durch sein Dasein lästig zu werden; um so mehr aber macht es sich an seiner Seite

---

11 A.a.O., VI 19, B S. 180.
12 ANDREA ROTTLOFF: Lebensbilder römischer Frauen, S. 53, Abb. 26. S. 52: «Eine der als ‹typisch› weiblich erachteten Tätigkeiten war die Textilherstellung und -verarbeitung. Spinnen und Weben gehörte – wie schon im antiken Griechenland zu den vordringlichsten Aufgaben und obersten Tugenden einer römischen Matrone.» «Die Herstellung aller in einem Haushalt benötigten Textilien, inklusive der Kleider, durch die Hausherrin und ihre Töchter und Dienerinnen war eine alte Tradition.» «Spinnen war eine derjenigen Tätigkeiten, die Hausherrin und Sklavin immer wieder ‹zwischendurch› in Arbeitspausen aller Art erledigen konnte.» HOMER: Ilias, V 735; VIII 386; IX 390; XIV 178–181, erwähnt *Athene* als Göttin weiblicher Handarbeit.

nützlich und hilft ihm beim Wollfärben. So lernt die junge *Arachne* nicht nur ihr späteres Werkmaterial von früh auf kennen, die Arbeit mit Wolle verknüpft sich für sie zugleich mit der alles entscheidenden Achtung und Anerkennung von seiten des Vaters; und das Lob dieses Mannes verinnerlicht sich in ihr als fester Maßstab der Selbstbewertung. «Ich bin gut, wenn ich und weil ich in Vaters Augen die Beste, die Einzige, die Unersetzliche bin.» Diese Wertschätzung, wohlgemerkt, bezieht sich nicht auf ihre Person, sondern auf ihr Tun, nicht auf ihr Dasein, sondern auf ihre Tüchtigkeit, nicht auf ihren Charakter, sondern auf ihr Können. In diesem Anspruch an sich selber verdichtet sich nicht so sehr der tatsächliche Einfluß des Vaters, als vielmehr der subjektiv empfundene Druck der Not, die Ungewißheit der Lage, der Versuch, an der Seite des Vaters die fehlende Mutter zu ersetzen, und all diese Komponenten bei der Bildung des kindlichen Überich können ein schwer zu veränderndes, bedingungsloses Schema von Perfektionserwartungen an sich selber formen. Fortan ist es unverzeihlich, einen Fehler zu begehen, und unerträglich, sich einen Fehler zugeben zu müssen. Der Vater ist nur ein einfacher Färber; doch wozu Wolle in prachtvolles Rot tauchen, wenn sich nicht zeigt, was damit anzufangen ist! Es gibt noch andere Farben als den kostbaren, nur für vornehme Leute erschwinglichen Purpur; und wie, wenn das Spiel der Farben sich zu Mustern von Formen gestalten ließe? Die Kombination der bunten Fäden durch klug überlegten Einschlag am Webstuhl – es wäre die Vollendung all dessen, wofür der Beruf ihres Vaters sich lohnte. Nur: Wie viel Arbeit ist nötig, eine solche Kunst zu erlernen und durch Eigenarbeit und Erfindungsreichtum zu unübertrefflicher Meisterschaft reifen zu lassen!

Arachne offenbar hat es geschafft. Sie kann mit Recht auf sich stolz sein. Und sie darf sich sonnen im Schein der Bewunderung all ihrer von fernher angereisten Besucher, die als Nymphen bekanntlich über einen angeborenen Sinn für alles, was schön ist, verfügen. Freilich, was da «Genie», was «Dämonie» heißen darf oder muß, bleibt schwer unterscheidbar. Solange sie sich im Aufwind fühlt, wird *Arachne* sich vorkommen wie vom Schicksal begnadet; was aber im Fall eine Mißerfolgs, einer Niederlage, – im Gegenwind? Dann wird der innere Druck, die rigorose Unbedingtheit der nur bedingungsweisen, stets leistungsabhängigen Selbstannahme auf fast grausame Weise spürbar werden und sich in vernichtender Strenge gegen sie richten. Doch droht eine solche Gefahr überhaupt? Nicht solange *Arachne* mit sich allein ist. Daß sie den eigenen Erwartungen an sich selbst zu entsprechen vermag, hat sich längst schon gezeigt, und einen Leistungsvergleich mit anderen hatte sie nie Grund zu scheuen. Eifersucht, Konkurrenz,

Neid – das alles sind ihr ganz unbekannte Gefühle; ihre deutliche Überlegenheit bewahrt sie davor.

Und doch: Es gibt *ein* Moment, an dem deutlich sich zeigt, wie riskant der Lebensaufbau einer *Arachne* für jeden ist, der seine Identität in dieser Weise auf die Erfüllung des Anspruchs gesetzt hat, in einer bestimmten Tätigkeit der Beste zu sein. In der Neurosenlehre der Psychoanalyse spricht man von einer zwanghaften Persönlichkeit, wenn eine solche Einstellung charakterprägend geworden ist. Man verbindet damit vor allem jenen Perfektionsanspruch im Leistungsbereich und erkennt ihn an der Erwartung von Untadeligkeit und Fehlerlosigkeit in allem, was man selber hervorgebracht hat, in der «Fertig»keit in jedem Betracht, dann aber auch in einer ans Grausame grenzenden Unduldsamkeit im Umgang mit allem Ungenügenden, Nicht-Perfekten, Unzuverlässigen, Stümperhaften – bei sich selbst ohnedies, doch latent oder ausgesprochen auch bei allen anderen. Ein sadistisches Moment wird da sichtbar: Ist die perfekte Leistung die Lebensgrundlage, ist jedweder Mangel ein Todesurteil. Auch im Moralischen gilt dieser Anspruch auf Untadeligkeit und Gradlinigkeit im Sinne der Übereinstimmung mit den gegebenen Normen. Die Art dieser «Moralität» fragt nicht nach dem Wohl und Wehe im eigenen oder anderer Leute Leben, – es gilt nicht, was wünschenswert oder hilfreich ist, es gilt das, was sein muß, es gilt das Gesetz, es kommt darauf an, mit der bestehenden Ordnung in Übereinstimmung zu sein. Das Urteil der anderen ist bei einem solchen Lebenskonzept relativ gleichgültig; die Ordnung, die es einzuhalten gilt, ist die der eigenen eingeprägten Standards. Von einem Narzißmus im Überich muß man deshalb sprechen, ist's doch das Wichtigste, nach den dort verankerten Maßstäben sich für untadlig halten zu dürfen.

So besehen, hat *Arachne* scheinbar tatsächlich Grund, ihr Leben für «in Ordnung», für «gelungen» zu erachten. Daß man sie für ihre Kunstfertigkeit bewundert, ist freilich sekundär. Einer *Arachne* geht es um Selbstachtung, weit mehr als um die Anerkennung durch andere. Was sie herstellt, mögen Kunstwerke sein, doch als erstes sind es Selbstbeweise ihres Könnens. Und warum sollte ein solcher psychischer Zustand, der sich in dieser Art stabilisiert hat, nicht wähnen, er stehe auf Dauer? – Er kann es nicht eines fundamentalen Widerspruchs wegen! Wer sich nur als ein Fertiger zu akzeptieren vermag, muß unterschlagen, wie er geworden ist. Sein Idealich war *immer schon* perfekt. Auch in der Vergangenheit gab es kein Reifen und Werden, nur ein Sein und ein Können. Lernen? Gewiß, das mußte man; doch was man gelernt hat, verdankt man im wesentlichen nicht anderen, sondern letztlich sich selbst. Mit dem Perfektionsanspruch ist so etwas wie Dankbarkeit nur äußerst schwer, eigentlich gar nicht vereinbar. Dankbarkeit – das hieße ja, sich zugeben zu müssen, nicht immer schon «fertig», vielmehr fehlerhaft, hilfsbedürftig, abhängig und korrekturbedürftig gewesen zu sein; Dankbarkeit – das zerstörte die wohlgehütete Autarkie; also: Man verdankt, was man ist, entscheidend sich selbst. Wohl, Dankbarkeit – das wäre gleichbedeutend mit der Fähigkeit eines milden Urteils in der Bewertung des eigenen Handelns und Seins wie auch in der Einschätzung des Tuns und der Eigenart anderer; doch genau das ist unmöglich!

Im Leben *Arachne*s, erzählt der griechische Mythos in der Darstellung OVIDS, kam es unvermeidbar zu einer alles entscheidenden Konfrontation mit der Göttin *Athene*. Man muß diese äußerst ehrgeizige, ruhmsüchtige, kränkbare, hinterhältige Göttin, diese «Hundsfliege» in den Worten HOMERS[13], nicht unbedingt und in jedem Betracht für liebenswert halten; das ändert nichts daran, daß mit dem Auftritt *Athene*s das *Arachne*-Thema eine absolut notwendige religiöse Dimension gewinnt. Denn ein Urwiderspruch, eine grundlegende Ambivalenz ist in jeder zwanghaften Beziehung zu «Göttlichem» enthalten: Auf der einen Seite verlangt das religiöse Ideal Makellosigkeit und Korrektheit, ein Absolutes also an Selbstkontrolle, Verantwortung und Disziplin, – an Unabhängigkeit und Autonomie mit anderen Worten; auf der anderen Seite aber bedürfte es überhaupt keiner Religion, machte da nicht das Gefühl einer fundamentalen Abhängigkeit (im Sinne FRIEDRICH SCHLEIERMACHERS)[14] im Kern alles Religiösen sich geltend. Im Rahmen einer zwanghaften Lebensauffassung verdankt ein Mensch anderen gar nichts, – er ist durch sich selbst, was er ist, und er hat selbst zu entscheiden, was er tut. Diese Überzeugung ist Teil seiner Identität. Religiös gerade umgekehrt! Religion gründet wesentlich in der Feststellung, daß Menschen im letzten durchaus gar nichts sich selber verdanken.

---

13 HOMER: Ilias, XXI 394–395, S. 444–445, sagt *Ares* vorwurfsvoll zu *Athene*:
  «Sprich, Hundsfliege, was treibst du die Götter im Streit
                    aneinander
  Mit unersättlicher Frechheit, dich trieb wohl großes
                    Verlangen?»
In XXI 421, S. 445 nennt verächtlich *Hera* im Gespräch mit *Athene* freilich auch die Göttin *Aphrodite* eine «Hundsfliege», da diese – lästigerweise – den niedergestreckten *Ares* aus dem Kampfgetümmel zu retten versucht; doch mit einem kräftigen Schlag in den Busen schickt *Athene* auch *Aphrodite* auf den Boden.
14 FRIEDRICH SCHLEIERMACHER: Der christliche Glaube, 1. Teil, Einleitung, § 32, S. 171: «In jedem christlich frommen Selbstbewußtsein wird immer schon vorausgesetzt und ist also auch darin mit enthalten das im unmittelbaren Selbstbewußtsein Sich-schlechthin-abhängig-Finden als die einzige Weise, wie im allgemeinen das eigene Sein und das unendliche Sein Gottes im Selbstbewußtsein eines sein kann.»

Wie denn auch! Sie sind im Vollbesitz ihrer Kräfte – welch ein unverdientes Geschenk des Lebens! Sie tuen Gutes, weil sie die Fähigkeit dazu besitzen, doch sie müssen nicht wenig «Glück» gehabt haben, wenn sie dazu imstande sind, – es genügt, eine andere Kindheit in einer anderen Familie unter anderen Umständen sich vorzustellen, und man begreift, wie wenig es ein eigenes Verdienst ist, so zu sein, wie man ist. Sie erzeigen sich als leistungsfähig und tüchtig, und gewiß: Wieviel eigener Fleiß, wieviel Mühe, wieviel Geduld, wieviel Sorgfalt mußten investiert werden, um ein entsprechendes Niveau an Arbeitspensum erreichen zu können, – das also verdankt man wirklich sich selbst! Aber selbst dieser Eindruck ist trügerisch. Es genügt eine ganz gewöhnliche Krankheit, ein unglückseliges Stolpern am Treppeneingang, ein Unfall, wie er jeden zu jeder Zeit treffen kann, und es ist vorbei mit dem Anspruch: «Ich bin der Beste.»

Warum, wenn es so steht, fällt es einer *Arachne* dann derart schwer, sich und den Nymphen einzugestehen, sie sei – in wesentlicher Betrachtung – trotz aller aufgewandten eigenen Anstrengung und Disziplin eine gelehrige Schülerin der Göttin, welche nach allgemeiner Überzeugung die Kunst des Webens die Frauen gelehrt hat: *Athene*? Eindeutig notiert OVID:

> ... sie will nicht der Gewaltigen Schülerin sein. «Sie wetteifre»,
> Ruft sie, «mit mir, und wenn sie mich schlägt, will ich alles erdulden!»[15]

Deutlicher kann man nicht ausdrücken, wie stark im Erleben einer *Arachne* der Vergleichskampf, die Konkurrenz, das Kräftemessen um die Position der Ersten, jedes Gefühl eines dankbaren Miteinanders verdrängt. Prinzipiell gilt das für sie. In dieser Grundhaltung spricht sich nicht etwa nur ein Aperçu, sondern das zentrale Moment ihrer gesamten Lebenseinstellung aus. «Ich habe niemanden nötig!» So wird es *Arachne* als Mädchen gelernt haben: Statt Wünsche und Bedürfnisse zu äußern, galt es, so rasch wie möglich «erwachsen» und «nützlich» zu werden, um dem sonst hilflosen Vater hilfreich zur Seite zu stehen. Wie aber gehen solche psychologischen Erfahrungen am Anfang des Lebens in religiöse Grundgefühle und Überzeugungen der erwachsenen Einstellung über? Paradoxerweise wie selbstverständlich!

c) *Athene oder: Die Überhöhung der fehlenden Mutter ins Religiöse*
Paradox ist diese Tatsache, weil natürlich jeder wissen kann, daß alle Vorstellungen des Göttlichen aus menschlichen Erfahrungen stammen, daß

---

15 OVID: Metamorphosen, VI 24–25, B S. 180.

aber kein Gott sich als Mensch darstellen läßt. Recht hat HOMER, wenn er betont, wie «arm» sich die Menschen befinden,

> ... welche, den Blättern der Bäume vergleichbar,
> Einmal Lebenskraft haben und Früchte des Feldes verzehren,
> Dann aber wiederum tot entschwinden[16].

Demgegenüber genießen die so anthropomorph geschilderten olympischen Götter Unsterblichkeit, etwas also, das sie von den Sterblichen absolut trennt. Ihre individuelle Persönlichkeitszeichnung allerdings trägt derart menschliche Züge, daß sie erscheinen als die Vergrößerung von an sich normalen Männern und Frauen, wie man auf Erden auch sonst ihnen begegnet. Vor allem bilden die Erfahrungen der Kinderzeit mit den eigenen Eltern die Basis für deren spätere Überhöhung ins Göttliche. *Zeus*, als der «Vater der Götter und Menschen» zum Beispiel, verdichtet in sich all die Gefühle von Abhängigkeit und Vertrauen, von Angst und Auflehnung, von Gehorsam und Gegnerschaft, die der Junge beziehungsweise das Mädchen seinerzeit gegenüber dem eigenen Vater durchleben und durchleiden mußte. Unvermeidbar setzt das Gottesbild damit auch die Widersprüche der Kindheit fort, steigert sie, verfestigt sie und projiziert sie in eine an sich bestehende unwidersprechliche Wirklichkeit. Im Falle der *Arachne* legt es sich daher nahe, in der Göttin *Athene* ein verabsolutiertes Erinnerungsnachbild der Mutter aus Kindertagen zu erkennen. Aber: Hat denn *Arachne* ihre (früh?) verstorbene Mutter überhaupt hinreichend kennengelernt? Und: Welche Erinnerungen an eine längst Verstorbene könnten so mächtig nachwirken, daß sie ein ganzes Leben zu formen vermöchten?

Nun, in der Psychologie geht es anders zu als in der Physik. In der Physik kann etwas als Ursache nur wirken, wenn es real existiert; in der Psychologie aber kann etwas um so mehr als Ursache wirken, als es nicht existiert, als es fehlt, als es als dringend nötig vermißt wird. Allein schon daß die Mutter einem Kind allzu früh stirbt, kann eine absolute Zäsur markieren: Fortan ist die Kindheit zu Ende. Der Tod der Mutter kann erlebt werden wie ein Schock, der dazu zwingt, künftighin niemandem von den Sterblichen mehr zu trauen, – und wie dann den Unsterblichen, wenn diese scheinbar ungerührt die Mutter eines noch hilfsbedürftigen Kindes zum Hades schicken?

Denken läßt sich, daß *Athene* all die Empfindungen erntet, die sich in *Arachne*s Kinderseele im Bilde der Mutter einstmals gesammelt haben. In diesem Falle verstünde man sehr gut die absolut mißtrauische, ablehnende,

---

16 HOMER: Ilias, XXI 464–466, B S. 447.

feindselige Attitüde, mit der sie von vornherein der Göttin begegnet. «Ich bin besser als du, denn ich war besser schon als meine Mutter. Ich verdanke dir genau so wenig wie ihr. Du bist für mich ‹gestorben›, schon weil diese zu früh verstarb.» In ein solches Gefüge von Gefühlen kann *Athene* nur eintreten nach Art der Mutter von damals. Und genau das tut sie: Sie übernimmt die Rolle der alten Frau, der unerwünschten Erzieherin, der ungebetenen Mahnerin. Denn so erzählt OVID weiter:

> Pallas (sc. *Athene*, d.V.) verstellt sich als Greisin: sie legt an
> die Schläfen sich falsche
> Haare, ergraute, auch stützt ihr ein Stock die zitternden Glieder.
> Alsdann beginnt sie zu sprechen: «Nicht lauter verächtliche Gaben
> Bringt uns das höhere Alter: es kommt mit den Jahren Erfahrung!
> Laß meinen Rat dir gefallen! Du magst in der Arbeit der Wolle
> Unter den Menschen den Ruhm dir erwerben, die Beste zu heißen!
> Ordne der Göttin dich unter! Demütig erflehe Verzeihung
> Für dein Gerede, Verwegene! Flehst du sie an, so verzeiht sie.»[17]

Nicht selten erscheint *Athene* schon bei HOMER als Verkörperung von Gedanken, Wünschen und Befürchtungen, die den handelnden Personen gerad im Moment sich vom Unbewußten her aufdrängen[18]. Daß die Göttin an dieser Stelle *Arachne* in der Rolle einer alten Frau gegenübertritt, setzt diese Eigenart ihrer «Erscheinungen» fort. Denn sie redet tatsächlich wie eine ältere Mutter, die versucht, ihre inzwischen erwachsene Tochter nachzuerziehen. Alles, was sie vorbringt, sind Gedanken, die *Arachne* sich auch selber machen könnte, die sie für sich aber nach Kräften verdrängt. Es sind Selbsteinwände und Vorhaltungen in projizierter Form, so daß scheinbar jemand anderer ihr sagt, was zum Teil sie auch selber sich sagt: – Die

---

17 OVID: Metamorphosen, VI 26–33, B S. 181.
18 Vgl. HOMER: Ilias, IV 86–104, S. 66–67, wo *Athene* in der Gestalt des *Laodokos* den Sohn des *Lykaon*, *Pandaros* mit Namen, auffordert, seinen Pfeil auf *Menelaos* abzuschießen und damit «Ruhm bei allen Troern» zu gewinnen; selber ist sie es dann, die (IV 128–133) den Pfeil ablenkt. In V 290–293 hingegen lenkt sie den Pfeil des *Diomedes* tödlich in den Kopf des *Pandaros*. – MARTIN P. NILSSON: Geschichte der griechischen Religion, I 373, setzt sich zu Recht von der «theologisierenden Verteidigung» des griechischen Götterhimmels etwa durch W. F. OTTO: Die Götter Griechenlands, 1929, ab und meint: «der Mensch verlangt nun einmal nach Göttern, von denen er Trost, Hilfe und Aufrechterhaltung der moralischen Werte erhoffen kann.» Von *Athene* hebt er (I 433) hervor, daß sie «auf eine minoische Haus- und Schlangengöttin zurückgeht … In der kriegerischen mykenischen Zeit hat sich diese Hausgöttin in die gewappnete Palastgöttin umgewandelt … In Athen und in Mykenai wurde der Tempel der Athena über den Resten des … Königspalastes errichtet. Mit dem Aufhören des Königtums wurde Athena die Schutzgöttin der Freistadt.»

Götter, speziell unter ihnen die Göttin *Athene*, soll man hoch achten und sich vor ihnen demütigen; ja, man soll es rechtzeitig als Schuld anerkennen, von diesem Gebot der Frömmigkeit abgewichen zu sein, und reumütig um Verzeihung bitten; die Göttin wird dann schon, so darf man hoffen, Gnade walten lassen und auf strengere Strafen verzichten. Mahnungen in dieser Form sollten inhaltlich unschwer zu begreifen sein. Woher dann aber der Widerstand?

Ein Hauptmotiv zum Widerspruch liegt anscheinend schon in der Camouflage der Göttin. Ihre Verkleidung als eine alte Frau sollte die Reife und Weisheit ihrer Mahnung unterstreichen, doch genau dieser Tonfall des: «Ich kenne das Leben, ich weiß Bescheid, und du bist noch unerfahren und brauchst Belehrung» reizt förmlich zur Aufsässigkeit. Jedes Mädchen, das unter der oberlehrerhaften Besserwisserei seiner Mutter allzu oft gelitten hat, wird sich, sobald es kann, solcherlei Einmischung höchlichst verbitten; ein Mädchen aber, das, wie *Arachne* möglicherweise, seine Mutter kaum je hat kennenlernen können und das stattdessen viel zu früh in «die Schule des Lebens» geworfen wurde, kann eine solche Dreinrede noch weniger dulden. Träte eine befreundete Frau, eine der Nymphen etwa, an sie heran, um sie vor einer Torheit zu warnen, würde sie eine solche Kritik vermutlich akzeptieren; so aber erntet «die Alte» wütenden Widerspruch, ja, man muß davon sprechen, daß *Arachne* sich gerad noch beherrscht, wenn ihr nicht unversehens die Hand ausrutscht. Offensichtlich ist sie in einem ganz empfindlichen Punkte ihres Selbstbewußtseins getroffen, und nach allem Gesagten kann man verstehen, wieso. Stets hat eine *Arachne* sich allein durchs Leben kämpfen müssen; schon deshalb braucht sie keine fremden Belehrungen, schon deshalb hat niemand ihr etwas zu sagen, und von oben herab, vermeintlich mit mütterlicher Autorität ausgestattet, schon gar nicht! Und was überhaupt soll das: das Alter! Zornig entgegnet sie:

>»Arm an Verstand, so kommst du daher, und geschwächt durch
>   das Alter!
>Wirklich, es schadet, zu lange zu leben! Der Tochter, der Schwieger-
>Tochter, sofern du sie hast, ihnen predige solches Geschwätze!
>Ich – ich besitze des Rates genug. Du bilde dir nicht ein
>Mich mit Erfolg zu belehren; mein Standpunkt ist immer derselbe!
>Sage, was kommt sie (sc. *Athene*, d.V.) nicht selber herbei? Was
>   flieht sie den Wettstreit?«[19]

19 OVID: Metamorphosen, VI 37–42, B S. 181.

Arachne behandelt die alte Frau so respektlos, wie sie wohl jeden behandelt, der ihr in dieser Weise dazwischenredet; ganz besonders aber verachtet sie die autoritäre Gleichsetzung von Alter und Weisheit. Ist nicht die «Weisheit» des Alters identisch mit Müdigkeit, Resignation und eben der Predigt: Man muß sich bescheiden? Eine solche Einschätzung entspräche ganz der übrigen Lebenseinstellung einer *Arachne*. Wer «fertig» zu sein hat, kann keine Reifung zulassen; er ist «richtig» so, wie er ist. Er *ist*, er ist nicht geworden; er «ist immer derselbe», er lernt nicht dabei, – allenfalls handwerklich durch eigenes Spiel mit Versuch und Irrtum. Auch im Raum der Religion denkt *Arachne* in etwa nach dem preußischen Leitspruch: «Hilf dir selbst, dann hilft dir Gott.» Auch eine Göttin wie *Athene* hat ihr nichts zu sagen. Sie kann nicht wissen, daß in der Gestalt der alten Frau die Göttin selbst sich verbirgt; also redet sie mit ihr als mit einem ganz gewöhnlichen Menschen, und doch redet sie mit ihr hier schon über die Göttin, und sie tut es ganz so, als redete sie bereits mit ihr *vis à vis*. Nur einen Schritt weiter noch, – und die Göttin steht unverhüllt vor ihr.

Was diese «Offenbarung» *Athene*s bedeutet, läßt sich kaum anders wiedergeben denn als eine letzte dramatische Bewußtwerdung des eigenen Standpunktes. Vor allem der dänische Religionsphilosoph SÖREN KIERKEGAARD hat immer wieder darauf hingewiesen, daß die Dimension «vor Gott» einer «Potenzierung» der inneren Ausrichtung des Lebens gleichkommt[20]; und genau das geschieht hier. Unter Menschen besitzt *Arachne* zweifellos ein gewisses Recht, ihr unvergleichliches Können sich selbst zuzuschreiben und gebührend stolz darauf zu sein; doch das unter Menschen begrenzt Richtige wird total falsch, wenn man es hineinstellt ins Unbegrenzte und Absolute. «Ich verdanke niemandem etwas» – das mag jemand sagen, der es wirklich im Leben nicht leicht gehabt hat; doch so verständlich eine solche Aussage auch seine Biographie beschreiben mag, so verkehrt wird sie, sobald sie zur Grundaussage der gesamten Existenz genommen wird. Es ist klar: Niemand hat sich selbst geschaffen! Es mag im Umgang miteinander peinlich sein, daran erinnert zu werden, wie angewiesen in vielen Fällen man auf andere Menschen gewesen ist und noch immer bleibt, von der Mutter beginnend bis zu all den Nachfolgegestalten, die im Leben an ihre Stelle traten (oder zu treten drohten); im wesentlichen aber kann man und darf man über diese Tatsache sich nicht hinwegtäuschen:

20 SÖREN KIERKEGAARD: Die Krankheit zum Tode, 2. Abschnitt, A. Verzweiflung ist die Sünde. Erstes Kapitel: Steigerung im Bewußtsein des Selbst (Die Bestimmung: vor Gott), S. 75–78. «Sünde» ist so definiert als «Verzweiflung ... und daß sie vor Gott ist.»

Ein Mensch ist nicht Gott, – er ist nicht absolut, nicht autonom, auch nicht autark, auch nicht perfekt, auch nicht zeitlos in unveränderter Befähigung zu Tüchtigkeit und Spitzenleistung, und wenn er es trotzdem zu sein versucht, steht ihm unvermeidlich eine Einschnürung in Einsamkeit, Verbitterung, Kälte und Starrheit bevor.

Einen Moment lang erschrickt, schreibt OVID, auch *Arachne*, als sie der Göttin begegnet, – als sie die Absolutheit der Frage nach den Grundlagen ihres Daseins begreift; sie errötet, als wenn sie sich schämte, sie erbleicht, als ergriffe sie Furcht, doch sie bleibt, was sie ist. Die Religion ändert nicht ihren Standpunkt, sie verlängert nur in Entschlossenheit ihre Grundentscheidung ins Unendliche. So kommt es, erneut und unvermeidbar, zu einem Wettstreit zwischen Mensch und Gott. Was mit *Prometheus* begann, was bei *Marsyas* anklang: das Motiv der Theomachie, des Kampfs gegen Gott, das wird jetzt, auf dem Boden des Leistungsvergleichs, zur Austragung eines Konkurrenzvergleichs im Absoluten. Nicht mehr relativ, im Maßstab anderer Menschen, gilt *Arachne* jetzt als die Beste, sie muß es absolut sein.

d) *Der Wettkampf oder: Selbstdarstellung gegen Anklage*

In der christlichen Theologie ist das Motiv des «Sein-Wollens-wie-Gott» stets als Inbegriff der «Sünde» betrachtet worden, darauf Gott die ewige Strafe (der Hölle) gesetzt habe[21]. Zu sehen war bereits, daß ein solches Streben mit dem moralischen Protest des *Prometheus* gegen die Grausamkeiten der göttlichen Ordnung sich gerade nicht verbinden läßt; auch *Marsyas* wollte nicht eigentlich *Apollon* besiegen, er stand einfach für eine Seite des Daseins, die in seinem Flötenspiel ihren vollendeten Ausdruck fand. *Arachne* aber, wie OVID sie darstellt, nimmt den Kampf gegen die Göttin bewußt auf sich: Es soll sich zeigen, wer besser ist. Das, zweifellos, *ist* «Theomachie», doch wieviel verzweifelte Not steht dahinter! *Arachne* muß als die Beste erscheinen, sonst ist sie vernichtet, und es ist die Göttin selber, die sich von ihr zu dem Leistungsvergleich hinreißen läßt, – «sie verschiebt nicht länger den Wettkampf.»

Was da in *Arachne* vor sich geht, kann ein kleines Beispiel zeigen, das es nicht mit dem stets unsicheren Maßstab «gut» und «besser» zu tun hat, sondern in dem es «nur» um «richtig» und «falsch» geht. – Ein Student macht sich an seine akademische Arbeit, – er hat eine bestimmte These zu

---

21 Vgl. dagegen A. a. O., 278: «der Gegensatz zur Sünde ist Glaube ... nicht Tugend ..., sondern Glaube.»

verteidigen. Die Aufgabenstellung ist «normal», doch die Art, wie er sie angeht, ist höchst unnormal; denn zwanghaft, wie er ist, kann er nicht irgendeine Arbeit erstellen wie alle anderen, er muß eine einzigartige Leistung erbringen. Und das setzt als erstes die Sicherung des Arbeitsweges voraus: Es muß gezeigt werden, daß es nur eine – seine – Methode gibt, sich dem Thema zu nähern; wer immer in der gleichen Frage zu einem abweichenden Ergebnis kommen sollte, dem muß im voraus dargetan werden, daß er unrecht hat. Das ist der Anspruch noch vor allem Anfang. Daran hängt alles. Sollte sich nun aber tatsächlich zeigen, daß an dieser oder jener Stelle denn doch gravierende Fehler, Ungenauigkeiten, Mißverständnisse oder schlicht: Irrtümer, basierend auf Unkenntnis bestimmter Zusammenhänge, sich eingeschlichen haben, so wäre das gleichbedeutend mit einem Vernichtungsurteil. Es würde erweisen, daß der betreffende Student nicht auf den Olymp erhöht, sondern tief drunten in den Tartaros verbannt gehört.

Solch ein verzweifelter Kampf ist die «Theomachie» der *Arachne*, gerichtet nicht so sehr gegen *Athene* als vielmehr konzentriert auf die mühsam errungene Selbstachtung in Abwehr schwerer Gefühle der Minderwertigkeit. Es ist ein Kampf um alles oder nichts: Gewinnt man ihn, ist man Gott, verliert man ihn, *ist* man verloren. Das ganze Dasein steht auf dem Spiel, ein Duell um die Ehre auf Leben und Tod. Und so beginnt's.

In den Worten OVIDS:

Alsbald stellen die zwei auf verschiedenen Seiten die Webe-
Stühle bereit und bespannen mit zierlichem Garn sie. Den Webstuhl
Bindet der Querbaum zusammen, der Rohrstab sondert den Aufzug
(sc. der Kette, d.V.).
Mitten hinein fährt jetzt mit den spitzigen Schiffchen der Einschlag,
Welche die Finger entrollen; es stoßen die Zähne des Kammes
Durch, die eingekerbten, und schlagen es fest, das Gewobne.
Jede beeilt sich: die Brust vom Gewande umschlossen, bewegen
Sie die Arme geschickt; für den Eifer gibt's keine Ermüdung.
Purpurne Fäden verweben die beiden – ein tyrischer Kessel
Färbte sie einst – und solche von fein nuancierenden Tönen,
Ähnlich dem Bogen, der riesig sich krümmend verläuft und den weiten
Himmel durchfährt, wenn der Regen die Sonnenstrahlen zerspaltet;
Tausend verschiedene Farben erglänzen darin, doch die Stellen,
Wo sich die Farben berühren, entgehen den schauenden Augen;
Hier herrscht täuschende Gleichheit; die Ränder sind völlig verschieden.

Auch geschmeidige Fäden von Gold verwirken die beiden,
Und sie erzählen in ihren Geweben Geschichten der Vorzeit[22].

Auf beiden Seiten also bestehen handwerklich die gleichen Fertigkeiten, die gleichen Techniken, die gleichen Materialien, die gleichen Zeitvorgaben, – in einem Wettkampf zwischen der göttlichen Lehrerin der Webkunst und ihrer menschlichen Gegnerin muß allein diese Tatsache bereits staunen machen. Wie virtuos hat *Arachne* sich zu solcher Höhe der Kunst und der Schaffenskraft emporgearbeitet, wenn die Entscheidung zwischen ihr und der Göttin nicht in der Herstellungsweise, allenfalls in dem Dargestellten selber zu treffen ist! Die Themenwahl beider ist freilich in sich schon höchst charakteristisch, – eine durch und durch psychologische Malerei in textilem Gewebe. *Athene*, um mit ihr zu beginnen, erzählt in ihren Bildern mehr oder minder, wie wäre es anders auch zu erwarten, die Geschichte ihrer eigenen Vortrefflichkeit.

Zuvörderst: Sie ist *Athene*, die Stadtgöttin von Athen! Also: Wie wurde sie's? Schon da war sie siegreich gegenüber dem Gott des Meeres, *Poseidon*. HYGIN erzählt: «Als Poseidon und Athene wetteiferten, wer zuerst eine Stadt in Attika gründen dürfe, nahmen sie Zeus zum Schiedsrichter. Weil Athene erstmals hier einen Ölbaum pflanzte, der jetzt noch stehen soll, wurde zu ihren Gunsten entschieden. Doch Poseidon wollte eben in seinem Zorn das Meer gegen dieses Land leiten, als Hermes ihm auf des Zeus Geheiß verbot, dies zu tun. So gründete Athene nach ihrem Namen Athen; diese Stadt soll in dem Land als erste gebaut worden sein.»[23] Am Westgiebel des Parthenon, auf der Akropolis, ist die Szene der Krönung *Athene*s durch die Siegesgöttin *Nike* dargestellt[24], und dort (nicht, wie OVID schreibt, auf dem Ares-Felsen, dem Areopag) hat sie sich auch zugetragen: *Poseidon* vermochte mit seinem Dreizack seinerzeit nur eine Salzquelle aus dem Felsen zu schlagen; der so überaus nützliche Ölbaum *Athene*s hingegen wuchs immer wieder neu, sogar als die Perser im Jahre 480 die Akropolis in Brand gesteckt hatten, wie kein Geringerer als HERODOT berichtet[25]. Mit solch einer sieghaften Göttin also, kämpferisch

22 OVID: Metamorphosen, VI 53–69, B S. 182.
23 HYGIN, Nr. 164, in: Griechische Sagen, 321–322.
24 CORNELIA HADZIASLANI: Parthenon, 22–23; vgl. E. DREWERMANN: Liebe, Leid und Tod, 30, Abb. 2: Der Ost-Giebel; KATERINA SERVI: The Acropolis, 52: Rekonstruktion des West-Giebels.
25 HERODOT: Historien, VIII 55; Bd. 2, S. 1093: «Auf der Akropolis steht auch ein Tempel des Erechtheus (sc. des sagenhaften Königs Athens, d.V.), der aus der Erde geboren sein soll. Darin befindet sich ein Ölbaum und ein Brunnen mit Meerwasser. Davon erzählen die Athener, Poseidon und Athene hätten sie beim Streit um dieses Land als Zeugnis aufgestellt.

die Brust mit der Aigis, dem Schild des *Zeus*, geschützt, hat es *Arachne* zu tun. Wenn sie's bedenkt, müßte sie spätestens hier retirieren. Aber so gehört es zum Reglement eines Duells: Man kommt ohne Gesichtsverlust nicht mehr aus der Affäre. Nachzugeben wäre jetzt nicht mehr Demut, sondern bloße Feigheit. – Immer wieder sind es solche durchaus ehrenhafte Motive, die Menschen bis zum Äußersten in den Untergang treiben.

Dabei läßt es *Athene* an drohenden Botschaften nicht gerade fehlen, vielmehr fügt sie ihrem furchterregenden Selbstbildnis zum zweiten noch eine Staffel von vier abschreckenden Beispielen hinzu, die zeigen sollen, wie die Götter Hochmütige zu züchtigen pflegen.

Erstens: In Thrakien gibt es zwei Gebirgszüge, einen mit dem weiblichen Namen *Rhodope*, einen anderen mit dem männlichen Namen *Haimos*, denn wirklich, erzählt die Sage, waren die beiden ein Geschwisterpaar, doch gegen alles Gebot wurden sie ein Liebespaar, ja, sie vergötterten einander derart, daß sie sich mit göttlichen Namen «Zeus» und «Hera» nannten; dafür wurden sie «gestraft» durch Versteinerung[26], – sie akzeptierten nicht die Wandlungen der Zeit, sie wollten ihren Zustand des Glücks auf Erden verewigen, will das wohl sagen.

Und zweitens – Schlag auf Schlag geht es weiter –: Da lebte, wie der griechische Mythograph ANTONINUS LIBERALIS im 2. Jh. n. Chr. berichtet, bei den Pygmäen ein Mädchen mit Namen *Oinoë*, «von tadellosem Aussehen, aber unfreundlichem und hochmütigem Charakter. Um Artemis oder Hera kümmerte sie sich gar nicht. Nachdem sie mit Nikodamas, einem bescheidenen, tüchtigen Bürger, sich verheiratet hatte, gebar sie einen Sohn, Mopsos, und alle Pygmäen brachten ihr aus Freundschaft sehr viele Geschenke zur Geburt des Kindes. Hera indes, die an ihr zu tadeln hatte, daß sie ihr jede Ehre versagte, machte einen Kranich aus ihr, indem sie den Hals

Den Ölbaum nun hatte das Schicksal des übrigen Heiligtums getroffen; er wurde von den Barbaren (sc. den Persern, d.V.) verbrannt. Am zweiten Tag nach dem Brand aber, als die Athener auf das Gebot des Königs (sc. *Xerxes*, d.V.) zum Opfer in die heilige Stätte hinausschritten, sahen sie, daß der Stumpf schon wieder einen etwa ellenlangen Schoß getrieben hatte. So erzählten die Athener.» MARTIN P. NILSSON: Geschichte der griechischen Religion, I 442, meint: «Die Ölbäume standen unter dem Schutz der Stadtgöttin, weil sie Staatseigentum waren.» So «entstand der bekannte Mythos, daß sie im Streit mit Poseidon um das attische Land den ersten Ölbaum emporwachsen ließ.»

26 Vgl. OVID: Metamorphosen, B S. 572, Anm. zu VI 87ff.: «Die Geschichte ist wenig bekannt: nach der dem Plutarch zugeschriebenen Schrift ‹Über Flüsse› (11,3) handelt es sich (sc. bei *Haimos* und *Rhodope*, d.V.) um Bruder und Schwester, die sich in verbotener Weise liebten und frevelhaft (sc. wie das göttliche Geschwisterpaar, d.V.) Zeus und Hera nannten.»

in die Länge zog und sie zu einem hochfliegenden Vogel umbildete.»[27] So also kommt es, wenn man den Kopf zu hoch trägt und überhaupt zu hoch hinaus will: – Am Ende verwandelt man sich in das Resultat seiner eigenen Wünsche, doch geschieht das nicht, wie man hoffte, zum Segen, sondern zum Fluch. Zudem wird man bei einer solchen Kranich-Einstellung niemals mit anderen Menschen in Frieden zu leben vermögen; denn, heißt es weiter, *Hera* schuf einen «Kriegszustand» zwischen *Oinoë* «und den Pygmäen. Aus Sehnsucht nach ihrem Kind Mopsos flog sie um das Haus und wollte es nicht verlassen. Die Pygmäen aber, alle bewaffnet, verjagten sie. Seit dieser Zeit ist bis auf den heutigen Tag Krieg zwischen den Pygmäen und den Kranichen.»[28] Die Liebe von Geschwistern, die Liebe einer Mutter zum Kind – sie alle können ins Unglück treiben, wenn sie sich über die Regeln des Zusammenlebens und die Achtung der Götter hinwegsetzen.

Und weiter, zum dritten: Da lebte in Troja *Antigone*, die Tochter des Königs *Laomedon*. Für diesen hatten *Apoll* und *Poseidon* einst die Stadt- mauer errichten müssen, weil sie gegen *Zeus* sich aufgelehnt hatten; als dann aber *Laomedon* ihnen den vereinbarten Lohn verweigerte, sandte *Apoll* eine Pest über die Stadt, und *Poseidon* schickte einen riesigen Meer- drachen, der – ähnlich wie in der Sage von *Perseus* und *Andromeda* – nur durch das Opfer der Tochter *Hesione* zu besänftigen war; glücklicherweise kam *Herakles* dazwischen und erlöste die Prinzessin; als aber *Laomedon* wiederum die versprochene Belohnung – wunderschöne Stuten – nicht aus- zahlen wollte, kam es zu einem Krieg, in dessen Verlauf *Herakles* den un- dankbaren und verschlagenen *Laomedon* tötete[29]. Ein Sohn des *Laomedon*, den *Herakles* am Leben ließ, war *Podarkes*, der unter dem Namen *Priamos* die Thronnachfolge antrat, und gerade er wird von HOMER als ein weiser und gütiger Herrscher geschildert. – Von anderer Art war da die trojani- sche Prinzessin *Antigone*. Sie prahlte (wie die äthiopische *Kassiopeia*) so sehr mit ihrer Schönheit, daß sie sich mit der Göttin *Hera* verglich. Zur Strafe dafür wurden ihre Haare (wie auf dem Haupt der *Gorgo*) zu Schlan- gen; doch aus Mitleid verwandelten die Götter die Tochter des *Laomedon* schließlich in einen Storch[30]. Dadurch kommt es, so sagt man, daß die Störche bis heute Jagd machen auf Schlangen, – aus einem weiblichen At-

27 ANTONINUS LIBERALIS, Nr. 16, in: Griechische Sagen, 214.
28 A. a. O., S. 214.
29 Zu der Geschichte von *Laomedon* und *Hesione* vgl. APOLLODOR, II 103 f., in: Griechi- sche Sagen, 59; HYGIN, Nr. 89, in: A. a. O., 285–286.
30 Vgl. MICHAEL GRANT – JOHN HAZEL: Lexikon der antiken Mythen und Gestalten, 53: Diese *Antigone* war die «Tochter des Königs Laomedon von Troja. Sie verglich sich an Schönheit mit Hera; zur Strafe wurden ihre Haare in Schlangen verwandelt. Aus Mitleid

tribut der Schönheit kann ein schlangenhaftes Wesen sich bilden, und die Ablehnung eines solchen Charakterzuges läßt leicht ein storchenähnliches Herumgestelze entstehen … So in etwa könnte die psychologische Botschaft dieser Geschichte sich übersetzen.

Doch immer noch ist die Serie warnender Katastrophen in dem Werkstück *Athene*s nicht zu Ende. Als viertes führt sie *Kinyras* ein, den König auf Zypern, den Sohn des *Pygmalion*, der von seiner Tochter *Myrrha* zum eheähnlichen Verkehr verführt wurde und mit ihr das Kind *Adonis* zeugte, – im 10. Buch der «Metamorphosen» hat OVID ausführlich diese Tragödie erzählt; *hier* spricht er nur davon,

> Wie er (sc. *Kinyras*, d.V.) die Tempelstufen umfaßt, die Glieder der
> eignen
> Töchter: er liegt auf dem Stein, und man sieht ihn Tränen vergießen[31].

Von anderen Töchtern des *Kinyras* ist sonst nichts bekannt; doch dürfte OVID (nach der Geschwisterliebe, der Selbstverliebtheit und der Mutterliebe) jetzt, zur Ergänzung seiner Darstellung, ein Beispiel unglücklicher Vaterliebe vorschweben: Ein geschändetes Heiligtum voller Trauer ist das Ergebnis der inzestuösen Zuneigung zu den eigenen Töchtern.

Aber bezeichnend nun: All diese Beispiele zur Warnung faßt *Athene* mit einer Girlande aus Zweigen des Ölbaumes ein. Das ist sie auch, und das will sie auch sein: eine weise Göttin, die, trotz all dem Kämpferischen in ihrem Wesen, im Zeichen des Ölzweigs Frieden schenkt. Freilich, ein Sieg dieser Göttin ist stets ein Siegfriede, bestehend in der Unterwerfung des Gegners. Wer aber würde schon die Forderung akzeptieren, die bis heute die Siegermächte mit jedem Krieg, den sie «gewinnen», an ihre besiegten Feinde richten: *unconditional surrender* – bedingungslose Kapitulation? Solange es geht, wird der Unterlegene weiterkämpfen, nicht um zu siegen, sondern um seine Ehre und Selbstachtung zu wahren. Auch *Arachne* wird kämpfen, bedingungslos und kompromißlos.

Klarer kann sie ihre Einstellung gegenüber der Göttin und den Göttern insgesamt, aber damit auch ihr eigenes Lebensgefühl jedenfalls nicht ausdrücken als durch die jetzt folgende schier endlose Liste von Vorwürfen gegenüber den Untaten der Olympier, die sich Frauen nahmen nach ihrer

---

ließen die Götter sie später zu einem Storch werden; und seit dieser Zeit jagt der Storch Schlangen.»
31 OVID: Metamorphosen, X 298–502, B S. 326–335; vgl. E. DREWERMANN: Liebe, Leid und Tod, 121–151: Myrrha und Kinyras oder: Zwischen Sünde und Sehnsucht. – Der *Kinyras* hier, in VI 97–99, B S. 183–184, könnte auch ein anderer, sonst unbekannter sein.

Lust, während deren späteres Schicksal sie sonderbar gleichgültig ließ, – eine *chronique scandaleuse* in ganz großem Stil ist das, was *Arachne* als Kunstwerk vorschwebt und was sie tatsächlich als Werkstück webt.

Vornean gilt ihre Aufzählung einer Reihe von Affären und Mesalliancen speziell des Obersten der olympischen Götter: des *Zeus*. Es beginnt mit der Entführung der *Europa*, der Tochter des phönikischen Königs *Agenor* und dessen Frau *Telephassa*[32]. Kaum nämlich erblickte der Gott das Mädchen beim Spielen am Meer, da entbrannte er in Liebe zu ihr, und um erfolgreich zu sein, verwandelte er sich in einen Stier, – im 2. Buch der «Metamorphosen» hat OVID diese Transformation des Gottes in «ein prächtiges Tier» ausführlich geschildert:

Weiß ist die Farbe wie Schnee, den keinerlei Füße zertraten,
Den kein regenbringender Süd zu schmelzen begonnen;
Muskeln strotzen am Nacken, es hangt bis zum Buge die Wamme;
Klein zwar sind seine Hörner, doch könnte man meinen, sie seien
Künstlich gedrechselt, durchleuchtend erscheinen sie mehr noch
             als klares
Edelgestein; es wohnt auf der Stirn keine Drohung; das Auge
Schreckt nicht, die Miene ist friedlich. Es staunt die Tochter Agenors,
Wie er so prächtig stolziert und ohne mit Angriff zu drohen.
Aber so zahm er sich zeigt, sie scheut sich zuerst, ihn zu streicheln;
Doch bald naht sie und bietet Blumen dem glänzenden Haupte.
Freudig sieht's der Verliebte und küßt, bis sie kommt, die ersehnte

---

32 GERHARD FINK: Ovid: Metamorphosen, A S. 360–363: Arachnes Gewebe, 360, verweist darauf, «daß Ovid seinerseits das Geschäft der Arachne betreibt: Auch er zählt genüßlich die Sünden der Götter her, verrät ihre Lüsternheit, ihre menschlichen Schwächen. Wäre er ein gottesfürchtiger Mensch, so müßte ihm sein eigenes Werk eine Warnung sein, er müßte seinen Fehler bekennen und Buße tun – denn ‹geständige Sünder erhöht irgendein Gott› (X 488). Statt dessen setzt er, ohne Angst vor göttlicher Strafe, sein verwegenes Spiel fort und läßt dem einen Frevel den nächsten und den übernächsten folgen. Gewiß, auch die Strafe folgt – aber eben nur in der Geschichte, es sei denn, wir dächten an Tomi(s) ...», die Stadt an der Schwarzmeerküste, wohin das Edikt des *Augustus* im Jahre 8 n. Chr. den Dichter auf Lebenszeit verbannte. – Zur Geschichte der *Europe* vgl. HYGIN, Nr. 178, in: Griechische Sagen, 328, der ihre Mutter freilich *Argiope* nennt, nicht *Telephassa*, die als die Mutter auch des *Kadmos* gilt. Zu der Genealogie des phoinikischen Königshauses vgl. HERBERT HUNGER: Lexikon der griechischen und römischen Mythologie, 133; 206. HYGIN, Nr. 179, in: Griechische Sagen, 328, notiert, daß *Kadmos* mit *Harmonia*, der Tochter des *Ares* und der *Aphrodite*, vier Töchter zeugte: *Semele* (die Mutter des *Dionysos*), *Ino* (die Mutter des *Melikertes*), *Agaue* (die Mutteer des *Pentheus*) und *Autonoë* (die Mutter des *Aktaion*); außerdem zeugte er mit ihr den *Polydoros* (den Vater des *Labdakos*, der seinerseits über seinen Sohn *Laios* zum Großvater des *Ödipus* wurde).

Wonne, die Hände des Mädchens: kaum kann er sich länger bezähmen.
Just ist er spielerisch da und tänzelt im grünenden Grase,
Und jetzt legt er den schneeigen Leib auf den gelblichen Sandstrand.
Da entschwindet allmählich der Jungfrau das Bangen: bald darf sie
Zärtlich die Brust ihm beklopfen und bald ihm die Hörner mit frischen
Kränzen umflechten. Und sieh, nun wagt es gar die Prinzessin,
Sich auf den Rücken des Stieres zu setzen – sie kennt ihren Träger
Nicht –: doch vom Land, vom trockenen Ufer entschreitet allmählich
Sachte der Gott mit trügenden Schritten zuerst in das Wasser,
Geht dann tiefer hinein und entführt durch das Meer seine Beute.
Angstvoll bemerkt es die Jungfrau: sie schaut zurück nach der Küste,
Hält mit der Rechten umklammert ein Horn, auf dem Rücken des
                                                    Stieres
Ruht die Linke; es flattert das Kleid und bauscht sich im Winde[33].

HYGIN weiß zu berichten, daß *Zeus* die Erschrockene durch das Meer nach Kreta entführte; dort liebten sich beide, und *Europa* gebar drei Söhne: *Minos*, *Sarpedon* und *Rhadamanthys*. *Agenor* aber, der Vater, schickte seine drei Söhne aus, die Tochter zurückzubringen. Tatsächlich gelang das keinem, aber auf diese Weise kam es zu der Gründung dreier Kulturen: Sein Sohn *Phoinix* gelangte nach Afrika, – die Punier (Phöniker) nennen sich nach ihm; *Kilix* gelangte nach Kilikien; *Kadmos* aber gründete nach einem Spruch des Orakels von Delphi an der Stelle, wo ein Rind mit einem Sichelmal sich niederlegte, die Stadt Theben in eben dem Land, das nach diesem seinem Ursprung Böotien (Rinderland) genannt wird[34].

In edlen Zügen zeigt eine fast unbeschädigte Metope (das Zwischenfeld eines Frieses an einem dorischen Tempel) um 560 v. Chr. in Selinus auf Sizilien, wie *Zeus* als Stier *Europa* durch das Meer nach Kreta entführt. Mit großen ebenso ernsten wie entschlossenen Augen schaut das Tier fast gutmütig den Betrachter an und wendet dabei das rechte Horn seines fein gekämmten Kopfes als Haltegriff der Prinzessin zu, während es selbst sich mit eiligen Schritten durch das Wasser bewegt, in dem zwei Delphine unter seinem mächtigen Leibe dahin schwimmen. *Europa*, deren geflochtene Haartracht der des Stieres entspricht, sitzt rittlings auf seinem bereitwillig durchgebogenen Rücken; mit der Linken hält sie sich an dem kurzen geschwungenen Horn fest, mit der Rechten stützt sie sich ab; ihr geordnetes bis weit über die Schultern herabfließendes Haar sowie ihr geschmeidig den Körper umspielendes Gewand verraten keinerlei stürmische Unruhe; der

33 OVID: Metamorphosen, II 852–875, B S. 87–88.
34 HYGIN, Nr. 178, in: Griechische Sagen, 328.

Abb. 6: Zeus entführt als Stier Europa. Metope am Tempel von Selinunt auf Sizilien, um 560 v. Chr.

Blick geradeaus läßt die Szene fast so erscheinen, als gelangte die phönikische Königstochter an ein auch von ihr selber sehnsüchtig erwartetes Ziel. – Es ist ein reines Glück, daß diese Darstellung erhalten blieb, denn im Jahre 409 wurde Selinus von den Karthagern zugunsten ihrer Bündnisstadt Segesta vernichtet, und die Steine des Kalksteintempels fanden zum großen Teil beim Wiederaufbau Verwendung. (Abb. 6)[35]

Kulturell also erwies sich die Entführung *Europa*s, deren Name zur Bezeichnung eines ganzen Kontinents wurde, als äußerst fruchtbar; doch menschlich? Die Geschichte der *Europa* ist nicht die Geschichte der kretischen *Pasiphaë*, die als Gemahlin des *Minos* sich – zur Strafe von seiten des *Poseidon* für einen nicht geopferten Stier – derart in ein solches Tier verliebte, daß sie in einer hölzernen Attrappe, die der kunstreiche Handwerker *Daidalos* für sie fertigen mußte, diesem Ausbund männlicher Zeugungskraft beiwohnte; *Europa*, wie OVID sie schildert, fällt in Liebe gerade der Unbedrohtheit wegen, die der «Stier» als Gottesbild von einem Mann um sich verbreitet: vor ihm braucht sie keine Angst zu haben, – es ist gerade dieses Gefühl, das sie verlockt und das die Beziehung zu ihm immer enger werden läßt. Eine fast wilde Sehnsucht männlichen sexuellen Verlangens, wie sie sich in dem Stiersymbol selbst ausspricht, kontrastiert in der Geschichte mit der zurückhaltenden Scheu des Mädchens *Europa*, bis schließlich die Gewalt des triebhaften Drangs mit dem Gott wie mit der begehrenden Begehrten durchgeht in Entführung und Raub. Gerade dieser spannungsreiche Gegensatz von leidenschaftlichem Drängen und zögernder Zurückhaltung ist es, der das Motiv von *Europa* und dem Stier immer wieder anregend für die Malerei und bildende Kunst im Abendland gemacht hat.

Eine andere Darstellung auf einem Kratēr (Mischkrug) um 450 v. Chr. aus Tarquinia zeigt den Stier, in welchen *Zeus* sich verwandelt, als ein harmlos-freundlich dahintrabendes Wesen, dessen Virilität freilich betont hervortritt; *Europa* hingegen scheint wie spielerisch das «Horn» des Tieres zu ergreifen, doch ist sie sich der symbolischen Bedeutung ihrer Geste of-

35 JOHN PINSENT: Griechische Mythologie, Abb. S. 52; Text S. 53. – Palermo, Museo Nazionale. – LUKIAN: Meergöttergespräche, XV, in: Gespräche der Götter und Meergötter, der Toten und der Hetären, 85, schildert die Szene so: «Das gute Mädchen, hellauf entsetzt über das, was geschah, klammerte sich mit der linken Hand an einem seiner (sc. des Stieres, d.V.) Hörner an, um nicht herabzurutschen, und mit der andern hielt sie ihr Gewand zusammen, das in die Luft hinausflatterte.» Daraufhin bemerkt *Notos*, der Südwind: «Das muß ja wirklich ein reizender und überaus sinnenfroher Anblick gewesen sein ...» Und *Zephyros*, der Westwind, bestätigt: «Wir ... alle hielten den Atem an.» Ja, selig ist er zu preisen, daß er all das hat sehen dürfen.

fenbar durchaus bewußt; ihr weit zurückgeworfener Arm holt gerade zum Schwung aus, um auf dem Stier Platz zu nehmen. (Tafel 26b)[36]

Was aber ist das Ergebnis dieser Traumszene zwischen Anmut, Sehnsucht und Gewalt? Der *Stier*, in dessen Gestalt *Zeus* die unschuldige *Europa* verführte und entführte, prangt als Sternbild in den Nächten am Himmel; sie selbst aber – ihr Schicksal scheint gleichgültig! Und eben: Derart ungütig verfährt der angebliche «Vater der Götter und Menschen» mit einer hilflos ihm Ausgelieferten, will vorwurfsvoll *Arachne* der Göttin bedeuten. Nur deshalb stellt sie diese Szene gleich an den Anfang ihrer Anklageerhebung gegen die Olympier.

Oder die Geschichte von der Titanin *Asteria*: Sie war die Tochter des *Koios* und der *Phoibe*, eine Schwester der *Leto*, und sie heiratete den *Perses*, einen Titan von hoher Weisheit, mit dem sie die Erdgöttin *Hekate* gebar. Wie es dann weiter ging, erzählt wieder HYGIN: «Als Zeus ... Asteria liebte, behandelte sie ihn mit Verachtung, worauf er sie in den Vogel Ortyx verwandelte, unsere ‹Wachtel›, und ins Meer stieß. Daraus entstand eine Insel, die den Namen Ortygia erhielt (Wachtelland). Sie war beweglich; Leto wurde später von dem Windgott Boreas auf sie getragen nach Zeus' Geheiß, damals, als Python sie verfolgte, und gebar dort, sich an einem Olivenbaum festhaltend, Apollon und Artemis. Später wurde die Insel Delos genannt.»[37] OVID spricht davon, *Arachne* habe *Asteria* in jener entscheidenden Situation dargestellt, als *Zeus* sich ihr unbedingt nahen wollte und sie umfangen habe wie «vom ringenden Adler gehalten»[38]. Von einer solchen Adlergestalt ist sonst nichts überliefert; symbolisch aber tritt hier der Kontrast hervor zwischen der Schutzbedürftigkeit sogar einer Titanin, einer Tochter von *Uranos* und *Gaia*, und der hinreißenden, hinwegreißenden Kraft des *Zeus*, die diesmal in der Gestalt des stärksten Raubvogels am Himmel erscheint (in der Gestalt also, in der er bereits den Jüngling *Ganymed* entführte[39]).

Des Tricks, sich als Vogel zu tarnen, um sich mit einer Frau zu verpaa-

36 SOFIA SOULI: Griechische Mythologie, 26.
37 HYGIN, Nr. 53, in: Griechische Sagen, 267.
38 OVID: Metamorphosen, VI 108, B S. 184.
39 Vgl. HYGIN, Nr. 224: Sterbliche, die unsterblich wurden, in: Griechische Sagen, 345–346. HOMER: Ilias, XX 231–235, S. 421, überliefert:
    Wieder von Tros entstammen die drei untadligen Söhne
    Ilos, Assárakos und den Göttern gleich Ganymedes,
    Der als der schönste geboren wurde der sterblichen Menschen;
    Ihn entrafften denn auch dem Zeus als Mundschenk die Götter,
    Seiner Schönheit zulieb, daß er bei den Unsterblichen bleibe.

ren, bediente der Olympier sich denn auch, als er der ätolischen Prinzessin *Leda* nachstellte, der Tochter des *Thestios*, die vermählt war mit dem spartanischen König *Tyndareos*. Ihr näherte er sich in Gestalt eines Schwans, so daß er mit ihr einen der beiden «Zwillinge»: *Polydeukes*, zeugte sowie die schönste aller Frauen: *Helena*; von *Tyndareos*, ihrem eigenen Mann, empfing *Leda* dann *Kastor*, den zweiten der Zwillinge, die als Sternbilder am Himmel stehen und als Beschützer der Seefahrer gelten[40], sowie *Klytaimnestra*, die Gemahlin des *Agamemnon*, die, zu ewigem Ruhm oder ewiger Schande, bekanntlich ihren Gatten nach dessen Rückkehr aus dem Trojanischen Krieg ermordete, weil er (beinahe) ihre Tochter *Iphigenie* der Göttin *Artemis* geopfert hatte. – Nicht nur für *Arachne* ist die Vereinigung von *Zeus* und *Leda* bizarr genug, um in ihre Skandalliste Aufnahme zu finden, – die Maler aller Zeiten haben versucht, vor allem die verführerische Schönheit der Königsgemahlin Spartas darzustellen, die offenbar so groß war, daß sie sogar einen Gott zu solch einem Treiben zu betören vermochte.

Die wohl berühmteste Darstellung der sonderbaren Schwanenhochzeit von *Zeus* und *Leda* schuf zwischen 1580–1600 PETER PAUL RUBENS auf einem Ölgemälde, das heute in der Sammlung Alte Meister in Dresden hängt. Dabei betonte er – durchaus noch im Sinne *Arachne*s! – die aktive Rolle des Vogels, dem es auf dem Bilde bereits gelungen ist, seinen mächtigen Leib zwischen die weißen Schenkel der Königstochter zu schieben, und der nun aufwärts zwischen ihren Brüsten den langen Hals zu ihrem Mund vorstreckt, – gerade eben hat er sein Ziel erreicht, indem er mit schwarzem Schnabel die roten Lippen der Prinzessin küßt. Diese blickt verwundert, doch nicht abgeneigt auf ihn herab. «Ihr dunkelblondes Gelock berührt den Schwanenkopf, ihr rechter Arm legt sich zärtlich über den Hals des haltlosen Tiers. Um die Glaubwürdigkeit der Szene noch zu erhöhen, hat Rubens sie ... am Ufer eines Gewässers angesiedelt, im feuchten Schilf. Daß es sich um ein königlich-göttliches Gipfeltreffen handelt und nicht um eine banale Perversion, unterstreichen die Requisiten vom roten Samt bis zum

---

40 Vgl. APOLLODOR, III 125–127, in: Griechische Sagen, 103–104: «Zeus vereinigte sich mit Leda in der Gestalt eines Schwanes, und in der gleichen Nacht kam auch Tyndareos zu ihr; von Zeus gebar sie Polydeukes und Helena, von Tyndareos Kastor und Klytaimnestra. Einige berichten jedoch, Helena sei die Tochter des Zeus und der Nemesis. Diese habe sich, um der Umarmung des Gottes zu entgehen, in eine Gans verwandelt, da sei Zeus in Gestalt eines Schwanes zu ihr gekommen. Infolge dieser Umarmung habe sie ein Ei gelegt, das ein Hirt in dem Hain gefunden und Leda überbracht habe. Diese habe es in einem Kasten sorgsam aufbewahrt, und als nach der bestimmten Zeit Helena dem Ei entschlüpfte, habe sie das Kind als eigene Tochter aufgezogen.»

Diadem in Ledas kunstreich geflochtenem Haar.»[41] Eine besondere Stimmung verschafft der Begegnung «die Farbigkeit des Himmels links im Hintergrund. Ist das Morgenröte oder ein Sonnenuntergang, was dort glimmt? Es soll beides sein, denn Castor und Pollux (sc. griech. *Polydeukes*, d.V.) wurden ja zu Morgen- und Abendstern am Firmament.»[42] (Tafel 27a) Wenn auch der Schwan auf diesem Bild deutlich den aktiven Part der Begegnung übernimmt, so wirkt *Leda*s Verhaltenheit doch eher wie eine passive Einwilligung, sicher nicht wie die Abwehr erlittener Gewalt.

Um so mehr kommt es, moralisch betrachtet, einer Selbstoffenbarung des Gottes gleich, wenn *Arachne* auf dem nächsten Bild darstellt, wie *Zeus* der Tochter des thebanischen Herrschers *Nykteus*, der schönen *Antiope*, sich in Gestalt eines Satyrs naht. Sowohl die Schönheit der thebanischen Prinzessin als auch die Lüsternheit des satyrhaften *Zeus* hat der französische Maler JEAN-ANTOINE WATTEAU im Jahre 1715 auf einem Gemälde dargestellt, das heute im Pariser Louvre zu sehen ist. «Das ganze Bild ist eine Hymne auf den großen Unterschied, der erotische Spannung ausmacht: Perlmuttweiß leuchtet der Körper der Nymphe, nicht umsonst bezeichnete das Wort auch die zarten, weiß-rosé schimmernden Lotosblüten, die lieblichen weißen Wasserlilien und besonders sinnliche Muschelarten. Dunkel und sonnengegerbt erscheint der weinlaubbekränzte Satyr. Und auch die haptische Qualität der beiden Körper genießt Watteau ganz augenscheinlich: hart, muskulös, trocken der athletische Leib des Satyrs, weich und feucht der der Nymphe.»[43] (Tafel 27b)

Was dabei so ästhetisch einschmeichelnd dargestellt wird, erfüllt in Wahrheit freilich den Straftatbestand der Vergewaltigung einer Wehrlosen, – die schlafend Daliegende könnte man in unseren Tagen sich auch als eine mit Gamma-Hydroxy-Buttersäure (K.o.-Tropfen) Betäubte vorstellen. Und wie wird es weitergehen? Fast wie immer in solchen Fällen: chaotisch. Als das Mädchen merkt, daß es schwanger ist, flieht es nach Sikyon und heiratet König *Epopeus*. Doch ihr Vater *Nykteus* verfolgt gerade diesen, weil er ihn für den wahren Übeltäter hält, und trägt, noch ehe er selber (durch Selbstmord aus Schande?) vorzeitig stirbt, seinem Bruder *Lykos* rechtzeitig auf, Rache zu nehmen. *Lykos* tötet *Epopeus* und übergibt *Antiope* seiner Frau *Dirke* zur Sklavin; die beiden Kinder, mit denen *Antiope* niederkommt, die Zwillinge *Amphion* und *Zethos*, läßt er auf dem Kithai-

---

41 PETER PAUL RUBENS: Leda mit dem Schwan, Sammlung Alte Meister, Dresden, in: EVA GESINE BAUR: Meisterwerke der erotischen Kunst, 166.
42 A. a. O., 166–167.
43 EVA GESINE BAUR: Meisterwerke der erotischen Kunst, Abb. S. 59. Text S. 59–60.

ron aussetzen, wo sie ein Hirte findet und rettet. Um sie möglichst intensiv und ausdauernd zu quälen, sperrt *Dirke* ihre Kriegsbeute, die völlig unschuldige *Antiope*, jahrelang in einem dunklen Verlies ein; ja, bei einer Feier des *Dionysos* läßt die Grausame ihr wehrloses Opfer auf einen Stier binden, von dem sie wäre zerrissen worden, hätten nicht ihre Söhne gerade noch rechtzeitig die Identität ihrer Mutter erfahren und sie retten können; dann aber nahmen sie Rache an *Dirke* selber und banden sie auf den Stier, und das wiederum nahm ihnen *Dionysos* übel; zur Strafe schlug er *Antiope* mit Wahnsinn, so daß sie durch ganz Griechenland irrte, bis daß *Phokos*, der Herrscher des nach ihm benannten Königreichs Phokis, sie zur Frau nahm[44]. – Was für eine Kette von Tragödien, muß man denken, führen die unbeherrschten und unverantwortlichen Liebschaften des «Göttervaters» herauf. Und hat er sich je darum gekümmert? Es war ihm anscheinend völlig egal, – das ist der Vorwurf, den *Arachne* in ihren Darstellungen immer wieder erhebt.

Und sie ist willens, ihre endlos scheinende Liste unbeirrt fortzusetzen: Da gab es die berühmte Geschichte der *Alkmene*, der Gemahlin des Königs von Tiryns: ihres Onkels *Amphitryon*. Als einst ihre Brüder von den Taphiern (den Bewohnern der Taphischen Inseln) bei einem Viehraub getötet worden waren, hatte sie beschlossen, sich ihrem Gatten solange zu verweigern, bis dieser ihre Angehörigen gerächt habe. *Amphitryon* aber gelang es lediglich, das Vieh zurückzuholen, und dabei tötete er unglücklicherweise ausgerechnet auch noch *Alkmene*s Vater *Elektryon*; dessen Bruder *Sthenelos* verbannte ihn dafür außer Landes. Als *Amphitryon* sich daraufhin nach Theben begab, folgte *Alkmene* ihm zwar, doch bestand sie nach wie vor auf Sühne für ihre Brüder. In der Zeit nun, da *Amphitryon* einen neuen Feldzug gegen die Taphier unternahm, fand *Zeus* die Gelegenheit günstig, sich der Alleingelassenen traulich zu nahen. Eigentlich war er es, der all diese Verwirrungen überhaupt erst geschaffen hatte, nur um einen wahrhaft heroischen Sohn unter den Menschen zu finden, – *Herakles* wurde so gezeugt, der, wie erwähnt (s. o. S. 32), in der Gigantenschlacht tatsächlich eine entscheidende Rolle zugunsten der Olympier spielen sollte. Zugleich mit *Herakles* kam auch *Iphikles* zur Welt, gezeugt nun wirklich von *Amphitryon*, – doch wenn es so steht, wann kann dann eine Frau wissen, mit wem sie zusammen ist, und welch ein Vater soll da sich noch auskennen, von wem seine Kinder sind? Die Taten des *Zeus* ... so setzten sie sich fort.

44 Zu der Geschichte von *Nykteus*, seiner Tochter *Antiope* und deren Kindern *Amphion* und *Zethos* sowie von den Intrigen des *Lykos* und dessen Frau *Dirke* vgl. APOLLODOR, III 43 f., in: Griechische Sagen, 86; HYGIN, Nr. 7, in: A. a. O., 244.

Wie er *Danaë* schwängerte und *Perseus* zeugte, wissen wir schon, – auch dieses «Wunder», mit dem der Gott alle Hindernisse des *Akrisios* überwandt, ist es *Arachne* wert, in ihr Anklagegewebe eingearbeitet zu werden. Desgleichen die Geschichte von dem Flußgott *Asopos* und dessen Tochter *Aigina*, – von ihr haben wir anläßlich der *Sisyphos*-Mythe bereits gehört. Und dann: *Mnemosyne*, die Titanin der Erinnerung; sie wurde zur Mutter der Musen – von *Zeus*, der sich ihr nahte «als ein Hirt». Sogar mit «Deos» – *Demeter*s Tochter *Persephone*, mit seiner eigenen Tochter also, – soll *Zeus* «als fleckige Schlange» verkehrt haben.

Und all das läßt sich, wenn schon nicht steigern, so doch in gleichem Stil fortsetzen, und *Arachne* setzt es fort. Denn auch die anderen Götter sind nicht besser. Der *Zeus*-Bruder *Poseidon* (röm.: *Neptun*) zum Beispiel: Auch er verwandelte sich in einen Jungstier, um sich mit der Tochter des Windgottes *Aiolos* zu verpaaren. Zudem: In einer der Überlieferungen erzählt man, daß das wüste Brüderpaar *Otos* und *Ephialtes* die Söhne des *Aloeus* und der Poseidontochter *Iphimedeia* gewesen sei, – zwei gewaltige und gewalttätige Burschen, die versuchten, die Berge Pelion und Ossa aufeinanderzutürmen, um dem Himmel zu stürmen, bis sie von *Apollon* getötet worden seien; *Arachne* aber greift bewußt eine andere Überlieferung auf, wonach *Iphimedeia* ihrem Gatten den Meergott *Poseidon* vorgezogen habe, – zu gerne saß sie am Strand und ließ sich von den Wogen umrauschen, und *Poseidon*, versteht sich, widerstand einem solchen Angebot nicht, – so wurde *er* zum Vater der Aloïden. (Es ist eine Verwechslung des OVID, wenn er *Poseidon* als *Enipeus* die Söhne des *Aloeus* zeugen läßt.) Und weiter: Als Flußgott *Enipeus* nahte der Meergott der unschuldigen *Tyro*, der Tochter des *Salmoneus*, des Königs von Elis[45], so daß diese die Zwillinge *Pelias* und *Neleus* gebar; später dann wurde *Tyro* mit dem Bruder ihres Vater, mit *Kretheus*, dem König von Iolkos, verheiratet, dem sie den *Aison* gebar, den späteren Vater des *Iason*, – die Thronstreitigkeiten zwischen *Pelias*, *Aison* und *Iason* bilden den Anfang der berühmten Sage

45 Zu *Otos* und *Ephialtes* vgl. HYGIN, Nr. 28, in: Griechische Sagen, 255–256. – Zu *Enipeus*, den Flußgott, und *Tyro* vermerkt APOLLODOR, I 90f., in: A. a. O., 22: «Tyro, die Tochter des Salmoneus und der Alkidike, ... liebte den Fluß Enipeus. Immer wieder kam sie zu seinen Fluten und klagte ihr Leid. Da hielt Poseidon in Enipeus' Gestalt mit ihr Beilager. Heimlich gebar sie zwei Knaben, die sie aussetzte. Bei den ausgesetzten Kleinen kamen Pferdehirten vorüber, und eine Stute berührte einen der Zwillinge mit einem Huf, so daß ein Teil des Gesichts blutunterlaufen blieb. Der Hirt nahm die beiden Knaben mit und zog sie auf. Den einen nannte er Pelias, ‹den mit der blutunterlaufenen Stelle›, den anderen Neleus. Als sie erwachsen waren, erkannten sie die Mutter und töteten die Stiefmutter Sidero.»

vom Zug der Argonauten und der Mythe vom Goldenen Vlies[46]. Der Widder mit dem Goldenen Vlies wiederum entstand aus einer Verbindung *Poseidons* mit *Theophane*, der schönen, von vielen umworbenen Tochter des *Bisaltes* in Thrakien; der Gott entführte sie auf eine Insel, und um die Schar der mit ihm konkurrierenden Freier auszuschalten, verwandelte er das Mädchen sowie alle Bewohner des Eilands in Schafe; als aber die Freier die Schafe zu verzehren begannen, verwandelte er sie in Wölfe. Selber dann nahm er die Gestalt eines Schafbocks an, und so zeugte er jenes Lamm mit dem Goldenen Vlies[47], das zu einem sprachverständigen und flugfähigen Widder heranwuchs und später die Kinder der Wolkennymphe *Nephele* und ihres Gemahls *Athamas* von Orchomenos: *Phrixos* und *Helle*, vor einer tödlichen Intrige der *Ino* zu retten suchte, als diese zur Frau des *Athamas* geworden war[48].

46 Zu der Geschichte von *Iason* und dem Goldenen Vließ vgl. E. DREWERMANN: Liebe, Leid und Tod, 272–310: Medeia und Iason oder: Die Rache einer betrogenen Fremden.
47 HYGIN, Nr. 188, in: Griechische Sagen, 333, berichtet: «Theophane, die Tochter des Bisaltes, war von ungewöhnlicher Schönheit. Da mehrere Freier bei ihrem Vater um sie warben, entführte sie Poseidon und brachte sie nach der Insel Krumissa. Als die Freier von ihrem Aufenthalt daselbst hörten, rüsteten sie ein Schiff und machten sich auf die Fahrt nach Krumissa. Um sie zu täuschen, verwandelte Poseidon Theophane in ein sehr hübsches Schaf, sich selbst in einen Widder und die Bewohner von Krumissa in anderes Kleinvieh. Als die Freier kamen und keinen Menschen trafen, machten sie sich daran, das Kleinvieh zu schlachten und es zum Lebensunterhalt zu verzehren. Sobald Poseidon das gewahrte, daß die in Kleinvieh Umgeformten verzehrt wurden, verwandelte er die Freier in Wölfe. Er selbst hielt als Widder Beilager mit Theophane. Daraus entsproß der Widder mit dem goldenen Vließ, der den Phrixos nach Kolchis trug. Dessen Fell hielt Aietes im Hain des Ares verwahrt, von wo Iason es holte.»
48 Zu der Geschichte der *Nephele* erzählt HYGIN, Nr. 1–3, in: Griechische Sagen, 241–243: «Athamas, der Sohn des Aiolos, hatte von seinem Weibe Nephele einen Sohn: Phrixos, und eine Tochter Helle … Als Ino die Tochter des Kadmos und der Harmonia (sc. als 3. Frau des *Athamas*, d.V.), die Kinder der Nephele, Phrixos und Helle, töten wollte,» forderte sie die Frauen des ganzen Stammes auf, die Aussaat durch Anrösten am Keimen zu hindern. Hunger und Krankheit befiel das Volk, so daß *Athamas* einen Boten nach Delphi sandte, um Rat einzuholen. Den Boten aber gab *Ino* die Weisung zu sagen, nur wenn *Phrixos* dem *Zeus* geopfert werde, könne die Not verschwinden. *Athamas* weigerte sich, so zu tun; da «erbot sich Phrixos … aus freien Stücken, er allein wolle das Volk von seiner Drangsal befreien. Als er mit der Wollbinde geschmückt zum Altar geführt wurde, fühlte der Trabant Mitleid mit dem Jüngling und verriet Athamas den Plan der Ino; daraufhin übergab der König sein Weib Ino und ihren Sohn Milikertes dem Phrixos, daß er sie töte. Als dieser sie zum Tode führte, hüllte sie Dionysos in Dunst und entriß ihm seine Nährmutter Ino.» «Phrixos und Helle wurden von Dionysos in Wahnsinn gestürzt, und als sie in einem Walde umherirrten, da kam ihre Mutter Nephele … zu ihnen mit einem mit goldenem Vließ bedeckten Widder – es war dies aber ein Sohn des Poseidon und der Theophane –, forderte ihre Kinder auf, ihn zu besteigen und sich nach Kolchis zum König Aietes, dem Sohn des Helios, zu begeben und dort den Widder dem Ares zu opfern.» Über

So könnte es, wie man inzwischen wohl denken darf, immerzu weitergehen, und so geht es auch weiter. Nicht nur als Schafbock, auch als Pferd nämlich konnte *Poseidon* seinen Ausschweifungen frönen. So berichtet PAUSANIAS[49] von einem Mythos im Westen Arkadiens, wonach *Poseidon* und *Demeter*, Meer und Festland also, sich in Pferdegestalt vereint hätten. – Daß *Poseidon* mit *Gorgo* das geflügelte Pferd *Pegasos* und *Chrysaor* (das Goldschwert) gezeugt haben muß (in Gestalt eines Vogels, wie OVID schreibt, doch wohl eher ebenfalls als Pferd), wurde schon deutlich, als *Perseus* der *Medusa* den Kopf abschnitt. – Von *Melantho*, der Mutter des *Delphos*, wird zudem überliefert, *Poseidon* habe sich ihr in der Gestalt eines Delphins genaht, – vermutlich ist die Delphingestalt des Gottes mit Mitteln der Volksetymologie aus dem Namen *Delphos* gebildet worden, jedenfalls wird sie nur hier, bei OVID, erwähnt; für *Arachne* aber fügt sich die Szene in das übliche Schema, – daß Götter Menschentöchter täuschen und in einer kurzfristig angenommenen fremden Rolle sich deren Liebe erschleichen, nur um sie hernach mit all den Verwicklungen, die folgen, in ihrem «normalen» Leben allein zu lassen.

dem Meer aber stürzte *Helle* in den «Hellespont», nur *Phrixos* gelangte nach Kolchis und opferte dort den Widder. *Aietes* nahm ihn mit Freuden auf und gab ihm seine Tochter *Chalkiope* zur Frau; dann aber fürchtete er, die Kinder der beiden könnten ihn aus der Herrschaft verdrängen, und «weil ihm durch Wunderzeichen angesagt wurde, er solle sich vor dem Fremden, den Sohn des Aiolos, hüten», «tötete er den Phrixos».
49 PAUSANIAS: Reisen in Griechenland, VIII 25,4–6; Bd. 3, S. 55, schreibt zu dem Heiligtum der *Demeter* in Onkeion und zu dem Fluß Ladon in dessen Nähe sowie zu dem dortigen Namen der Göttin – *Erinys*: «Onkios ist nach der Sage ein Sohn des Apollon und herrschte im Gebiet von Thelpousa um den Ort Onkeion. Die Göttin erhielt den Beinamen Erinys; denn als Demeter herumirrte, als sie ihre Tochter suchte, soll ihr Poseidon gefolgt sein mit dem Wunsch, sich mit ihr zu vereinigen. Und sie habe sich in eine Stute verwandelt und zusammen mit den Stuten des Onkios geweidet; Poseidon aber merkte, daß er getäuscht wurde, und wohnte der Demeter ebenfalls in Gestalt eines Hengstes bei. Demeter sei darüber zuerst zornig geworden, später habe sie ihren Zorn abgelegt und sich im Ladon baden wollen. Und daher seien die Beinamen der Göttin gekommen, wegen des Zorns Erinys, weil die Arkader aufgeregt sein ‹erinyein› nennen, Lousia aber wegen des Bads im Ladon», von griech. *louein* – waschen; vgl. Benselers Griechisch – Deutsches Schulwörterbuch, 549. – WALTER BURKERT: Griechische Religion der archaischen und klassischen Epoche, 215, erläutert: «Es gibt große Stieropfer für Poseidon, der daher auch ‹Stier-Poseidon›, *Taureos*, genannt werden kann; doch spezieller ist seine Beziehung zum Pferd ... Urtümliche, unzensurierte Mythen machen Poseidon direkt zum Vater des Pferdes. Man erzählt, wie er seinen Samen auf einen Felsen ergoss, der dann das Ross entspringen ließ – so im Kult des ‹Felsen›-Poseidon, Poseidon *Petraíos*, in Thessalien, aber auch am Kolonos Hippios in Athen... Man hat vermutet, dass der Kult des Pferde-Poseidon mit der Einführung von Pferd und Streitwagen aus Anatolien nach Griechenland um 1600 v. Chr. zusammenhängt.»

Braucht es demnach noch weiterer Belege für diese These? Wenn ja, hier sind sie: Der Gott *Apoll*, selber ein Sohn des *Zeus*, erweist sich, was Frauen angeht, durchaus nach der Art seines Vaters geraten. Nicht nur daß er sich in verschiedenen Gestalten, mal als Landmann, mal als Habicht, mal als Löwe gefällt, – *Isse*, die Tochter des Phokers *Machaireus*[50], betrügt er «als Hirte», – auch diese Geschichte, eine Rarität nur für Kenner, taucht allein hier bei OVID auf. Die bekannte Erzählung indessen, wie *Apoll* der Nymphe *Daphne* nachstellte, hat OVID gleich im 1. Buch seiner «Metamorphosen» ausführlich erzählt[51]; da allerdings war der Gott ein «Opfer» der Göttin *Aphrodite*; hier kann er eine solche Entschuldigung nicht für sich geltend machen.

Und die anderen Götter? Es wirkt wie eine nur noch summarische Aufzählung, wenn die Sprache auch auf *Dionysos* (lat.: *Liber*, *Bacchus*) und *Kronos* (lat.: *Saturn*) kommt, – als erstes in OVIDS Darstellung,

> ... wie Liber Erigone täuschte mit trügender Traube[52].

Angespielt wird damit auf eine weitere Sternsage, die HYGIN mit den Worten überliefert: «Als Dionysos unter die Menschen gegangen war, um ihnen seine süßen und wohlschmeckenden Früchte zu zeigen, fand er bei Ikarios (sc. einem attischen Bauern, d.V.) und Erigone (sc. seiner Tochter, d.V.) hochherzige Gastfreundschaft. Er schenkte ihnen einen Schlauch voll Weines und forderte sie auf, für seine Verbreitung in den anderen Ländern zu sorgen. Ikarios belud einen Wagen und kam mit seiner Tochter Erigone und dem Hund Maira auch zu den Hirten nach Attika, denen er diese ganz neue Art Süßigkeit zeigte. Da die Hirten allzu unmäßig tranken, fielen sie berauscht zu Boden; in der Meinung, Ikarios habe ihnen ein gefährliches Gift verabreicht, schlugen sie ihn mit Knitteln tot. Der Hund Maira heulte um den erschlagenen Ikarios und zeigte dadurch Erigone, wo der Vater unbestattet lag; als sie ihn fand, erhängte sie sich über seiner Leiche an einem Baum.»[53] – Selbst also, wenn ein Gott wie *Dionysos* mit seiner Gabe den Menschen eine Wohltat erweist, kann sich daraus eine Katastrophe entwickeln. Immerhin erscheint der Gott des Weines an dieser Stelle (anders etwa

---

50 Epitome, VI 14, in: Griechische Sagen, 147–148, erwähnt den Phoker *Machaíreus*, weil dieser – in einer Variante der Überlieferung – *Orest* getötet habe, als der «von Apollon Genugtuung gefordert (habe) für seinen Vater; dabei habe er sich an den Weihgeschenken vergriffen und den Tempel (sc. in Delphi, d.V.) in Brand gesteckt».
51 OVID: Metamorphosen, I 452–565, B S. 40–44.
52 A. a. O., VI 125, B S. 184.
53 HYGIN, Nr. 130, in: Griechische Sagen, 309.

als in der *Pentheus*-Sage[54]) bemühter und gerechter als «Vater» *Zeus*. Er ward erzürnt «wegen dieses Vorfalls» und «verhängte … über die Töchter der Athener die gleiche Strafe (sc. daß sie im Wahnsinn sich erhängen sollten, d.V.). Sie (sc. die Athener, d.V.) erbaten deswegen von Apollon einen Orakelspruch, worauf ihnen bedeutet wurde, die Strafe sei verhängt, weil sie sich um den Tod des Ikarios und der Erigone nicht gekümmert hatten. Auf diesen Spruch hin bestraften sie die Hirten und stifteten für Erigone, um das Verderben abzuwenden, das Schaukelfest (sc. bei dem Bilder, Masken und Phalli an Bäumen aufgehängt wurden, d.V.), indem sie zugleich den Brauch einführten, daß sie während der Weinlese von den Früchten zuerst Ikarios und Erigone opferten. Beide wurden nach dem Willen der Götter unter die Gestirne versetzt; Erigone als Sternbild der Jungfrau, … Ikarios bekam unter den Sternbildern den Namen Arkturus (sc. das ist der hellste Stern im Bootes, d.V.), der Hund Maira hieß von nun an Canicula (Hundsstern),»[55] das ist der Doppelstern Sirius. – Wer also des Nachts seine Augen zum Himmel erhebt, erschaut dort die erhöhten Opfer der Werke des *Dionysos*; was aber sieht, wer im Widerspruch dazu das Meistergewebe *Arachne*s betrachtet? Gerade nicht ein überirdisches Glück, sondern nichts als menschliche Hilflosigkeit, Unwissenheit und unendliches Leid! Gewiß, so mögen die Götter den Menschen bestimmte Gaben der Kultur überreicht und diese dann, damit verbunden, für sie bestimmte Kulte eingerichtet haben, doch die Frage bleibt stets: um welchen Preis!

Bis in die Anfänge der Göttergeschichte reichen diese ständigen Ambivalenzen zurück, und auch darauf legt in ihrer Darstellung *Arachne* wert. *Kronos* etwa, der Herrscher im Goldenen Zeitalter, nahm auf der Suche nach seinem Sohne *Zeus* die Gestalt eines Hengstes an, um sich, unentdeckt von seiner Gemahlin *Rhea*, mit *Philyra*, der Tochter des *Okeanos* und der *Tethys*, paaren zu können; vielleicht aber hatte *Philyra* auch nur aus Angst vor der Nachstellung des Titanen sich selbst in eine Stute verwandelt. Jedenfalls gebar sie von *Kronos* einen Kentauren, und darüber war sie derart entsetzt, daß sie die Götter anflehte, ihr eine andere Gestalt zu verleihen.

---

54 Zur *Pentheus*-Mythe vgl. EURIPIDES: Die Bakchen, in: Tragödien, II 1115–1231. Vgl. auch MICHAEL PHILIPP: Herrschaft und Subversion, in: Dionysos, 10–23: «selten wurden die in den Anfängen des Dionysoskults elementaren grausamen Momente wie das Zerreißen von Tieren und das Verzehren des rohen Fleisches, Sparagmos und Omophagie, in der attischen Vasenmalerei bildlich repräsentiert. Das gilt auch für die Zerstückelung des Dionysos-Gegners Pentheus.» In *Pentheus*, dem «Leidensmann», sieht KARL KERÉNYI: Dionysos, 160–161, die «inhärente Dialektik des Kultus» verkörpert, «dessen Opfer die Gottheit selbst aus eigenem Willen war».

55 HYGIN, Nr. 130, in: Griechische Sagen, 309.

Zeus daraufhin verwandelte sie, wie schon ihr Name besagt, in eine Linde[56]. Der Kentaur aber, den sie zur Welt brachte, war der hilfsbereite und weise *Chiron*, der in gewisser Weise die Nachfolge des *Prometheus* antrat, indem er seine Unsterblichkeit aufgab, um den sterblichen Menschen beizustehen (s. o. S. 106).

Und wie fällt nun die Bilanz aus? Zählt man die Bilder *Arachne*s auf ihrem Webstück zusammen, so kommt man (neun Beispiele für *Zeus*, sechs für *Poseidon*, vier für *Apoll* und je eins für *Dionysos* und *Kronos*) auf genau 21 Einzelszenen, die samt und sonders den Trug, die Zwielichtigkeit, die Willkür und den Machtmißbrauch der Götter aufführen; dem stehen lediglich fünf Szenen gegenüber, die *Athene* gestaltet hat: ihr Sieg über *Poseidon* auf der Akropolis und dann die vier warnenden Bilder von *Rhodope* und *Haimos*, der unglückseligen *Oinoë*, die zu einem Kranich wurde, von *Antigone*, die in einen Storch verwunschen wurde, und von *Kinyras* und dem inzestuösen Verlangen nach seinen Töchtern. Damit sollte die Wertung eindeutig ausfallen: Wenn es wahr ist, daß Menschen zur Strafe von den Göttern in Tiere oder Pflanzen oder Berge verwandelt wurden, so muß man im Verhältnis von 4:21 sich wohl fragen, mit welch einem Recht das geschah, wo Götter doch selber alle möglichen Verwandlungsformen annehmen, um ungestraft ihre Untaten begehen zu können. Mit dem ständigen Wechsel von allbekannten und fast gänzlich unbekannten Geschichten erweist *Arachne* sich zudem als souveräne Beherrscherin der von ihr gewählten Materie, – es ist klar, daß ihr auf der Klaviatur entsprechender Themenstellungen ein schier unendliches Repertoire zur Verfügung steht, das sie in diesem Wettstreit nur in sporadischen Beispielen andeuten kann. Doch auch handwerklich – was für eine Leistung! Auch hier ist allein durch die Vielzahl von Einzelszenen ihre Webkunst im Verhältnis von 1:4 zu ihren Gunsten zu würdigen! Um ihr Gesamtgemälde flicht sie zum Abschluß dann noch «als feine Bordüre» eine Girlande von

Blumen, hineinverflochten in rankender Efeuschlinge[57].

Ihr massiver Angriff auf die Götter kommt demnach durchaus gefällig daher, nicht etwa aufreizend aggressiv. Doch um so mehr drückt sich darin

---

56 HYGIN, Nr. 138, in: Griechische Sagen, 314: «Als Kronos den Zeus in allen Ländern suchte, umarmte er in Gestalt eines Hengstes in Thrakien Philyra, die Tochter des Okeanos; sie gebar von ihm den Kentauren Chiron, der die ärztliche Kunst erfunden haben soll. Als Philyra sah, daß das Kind, das sie geboren hatte, ein ganz ungewohntes Äußeres besaß, bat sie Zeus, ihr eine andere Gestalt zu geben; darauf wurde sie in den Baum philyra, die Linde, verwandelt.»

57 OVID: Metamorphosen, VI 128, B S. 184.

ihre eigene Grundstimmung aus. Für sie spielt es erkennbar keine Rolle, daß in den Mythen die Götter oft genug als Naturgeister ein Zwischendasein im Übergang von Tierischem und Menschlichem führten, – daß es also nicht ganz gerecht sein kann, sie nach viel späteren moralischen Maßstäben zu bemessen; nicht um Religionsgeschichte und nicht um «Unmoral» geht es ja, wohl aber um Ausbeutung. «Nehmt als Exempel mich selbst», könnte *Arachne* auch sagen; «ich habe mich mein Leben lang bemüht, den ‹Göttern› zu dienen, indem ich im Übermaß all ihre Erwartungen zu erfüllen trachtete. Doch das Ergebnis: Ich fühle mich ausgenutzt, müde und leer. Gewiß, ich bekam Anerkennung und Beifall genug, doch trieb mich das nur an zu immer größeren Leistungen. Ich war mir selbst nie gut genug, und ich fürchtete stets den Absturz, sobald die Spannkraft nachlassen würde. Erzählen das nicht all die hier aufgeführten Geschichten? Wenn irgend da eine Frau ist von auffälliger Schönheit, gibt es bestimmt recht bald schon auch einen ‹Gott›, der über sie herfällt, um in ihr seine eigenen ‹Kinder› zu zeugen. Es ist nicht möglich, in Ruhe zu leben, – die ‹Götter› verhindern's. Sie haben *ihre* Vorstellungen, und die verfolgen sie, egal was aus einem wird, ja, auch egal, was dabei herauskommt: Monstren, Tiere, Heroen, – was immer sie wollen!»

Ein Blick auf das übliche Dasein heutiger Stars und VIPs mag für den Moment helfen, *Arachne*s Bild von den «Göttern» zu bestätigen: Was nach außen hin gelebt wird, um den künstlich erzeugten Erwartungen der modernen «Götter»: der Medien und des Publikums, zu entsprechen, hat ersichtlich nicht das Geringste zu tun mit der persönlichen Wirklichkeit. Was *Arachne* wahrheitsgemäß in ihrem Bildprogramm darlegt, ist ihr hintergründiges, verdrängtes, verborgenes Lebensgefühl, ihre eigene und eigentliche Erfahrung: das Empfinden, nichts zu sein als ein weiterer Spielball in den Launen von Übermächtigen. Es war ihr Lebenskonzept, die «Götter» (der öffentlichen Meinung, der gesellschaftlichen Anerkennung, der Zustimmung der Bekannten im persönlichen Umfeld) zufrieden zu stellen, und das war ihr auch glänzend gelungen, doch unterhalb der Deckschicht äußerer Bewunderung verbarg sich in ihr stets die Befürchtung, nicht zu genügen, und, damit verbunden, ein Feindseligkeitskoeffizient von Mißtrauen, Widerstand und Gegnerschaft gegenüber ihren allmächtig scheinenden Zensoren und Juroren; dieser Untergrund im Lebensaufbau einer *Arachne* – in gewissem Sinne der Preis, den sie für all ihre Erfolge hatte bezahlen müssen – tritt jetzt im Kampf gegen die Verkörperung ihres eigenen Gewerbes: gegen *Athene*, nach außen. Sie hat der kriegerischen Göttin den Fehdehandschuh hingeworfen; jetzt steht ihre Anklage im Raum, und entscheiden soll zwischen ihnen ein einziger Maßstab: Leistung und Tüchtigkeit. Doch wenn es noch einer Bestätigung für das sinistre Weltbild *Arachne*s bedurft hätte, – eine Göttin von der Art *Athene*s sorgt auf erschreckende Weise dafür!

e) *Das verewigte Gefühl der Ungerechtigkeit oder: Wie überwindet man Athene?*

Wohlgemerkt, auch *Athene* kommt bei allem Konkurrenzneid nicht umhin, die Leistung *Arachne*s anzuerkennen; objektiv ist sie die Unterlegene, – in der gleichen Zeit und mit gleichem Material ist es ihrer Widersacherin gelungen, rund das Vierfache an Themenstellungen zu konzipieren, vorzuzeichnen und zur Ausführung zu bringen; es gäbe nur *ein* Urteil, das ihr adäquat wäre: höchstes uneingeschränktes Lob. Doch genau zu dieser Objektivität des Urteils ist *Athene* nicht imstande. Im Gegenteil, jetzt erst tritt die Doppelbödigkeit der ganzen Auseinandersetzung in Erscheinung: Der gesamte Leistungswille *Arachne*s galt dem Versuch, durch ihr Tun eine Anerkennung zu erzwingen, die sie, bezogen auf ihre Person, von vornherein für unmöglich hielt; ihr Kampf darum, die Beste zu sein, kaschierte eigentlich ihr Betteln um Zulassung im Kreise der andern, und erst das vorlaufende Gefühl der Ablehnung führte zu dem Entschluß, «es den anderen zu zeigen». Jetzt wird ein für allemal klar, daß all ihre Kunstfertigkeit, all die erbrachte Leistung gar nicht den Gegenstand des anstehenden Urteils bilden; sie, *Arachne*, als Person ist das Problem. Nicht eine objektive Wertung ihres Werks also ist zu gewärtigen, vielmehr ist es ihre Persönlichkeit, ist es der subjektive Faktor, der sie ins Unrecht setzt. Was sie handwerklich zustande bringt, kann noch so rühmenswert sein, sie als Mensch paßt nicht in die «normale» Art des Umgangs miteinander; sie selbst ist «unmöglich». Also kann sie sich anstrengen, wie sie will, am Ende wird sie die anderen nicht in die Knie zwingen, um ihr die geschuldete Ehrerbietung zu erweisen, sie wird im Gegenteil die immer schon gefürchtete, ja, vorausgesetzte Mißachtung der anderen nunmehr endgültig manifest machen. Und damit ist ihre gesamte Lebensanlage gescheitert. Die Göttin *Athene* ist nur der Kristallisationskern dieser Tatsache.

Denn: So wie sie reagiert, wird man immer wieder, wenn es drauf ankommt, auf eine *Arachne* antworten. Die Göttin spürt die generalisierte Vorwurfshaltung aus all den Themenstellungen *Arachne*s natürlich heraus, und sie kann gar nicht anders, als diese Anklagen gegen die Götter speziell auf sich selbst zu beziehen. Sie muß sich wehren, das ist klar, doch kann sie das nicht länger im Leistungsvergleich, bei dem sie als Unterlegene dasteht;

sie kann es nur tun auf der Ebene, auf welcher die Auseinandersetzung eigentlich tobt: Sie muß persönlich reagieren auf eine persönliche Beleidigung. Und das tut sie: Wütend zerreißt «die Jungfrau, die blonde, ... das durchwirkte Gewebe, der Himmlischen Schmähung.»[58] Mit einem Buchsbaumzweig vom Cytorus (einem Berg in Paphlagonien an der Nordküste Kleinasiens) schlägt sie drei-, viermal *Arachne* auf die Stirn[59], als wollte sie die «bösen» Gedanken aus der Widersetzlichen herausprügeln. Was aber bedeutet das?

Geschlagen zu werden ist nicht allein schmerzhaft, am meisten weh tut das Gefühl der Ohnmacht und Schande, das damit einhergeht. Gewürdigt zu werden war das Ziel aller Bemühungen *Arachne*s, ihre Entwürdigung

58 OVID: Metamorphosen, VI 130–131, B S. 185.
59 UDO REINHARDT: Der antike Mythos, 377–378, stellt zu Recht fest, daß «der weitere Wettkampf ... die Berechtigung von Arachnes Selbsteinschätzung weitgehend bestätigt ... Die junge Frau stellt einem eher konventionellen Probestück der Göttin mit ihrem provokativ-genialen Gegenstück etwas zumindest Gleichwertiges gegenüber – und das nicht als erste im Wettkampf (traditionelle Position des Herausforderers), sondern als zweite (traditionelle Position des Siegers) ... Entsprechend eindeutig fällt Ovids eigener Schlusskommentar aus: ‹Nicht einmal Pallas, nicht einmal der Neid selbst könnte dies Werk tadeln (sc. VI 129, d.V.)› ... – wenn dann die Göttin, mehr als erzürnt über den Verlauf der Konkurrenz, jede Contenance verliert, das Gewebe der überlegenen Konkurrentin wie ein neidisches Weib zerreißt, mit dem Weberschiffchen mehrfach auf sie einschlägt und Arachne, die, in ihrer Ehre gekränkt, weiter renitent bleibt und sich gar aufhängen will, in einer Anwandlung von Mitleid schließlich in eine Spinne verwandelt, so wird aus der zunächst erwarteten, nach mythischem Denken berechtigten Bestrafung für mangelnden Respekt gegenüber einer in ihrer Würde gekränkten Göttin ... das willkürliche Niedermachen einer gleichwertigen (sc. überlegenen! d.V.) Konkurrentin – aus niederen Motiven (Missgunst, Neid, Eifersucht, Enttäuschung, Verletztheit, Rachsucht). Ja die Göttin übertrumpft noch das Motto ‹Wer schreit, hat Unrecht› mit ihrem autorität-gewalttätigen Verhalten.» Die *Arachne*-Geschichte bietet so eine «Schlüsselszene für das dichterische Selbstverständnis der *Metamorphosen* insgesamt im Spannungsverhältnis zwischen traditionell frühgriechischer und säkularisiert hellenistisch-römischer Weltsicht mit entschieden systemkritischer Tendenz. Dass dabei anfangs immer wieder der fatale Zusammenhang zwischen Hochmut (*hýbris*) und Strafe (*tísis*) betont wird, erweist sich im weiteren Verlauf als ebenso raffiniertes wie ironisch aufgeklärtes Spiel mit einem zentralen Element des traditionellen mythischen Denkens.» – Natürlich liegen die Parallelen zu der Geschichte von *Apollon* und *Marsyas* bei der Hand. – ROBERT VON RANKE-GRAVES: Griechische Mythologie, I 88, sieht in der Rache *Athene*s an *Arachne* «den frühen Handelswettstreit zwischen den Athenern und den lydio-karischen Thalassokraten, den Beherrschern der Meere, die kretischen Ursprungs waren», widergespiegelt. «Zahlreiche Siegel mit einem Spinnenemblem, die im kretischen Miletos – der Mutterstadt des arischen Miletos und größten Exporteurs gefärbter Wollstoffe in der alten Welt – gefunden wurden, zeigen, daß dort zu Anfang des 2. Jahrtausends v. Chr. eine umfangreiche Textilindustrie betrieben wurde ... Athene hatte guten Grund, auf die Spinne eifersüchtig zu sein.» Doch die Geschichte erzählt umgekehrt, daß *Athene* aus Eifersucht ihre Konkurrentin in eine Spinne verwandelt.

jetzt ist deren furchtbare Zurückweisung. Vollends befindet sie sich wieder (!) in der Lage des Mädchens, das keiner beachtet oder, genauer, das, wenn es beachtet wird, negativ auffällt und mit Ausschluß bestraft wird. Wirklich steht *Athene* in diesem Augenblick da als die Wiederkehr der verstorbenen Mutter, und der ganze Kampf *Arachne*s um sie, gegen sie, muß für gescheitert gelten. Der monumentale Versuch, mit Leistung die anderen dazu zu bringen, zu zwingen, ihr am Ende doch noch Respekt zu zollen und mit Hochachtung die lohnende Anstrengung eines ganzen Lebens zu quittieren, widerlegt sich in diesem einen Moment.

Ganz allgemein gilt die Erfahrung, daß man nicht gleichzeitig tüchtig und beliebt sein kann; wer aber, wie *Arachne*, von vornherein sich nicht beliebt vorkommt und durch Tüchtigkeit die fehlende Achtung zu erkämpfen sucht, der wird am Ende bestraft werden für sein mangelndes Vertrauen, für seine innere Distanz, für seine Verweigerung gegenüber dem Üblichen, für seine Aufsässigkeit und Kritiklust …, – dafür, daß er ist, wie er ist, indem er nicht sein will, was er ist. Nicht einmal die erhoffte Gerechtigkeit im Urteil über die zweifelsfrei erbrachte Leistung will sich einstellen. «Man mag mich doch nicht», und: «die Welt ist ungerecht» – beide Vorurteile *Arachne*s bestätigen sich an dieser Stelle auf grausame Weise. Jetzt wirklich reagiert man auf sie phobisch, jetzt gilt sie den anderen als Ungeziefer, als «Spinne», und man übersieht den Nutzen, den sie (sogar ganz wörtlich: als Insektenverzehrerin) objektiv bringt. *Arachne*s Leben ist buchstäblich zu Ende. In ihrem Duell mit *Athene* hat sie alles auf eine Karte gesetzt, und sie hat alles verloren. Das ist die bittere Wahrheit. Der Webewettbewerb war kein Spiel «wer kann's besser», er war in den Händen *Arachne*s ein Kampf auf Sein oder Nichtsein, und so treffen die Schläge der Göttin die Gedemütigte wie auch sonst: als ein Stoß ihrer Lanze mitten ins Herz, tödlich. *Arachne* weiß, was sie zu tun hat. Den letzten Schritt vollzieht sie selbst. Sie erhängt sich.

Man sagt mit Recht, manch ein Selbstmord sei ein verhinderter Mord[60]. In *Arachne*s Fall unbedingt. Wenn sie könnte, würde sie die Göttin eigenhändig erwürgen; da sie das nicht kann, richtet sie, ohnmächtig in ihrem Zorn, die aufgestaute Aggression gegen sich selbst. Doch gerade diese Tat enthält eine letzte, unwiderrufliche Botschaft, in der sich die Vorwürfe gegen die Götter jetzt aufs höchste in *Athene* versammeln: «Da siehst du, wie wenig du Recht und Gerechtigkeit achtest; du gehst über Leichen, ge-

---

60 Vgl. E. DREWERMANN: Vom Problem der Selbsttötung oder: Von einer letzten Gnade der Natur, in: ANGELA STABEROH: Freitod, 12–81, S. 54–64: Suizid als Voodoo-Tod beziehungsweise als Konflikt zwischen Ich und Überich.

rade weil du weißt, daß du in einem ehrlichen Wettstreit unterlegen bist. Denn das kannst du nicht zugeben. Dein krankhafter Ehrgeiz ist mörderisch. Du wärst keine Göttin, wenn du nicht immer und unbedingt als Siegerin auftreten müßtest. Die Ursache meines Todes bist du, – deine Ungerechtigkeit, deine Ruhmsucht, deine mangelnde Weiblichkeit, dein Jungfrauentum, das dich zur Heroine der Streitlust macht. Du hast für die Frauen zwar bestimmte Arbeiten erfunden, doch du selber bist keine Frau. Andere in den Tod treiben – das tust du am liebsten, das kannst du am besten. Sieh hier, ein weiteres deiner Opfer am Rand deines Weges zum Ruhm.»

Niemand, der haftbar gemacht werden soll für den Selbstmord eines anderen, wird eine solche Anschuldigung leichthin von sich abtun. *Athene* entzieht sich der Gefahr einer solchen Situation, indem sie dem Selbstmord *Arachne*s zuvorkommt: Noch ehe der Strick, den diese schon um ihren Hals gelegt hat, sich zuzieht, bespritzt sie die Unglückselige mit einem Giftkraut der Unterweltgöttin und Zauberin *Hekate*, und es

> Schwand ihr sogleich das Haar, es schwanden ihr Nase und Ohren,
> Winzig wurde das Haupt, sie schrumpfte am Leibe zusammen;
> Magere Fingerlein hingen an Stelle der Beine zur Seite,
> Aber der Rest blieb Leib; doch siehe! sie läßt einen Faden
> Ihm entquellen: die frühere Webekunst übt sie als – Spinne[61].

Was ist das? Eine Gnade? Eine Handlung «aus Mitleid», wie OVID unterstellt? Dann erfolgte die Verwandlung *Arachne*s in eine Spinne ebenso ambivalent, wie die Spinnerin selbst sich verhielt: *Diese* suchte Anerkennung von jemandem, den sie gleichzeitig fürchtete und mit Vorwürfen überhäufte, *jene* möchte erretten und strafen ineins, und in beiden Fällen kann die innere Widersprüchlichkeit den Konflikt nur steigern, nicht mildern. Auf immer also wird *Arachne* dazu verurteilt sein, die Zerrgestalt einer Spinne(rin) beizubehalten. Was ihr Segen hätte sein können, wird ihr Fluch; die Vorzüge ihres Wesens verkehren sich in ihr Verhängnis; was als ein Mittel der inneren Befreiung gemeint war, schnürt sie jetzt in ein unentrinnbares Netz seelischer Gefangenschaft ein: Niemand freiwillig möchte leben wie sie.

Doch es hilft nichts, daß «ganz Lydien» sich über *Athene*s Vorgehensweise empört zeigt[62]. Selbst wenn *Arachne*s Meisterwerk die verdiente An-

---

61 OVID: Metamorphosen, VI 141–145, B S. 185.
62 A. a. O., VI 146, B S. 185.

erkennung gefunden hätte, so wäre damit die innere Zwiespältigkeit der scheinbar ungerecht Behandelten eher verstärkt als glücklich beigelegt worden: Als Siegerin hätte sie ihre kämpferische Einstellung womöglich als Erfolgsrezept bestätigt gefunden und jedenfalls keinen Grund gesehen, davon Abstand zu nehmen. In Wahrheit macht die Verwandlung, die *Athene* an ihr vornimmt, nur in letzter Konsequenz sichtbar, wie sie sich unter der Hülle der bewunderten Künstlerin innerlich verändert hat. Bestraft wird sie nicht eigentlich von der Göttin; deren Urteilsspruch verhängt über die «Geschlagene» nur die Fesseln des eigenen Wesens. Welch ein Mittel aber gibt es dann, eine *Arachne* zu erlösen?

Rein theoretisch läge ein «Therapiekonzept» im Handumdrehen bereit: – man müßte «nur» die Grundeinstellung der Unglücklichen umkehren. Ihr Kernproblem war das geheime Minderwertigkeitsgefühl, die Angst, abgelehnt zu werden, die angestrengten Kompensationsversuche, durch Tüchtigkeit sich selbst den eigenen Wert zu beweisen, und an all diesen Knotenstellen im Geflecht aus Feindseligkeit und Zwang müßte man neue Fäden einschießen und günstigere Bilder erschaffen. «Es ist ja wahr,» könnte die Lektion lauten, «daß du schon in Kindertagen Grund hattest, dich so zu fühlen, wie du es heute noch tust; aber du solltest die Eindrücke aus der Anfangszeit deines Lebens nicht quer durch deine ganze Lebensdauer hindurch bestimmend sein lassen. Für die Umstände, unter denen du aufwachsen mußtest, kannst du nicht; doch du kannst für all das, was du aus dir gemacht hast, und das sollte dich veranlassen, dich heute selber gerechter zu beurteilen. Statt insgeheim um die Anerkennung der anderen zu buhlen und dich in immer neue Konkurrenzkämpfe zu verwickeln, solltest du endlich lernen, dich selber anzuerkennen. Du hast es verdient! Doch um das zu merken, müßtest du deine Buchführung ändern und wirklich einmal die Leistungen, die dir gelungen sind, auf der Habenseite eintragen. Nur wenn du ein gewisses Selbstvertrauen im Umgang mit dir selbst gewinnst, wirst du auch den anderen das nötige Vertrauen entgegenbringen, und erst dann wird die Angst vor der Ablehnung der anderen nachlassen. Sie erkennen dich ja an! Sie pilgern von weit her zu dir aus Hochachtung und Respekt! Eigentlich hast du selber alles erreicht, was du suchst. Was noch bleibt, sind die gesammelten Ressentiments und Revanchegedanken. Ihrer wirst du ledig, wenn du nicht länger die Gegenwart mit der Vergangenheit verwechselst. Ja, deine Eltern haben dich nicht so behandelt, wie du es gewünscht und gebraucht hättest; aber die Menschen, mit denen du es heute zu tun hast, verdienen nicht deine latenten Rachegelüste; heute bist du es, die Unrecht begeht, wenn du den anderen vorwirfst, sie ließen dich nicht zu deinem Recht kommen. Es wird Zeit, aus dem Spinnennetz der Vergangenheit herauszukommen; sonst wirst du unweigerlich zum Opfer der immer gleichen Verstrickungen.»

Im Grunde wird jede Psychotherapie einer *Arachne* sich an diesen Einsichten abarbeiten, und sie wird versuchen, mit «besseren» Erfahrungen die traumatischen Erinnerungsspuren von damals gegenzubesetzen. Wie aber, wenn das nicht genügt? Einzelne Eindrücke lassen sich durch gegenteilige Eindrücke neutralisieren und korrigieren; im Fall einer *Arachne* aber hat sich ein ganzer Charakteraufbau und daraus eine kohärente Lebenseinstellung geformt, ja, aus dieser hat sich, wie die Begegnung mit der Göttin *Athene* hinlänglich zeigt, eine in sich geschlossene und schlüssige Weltanschauung entwickelt. Die Lage ähnelt einer Paranoia, in welcher ursprünglich vereinzelte Angstsituationen sich zu einem Grundmißtrauen allen Menschen gegenüber zusammengeschlossen haben, um schließlich in die Gewißheit ständiger Beobachtung und Verfolgung zu münden. Natürlich kann man diese «falschen Gewißheiten», wie PAUL FEDERN schon in den 40er Jahren des 20. Jhs. sie genannt hat[63], durch konkrete Nachprüfungen zu erschüttern suchen; doch im ganzen wird man nicht mit vereinzelten Feststellungen gegen ein vereinheitlichtes Weltbild ankommen. Mit anderen Worten: Aus einer psychologischen Krise ist eine religiöse Infragestellung geworden, die letztlich nur durch ein Ineinandergreifen von therapeutischem und seelsorglichem Bemühen zu behandeln sein wird.

Dabei kann es selbstredend nicht um die Indoktrination bestimmter konfessionsgebundener Dogmen zu tun sein. Nicht um bestimmte theologische Sondermeinungen in Abhängigkeit von den jeweiligen religiösen Bezugssystemen geht es; worauf es ankommt, ist die Vermittlung dessen, wozu Religion im eigentlichen Sinne bereitstehen sollte: eines absoluten Vertrauens in den Hintergrund der Welt, stark genug, die Gefährdungen inmitten des Lebens zu relativieren. Das aber hat zur Voraussetzung, daß die Überlieferungen der Religionsformen des kulturellen Umfeldes nicht selbst voller ängstigender, ambivalent wirkender und autoritärer Inhalte stecken. Der Punkt ist erreicht, an dem jede Psychotherapie nicht nur der Religion bedarf, sondern selbst vor der Aufgabe steht, ihrerseits diese an den menschlich notwendigen Erfordernissen zu messen und notfalls zu verändern.

Überdeutlich nämlich wird die verhängnisvolle Zirkularität zwischen der psychischen Lage, in der *Arachne* sich befindet, und der Gestalt des Göttli-

---

63 PAUL FEDERN: Grundsätzliches zur Psychotherapie bei latenter Schizophrenie, in: Ichpsychologie und die Psychosen, 152–168; vgl E. DREWERMANN: Atem des Lebens, II 185–191: Paul Federn und die Ichpsychologie der Schizophrenie.

chen, die religiös ihr als *Athene* gegenübertritt. Kurz gesagt, verkörpert und bestätigt die strahlende kämpferische Tochter des *Zeus* die schlimmsten Erwartungen, welche die verängstigt auftrumpfende Tochter des völlig unbekannten *Idmon* aus Kolophon ohnehin an Welt und Mitwelt richtet. Innerhalb des Gefüges einer solchen Religion fällt es nicht nur schwer, es erweist sich als unmöglich, eine *Arachne* aus den Zwängen und Albträumen ihres selbstzerstörerischen Leistungswillens zu erlösen. Ehe ihr Gottesbild sich nicht ändert, wird sich auch ihr Menschenbild nicht aufzuhellen vermögen.

Am komfortabelsten wäre es jetzt natürlich, theologisch das Problem vorab für gelöst erklären zu können. Ist nicht das Christentum einmal mit dem Anspruch angetreten, die psychische Zerrissenheit im Vielgötterglauben durch den jüdischen Monotheismus zu einen und dabei vor allem mit der Botschaft des Christus von der absoluten Güte und Vertrauenswürdigkeit des «Vaters» Jesu den Abgrund der Angst unter den Füßen der menschlichen Existenz endgültig zu schließen? In der Tat wäre nichts so wichtig, als einer *Arachne* die tragende Überzeugung jeder wahren Frömmigkeit zu vermitteln: daß sie als Person von Grund auf berechtigt und erwünscht ist. Der soziale Stand ihres Vaters mag gesellschaftliche Nachteile mit sich gebracht haben, doch wer sie selber als Mensch ist, geht in keiner Weise daraus hervor. Was sie tut und leistet, ist in sich etwas Wunderbares, und es darf, ja, es muß von all den krampfhaften Konkurrenzkämpfen zum Selbstbeweis befreit werden. Der Fluch des Spinnendaseins ist nur widerlegbar durch das allmähliche Gefühl eines Sein-Dürfens ohne Vorbedingungen, der Geschenkhaftigkeit des Lebens und vor allem: der einmaligen Kostbarkeit der individuellen Existenz. Nur ein grundgütiges Gottesbild im Raum einer Religion, die ihre Verkündigung in lebendige Erfahrungen übersetzt, statt sie doktrinär zu verfestigen, kann die Aufgabe lösen, vor welche die Gestalt der *Arachne* jenseits der Religionsgeschichte jedwede tradierte Kultform stellt.

Es genügt daher keinesfalls, im Stil alter Dogmatik sich über die Mythen der Griechen mit theologischer Hybris erhaben zu dünken; es kommt im Gegenteil darauf an, die Tragödien, von denen diese berichten, als Grundmuster menschlichen Scheiterns zu begreifen und die eigene Glaubensweise sensibel und heilsam genug einzurichten, um einem solchen Unmaß von Leid gewachsen zu sein.

Was das Christentum angeht, so hat gerade die Kirche der griechischen Orthodoxie an der unvergänglichen Bedeutung bestimmter Bilder des Heiligen von alters her festgehalten, die als eine Gabe des Himmels den Menschen zum Andenken und zur Andacht geschenkt wurden. Im Mittelpunkt aller Ikonen stand dabei seit eh und je die Gestalt der Mutter Gottes, der Allbarmherzigen, und sie scheint in der Tat wie nichts sonst geeignet, einer *Arachne* symbolisch die früh verstorbene, ewig vermißte Mutter wiederzugeben und dadurch das Schreckbild der Göttin *Athene* aus der Seele zu streicheln. Was auf diese Weise geschehen könnte, käme dem Festtags-Gottesdienst in einer griechischen (oder russischen) Kirche gleich: Jenseits aller Menschennot, so die feste Überzeugung gläubigen Vertrauens, tritt der Christus selbst als Hoher Priester vor Gott für all die Menschen in den Verwirrungen ihres Lebens fürbittend ein, und es öffnet sich während des Gottesdienstes, wenn auch für Stunden nur, die Türe der Ikonostase, die den Himmel trennt von der irdischen Welt. Einmal gesehen zu haben, einmal gefühlt zu haben, was im Reichtum der Bilder und in der Innigkeit der Lieder an Segen die Herzen erfüllt, läßt verändert zurückkehren in dieselbe äußerlich unveränderte Welt: Sie hat ihren Wert als Maßstab verloren; sie hat in *Arachne*, als einer Zurückverwandelten, ihre wahre Meisterin gefunden. Ein neues Gewebe entsteht da, gemalt in den Bildern dankbarer Liebe, und dazu bestimmt, gütig und gültig das menschliche Dasein zu deuten.

Ohne auf die Vorbilder der Ikonenmalerei in irgendeiner Weise zurückzugreifen, hat bemerkenswerterweise MICHELANGELO in seinem monumentalen Deckenfresko «Das Jüngste Gericht» in der Sixtinischen Kapelle das Portrait einer Madonna gemalt, das wirken muß wie der Versuch einer Korrektur all der so klaren Zweiteilungen von Gut und Böse in den herrschenden Vorstellungen auch und sogar der Religion: Christus selber, dargestellt eher als ein *Herakles* nach griechischem Heroenideal denn als der sanftmütige Erlöser der Menschheit, wie das Neue Testament seinen Jesus zu kennen glaubt, hat sich gerade von seinem Thron aus Wolken und Licht erhoben, um mit hochgereckter Rechter die Verdammten in die Unterwelt zu schleudern; doch neben ihm, «mit halbgeschlossenen Augen» und abgewandtem Gesicht, sitzt seine Mutter Maria da, abhold und abgeneigt offensichtlich dem ganzen gräßlichen Schauspiel ewiger Verurteilung. Sie kann und will ihren Sohn als den Weltenrichter nicht sehen. Dabei ist sie «in melancholischer Jugendschönheit (wieder)gegeben, so dass sie im Vergleich zu ihrem Sohn eher wie eine Schwester oder Geliebte wirkt, als formten beide ein aus männlichen und weiblichen Komponenten bestehendes Ganzes.» (Tafel 28a)[64] Sie, die Grundgütige, die «Mutter der Barmherzigkeit»,

---

[64] EBERHARD KÖNIG (Hg.): Die Großen Maler der italienischen Renaissance. Der Triumph der Zeichnung, 638-646: Das Jüngste Gericht in der Sixtinischen Kapelle. Abb. auf S. 640, Detail.

als welche die Lauretanische Litanei sie flehentlich rühmt, erscheint wohl wie ohnmächtig in ihrer Hilflosigkeit; wie aber, wenn sie in ihrer persönlichen Integrität die Gegensätze auch und gerade unter den Menschen und in den Herzen der Menschen zu integrieren wüßte, – nicht zuletzt den scheinbar bestehenden Widerspruch auch zwischen ihr, der «Trösterin der Betrübten» (der *consolatrix afflictorum*), und jenem «König schrecklicher Gewalten», als welcher ihr «Sohn» seiner Rolle als Weltenrichter soeben gerecht zu werden sucht? Wie, wenn die Liebe einer Mutter die einzige Form wäre, dem Leid und der Not eines Menschen in seinen Verirrungen und Verwirrungen jemals gerecht zu werden? Dann wäre dieses Bild einer geschwisterlichen Madonna das Konterfei der wahren «Grenzgängerin» aller Zeiten bis ans Ende der Tage, – die gestaltgewordene Einheit und Versöhnung all der sonst so verlorenen Wanderer jenseits der Demarkationslinien des Normalen, Normierten und Normativen, ein Bild der Verheißung über den Abgründen des Tartaros, das zu sehen allein schon den möglichen Absturz gerade der am meisten Gefährdeten gnädig umfängt.

Phyllis und Demophoon oder: Liebe zwischen Tod und Leben

Man kann sein Leben gründen auf den Protest gegen die Unmenschlichkeit der gesamten Welteinrichtung: *Prometheus*. Man kann die Sterblichkeit des Daseins verleugnen, nur um sich im Endlichen endlos im Kreis zu drehen: *Sisyphos*. Man kann unter grausamen Opfern äußerlich alles erreichen und sich doch eben dadurch zu einer vollkommenen Unfähigkeit verurteilen, das angestrebte Glück auch wirklich zu genießen: *Tantalos*. Oder: man sucht das Absolute in der Beziehung zu einem anderen Menschen, und erneut dreht man sich mit der Suche nach der Mutter, mit dem Verlangen nach etwas Endgültigem inmitten des Endlichen im Kreise: *Ixion*. Freilich, man kann die Mutterbindung oder die Vaterabhängigkeit auch überwinden und jenseits der Angst eine Liebe lernen, die all die göttlichen Überhöhungen nicht länger benötigt, wie *Perseus* und *Andromeda*. Gefahr aber droht, das Heroische, die große Tat, als große Aufgabe sich selbst abzuverlangen: nur wer etwa als Künstler sich vergleicht mit Göttern und sogar ihnen gegenüber sich hervortut, findet ein Recht, leben zu dürfen: *Marsyas*. Oder man tritt mit solchem Fleiß und solcher Tüchtigkeit auf, daß man zumindest in einem bestimmten Handwerk als der absolut Beste gelten darf: *Arachne*.

In Mythen wie diesen kommt es zu unheilvollen Verschmelzungen zwischen dem unendlichen Verlangen nach Leben, Glück und Liebe und der Enge der endlichen Erfüllungsmöglichkeiten beziehungsweise zwischen den unendlichen Anforderungen, die man an das eigene Ich stellt, und der Unmöglichkeit, diesen zu entsprechen.

Eine Ausnahmegeschichte unter den mythischen Tragödien bildete bezeichnenderweise das Märchen von *Perseus*, dem Helden, der seine geliebte Prinzessin von einem Seedrachen (dem eigenen Vater) erlöste und sich damit zugleich von seiner eigenen Mutter befreite. Märchen haben darin ihre ideale Wahrheit, daß sie uns beschwören, nicht zu resignieren, sondern trotz aller Widerstände Liebe zu glauben, – sie allein lehre und verleihe Reife, Glück, Identität und eine Art Zufriedenheit im Endlichen, erklären sie; wer aber wird schon erwarten, daß Märchen in der äußeren Realität sich bewahrheiten? Was also tun, wenn Menschen gerade durch die Liebe nicht ins Leben, sondern in den Tod getrieben werden? – Davon erzählt, zum letzten, die Mythe (eben nicht das Märchen) von *Phyllis* und *Demophoon*. Alle bisher gestellten Grundfragen, Schwierigkeiten und Nöte des Daseins finden in dieser Geschichte ihre Zusammenfassung und rufen nach einer Antwort, die den Bewohnern des Tartaros auf immer Freiheit ermöglicht. Wer also war *Demophoon*, wer *Phyllis*?

Demophoon war der Sohn der kretischen *Minos*-Tochter *Phädra* und des athenischen Königs *Theseus*, der ein Freund des *Herakles* war. So kam es, daß die Söhne des *Herakles*, *Hyllos* und die anderen Herakliden, nach der Entrückung ihres Vaters zum Himmel Zuflucht suchten bei *Demophoon*, weil der ewige Feind des *Herakles*, der König von Mykene, *Eurystheus*, sie aus der Argolis vertrieben hatte; sie siedelten in der attischen Tetrapolis (im Norden Attikas: Oinoë, Marathon, Probalinthos und Trikorythos). «*Eurystheus* aber», wie ANTONINUS LIBERALIS erzählt, «schickte einen Boten nach Athen und sagte den Athenern Krieg an, falls sie die Herakliden nicht vertrieben. Die Athener nun entzogen sich dem Krieg nicht, Eurystheus aber drang in Attika ein, und als es zur Schlacht gekommen war, fiel er im Kampf; die Schar der Argeier aber wurde in die Flucht geschlagen. Hyllos und die anderen Herakliden sowie ihr Gefolge ließen sich nach Eurystheus› Tod wieder in Theben nieder.»[1] Was indessen die *Theseus*-Söhne selber betrifft: *Demophoon* und seinen Bruder *Akamas*, so wird von ihnen berichtet, auch sie seien nach Troja gekommen; von dort hätten sie die Mutter des *Theseus*, *Aithra*, zurückgeholt[2]. Auf seiner Rückreise jedenfalls landete *Demophoon* «mit wenig Schiffen bei den thrakischen Bisalten, und als die Tochter des Königs, Phyllis, sich in ihn verliebte, wurde sie ihm vom Vater, mit dem Reich als Mitgift, zur Gattin gegeben. Er aber wollte in sein Vaterland zurückkehren. Er bat sie flehentlich darum, und mit dem Schwur, wiederzukommen, ging er zuletzt fort.»[3] Mit diesen Worten beginnt die Tragödie der *Phyllis*, wie OVID sie in den «Briefen der Sagenfrauen» auf ergreifende Weise geschildert hat.

Vorausgesetzt ist, daß der Schwur des *Demophoon* eine zeitliche Befristung enthielt: nicht überhaupt und irgendwann, sondern in genau einem Monat, «wenn sich die Hörner des Mondes einmal zur Scheibe gerundet», werde er wiederkommen, versprach er[4]; diese Zusage stellt die entscheidende Voraussetzung für die Situation dar, die OVID in der lyrischsten Form aller Gefühlsmitteilungen zu beschreiben versucht hat, in einem Brief, gerichtet ins Leere, indem der Schreibende schon weiß, daß er seinen Adressaten wohl nicht mehr erreichen wird, oder, wenn schon, zu einem Zeitpunkt, da alles zu spät ist. Der Brief der *Phyllis* ist der Abschiedsbrief einer

1 ANTONINUS LIBERALIS, Nr. 33, in: Griechische Sagen, 229.
2 Epitome, V 22, in: Griechische Sagen, 144.
3 Epitome, VI 16 f., in: Griechische Sagen, 149.
4 OVID: Briefe der Sagenfrauen, II 3, A S. 38.

Verzweifelten, die sich um die wichtigste Hoffnung ihres Lebens betrogen sieht: entweder ist *Demophoon* verstorben oder er hat sie verraten, – ihren Geliebten jedenfalls, soviel begreift sie, wird sie niemals mehr wiedersehen. Was es bedeutet, zu dieser bitteren Erkenntnis zu gelangen, nicht sogleich, wohlgemerkt, sondern nach und nach, in quälender Langsamkeit anfangs, dann immer schneller – ganz wie im Unterholz ein Schwelbrand sich ausbreitet, der mit Mal durchbricht und ein ganzes Waldstück in Flammen setzt –, das erlebt *Phyllis* in nagenden Zweifeln über viele Tage und Wochen hin wie ein Verhängnis, das nach langer Vorbereitung plötzlich wie ein Feuersturm in ihrem Erleben alles niederreißt und verheert. Denn die für sie am meisten quälende Entdeckung, die immer klarer und unabweisbarer sich in ihrer Vorstellung formt, schließt einen bloßen Unglücksfall aus; es ist nicht anders mehr für sie denkbar, als daß ihr Geliebter sie absichtlich im Stich ließ, er hat sie verraten – für eine andere höchstwahrscheinlich, warum denn auch sonst? Voller Bitterkeit gießt sie diese ihre Enttäuschung in dem Brief, den OVID ihr diktiert, in die Klage, es sei ein anderes als solch ein Verhalten von dem Sohn eines *Theseus* wohl auch nicht zu erwarten. Warum nur hat sie es nicht längst schon gemerkt? Wie konnte sie nur so töricht sein, einem *Theseus*-Sohn zu vertrauen! *Theseus*! – Dieser Stadtgründer Athens! Dieser Heros nach der Zeit der Tyrannis in dem demokratisch geführten Stadtstaat Attikas[5]! *Ariadne*, die Schwester der *Phädra*, hatte sich in ihn verliebt, und sie half ihm, mit einem Faden, den sie ihm gab, einen Rückweg aus dem Labyrinth des Palastes von Knossos zu finden, nachdem er den grausigen Stiermenschen *Minotauros*, den Sohn der *Pasiphaë*, bezwungen hatte; an der Seite der hilfreichen *Ariadne* entkam er mitsamt den geretteten Gefährten nach Naxos; doch dann, über Nacht, ließ er die Frau, die ihm alles geopfert, zurück. Freilich, *Theseus* vollbrachte eine Fülle großer Taten, aber sein Sohn ...?

> Aus der gewaltigen Zahl der Heldentaten des Vaters
> Blieb Ariadne dir nur, die er verlassen, im Sinn.
> Das bewunderst allein du an ihm, was allein dich entschuldigt:
> Du, Eidbrüchiger, bist Erbe nur seines Verrats[6].

So schreibt ihm jetzt *Phyllis* in ihrem Brief.

---

5 Zur Zeit der «Tyrannis» galt *Herakles* als das noch größere Vorbild, zu dem er auch in der römischen Kaiserzeit wieder wurde; vgl. E. DREWERMANN: Liebe, Leid und Tod, 501–518: Deianeira und Herakles oder: Erhebung über Schuld und Schmerz, S. 513, Anm. 35.
6 OVID: Briefe der Sagenfrauen, II 75–78, A S. 40.

1) *Phyllis' Leid im Gegenüber einer scheinbaren Alternative oder: Ariadnes Tröstung mit Dionysos*

Eine mögliche Tröstung, die sich in der Gestalt der kretischen Prinzessin *Ariadne* andeuten könnte, kommt für eine *Phyllis* definitiv nicht in Frage: eine neue Liebe zum Trost für ihr zerbrochenes Glück. Als Gegenbeispiel verlohnt es gleichwohl, sich in diese so ganz andere Gefühlslage intensiv hineinzuversetzen. – Der Weingott *Dionysos*, erzählt die Sage, sei zu der Tochter des *Minos* gekommen und habe sich in sie verliebt[7]. Einen Moment

7 TINTORETTO: Vermählung Ariadnes mit Bacchus in Gegenwart von Venus, 1577/78, in: EBERHARD KÖNIG (Hg.): Die großen Maler der italienischen Renaissance. Der Triumph der Farbe, 462–463. – Literarisches Vorbild solcher Darstellungen war CATULL: Gedichte, 64, 238–267, S. 107.109, der schildert, wie *Theseus* durch den Tod seines Vaters *Aigeus* «gleiches Leid erfahren» mußte, «wie er es der Tochter des Minos durch seine Vergeßlichkeit zugefügt hatte»: Er hatte nämlich nicht, wie vereinbart, beim Einlaufen in den Hafen das weiße Segel gesetzt, so daß sein Vater ihn für tot hielt und sich aus Trauer vom Felsen herabstürzte. «Sie aber (sc. *Ariadne*, d.V.) blickte damals betrübt dem entweichenden Kiel nach und bewegte, tief verletzt, mancherlei Sorgen in ihrem Herzen.» Doch welch einen überwältigenden Trost bietet ihr in dieser Lage die Ankunft des *Dionysos* (bzw. des *Iacchus*, wie *Bacchus* mit seinem Kultnamen auch genannt wird)! Denn so fährt CATULL fort: «… von der anderen Seite flog der blühende Iacchus herbei mit seiner Satyrnschar und den aus Nysa (sc. dem indischen Erziehungsort des Gottes, d.V.) stammenden Silenen. Dich suchte er, Ariadne, von Liebe zu dir war er entflammt … Da schwärmten heitere Maenaden verzückt umher in bacchischem Taumel, riefen ‹euhoe› und warfen das Haupt zurück.» Besonders aber OVID: Liebeskunst, I 525–526, S. 26–27, schildert das Leid und das Glück *Ariadne*s, wie sie «sinnlos … am fremden Gestade» umherirrt,

> Wo um den winzigen Strand Dias (sc. Naxos, d.V.) die Woge sich bricht:
> Eben erwacht, wie sie war, umwallt von entgürtetem Kleide,
> Barfuß – frei um das Haupt flattert das goldene Haar –
> Rief sie am tauben Gewässer des Meeres den grausamen Theseus;
> Zähren, daran sie nicht schuld, netzten ihr zartes Gesicht.
> Und sie rief und weinte zugleich; Schmuck lieh sie von beidem.
> Nicht durch die Tränen entstellt wurde das schöne Gesicht.
> Und jetzt schlug sie die zarteste Brust aufs neu mit den Händen:
> «Ja, er entfloh treulos!» rief sie, «was wird nun aus mir?
> Ach, was wird nun aus mir?» – Da erklangen die Cymbeln am ganzen
> Ufer; mit donnerndem Ton schlug an die Trommel die Hand.
> Jene, von Schrecken gelähmt, steht stumm; ihr versagen die Worte;
> Ohnmacht faßt sie; es flieht ihr aus den Adern das Blut.
> Im Zug der Bacchantinnen und Satyrn naht sich *Dionysos* –
> Und es verstummt und erbleicht das Mädchen; vergessen ist Theseus;
> Dreimal will sie entfliehn, dreimal hat Schreck sie gelähmt.
> ---
> Aber der Gott sprach: Sieh, hier bin ich, ein treuerer Schützer.
> Banne die Furcht: Du wirst, Gnossierin (sc. Frau von Knossos, d.V.),
> Bacchus Gemahl.

lang möchte man vielleicht argwöhnen, aus lauter Kummer sei *Ariadne* zu einer Alkoholikerin geworden, doch das ist es nicht, was – unter vielen – der italienische Maler TINTORETTO im Jahre 1577/78 auf einem Gemälde, das heute im Palazzo Ducale in Venedig hängt, mit diesem Thema «Die Vermählung Ariadnes mit Bacchus in Gegenwart von Venus» verbunden hat. Er nämlich stellt sich den Gott des Rauschtranks nicht in der üblichen Weise als einen launigen Zechgenossen und stürmischen Eroberer in Fragen der Liebe vor, sondern als einen ernst gesonnenen, ebenso sehnsüchtig wie respektvoll von unten her zu der schönen Königstochter aufblickenden Jüngling, der, dem Meere entsteigend, mit seinem dichten dunklen Haarwuchs und seinem athletisch straffen Körper eine natürliche Schönheit zur Schau trägt. Liebevoll hält er ihr zwischen Daumen und Zeigefinger der rechten Hand den Trauring entgegen. *Ariadne*, die bis auf ein blaues Tuch, das über ihrem Schoß liegt, ganz unbekleidet ist und deren einzigen Schmuck die weiche Anmut ihres fast noch mädchenhaften Körpers bildet, streckt, aufgestützt auf die rechte Hand, *Dionysos* ihre Linke entgegen, den Ring in Empfang zu nehmen. Es ist dies eine Hochzeit, die von niemandem außer von *Aphrodite* (lat.: *Venus*) selbst geschlossen wird: Traumhaft, vollkommen schwerelos, umweht von einem Tuch feinster durchsichtiger Seide, schwebt die Liebesgöttin über dem ihr buchstäblich untergebenen Paar, um

> Nimm als Hochzeitsgabe den Himmel; ein himmlisches Sternbild
>   Wirst du, als kretischer Kranz (sc. als «Krone der Ariadne», d.V.),
>   lenken den irrenden Kiel.
> Sprach's, und von dem Gespann, damit die Tiger nicht schreckten,
>   Sprang er herab – es wich unter dem Fuße der Sand, –
> Drückte sie innig ans Herz und trug sie – Sträuben war nutzlos –
>   Mit sich fort; es vermag alles ein Gott, was er will.
> Und ‹Hymenäus!› ruft ein Chor, ein anderer: ‹Euoi!›
>   Und der geheiligte Pfühl einet den Gott und die Braut.

Vgl. auch JOCHEN SCHMIDT – UTE SCHMIDT-BERGER (Hg.): Mythos Dionysos, 34–35: Dionysos und Ariadne. – WALTER BURKERT: Griechische Religion der archaischen und klassischen Epoche, 252, verweist auf die Anthesterien, ein dreitätiges dionysisches Fest, das im Februar – März begangen wurde und meist als «Blütenfest» gedeutet wird, aber auch (von gr. *anathéssasthai*) als «Beschwörungstage der Totenseelen» betrachtet werden kann; vgl. WOLFGANG FAUTH: Anthesteria, in: Der Kleine Pauly, I 371–374. BURKERT: A. a. O., 252–253, hebt hervor: «Im Umkreis der Anthesterien steht auch der Mythos von Ariadne und Dionysos ... Im attischen Anthesterienritual wird die Frau des ‹Königs›, die *Basilinna*, dem Dionysos zur Frau gegeben, wie Theseus Ariadne dem Gott überließ. Diese ‹heilige Hochzeit› jedoch ist umgeben von Düsterem, zwischen einem ‹Tag der Befleckung› und Opfern für den ‹chthonischen Hermes›. Auf Naxos gibt es zwei Ariadne-Feste, ein freudig ausgelassenes und ein mit Trauer und Klage verbundenes; die Hochzeit mit Dionysos steht im Todesschatten, das Weintrinken erhält eine Tiefendimension, ebenso wie Demeters Gabe», die im letzten Unsterblichkeit schenkt.

mit ihrer Linken die linke Hand *Ariadne*s zu führen, während sie mit der Rechten der kretischen Königstochter einen goldenen Brautkranz in Gestalt des Sternbilds der Nördlichen Krone aufs Haupt setzt. Durch ihre Liebe zu *Dionysos* (lat.: *Bacchus*) wird *Ariadne* also selber zum Himmel erhoben, eine Unsterbliche, eine für immer Glückliche. Kunstgeschichtlich übernimmt die kretische Prinzessin damit im Dogenpalast «die Rolle der Venezia ... Die Eheschließung zwischen der am Ufer sitzenden Ariadne und dem im Meer stehenden Bacchus entspricht Venedigs ‹Vermählung mit dem Meer›. Bei diesem jährlich am Himmelfahrtstag stattfindenden Ritual warf der Doge von seiner prunkvollen Staatsgaleere (‹Bucintoro›) aus einen goldenen Ring in die Fluten, um die Partnerschaft zwischen der ‹Königin der Meere› und ihrem nahrungspendenden Schutzwall zu bekräftigen.»[8] Doch all das sind zusätzliche Bedeutungsverleihungen, die mit *Ariadne* nachträglich verbunden werden; worauf es dieser ursprünglich am meisten ankommt, ist ein Detail, das auf TINTORETTOS Bild fast verschwimmt: Kaum noch sichtbar, unterhalb der Füße der Liebesgöttin, enteilt das weiß getakelte Schiff des *Theseus* dem Strand von Naxos; *Aphrodite* offenbar kam gerade rechtzeitig, um den Gram der Enttäuschung über die Treulosigkeit des Geliebten sich nicht allzu tief eingraben zu lassen, – all die Erinnerung an das Erlittene gleitet soeben selber hinweg ins Vergessen; der alte Schmerz weicht einem neuen Glück. (Tafel 28b)[9]

Wie eine derart rasche Wandlung möglich ist, versucht ein Mosaik in der Sokrates-Straße des antiken Thessaloniki aus dem 3. Jh. n. Chr., aus römischer Zeit also, zu beschreiben: *Dionysos*, weinlaubbekränzt das braune Lockenhaar, mit seiner Rechten gestützt auf einen blaugefärbten vollkommen gerade geschnittenen Stab, den Thyrsos, der seine eigene stattliche Größe noch überragt, mit seiner Linken aufgelehnt auf einen blondhaarig struppigen Satyr in Leopardenfell, tritt, sehnsuchtsvoll blickend und zielbewußt an das Lager der schlafend daliegenden *Ariadne*. Sein blaues faltenreiches Gewand ist auf das rechte Bein herabgerutscht und wird auch dort keinen Halt mehr finden, – es ist nichts als ein Dekor, der die männliche Stärke und Schönheit des Gottes noch unterstreichen soll, nicht anders im übrigen als das Leopardenfell des dienstbereit treu dreinblickenden Satyrs, der mit seiner Linken bedeutet, daß er seinem Auftrag, dem Lustverlangen des Gottes zu dienen, zu aller Zufriedenheit nachgekommen ist. (Tafel 29a)[10]

8 A. a. O., 462; 464.
9 A. a. O., 462.
10 POLYXENI ADAM VELENI: Macedonia – Thessaloniki, 66.

Was aber geht vor sich in *Ariadne*? Träumt sie, die Enttäuschte, die einsam Verlassene, nur um so inniger von der Erfüllung ihrer Sehnsucht nach Liebe? Auch sie ruht auf einem Leopardenfell, auch ihr braunschwarzes Gewand bedeckt nur noch die Beine und gibt dem Betrachter den Anblick ihres verführerisch schönen weiblichen Körpers frei; mit geschlossenen Augen, den rechten Arm einladend hinter dem Kopf verschränkt, liegt sie da, hingebreitet und hingegeben der Verwirklichung jenes Wunsches, der unbewußt um so mehr sie erfüllt, als er soeben in der Wirklichkeit ihr versagt blieb. Der Gott *Eros*, der sie umfliegt, weist nicht nur *Dionysos* den Weg zu der schlafenden Schönen, er offenbart auch deren kaum eingestandene und doch übermächtige Hoffnungen und Erwartungen. (Tafel 29b)[11] Eine zerronnene Liebe – eine gewonnene Liebe, so in der Welt des *Dionysos*, so in der Allmacht des *Eros*, so wenn ein *Satyr* den Weg weist. Doch langt das aus für eine *Phyllis*?

Von vornherein steht fest: sie ist von gänzlich anderer Art, und schon ihr Ausgangspunkt ist grundverschieden. *Ariadne*, verlassen von ihrem treulosen Geliebten, wird aufwachen in den Armen ihres wahrhaft Geliebten; *sie* tauscht den ersehnten Heros nur ein gegen den erbetenen Gott; für sie ist das erlittene Unglück nur das Sprungbrett zum Aufschwung in eine höhere Sphäre des Glücks. In gewissem Sinne ist das verständlich. Wer handelt wie *Theseus*, diskreditiert sich selbst in Fragen der Liebe. *Ariadne* hat ihm geholfen, als es drauf ankam; er aber ging von ihr fort, als käme es auf sie nicht länger mehr an. Durch solch ein Gebaren ist die Prinzessin von Kreta nicht weiter zu kränken, – sie ihrerseits hat alles richtig gemacht; dieses Gefühl geht ihr niemals verloren. Es war nicht falsch, den Matador des *Minotauros* zu lieben und ihm den Weg aus dem Labyrinth zu weisen; wenn er seinerseits falsch genug war, ihr eine Liebe vorzutäuschen, die er in Wirklichkeit gar nicht empfand, weil er sie anscheinend nur benutzte als Instrument auf seinem Wege zum Ruhm, so muß er selbst wissen, wohin ihn das führt. «Reisende soll man nicht aufhalten», heißt es nicht ohne Zynismus. *Ariadne* jedenfalls ist zu selbstbewußt, um einem Unwürdigen, einem Liebeflüchtigen nachzutrauern. Dafür ist das Leben zu kurz, – so lehrt es *Eros*, so lebt es *Dionysos*, so liebt's *Ariadne*. – Für eine *Phyllis* indessen gilt alles das überhaupt gar nicht.

Der Grund: Ihr *hatte* die Liebesgöttin bereits das Haupt mit den Sternen des Himmels gekrönt, und längst schon war sie durch eigenes Fühlen und fremdes Versprechen an jenen Athener auf der Reise nach Hause dop-

11 A. a. O., 66.

pelt gebunden; ihr ganzes Leben, ihre ganze Zukunft hatte sie mit ihm verbunden. Was wiegt da schwerer: aufzuwachen wie *Ariadne* und entdekken zu müssen, daß der Platz an ihrer Seite verwaist ist für immer, *oder* in einem langen quälenden Prozeß von Tagen, Wochen und Monden lernen zu sollen, wie man auf alle Hoffnung Verzicht tut? Eine Art Schrecken ohne Ende scheint *Phyllis* zu schildern, wenn sie einleitend in ihrem Brief vermerkt

> .... «Daß du über die Zeit ferne Demophoon bleibst. –
> ---
> Viermal fehlte der Mond, viermal wuchs wieder die Scheibe,
>   Doch kein attisches Schiff ankert in thrakischer Flut.
> Wenn du gezählt die Zeit, so wie sie Liebende zählen,
>   Kommt meine Klage zu dir nicht vor dem richtigen Tag.»[12]

Ergreifender läßt sich die Zerfaserung der Spannseile der Liebe nicht schildern, als in solchen Worten. Jeder Tag könnte, jeder Tag müßte den Geliebten, den erhofften Gefährten des Lebens über das Meer zurücktragen an das Gestade der Thraker, und ihm entgegenzugehen zum Strand und ihm entgegenzusehen bis an den Horizont wird nun zum Inhalt des Tagesablaufs einer *Phyllis* zwischen Sonnenaufgang und Sonnenuntergang. Und immer wieder dasselbe: Da in der Ferne, noch einer Wolke gleich, taucht wieder einmal etwas Weißes auf, gleitet dahin unter windgeschwelltem Segel, hält Kurs auf den Hafen, doch zu ihrer Enttäuschung – ein athenisches Schiff ist es nicht. Aber ja, so versteht sich's: er kann, wie versprochen, so pünktlich nicht kommen, nicht immer schon liegt ein Schiff abfahrbereit an der Mole, – private Gründe, technische Ursachen werden die Ankunft verzögern, – es gibt so viele Erklärungen. Wer weiß, wie weit draußen die Wetter und Winde sich drehen? Wenn's nur nicht zu stürmen beginnt! Wenn nur keine Krankheit ihn heimsucht! Wenn nur nicht Piraten sein Schiff überfallen! Doch langsam wandeln sich die Erklärungen und nehmen die Form gutwilliger Entschuldigungen und schließlich unwilliger Ausreden an; allmählich schwindet die Bereitschaft, noch länger nach Gründen für sein Verweilen zu suchen; die Klage kehrt um und kehrt wieder als Anklage; – in den Worten der *Phyllis*:

> Hoffte auf dich in Geduld. Man glaubt, was zu glauben uns weh tut,
>   Langsam. Ungern sieht schuldig die Liebende dich.

---

12 OVID: Briefe der Sagenfrauen, II 2.5–8, S. 38.

Oft belog ich mich selbst für dich; oft glaubt' ich, ich sähe
   Weiß deine Segel zurück   tragen den stürmischen Süd.
Theseus hab' ich verwünscht, weil er dich entlassen nicht wollte,
   Aber vielleicht war er's nicht,   der die Rückkehr gehemmt.
Manchmal war ich besorgt, wenn du nach Thrakien führest,
   Daß in der grauen Flut   scheiternd versänke dein Schiff.

Kurz, was Eilenden sich in den Weg kann stellen, erdachte
   Treue Liebe; ich war   Gründe zu finden geschickt[13].

2) Die bebende Angst nach dem Abschied oder: Krieg und Unglück am Beispiel von Laodameia und Alkyone

In ihrer Vorstellung rückt *Phyllis* damit in die Angst all derjenigen ein, deren Geliebter oder Gemahl sich nicht nur für eine Weile entfernt hat, sondern sich wissentlich und willentlich damit in Lebensgefahr begab, – er mußte so tun, soll man glauben, er folgte unaufgebbaren Pflichten, die ihn zum Wagnis des Äußersten zwangen[14]. Man muß seinen Entschluß akzeptieren. Doch wie in dem Interim zwischen getätigter Ausfahrt und geplanter Rückkehr sich verhalten? Die Angst nimmt zu von Tag zu Tag; und um in *Phyllis* sich hineinzuversetzen, kann man ihre Not sich schwerlich dramatisch genug vorstellen.

Ein Vergleich: Niemals scheint die Sorge um die Heimkehr eines Abschiednehmenden quälender als im Falle eines Krieges, in dessen Verlauf der Tod von beliebig vielen Menschen nicht nur ein Risiko, sondern sogar das direkte Ziel der Kampfhandlungen darstellt. Dementsprechend kannte man schon in der Antike das geschichtlich offenbar ständige, Generation für Generation, sich wiederholende Schicksal der *Laodameia*, die ihren Gatten *Protesilaos* flehentlich bat, gar nicht erst in den Krieg nach Troja zu ziehen, und die dann doch erfahren mußte, daß er als erster der Griechen beim Betreten des Strands vor der Stadt schon erschlagen ward[15]. – Millionen von Frauen in Deutschland in der Zeit des 2. Weltkriegs befanden sich

---

13 A. a. O., II 9–16.21–22, S. 38.
14 Die klassische Geschichte dafür enthält der Brief, den OVID: A. a. O., XIII 1–165, S. 105–110, die unglückliche *Laodameia* an ihren Gatten *Protesilaos* schreiben läßt, der in den Trojanischen Krieg zieht und dabei als erster sein Leben einbüßen wird.
15 Vgl. E. DREWERMANN: Liebe, Leid und Tod, 343–362: Laodameia und Protesilaos oder: Der lieblose, leidige Krieg.

in vergleichbarer Lage: Nach seinem letzten Heimaturlaub war der Geliebte zurück an die Front versetzt worden, einer ungewissen Zukunft entgegen. «Paß auf dich auf!» – «Ja, sicher!» Oder: «Keine Angst, ich komm wieder.» Mit solchen Worten ging der Abschied dahin. Man winkte sich zu, man machte sich Mut, und man wußte doch, daß außer Hoffen und Warten nichts blieb. Morgens die Post. Vielleicht brachte sie eine Nachricht. Ein Brief, eine Karte – sie zeigten doch, daß er lebt. Was immer er schrieb, – *das* war das wichtigste. Aber stimmte es noch? Eine Woche schon war vergangen, seitdem er die wenigen Zeilen hatte schreiben können, – mit zittrigen, klammen Fingern rasch hingekritzelt, wie um eine Pflicht zu erfüllen, der nachzukommen die Zeit kaum erlaubte. Was alles konnte in einer Woche passiert sein? Der Wehrmachtsbericht, so verlogen er war, sprach von erfolgreichen Abwehrschlachten im Osten und von großen Verlusten des Gegners; nur zu offensichtlich befand man sich auf dem Rückzug, man war dabei, zu verlieren, man sah sich mit schwindenden Kräften einem immer stärkeren Gegner gegenüber, und was war es dann mit den eigenen Verlusten? Davon schwiegen Rundfunk und Zeitung, und gerade dieses Schweigen war wie ein stummer hilfloser Schrei von Schmerz und Empörung. Was war passiert? Was ist der Fall? Ist er gefallen? Oder gefangen? Verwundet? Vermißt? Jede Mitteilung, selbst noch die schlimmste, schien leichter erträglich als das schreckliche Spiel der Ungewißheit und Unwissenheit mit all den nicht auszudenkenden Eventualitäten. – Und wenn die Post eines Tages ganz ausblieb? Wenn das «Verbleib unbekannt» die letzte offizielle Mitteilung der zuständigen Verwaltungsbehörde war? «Vermißt» war für die meisten Frauen weit schlimmer noch als «tot». Der Tod hinterläßt einen Schmerz des Endgültigen, das «vermißt» aber läßt noch Spielraum zum Hoffen, ja, es erhebt das Hoffen zur Pflicht, – alles andere erschiene als lieblos. Wer nicht mehr hofft auf die Heimkehr des Geliebten, der erklärt den vielleicht noch Lebenden für tot und der trägt mit ihm auch seine Liebe zu Grabe[16].

Für manche Frauen verwandelte sich ihr ganzes Leben in die Vermeidung solch eines Totendienstes; sie weigerten sich, ihre Hoffnung zu verraten, doch zwangen sie sich damit zu einem Hoffen ohne Glauben. Unmerklich hatte ihr Leben begonnen sich zu drehen: sie blickten nicht mehr hinaus in die Zukunft, sie starrten zurück in eine Vergangenheit, deren Wiederherstellung allein einen neuen Anfang bedeutet hätte. Aus Treue zu

---

16 Vgl. den Film von GABY KUBACH (Reg.): Die Frau des Heimkehrers. Nachkriegsdrama, Deutschland 2006, in der Hauptrolle: *Christine Neubauer*.

ihrer Liebe wurden sie untreu dem Leben. So schemenhafte Züge die Gestalt ihres Geliebten annahm, so unwirklich dehnte ihr Dasein sich hin. Eine Trauer der Treue auf immer!

Läßt sich noch Ärgeres denken? Paradox genug, eine *Phyllis*, könnte sie's, würde nur allzu gern tauschen mit solch einem Leid! Mit dem Tod des anderen verliert man ja nur seine physische Nähe, seelisch aber bleibt er gegenwärtig. Er ist dahingegangen, doch er ist nicht fortgegangen. Ihm wurde auferlegt, was er selber nicht wollte. Sein Wille war es, zusammenzubleiben, und dieser sein Wille gilt weiter. – Freilich, wie furchtbar das Leid auch eines solchen Schicksalsschlages schon wirken kann, wußte man in der Antike bitter genug, – etwa durch das Beispiel der zwei innig sich Liebenden: *Alkyone* und *Keÿx*[17]: Wie hatte sie ihn angefleht, sich nicht auf eine ungewisse Seereise zu begeben, um eine fern gelegene Orakelstätte aufzusuchen, – er hatte es dennoch getan, und er kam, wie befürchtet, im Sturm dabei um; die Götter, um die mit düsteren Ahnungen beunruhigte, aber tatsächlich noch unwissende *Alkyone* auf die schreckliche Nachricht vorzubereiten, zeigten ihr *Keÿx* im Traume; am anderen Morgen dann fand sie den Leib des Geliebten tot an den Strand gespült. Der Kummer der Trennung und die Klage der Einheit verwandelte beide, erzählt wieder OVID, in ein Eisvogelpärchen, das brütet in den «halkyonischen Tagen», im Januar, wenn im östlichen Mittelmeer mitten im Winter überraschend Windstille eintritt, – eine Seeleneinheit, die nie mehr vergeht und die allen Unbilden des Wetters zu trotzen versteht.

Doch eben deshalb: Selbst ein solcher alles verändernder Tod des Geliebten ist für die Verlassene leichter zu tragen als ein Abschied, der einem Weggang gleichkommt, wie *Phyllis* als Liebende es zunächst noch gar nicht zu denken wagt und dann doch als Gewißheit langsam begreift. Er lebt, muß sie denken, er ist gar nicht tot, doch wenn es so wäre, bedeutete dies: seine Untreue. Und allein diese Annahme tötet ihr Leben! Schlimmer als Unglück und Unheil, ärger als Krieg oder Tod ist Lüge und Trug, ist Treuebruch und Verrat. Wem kann man noch glauben, wenn alles Vertrauen schnöde getäuscht wird? Selbst die Himmlischen stehen in Frage, denn so erinnert sich *Phyllis* nunmehr in ihrem «Brief»:

> Oft zu den Göttern ich rief, daß sie dich, Treuloser, beschützen,
>   Weihrauch auf jedem Altar   opfernd zu meinem Gebet,

---

17 Vgl. E. DREWERMANN: Liebe, Leid und Tod, 483–500: Alkyone und Keÿx oder: Liebe, die den Tod besiegt.

Du aber säumst, bleibst aus: Dich führen weder die Götter,
Bei denen Eide du schwurst, noch deine Liebe zurück.
Wahrlich, du gabst dein Wort, wie deine Segel dem Winde:
Wehe, die Rückkehr fehlt diesen, die Treue dem Wort[18].

Wann immer Menschen sagen, daß sie an Gott (oder an Götter) nicht
(mehr) zu glauben vermögen, meinen sie damit – fernab der Weltanschau-
ungsprobleme eines *Prometheus* oder eines SCHOPENHAUERS –, daß sie an
Liebe nicht länger mehr glauben. Was ihnen einst für heilig galt, scheint
jetzt wie entweiht; was vormals fühlbar war wie eine sanfte Fügung zu
Glück, Gemeinsamkeit und Güte, tritt ihnen jetzt als gleichgültige Grausamkeit entgegen, und was man ehedem als Sinn und Wert begreifen
mochte, zerrinnt nunmehr in Hohn und Spott. Ein Einverständnis mit der
ganzen Welt schenkte einstmals die Liebe, jetzt erweist sich die Welt als ein
kaltes, seelenloses Getriebe, das seinen Gang geht so fühllos wie die Sonne,
wie der Mond, – sie zeigen eine Zeit an ohne Inhalt, beherrscht von einer
Mechanik voller Mühsal, – ein Atemholen, das sich vollzieht als ein hilflo-
ses Seufzen[19].

3) Der tödliche Verdacht oder: Das Suchen nach der Schuld

Zu einem solchen Zustand zwischen Warten, Hoffen und Enttäuschung
gehört zunehmend, unvermeidbar, jetzt das Suchen nach der Schuld. Bisher
bemühte *Phyllis* sich, nach Ursachen zu forschen, die das Säumen des Geliebten irgendwie erklären mochten; jetzt, da es festzustehen scheint, daß
nicht ein Schicksalswalten draußen, sondern der eigene Wille den *Theseus*-
Sohn *Demophoon* im Weiten hält, mischt sich in das Ersinnen denkbarer

18 OVID: Briefe der Sagenfrauen, II 17–18.23–26, S. 38.
19 Vgl. ARTHUR SCHOPENHAUER: Die Welt als Wille und Vorstellung, 2. Bd., Kap. 1: Zur
idealistischen Grundansicht, S. 3–4: «Im unendlichen Raum zahllose leuchtende Kugeln,
um jede von welchen etwa ein Dutzend kleinerer, beleuchteter sich wälzt, die inwendig
heiß, mit erstarrter, kalter Rinde überzogen sind, auf der ein Schimmelüberzug lebende und
erkennende Wesen erzeugt hat: – dies ist die empirische Wahrheit, das Reale, die Welt. Jedoch ist es für ein denkendes Wesen eine mißliche Lage, auf einer jener zahllosen im grän-
zenlosen Raum frei schwebenden Kugeln zu stehn, ohne zu wissen woher und wohin, und
nur Eines zu seyn von unzählbaren ähnlichen Wesen, die sich drängen, treiben, quälen,
rastlos und schnell entstehend und vergehend, in anfangs- und endloser Zeit: dabei nichts
Beharrliches, als allein die Materie und die Wiederkehr der selben, verschiedenen, orga-
nischen Formen, mittels gewisser Wege und Kanäle, die nun ein Mal dasind. Alles was
empirische Wissenschaft lehren kann, ist nur die genaue Beschaffenheit und Regel dieser
Hergänge.»

Erklärungen nun auch der Vorwurf rätselhaften Treuebruchs. Dabei stellt sich zumindest am Anfang wohl noch die Frage, was man vielleicht auch selber falsch gemacht haben könnte, daß ein an sich so liebenswerter Mensch derart sich verhält. Ganz unterschiedlich, wie die Schicksale im einzelnen auch selbst, fällt da die Antwort aus. – Verlassen über Nacht, wie *Ariadne* es erlebt hat, ohne Worte, ohne Aussprache, ohne Bemühen auch nur um Gemeinsamkeit, – da scheint es überflüssig, nachzudenken, wer an dem Scheitern der Beziehung die Schuld trägt: *Theseus*, der Tapfere, der Held, wenn es gilt, Monstren zu erlegen, erweist sich selbst als ein monströser Feigling, sobald es gilt, Rechenschaft abzulegen über die eigenen Gefühle. *Laodameia* indessen hatte ihrem Gatten alles an Bitten und Bedenken vorgetragen, was eine Frau gegen den Selbstbeweis eines Soldaten, der den Krieg wählt, statt zuhause zu bleiben, nur irgend sagen kann, – *Protesilaos* glaubte, einem höheren Befehl gehorsam sein zu müssen, bei ihm fand ihre Stimme, übertönt von «Pflicht» und «Mannesmut» und «Ehre», nicht mehr das nötige Gehör; gleichwohl, nur gegen beider Wille trat trennend der Tod zwischen sie, – tragisch, schuld*los*. Nicht gänzlich anders auch in der Beziehung von *Alkyone* und *Keÿx*: selbst noch als er im Sturme versank, rief er den Namen der Geliebten; er starb, als umfingen die Wogen ihn mit ihren Armen, und mit ihm ward auch sie verwandelt in ein reines Seelenwesen.

Nun aber eine *Phyllis*: Sie steht genau dazwischen! Noch weiß sie nicht, noch ist sie eingesponnen in Vermutungen; doch das bereits genügt. Die Lieblosigkeit einer anderen Person, die man von Herzen liebt, stellt nachhaltig die eigene Liebenswürdigkeit in Frage: Wer ist man selbst, daß er einem das antun konnte? Was hat dazu geführt? Wie hätte man's vermeiden können? So viel steht *Phyllis* fest: Als sie den Fremden auf der Fahrt von Troja nach Athen in ihre Arme schloß, geschah es ohne Zaudern, ohne Zweifel, ohne lange Überlegung; der Pfeil des *Eros* hatte sie getroffen, und sie, betört von seinem süßen Gift, war seinem sanften Zwang gefolgt, wie blind, als schwebte sie auf seinen Flügeln schwerelos ins Freie. Was daran sollte falsch gewesen sein? Selber legt *Phyllis* sich in ihrem «Brief» die Frage vor:

> Sage, was hab' ich versehn, als daß ohne Vorsicht ich liebte?
> Sollte *der* Fehler nicht   tiefer dich fesseln an mich?
> Eins nur ist mein Vergehn: daß ich dich, Abscheulicher, aufnahm.
> Hat nicht dieses Vergehn   eines Verdienstes Gesicht?[20]

20 OVID: Briefe der Sagenfrauen, II 27–30, S. 38.

Ja, sie hat unvorsichtig geliebt, doch wann wäre Vorsicht vereinbar mit Liebe? Spricht es nicht ganz im Gegenteil für die Aufrichtigkeit und Unverfälschtheit ihrer Gefühle, daß sie dem noch Fremden sich hingab wie einem längst schon Bekannten? Und nicht nur sich selbst gab sie hin, – alles legte sie ihm zu Füßen, was sie besaß:

> Als du nach langer Fahrt an unsere Küste verschlagen,
>   Gab ich in Thrakien dir   Hafen und gastliches Dach;
> Habe dein Gut vermehrt durch meines, dem Armen als Reiche
>   Viele Geschenke gemacht,   viele noch machen gewollt[21].

Tatsächlich hat sie ihm das Reich ihres Vaters anvertraut, – König in Thrakien könnte er sein! Ja, sie hat ihr Herz vollkommen ungeschützt gewissermaßen über den nächstbesten Zaun geworfen, ohne zu wissen, wer wirklich dahinter stand, um es aufzufangen. Aber noch einmal, – nur wer selber voller Falschheit ist, wird etwas Falsches darin erblicken. Oder soll *dieses* künftig für eine «realistischere» beziehungsweise besser «angepaßte» Form von «Liebe» gelten: persönlich aufzurüsten nach dem Vorbild des westlichen Militärbündnisses (Nato) und gewissermaßen rund um die Erde Spionagesatelliten, Aufklärungs- und Frühwarnsysteme, Killerdrohnen und Abhörnetzwerke zu installieren, um in jeder Beziehung «sicher» zu gehen? Ein solches generalisiertes Mißtrauen untergräbt jede Freundschaft; es ersetzt Partnerschaft, Wechselseitigkeit und Respekt durch Unterwerfungsgesten, Machtdiktate und Kontrollzwänge; es ist das Ende aller friedlichen Gemeinsamkeit inmitten einer routinierten Kampf- und Kriegsbereitschaft. In einer solchen Welt kann keine *Phyllis* leben; in einer solchen Welt lebt, Gott sei Dank, auch nicht *Demophoon*. Aber hätte er dann nicht behutsam eine so unbehütete Liebe, wie *Phyllis* sie vertrauensselig ihm entgegenbrachte, belohnen müssen mit um so größerer Vertrauenswürdigkeit?

Menschlich ist diese Erwartung mehr als gut verständlich. Und doch: In dieser Form ständiger Unruhe und immer konkreter werdender Befürchtungen offenbart *Phyllis* zugleich auch, wieviel an Angst und an Unsicherheit in ihr selbst liegt. Was alles will da beruhigt sein in ihrer Liebe zu dem athenischen Prinzen? Und wieviel an Zuständigkeit im eigenen Leben wird da aus lauter Angst vor der eigenen Schwäche delegiert an die Kompetenz des vermeintlich so fähigen Anderen?

---

21 A. a. O., II 107–110, S. 41.

4) Projektionen und falsche Gewißheiten oder: Irrwege der Angstberuhigung in Beziehungen

Der fremde Königssohn als König in Thrakien – all die Selbstzweifel an dem eigenen Vermögen, die Geschicke des Volks zum Wohle zu lenken, werden mit diesem Wunsch abgegeben an die vermeintliche Planungssicherheit und Leitungsübersicht jenes Fremden. Er müßte können, was man selbst sich nicht zutraut, er hätte zu wissen, wo man selbst sich nicht auskennt, er sollte stark sein, wenn man selber sich schwach fühlt. Eine *Phyllis* mit ihrer Liebe setzt alles auf eine Karte; nicht etwas, – sich selbst liefert sie aus in die Obhut des anderen, und das absolut, total und unwiderruflich. Jetzt oder nie! Alles oder nichts! Unendliches Glück oder jäher Untergang! Entweder dieser – *Demophoon* – verdient es, daß man sich hingibt an ihn, oder man hat ein Recht, ja, es wäre ein Rest noch von Anstand, der Schmach, die man selbst ist, ein Ende zu setzen.

So ist die Art einer *Phyllis* zu lieben, und ihre unendliche Angst verlangt nach unendlichen Zusicherungen. Dementsprechend lang fiel deshalb die Liste von Schwüren aus, die *Demophoon* leisten mußte, um *Phyllis* seiner Zuneigung zu versichern; sie alle offenbar waren nötig, ihre Angst vor Verlassenheit zu beruhigen. Jetzt, rückblickend, klagt sie all diese heiligen Beteuerungen ein und fragt den Geliebten im Tone des Vorwurfs:

Wo sind Eid nun und Treu', die Rechte, gelegt in die Rechte,
    Wo der Himmlischen Schar,   die du im Munde geführt?
Wo der Hochzeitsgott (sc. *Hymenaios*, d.V.), der für immer uns
                                sollte vereinen,
    Der, daß du hieltest dein Wort,   Bürge und Geisel mir war?
Bei dem Meer schwurst du, das Wind und Wellen bewegen,
    Das du befahren so oft,   das du befahren gesollt,
Bei dem Ahnherrn (sc. *Poseidon* als Erzeuger des *Theseus*, d.V.)
                  auch, wenn nicht erfunden auch er ist,
    Welcher besänftigt die sturm-   tobenden Wogen der See,
Schwurst bei der Venus, schwurst bei Amors treffenden Waffen
    – Waffe des einen der Pfeil,   Waffe der andern der Brand –,
Schwurest bei Juno (sc. *Hera*, d.V.) auch, die streng die Ehe
                              behütet,
    Bei der Ceres (sc. *Demeter*, d.V.) Weihn,   welche (sc. als
Fruchtbarkeitsgöttin den Brautzug begleitend, d.V.)
                         die Fackel erhellt:

So viele Götter hast du genarrt. Wenn jeder die Schmähung
   Rächte, du wärest allein   nicht für die Strafe genug[22].

In ihrer Enttäuschung bedenkt *Phyllis* offenbar nicht, daß all diese Schwüre
in keiner anderen Absicht geleistet wurden, als ihre niemals versiegende
Angst zu beruhigen. Jetzt fühlt sie sogar von den Göttern sich hintergangen. Dabei erneut: Wie *Ariadne*, nur weniger glücklich, hat auch sie in
ihrer Sicht alles richtig gemacht. Sie hat gehandelt, wie es Liebende tun:
Selber hat sie das gestrandete Schiff der Athener wieder herrichten und neu
ausrüsten lassen, um ihm, im Versprechen der Rückkehr, die Heimkehr
nach Attika zu ermöglichen. All die tröstenden Worte und Tränen der
Trauer beim Abschied, all die erneuerten Schwüre, die Götter zu Zeugen
anriefen, – wie gern nur hatte *Phyllis* zuinnerst dem Glauben geschenkt,
was sie da sah und vernahm! Doch jetzt – so weit sie mit ihren Augen das
Meer absucht und den Himmel, zerfließen am Horizont all ihre Hoffnungen in Leere und Nacht. Ein einziges Segel nur – und der Traum vom Glück
kehrte wieder. Doch das einzig richtige, das athenische Segel bleibt immer
und immer am Himmel verborgen.

Kann man es *Phyllis* verdenken, daß in ihr wehmütiges Trauern sich
fortan auch das Bedauern mischt, jemals der Täuschung der Liebe erlegen
zu sein? Unanfechtbar bleibt auch jetzt noch in ihren Augen die Hilfe, die
sie dem Schiffbrüchigen und Schutzflehenden nach dem Gesetz der Gastfreundschaft großzügig gewährt hat. Doch hätte es damit nicht auch sein
Bewenden finden können? Ihr indessen hatte es nicht genügt, zu dem Fremden freundlich zu sein, sie hatte nötig, ihn als Freund zu gewinnen, als
Liebhaber gar, als Weggefährten für immer. Und so hatte er es ihr, wie sie's
wollte, wieder und wieder versprochen, geschworen und zugesichert. Nun
freilich muß sie bekennen:

Daß ich zur Hilfe noch – o Schmach – gefügt meine Liebe,
   Reut mich, daß ich den Leib   je deinem Leibe vereint.
Wäre die Nacht davor doch meine letzte gewesen,
   Wo ich in Ehren noch   hätte verscheiden gekonnt!
Besseres hatt' ich gehofft; ich glaubte verdient es zu haben.
   Hoffnungen, die sich auf Dank   gründen, erscheinen gerecht.
Leicht erwirbt sich der Ruhm, ein vertrauendes Mädchen zu täuschen:
   Treuere Liebe verdient   hätte ein redliches Herz.

---

22 A. a. O., II 31–44, S. 38–39.

Dein Wort täuschte sowohl als Liebende wie auch als Frau mich:
   Geben die Götter, es sei   dies dir der Gipfel des Ruhms![23]

Unvermeidbar ist es dieses Wagnis einer Entscheidung, vor welches jede
Liebe stellt: Man entblößt sich ganz vor dem anderen, körperlich nicht
anders als seelisch, es gibt kein Geheimnis, keinen Rest an Zurückhaltung
mehr; alles wartet darauf, sich dem anderen zeigen zu dürfen, und drängt
darauf, als Bekanntgewordenes Anerkennung zu finden. Zumindest die
Hilfsbereitschaft und Sorgfalt, die *Phyllis* dem Fremden erwies, hätten ihn
überzeugen können, daß es nirgends ihm besser ergehen werde als hier, an
Thrakiens Küste. Und nur zu gern ging er darauf ein! So konnte, so sollte
es scheinen. Jetzt aber fällt auf alles, was war, ein gänzlich anderes Licht!
Nichterwiderte Liebe – das macht eine Selbstentblößung reinsten Vertrauens zu einer Bloßstellung gemeinster Verführung; der Wunsch nach
Verschmelzung erweist sich mit Mal als Schmach und als Schande; und die
ersehnte Gemeinsamkeit zerfällt in eine beschämende Einsamkeit. O wäre
das nie passiert! Ach, könnte man es doch nachträglich wenigstens ungeschehen machen! Oder anders noch – könnte man die Schmach, die man
selber empfindet, als Schande des anderen offenbar machen! Ja, er mag
seinen «Ruhm» darin setzen, die thrakische Königstochter «erobert» und
«gewonnen» zu haben, ja, wirklich, er hat sie «gehabt» – und nun? Er
hat ein «Mädchen», das ihm vertraute, verwüstet. Wer dessen sich rühmt,
stellt nur seine eigene Schändlichkeit aus. Fast wäre es für *Phyllis* ein
Trost, sich vorzustellen, wie allüberall auf der Welt neben den Darstellungen der Heldentaten des athenischen *Theseus* fortan auch in Erinnerung
bliebe, zu welchem Frevel und Kleinmut sein Sohn *Demophoon* fähig gewesen:

   »Der hat listig als Gast   sie, die ihn liebte, getäuscht.»[24]

Eine solche Inschrift sollte man anbringen an allen Denkmälern, an allen
Standbildern, welche die Werke des *Theseus* verklären. Oder man denke
sich gleich dabei, wie einig doch Vater und Sohn sich darin erzeigten, ihre
Wohltäterinnen aus Liebe lieblos im Stich zu lassen.
   Nur daß es – immer wieder betont – *Phyllis* weit schlimmer ergeht als
Ariadne! Deren dionysische Hochzeit heilte den Fluch ihrer Schande; wer
aber sollte eine Gefallene, eine im Stich Gelassene, eine «Gebrauchte» wie
Phyllis zurücknehmen? Statt daß das Unrühmliche an dem Verhalten *De-*

---

23 A. a. O., II 57–66, S. 39.
24 A. a. O., II 74, S. 40.

*mophoon*s öffentlich angeprangert und vor aller Augen zur Schau gestellt wird, steht, wie Menschen so sind, zu erwarten, daß *Phyllis* selber zur Zielscheibe der Spottlust ihrer Umgebung wird. Immer ja fällt die Öffentlichkeit über die Abweichler ihrer Normen das gleiche Urteil: «Wenn sie, eine thrakische Königstochter, sich in einen attischen Prinzen verliebt, so soll sie doch gehen nach Attika! Sie gehört nicht länger mehr zu ‹uns›. Sie hat ihr Vaterland verraten. Und: Sie hat sich billig gemacht! Aufgedrängt hat sie sich ihm. Seine Liebe verdienen zu können hat sie gemeint. Jetzt bekommt sie, was sie verdient hat.» So oder ähnlich wird man sich längst die Mäuler im Lande zerreißen über «so eine» – eine Grenzgängerin, eine zur Außenseiterin Gewordene. Nur: Was versteht die Menge von einem Menschen und wie äußerlich stets fällt der Maßstab all ihrer Wertungen aus! Im Grunde besteht er nur in einer einzigen Frage: Hat, wer etwas Ungewöhnliches tut, Erfolg oder Mißerfolg? Neid, Furchtsamkeit und Häme begleiten jeden Neuaufbruch, dekoriert zumeist mit moralischen Mahnungen sowie Appellen an das Althergebrachte; wenn's dann gelingt, wird die Masse kleinlaut, dann kuscht sie vor dem vermeintlich Kraftvolleren und Energischeren. Wehe aber, wenn es mißlingt! Dann hat man's ja kommen gesehen, dann hat man's schon immer gewußt, dann heißt es in selbstzufriedenem Sadismus üblicherweise: «Wer nicht hören will, muß fühlen.» Nicht *Demophoon* – *Phyllis* wird man als Schamlose ausstellen auf allen Marktplätzen und Tempeleingängen.

Doch soll man wirklich in Fragen des Herzens, da jemand sein ganzes Dasein in die Waagschale wirft, ihn selber, seine Person, nach dem Kalkül eines bloßen Endresultates bewerten, auf das er als Einzelner so wenig Einfluß hat – wie eben *Phyllis* auf ihren *Demophoon*? Es ist ein Wort von enormem Gewicht, wenn OVID seine Heroine an dieser entscheidenden Stelle ihrer Selbstbewertung und Selbstachtung jene Worte sprechen läßt, die all die wohltönenden Heldengedenkinschriften wie mit unsichtbarem Meißel für immer austilgen, in denen es heißt:

»Handlungen wägt ihr Erfolg.«
Darauf sie: Mag der des Gelingens entbehren,
         Der nur nach ihrem Erfolg   wägen die Handlungen will[25].

Das ist es, was *Phyllis* weiß und was als entscheidend auf immer ihr bleibt: Sie als Liebende hat sich nichts vorzuwerfen. Selbst wenn *Demophoon* für sie der Falsche war, falsch war es nicht, ihn zu lieben. Geht da die Rede von

25 A. a. O., II 85–86, S. 40.

Schuld, trifft es ihn; und mißt man den Wert ihres Tuns, – es gründet in sich. Die Reinheit des Herzens rechtfertigt sie. Das einzig hat Geltung. Was immer die Leute auch reden, unmaßgeblich ist es für die Wahrheit der Existenz eines Menschen, – für seine Lauterkeit, für seine Wahrhaftigkeit, für das, was er wirklich ist, was er meint, was er fühlt. Einzig darin gehört er sich selbst, allein das bestimmt seine Identität; authentisch ist er nur hier.

Von daher versteht man, daß es wie eine Selbstvergewisserung gegen all die schon vernehmbaren Spottlieder ist, wenn *Phyllis* sich in Erinnerung ruft, was sie niemals vergessen wird, selbst wenn sie es auslöschen möchte aus ihrem Gedächtnis:

> Immer steht mir dein Bild, wie du Abschied nahmst, vor den Augen,
>   Als in dem Hafen dein Schiff   schwankte, zum Fahren bereit.
> Heuchelnd umarmtest du mich; der Liebenden Nacken umschlingend
>   Hast du mit Küssen, die nicht   endeten, fast mich erdrückt,
> Hast mit den Tränen, darin ich zerfloß, die deinen vermischt auch,
>   Hast, daß günstiger Wind   schwellte die Segel, beklagt;
> Hast als letztes Wort, eh du abfuhrst, zu mir gesprochen:
>   «Phyllis, erwarte du nur   deinen Demophoon bald.»[26]

Beides trifft da auf einander wie Feuer und Wasser: die treugläubige Herzenseinfalt, in der *Phyllis* die letzten Momente des Abschieds vergegenwärtigt, und das Gefühl eines abgrundtiefen Betrugs, in den sie versinkt, weil er *äußerlich* alles entwertet, woran sie geglaubt hat. Wenn auch dieser Abschied nur ein einstudiertes Schauspiel männlicher Verschlagenheit gewesen sein soll, ein Akt bloßer «Heuchelei», dann ist es besser, selber Abschied zu nehmen, nicht allein von *Demophoon*, sondern von eben der Welt, in der Charaktere wie er reüssieren. Dann ist es so, wie es ist; dann geht es nicht weiter.

Doch hätte man es nicht wissen können? Lag nicht schon über jener Nacht, da sie sich mit ihm vermählte, das Schicksalszeichen des Unheils? Wirklich, so denkt sie jetzt:

> Als du den Gürtel der Scheu   löstest, da trog deine Hand.
> Als Brautführerin stand Tisiphone (sc. die Mordrächende, d. V.)
>   heulend am Brautbett,
> Und ein Vogel der Nacht   krächzte sein trauriges Lied.

26 A. a. O., II 91–98, S. 40.

Ihr zur Seite stand, geschmückt mit Schlangen, Alector (sc. die
　　　　nie Endende, eine weitere der drei Erinyen, d.V.);
Zu einem Totenfest　steckte die Fackeln (sc. der
　　　　Unterweltgöttin *Hekate*, d.V.) sie an[27].

Eine Hochzeit im Grabe, eine Umarmung des Todes, – das war, wenn es so
steht, die Begegnung mit jenem *Theseus*-Sohne *Demophoon*. Wohl, noch
hält Ausschau *Phyllis* am Strand, wohl, noch immer nährt sie, entgegen
aller Wahrscheinlichkeit, einen Rest verbleibender Hoffnung, getreu dem
Worte des in ihren Augen längst der Untreue Überführten:

Warten sollt' ich auf dich, der du gingst, nie wiederzukehren?
　Warten auf Segel seitdem　unserem Meere versagt?
Und doch warte ich: Komm zur Liebenden, kämest du spät auch,
　Daß in der Zeit allein　sei deine Liebe gewankt[28].

Und doch, mit der Länge der Zeit wird es *Phyllis* gewiß, daß seine Gesinnung sich geändert und er seine Liebe verraten haben muß. Der Zeitpunkt
ist gekommen, da all ihre Liebeshoffnung verlöscht. Worauf noch warten,
wenn jeder Tag, einfach durch sein Kommen und Gehen, die Gewißheit
bestätigt, daß da nichts mehr ist, das des Wartens verlohnt? Was in den
Hafen einläuft, ist nicht ein attisches Schiff mit einem Mann an Bord namens *Demophoon*; zu erwarten ist nichts als das Wogen des Meers am
Gestade, als das Wehen des Winds aus verschiedener Richtung, als der
Wechsel des Sonnenlichts zwischen den Wolken. Und vor allem jetzt: Es hat
einen einzigen, für einen jeden offensichtlichen Grund, daß er nicht wieder-
kommt! Keine Frau, deren Gedanken an dieser Stelle wohl nicht den gleichen Verdacht zur Gewißheit erhöben: eine andere Frau! Es ist diese Annahme, mit welcher *Phyllis* jetzt selber das Netz sich zuzieht, in dem sie mit
ihrer Angst und Verzweiflung so lange schon zappelt:

Ach, ich Ärmste, was soll mein Flehn? Eine andere Gattin
　Fesselt in Liebe dich, Liebe,　die mir sich versagt.
Seit aus den Augen sie dir, kam Phyllis dir auch aus dem Herzen.
　Wenn du an Phyllis denkst,　fragst du: Wann war das und wo?[29]

Dieser Verdacht, oder richtiger: diese neue Evidenz, die sich als einzig mögliche Erklärung nunmehr förmlich aufdrängt, ist das, was jedem Liebenden
am meisten wehtut, mehr noch sogar als Unglück und Tod. In jeder innigen

27 A.a.O., II 116–120, S. 41.
28 A.a.O., II 99–102, S. 40.
29 A.a.O., II 103–106, S. 40.

Beziehung möchte der Liebende auch und gerad als Einzelner sich selbst bestätigt finden, er möchte, ja, er muß an *einer* Stelle seines Lebens einmal diese Erfahrung machen dürfen, für einen anderen Menschen unverwechselbar, als dieser Eine, brauchbar, liebenswert, erwünscht, notwendig, unersetzlich, wesentlich zu sein; und nun denken zu sollen, daß der andere all die Geständnisse seiner Verliebtheit nur so dahergeredet hat, ohne sie wirklich ernst zu nehmen, daß er getändelt und gespielt hat, wo für einen selber alles auf dem Spiel stand, – das stößt in eben die Gleichgültigkeit, Beliebigkeit und Unverbindlichkeit zurück, der man mit aller Macht entkommen wollte. Im Untergrund lauerte wohl immer schon die Furcht, es müßte nur etwas dazwischen kommen, – gleich würde in die Lücke jemand anderer eintreten, der als attraktiver, interessanter, aufregender empfunden würde als man selbst, und dann – von Stund' an ist's, als wäre nie etwas gewesen. Vielleicht gerad noch unter «ferner liefen» wird man am Rande wahrgenommen und eben noch geduldet; der andere aber, als der Erste, als der Sieger, steht in der Sonne da und taucht die eigene Existenz in einen langen Schatten; man wird nicht mehr gesehen – neben ihm, hinter ihm, unter ihm. Nicht nur die alte Einsamkeit kriecht neu hervor, man fühlt sich überflüssig, sinnlos, wertlos, – man zieht sich zurück. Man will nicht mehr. Wozu auch? Nein!

Das Problem, mit dem man es hier zu tun hat, ist nicht auf *Phyllis* beschränkt, es findet in ihr nur seinen exemplarisch verdichteten Ausdruck. Von einer «narzißtischen Kränkung» sprechen in einem solchen Falle die Psychoanalytiker, und ihre Diagnose ist nicht falsch: Vielleicht war es in Kindertagen wirklich schon der Eindruck, in Mutters oder Vaters Augen nur die zweite Wahl zu sein, – sie hatten halt die Schwester oder auch den Bruder lieber; das gaben sie nicht zu, doch es war deutlich spürbar, und es schuf damals bereits das Bedürfnis, endlich irgendwann irgend jemandem nicht mehr nur etwas, sondern alles zu bedeuten. Die Liebe einer *Phyllis* zu *Demophoon* enthält zentral gerad dieses Wissenwollen: «Liebst du mich als Einzige, mit deinem ganzen Herzen, so wie ich bin, weil ich so bin, – ohne daß je ein anderer an meine Stelle treten wird?»

Ist dies die Frage, scheint die Antwort für die am Ufer Wartende eindeutig: Sie, *Phyllis*, ist und war nie etwas anderes als ein bloßes Intermezzo, ein Objekt im Vorübergang, eine «Verflossene», Vergessene, eine schon bald wie nie Gewesene, ein Nichts, das sich vernichtet fühlt, sobald es seiner inne wird.

Und doch treibt dies Empfinden zugleich auch wieder neue Sehnsucht aus sich selbst hervor. Vielleicht ist irgend doch noch Hoffnung; denn:

... was immer von fern für Segel ich nahen gesehen,
  Immer denk' ich, das Glück   reise mit ihnen zu mir.
Eile zum Strande hinab, kaum halten zurück mich die Wellen,
  Wo die bewegte See   krachend am Ufer zerbricht[30].

Aber vergeblich, immer vergeblich! Und so kommt die Stunde, da der Sturm sich legt, – das Auf und Ab von freudiger Erregung und erschöpfter Ermattung weicht einer Seichtigkeit oder auch Leichtigkeit des Gefühls, die nichts mehr erwartet, schon um nicht immer wieder enttäuscht zu werden. An die Stelle der Sehnsucht nach dem Geliebten tritt unmerklich der Wunsch, am einfachsten nicht mehr zu sein; ein schleichendes Todesverlangen ersetzt die von Tag zu Tag unwahrscheinlichere Aussicht, er möchte endlich denn doch wiederkehren. Irgendwann gerinnt die Enttäuschung zu einer negativen Gewißheit: Nie wird er kommen. Nichts mehr wird kommen. Es ist vorbei.

5) Todessehnsucht und Verschmelzung oder: Die Widersprüchlichkeit des letzten Schritts

Berichtet wird von OVID an anderer Stelle[31], am Tag, da *Demophoon* seine Rückkehr versprach, habe *Phyllis* neunmal vergebens hinunter zum Strand sich begeben, und jedesmal sei sie ins Leere gelaufen; da schließlich habe sie

---

30 OVID: Briefe der Sagenfrauen, II 125–128, S. 41.
31 OVID: Heilmittel gegen die Liebe (V. 591–608), in: Liebeskunst, 195–196, fragt:
  Was brachte Phyllis um? Doch nur die abgeschied'nen Haine!
    Was war der Grund der Schreckenstat! Begleitung hatt sie keine!
  Wie vom edonschen (sc. thrakischer Stamm, z. T. in Mysien, d.V.)
              Bacchusfest die wildverzückten Scharen,
    So rannte rasend sie umher mit aufgelösten Haaren.
  Die hohe See durchspähte sie im weitesten Bereiche,
    Hernach warf sie sich wieder hin erschöpft auf sandige Deiche.
  «Du treuloser Demophoon!» sie schrie's zu tauben Wogen,
    Und ihre Stimme brach alsbald ein Schluchzen langgezogen.
  Ein schmaler Pfad ist's, all entlang von Bäumen überschattet,
    Auf dem die Ärmste in dem Lauf zum Meere sich ermattet.
  Sie ruft, wie sie das neuntemal zurückkehrt von dem Strande:
    «O, säh er mich!» und blicket bleich nach ihres Gürtels Bande;
  Zum Astwerk blickt sie zögernd auf, sie scheut zurück vorm Ende,
    Und bebend tasten ihren Hals entlang die armen Hände.
  Hätt'st du Gefährten damals nur gehabt, ja, auch nur einen,
    Dann müßt der Wald im Blätterfall dich, Phyllis, nicht beweinen!

ihren Gürtel genommen und sich erhängt; in den «*Heroides*» schildert er in Briefform die Abnutzung, die Erschöpfung der Seele in einem mehrmonatigen Prozeß stündlich und täglich erlebter Enttäuschung. Beide Darstellungen müssen seelisch einander nicht widersprechen. Denn ob langsam, ob plötzlich, so oder so, sich wechselseitig verstärkend, reift der Entschluß, aus dem Leben zu gehen. Ein solcher Schritt allerdings verlangt Energie. Manche, die leiden an Depressionen, bringen die Kraft dazu nicht mehr auf; sie leben weiter aus Schwäche, gegen ihr eigenes Wollen. *Phyllis* indessen ist leidenschaftlich nicht nur in der Liebe, ihr ganzes Leben vollzieht sich in Leidenschaft; sie taugt nicht zu einem passiv dahindämmernden Einverständnis in das unvermeidlich Erscheinende. Sie fühlt sich betrogen und erträgt es nicht länger. Sie fühlt sich abgelehnt, jetzt lehnt sie sich auf. Von dem Einen fühlt sie sich verlassen; alles läßt sie nun fahren. Von «Selbstmord» spricht man in ihrem Falle. Doch so wenig die Mitwelt, die Nachwelt die Motive einer *Phyllis* begreift, so wenig wird sie verstehen, warum sie, eine Königstochter, so schnöde scheinbar ihr Leben fortwirft. «So tut man nicht!» – Doch was ward ihr angetan?

Wie in so vielen Fällen, da Menschen «freiwillig» aus dem Leben scheiden, treten gewisse gegensätzliche Gestimmtheiten zu einem hochexplosiven Gemisch zusammen: Auf der einen Seite möchte nach wie vor *Phyllis* auf immer verschmelzen mit ihrem Geliebten, – wenn nicht im Leben, dann eben im Tod; auf der anderen Seite sind da die Vorwürfe: «Wenn ich jetzt sterbe, so deinetwegen. Du wärest mein Leben gewesen; so du aber dich weigerst, an meiner Seite zu bleiben, bist du mein Tod. Du trägst die Verantwortung. Als mein Alles bist du mein Nichts. Es ist deine Schuld. Daß du mir dich versagtest, ist dein Versagen und unentschuldbar.» Klage wie Anklage, Flehen und Fliehen, Streben und Sterben – alles geht da ineinander und trifft von den Extremen her sich in dem Abgrund einer Mitte ohne Zentrum. So viele Möglichkeiten sind, die Sterblichkeit des Leibes zu beschleunigen: sich in die Tiefe stürzen – von der hohen Klippe «in die drunter rauschenden Wogen», – *Phyllis* schwebt es als sinnvoll vor:

und wenn du beharrst,   mich zu betrügen – ich tu's,

schreibt sie[32].

Man muß kein Psychoanalytiker sein, um zu begreifen, was *Phyllis* mit diesen Worten äußert: Fallträume, heißt es, verrieten den Wunsch, sich

---

32 OVID: Briefe der Sagenfrauen, II 134, S. 41.

fallen zu lassen in die Arme des Geliebten; sich hinabzustürzen ins Meer verbindet damit zugleich ein ozeanisches Gefühl der Verschmelzung: Nur die rauschende See, nur die Weite der Unendlichkeit ist groß genug, eine *Phyllis* aufzunehmen, – in all den Geschichten unglücklicher wie glücklicher Liebe, von *Ixion* bis *Andromeda*, spielt dieser Wunsch nach Ewigkeit und Endgültigkeit eine Hauptrolle. Mit anderen Worten: Der Todeswunsch selbst verbirgt und offenbart zugleich auf verzweifelte Weise in Inhalt wie Form das Verlangen nach unauflösbarer Einheit; er drückt in Gestalt eines symbolischen Realismus aus, was sich in der Realität einer Erfüllung des symbolisch angedeuteten Wunschgedankens verweigert. Verneint die Wirklichkeit den Liebeswunsch, so verneint *Phyllis*, wenn sie sich das Leben nimmt, die ungeliebte Wirklichkeit im Namen ihres Wunsches. Es bleibt bei ihrem Grundgefühl: Ohne den *Theseus*-Sohn *Demophoon* kann sie, will sie länger nicht sein; und gerade ihr Tod verbindet sich mit dem Verlangen, am Ende möge das Meer sie dorthin tragen, woher ihr Geliebter zu ihr hätte kommen sollen. Als Tote dann wird ihr entseelter Körper den Weg durchmessen, den er als Lebender zurückzulegen unterließ; in ihren Worten:

> Trage als Tote mich dann die See zu deinem Gestade,
> Und es finde dein Blick mich, die des Grabes entbehrt[33].

Zumindest sehen soll er, was er angerichtet hat. Nicht nur getötet haben wird er die Liebende durch seine Lieblosigkeit, darüber hinaus wird er sie dazu bestimmen, als Unbestattete in alle Ewigkeit rastlos umherzuirren am Strande der Unterwelt ganz so wie jetzt am Gestade Thrakiens; die nicht im Grabe Ruhenden werden auf immer ohne Ruhe bleiben, – niemals darf sie der Fährmann *Charon* in seinem Nachen über den *Styx* hinübersetzen in das Reich des *Hades*. Sollte also nicht doch, wenn er es sieht, der Urheber solch einer Seelenunruhe seiner ehedem Geliebten auf ewig auch selber beunruhigt sich zeigen? Leid tuen soll es ihm! Bereuen soll er es, – weil er, wenn er ein Mensch ist! So hofft als letztes es *Phyllis*. Denn sogar

> Wenn Diamant du und Stahl und dich selbst überträfest an Härte,
> Sprächst du: «Ich wollte, nicht so wärst du mir, Phyllis, gefolgt[34].

Wenn schon nicht Liebe, so müßte doch Mitleid über das Opfer seines eigenen Verhaltens *Demophoon* zeitlebens rühren.

33 A. a. O., II 135–136, S. 41.
34 A. a. O., II 137–138, S. 41.

In jedem Falle steht nicht mehr der Tod, nur die Wahl des Wegs noch für *Phyllis* in Frage:

> Oft auch kommt mir ein Durst nach Gift. Oft denk' ich es schön mir,
> Umzukommen, ins Schwert   stürzend durch blutigen Tod[35].

Zum Gift greifen gern, die Gewalt als eine zu sichtbare Grausamkeit scheuen; wenn schon, so möchten sie still aus dem Leben scheiden, sanft, so wie man den Schalter einer Lampe berührt, um das Licht auszulöschen. An nichts mehr denken und nichts mehr fühlen, kein Schmerz mehr, keinerlei Angst, nur Nacht noch und traumloser Schlaf. Gift! Wär' das nicht eines der «Heilmittel» unglücklicher Liebe, wie OVID sich ausgedrückt hat? – Oder genau das Gegenteil: Man hüllt nicht den Schleier des Dunkels über eine aussichtslos gewordene Welt, man zerstört sie aktiv, das heißt, sich selbst: Man stößt das Schwert in die eigene Brust, bis das erosvergiftete Herz endlich aufhört zu schlagen. – Oder ein echtes Jus talionis: Wie, der Nacken, um den sich die Arme des vermeintlich Geliebten gelegt, würde in eine Schlinge gesteckt und man zöge sie zu? – ganz so, wie man damals umarmt werden mochte, so eng, daß es einem den Atem verschlug, schamlos vor Liebe, als es geschah, schamrot nunmehr auf Grund der schmählichen Lieblosigkeit eines Mannes, der, als er da war, in seiner Nähe zum Himmel erhob und der nun, da er fort ist, wie einen tödlich bereitgestellten Stuhl unter dem Strick, einem den Boden unter den Füßen wegzieht. In jedem Falle: Das Gefühl dieser brennenden Scham für etwas, an dem man selber gar nicht die Schuld trägt, spricht als unerbittlicher Scharfrichter in eigener Sache schließlich das Todesurteil. Lieber ein kurzes Leben als ein Lebenmüssen in Schande. – «Wie konnte sie aber auch nur! Nein, sie hätte doch wissen müssen, wie Fremde so sind!» – Das hohnvolle Gerede der Menge wird erst durch das Ende des eigenen Lebens beendet. Und so steht für *Phyllis* fest, was zu tun ist:

> Sühnen werd' ich gewiß durch frühen Tod die Entehrung.
> Wie ich sterbe – es wird   lange nicht dauern die Wahl[36].

Dafür, so hofft *Phyllis*, wird durch ihren vorzeitigen Tod die wirkliche Schmach nach außen hin vor aller Augen für alle Zeiten unübersehbar sichtbar werden, und das wird ihr Freispruch, das ihre Rechtfertigung, das ihr wahres Vermächtnis bleiben:

---

35 A. a. O., II 139–140, S. 41.
36 A. a. O., II 143–144, S. 42.

Auf meinem Grabstein wird dein Name als Grund meines Todes
Stehen und wenig Ruhm   bringt's dir, wenn etwa es heißt:
»Durch Demophoon starb, ihren Gast, die liebende Phyllis;
Grund zu dem Tode bot   jener, sie selber die Hand.«[37]

6) Nachspiel oder: Von Holz und Blüte beziehungsweise von der Tragik verängsteter Liebe

Damit fällt scheinbar endgültig der Vorhang über die tragische Liebe der *Phyllis*. Doch nur in ihren eigenen Augen! Welch ein Drama endete schon mit dem Abgang eines seiner Protagonisten von der Bühne des Lebens? Zwei Gründe sind es, die daran zweifeln lassen.

Zum einen: Die Geschichte der *Phyllis* hat ein eigenes Nachspiel. Sie starb nach dem Zeugnis OVIDS letztlich weder durch einen Sprung in den Tod noch durch Gift oder Schwert, vielmehr als sie selbst sich erhängte, ward sie verwandelt in einen Mandelbaum ohne Blätter[38]. HYGIN erzählt ein Stück weit noch genauer: «Als ihr die Eltern», schreibt er, «das Grabmal gesetzt hatten, wuchsen dort Bäume, die zu einer bestimmten Zeit um den Tod der Phyllis trauern; dann werden die Blätter welk und verwehen. Nach ihr (sc. schreibt volksetymologisch der Lateiner, d.V.) heißen auch die Blätter im Griechischen ‹phylla›.»[39]

Doch auch das muß nicht die ganze Wahrheit sein. – Bliebe es dabei, so reduzierte die Gestalt der *Phyllis* sich auf eine weitere Chiffre des Fruchtbarkeitskults: Der Weggang des Bräutigams wäre identisch mit dem Herbst, – und seine Rückkehr? Offenbar mit dem Frühling! Tatsächlich, wird denn auch berichtet[40], sei wenig später *Demophoon* eingetroffen, und

---

37 A. a. O., II 145–148, S. 42.
38 Vgl. OVID: Heilmittel gegen die Liebe, in: Liebeskunst, 196: «Dann müßt der Wald im Blätterfall dich ... nicht beweinen.» Vgl. DERS: Liebesgedichte, II 18,22.32, S. 111: «zeichne deine Tränen auf, verlassene Phyllis ... Phyllis bekommt etwas zu lesen, sofern sie noch lebt.»
39 HYGIN, Nr. 59, in: Griechische Sagen, S. 270.
40 VERGIL: Hirtengedichte, VII 57–60, S. 27–28, schreibt von der Wiederkehr des Frühlings nach der Trockenzeit:

> Felder verdorren, das Gras verdurstet in windstiller Hitze,
> Bacchus versagt unsern Hügeln selbst spärlichen Schatten
> > des Weinstocks –
> kehrt meine Phyllis zurück, steht wieder der Wald
> > ganz im Grünen,
> und als willkommener Regen steigt Jupiter (sc. als Regenbringer, d.V.)
> > vom Himmel.

schmerzlich habe er statt seiner Geliebten den Mandelbaum umarmt, und der, daraufhin, habe begonnen, Blätter und Blüten zu treiben.

Der Mandelbaum gilt als ein Frühblüher, – den «Wächtertrieb» nennt man ihn im Hebräischen[41]. Sein Sprossen verkündet die Rückkehr des Sommers. Naturmythologisch also stünde *Phyllis* für das Grünen und Welken der Flora, *Demophoon* aber symbolisierte die alles befruchtende Jahreszeit, in welcher die Sonne mit ihren Strahlen die brach daliegende Erde mit neuem Leben begabt. Doch die Geschichte der unglücklichen Liebe zwischen der thrakischen Prinzessin und dem athenischen Königssohn erschöpft sich keinesfalls in solch naturhaften Anklängen; sie sind individuelle Gestalten, die mit ihrem Lieben und Sterben, Hoffen und Zweifeln, Warten und Zerbrechen unendlich viel mehr sind als bloße symbolische Signaturen für das Kommen und Gehen im Haushalt der Pflanzen. Sie sind Personen mit einem eigenen Schicksal, nicht auflösbar in der zeitlosen Allgemeinheit des großen Gangs der Natur. Eher schon könnte man in ihrer Geschichte den historischen Reflex auf den gescheiterten Versuch eines (sehr frühen!) politischen Bündnisses zwischen Attika (Athen) und den thrakischen Bisalten (in den Tagen des sagenhaften *Theseus*!) vermuten[42]. Doch wie wenig gerecht wird auch die nüchterne Geschichtsschreibung der Poesie solch einer hoch romantisch-tragischen Liebeslegende! PLUTARCH berichtet in seiner *Theseus*-Biographie, daß nach dem Tode des athenischen Helden der Urenkel des sagenhaften Königs *Erechtheus*, mit Namen *Menestheus*, den Thron bestiegen habe, – laut HOMER hatte dieser 50 Schiffe der Athener nach Troja geführt[43]; dann aber, «nachdem ... Menestheus vor Ilion gefallen war, gelangten sie (sc. die *Theseus*-Söhne, also *Demophoon*, d.V.) nach ihrer Rückkehr wieder in den Besitz der Herrschaft über Athen.»[44] Und *das* wäre der Grund gewesen, die thrakischen Ambitionen

UDO REINHARDT: Der antike Mythos, 267, erkennt darin «das Grundschema der pflanzlichen Metamorphose» und fühlt sich «an die Parallele von Apollon und Daphne erinnert»; «im Kernmotiv (sc. werde hier, d.V.) die Situation zwischen Theseus und Ariadne auf Naxos variiert».

41 Vgl. Jer 1,11. *maqqel* bedeutet hebr. Zweig, Stamm; *schaqad* ist wachsam; vgl. WILHELM GESENIUS: Hebräisches und Aramäisches Handwörterbuch, 456; 860. *maqqel schoqed* – «der Wächtertrieb» in Jer 1,11 ist ein Verweis auf das Substantiv *schaqed* – «Mandelbaum (weil er zuerst seine Blüten treibt)». A. a. O., 860.

42 Vgl. MICHAEL GRANT – JOHN HAZEL: Lexikon der antiken Mythen und Gestalten, 120: «Als athenischer König schützte Demopho(o)n die Kinder des Herakles vor Eurystheus von Sparta. Die Athener behaupteten, Demopho(o)n habe das trojanische Palladion mitgebracht und im Athenetempel bei Athen aufgestellt.»

43 HOMER: Ilias, II 552.556, S. 39.

44 PLUTARCH: Theseus, Kap. 35, in: Lebensbeschreibungen, 1. Bd., S. 60.

auf Eis zu legen? Von all dem spricht mit keiner Silbe die Liebesgeschichte der *Phyllis*!

Was *sie* erzählt, ist etwas, das sich im Leben so vieler ereignen mag: Sie sehnen sich nach der Erfüllung einer großen Liebe, und sie verhalten sich dabei wirklich wie Blumen im Frühling, die nach der Kälte des Winters sich den ersten wärmenden Strahlen der Sonne entgegenstrecken: beweist die wachsende Tageslänge des Lichteinfalls nicht bereits, daß die Zeit der Dunkelheit und des Dahindämmerns endet? Wie verwandelt kleiden die Blüten in wenigen Wochen sich in eine farbenfrohe Schönheit, – alles müßte in der Ordnung der Dinge nur immer so weitergehen; da plötzlich fällt Kälte herein, der Winter kommt wieder, und das nicht erst am Ende des Sommers, wenn der Ertrag der ausgereiften Früchte eingebracht und eingelagert in den Scheuern und Regalen ruht, sondern mitten im Frühling, zu einem Zeitpunkt, da alles gerade dabei ist, sich ins Helle zu trauen. So muß es *Phyllis* erleben und mit ihr alle in ähnlicher Lage: Die Blüte erstirbt unter Frost an den Zweigen, und es gibt kein Nachreifen mehr. Das Leben steht still. Nur *ein* Unterschied bleibt: Bäume, selbst wenn sie witterungsbedingt auf ein Jahr hin ein kärgliches Dasein fristen, werden im nächsten Jahr schon zu ihrer alten Pracht wieder zurückfinden; gleichwohl borgt man sich gerade von ihnen wie im Kontrast das Gleichnis für das so ganz andere Dasein der Menschen, denen die Blumen der Liebe erfrieren unter der Kälte der Lieblosigkeit ihres Partners: Sie erstarren und verhärten in widrigen Winden, sie werden faltig und borkig vor Trauer und Tränen, sie stehen noch da als ein mögliches Leben, dessen Inneres indessen mehr und mehr wegstirbt wie trockenes Holz, an dessen Außenseiten die Leiterbahnen des Energiestromes vorbeiführen, ohne es noch zu durchdringen. – So wurde *Daphne* verwandelt in einen Lorbeerbaum, als der weithintreffende *Apoll* sich in sie verliebte und der Fliehenden nachstellte trotz ihrer Angst[45]; *Daphne*s Blüte härtete aus zu erstarrtem Holz unter dem Übermaß der Leidenschaft des Gottes des Lichts, – ganz als sei sie erstorben unter dem Glast der Sonne. Genau umgekehrt *Phyllis*: Sie wird zu dem Baum der Mandelbitterkeit unter einem viel zu Wenig an Wärme, – seine, *Demophoon*s, Nicht-Rückkehr bedeutet für sie die Rückkehr des Winters mitten zur Zeit, da der Frühling Einzug hielt in ihr Herz. Versteinern, Verholzen, Ersterben – es ist ein Zustand, der reflexhaft sich einstellt, um nicht länger mehr sinnlos zu leiden. Wenn überhaupt Leben noch sein soll, dann nur so, wie es gleich einem Wunder erzählt wird: Als *Demophoon* die zum Man-

---

45 Vgl. OVID: Metamorphosen, I 452–565, B S. 40–44.

delbaum erstarrte *Phyllis* umarmt habe, sei ein Teil ihrer Frühlingsschönheit wieder zurückgekehrt[46]. Ein derart sparsames Zeichen möglichen Neuerblühens ist weit entfernt von einer Rückgewinnung wirklicher Weiblichkeit, doch ist es immerhin ein Symbol für eine Hoffnung mitten im Hoffnungslosen.

Dann aber stellt sich alles entscheidend eine neue Frage: War es überhaupt richtig, jemals die Hoffnung aufgegeben zu haben? Wenn tatsächlich *Demophoon*, wie OVID berichtet, nach Thrakien kam, wenig später nach jenem Zeitpunkt, als seine geliebte *Phyllis* sich weigerte, ohne ihn weiterzuleben, welch ein makabres Widerspiel des Zeigers der Sonnenuhr bildet dann das Gerüst ihrer Tragödie! Soll man wirklich glauben, nur ein paar Tage im Nachgang – und die tiefste Traurigkeit habe in jubelndes Glück statt in jene Starre am Rande des Unvermögens zum Leben sich gewandelt? Eben das *soll* man denken! Doch dann fällt ein eigentümlicher Vorwurf auf *Phyllis* zurück: Sie hätte nicht aufgeben dürfen! Wahre Liebe wird nie verzweifeln! Selbst vier Monate Warten statt nur vier Wochen lang wie vereinbart – das ist eine quälende Zumutung, sicher, doch für eine Frau, der die Liebe den Mut schenkt? Wär' es ihr nicht trotz allem abzuverlangen?

Eines steht fest: Es ist nicht gerecht, von außen her einen Menschen der Schwäche zu zeihen, der an dem Übermaß seiner Liebe buchstäblich zu Tode sich leidet. *Phyllis* ist nicht ungeduldig aus Lethargie, sondern aus Leidenschaft; sie wäre nicht *Phyllis*, wenn sie anders sich hätte verhalten können. – Welch eine «Ethikkommission», nebenbei bemerkt, erlaubte sich (und den Betroffenen!) je, die Eigenart einer Persönlichkeit von der Art einer *Phyllis* wie einen Rechtsanspruch auch auf eine eigene Art des Sterbens gelten zu lassen? Der «Fall» *Phyllis beweist* geradezu die moralische Unmöglichkeit, ja, das menschliche Unrecht, ihre Person nach Maßstäben zu bewerten, die im allgemeinen vielleicht als wünschenswert erscheinen mögen, die im Einzelfall aber von dem Betreffenden durchaus nicht einzuhalten sind! – Man muß es wohl oder übel anerkennen: Eine Karawane kann verdursten nur einen halben Tagesmarsch von der Zisterne entfernt, – ein Sandsturm genügt, um das Bemühen von Wochen zunichte zu machen. Wir sind nicht die Herren der Zeit, und wie lange ein anderer das Warten ins Leere erträgt, kann einzig er selber wissen; wenn *Demophoon* keine zwingenden Gründe gelten zu machen vermag, die seine Rückkehr derart

46 VERGIL: Hirtengedichte, V 10 ff., S. 18, spricht ebenfalls von einer *Phyllis*, doch diese kann nicht die verlassene Thrakerin unserer Erzählung sein, denn diese kannte nur *einen* Geliebten: *Demophoon*.

verzögerten, so bleibt seine Verspätung unstrittig eine nicht wieder gutzu-machende Schuld.

Doch ebenso *ein zweites* liegt darin, das auf eine paradoxe Mitverantwor-tung auch von *Phyllis'* Seite uns hinweist. Einmal angenommen, ein Schiff hätte rechtzeitig noch von einem der thrakischen Häfen im Land der Bisalten aus ablegen können, um ihren Brief, fertig geschrieben, nach Attika zu über-stellen, – es hätte berechtigte Aussicht sogar bestanden, daß der Sohn des *Theseus* ihn aus der Hand der noch Lebenden erhalten würde, welch eine Wirkung wäre dann zu erwarten? Vermutlich hätte *Demophoon* alles getan, seine Rückkehr nach Thrakien zu beschleunigen, – kein Bote der, schneller als er, ihm hätte vorauseilen können. *Phyllis'* verzweifelter Brief hätte damit erreicht, was er eigentlich hätte erreichen sollen: den Grund der Verzweiflung aufzuheben. Freilich, um welch einen Preis! «Ich kann nicht ohne dich sein. Ich vergehe, wenn du nicht kommst. Du bist mein Leben; wenn du dich abwendest, nimmst du es mit dir. Du machst eines Mordes dich schuldig auf ewig, denn ohne dich bring' ich mich um…»

Solche Botschaften verlegen den Schwerpunkt der eigenen Existenz ganz und gar in die Person des anderen hinein und überbelasten sie damit. Was in jeder Liebesbeziehung in gewisser Weise als normal zu betrachten ist, erhält in Angst und eigener Lebensunsicherheit ein erdrückendes Überge-wicht, – es wächst sich aus zur Erpressung. Um einen Mord zu vermeiden, ist der so Angeredete förmlich gezwungen, dem zu entsprechen, was der andere für sein Leben erklärt; doch damit gesteht dieser zugleich, daß er selber für sich *nicht* zu leben versteht. – «Nein, das stimmt nicht, ich kam mit mir ganz gut zurecht, ehe du in mein Leben tratest. Erst seitdem dreht sich alles um dich. Seither erst hat mich dieses Auf und Ab der Gefühle erfaßt und dreht mich im Kreis bis zum Schwindeligwerden. Ja, ich habe mich an dich verloren. Doch so ist Liebe.» – Jede *Phyllis* wird in etwa so denken und sich mit solchen Worten zu rechtfertigen suchen. Und sie wird dabei nicht gänzlich unrecht haben. Andererseits – wieviel Leere dehnte sich offenbar in ihrer Seele schon all die Zeit vorher, wenn *Demophoon*s Ankunft ihr in dieser Weise als Rettung erschien? Und als Rettung von was? Gewiß würde sie ihren Geliebten nicht mit solch einem Übergewicht eigener Erwartungen belasten, wenn er in ihrem Erleben nicht von vornher-ein ein solches Übergewicht besäße. Woher aber kommt das? Darauf sind sehr verschiedene Antworten möglich. Was zum Beispiel vermißte sie oder verewigte sie vielleicht schon in Mädchentagen an der Person ihres eigenen Vaters? Wonach sehnte sie sich unbewußt, halbbewußt, damals bereits, das in solch verlockender Weise Gestalt gewann in *Demophoon*?

410

In seinen «Neuen Gedichten» von 1907 hat RAINER MARIA RILKE einmal einen «Gesang der Frauen an den Dichter» zu komponieren versucht: – eine jede hört in seinen Worten den Klang ihrer eigenen Klage, eine jede vernimmt in seinen Liedern die Sehnsucht des eigenen Herzens, eine jede wünscht insgeheim, es spräche in ihm ihr eigener Name sich aus, oder auch umgekehrt: Sie, als Erwählte, schenkte seiner schwebenden Seele die Dichte wirklichen Seins; und doch hebt all dies persönlich Erflehte ins Überpersönliche sich hinweg und hinterläßt bei allem Verständnis den Schmerz von Verzicht, den Geschmack von Enttäuschung:

> Sieh, wie sich alles auftut: so sind wir;
> denn wir sind nichts als solche Seligkeit.
> Was Blut und Dunkel war in einem Tier,
> das wuchs in uns zur Seele an und schreit
>
> als Seele weiter. Und es schreit nach dir.
> Du freilich nimmst es nur in dein Gesicht
> als sei es Landschaft: sanft und ohne Gier.
> Und darum meinen wir, du bist es nicht,
>
> nach dem es schreit. Und doch, bist du nicht der,
> an den wir uns ganz ohne Rest verlören?
> Und werden wir in irgend einem *mehr*?
>
> Mit uns geht das Unendliche *vorbei*.
> Du aber sei, du Mund, daß wir es hören,
> du aber, du Uns-Sagender: du sei[47].

Was man im Verhältnis von *Phyllis* und *Demophoon* ebenso vermißt wie in dieser Frauenklage an oder über den «Dichter», ist das entscheidende Moment der Wechselseitigkeit, des Dialogs, der Resonanz des eigenen Seins im anderen, um dessen Andersartigkeit nicht mit Bedauern stehen zu lassen, sondern in gegenseitiger Ergänzung zu bestätigen und zu bestärken. Gerade weil alle Liebe nach vorbehaltloser Anerkennung des eigenen Daseins Verlangen trägt, sollte ihre Erfüllung nach und nach ein ruhigeres Maß an Vertrauen und Wertgefühl im Umgang mit sich selber ermöglichen. *Phyllis* indessen lebt nicht in sich, sie lebt in *Demophoon*. «Ich bin du, und du bist ich» – ein solches Bedürfnis nach Verschmelzung, wie es bereits bei *Ixion* zu beobachten war, läßt keine wirkliche Partnerschaft zu. Sie erlaubt kei-

---

47 RAINER MARIA RILKE: Neue Gedichte, in: Sämtliche Werke, I 495.

nen Unterschied, keine Abgrenzung, kein Selbstsein mehr. Sie sucht und verlangt in allem die Einheit, die Gleichheit, die Identität. Und damit errichtet sie in bester Absicht und im Bannkreis der innigsten Gefühle eine unsichtbare Kerkermauer um den Geliebten: Die Todesdrohung einer *Phyllis* nimmt ihn in Haft und läßt ihn, solange sie anhält, nicht frei. Und was werden die Folgen sein? Fast könnte man meinen, *Demophoon* habe mit Absicht sich verzögert, um nach all den erzwungenen Versicherungen und Schwüren seiner Geliebten in ihrer Angst eine Art Lektion zu erteilen; sie müßte es lernen, ein Stück weit auch mal ohne ihn auszukommen, und sie sollte sich nicht wie eine Ertrinkende an ihn klammern, – er hätte gesehen, wie gut sie zu «schwimmen» vermöchte, und die Erde stürzte nicht ein, wenn er einmal nicht anwesend wäre... Könnte es sein, *Demophoon*s Säumen wäre eine unausgesprochene Form der Verweigerung gewesen, – nicht ahnend freilich die Folgen?

Man muß, um *Phyllis* zu verstehen, eines betonen: Vermutlich wäre sie durchaus imstande gewesen, ihre Angstbindung an den Geliebten zu lockern, wenn ihr Verlangen nach Sicherheit oder anders gesagt, wenn ihr Mißtrauen in die Treue des Gatten wirklich einmal zum Thema ihrer Beziehung hätte gemacht werden können. So aber gehen, als er zum Stichtag nicht kommt, ihre Gedanken ganz eigene, das heißt: längst ausgetretene Pfade. Ärger noch als sein Zögern ist die Gewißheit, die sich darunter formt, die Formel, die scheinbar alles erklärt: eine andere Frau! Für diese Annahme, wohlgemerkt, besaß *Phyllis* objektiv keinerlei Anhaltspunkte. Daß es so sein *muß*, wie die Angst es diktiert, kann nur aus Erfahrungen stammen, die als eine nie beruhigte Besorgnis in ihrem Unbewußten ein Grundmuster des Erlebens geprägt haben: «Er geht von mir fort» – das heißt: Er will mich nicht mehr! Die äußere Trennung im Augenblick gewinnt die Bedeutung eines mutwilligen Getrenntwerden-Sollens auf immer.

Ein solcher Bedeutungszusammenhang muß sich zumindest subjektiv biographisch einmal gebildet haben, zum Beispiel, als der Vater die Mutter verließ, oder als das Kind infolge der Berufstätigkeit beider Eltern in ein Internat gegeben wurde, oder als die Mutter krebskrank wurde und über Jahre dahinsiechte, – sie war wirklich nicht mehr da für die Kinder, man durfte sie nicht ansprechen, nicht bitten, nicht stören, man war ihr zuviel! Und wie um das Schlimme noch schlimmer zu machen: Alle Menschen erschienen schon damals als austauschbar; an jeder Stelle, die nicht besetzt war, *wurden* sie *ersetzt*, und damit wurde die Liebe schon eines Kindes getäuscht. Was damals als Unheilgewärtigung grundgelegt wurde, ist seither dem Bewußtsein gewiß kaum noch präsent, und doch taucht es auf bei ähnlichen Anlässen, die der Erinnerung das Stichwort bieten. Dann steht es fest, daß es wieder so ist, wie es immer schon war. Und vor allem – es verbietet sich und erübrigt sich fortan, die Evidenz des Urteils nachzuprüfen: Es verbietet sich, weil die Angst, in seinen Befürchtungen bestätigt zu werden, übergroß ist, es erübrigt sich, weil der Schmerz, den man fühlt, Beweis schon genug ist. Eine falsche Gewißheit entsteht, eine Falle, die kein Entkommen mehr zuläßt, weil sie das unwiderlegliche Siegel der Wirklichkeit trägt. Dieselbe Angst, die den anderen einsperrt in die strikten Grenzen einer absoluten Gemeinsamkeit, umschreibt jetzt auch für *Phyllis* selber einen Kreidekreis endgültiger Einsamkeit. Eine Liebe zwischen Terror und Tod – was macht da *Phyllis* in ihrer Liebe mit sich und was wurde mit ihr, in Kindertagen womöglich bereits, gemacht, als sie nach Liebe verlangte?

Aber natürlich, es kann immer noch furchtbarer kommen. Eine weitere Variante der Überlieferung von der tragischen Liebe der thrakischen Prinzessin erzählt, *Phyllis*, nachdem sie *Demophoon* unter Eid das Versprechen der Rückkehr abgenommen habe, sei mit ihm «bis zum ‹Neunweg›» hintergegangen und habe «ihm dort ein Kästchen» ausgehändigt «mit den Worten, ein Heiligtum der Mutter Rhea befinde sich darin und er solle es erst öffnen, wenn er den Gedanken an die Rückkehr zu ihr aufgegeben habe.» *Demophoon* sei daraufhin nach Zypern (also nicht nach Athen) gegangen und dort geblieben. Dann aber heißt es: «Als die verabredete Zeit verstrichen war, verfluchte ihn *Phyllis* und gab sich darauf den Tod. Demopho(o)n öffnete das Kästchen. Von der Erscheinung, die er erblickte, erschüttert, bestieg er sein Pferd und fand bei dem wilden Ritt den Tod. Denn das Pferd kam zu Fall und warf ihn ab, wobei er in das eigene Schwert stürzte. Seine Gefährten blieben in Cypern wohnen.»[48]

Alles fällt da auseinander, so als sollten die ärgsten Befürchtungen der *Phyllis* ihre Bestätigung finden; denn in dieser Fassung denkt *Demophoon* durchaus nicht mehr daran, nach Thrakien zurückzukehren, – nicht einmal in seine eigene Heimat kehrt er zurück; vielmehr läßt er mitsamt seinen Leuten im Zwischengebiet, auf der Kupferinsel der Antike, auf Zypern, sich nieder; skrupellos setzt er sich damit über den soeben noch geschworenen Eid hinweg. Er legt vom Gestade Thrakiens ab, und er läßt damit alles hinter sich, – ein Mann ohne Verantwortung scheinbar, ohne Verbindlichkeit, ohne innere Kontinuität, ein Opportunist des Augenblicks offenbar. Und doch: Eine solche Charakterisierung wäre nicht nur unvollständig, sie wäre auch ungerecht gegenüber dem athenischen Prinzen. Um so

48 Epitome, VI 16 f. in: Griechische Sagen, S. 149–150.

agieren zu können, wie hier berichtet, müßte *Demophoon* einen erheblichen Teil seiner Persönlichkeit verdrängen – sozusagen den besseren Teil seiner selbst. – Das freilich ist möglich. Nicht nur Triebbedürfnisse lassen sich verdrängen, sondern auch Überich-Ansprüche; das eine führt in die Neurose, das andere in Asozialität und Kriminalität. Doch eben: In dieser Variante der *Phyllis*-Tragödie wird *Demophoon* zu einem Zyniker der Liebe nicht aus eigenem Wollen, sondern als Opfer der eigenen Psychodynamik. Auch sein Schicksal wird ein tragisches, und man kann verstehen warum: Es ist nicht möglich, in der Psyche etwas zu verdrängen, ohne daß es sich aus dem Unbewußten wieder zurückmeldet: Die Wünsche des Es suchen nach Ersatz unter symbolischen und symptomatischen Verstellungen, die Überich-Dressate kehren zurück als Geister und Gespenster. So hier in dieser Version bei *Demophoon*: Auf ihm lastet der Fluch der *Phyllis* im Fall seiner Untreue, und der realisiert sich prompt in Form einer mörderischen Magie. Das «Heiligtum der (Götter)Mutter Rhea», das «Kästchen» – was sollte das anderes sein als der Schoß der Erde[49], als die Quelle des Lebens, als die weibliche Liebe der Thrakerin selbst? Sie zu verleugnen, vor ihr sich davon zu stehlen verwandelt die ursprünglich Geliebte in notwendiger Umkehr ihrer Gestalt in eine Quelle des Sterbens, in einen Ursprung des Todes, in einen Schreckenszug von Vergeltung und Haß. Herrenlos geht das «Pferd» mit *Demophoon* durch, und er stürzt in sein eigenes Schwert, heißt es[50]. Das eine mag stehen für die Unbeherrschtheit der nicht-integrierten Affekte vornehmlich auf dem Felde der Sexualität, das andere für die zerstörerische Kraft, die in einem solch «kopflosen» Dahingetriebenwerden sich bemerkbar macht. In beidem scheint jetzt die verleugnete und verlassene Gestalt der *Phyllis* wirksam. Sie, die verschmähte, wird zur *Erinye* des gekränkten *Eros*. Sie, zu der zurückzukehren *Demophoon* sich weigerte, wird, in den Tod getrieben von ihm, nun selber zu seiner tödlichen Verfolgerin. Keiner von beiden entrinnt diesem Fluch einer Liebe, die beider Glück hätte werden können und sollen und

---

49 Psychoanalytisch ist das «Kästchen» ein exquisit weibliches Symbol; vgl. SIGMUND FREUD: Die Traumdeutung, in: Gesammelte Werke, II/III 359: «Dosen, Schachteln, Kästen, Schränke, Öfen entsprechen dem Frauenleib, aber auch Höhlen, Schiffe und alle Arten von Gefäßen.» – ROBERT VON RANKE-GRAVES: Griechische Mythologie, II 342, erinnert an das Kästchen der *Pandora*, «den Kasten der Plagegeister», und sieht darin «eine Warnung an die Männer, die in die Mysterien der Frauen eindringen wollen.»
50 Nach Epitome, VI 17, in: Griechische Sagen, S. 150, stürzt *Demophoon* in sein eigenes Schwert, – psychoanalytisch ein Kastrationssymbol und mithin eine Art Jus talionis als Strafe für die (sexuelle) Untreue; Kastrationsangst ist überhaupt ein mögliches Motiv für das zwiespältige Verhalten des Geliebten der thrakischen Prinzessin.

die doch zerbrach durch die Ungunst des Schicksals oder, was auf dasselbe hinausläuft, durch das Chaos der eigenen Gefühle beim Zusammenprall zweier unvereinbarer Charaktere in den Grundmustern der Angst in ihrem Unbewußten.

7) *Die Hoffnung auf Unsterblichkeit oder: Die heilende Wahrheit der Heiligen Hochzeit von Dionysos und Ariadne*

Doch bei dieser Feststellung kann man nicht stehen bleiben, – sie ist zu erschütternd. Was, muß man fragen, läßt sich tun, um die Liebe vor einem derart tragischen Ende zu retten und es ihr, die nach Leben verlangt, zu ersparen, wider eigenes Wollen den Tod zu bereiten? Zu besprechen ist diese Frage vor allem mit *Phyllis* selbst. Was könnte sie lernen aus jenem so ähnlichen und doch so anderen Leben der eingangs erwähnten *Ariadne*? Erneut wird sich zeigen, daß die Lösung einer der wichtigsten psychologischen Fragen überhaupt nur im Religiösen sich finden läßt.

Mit der ursprünglichen Überlieferung, der athenische Heros *Theseus* habe auf Naxos seine Retterin treulos, aus Liebe zu einer anderen (vermutlich zu *Aigle*, der Tochter des *Panopeus* aus Phokis), verlassen, war bereits, wie PLUTARCH berichtet[51], der «Tyrann» *Peisistratos* (um 546–528/27) nicht einverstanden; durchgesetzt jedenfalls hat sich aus einer Mehrzahl von Vorstellungen diejenige Version, nach welcher *Athene* im Traume dem *Theseus* erschienen sei und ihn aufgefordert habe, *Ariadne* zu verlassen, da *Dionysos* nach ihr verlange, – ein Lekythos (Salbgefäß «mit engem Hals, scheibenförmigem Mündungsrand und abgesetztem Fuß»)[52] um 500 v. Chr. aus Tarent zeigt, wie die Göttin «sich behutsam über Theseus (beugt), um ihn zu wecken und ihn zum Aufbruch aufzufordern, denn Dionysos naht (sc. bereits, d.V.). Erschrocken fährt Theseus im Schlaf über die göttliche Erscheinung auf. Den Schlaf der ahnungslosen Ariadne bewacht Hypnos, der, als zusammengekauertes Persönchen, über ihrem Kopf sitzt.»[53] (Tafel

---

51 PLUTARCH: Theseus, Kap. 20, in: Lebensbeschreibungen, Bd. 1, S. 44.
52 WALTER HATTO GROSS: lēkythos, in: Der Kleine Pauly, III 551.
53 KORDELIA KNOLL: «Sagenhaft und voll von Wundern.» Zum Mythos von Dionysos und Ariadne, in: Dionysos, 64, Abb. 3. – FLORIAN KNAUSS: Ariadne – Eine starke Frau?, in: Raimund Wünsche (Hg.): Starke Frauen, 292, stellt kunstgeschichtlich fest: «Die frühe griechische Bildkunst des 7. Jahrhunderts v. Chr. zeigt Ariadne, wie sie Theseus das Garnknäuel reicht. Vor allem die attischen Vasenmaler stellen sie dann seit dem 6. Jahrhundert v. Chr. immer wieder als Zuschauerin beim Kampf des Theseus mit dem Minotauros

30a) Offenbar soll er die Geliebte des Gottes tief genug einschläfern, daß sie den Fortgang des *Theseus* gar nicht bemerkt, – in der Ankunft des Gottes soll umgekehrt sich der Traum ihrer Liebe erfüllen. Die Szene wurde als so bedeutsam empfunden, daß PAUSANIAS noch im 2. Jh. n. Chr. von einer Darstellung in dem ältesten *Dionysos*-Heiligtum nahe dem Theater am Fuße der Akropolis in Athen zu berichten wußte, auf dem «die schlafende Ariadne und Theseus abfahrend» zu sehen gewesen sei, «und Dionysos, der zu Ariadnes Raub kommt.»[54]

Nun ist es psychoanalytisch nicht schwer, in der Vertauschung eines irdischen Geliebten durch die Erscheinung eines Gottes, wie sie in den Mythen so oft erzählt wird, eine Überhöhung der Wirklichkeit durch Wunschphantasien aus dem Umkreis des Vaterkomplexes zu erkennen: *Ixion* suchte in *Hera* seinem mütterlichen Ursprung wieder zu begegnen, *Ariadne* findet in *Dionysos* ganz offensichtlich nicht nur einen Ersatz für *Theseus*, sondern sie tröstet sich regressiv mit der Sehnsucht nach ihrem Vater... Jedoch das «Offensichtliche» ist selten schon die ganze Wahrheit. Gerade die göttlich-glückliche Liebe der von *Theseus* im Stich gelassenen kretischen *Ariadne* enthält für die todunglückliche thrakische Prinzessin *Phyllis* ein wirkliches «Heilmittel der Liebe»: Der andere geht fort und kommt zum gegebenen Zeitpunkt nicht wieder, – das kann, wie gezeigt, das Stichwort sein, um alle Vorstellungen von Untreue, Verlassenheit und Minderwertigkeit wie automatisch aus den Erinnerungen der Kindertage erneut auf den Plan rufen; das kann aber auch eine Einladung sein, statt sehnsüchtig am Strande zu stehen und ins Weite zu schauen, nach innen zu gehen und tiefer in sich zu ruhen. Ob das eine sich aufdrängt, ob das andere möglich ist, hängt ganz von der Art ab, wie man den «Vater» in Mädchentagen erlebt hat. Doch muß nicht notwendig die Kindheit als Schicksalsgegebenheit das gesamte weitere Leben verschatten; es ist – theoretisch zumindest – auch möglich, zu den ins Unbewußte abgesunkenen Erlebnisinhalten bewußt noch einmal Stellung zu nehmen. Warum soll ein Königssohn wie *Demophoon* all die Angst nur bestätigen können, die man als Kind bereits in sich aufgenommen hat? Besteht nicht auch – wieder: theoretisch zumindest – die Möglichkeit, die in einer der Varianten der Ge-

---

dar... – Wie Medea entscheidet sich auch Ariadne aus Liebe für einen Fremden. Wie die kolchische Königstochter stellt sie sich dabei gegen die eigene Familie und leistet Beihilfe zur Ermordung ihres Halbbruders Minotauros.» Doch als sie von ihrem Geliebten verlassen wird, übt sie keine Rache.

54 PAUSANIAS: Reisen in Griechenland, I 20,3; Bd. 1, S. 106.

schichte von *Phyllis* denn auch überliefert wird: daß ihr Geliebter sie gar nicht betrügt, daß er gar nicht aufgehört hat, sie zu lieben, und daß er, durch das Säumnis seiner verspäteten Rückkehr, der Folgen jener «Selbstverholzung» aus alter Angst und neuerlicher Enttäuschung dann freilich kaum Herr zu werden vermochte? Wieso soll es von vornherein bereits feststehen, daß nur die Zypern-Version der Geschichte, weil zynisch genug, der Wahrheit entspricht?

Eines allerdings stimmt: Um die Furcht vor einem anderen Menschen im Umkreis der Liebe zu überreifen, bedarf es eines Vertrauens, das den Erdbeben kleinerer und größerer Enttäuschungen standhält, und dazu braucht es unbedingt eines Bezugspunktes jenseits der bloßen «Erfahrung»; um die Psyche zu ordnen, benötigt sie einen Halt, der nicht in ihr selbst liegt. Denn: Die Liebe eines anderen kann man nur glauben, indem man es lernt, an die Liebe selber zu glauben. Man setzt absolut, was sich auf Erden nur relativ – unter bestimmten Umständen, von Fall zu Fall, in bezug auf diesen oder jenen personalen Zusammenhang – als gegeben erfahren läßt. Um als Mensch die Liebe zu leben, bedarf es den Glauben an einen Gott, der die Liebe selbst ist. So wie man als Kind schon in der Beziehung zu Mutter und Vater auf der Suche war nach einem Absoluten an Schutz und Geborgenheit, so benötigt man, erwachsen geworden, der Zuversicht eines solchen Halts, um sich durch die Angsterfahrungen der frühen Jugend nicht länger verwirren zu lassen und sich, wie *Phyllis* es eigentlich möchte, mit all seinem Fühlen auf diesen einen Menschen einzulassen.

So betrachtet, erzählt der Mythos der *Ariadne* durchaus nicht (nur) von den «ödipalen» Wiederholungszwängen jeder intensiven Liebe, sondern er offenbart vor allem die religiöse Dimension, welcher die Liebe ihre Möglichkeit und ihre Glückseligkeit verdankt; die Partnerschaft mit einem *Theseus* erscheint dann in der Tat nur als der Beginn der Offenbarung jenes Gottes des rauschhaften Glückes: *Dionysos*.

Die Art, wie die *Ariadne*-Mythe in der Antike weitergewirkt hat, weist unbeirrbar gerade in diese Richtung, und sie ist deshalb wie nichts sonst geeignet, das tödliche Trauma einer jeden *Phyllis* zu heilen. Was erreicht *Hypnos* zu Häupten der Kreterin auf dem Kratēr in Tarent (Tafel 30a), wenn nicht, daß sie die Fähigkeit gewinnt, in sich selber zu ruhen? Alles, was psychotherapeutisch in der Auseinandersetzung mit den Übertragungen und Projektionen alter Ängste versucht wird, dient allein diesem Zweck: den anderen in die Haltung eines Vertrauens zu geleiten, das es ihm erlaubt, in sich selber gefestigt zu sein. – Eine marmorne Darstellung aus dem 2. Jh. v. Chr. im Pariser Louvre zeigt tatsächlich ein solches Bild der schlafenden *Ariadne* (Tafel 30b)[55]: In sich versunken, die Augen geschlossen, hingestreckt in reiner weiblicher Anmut, scheint es ihr so gut wie gleichgültig, was *Theseus* tun könnte oder schon tat, – ihr wird sich *Dionysos* nahen; das ist ihr Traum, das ihre Wirklichkeit.

Man muß, um die Bedeutung dieses Gedankens zu würdigen, die Botschaft dieses Bildes freilich ins Endgültige und Unendliche stellen.

Für *Phyllis* schien das Leben zu enden, als *Demophoon* zur vereinbarten Zeit nicht zurückkam, und gewiß, jeder Abschied ist wie eine Einübung des Todes: Was, wenn das Scheiden ein Verscheiden ist? Es besteht nie eine Garantie dafür, sich jemals wiederzusehen. Deshalb bleibt es auf immer wahr: Man kann sich nur lieben, wenn es eine Antwort gibt auf das Rätsel des Todes, auf den Skandal der Sterblichkeit, auf den jederzeit möglichen Schmerz einer endgültig scheinenden Trennung. Sie ist verwindbar allein, wenn der Schein der Endlichkeit in aller Liebe sich aufhebt in der Gewißheit einer unendlichen, unauflösbaren, immer währenden Gemeinsamkeit.

Gerade mit dem *Ariadne*-Mythos wurde deshalb bereits in der Antike diese Hoffnung verbunden. – Im Jahre 1962 stieß man in der Nähe des thessalischen Derveni auf sechs Gräber, die zu dem Friedhof des antiken Lete gehörten; das größte und reichste war das Grab B, das eine männliche und eine weibliche Beisetzung in sich barg sowie einen Papyrus, der die zentrale Lehre der orphischen Mystik von der Entstehung der Welt und der Unzerstörbarkeit des Lebens wiedergibt. Den spektakulären Höhepunkt der Ausgrabungen aber bildete ein bronzener Kratēr, der wegen seines hohen Zinnanteils schimmert wie reines Gold. Die Umschrift an den Lippen des Öffnungsmundes gibt den Namen des Besitzers wieder, dessen Asche er enthält: *Astion*, der Sohn des *Anaxagoras*, aus Larissa. Die Herstellungszeit des Mischkrugs wird auf 330–320 v. Chr. datiert, und was er zeigt, ist nicht anders zu verstehen denn als ein göttlicher Trost gegen die menschliche Sterblichkeit. Dargestellt nämlich ist gerade dies: die Heilige Hochzeit von *Dionysos* und *Ariadne* (Tafel 31a)[56]: «Auf der Vorderseite liegt auf einem Felsen hingegossen, den Arm über den Kopf gelegt, seinen schönen, jugendlichen Körper präsentierend, Dionysos. ... Ihm zur Seite

55 Die Griechischen Sagen, in Bildern erzählt von ERICH LESSING, 132.
56 POLYXENI ADAM VELENI: Macedonia – Thessaloniki, 91, Fig. 128. – MARTIN P. NILSSON: Geschichte der griechischen Religion II 547, verweist auf die «Zähigkeit und Festigkeit» der alten Totenbräuche: «Der alte Glaube, daß die Toten unter der Erde, wo ihre Gräber sind, wohnen und daß die unruhigen Seelen der Toten noch unter den Gräbern umhertrieben, saß fest. Seine Zähigkeit zeigt der christliche Glaube an die Auferstehung des Fleisches, der eine solch unerschütterliche Kraft nur hat erlangen können, weil er dem volkstümlichen Denken entsprach.»

sitzt Ariadne in üppiger Schönheit. Das feine, eng am Körper anliegende Gewand, das ihren Busen reizvoll zur Geltung bringt, ist ihr von den Schultern gerutscht, einen Gewandzipfel hat sie angehoben und wendet sich in stiller Erwartung dem Gott zu. Dieser hat besitzergreifend und provokativ sein Bein über ihr Knie gelegt. Das Paar wird von beiden Seiten von tanzenden und umeinander wirbelnden Mänaden und Satyrn umgeben... Die Darstellung vermittelte die Botschaft, dass das in Liebe beseligte Leben, das Dionysos und Ariadne führen, auch all denen beschieden ist, die sich dem Gott verbunden haben, nicht zuletzt durch die Einweihung in seine Mysterien. Diese tröstliche Botschaft verhalf im Diesseits zu einem zuversichtlichen Dasein und ließ auf ein gutes Leben nach dem Tod hoffen. – Der aufs Religiöse weisende Gleichnischarakter der liebenden Vereinigung von Dionysos und Ariadne gilt für alle diese Bilder und geht über die Darstellung einer einfachen, wenn auch mythischen Lebensgeschichte hinaus. Es handelt sich in überhöhter Form um die Liebesgeschichte des Menschen – in Gestalt der Ariadne – mit dem Gott Dionysos, denn die Vereinigung mit diesem ließ nach dem Tod auf ein Dasein im Elysium und auf die Unsterblichkeit hoffen, so wie auch Ariadne durch ihre göttliche Auserwähltheit und die Hochzeit mit Dionysos unsterblich geworden war.»[57]

Beides geht in Bildern wie diesen ineinander über: die Erfüllung alles irdischen Glücksstrebens in der Liebe und die Erfüllung der Liebe in der

---

57 KORDELIA KNOLL: «Sagenhaft und voll von Wundern», in: Dionysos, 65–66, zu Abb. 9 auf S. 66. – Zu Dionysos vgl. ULRICH VON WILAMOWITZ-MOELLENDORFF: Der Glaube der Hellenen, II 63, der meint: «Den Dionysos haben die Ionier über die Lyder kennengelernt»; er ergänzt (II 66): «Der fremde Gott, dem die Massen sich hingaben, war ganz anders als die Olympier, die nun den Menschen fern vom Himmel herunter regierten ... Dionysos ... kam selbst auf die Erde und rief alle zu sich, vornehmlich die Weiblichkeit, die sonst nur ihre besonderen Geheimkulte hatte.» II 76–77, hebt er hervor, «daß der hellenische Seelenglaube durch den thrakischen Gott, wo nicht begründet, so doch bestärkt wäre». «Wohl ... konnte es die Hoffnung auf ein zweites Leben stärken, wenn an dem Totenfeste zugleich das frohe Dionysosfest das Erwachen der Natur begrüßte.» Was jedoch die Heilige Hochzeit zwischen Ariadne und Dionysos angeht, so hat HESIOD: Theogonie, V. 947–949, in: Sämtliche Gedichte, S. 77–78, den besten Kommentar dazu hinterlassen, indem er schreibt:
    Dionysos im Goldhaar machte die blonde Ariadne,
    Die Tochter des Minos, zur prangenden Gemahlin.
Es heißt auch, daß Dionysos den Brautkranz der Ariadne als Sternbild an den Himmel versetzt habe. – HORAZ: Oden, II 19,13–14, S. 121, nimmt darauf Bezug mit den Worten an Bakchus (Dionysos):
    nun darf ich singen, wie zuwuchs deiner beseligten Gattin
    Kronenzier den Gestirnen.
KARL KERÉNYI: Dionysos, 110, sieht in Ariadne «die große Mondgöttin der ägäischen Welt», die Gewährung dessen, was ein Lebewesen zu einem Einzelwesen macht: das weibliche Prinzip der Beseelung.

Unsterblichkeit göttlichen Lebens. Was also «spielte» man da, wenn man bei einem Gastmahl, wie XENOPHON es am Ende seines «Symposions» schildert, die Ankunft des *Dionysos* in einer Tanzpantomime zur Aufführung brachte? Da kam, schreibt er, «Ariadne im bräutlichen Schmuck und setzte sich in den Lehnsessel. Obwohl Dionysos noch nicht zu sehen war, wurde auf der Flöte bereits die trunkene Weise des Gottes gespielt ... kaum hatte Ariadne die Weise vernommen, kam sie in eine Bewegung, dass jeder erkennen konnte, sie höre sie von Herzen gern.» Dann erscheint wirklich der Gott und erblickt die Geliebte. Da «tanzte er», heißt es, «mit dem Ausdruck zärtlichster Zuneigung zu ihr hin, setzte sich auf ihre Knie, umschlang sie mit den Armen und küßte sie. Sie schien sich zu schämen, erwiderte aber doch voll Zuneigung seine Umarmung. Bei diesem Anblick klatschten die Gäste Beifall und gaben erneut ihrer Bewunderung lautstarken Ausdruck. Als aber Dionysos aufstand und Ariadne zu sich emporhob, da konnte man Haltung und Bewegung eines sich küssenden und herzenden Paares so recht studieren. Alle, die sahen, wie Dionysos in seiner wahrhaften Schönheit und Ariadne in ihrer reizenden Jugendlichkeit nicht mehr spielten, sondern wirklich auf den Mund sich küßten, schauten voll Spannung zu. Sie hörten auch, wie Dionysos sie fragte, ob sie ihn liebhabe, und wie sie es ihm in einer Weise beteuerte, daß nicht nur Dionysos, sondern mit ihm alle Anwesenden hätten schwören mögen, daß der Junge und das Mädchen sich liebten. Sie machten nämlich nicht den Eindruck, als hätte man ihnen die Gesten einstudiert, sondern Erlaubnis gegeben, das zu tun, wonach sie sich seit langem sehnten.»[58]

Gerade so zeigt es ein apulischer Kelchkratēr des Hippolyte-Malers um 330/320 v. Chr., der sich heute im Antikenmuseum in Basel befindet (Tafel 31b)[59]: Inmitten einer idyllischen Landschaft ist es der Gott, der die Prinzessin empfängt, sie «mit sehnsüchtigem Blick» küßt und «sie auf sein Lager zu ziehen» sucht. «Eros krönt die Szene mit seinen rauschenden Goldflügeln, um Ariadne den Brautkranz zu reichen.»[60] Das wahre Königtum der Königstochter, erklärt dieses Bild, ist die Nähe des Gottes, die in der Liebe fühlbar wird, und der Gott ist die Sehnsucht nach Liebe und deren Erfüllung.

Für den Moment möchte man meinen, der Kratēr von Derveni und die damit vergleichbaren Bilder stellten kunstgeschichtlich Ausnahmen dar, doch das ist nicht der Fall; das geistige Konzept dieser Darstellungen findet

58 XENOPHON: Das Gastmahl, IX 3–6, S. 91; 93.
59 KORDELIA KNOLL: «Sagenhaft und voll von Wunder», in: Dionysos, 65, Abb. 7.
60 A. a. O., 65.

im Gegenteil ein halbes Jahrtausend später noch seine Fortsetzung bemerkenswerterweise gerade auf manchen Darstellungen römischer Sarkophage, die nicht beabsichtigen, historisch korrekt die *Ariadne*-Mythe zu erzählen, wohl aber das Thema selber als ein Zeugnis für den Glauben an die Unzerstörbarkeit der Liebe im Tode aufgreifen.

Als typisch dafür kann ein Sarkophag gelten, der um 240 n. Chr. entstanden ist und sich heute im englischen Cliveden (Buckinghamshire) befindet. «Der heute verlorenen Deckelinschrift zufolge wurde der Sarkophag ... von einer gewissen Valeria für ihren ‹süßesten Sohn› Artemidoros gestiftet, der 17 Tage nach seinem 17. Geburtstag verstarb. Zu Lebzeiten war Artemidoros als Freigelassener in kaiserlichen Diensten tätig gewesen. Um sich am Grab der Tugend ihres Sohnes zu vergewissern und um ihrer Verzweiflung und ihrem Schmerz über sein plötzliches Ableben Ausdruck zu verleihen, wählte die unglückliche Mutter die Geschichte von Theseus und Ariadne.»[61] (Abb. 7, Detail)[62] Der Weggang des *Theseus* – das ist hier kein Liebesverrat, sondern ins äußerste gewendet: der Tod, und die zurückgelassene *Ariadne* ist sie selbst, *Valeria*, die «hinterbliebene», die zurückgelassene Mutter. Was sie trösten kann, ist die Erinnerung an die noch so jungenhafte, doch vielversprechende Tapferkeit ihres Sohnes. Er, *Artemidoros*, gewinnt in ihren Augen die Statur des athenischen Heros, und entsprechend auch ist er dargestellt – in heroischer Nacktheit, mit einem «über der Schulter gefibelten und um die Hüften geschlungenen Mäntelchen.»[63], ein Bildschema, «das Tatkraft und Heroismus symbolisiert. Zusätzlich zu dem an der Hüfte geführten Schwert hält Theseus eine (heute teilweise weggebrochene) Keule in der Linken, die Rechte war vermutlich im Redegestus erhoben. Der energisch nach rechts ausschreitende Bärtige mit der ausgeprägten Stirnglatze neben ihm trägt das kurze Gewand der Handwerker (*exomis*), das eine Schulter unbedeckt läßt. Es muß sich um den kretischen Künstler Dädalus handeln, den Konstrukteur des Labyrinths. Er hatte Ariadne auf die rettende Idee mit dem Wollknäuel gebracht und begleitet Theseus auf seiner Flucht. Im Hintergrund zwischen ihm und Theseus erkennt man den Kopf einer weiteren Figur, die aufgrund ihrer Flügelkappe als der Gott Hermes benannt werden kann, welcher Theseus aus dem dunklen Labyrinth geleitete.»[64]

Nachträglich ergänzt wurde im 19. Jh. die Gestalt des Gefährten «mit

61 PAUL ZANKER – BJÖRN CHRISTIAN EWALD: Mit Mythen leben, 46, Abb. 31.
62 A. a. O., 378.
63 A. a. O., 378.
64 A. a. O., 378–379.

Abb. 7: *Der Weggang des Theseus; römischer Sarkophag, 3. Jh., Detail*

Abb. 8: *Valeria trauert um Artemidoros – wie Ariadne um Theseus;*
römischer Sarkophag, 3. Jh., Detail

422

vor der Brust erhobener Rechter» sowie zwischen ihm und *Theseus* die Köpfe der mit einem Helm bewehrten Göttin *Athene* nebst dem Kopf des *Honos*, der Personifikation des Ruhms – ursprünglich war hier wohl König *Minos* zu sehen, *Ariadne*s Vater. Die ganze Szene spielt denn auch noch in Kreta: Als siegreicher Held posiert *Theseus* (bzw. in diesem Bildschema *Artemidoros*) über dem toten *Minotauros*, auf dessen Hals er den linken Fuß gestemmt hat, wie seit alters Jäger und Feldherrn den Triumph über ihre Beute und ihre Feinde zu demonstrieren pflegten.

Entscheidend aber ist, was sich auf der linken Bildseite abspielt (Abb. 8)[65]: Gezeigt ist der Moment, in dem *Theseus* die schlafende Königstochter auf Naxos zurückläßt. Der neben dem Torbogen in seinem Schiff stehende *Theseus* wendet den Blick von der Geliebten ab; seine Hände sind leider verloren, so daß deren Gebärde unklar bleibt: Vielleicht drückte sie Bedauern aus. *Valeria*, die Mutter des *Artemidoros* und Auftraggeberin seines Sarkophages, bringt sich in dieser Szene selbst ins Bild: Auch ihr Körper ist entblößt, um ihre Schönheit und weibliche Tugend nach dem Vorbild der *Ariadne* hervorzuheben; ihr Kopf ist als Portrait gearbeitet; ihre «Frisur ... mit über den Scheitel gelegter Haarflechte war bei Herrscherfrauen in der Jahrhundertmitte (sc. des 3. Jhs. n. Chr., d.V.) in Mode.»[66] «Die Aussage dieses mythischen Rollenspiels ließe sich etwa folgendermaßen in Worte fassen: ‹Hier liege ich, die unglückliche Valeria, hingesunken in ihrem Schmerz und ihrer Trauer, von ihrem geliebten Sohn Artemidoros verlassen wie einst Ariadne von ihrem treulosen Theseus.›»[67]

Alles auf diesem Sarkophagrelief bliebe Trauer und Schmerz und heroisches Gedenken, wäre da nicht die winzige Handgirlande in *Ariadne*s linker Hand und die kleine *Nike*-Figur auf dem Kapitell des Torbogens links: Das Schiff mit dem riesigen *Theseus* neben dem noch schlaff hängenden mächtigen Segel wird soeben von den winzigen Ruderern an Bord auf die hohe See hinausgetrieben; unwiderruflich ist der Augenblick des Abschieds, des tödlichen Liebesverrates gekommen, und anders als die griechische *Ariadne* erlebt die römische *Valeria* quälend bewußt, unvermögend, mit der rechten Hand die schmerzlichen Gedanken in ihrem Kopfe abzuwehren, die Trennung von ihrem Sohn *Artemidoros* mit. Gleichwohl bilden Trennung und Tod und Würde und *Virtus* (Tapferkeit) nur die Themenfolge der Einleitung für die eigentliche Botschaft des *Ariadne*-Motivs auf den Sarkophagen des antiken Rom: Die Begegnung mit dem Gott, die heilige Hochzeit,

65 A. a. O., 379, Abb. rechte Seite, linke Hälfte.
66 A. a. O., 381.
67 A. a. O., 379.

Abb. 9: Dionysos-Sarkophag, um 240 n. Chr.: Der Gott erweckt die schlafende Ariadne.

424

Abb. 10: Detail von Abb. 9

die Unsterblichkeit der Liebe – nur sie trösten eine *Valeria*; sie sind das wahre Vermächtnis der *Ariadne* an alle Trauernden, an alle die Liebe Bewahrenden. – Zumeist erübrigt es sich eben deshalb auf den Sarkophagreliefs, die das *Ariadne*-Motiv verwenden, die traurige Vorgeschichte vom Verrat des *Theseus* noch mitzuerzählen, – sie ist jedem bekannt, und jeder begreift, was – in diesem Zusammenhang – die Ankunft des *Dionysos* auf Naxos bedeutet: Er schenkt der selber wie schlafend Liegenden ewigen Frieden, Freiheit also für immer von Kummer, Verzweiflung und Not. – So wie der Schläfer *Endymion* Nacht für Nacht im Latmos-Gebirge von der Mondgöttin *Selene* heimgesucht ward[68], so naht sich dementsprechend auf einem *Dionysos*-Sarkophag um 240 n. Chr. im Pariser Louvre der Gott, umschwärmt vom lärmend-fröhlichen Thiasos (dem Festzug tanzender Mänaden und musizierender Satyrn) der von *Theseus* verlassenen *Ariadne*, die am rechten Bildrand daliegt als Verkörperung eben der Verstorbenen, welcher der Sarkophag gewidmet ist. (Abb. 9, S. 424)[69]

Stärker als durch die Liebestrunkenheit des Gottes im Verlangen nach der nur schlafenden, nicht dem Tode gehörenden *Ariadne*, läßt sich die tödliche Liebeskrankheit des *Phyllis*-Themas nicht gegenbesetzen. Der Tod als eine Ekstase ins Glück – das eigentlich ist die Sinngebung dieser Darstellungen. Man sehe nur, wie der Gott, efeubekränzt, in heroischer Nacktheit, auf die erwartungsvoll träumende *Ariadne* sich zubewegt (Abb. 9, Detail)[70]: «Neben ihm eine zur Leier singende Mänade (sc. die ihn liebevoll anschaut, d.V.), ein tanzender Satyr mit einem Satyrkind und der kleine Pan. Hinter Ariadne dreht sich eine die Krotola (sc. die Klapper aus Metall, d.V.) schlagende Mänade im Tanz.»[71] Auf der linken Seite entsprechen der Szene «tanzende und musizierende Thiasos-Gestalten um eine liegende Mänade»[72], die das ergänzende Konterfei zu der Figur der *Ariadne* bildet: deren abgewandte In-sich-Versunkenheit wird sich bald schon öffnen in die glückliche Anteilnahme an dem rauschenden Festzug des Gottes. Trunkenheit, Tanz und Liebe – sie endigen nicht im Tode, sie treten vielmehr jetzt erst in ihre eigentliche Wirklichkeit. So besteht «die Rolle der Satyrn und Mänaden im wesentlichen im Musizieren und Tanzen... Auf den für den Thiasos charakteristischen Elementen bringen sie die aufpeitschenden dio-

---

68 Vgl. E. DREWERMANN: Liebe, Leid und Tod, 540–559: Selene und Endymion oder: Das Bild des Mondes.
69 PAUL ZANKER – BJÖRN CHRISTIAN EWALD: Mit Mythen leben, S. 109, Abb. 92.
70 A. a. O., 136, Abb. 118.
71 A. a. O., Text zu Abb. 118.
72 A. a. O., 109, Text zu Abb. 92.

nysischen Klänge und Rhythmen hervor. Die Mänaden schlagen mit Vorliebe die Kymbeln und Tympana, die Satyrn und Pane blasen die Doppelflöten oder die Syrinx und bewegen die Fußklappern. Die Selene und Kentauren dagegen bevorzugen als Nichttänzer Saiteninstrumente. Doch herrschen keine strengen Regeln. Die Musikanten tanzen zu ihren eigenen Klängen, wobei die Bewegungen und Figuren geschlechtsspezifisch differenziert sind. Die Mänaden drehen und biegen ihren Körper den wilden Rhythmen entsprechend, die Satyrn zeigen ihre Kraft mehr in wilden Sprüngen und in stampfenden Bewegungen. Die dionysische Musik versetzt Tänzer und Spieler in einen Zustand der Begeisterung, läßt sie ‹außer sich› geraten.»[73]

Und so widerlegt sich der Tod! Absichtlich betont ist in die Mitte der Bildlegende eine mütterliche Idylle gestellt, die eine Kentauren-Mutter zeigt; sie «hat sich neben ihrem Kentauren-Kind niedergelassen, um sich ihm widmen und es umarmen zu können. Die beiden reden mit erhobener Hand aufeinander ein.»[74] (Tafel 31c, Detail)[75] Der Dialog, die Wechselseitigkeit, die persönliche Zugewandtheit der einander Liebenden hören im Tode nicht auf, verheißt dieses Bild, im Gegenteil: Zwischenwesen, ähnlich den Kentauren, sind letztlich auch die Menschen: – vergänglich in ihrer irdischen Existenz, doch eingeladen zum Festzug des Gottes in ihrer Fähigkeit zur Liebe in jeglicher Form. *Dionysos* besiegt den Tod – das zeigt auch die Darstellung des Deckels (Abb. 9, s. o. S. 424, oben links)[76], wo der Gott mit seinem Pantherwagen Einzug hält, während die – nicht ausgearbeitete – Büste des Grabinhabers bereits in das Spiel des Thiasos voll einbezogen ist.

Seinen Höhepunkt erreicht das Motiv der Heiligen Hochzeit von *Dionysos* und *Ariadne* indessen auf einem Sarkophag aus dem Ende des 2. Jhs. n. Chr. (180–196), der sich heute in der Ny Carlsberg Glyptothek in Kopenhagen befindet (Tafel 32)[77] und der sich kaum anders lesen läßt denn «als Ausdruck konkreter Hoffnungen auf Unsterblichkeit»: «Die Liebenden sitzen in lässiger und zugleich repräsentativer Haltung auf einer felsenartigen Erhebung und wenden Körper und Blicke einander zu. Hinter und über ihnen wachsen üppige Rebzweige voller Trauben. Die innige Verbundenheit des Paares kommt vor allem in den Blicken zum Ausdruck, die

73 A. a. O., 137.
74 A. a. O., 247, Text zu Abb. 219 (Detail).
75 A. a. O., 246, Abb. 219 (Detail).
76 A. a. O., 109, Abb. 92.
77 A. a. O., 165, Abb. 151.

einen zeitlosen Zustand des ‹Ineinander-versunken-Seins› suggerieren.»[78] Im Unterschied zu dem Gott, dessen auf das rechte Knie herabgerutschtes Gewand seine nackte Männlichkeit ebenso enthüllt wie unterstreicht, ist *Ariadne* «als Braut in einen Mantel gehüllt, der auch über den Kopf gezogen ist»[79]; er besteht allerdings aus so feinem Gewebe, daß sich darinnen ihre weibliche Schönheit wie durchsichtig abbildet.

Eine wichtige Sinndeutung der Szene bietet nicht zuletzt die Predella (der Altarsockel) am Fuße des «Bergs» solcher Seligkeit: In «einer Art Höhle» tritt dort «eine kleinfigurige Gruppe» auf, die den Sieg des *Eros* über den geilen *Pan* darstellt, der gefesselt «von zwei Eroten abgeführt» wird; «der eine schlägt mit dem Wurfholz der Hasenjäger (*logobolon*) auf ihn ein, der andere trägt eine Siegespalme. Der alte Silen fungiert als parteiischer Schiedsrichter, denn er fächelt Eros frische Luft zu.»[80] So eine mögliche Deutung.

Näherhin verrät die Szene des *Pan* mit den beiden auf dem Rücken gefesselten Händen tatsächlich den Abschluß eines Ringkampfes in der Palaestra (der römischen Ringschule): Gewonnen hat offenbar der Erot mit dem Palmzweig in der Linken, und entschieden hat über den Ausgang des Kampfes der «bärtige Silen mit dem behaarten Bauch und dem um die Hüften gebundenen Gewand.»[81] Auch er hat ein Palmwedel in der rechten Hand und stützt sich mit der linken auf einen Knotenstock. Das «Wurfholz» in der Hand des Eroten zur Linken des gefesselten Pan, mit dem er «weit ausholt, um den bocksbeinigen Verlierer zu strafen», könnte, entsprechend diesem Kontext, dann aber wohl eher ein Schabeisen (*strigilis*) sein, «mit dem sich die Athleten nach einem Ringkampf von Öl und Staub befreiten. Zu Füßen Pans liegt ein umgestürzter Korb, aus dem Sand zur Vorbereitung des Kampfplatzes rinnt. Der Sieg des Eros über Pan ist eines der vielen Bilder für die Macht der Liebe.»[82] Man wird also auch so sagen können: Wie *Dionysos* siegreich ist über den Tod, so ist hier *Eros* Sieger über ein rein sexuell-körperliches Begehren; die Gemeinsamkeit des Glücks in der Liebe ist die Wirklichkeit «hinter» dem Tod als die Erfüllung und Zusammenfassung des gesamten gemeinsamen Lebens.

Insofern «bleiben die Bilder für unterschiedliche Lesearten offen. Man kann sie gleichermaßen und wohl auch gleichzeitig ‹retrospektiv› und ‹prospektiv› lesen: als Trost für die Angehörigen, daß die Frau wie Ariadne

78 A. a. O., 164.
79 A. a. O., 252, Text zu Abb. 225 (Detail).
80 A. a. O., 165.
81 A. a. O., 310.
82 A. a. O., 310.

nach großem Leid im Tod Frieden gefunden hat, als Totenlob im Sinne des Rühmens der Liebe, die sie mit ihrem Ehemann verband, als Ausdruck der Sehnsucht des zurückgebliebenen Ehemanns, als Wunsch für eine selige Existenz der Toten, oder auch als Bild der Hoffnung auf ein erneutes Zusammensein der Liebenden.»[83] Die Erinnerung wird so zu einer Verheißung, daß sich alles, was war, füllt und erfüllt in dem, was sein wird, – ein Ring der Liebe, in welchem Zeit und Ewigkeit miteinander verschmelzen.

Auf diesen zyklischen Charakter aller Sehnsucht und aller Hoffnung, die aus dem Vergangenen das Zukünftige nimmt und aus dem Werdenden das Gewesene erschließt, verweisen auf dem Kopenhagener Sarkophag nicht zuletzt die beiden bärtigen *Dionysos*-Statuen, die rechts und links den Bildreigen abschließen; einbegriffen darinnen ist der Gott *Hermes*, der, sonst als Seelenbegleiter, hier als ein nackter schöner Jüngling dargestellt ist, erkennbar vor allem an seinem Caduceus (griech.: *karykeion*), seinem Stab, der unter anderem auch als Friedenszeichen gilt; spielerisch hält er ihn in seiner Linken, die Rechte hat er auf seine ausladende Hüfte gestützt. Ihm zu Füßen befindet sich ein Liknon, ein Behälter, über dem ein Tuch gebreitet ist, um den darin aufbewahrten Gegenstand: nämlich den Phallos des *Dionysos*, zu verhüllen. Es geht um den Dienst an dem unterirdischen *Dionysos*, der seiner Geliebten Leben schenkt. Keinerlei Zwietracht kennt dieses Paar, – «zahm wie ein Schoßhündchen» ruht zwischen *Dionysos* und *Ariadne* «ein Pantherweibchen», dem der Gott «etwas Wein in einer Trinkschale» reicht, «mit einem Gestus, in dem normalerweise Trankspenden dargebracht werden.»[84] Mit der Linken umfaßt *Dionysos* den Thyrsosstab, vor dessen Fuß ein Korb mit geöffnetem Deckel gerade eine Schlange ins Freie entläßt. Ihm gegenüber hält die efeubekränzte *Ariadne* in ihrer Linken ein Tympanon und ebenfalls, wie *Dionysos*, einen Becher in ihrer Rechten; ihr zu Füßen reckt sich ebenfalls ein Panther empor, «als ob er den von Dionysos dem Pantherweibchen geweihten Wein gewittert hätte.»[85] Alles Raubtierhafte und Gefährliche befindet sich deutlich sichtbar zu Füßen dieses Liebeslagers des Glücks; es ist gezähmt und integriert, – wie der kleine Ziegenbock in der Höhe unterhalb des rechten Fußes der kretischen Prinzessin; «in dem Fels darüber sitzt ein Satyrkind und spielt auf einer Querflöte.»[86]

Hinter *Hermes*, dem Mittler zwischen Göttern und Menschen, dem See-

83 A. a. O., 165.
84 A. a. O., 309. – Zum «Liknon» vgl. KARL KERÉNYI: Dionysos, 230.
85 PAUL ZANKER – BJÖRN CHRISTIAN EWALD: Mit Mythen leben, 310.
86 A. a. O., 310.

lenbegleiter, der *Dionysos* besonders nahesteht, weil er den Sohn des *Zeus* als Knaben einst den Nymphen zur Pflege anvertraut hatte, steht (Tafel 32b) eine Mänade, die ihm vorsichtig über die Schulter schaut, als ob sie Ehrfurcht vor der Erscheinung des Gottes und seiner Gemahlin (sc. *Dionysos* und *Ariadne*, d.V.) empfinde ...; mit den nackten, außer sich geratenen Tänzerinnen und Musikantinnen auf anderen dionysischen Sarkophagen jedenfalls hat sie nichts gemein. Auch die Mänade in der rechten Bildhälfte erscheint in ruhigem Stand, in der Rechten den Thyrsosstab haltend und sich mit der Linken auf einen Altar stützend, der seinerseits mit der Statue eines ausruhenden, weitgehend nackten Dionysos mit Thyrsos in der Linken geschmückt ist. Auch sie blickt versunken zur Sarkophagmitte.»[87]

Einander entsprechen im Gestus staunender Neugier denn auch die beiden nackten Satyrn, die, wie in ihrem Tanz üblich, ihre Hand an die Augen halten; eigentlich sind sie Teilnehmer an einem Thiasos, hier aber suchen sie sich offenbar mit ihrer Geste vor der strahlenden Erscheinung des Glücks des liebenden Paares zu schützen, zu dessen staunender Bewunderung sie auch den Betrachter einladen. Alles Rohe, Primitive, Vordergründige ist hier buchstäblich «aufgehoben», hinaufversetzt («sublimiert») auf den Weinberg, der mit zwei Stöcken, getrennt und gemeinsam, in der Bildmitte die beiden Liebenden mit üppigem Rankenwerk umfließt. Was ehedem «Dionysos» als Fruchtbarkeitsgott ausmachte: Haar- und Barttracht, langes Gewand und Bocksfell, ist noch zu sehen in den beiden Außenstatuen rechts und links am Ende des Bildfrieses; doch nunmehr, vergeistigt, dient es nur noch dazu, das Bild abzurunden und symbolisch als Träger des Sarkophagdeckels zu fungieren.

Auf diesem sind noch einmal die Protagonisten: *Dionysos* und *Ariadne*, allerdings jetzt in Aktion, zu sehen: «Ganz links besteigt Dionysos seinen Pantherwagen; ein leierspielender Erot, der sich auf einem der als Zugtiere dienenden Raubtiere niedergelassen hat, schaut zu dem jugendlichen Gott zurück. Die rechts anschließende, aufgestützte Mänade leitet zur Hauptszene des Deckels über. Versunken blickt sie auf Dionysos und Ariadne, die – ähnlich wie auf dem Kastenrelief darunter – in einem Gelage begriffen sind.»[88] Die zugewandte Einheit des Ineinander-versunken-Seins hat sich also nicht aufgelöst, sie wird durch die Berührung der Beine der Liegenden sogar noch betont, doch hat sie sich zur Teilnahme an den Festlichkeiten nach außen hin geöffnet: Ein Satyr mit Trinkhorn (einem *rhyton*) hat zwischen dem Gott und der Geliebten Platz genommen, die beide nicht nur

87 A. a. O., 310.
88 A. a. O., 311.

gleiche Frisuren tragen, sondern auch, in der Linken der eine, in der Rechten die andere, den Thyrsosstab halten. *Ariadne* lauscht dem musikalischen Vortrag einer flötespielenden Mänade, die ihr Lied «mit dem rhythmischen Treten einer Fußklapper (*kroupezion*) begleitet. In der anschließenden Szene versuchen zwei Mänaden, dem volltrunken auf einen Felsen gesunkenen Pan aufzuhelfen. Rechts außen hingegen hantieren zwei weitere Mänaden mit dionysischen Kultgegenständen: Die eine hebt das Decktuch eines Liknon, während die etwas größer gebildete zweite Mänade die Hand auf den Deckel eines Korbes legt, aus dem eine Schlange kriecht. Den verbliebenen Raum am rechten Deckelrand füllt ein ausschreitender Satyr, der sich umwendet und dabei die Rechte im Gestus des Aposkopein (sc. griech: Ausschauhaltens, d.V.) hebt.»[89]

Fragt man sich, was diese «Verdoppelung» der Themen auf den Darstellungen des Deckels und des Kastens besagen will, so geht es gewiß um «die dionysische Glückseligkeit, die man den Grabinhabern wünschte, indem man sie im Bilde evozierte.»[90] Mehr noch aber zum Ausdruck kommt offenbar der Kontrast von «Draufsicht» und «Einsicht», von Oben und Unten, von Außen und Innen, von Schein und Sein. Was, rein «oberflächlich» betrachtet, sich ausnimmt als eine Art Freilandsymposion – Unterhaltung, Spiel und Amüsement, Sinnenlust, Derbheit und, wie im «Gastmahl» des XENOPHON, geschlechtliche Lust –, das enthüllt sich bei «tieferer» Betrachtung als ein Zauber ewiger Liebe. Geschildert wird nicht, wie *Ariadne*s Trauer über den Weggang des *Theseus* von *Dionysos* «getröstet» wird; geschildert wird recht eigentlich die Vertiefung beziehungsweise die Verwesentlichung der Liebeserfahrung in der Gegenwart des Göttlichen, – ihre Verunendlichung, ihre Unauflöslichkeit, ihre Verwirklichung jenseits der Grenze des Todes.

Es ist dies zweifellos die tiefste Antwort, die sich auf die Erfahrung der

89 A.a.O., 311–312. – Die Darstellung folgt aufs Wort der Schilderung, die CATULL: Gedichte, 64, 255–264, S. 109, von der Ankunft des *Dionysos* auf der Insel Naxos bei *Ariadne* gibt: «Da schwärmten heitere Maenaden verzückt umher in bacchischem Taumel, riefen ‹euhoe› und warfen das Haupt zurück. Manche von ihnen schüttelten Thyrsusstäbe mit laubumwundener (sc. mit Efeu oder Weinlaub, d.V.) Spitze, manche warfen Glieder eines zerrissenen Stieres (sc. als Bild des *Dionysos Zagreus*, d.V.), manche gürteten sich mit gewundenen Schlangen, manche feierten mit hohlen Kästchen geheime Orgien, von denen Uneingeweihte vergeblich zu hören wünschen, andere schlugen mit ausgestreckten Händen Tamburine oder ließen dünnes Geklingel aus feinem Erz (sc. aus Zimbeln, mithin aus zwei Schallbecken, d.V.) ertönen, bei vielen von ihnen verströmten Hörner rauhes Gebrumm, und die barbarische Schalmei (sc. der Aulos, ein Rohrblattinstrument, ähnlich der Oboe, d.V.) kreischte in schrecklichem Singsang.»
90 PAUL ZANKER – BJÖRN CHRISTIAN EWALD: Mit Mythen leben, 312.

Endlichkeit des irdischen Daseins in all den Formen seiner Täuschungen und Enttäuschungen geben läßt: Das Schicksal einer *Phyllis* – wenn es sich in solcher Weise wandeln ließe in das Schicksal einer *Ariadne*, wäre sie – mitsamt all den anderen Tartaros-Bewohnern – eine Gerettete. Die Einsicht gilt: Die Trauer tröstet, der Zweifel beruhigt, die Enttäuschung vermeidet, das Leben umfängt allein die Öffnung des Daseins in die Ewigkeit Gottes.

Was die griechischen Mythen in solchen Bildern wie denen von *Phyllis* und *Demophoon* oder von *Dionysos* und *Ariadne* an Erfahrung und Sehnsucht zur Hoffnung verdichten, ist mithin weniger eine Anregung, in dogmatischem Sinne an etwas zu glauben, es ist als erstes eine Aufforderung, so leidenschaftlich die Liebe zu wagen, wie *Phyllis* es tat, selbst wenn sie damit zu scheitern riskierte. Denn so verhält es sich: Nur der bedarf der Ewigkeit, dem in der Weite des Herzens die Welt der Endlichkeit endgültig zu klein ward. Dann aber gilt es: Die tragische Trauer der *Phyllis* läßt sich nicht beantworten mit einer sparsameren und vorsichtigeren Liebe, sondern nur damit, daß man es lernt, in der Liebe zu diesem einen – *Demophoon*, *Theseus* oder wie immer er heißen mag – die Liebe selber zu glauben, die Gott ist.

Der polnische Dichter DANIEL VON CZEPKO (1605–1650) hat diese innere Bewegung zwischen Endlichkeit und Unendlichkeit in der Liebe einmal in die paradigmatischen Verse gesetzt:

> Die Ewigkeit durch die Zeit, das Leben durch den Tod,
> Durch Nacht das Licht und durch den Menschen seh ich Gott[91].

Die Not der *Phyllis* war es, ihren Geliebten, den sie für treulos hielt, nach seinem Weggang nicht wiederzusehen, sie fürchtete seine mangelnde Treue und nahm sich das Leben; gegen die Angst vor dem Abschied im Tod hilft im letzten nur eine Liebe, die hofft auf ein ewiges Wiedersehen. – Zwischen Weltschmerz und Überdruß, zwischen Todesverlangen und Hoffnung, zwischen dem Bewußtsein der Endlichkeit und der Zuversicht auf ein anderes Leben jenseits des Irdischen schrieb im 18. Jh. LUDWIG HÖLTY deshalb als sein Bekenntnis und als sein Vermächtnis dieses Gedicht:

> Wann, Friedensbote, der du das Paradies
> Dem müden Erdenpilger entschließest, Tod,
> Wann führst du mich (sc. wie der Gott *Hermes*, d.V.)
>
> mit deinem goldnen
> Stabe gen Himmel, zu meiner Heimat?

---

91 EDGAR HEDERER (Hg.): Geistliche Lyrik des Abendlandes, 326.

O Wasserblase Leben, zerfleug nur bald!
Du gabest wenige lächelnde Stunden mir
Und viele Tränen, Qualenmutter
Warest du mir, seit der Kindheit Knospe

Zur Blume wurde. Pflücke sie weg, o Tod,
Die dunkle Blume! Sinke, du Staubgebein,
Zur Erde, deiner Mutter, sinke
Zu den verschwisterten Erdgewürmen.

Dem Geiste winden Engel den Palmenkranz
Der Überwinder. Rufet, o Freunde, mich
Nicht wieder auf das Meer, wo Trümmer,
Türmende Trümmer das Ufer decken.

Wir sehn uns, Teure, wieder, umarmen uns,
Wie Engel sich umarmen, in Licht gehüllt
Am Throne Gottes, Ewigkeiten
Lieben wir uns, wie sich Engel lieben[92].

Schöner, gütiger und gültiger vermag kein Sarkophag aus dem antiken Rom und kein Gedicht zu sagen, wovon wir wirklich leben. Der Tod ist schmerzhaft nur, weil wir einander lieben; der Tod hört auf, uns wehzutun, allein in einer Liebe, die sich selbst entdeckt als Tür zur Ewigkeit, als Tor zu einer Einheit, die niemals enden wird. In ihr ist alles, was wir sind, beschlossen, und alles wartet deshalb nur darauf, daß wir entschlossen genug lieben, bis sich die Himmelspforte öffnet.

92 A. a. O., 378.

Abb. 11: *Prometheus
erschafft den Menschen;
Bas-Relief aus
Puteoli* (vgl. S. 44)

In summa: Von Schuld und Vergebung sowie von Tod und Unsterblichkeit

Nicht von einzelnen Gestalten erzählen, wie sich gezeigt hat, die griechischen Grenzgänger-Mythen; in ihnen verdichten sich vielmehr gewisse Grundgestaltungen menschlichen Daseins, ausgesetzt an den Grenzzonen zwischen Festland und Meer, umrauscht und umtost von den Ahnungen und Erfahrungen eines unermeßlich viel Größeren, das verlockend hinausruft und gefahrvoll hereindrängt, Freiheit gewährend für Stunden im offenen Watt und dann wieder alles bedeckend im Überfluten der Wogen, nie klar bestimmbar in den Linien des Übergangs seines Kommens und Gehens, eine unbegreifbare Mischung von Genuß und Gefahr, von Verdienst und Verbrechen, von Größe und Fall.

Warum sich beschäftigen mit Geschichten solch eines Zwielichts, das scheinbar doch nur in Düsternis endet? Natürlich, man möchte vermeiden, sich immer von vorn darauf einzulassen, – wie einfach doch lebt es sich hinter den Deichen! Aber selbst die fruchtbaren Marschen sind ein Geschenk am Rande des Ozeans, und wer wir selbst sind, erfahren wir nicht hineingeduckt in die Niederungen der Angst. Nur – können wir's wählen? Einbruchartig geschieht's, wie eine Sturmflut, wenn sie die künstlichen Sperrwerke aufsprengt; Gewitterwolken zeigten sie an, die Wärme der Sonne türmte sie auf, was eben noch dalag wie heiter glänzend, entfacht sein tückisches Toben. Trügerisch unsicher, ständig gefährdet – das ist der Rahmen des Bilds unseres Lebens.

Eben darauf verweisen, ohne ein Ausweichen noch zu erlauben, jene Geschichten der Alten. Sie stellen die Fragen, die man sich stellen muß, wenn man sieht, wie alles ringsum und in uns in Frage steht. Und gerade dies sehen zu müssen, ist unser Schicksal; es gehört dazu, daß wir Menschen sind. Gewiß, an der Oberfläche erscheint das Dasein womöglich als lustvolles Drängen und Stoßen, als dionysischer Thiasos, als Verführung zum Leben in prallster Pracht; doch so zeigt sich nur im Draufblick der Sarkophag unserer Endlichkeit; reißt der Vorhang auf, erblicken wir, dem *Gorgonen*-Haupt gleich, das erschreckende Antlitz der Wirklichkeit. Fortan ist es nicht länger mehr möglich, in den Schutz des schönen Scheins zurückzufliehen und sich eines leichtfertigen «Noch-geht's-mir-gut» zu getrösten.

Die beiden fundamentalen Infragestellungen alles Existierens bilden die zentralen Themen der Mythen: die Schuld und die Sterblichkeit.

*Un*sterblichkeit – keine Sehnsucht durchzieht das Denken der Griechen stärker als dieses Verlangen; die Grenze – das ist ihnen diese unerträgliche

Barriere, an welcher die Flut des drängenden Willens zum Sein in sich selber zurückbricht: der Tod, das Ende, das Aus; und sie wissen: Wenn die Zeitlichkeit unseres Daseins überschwemmt wird von dem unerfüllten Verlangen nach Ewigkeit, wird es um und um gedreht in den Wirbeln absurder Vergeblichkeit (*Sisyphos*), flicht es sich selbst auf das Rad des *Ixion*, verurteilt es selbst sich zum Verlust jedes wirklichen Glücks – nichts ist endgültig: das Schicksal des *Tantalos*.

Doch darf man weniger wollen als ewiges Leben? Soll die Antwort sein, sich bescheiden zu lernen im bloßen Erschlaffen der Spannkraft? Davor insbesondere bewahren die Mythen. Es ist ihr Mut, ihre Leidenschaft, sich dem Abgrund zu stellen und eine Existenz auf der Grenze zu wagen. Sie nötigen deshalb zu dem Notwendigen: in der Schuld auf Vergebung zu hoffen und den Tod zu betrachten als ein Auslaufen nur am Gestade der Endlichkeit, hinaus und hinüber in jenes stets schon gesuchte, doch nie noch erreichte Jenseitsland des Unendlichen; wir leben nur richtig inmitten der Zeit in der Zuversicht ewigen Daseins. Um solcher Lehren wegen brauchen wir Mythen.

Wer sie erkundet, dem wird es in etwa ergehen wie einem Münzensammler, – je öfter er sie in die Hand nimmt, desto eindringlicher beginnen sie, zu ihm zu reden: auf ihrer Vorderseite von der *Vergebung* angesichts der Verirrungen menschlichen Handelns, auf der Rückseite von der *Unzerstörbarkeit unseres Daseins* angesichts der Verzweiflung schierer Vernichtung. Die Mythen, gerade in der Unerbittlichkeit der Tragödien, die sie unermüdlich zu schildern wissen, lenken den Blick auf die Form eines Glaubens, den sie selber nicht schenken und dessen sie dennoch mehr als alles bedürfen. Sie lehren uns, schonungslos genug zu erkennen, wie's um uns steht; sie trösten nicht selbst, sie verlangen nach Trost.

Die Erfahrung, die sie vermitteln, hat, wie kaum jemand sonst im deutschen Sprachraum, vor 100 Jahren HUGO VON HOFMANNSTHAL in einem Gedicht unter dem Titel «Sünde des Lebens» dargestellt[1], das er verstand als einen Weckruf, sich herauszureißen aus dem Getriebe und Trubel des Daseins. An ihm selber hatte es sich so ereignet – ein Verurteiltwerden zur Einsamkeit, ein Verstummen im Gegenüber eines unaussprechlichen Erschauderns, – weit hinter ihm die unbeschwerte Heiterkeit eines Daseins, das sich als selbstverständlich nimmt, der Überfall eines jähen Erkenntnisaugenblicks, dessen grelles Licht seither alles verschattet, ein Verlieren der Unschuld auf immer, da doch der Tod selber zum Leben gehört; in

---

1 HUGO VON HOFMANNSTHAL: Gedichte und lyrische Dramen, 481–486.

alledem bleibt nur der Wunsch, es so laut als möglich, klagend und fragend, allen zu sagen ... In HOFMANNSTHALS Worten:

> Wie die Lieder wirbelnd erklingen!
> Wie die Fiedeln zwitschern und singen!
> Wie aus den Blicken die Funken springen!
> Wie sich die Glücklichen liebend umschlingen!
>> Jauchzend und schrankenlos,
>> Sorglos, gedankenlos
>> Dreht sich der Reigen,
>> Der Lebensreigen. –
>> Ich muß schweigen,
>> Kann mich nicht freuen,
>> Mir ist so angst ...

> Finster am Bergesrand
> Wandelt die Wolke,
> Hebt sich des Herren Hand
> Dräuend dem Volke:
> Und meine Augen, sie sehens alleine,
> Und meine Sorgen verstehens alleine ...
> Es fiel auf mich in der schweigenden Nacht,
> Und es läßt mich nicht los,
> Wie dumpfer hallender Glockenlaut,
> Es folgt mir durch die Frühlingspracht,
> Ich hör es durch der Wellen Getos:
> Ich habe den Frevel des Lebens geschaut!

> Ich sah den Todeskeim, der aus dem Leben sprießt,
> Das Meer von Schuld, das aus dem Leben fließt,
> Ich sah die Fluten der Sünden branden,
> Die wir ahnungslos begehen,
> Weil wir andere nicht verstanden,
> Weil wir andere nicht verstehen.

> O flöge mein Wort von Haus zu Haus,
> Dröhnend wie eherne Becken,
> Gellend durch das Alltagsgebraus,
> Die Welt aus dem Taumel zu wecken,
> Mit bebendem Halle
> Zu fragen euch alle:

Das Schlimmste, was Menschen begehen, entstammt, wenn dies stimmt, nicht bloßer Böswilligkeit, es geschieht, ohne es selber zu wissen, – ein Mißverstehen des Anderen, ein Mißverständnis des Eigenen; die einzige Chance, die verbleibt, besteht darin, aus den begangenen Fehlern bedingungslos tiefer einander verstehen zu lernen; nicht wie man's beurteilt, wie man's begreift, ist die Frage.

Wer, wenn nicht der Künstler – der Maler, Musiker, Dichter – wäre berufen, behilflich zu sein bei solchem Bemühen? An die Stelle der Verständnislosigkeit und der sie stets begleitenden falschen Gewißheit sucht er zu setzen das erhellende Bild, den passenden Ton, das treffende Wort, doch wenn es ihm je zu gelingen scheint, umschwärmt ihn alsbald die Rezeption und Rezension des Kulturbetriebs – ein Malergenie ist er dann, von der Muse geküßt, gekrönt als ein Dichterfürst; nur: Wer ist er wirklich? Ein Echo erzeugt niemals Wahrheit, aber oft verstärkt es die Täuschung. Irrt nicht auch er? Trügt nicht mit falschem Trost gerade er? Nimmt er nicht allzu häufig das Wünschbare schon für die Wahrheit, und wie oft, bliebe er ehrlich und lebte er lange genug, müßte er sich nicht im Rückblick eingestehen, von Mal zu Mal grausam geirrt zu haben? Was jemand für richtig fand, als er noch jung war, das sprach er aus als sicheres Wissen, und so, wenn erfolgreich, sprach sich's herum; doch wenig später zeigt sich's als falsch, und man kann die geschriebenen Blätter so wenig noch sammeln wie das Herbstlaub, das der beginnende Winter vom Baum weht. Wie ein Schuldiger, wie ein Verführer, wie ein Irr-Lehrer wortwörtlich steht er dann da, – der einmal antrat, Wahrheit zu künden, der den Menschen versprach, sie zum Heil zu geleiten, und der sich gewiß glaubte, das menschliche Leben genügend zu kennen! Vor allem: niemand entscheidet darüber, wie weiterwirkt, was er wirken wollte, es verselbständigt sich, es schwankt auf den Wellen wechselnder Winde im Fortgang der Zeit, – bei HOFMANNSTHAL heißt es:

> Dichter im Lorbeerkranz,
> Betrogner Betrüger,
> Wärmt dich dein Ruhmesglanz,
> Macht er dich klüger?
> Deuten willst du das dämmernde Leben,
> Im Herzen erlösen das träumende Streben?
>
> Kannst du denn noch verstehen,
> Was du selber gestern gedacht,
> Kannst du noch einmal fühlen
> Den Traum der letzten Nacht?

438

Wenn deine Seele weinet,
Weißt du denn auch warum?
Dir ahnt und dünkt und scheinet, –
Oh, bleibe lieber stumm.

Denn was dein Geist, von Glut durchzuckt, gebar,
Eh dus gestaltest, ists schon nicht mehr wahr.
Es ward dir fremd, du kannst es nicht mehr halten,
Kennst nicht seine tönenden Gewalten:
Endlose Kreise
Ziehet das leise
Unsterbliche Wort,
Fort und fort.
Wie tausendfach gedeutet
Irrlichtgleich die Welt verleitet,
Schmeichelnd die Seelen betöret,
Tobend die Seelen zerstöret,
Ewig seine Form vertauschend,
Durch die Zeiten vorwärtsrauschend,
Nachempfunden, nachgehallt,
Seellos wogt und weiterwallt,
Ewig unverstanden taumelt,
Ruh- und friedlos immerzu,
Deines Geists verfluchtes Kind.

Mehr noch freilich als das gegebene Wort in der Kunst kann irre gehen das
gegebene Wort im wirklichen Leben. Denn darin irren die mythischen Dich-
tungen nicht, daß sie gerade diese Tragödien schildern: das Unglück der
Liebe im Griff nach dem Glück, – noch einmal *Ixion*, noch einmal *Phyllis*,
und all ihre Brüder und all ihre Schwestern. Da meint jemand, sich einem
anderen versprechen zu können und hat sich *ver*sprochen, kaum daß er's tat!
Er sah sich selbst als Erfüllung verschwiegenster Träume, und dann muß er
merken, daß er wie Frühlingsfrost über die gerade sich öffnenden Blüten fiel:
Es erstarrte in Kälte, was aufsproß zur Wärme des endlich länger werdenden
Lichts, die erstorbene Hoffnung gewann die Gestalt von zu Eiskristallen ge-
frorenen Tränen, und die Enttäuschung, die zur Verbitterung ward, das ge-
täuschte Verlangen, das in dem einen sich auswerfen wollte zu einem im
Grunde ganz Anderen, die erste Ahnung der Liebe, die sich aufrankte an
einem Ort, der überleben ließ, doch nicht Leben hieß, – sie alle verdichten
sich zu einer unausgesprochenen Klage, zu einer unüberhörbaren Anklage,

sie sprechen von Schuld, wo niemand je schuldig sein wollte. HOFMANNS-
THAL setzt diesen jederzeit möglichen Irrtum der Person[2] in die mit wechseln-
den Rhythmen sich reimenden, erst gegen Ende reimlosen Worte:

> Gatte der jungen Frau,
> Hast du es auch bedacht,
> Als um dich liebelau
> Rauschte die erste Nacht,
> Als du sie glühend an dich drücktest,
> Daß du vielleicht ihre Seele ersticktest?
> Daß vielleicht, was in ihr schlief,
> Nach einem Andern angstvoll rief,
> Um dens ihr unbezwinglich bangte,
> Nach dem ihr ganzes Sein verlangte?
> Daß dein Umfangen vielleicht ein Zerbrechen,
> Daß dein Recht vielleicht ein Verbrechen? ...
>> Nimm dich in acht!
>> Seltsame Kreise
>> Spinnen sich leise
>> Aus klagenden Augen
>> Und sie saugen
>> An deinem Glück!
>> Einen Andern
>> Hätten die Kreise
>> Golden umgeben,
>> Kraft ihm entzündend,
>> Liebe verkündend;
>> Dich aber quälen sie,
>> Schweigend erzählen sie
>> Dir von Entbehrung,
>> Die du verschuldet hast,

---

2 Selbst im Codex Iuris Canonica, Can. 1097 § 1 heißt es: «Ein Irrtum in der Person
macht die Eheschließung ungültig.» Würde dieser Paragraph psychologisch interpretiert,
könnte der leidige Streit über den Umgang mit Geschiedenen und Wiederverheirateten
sowie das damit verbundene chronische Unrecht der katholischen Kirche gegenüber ihren
Gläubigen endlich beigelegt werden. Statt dessen heißt es in § 2: «Ein Irrtum über eine
Eigenschaft der Person macht die Eheschließung nicht ungültig, selbst wenn er für die Eheschließung ursächlich war, außer diese Eigenschaft wird direkt und hauptsächlich ange-
strebt.» So widersprüchlich und widersinnig kann (Kirchen)Recht sein – und so notwendig
die Sicht auf den Menschen in den Mythen der Antike.

Dir von Entehrung,
Die du geduldet hast,
Und von Wünschen, unerfüllbar,
Und von Sehnsucht, die unstillbar
Ihr betrognes Herz durchbebt,
Wie die Ahnung des Verlornen,
Die um blasse Kinderwangen
Und um frühverwelkte Blumen
Traurig und verklärend webt.

Und wenn es so schon sich im ganz Persönlichen verhält, wie sollte zu erwarten stehn, daß es gesellschaftlich sich anders, nur im Quantum weit gesteigert, darstellte? Das Mißverstehen in Beziehungen, die Wesensfremdheit im zwanghaft Vereinten, die Ungemäßheit mitten im Gleichmaß des Alltags – transformiert man's in die Ungerechtigkeiten und Unstimmigkeiten des Zusammenlebens, erzeigen sie sich in den Gegensätzen zwischen Arm und Reich, Unten und Oben, Bettler und Prasser; kann man, darf man übersehen, wie der Besitz der einen schmalen Schicht «da oben» basiert auf der Armseligkeit all derer drunten) ? Und wie diese Unterschiede sich aufstauen gleich dem Magma in den Schloten eines Vulkans vor dem Ausbruch?

Es gebe eine Schicht von «heiligen Berufen» wohl in jeder menschlichen Kultur, sagt man, die sollte fähig sein, ins Herz des Menschen zu schauen und all seine Verworrenheit zu schlichten: die Gottesbeamten, die Diener des Höchsten zum einen, eine andere, imstande, recht zu besehen die Hände des Menschen und seine Handlungen: Staatsangestellte in roter Robe als Walter von Ordnung, Gesetz und gültiger Norm. Doch je höher der Anspruch, desto folgenschwerer das Scheitern, – wenn nicht schon bloße Schläue und hinterhältige Verschlagenheit dabei am Werk sind! Wie soll man trennen zwischen Unrecht und Recht, wenn man sieht, aus wie morastigen Böden nicht selten die üppigsten Ernten entsprießen, und vor allem: wie die Fehler, für welche man eben noch einen anderen vor Gericht stellen mochte, nicht nur den Motiven nach in einem selber wurzeln, sondern im Untergrund sich miteinander verbinden, so daß keine Schuld ist ohne entsprechende eigene Mitschuld?

Doch gerad dies erkennend, besteht Gefahr, alles Heiligen sich zu entschlagen, – ist nicht alle Religion nur der Überbau leeren Wahns, gebildet zum Zwecke der Rechtfertigung von Zwang und Gewalt, ein Machtmittel in den Händen der Herrschenden? Aber dagegen gefragt: Entstammt nicht gerade der Wille zur Wahrheit dem gleichen Antrieb wie der Suche zum Unbedingten und Absoluten, und ist dann womöglich nicht alles Erkennen auch und gerade in seinen Verneinungen ein Aufstieg zu Gott, und bringt nicht jeder überwundene Irrtum nur eine verborgene Wahrheit noch reiner zum Leuchten? Kann man etwas negieren, ohne in ihm das eigentlich Gemeinte freizusetzen in einer tieferen Bejahung?

Doch es hört nicht auf. Das Leben selbst: die Kathedralen aller Schönheit erbauen sich über den Gräbern und Grüften all der Opfer, die zu erbringen waren, um sie zu errichten. Die menschliche Geschichte faßt nur Tritt, indem sie ihren Fuß hineinstemmt in den Nacken der Besiegten, Unterjochten und Versklavten. Der Kampf ums Dasein, darwinistisch, das unerbittliche, entsetzliche Gesetz des Lebens: Töten und Getötetwerden, Fressen und Gefressenwerden, das Dasein selber als ein Vampir, verschlingend, blutsaugend sich mästend und bald hernach verwesend, zur Nahrung anderer, die nicht so räuberisch, doch keinesfalls geringer sind an Hunger und an Gier – wenn das der Schoß ist, der, unmütterlich, Menschen gebiert, was soll an Menschlichkeit dann Geltung haben? Wie fragwürdig ist am meisten dann das Wesen, das die Welt in Frage stellt: der Mensch? Mit einem siebenfach den Denkmöglichkeiten, was von uns zu halten sei, nachzuspürenden «Vielleicht» schließt HOFMANNSTHAL die Kette aus Verfluchung und Verheißung Glied um Glied zusammen:

> Reicher im goldnen Haus,
> Fühlst du kein Schauern?
> Dringt nicht ein Sturmgebraus
> Dumpf durch die Mauern?
> Die da draußen frierend lungern,
> Dich zu berauschen, müssen sie hungern,
> Ihre gierigen Blicke suchen dich,
> Ihre blassen Lippen verfluchen dich,
> Und ihr Hirn mit dumpfem, dröhnendem Schlag,
> Das schmiedet, das schmiedet den kommenden Tag.
>
> Priester, du willst die Seele erkennen,
> Willst Gesundes vom Kranken trennen,
> Irrt dein Sinn oder lügt dein Mund?
> Was ist krank?! Was ist gesund?!
>
> Richter, eh du den Stab gebrochen,
> Hat keine Stimme in dir gesprochen:
> Ist das Gute denn nicht schlecht?
> Ist das Unrecht denn nicht Recht?

Mensch, eh du einen Glauben verwarfst,
Weißt du denn auch, ob du es darfst?
Wärest du tief genug nur gedrungen,
Wär' dir derselbe Quell nicht entsprungen?

Keiner ahnet, was er verbricht,
Keiner die Schuld und keiner die Pflicht.
Darfst du leben, wenn jeder Schritt
Tausend fremde Leben zertritt,
Wenn du nicht denken kannst, nichts erspüren,
Ohne zu lügen, zu verführen!
Wenn dein bloßes Träumen Macht ist,
Wenn dein bloßes Leben Schlacht ist,
Dunkles Verderben dein dunkles Streben,
Dir selbst verborgen, so Nehmen wie Geben!
    Darfst du sagen «Ich sehe»?
    Dich rühmen «Ich verstehe»?
    Dem Irrtum wehren,
    Rätsel klären,
    Du selber Rätsel,
    Dir selber Rätsel,
    Ewig ungelöst?!
Mensch!
Verlornes Licht im Raum,
Traum in einem tollen Traum,
Losgerissen und doch gekettet,
Vielleicht verdammt, vielleicht gerettet,
Vielleicht des Weltenwillens Ziel,
Vielleicht der Weltenlaune Spiel,
Vielleicht unvergänglich, vielleicht ein Spott,
Vielleicht ein Tier, vielleicht ein Gott.

— — — — — — — — — — — — — — — — — — —

Der losgerissen Angekettete, der aufständische Unterworfene, der Mensch im Zwiespalt von *Prometheus*, dem Titanen, und seinem Bruder *Epimetheus* – alles in HOFMANNSTHALS Gedicht scheint wie geschaffen, dunkle Mythen-Einsicht zu bestätigen. Nur seine Quintessenz bleibt weitaus unentschiedener als die Problemstellung, die er sich selber auferlegt hat; sein Resümee aus all dem lautet:

Wohl mir, mein müder Geist
Wird wieder Staub,
Wird, wie der Weltlauf kreist,
Wurzel und Laub;
Wird sich keimenden Daseins freuen,
Frühlingstriebe still erneuen,
Saftige Früchte zur Erde streuen;
Freilich, sein spreitendes Dach zu belauben,
Wird er andern die Säfte rauben,
Andern stehlen Leben und Lust:
Wohl mir, er frevelt unbewußt!

Da wäre das Versinken in den Staub wie eine Hoffnung, endlich ledig all der Last von Schuld, Vergänglichkeit und der Bewußtseinsgrelle unserer Lage in der Welt zu sein! Im Tode streiften wir das alles ab, – wir würden nichts! Doch diese Ruhe, weil sie nicht gefüllt wird, ist kein Trost, sie existiert nicht, weil es niemanden mehr gibt, der ruhen könnte. Auch der Zerfall ist Unruhe, die Kehrseite des Neuaufbaus zu einem Anderen, das allenfalls gewisse Stoffe, ganz sicher nichts von dem Bewußtsein, das da einmal war, in seinen Haushalt integriert. Wohl wird die Welt sich weiter drehen, doch gänzlich ohne uns. Es ist ein nur poetisch schöner Selbstbetrug, sich vorzustellen, wie wir weiterlebten in den Blumen und den Schmetterlingen. Wir tun es nicht. Wir geben die Chemie der Elemente weiter, die uns selber einmal formten; doch wir selber sind nicht länger Teil der biochemischen Metamorphose. Es setzt sich freilich weiter fort der alte grausige Verdrängungswettbewerb auf allen Ebenen des Lebens: Wo eines ist, da kann am gleichen Ort zur gleichen Zeit ein anderes nicht sein. Ein kleiner Vorteil, mehr an Sonne zu erhaschen, bedeutet diesem Pflänzchen Leben, dem anderen im Schatten gleich daneben nur Kümmernis und baldiges Verkümmern. So geht es hin. Und daß es «unbewußt» geschieht, enthebt es zwar aller Verantwortung, vermehrt jedoch nur noch die Unbedenklichkeit des Grausamen, das die Naturgesetze selber sind. Nein, wenn es einen Trost gibt, so liegt er ganz gewiß nicht in der Auflösung des Personalen, vielmehr allein in der Bestätigung, Bestärkung und Erhebung dessen, was wir als Personen sind.

An dieser Stelle ist der Hinweis des *Dionysos* entscheidend. Er ist mitnichten nur die Sinngestalt von Sinnenlust und Rausch und Tanz. Die Macht der Liebe, die die Paare aneinander bindet, lehrt sie zugleich, die Einmaligkeit und Unvertauschbarkeit, die dieser eine ist, sich immer tiefer einzuprägen und immer dankbarer zu fühlen; und mit der Unersetzlichkeit dieser Person, der unsere Liebe gilt, beginnt zugleich die Unersättlichkeit jenes Verlangens nach Unsterblichkeit. Nicht Ruhm noch Nachruhm schaffen sie, nicht die Erinnerung von Nachgeborenen; es ist allein die Liebe, die das Sein des anderen als ewig glauben läßt. Auch dieser Einblick in die Tiefe unseres Daseins ist *Dionysos*: die Liebe als erfahrbarer Garant der Ewigkeit, – wir werden niemals voneinander lassen, und niemals wird der Tod uns wirklich trennen. In diesem Leben mögen Menschen auseinander gehen, – in jenem anderen wird es die Bitterkeit von Trennung und Enttäuschung nicht mehr geben; dort wird die innere Gestalt der Schönheit, die wir liebend im anderen schon immer ahnten, sich freisetzen zu einem Sein, das nicht vergeht.

Schon also liegt das Schiff zur Jenseitsreise ausgerüstet vor Kap Tainaron und wartet nur darauf, uns mit an Bord zu nehmen. Wie lang die Reise dorthin dauert, können wir nicht wissen; doch auf dem Wege hin zu diesem Endpunkt unserer Endlichkeit ist einzig dies der Trost, der trägt: die ganz und gar griechische Hoffnung auf Unendlichkeit, der Glaube an Unsterblichkeit. Ist dies «Dionysos», taten die frühen Christen gut daran, das Abendmahl ihres Erlösers, die Verheißung der Vergebung aller Schuld sowie der Auferstehung in der Unvergänglichkeit der Liebe, zu begehen in dem Bild des Weins, in dem die Gottheit stirbt und lebt und uns hineinnimmt in das Glück einer Vollendung ohne Ende. Das Abschiedswort des Todes selber ist: «Auf Wiedersehen.»

Bibliographie

1) Quellentexte

Aischylos: Tragödien, griech.-dt., übers. v. Oskar Werner, hg. von Bernhard Zimmermann, Düsseldorf – Zürich ⁶2005: Perser, 7–77; Sieben gegen Theben, 79–145; Die Schutzflehenden, 147–213; Orestie: Agamemnon, 215–319. Weihgussträgerinnen, 321–395. Eumeniden, 397–467; Der gefesselte Prometheus, 469–537

Aischylos: Tragödien und Fragmente, übers. u. mit Erl. sowie einem Essay «Zum Verständnis der Werke», hg. von Oskar Werner, Reinbek (rk 213–215) 1966; Orestie, 5–110: Agamemnon, 7–49. Weihgussträgerinnen, 51–81. Eumeniden, 82–110; Proteus, 111; Perser, 113–142; Phineus, 143–144; Feueranzünder Prometheus, 144–145; Labdakiden. Sieben gegen Theben, 147–175; Laios, 177; Ödipus, 178; Promethie. Der gefesselte Prometheus, 197–207. Der befreite Prometheus, 207–210; Danaiden. Die Schutzflehenden, 211–239; Die Ägypter, 241–242; Fragmente aus Dramen und Elegien, 243–289

Antike Fabeln. Hesiod, Archilochos, Äsop, Ennius, Horaz, Phädrus, Babrios, Avianus, Romulus, Ignatius, Diaconus, mit 97 Bildern des Ulmer Äsop von 1476, eingel. u. neu übertragen v. Ludwig Mader, Zürich (Bibliothek der Alten Welt) 1951; München (dtv tb 6024) 1973

Aristoteles: Metaphysik. Schriften zur Ersten Philosophie, übers. u. hg. v. Franz F. Schwarz, Stuttgart (reclam 1713) 1970; 1976

Catull: Sämtliche Gedichte, lat.-dt., übers. u. hg. v. Michael von Albrecht, Stuttgart (reclam UB 9395) (1995), um eine metrische Übersicht erweiterte Ausgabe 2009, bibliogr. erg. 2011

Marcus Tullius Cicero: Gespräche in Tusculum. Übers., Kommentar u. Nachw. v. Olof Gigon, Stuttgart (reclam 5027–31) 1970

Marcus Tullius Cicero: De republica – Vom Staat, lat.-dt., übers. u. hg. v. Michael von Albrecht, Stuttgart (reclam UB 18880) 2013

Diodor's von Sicilien Historische Bibliothek, übers. v. Julius Friedrich Wurm, 1. Bd. (Volumes 1–5): Buch I–V, Bruchstücke aus den Büchern VI–X; Stuttgart 1827–1831; 2. Bd. (Volumes 6–10): Buch XI–XIV, Stuttgart 1831–1832; 3. Bd. (Volumes 11–15): Buch XV–XIX; Stuttgart 1834–1839; 4. Bd. (Volumes 16–19): Buch XIX (Schluss)-XX

Euripides: Tragödien, griech.-dt., übers. v. Dietrich Ebener, hg. v. Bernhard Zimmermann, (Berlin 1979) Mannheim 2010; 1. Bd.: Alkestis, 40–133; Medeia, 135–247; Hippolytos, 249–365; Elektra, 367–477; Herakles, 479–597; 2. Bd.: Die Troerinnen, 600–709; Iphigenie im Lande der Taurer, 711–835; Helena, 837–973; Orestes, 975–1113; Die Bakchen, 1115–1231

Euripides: Sämtliche Tragödien und Fragmente, griech.-dt., übers. v. Ernst Buschor, hg. v. Gustav Adolf Seeck, 6 Bde., München 1972, Bd. 2: Die Kinder des Herakles S. 5–75; Hekabe, 77–161; Andromache, S. 163–249

Euripides: Andromeda, in: Sämtliche Tragödien und Fragmente, griech.-dt., hg. v. Gustav Adolf Seeck, 6 Bde., Bd. 6, München 1981, Fragmente, übers. v. Gustav Adolf Seeck, S. 51–67

Gerhard Fink: Ovid-Metamorphosen, lat.-dt.: Düsseldorf – Zürich 2003, 353–379: Einführung

Griechische Gedichte mit Übertragungen deutscher Dichter, hg. v. Horst Rüdiger, München 1936; ³1944

Griechische Lyrik. Von den Anfängen bis zu Pindar, griech.-dt., zusammengestellt und mit einem Essay «Zum Verständnis der Werke», Bibliographie und Anmerkungen hg. v. Gerhard Wirth, Reinbek (rk 140–142) 1963

Griechische Sagen. (Pseudo)Apollodoros, Epitome – Parthenios – Antoninus Liberalis – Hyginus, eingel. u. neu übertr. v. Ludwig Mader, Zürich – Stuttgart 1963

Herodot: Historien, griech.-dt., hg. v. Josef Feix, 1. Bd.: Bücher I–V; 2. Bd.: Bücher VI–IX, Düsseldorf 2001; ⁷2006

Hesiod: Sämtliche Gedichte. Theogonie – Erga – Frauenkataloge, übers. u. erl. v. Walter Marg, Zürich – Stuttgart 1970

Homer: Ilias, griech., hg. v. Hans Färber, München 1954

Homer: Ilias. Neue Übers., Nachw. u. Register v. Roland Hampe, Stuttgart 1979

Homer: Odyssee, griech., hg. v. Paul Cauer, Leipzig – Berlin (Freytags Sammlung griechischer und lateinischer Klassiker) ⁸o. J.

Homer: Odyssee, griech.-dt., Übers., Nachw. u. Register v. Roland Hampe, Stuttgart (reclam 18640) 2010

Homerische Hymnen. Übertragung, Einführung und Erläuterungen von Karl Arno Pfeiff, hg. v. Gerd von der Gönna u. Erika Simon, Tübingen (Ad fontes, Bd. 8) 2002; ²2010

Quintus Horatius Flaccus: Sämtliche Werke, lat.-dt., mit den Holzschnitten der Straßburger Ausgabe von 1498, mit einem Nachw. hg. v. Bernhard Kytzler, Stuttgart (1992), verb. u. aktualisiert (Reclam UB 18466) 2006

Lukian: Gespräche der Götter und Meergötter, der Toten und der Hetären, in Anlehnung an Christoph Martin Wieland, übers. u. hg. v. Otto Seel, Stuttgart (reclam 1133) 1967

A Publius Ovidius Naso: Metamorphosen. Auswahlausgabe, lat.-dt., hg. u. (in Prosa) übers. v. Gerhard Fink, Düsseldorf – Zürich ³2003

B Publius Ovidius Naso: Metamorphosen, übers. (in Versmaß) u. hg. v. Hermann Breitenbach, eingel. v. I. P. Wilkinson (Zürich 1958), Stuttgart (reclam 356–357, 357 a-f) 1975

C Publius Ovidius Naso: Metamorphosen. In deutsche Hexameter übertragen u. hg. v. Erich Rösch, lat.-dt., mit einer Einführung von Niklas Holzberg, München ¹¹(überarb.) 1988

Publius Ovidius Naso: Briefe der Sagenfrauen. Heroides, eingel. übertr. u. erl. v. Heinrich Naumann, München (GGTb. 1350) o. J.

Publius Ovidius Naso: Heroides. Briefe der Heroinen, lat.-dt., übers. u. hg. v. Detlev Hoffmann, Christoph Schliebitz u. Hermann Stocker, Stuttgart (reclam 1359) 2000

Publius Ovidius Naso: Fasti. Festkalender, lat.-dt., auf der Grundlage der Ausg. v. Wolfgang Gerlach neu übers. u. hg. v. Niklas Holzberg, Berlin ⁴(überarb.) 2012

Publius Ovidius Naso: Liebeskunst. Ars Amatoria Libri Tres, nach der Übers. v. W. Hertzberg bearb. v. Franz Burger, mit Abb. nach etruskischen Wandmalereien, München (insel tb. 164) 1976

Publius Ovidius Naso: Drei Bücher über die Liebeskunst. Heilmittel gegen die Liebe, hg. u. übertragen von Otto M. Mittler, München (GGTb. 421) 1962, 165–206: Heilmittel gegen die Liebe

Publius Ovidius Naso: Amores–Liebesgedichte, lat.-dt., übers. u. hg. v. Michael von Albrecht, Stuttgart (reclam UB 1361) (1997) 2010

Pausanias: Reisen in Griechenland. Gesamtausgabe in drei Bänden auf Grund der kommentierten Übersetzung von Ernst Meyer hg. v. Felix Eckstein, 3 Bde., Zürich – München 1986–1989; Bd. 1: Athen (I–IV); Bd. 2: Olympia (V–VIII); Bd. 3: Delphoi (VIII–X)

Philostratus: Apollonius von Tyana, übers. u. erl. v. Eduard Baltzer, Rudolstadt i. Th. 1883

Pindar: Oden, griech.-dt., übers. u. hg. v. Eugen Dönt, Stuttgart (reclam 8314) 1986

Platon: Protagoras, in: Sämtliche Werke, in der Übers. v. Friedrich Schleiermacher mit der Stephanus-Numerierung hg. v. Walter F. Otto – Ernesto Grassi – Gert Plamböck, Bd. 1, Reinbek (rk 1,1a) 1957, 59–110

Platon: Gorgias, in: Sämtliche Werke, in der Übers. v. Friedrich Schleiermacher mit der Stephanus-Numerierung hg. v. Walter F. Otto – Ernesto Grassi – Gert Plamböck, Bd. 1, Reinbek (rk 1,1a) 1957, 197–283

Platon: Menexenos, in: Sämtliche Werke, in der Übersetzung von Friedrich Schleiermacher mit der Stephanus-Numerierung hg. v. Walter F. Otto – Ernesto Grassi – Gert Plamböck, 2. Bd., Reinbek (rk 14) 1957, 107–122

Platon: Kratylos, in: Sämtliche Werke, in der Übers. v. Friedrich Schleiermacher mit der Stephanus-Numerierung hg. v. Walter F. Otto – Ernesto Grassi – Gert Plamböck, Bd. 2, Reinbek (rk 14) 1957, 123–181

Platon: Phaidon, in: Sämtliche Werke, in der Übers. v. Friedrich Schleiermacher mit der Stephanus-Numerierung hg. v. Walter F. Otto – Ernesto Grassi – Gert Plamböck, Bd. 3, Reinbek (rk 27,27a) 1958, 7–66

Plutarch: Theseus, in: Lebensbeschreibungen in 6 Bden., übers. v. Johann Friedrich Kaltwasser (1799–1806), in der Bearbeitung von Hans Floerke (1913), Textrevision und Biographischer Anhang von Ludwig Kröner, 1. Bd., München (GGTb. 1430–1431) 1964, mit der Einleitung von Otto Seel, S. 30–61

Plutarch: Alexandros, in: Lebensbeschreibungen in 6 Bden., übers. v. Johann Friedrich Kaltwasser (1799–1806), in der Bearbeitung von Hans Floerke (1913), Textrevision von Ludwig Kröner, Bibliographischer Anhang von Frank Auerbach, 4. Bd., München (GGTb 1436–1437) 1965, 264–345

Plutarch: Drei Religionsphilosophische Schriften: Über den Aberglauben. Über die späte Strafe der Gottheit. Über Isis und Osiris, griech.-dt., übers. u. hg. v. Herwig Görgemanns unter Mitarbeit v. Reinhard Feldmeier u. Jan Assmann, Düsseldorf 2003; ²2009

Thomas Schirren – Thomas Zinsmaier (Hg. u. Übers.): Die Sophisten. Ausgewählte Texte, griech.-dt., Stuttgart (reclam UB 18264) 2011

Sophokles: Dramen, griech.-dt., hg. u. übers. v. Wilhelm Willige, überarb. v. Karl Bayer, mit Anmerkungen und einer Einführung von Bernhard Zimmermann, Düsseldorf 2003; ⁵2007; Aias, 8–95; Die Trachinierinnen, 98–177; Antigone, 179–261; König Ödipus, 263–357; Elektra, 359–451; Philoktetes, 453–545; Ödipus auf Kolonos, 547–657; Die Satyrn als Spürhunde, 659–689

Sophokles: Die Tragödien, übers. v. K. W. F. Solger (Berlin 1808), mit einem Nachw. v. Wolfgang Schadewaldt u. Anmerkungen von Klaus Ries, München (dtv 6071) 1977; Aias, 7–50; Antigone, 51–92; Die Trachinierinnen, 93–131; König Ödipus, 133–179; Elektra, 181–227; Philoktetes, 229–274; Ödipus auf Kolonos, 275–330

Sophokles: Tragödien. König Ödipus, Ödipus auf Kolonos, Antigone, übers. v. J. J. Christian Donner, München (GGTb. 390) o. J.

Strabo: Geographica. In der Übersetzung und mit Anmerkungen von A. Forbiger, Berlin – Stuttgart 1855–1898; Überarbeitung der 1. Aufl. von Philipp Weyer-Menkhoff, Wiesbaden 2005; ²(korr. von Lars Hoffmann) Wiesbaden 2007

Gaius Suetonius Tranquillus: Leben der Caesaren – De vita Caesarum, übers. u. hg. v. André Lambert, (Zürich 1955) München (dtv 6005) 1972

Thukydides: Geschichte des Peloponnesischen Krieges, übers. u. mit einem Essay «Zum

Verständnis des Werkes» mit Anmerkungen und Register hg. v. Georg Peter Landmann (Zürich 1962) Reinbek (rk 100–102) o. J.

Vergil: Aeneis. 12 Gesänge. Unter Verwendung der Übertragung v. Ludwig Neuffers übers. u. hg. v. Wilhelm Plankl, unter Mitwirkung v. Karl Vretska, Stuttgart (reclam 221) 1976

Vergil: Aeneis, lat.-dt., hg. u. übers. v. Gerhard Fink, Düsseldorf – Zürich 2005

Vergil: Hirtengedichte (Eklogen), übers. u. erl. v. Harry C. Schnur, Stuttgart (reclam 637) 1968

Die Vorsokratiker, 3 Bde., griech.-lt.-dt., Ausw. der Fragmente und Zeugnisse, Übers. u. Erl. v. M. Laura Gemelli Marciano; 1. Bd.: Thales, Anaximander, Anaximenes, Pythagoras, Xenophanes, Heraklit, Düsseldorf 2007; 2. Bd.: Parmenides, Zenon, Empedokles. Düsseldorf 2009; 3. Bd.: Anaxagoras, Melissos, Diogenes von Apollonia. Die antiken Atomisten: Leukipp und Demokrit, Düsseldorf ²(überarb.) 2013

Xenophon: Memorabilien. Erinnerungen an Sokrates, übertragen und erläutert von Paul M. Laskowsky, München (GGTb. 597) 1960

Xenophon: Das Gastmahl, griech.-dt., übers. u. hg. v. Ekkehard Stärk, Stuttgart (reclam UB 2056) 1988; 2009

2) Hilfsmittel, Kommentare, Artikel

Wolf Aly: Die literarische Überlieferung des Prometheusmythos (1913), in: Ernst Heitsch (Hg.): Hesiod, Darmstadt (Wege der Forschung 44) 1966, 327–341

S. Benardete: The Crimes and Arts of Prometheus, in: Rheinisches Museum 107 (1964) 126–139

Benselers Griechisch-Deutsches Schulwörterbuch, 12. erw. u. vielfach verb. Aufl. bearb. v. Adolf Kaegi, Leipzig – Berlin 1904

Elmar Bund: Maiestas, in: Konrat Ziegler und Walther Sontheimer (Hg.): Der Kleine Pauly. Lexikon der Antike in fünf Bänden, (München 1975) München (dtv 5963) 1979, III 897–899

Walter Burkert: Griechische Religion der archaischen und klassischen Epoche (Die Religionen der Menschheit, Bd. 15), Stuttgart ²(überarb. u. erw.) 2011

Thomas H. Carpenter: Art and Myth in Ancient Greece. A Handbook, (New York 1991), London 2003

Chefs-d'oeuvre de la céramique grecque dans les collections du Louvre, par Martine Denoyelle, introduction par Alain Pasquier, Paris 1994

Filippo Coarelli (Ed.): Pompei. La vita ritrovata. Fotografien v. Alfredo u. Pia Foglia, Udine 2002; dt.: Pompeji, aus dem Italien. v. Eva Ambros, München 2002; Filippo Coarelli: Das Heilige, 74–109; Maria Paola Guidobaldi – Fabrizio Pesando – Antonio Varone: Das Wohnhaus, 203–377

Wiktor A. Daszewski: Dionysos der Erlöser. Griechische Mythen im spätantiken Cypern, Mainz (Trierer Beiträge zur Altertumskunde, Bd. 2) 1985

Hans Diller: Hesiod und die Anfänge der griechischen Philosophie (1946), in: Ernst Heitsch (Hg.): Hesiod, Darmstadt (Wege der Forschung 44) 1966, 688–707

Mythos Dionysos. Texte von Homer bis Thomas Mann, hg. v. Jochen Schmidt u. Ute Schmidt-Berger, Stuttgart (reclam 20154) 2008

Franz Dornseiff: Hesiods Werke und Tage und das Alte Morgenland (1934), in: Ernst Heitsch (Hg.): Hesiod, Darmstadt (Wege der Forschung 44) 1966, 131–150

Eugen Drewermann: Liebe, Leid und Tod. Daseinsdeutung in antiken Mythen, Ostfildern 2013

Jacqueline Duchemin: Le mythe de Prométhée à travers les âges, in: Bulletin de l'Association Guillaume, Budé, 3. série, numéro 3, Octobre 1952, 39–72

Georges Dumézil: Le Problème des Centaures. Etude de Mythologie comparée Indo-Européenne, Paris (Annal du Musée Guimet, Bd. 41) 1929

Brigitta Eder: Der Kentaur von Lefkandi, in: Zeit der Helden. Die «dunklen Jahrhunderte» Griechenlands 1200–700 v. Chr., hg. v. Badischen Landesmuseum Karlsruhe. Katalog zur Ausstellung im Badischen Landesmuseum Schloß Karlsruhe 25.10.2008 – 15.2.2009, 185

Susanne Erbelding: Batman, Kahn, Mandela und Co. Die Heldenfrage, gerichtet an die Helden von heute, in: Zeit der Helden. Die «dunklen Jahrhunderte» Griechenlands 1200–700 v. Chr., hg. vom Badischen Landesmuseum Schloß Karlsruhe 25.10.2008 – 15.2.2009, 367–376

Wolfgang Fauth: *Anthesteria,* in: Konrat Ziegler u. Walther Sontheimer (Hg.): Der Kleine Pauly. Lexikon der Antike in 5 Bden., Bd. 1, (München 1975) München (dtv 5963) 1979, Sp. 372–374

Astrid Fendt: Die Griechen in Italien. Staatliche Antikensammlungen und Glyptothek, München 2013

D. M. Field: Greek and Roman Mythology, 1977; dt.: Die Mythologie der Griechen und Römer, Zollikon 1977

Hermann Fränkel: Dichtung und Philosophie des frühen Griechentums. Eine Geschichte der griechischen Epik, Lyrik und Prosa bis zur Mitte des fünften Jahrhunderts, ([1]1950), München [2]1962; [3](durchges.) 1976

Jonas Fränkel: Wandlungen des Prometheus, Bern (Berner Universitätsschriften 2) 1910

Wolf-Hartmut Friedrich: Die Sonderstellung des Aischyleischen «Prometheus» (1965), in: Hildebrecht Hommel (Hg.): Wege zu Aischylos, 2. Bd.: Die einzelnen Dramen, Darmstadt (Wege der Forschung 465) 1974, 331–332

Kurt von Fritz: Pandora, Prometheus und der Mythos von den Weltaltern (1947), übers. v. Karl Nicolai, in: Ernst Heitsch (Hg.): Hesiod, Darmstadt (Wege der Forschung 44) 1966, 367–418

Paul Garelli – Marcel Leibovici: Akkadische Schöpfungsmythen, in: La Naissance du Monde, Paris o. J.; dt.: Quellen des Alten Orients. 1. Bd.: Die Schöpfungsmythen, eingel. v. Mircea Eliade, übers. v. Elisabeth Klein, Einsiedeln – Zürich – Köln 1964, 119–151

Jörg Gebauer: Die Unterwelt – Das Reich des Hades, in: Florian Knauß (Hg.): Die unsterblichen Götter Griechenlands. Staatliche Antikensammlungen und Glyptothek, München 2012, 273–279

Gemoll. Griechisch-deutsches Schul- und Handwörterbuch von W. Gemoll und K. Vretska, 10. völlig neu bearb. Auflage, Einführung in die Sprachgeschichte von Rudolf Wachter, Gesamtredaktion Renate Oswald, München 2006

Wilhelm Gesenius: Hebräisches und Aramäisches Handwörterbuch über das Alte Testament, bearb. v. Frants Buhl, ([17]1915), Berlin – Göttingen – Heidelberg 1962

Olof Gigon: Studien zu Platons Protagoras, in: Phyllobolia. Für Peter von der Mühll, Basel 1946, 91–152

Herwig Görgemanns: Aischylos: Die Tragödien, in: Gustav Adolf Seeck (Hg.): Das griechische Drama, Darmstadt (Grundriß der Literaturgeschichte nach Gattungen) 1979, 13–50

450

Von Göttern und Menschen. Bilder auf griechischen Vasen. Annika Backe-Dahmen – Ursula Kästner – Agnes Schwarzmaier, mit Fotos von Johannes Laurentius u. Ingrid Geske. Antikensammlung – Staatliche Museen zu Berlin, Tübingen 2010

Michael Grant – John Hazel: Who's Who in Classical Mythology, London 1973; dt.: Lexikon der antiken Mythen und Gestalten, übers. v. Holger Fließbach, Red. Caroline Creutzer, München (dtv 3181) 1980

Die Griechischen Sagen in Bildern erzählt von Erich Lessing, mit Beiträgen von Ernest Bornemann, Wolfgang Oberleitner, Egidius Schmalzriedt, München 1977

Walter Hatto Groß: *lēkythos*, in: Konrat Ziegler u. Walther Sontheimer (Hg.): Der Kleine Pauly. Lexikon der Antike, Bd. 3, (München 1975) München (dtv 5963) 1979, 551

G. M. A. Grube: Zeus bei Aischylos (1970, übers. v. Sibylle Meyer), in: Hildebrecht Hommel (Hg.): Wege zu Aischylos, 1. Bd.: Zugang – Aspekte der Forschung – Nachleben, Darmstadt (Wege der Forschung 87) 1974, 301–311

Dennis Gruen (Hg.): Tod und Sterben in der Antike. Grab und Bestattung bei Ägyptern, Griechen Etruskern und Römern. Mit Beiträgen von Jana Brückner u. Henning Wabersich, Stuttgart 2011

Hans Gustav Güterbock: Kumarbi. Mythen vom churritischen Kronos aus den hethitischen Fragmenten zusammengestellt, übersetzt und erklärt, Istanbuler Schriften Nr. 16, 1946

Cornelia Hadziaslani: Parthenon. Promenades; Photographs: Socratis Mavrommatis; Melina Mercouri Fundation 2010 (3rd edition from: Promenades at the Parthenon, 2000)

Elke Hartmann: Frauen in der Antike. Weibliche Lebenswelten von Sappho bis Theodora, München 2007

Ernst Heitsch: Das Prometheus-Gedicht bei Hesiod (1963), in: Ernst Heitsch (Hg.): Hesiod, Darmstadt (Wege der Forschung 44) 1966, 419–435

Alfred Heubeck: Mythologische Vorstellungen des Alten Orients im archaischen Griechentum (1955), in: Ernst Heitsch (Hg.): Hesiod, Darmstadt (Wege der Forschung 44) 1966, 545–570

Herbert Hunger: Lexikon der griechischen und römischen Mythologie, mit Hinweisen auf das Fortwirken antiker Stoffe und Motive in der bildenden Kunst, Literatur und Musik des Abendlandes bis zur Gegenwart, Reinbek (rororo 6178) 6(erw. u. erg.) 1974

Hugh Lloyd Jones: Zeus bei Aischylos (1956, übers. v. Brigitte Mannsperger), in: Hildebrecht Hommel (Hg.): Wege zu Aischylos, 1. Bd.: Zugang – Aspekte der Forschung – Nachleben, Darmstadt (Wege der Forschung 87) 1974, 265–300

Ursula Kästner: Die Befreiung des Prometheus, in: Von Göttern und Menschen. Bilder auf griechischen Vasen. Annika Backe-Dahmen – Ursula Kästner – Agnes Schwarzmaier, mit Fotos von Johannes Laurentius und Ingrid Geske, Antikensammlung – Staatliche Museen Berlin, Tübingen – Berlin 2010, 54–55

Ursula Kästner: Perseus und Andromeda, in: Von Göttern und Menschen. Bilder auf Griechischen Vasen, Annika Backe-Dahmen – Ursula Kästner – Agnes Schwarzmaier, mit Fotos von Johannes Laurentius und Ingrid Geske, Antikensammlung – Staatliche Museen Berlin 2010, 26–27

Karl Kerényi: Die Mythologie der Griechen. Bd. 1: Die Götter- und Menschheitsgeschichten. Bd. 2: Die Heroen-Geschichten, München (dtv 1345; 1348) 1966

Karl Kerényi: Der göttliche Arzt. Studien über Asklepios und seine Kultstätten, Darmstadt 1956; 1975

Karl Kerényi: Antike Religion, München – Wien 1971

Karl Kerényi: Dionysos. Urbild des unzerstörbaren Lebens, in: Werke in Einzelausgaben, Bd. 8, hg. v. Magda Kerényi, München – Wien 1976

Karl Kerényi: Prometheus. Die menschliche Existenz in griechischer Dichtung, Hamburg (rde 95) 1959, in: Urbilder der griechischen Religion, Stuttgart (Werke in Einzelausgaben, hg. v. Magda Kerényi) 1998, 173–262

Florian Knauß: Ariadne – Eine starke Frau?, in: Raimund Wünsche (Hg.): Starke Frauen. Staatliche Antikensammlungen, München 2007, 292

Florian Knauß: Fünfkampf, in: Raimund Wünsche – Florian Knauß (Hg.): Lockender Lorbeer. Sport und Spiel in der Antike. Staatliche Kunstsammlungen, München 2004, 96–101

Kordelia Knoll: «Sagenhaft und voll von Wundern.» Zum Mythos von Dionysos und Ariadne, in: Dionysos. Rausch und Ekstase. Ausstellung und Katalog, Michael Philipp, Bucerius Kunstforum, Hamburg 3.10.2013 – 12.1.2014, 62–69

Vibeke Ch. Kottsieper – Matthias Steinhart: Frauen wider göttliche Begierde, in: Raimund Wünsche (Hg.): Starke Frauen. Staatliche Antikensammlungen, München 2007, 245–253

Langenscheidt. Großes Schulwörterbuch Lateinisch–Deutsch, bearb. v. der Langenscheidt-Redaktion auf der Grundlage des Menge – Güthling, Berlin – München – Wien – Zürich – New York 2001

Johannes Lehmann: Die Hethiter. Volk der tausend Götter, Gütersloh – Wien 1975

Albin Lesky: Hethitische Texte und griechischer Mythos, in: Anzeiger der österreichischen Akademie der Wissenschaften, Philos.-hist. Klasse, 9/1950, 137–159

Albin Lesky: Die tragische Dichtung der Hellenen, Göttingen (Studienhefte zur Altertumswissenschaft, Heft 2) 1972

Albin Lesky: Entscheidung und Verantwortung in der Tragödie des Aischylos (1966), in: Hildebrecht Hommel (Hg.): Wege zu Aischylos, 1. Bd.: Zugang – Aspekte der Forschung – Nachleben, Darmstadt (Wege der Forschung 87) 1974, 330–346

Albin Lesky: Griechischer Mythos und Vorderer Orient (1955), in: Ernst Heitsch (Hg.): Hesiod, Darmstadt (Wege der Forschung 44) 1966, 571–601

Erich Lessing: Die griechischen Sagen in Bildern erzählt. Mit Beiträgen von Ernest Bornemann, Wolfgang Oberleitner, Egidius Schmalzriedt, München 1977

Susanne Lorenz: Fit for Fight – Paramilitärische Disziplinen, in: Raimund Wünsche – Florian Knauß (Hg.): Lockender Lorbeer. Sport und Spiel in der Antike. Staatliche Kunstsammlungen, München 2004, 213–223

Susanne Lorenz: Frauen von mörderischer Stärke, in: Raimund Wünsche (Hg.): Starke Frauen. Staatliche Antikensammlungen, München 2007, 279–309

Hartmut Matthäus: An der Wiege des Zeus: die Idäische Zeus Grotte, in: Zeit der Helden. Die «dunklen Jahrhunderte» Griechenlands 1200–700 v. Chr., hg. v. Badischen Landesmuseum Karlsruhe. Katalog zur Ausstellung im Badischen Landesmuseum Schloß Karlsruhe 25.10.2008 – 15.2.2009, 237

Georges Méautis: Mythes inconnus de la Grèce Antique, Paris 1944

Karl Meuli: Griechische Opferbräuche, in: Phyllobolia. Für Peter von der Mühll, Basel 1946, 185–288

Eduard Meyer: Hesiods Erga und das Gedicht von den fünf Menschengeschlechtern (1924), in: Ernst Heitsch (Hg.): Hesiod, Darmstadt (Wege der Forschung 44) 1966, 471–522

Manolis Mikrakis: «Mit Schwert und Leier ...», in: Zeit der Helden. Die «dunklen Jahrhunderte» Griechenlands 1200–700 v. Chr., hg. v. Badischen Landesmuseum Karlsruhe. Katalog der Ausstellung im Badischen Landesmuseum Schloß Karlsruhe 25.10.2008 – 15.2.2009, 340–341

452

Sabatino Moscati: The Phoenicians, London 1965; dt.: Die Phöniker von 1200 vor Christus bis zum Untergang Karthagos, aus dem Italien. übers. v. Rolf Schott, Essen (Magnus Kulturgeschichte) 1975

Salvatore Ciro Nappo: Pompeji. Die versunkene Stadt (Vercelli 1998), aus dem Italien. v. Claudia Theis-Passaro, Fotos Alfredo u. Pio Foglia, Erlangen 1998

Wilhelm Nestle: Die Religiosität des Aischylos (1930), in: Hildebrecht Hommel (Hg.): Wege zu Aischylos, 1. Bd.: Zugang – Aspekte der Forschung – Nachleben, Darmstadt (Wege der Forschung 87) 1974, 251–264

New Larousse Encyclopedia of Mythology, introd. by Robert Graves, transl. by Richard Aldington and Delano Ames (Paris 1959), London – New York – Sydney – Toronto 1968 [11]1975

Rainer Nickel: Lexikon der antiken Kultur, Marburg 2014

Martin P. Nilsson: Geschichte der griechischen Religion. 1 Bd.: Die Religion Griechenlands bis auf die griechische Weltherrschaft; 2. Bd.: Die hellenistische und römische Zeit, München (Handbuch der Altertumswissenschaft, 5. Abt., 2. Teil. 1. u. 2. Bd.): 1. Bd., 1922; [3](durchges. u. erg.) 1967; [2]1992; 2. Bd., 1955; [2] (durchges. u. erg.) 1961; [4](unverändert) 1988

Ilona Opelt: Das Nachleben des Aischylos in christlicher Zeit (1962), in: Hildebrecht Hommel (Hg.): Wege zu Aischylos, 1. Bd.: Zugang – Aspekte der Forschung – Nachleben, Darmstadt (Wege der Forschung 87) 1974, 436–442

Heinrich Otten: Mythen vom Gotte Kumarbi. Neue Fragmente, Berlin (Deutsche Akademie der Wissenschaften. Institut für Orientforschung, Nr. 3) 1950

Walter Friedrich Otto: Die Götter Griechenlands, Bonn [1]1929

Walter Friedrich Otto: Theophania. Der Geist der altgriechischen Religion, Hamburg (rde 15) 1956

André Parrot – Maurice H. Chébab – Sabatino Moscati: Die Phönizier. Die Entwicklung der Phönizischen Kunst von den Anfängen bis zum Ende des dritten Punischen Krieges, aus dem Französ. übers. v. Franz Graf von Otting u. Wolf-Dieter Bach, München 1977

Der Pergamonaltar. Staatliche Museen zu Berlin; Mainz 2004, 30–59: Volker Kästner: Der Große Fries mit der Darstellung der Gigantomachie

Stewart Perowne: Roman Mythology, London 1969; dt.: Römische Mythologie, übers. v. Rudolf Hermstein, Wiesbaden (Emil Vollmer Verl.) o. J.

Michael Philipp: Herrschaft und Subversion. Die dionysische Bildwelt von der Antike bis zur Gegenwart, in: Dionysos. Rausch und Ekstase, hg. vom Bucerius Kunst Forum und den Staatlichen Kunstsammlungen Dresden, Hamburg – Dresden 2013–2014, 10–23

Paula Philippson: Genealogie als mythische Form (1936; 1944), in: Ernst Heitsch (Hg.): Hesiod, Darmstadt (Wege der Forschung 44) 1966, 651–687

Karl Reinhardt: Prometheus (1957), in: Tradition und Geist. Gesammelte Essays zur Dichtung, hg. v. Carl Becker, Göttingen 1960, 191–226

Karl Reinhardt: Die Sinneskrise bei Euripides (1958), in: Tradition und Geist. Gesammelte Essays zur Dichtung, hg. v. Carl Becker, Göttingen 1960, 227–256

Karl Reinhardt: Die Krise des Helden (1953), in: Tradition und Geist. Gesammelte Essays zur Dichtung, hg. v. Carl Becker, Göttingen 1960, 420–427

Karl Reinhardt: Aischylos als Regisseur und Theologe, Bern (Überlieferung und Auftrag, Bd. 6) 1949

Karl Reinhardt: Platons Mythen (1926; [2]erw. 1938), in: Vermächtnis der Antike. Gesammelte Essays zur Philosophie und Geschichtsschreibung, hg. v. Carl Becker, Göttingen 1960, 219–295

Karl Reinhardt: Nietzsche und die Geschichte (1928), in: Gesammelte Essays zur Philosophie und Geschichtsschreibung, hg. v. Carl Becker, Göttingen 1960, 296–309

Udo Reinhardt: Der antike Mythos. Ein systematisches Handbuch, Freiburg – Berlin – Wien (Rombach Wissenschaften. Reihe Paradeigmata, Bd. 14) 2011

Richard Reitzenstein: Altgriechische Theologie und ihre Quellen (1924–1925), in: Ernst Heitsch (Hg.): Hesiod, Darmstadt (Wege der Forschung 44) 1966, 523–544

Carl Robert: Die antiken Sarkophagreliefs. Niobiden bis Triptolemos. Einzelmythen, ³Berlin 1914

Carl Robert: Zu Hesiods Theogonie (1905), in: Ernst Heitsch (Hg): Hesiod, Darmstadt (Wege der Forschung 44) 1966, 153–174

Carl Robert: Pandora (1914), in: Ernst Heitsch (Hg.): Hesiod, Darmstadt (Wege der Forschung 44) 1966, 342–366

Herbert Jennings Rose: Aischylos als Psychologe (1957, übers. v. Brigitte Mannsperger), in: Hildebrecht Hommel (Hg.): Wege zu Aischylos, 1. Bd.: Zugang – Aspekte der Forschung – Nachleben, Darmstadt (Wege der Forschung 87) 1974, 148–174

Thomas G. Rosenmeyer: Hesiod und die Geschichtsschreibung (Erga 106–201), (1957, übers. v. Karl Nicolai), in: Ernst Heitsch (Hg.): Hesiod, Darmstadt (Wege der Forschung 44) 1966, 602–648

Andreas Rottloff: Lebensbilder römischer Frauen, Mainz (Kulturgeschichte der antiken Welt, Bd. 10) 2006

Wolfgang Schadewaldt: Griechische Sternsagen, Frankfurt/M. – Hamburg (Fischer Tb. 129) 1956

Wolfgang Schadewaldt: Der Gott von Delphi und die Humanitätsidee, Frankfurt/M. (sv 471) 1975

Wolfgang Schadewaldt: Ursprung und frühe Entwicklung der attischen Tragödie (1971), in: Hildebrecht Hommel (Hg.): Wege zu Aischylos, 1. Bd.: Zugang – Aspekte der Forschung – Nachleben, Darmstadt (Wege der Forschung 87) 1974, 104–147

Karl Schefold: Die Bedeutung der griechischen Kunst für das Verständnis des Evangeliums, Mainz (Kulturgeschichte der antiken Welt Bd. 16) 1983

Karin Schlott: Aus dem Dunkel ans Licht, in: Bild der Wissenschaft, 12/2014, 70–71

Jochen Schmidt – Ute Schmidt-Berger (Hg.): Mythos Dionysos. Texte von Homer bis Thomas Mann, Stuttgart (reclam Tb. 20154) 2008

Andrea Schmölder-Veit: Wettstreit um die Gunst der Musen, in: Raimund Wünsche – Florian Knauß (Hg.): Lockender Lorbeer. Sport und Spiel in der Antike. Staatliche Kunstsammlungen, München 2004, 224–241

Hans Schwabl: Beispiele zur poetischen Technik des Hesiod, in: Ernst Heitsch (Hg.): Hesiod, Darmstadt (Wege der Forschung 44) 1966, 175–219

Aletta Seiffert: Gefürchtet, bewundert, vergöttert. Die religiöse Verehrung der Helden, in: Zeit der Helden. Die «dunklen Jahrhunderte» Griechenlands 1200–700 v.Chr., hg. vom Badischen Landesmuseum Karlsruhe. Katalog der Ausstellung im Badischen Landesmuseum Schloß Karlsruhe 25.10.2008 – 15.2.2009, 352–359

Katerina Servi: The Acropolis. The Acropolis Museum, transl. by Despina Christodoulou, Athen 2011

Erika Simon: Die Götter der Griechen. Aufnahmen v. Max Hirmer u. a., München ³1985

Erika Simon: Ixion und die Schlangen, in: Jahreshefte des Österreichischen Archäologischen Institutes in Wien, Bd. 42, Wien 1955, 5–26

Bruno Snell: Die Welt der Götter bei Hesiod (³1955), in: Ernst Heitsch (Hg.): Hesiod, Darmstadt (Wege der Forschung 44) 1966, 708–725

Sofia Souli: Griechische Mythologie. Die Götter. Die Heroen. Trojanischer Krieg. Die Odyssee, übers. v. Hanns E. Langenfass, künstler. Betreuung Nora Drametinou-Anasta-soglou, Athen 1995

Nikolaos Chr. Stampolidis: Menschenopfer am Grab, in: Zeit der Helden. Die «dunklen Jahrhunderte» Griechenlands 1200–700 v. Chr., hg. v. Badischen Landesmuseum Karlsruhe. Katalog zur Ausstellung im Badischen Landesmuseum Schloß Karlsruhe 25.10.2008 – 15.2.2009, 175–179

Eduard von Tunk: Der antike Orient. Die Welt der Griechen. Etwa 3000–146 v. Chr., (Zürich 1958), München (Goldmanns Illustrierte Weltgeschichte 1, GGTb. 1501–1502) o. J.

Raymond Trousson: Le Thème de Prométheé dans la Littérature Européenne, 2 Bde., Genève 1964

Rose Unterberger: Der «Gefesselte Prometheus» des Aischylos (1968), in: Hildebrecht Hommel (Hg.): Wege zu Aischylos, 2. Bd.: Die einzelnen Dramen, Darmstadt (Wege der Forschung 465) 1974, 352–366

Polyxeni Adam Veleni: Macedonia – Thessaloniki from the exhibits of the Archaeological Museum, übers. v. Deborah Kazazis, Athen 2009

Maarten J. Vermaseren: Mithras de geheimzinnige god, Amsterdam – Brüssel 1959; dt.: Mithras. Geschichte eines Kultes, aus dem Holländ. v. Eva Cartellieri-Schröter, Stuttgart (Urban Bücher 83) 1965

Fritz Wehrli: Hesiods Prometheus (Theogonie V. 507–616) (1956), in: Ernst Heitsch (Hg.): Hesiod, Darmstadt (Wege der Forschung 44) 1966, 411–418

Ulrich von Wilamowitz-Moellendorff: Ursprung der Tragödie. Aischylos (1912), in: Hildebrecht Hommel (Hg.): Wege zu Aischylos, 1. Bd.: Zugang – Aspekte der Forschung – Nachleben, Darmstadt (Wege der Forschung 87) 1974, 3–9

Ulrich von Wilamowitz-Moellendorff: Aischylos. Interpretationen, Berlin 1914 (Dublin – Zürich ²unverändert 1966)

Ulrich von Wilamowitz-Moellendorff: Die griechische Heldensage, 2 Teile, in: Sitzungsberichte der Akademie der Wissenschaften in Wien, Philosophisch-Historische Klasse, Berlin 1925, 1. Teil: S. 41–62; 2. Teil: S. 214–242

Ulrich von Wilamowitz-Moellendorff: Der Glaube der Hellenen, 2 Bde., (Berlin 1931, 1932) Darmstadt ²(unverändert) 1955

Raimund Wünsche: Götter strafen Frevler, in: Florian Knauß (Hg.): Die unsterblichen Götter Griechenlands. Staatliche Antikensammlungen und Glyptothek, München 2012, 371–381

Paul Zanker – Björn Christian Ewald: Mit Mythen leben. Die Bilderwelt der römischen Sarkophage, München 2004

Irena Zawadska: Die Echtheit des «Gefesselten Prometheus». Geschichte und gegenwärtiger Stand der Forschung (1966), in: Hildebrecht Hommel (Hg.): Wege zu Aischylos, 2. Bd.: Die einzelnen Dramen, Darmstadt (Wege der Forschung 465) 1974, 333–351

3) Philosophie und Theologie, Religionsgeschichte

Athenagoras: Bittschrift für die Christen, aus dem Griech. v. Anselm Eberhard, in: Frühchristliche Apologeten und Märtyrerakten, 1. Bd., Kempten – München (Bibliothek der Kirchenväter Bd. 12) 1913, 261–325

Augustinus: Bekenntnisse, übers. v. Joseph Bernhart, Nachw. u. Anm. v. Hans Urs von Balthasar, Frankfurt/M. – München (Fischer Tb. 103) 1955

Wilhelm Bousset: Die Offenbarung Johannis, Göttingen 1906; Neudruck: Göttingen 1966

Albert Camus: Le Mythe de Sisyphe, Paris 1943; dt.: Der Mythos von Sisyphos. Ein Versuch über das Absurde, (Düsseldorf 1950), mit einem kommentierenden Essay von Liselotte Richter, Hamburg (rde 90) 1959

Albert Camus: Prométhée aux Enfers, in: L'été, Paris 1946; dt.: Prometheus in der Hölle, in: Heimkehr nach Tipasa, übers. v. Monique Lang, in: Literarische Essays, Hamburg 1959, 123–203, S. 155–159

Albert Camus: La Peste, Paris 1947; dt.: Die Pest, übers. v. Guido G. Meister, Reinbek (rororo 15) 1950

Albert Camus: Helenas Exil (1948), in: L'été, Paris 1946; dt. in: Heimkehr nach Tipasa, übers. v. Monique Lang, in: Literarische Essays, Hamburg 1959, 123–203, S. 165–171

Albert Camus: L'Homme révolté, Paris 1951; dt.: Der Mensch in der Revolte, übers. v. Julius Streller, neubearb. v. Georges Schlocker unter Mitarbeit von François Bondy, Reinbek 1953, [4]1964

Albert Camus: Fragen der Zeit, aus dem Franz. v. Guido G. Meister, Reinbek 1960

Albert Camus: Ni Victimes Ni Bourreaux, in: Combat, 1946; dt.: Weder Opfer noch Henker. Über eine neue Weltordnung, übers. v. Lislott Pfaff. Mit einem Essay von Heinz Robert Schlette und einem Beitrag von Hans Mayer, Zürich 1995

Catéchisme de l' Église Catholique («Weltkatechismus»), Paris 1992

E. M. Cioran: Cartea amagirilor, Bukarest 1936; dt.: Das Buch der Täuschungen, übers. v. F. Leopold, Frankfurt (sv 1046) 1990

Codex Iuris Canonici – Codex des kanonischen Rechtes, lat.-dt., hg. im Auftrag der Deutschen Bischofskonferenz, Kevelaer 1983

Émile Dermenghem: Mohammed in Selbstzeugnissen und Bilddokumenten, aus dem Franz. v. Marc Gillod, bearb. v. Paul Raabe, Reinbek (rm 47) 1960

Eugen Drewermann: Strukturen des Bösen. Die jahwistische Urgeschichte in exegetischer, psychoanalytischer und philosophischer Sicht. Bd. 1: Die jahwistische Urgeschichte in exegetischer Sicht, Paderborn 1977, [2]1979, erw. durch ein Vorwort: Zur Ergänzungsbedürftigkeit der historisch-kritischen Exegese; [3]1981, erg. durch ein Nachwort: Von dem Geschenk des Lebens oder: Das Welt- und Menschenbild der Paradieserzählung des Jahwisten (Gen 2,4b-25), S. 356-413. – Bd. 2: Die jahwistische Urgeschichte in psychoanalytischer Sicht, Paderborn 1977; [2]1980, erw. durch ein Vorwort: Tiefenpsychologie als anthropologische Wissenschaft; [3]1981: Neudruck der 2. Aufl. – Bd. 3: Die jahwistische Urgeschichte in philosophischer Sicht, Paderborn 1978; [2]1980, erw. durch ein Vorwort: Das Ende des ethischen Optimismus; [3]1982: Neudruck der 2. Aufl.

Eugen Drewermann: Die Spirale der Angst. Der Krieg und das Christentum. Mit vier Reden gegen den Krieg am Golf, Freiburg – Basel – Wien (Titel der Originalausgabe: Der Krieg und das Christentum. Von der Ohnmacht und Notwendigkeit des Religiösen, Regensburg 1982) 1991; [5]1993

Eugen Drewermann: Ich steige hinab in die Barke der Sonne. Altägyptische Meditationen zu Tod und Auferstehung in bezug auf Joh 20/21, Düsseldorf – Zürich (1989) [7]2001

456

Eugen Drewermann: Das Markusevangelium. Bilder der Erlösung, 2 Bde., (1988), Düsseldorf – Zürich ⁶2003

Eugen Drewermann: Das Johannes-Evangelium. Bilder einer neuen Welt, 2 Bde., Düsseldorf 2003

Eugen Drewermann: Das Lukas-Evangelium. Bilder erinnerter Zukunft, 2 Bde., Düsseldorf 2009

Eugen Drewermann: Der sechste Tag. Die Herkunft des Menschen und die Frage nach Gott. Glauben in Freiheit, Bd. 3: Religion und Naturwissenschaft, 1. Teil, Zürich – Düsseldorf 1998, ³(erw.) 2004

Eugen Drewermann: … und es geschah so. Die moderne Biologie und die Frage nach Gott. Glauben in Freiheit, Bd. 3: Religion und Naturwissenschaft, 2. Teil: Biologie und Theologie, Zürich – Düsseldorf 1999

Eugen Drewermann: Im Anfang … Die moderne Kosmologie und die Frage nach Gott. Glauben in Freiheit, Bd. 3: Religion und Naturwissenschaft, 3. Teil: Kosmologie und Theologie, Düsseldorf – Zürich 2002

Eugen Drewermann: Wendepunkte oder: Was eigentlich besagt das Christentum?, Ostfildern 2014

Ludwig Feuerbach: Vom Wesen der Religion (1846), in: Werke in 6 Bden., hg. v. Erich Thies, Bd. 4: Kritiken und Abhandlungen III (1844–1846), Frankfurt/M. 1975, 81–153

Helmuth Glasenapp: Die nichtchristlichen Religionen, Frankfurt/M. (Das Fischer Lexikon 1) 1957

Irenäus von Lyon: Fünf Bücher gegen die Häresien, übers. v. Ernst Klebba, 2 Bde., Kempten – München (Bibliothek der Kirchenväter, Bd. 4) 1912

Immanuel Kant: Kritik der praktischen Vernunft, Riga 1788, in: Werke in 12 Bden., hg. v. Wilhelm Weischedel, Frankfurt/M. 1960–1964, Bd. VII 103–302

Hiltgart L. Keller: Reclams Lexikon der Heiligen und der biblischen Gestalten, Stuttgart ⁴(durchges. u. erg.) (UB 10154) 1979

Sören Kierkegaard: Enten – Eller. Et Livs, Kopenhagen 1843; dt.: Entweder-Oder. Teil I und II, unter Mitwirkung von Niels Thulstrup hg. v. Hermann Diem u. Walter Rest, aus dem Dän. v. Heinrich Fauteck, (München 1975); München (dtv 30134) 1988; ⁷2003

Sören Kierkegaard: Furcht und Zittern. Dialektische Lyrik, von Johannes de Silentio, Kopenhagen 1843, übers. v. Liselotte Richter, mit Erinnerungen an Kierkegaard von Hans Bröchner, Reinbek (rk 89) (Werke III) 1961

Sören Kierkegaard: Die Krankheit zum Tode. Eine christliche psychologische Entwicklung zur Erbauung und Erweckung, von Anti-Climacus, Kopenhagen 1849; übers. u. komm. v. Liselotte Richter, Reinbek (rk 113) 1962

Sören Kierkegaard: Der Augenblick. Aufsätze und Schriften des letzten Streits, in: Gesammelte Werke und Tagebücher, Bd. 24, übers. v. Hayo Gerdes, (München 1959; Gütersloher Taschenbücher, Bd. 627, 1994) Simmerath 2004

Sören Kierkegaard: Die Tagebücher, 5 Bde., ausgew., neugeordnet u. übers. v. Hayo Gerdes, Bd. 1: 1962; Bd. 2: 1963; Bd. 3: 1968; Bd. 4: 1970; Bd. 5: 1974

Ludwig Klages: Der Geist als Widersacher der Seele. 1.–3. Buch: Leben und Denkvermögen. 4. Buch: Die Lehre vom Willen (³1953), mit einer Einleitung von Alberth Schuberth, in: Sämtliche Werke, hg. v. Ernst Frauchinger, Gerhard Funke, Karl J. Groffmann, Robert Heiss und Hans Eggert Schröder, Bd. 1: Philosophie 1, Bonn (1969) ²1981

Walter Krickeberg: Altmexikanische Kulturen. Anhang zur Kunst Altmexikos von Gerdt Kutscher, Berlin 1975

Günter Lanczkowski: Götter und Menschen im alten Mexiko, Olten 1984

Die Legenda aurea des Jacobus de Voragine (geschr. 1263–1273), übers. aus dem Latein. v. Richard Benz, Heidelberg [8]1975

Elisabeth Löcker-Euler: Philosophische Deutung von Sündenfall- und Prometheusmythos, Heidelberg (Inauguraldissertation an der Ruprecht-Karl-Univ.) 1933

Michel de Montaigne: Essais (1580), erste moderne Gesamtübersetzung von Hans Stilett, Frankfurt/M. (Die andere Bibliothek) 1998

Gerhard Ludwig Müller: Katholische Dogmatik. Für Studium und Praxis der Theologie, Freiburg – Basel – Wien [2](durchges. u. verb.) 1996

Friedrich Nietzsche: Die Geburt der Tragödie Oder: Griechenthum und Pessimismus (1871), Nachw. v. Günter Wohlfart, Stuttgart (reclam UB 7131) (1993) 2010

Friedrich Nietzsche: Also sprach Zarathustra. Ein Buch für alle und keinen (1.–3. Teil, Leipzig 1883–1884; 4. Teil 1885), mit einem Nachw., Lebensabriß und Literaturhinweisen hg. v. Walter Gebhard, Stuttgart (Kröner Tb. 75) [18]1988

Friedrich Nietzsche: Der Wille zur Macht. Versuch einer Umwertung aller Werte. Ausgew. u. geordn. v. Peter Gast unter Mitwirkung von Elisabeth Förster-Nietzsche, mit einem Nachw. v. Alfred Baeumler, Stuttgart (Kröner Tb. 78) 1964

Jean Paul Sartre: Réponse à Albert Camus, in: Les Temps Modernes, Nr. 82, August 1952; in: Situations IV, Paris 1964; dt.: Antwort an Albert Camus, übers. v. Abelle Christaller, in: Porträts und Perspektiven, Reinbek (rororo 1443) 1971, 73–101

Jean Paul Sartre: L'existentialisme est un humanisme, Paris 1946; dt.: Ist der Existentialismus ein Humanismus?, Zürich 1947; abgedruckt in: Drei Essays. Mit einem Nachwort v. Walter Schmiele, Frankfurt/M. (Ullstein Tb. 304) 1960, 7–51

Jean Paul Sartre: Situations V – Colonialisme et Néo-Colonialisme, Paris 1964; dt.: Kolonialismus und Neokolonialismus. Sieben Essays, aus dem Franz. v. Monika Kind und Traugott König, Reinbek 1968

Friedrich Wilhelm Joseph Schelling: Philosophie der Mythologie, 1. Bd. (1856): Einleitung in die Philosophie der Mythologie, Darmstadt 1976; 2. Bd. (1857), Darmstadt 1976

Friedrich Schleiermacher: Der christliche Glaube. Nach den Grundsätzen der Evangelischen Kirche im Zusammenhang dargestellt, 2 Bde., auf Grund der 2. umgearb. Aufl. (1831) u. kritischer Prüfung des Textes neu hg. u. mit Einleitung, Erläuterung und Register versehen v. Martin Redeker, [7]Berlin 1960

Arthur Schopenhauer: Die Welt als Wille und Vorstellung, 1. Bd.: Vier Bücher nebst einem Anhange, der die Kritik der Kantischen Philosophie enthält (geschrieben zu Dresden 1818); Frankfurt [2]1844; Frankfurt [3]1859, in: Sämtliche Werke, nach der ersten von Julius Frauenstädt besorgten Gesamtausgabe neu bearbeitet und hg. v. Arthur Hübscher, 2. Bd., Wiesbaden 1965

Arthur Schopenhauer: Die Welt als Wille und Vorstellung, 2. Bd., welcher die Ergänzungen zu den vier Büchern des ersten Bandes enthält (1844), in: Sämtliche Werke, nach der ersten von Julius Frauenstädt besorgten Gesamtausgabe neu bearbeitet und hg. v. Arthur Hübscher, 3. Bd., Wiesbaden 1949

Arthur Schopenhauer: Parerga und Paralipomena. Kleine philosophische Schriften (1850), neu bearb. u. hg. v. Arthur Hübscher, in: Sämtliche Werke, Bd. 5 u. 6, Wiesbaden 1946–1947

Tertullian: Apologetikum, in: Ausgewählte Schriften, übers. u. hg. v. Gerhard Esser, Bd. 2: Apologetische, dogmatische und montanistische Schriften, Kempten – München (Bibliothek der Kirchenväter, Bd. 24) 1915, 33–182

Claus Westermann: Genesis 1–11. Biblischer Kommentar, AT I 1, Neukirchen 1966–1974

Heinz Zahrnt: Gott kann nicht sterben. Wider die falschen Alternativen in Theologie und Gesellschaft (München 1970), München (dtv 957) 1973

4) Psychologie und Psychoanalyse, Ethnologie und Märchen

Karl Abraham: Die Spinne als Traumsymbol (1922), in: Gesammelte Schriften in zwei Bänden, hg. u. eingeleitet von Johannes Cremerius, Frankfurt/M. (Fischer Tb. 7319–7320) 1982, Bd. I 240–246

Karl Abraham: Über Einschränkungen und Umwandlungen der Schaulust bei den Psychoneurotikern nebst Bemerkungen über analoge Erscheinungen in der Völkerpsychologie, (1910), in: Gesammelte Schriften in zwei Bänden, hg. u. eingeleitet von Johannes Cremerius, Frankfurt/M. (Fischer Tb. 7319–7320) 1982, Bd. II 226–284

Wolfgang Bauer – Irmtraud Dümotz – Sergius Golowin: Lexikon der Symbole, Wiesbaden 1980

Daniel Beresniak: Le Dragon. Collection Les Symboles dirigée par Michel Random, Paris (Editions du Felin) o.J.

Alfred Bertholet: Wörterbuch der Religionen, in Verbindung mit Hans Freiherrn von Campenhausen, 3. Aufl. neu bearb., erg. u. hg. v. Kurt Goldammer, Stuttgart (Kröners Tb. Bd. 125) 1976

Nigel Davies: Human Sacrifice, 1981; dt.: Opfertod und Menschenopfer. Glaube, Liebe und Verzweiflung in der Geschichte der Menschheit, übers. v. Stasi Kull, Düsseldorf – Wien 1981

Eugen Drewermann: Vom Problem der Selbsttötung oder: Von einer letzten Gnade der Natur (in: Psychoanalyse und Moraltheologie. 3. Bd.: An den Grenzen des Lebens, Mainz 1984, 98–173), in: Angela Staberoh: Freitod. Frauen, die Hand an sich legten. Von Eleanor Marx bis Hannelore Kohl, Aachen 2010, 12–81

Eugen Drewermann: Milomaki oder vom Geist der Musik. Eine Mythe der Yahuna-Indianer, Olten – Freiburg 1991

Eugen Drewermann: Die zwei Brüder. Grimms Märchen tiefenpsychologisch gedeutet, Solothurn – Düsseldorf 1995

Eugen Drewermann: Schneewittchen. Grimms Märchen tiefenpsychologisch gedeutet. Märchen Nr. 53 aus der Grimm'schen Sammlung, Zürich – Düsseldorf 1997

Paul Federn: Grundsätzliches zur Psychotherapie bei latenter Schizophrenie (1947), in: Ichpsychologie und die Psychosen, übers. v. Walter und Ernst Federn, (Bern 1956) Frankfurt/M. 1978, 152–168

Anna Freud: Das Ich und die Abwehrmechanismen (1936), München (Kindler Tb. Geist und Psyche 2001) o.J.

Sigmund Freud: Die Traumdeutung (1900), in: Gesammelte Werke, Bd. 2/3, London 1942, S. I–XV, 1–642

Sigmund Freud: Über infantile Sexualtheorien (1908), in: Gesammelte Werke, Bd. 7, London 1941, 169–188

Sigmund Freud: Zur Dynamik der Übertragung (1912), in: Gesammelte Werke, Bd. 8, London 1945, 363–374

Sigmund Freud: Totem und Tabu (1912), in: Gesammelte Werke, Bd. 9, London 1944

Sigmund Freud: Das Motiv der Kästchenwahl (1913), in: Gesammelte Werke, Bd. 10, London 1946, 23–37

Sigmund Freud: Vorlesungen zur Einführung in die Psychoanalyse (1917), in: Gesammelte Werke, Bd. 11, London 1944

Sigmund Freud: Der Realitätsverlust bei Neurose und Psychose (1924), in: Gesammelte Werke, Bd. 13, London 1940, 361–368

Sigmund Freud: Neue Folge der Vorlesungen zur Einführung in die Psychoanalyse (1932), in: Gesammelte Werke, Bd. 15, London 1940

Sigmund Freud: Die endliche und die unendliche Analyse (1937), in: Gesammelte Werke, Bd. 16, London 1950, 59–99

Sigmund Freud: Das Medusenhaupt (1922), in: Gesammelte Werke, Bd. 17: Schriften aus dem Nachlaß 1892–1939, London 1941, 45–48

Erich Fromm: Die Entwicklung des Christusdogmas. Eine psychoanalytische Studie zur sozialpsychologischen Funktion der Religion (1930), in: Gesamtausgabe, hg. v. Rainer Funk, Bd. 6: Religion, Stuttgart 1980, 11–68

Erich Fromm: Die sozialpsychologische Bedeutung der Mutterrechtstheorie (1934), in: Gesamtausgabe, hg. v. Rainer Funk, Bd. 1: Analytische Sozialpsychologie, Stuttgart 1980, 84–109

Arno Gruen: Verratene Liebe – Falsche Götter, (Stuttgart 2003) München (dtv 34342) 2006

Walter Hirschberg (Hg.): Wörterbuch der Völkerkunde, Stuttgart (Kröners Tb. 205) 1965

Johannes Hirschmann: Primitivreaktionen, in: Viktor E. Frankl – Victor E. Freiherr von Gebsattel – J. H. Schulz (Hg.): Handbuch der Neurosenlehre und Psychotherapie, Bd. 2: Spezielle Neurosenlehre, München – Berlin 1959, 92–101

Adolf E. Jensen: Mythische Weltbetrachtung der alten Pflanzer-Völker, in: Olga Fröbe-Kapteyn (Hg.): Eranos-Jahrbuch 1949. Bd. XVIII: Der Mensch und die mythische Welt, Zürich 1950, 421–473

Adolf E. Jensen: Die getötete Gottheit. Weltbild einer frühen Kultur, Stuttgart – Berlin – Köln – Mainz (Urban Tb. 90) 1966

Carl Gustav Jung: Symbole der Wandlung. Analyse des Vorspiels zu einer Schizophrenie (1952), in: Gesammelte Werke, Bd. 5, Olten – Freiburg 1973

Carl Gustav Jung: Die psychologischen Aspekte des Mutterarchetypus (1939), in: Gesammelte Werke, Bd. 9, 1. Teil: Die Archetypen und das kollektive Unbewußte, Olten – Freiburg 1976, 91–123

Carl Gustav Jung: Zur Empire des Individuationsprozesses (1933; 1950), in: Gesammelte Werke, Bd. 9, 1. Teil: Die Archetypen und das kollektive Unbewußte, Olten – Freiburg 1976, 309–373

Carl Gustav Jung: Das Wandlungssymbol in der Messe (1940/41), in: Gesammelte Werke, Bd. 11: Zur Psychologie westlicher und östlicher Religion, Olten 1971, 219–323

Carl Gustav Jung: Psychoanalyse und Seelsorge (1928/1929), in: Gesammelte Werke, Bd. 11: Zur Psychologie westlicher und östlicher Religion, Olten – Freiburg 1971, 377–383

Claude Lévi-Strauss: Paroles données, Paris 1984; dt.: Eingelöste Versprechen. Wortmeldungen aus dreißig Jahren, übers. v. Rainer Rochlitz, München (Supplemente, hg. v. Hans-Horst Henschen, Bd. 2) 1985

Marianne Oesterreicher-Mollwo: Herder Lexikon Symbole mit über 1000 Stichwörtern sowie 450 Abbildungen, Freiburg – Basel – Wien 1978

Otto Rank: Das Inzest-Motiv in Dichtung und Sage. Grundzüge einer Psychologie des dichterischen Schaffens, Leipzig – Wien 1912

Otto Rank: Psychoanalytische Beiträge zur Mythenforschung. Gesammelte Studien aus den Jahren 1912 bis 1914, Leipzig – Wien (Internationale Psychoanalytische Bibliothek 4) 1919

Otto Rank: Der Mythus von der Geburt des Helden. Versuch einer psychologischen Mythendeutung, Leipzig – Wien 1922

Otto Rank: Das Trauma der Geburt und seine Bedeutung für die Psychoanalyse, Leipzig – Wien – Zürich (Internationale Psychoanalytische Bibliothek, Bd. 14) 1924
Walter Scherf: Lexikon der Zaubermärchen, Stuttgart (Kröner Tb. 472) 1982
W. Robertson Smith: The Religion of the Semites, London ²1907

5) Belletristik, Malerei und Film

Jurek Becker: Jakob der Lügner, (Berlin – Weimar 1969) Frankfurt (sv 510) 1979
Max Beckmann – Retrospektive, hg. v. Carla Schulz-Hoffmann – Judith C. Weiss, Dokumentation zu Leben und Werk v. Doris Schmidt, München (Haus der Kunst) 25.2.–22.4.1984
Eva Gesine Baur: Meisterwerke der erotischen Kunst, Köln 1995
Giovanni Boccaccio: Das Dekameron, worin hundert Geschichten enthalten sind, die von sieben Damen und drei jungen Männern erzählt werden. Vollständige Ausgabe in der Übertragung von Karl Witte, mit Kupferstichen von Gravelot, Boucher und Eisen der Ausgabe von 1757, durchges. v. Helmut Bode, Nachw. v. Andreas Bauer, München 1952
Nils Büttner – Ulrich Heinen: Peter Paul Rubens. Barocke Leidenschaften. Ausstellung im Herzog Anton Ulrich-Museum Braunschweig, 8. August – 31.Oktober 2004, München 2004
Hans Fallada: Jeder stirbt für sich allein, (Berlin 1946), Neuausgabe hg. mit einem Nachwort von Almut Giesecke, Berlin 2011; ⁸2014
Gloria Fossi: The Uffizi Gallery. Art History Collections, (Firenze 2001, ⁶2009), aus dem Italien. übers. v. Catherine Frost, Florence ⁶(revised) 2009
Max Frisch: Stiller (1953/54), in: Gesammelte Werke in zeitlicher Folge, Bd. III 2, 1949–1956, hg. v. Hans Mayer unter Mitwirkung v. Walter Schmitz, Frankfurt/M. 1976, 359–780
Gemäldegalerie Berlin. Geschichte der Sammlung und ausgewählte Meisterwerke, bearb. v. Henning Rock, Rainer Grosshans, Jan Kelch, Wilhelm H. Köhler u. Erich Schleier, Berlin 1985
André Gide: Le Prométhée mal enchaîné, Paris 1899; dt.: Der schlecht gefesselte Prometheus, übers. v. Maria Schäfer-Rümelin, in: Sämtliche Erzählungen, Stuttgart (Die Bücher der Neunzehn, Bd. 122) 1965, 119–160
Johann Wolfgang von Goethe: Gedichte, hg. u. komm. v. Erich Trunz, München (Goethes Werke, Bd. I. Hamburger Ausgabe, 10. Aufl.) 1974
Edgar Hederer (Hg.): Geistliche Lyrik des Abendlandes, Salzburg 1962
Ernest Hemingway: The Old Man and the Sea, New York 1952; dt.: Der alte Mann und das Meer, übers. v. Annemarie Horschitz-Horst, Reinbek (rororo 328) 1959; 1987
Friedrich Hölderlin: Werke und Briefe, hg. v. Friedrich Beißner und Jochen Schmidt, 1. Bd.: Gedichte. Hyperion, Frankfurt/M. 1969, 5–292: Gedichte
Hugo von Hofmannsthal: Gedichte und Dramen, hg. von Herbert Steiner (Gesammelte Werke in Einzelausgaben, Stockholm 1946), Frankfurt/M. (Fischer Verlag) 1970
Henrik Ibsen: Vildanden, Kopenhagen 1884; dt.: Die Wildente, übers. v. Georg Brandes, Julius Elias u. Paul Schlenther, in: Dramen, 2 Bde., Nachw. v. Otto Oberholzer, München 1973, II 159–251
Max Klinger 1857–1920, Städtische Galerie im Städelschen Kunstinstitut Frankfurt am Main, 12. Februar bis 7. Juni 1992, hg. v. Dieter Gleisberg, Leipzig 1992
Eberhard König (Hg.): Die großen Maler der italienischen Renaissance. Der Triumph der

Zeichnung, Potsdam (Tandem Verlag) 2007; Henrik Engel: Florenz auf der Suche nach neuer Form, 540–559: Piero di Cosimo, 552–559

Eberhard König (Hg.): Die großen Maler der italienischen Renaissance. Der Triumph der Farbe, Potsdam (Tandem Verlag) 2007; Marion Kaminski: Tizian, 292–367; Henrik Engel: Maler aus Giorgiones Nachfolge, 368–387: Sebastiano del Piombo, 368–373

Gaby Kubach (Reg.): Die Frau des Heimkehrers. Nachkriegsdrama, Deutschland 2006

John Milton: Paradise Lost, London 1667; dt.: Das verlorene Paradies, übertr. v. Bernhard Schuhmann (1855), Berlin 1984

Kay Pollak (Reg.): Wie im Himmel, Schweden 2005

Rainer Maria Rilke: Neue Gedichte (1907), in: Sämtliche Werke, hg. vom Rilke-Archiv in Verbindung mit Ruth Sieber-Rilke besorgt durch Ernst Zinn, Bd. 1: Gedichte. Erster Teil, Frankfurt/M. 1955, 479–554

Rainer Maria Rilke: Der Neuen Gedichte anderer Teil (1908), in: Sämtliche Werke, hg. vom Rilke-Archiv in Verbindung mit Ruth Sieber-Rilke besorgt durch Ernst Zinn, Bd. 1: Gedichte. Erster Teil, Frankfurt/M. 1955, 555–642

Robert Rosenblum: Paintings in the Musée d'Orsay, New York 1989, dt.: Die Gemäldesammlung des Musée d'Orsay, aus dem Amerik. v. Jürgen Höcherl, Gerlinde Schermer u. Adelheid Zöfel, mit einem Vorwort v. Françoise Cachin, aus dem Franz. übers v. Sabine Lohmann, Köln 1989

Peter Paul Rubens. Barocke Leidenschaften, hg. v. Nils Büttner u. Ulrich Heinen, Ausstellung im Herzog Anton Ulrich Museum Braunschweig, 8. August – 31. Oktober 2004, München 2004, 107–334: Katalog

Joseph Roth: Die Flucht ohne Ende. Ein Bericht (Paris 1927), München (dtv 1408) 1978

Die Sammlungen des Prado. Malerei vom 12.–18. Jahrhundert, (Barcelona 1994) Köln 1995, 211–349: José Manuel Cruz Valdovinos: Die italienische Malerei

Friedrich Schiller: Der Verbrecher aus verlorener Ehre (1785–1786), in: Werke, 2 Bde., hg. v. Paul Stapf, Bd. 2: Gedichte, Erzählungen, Vermischte Schriften: Philosophie und Ästhetik, Geschichte. Übersetzungen: Die Phönizierinnen, Iphigenie in Aulis, Phädra. Bearbeitungen: Turandot. Der Parasit; Wiesbaden (Vollmer Verl.) o. J., 289–309

William Shakespeare: The Merchant of Venice (1600); dt.: Der Kaufmann von Venedig, übers. v. August Wilhelm Schlegel, in: Sämtliche Werke in einem Band, Wiesbaden (R. Löwit Verl.) o. J., 165–187

William Shakespeare: The First Part of King Henry VI., London 1592; The Second Part of Henry VI., 1594; The Third Part of King Henry., 1595; dt.: König Heinrich VI., übers. v. August Wilhelm Schlegel, in: Sämtliche Werke in einem Band, Wiesbaden (R. Löwit) o. J., 1. Teil: S. 417–438; 2. Teil: S. 439–463; 3. Teil: S. 465–487

William Shakespeare: Othello, The Moor of Venice, 1622; dt.: Othello, der Mohr von Venedig, übers. v. Wolf Graf Baudissin, in: Sämtliche Werke in einem Band, Wiesbaden (R. Löwit) o. J., 831–857

Percy Bysshe Shelley: Prometheus Unbound, London 1820; dt.: Der entfesselte Prometheus, übers. v. Albrecht Graf Wickenburg, Wien 1876

Mary Wollstonecraft Shelley: Frankenstein or the modern Prometheus, London 1818; dt.: Frankenstein oder Der neue Prometheus, übers. v. Ch. Barth, München (Heyne Paperbacks 12) 1963

Helge Siefert: Alte Pinakothek. Französische und spanische Malerei; hg. v. den Bayerischen Staatsgemäldesammlungen, München 2009

Alison Smith (Hg.): Exposed – The Victorian Nude, Tate Gallery, London 2001–2002; dt.:

Prüderie und Leidenschaft. Der Akt in viktorianischer Zeit. Mit Beiträgen v. Robert Upstone, Michael Hatt, Martin Myrone, Virginia Dodier und Tim Batchelor, übers. v. Christiane Court, Karen Lauer u. Hilmar Werner, München, Haus der Künste, 1. März–2. Juni 2002, Ostfildern-Ruit 2001

Henry D. Thoreau: Walden, or Life in the Woods (1854); dt.: Walden oder Hüttenleben im Walde, aus dem Amerikan und mit Nachw. vers. v. Fritz Güttinger, Zürich 1972

Daniel Uchtmann: Liebespaare in der Kunst. 41 Werke aus dem Kunsthistorischen Museum in Wien. Mit einem Vorwort von Generaldirektorin Sabine Haag, Wien 2011

Laurence C. Welch: The Prometheus Myth: A Study of its literary vicissitudes, Los Angeles 1959 (Dissertation in vergleichender Literaturwissenschaft an der Universität von Süd-Kalifornien)

Urs Widmer: Shakespeares Königsdramen. Nacherzählt und mit Vorw. vers., mit Zeichnungen von Paul Flora, Zürich (detebe 23735) 1978; 2004

Urs Widmer: Das Geld, die Arbeit, die Angst, das Glück (2002), Zürich (detebe 23394) 2004

6) Kultur- und Zeitgeschichte, Wirtschaftswissenschaften, Biologie und Astronomie

M. Bauchmüller – D. Kuhr: Drei Tage gegen Hunger. In Rom diskutieren 170 Staaten über die Ernährung der Ärmsten, in: Süddeutsche Zeitung 20.11.14, S. 8

Mathias Bröckers – Paul Schreyer: Wir sind die Guten. Ansichten eines Putinverstehers oder wie uns die Medien manipulieren, Frankfurt/M. 2014

Ramsey Clark: The fire this time, 1992; dt.: Wüstensturm. US-Kriegsverbrechen am Golf, aus dem Amerik. v. Klaus Sticker und Sebastian Vogel, mit einem Vorwort von Alfred Mechtersheimer, Göttingen 1993

Roman Deininger: Anleitung zum brutalen Verhör, in: Süddeutsche Zeitung, Nr. 89, 18./19.4.09, S. 9

Rob Dinnis – Chris Stringer: Britain. One Million Years of the Human Story, Natural Museum, London (1988) 2014

Frantz Fanon: Les Damnés de la Terre, Paris 1961; dt.: Die Verdammten dieser Erde, Frankfurt/M. 1961

Glenn Greenwald: No Place to Hide, New York 2014; dt.: Die globale Überwachung. Der Fall Snowden, die amerikanischen Geheimdienste und die Folgen, übers. v. Gabriele Gockel, Robert Weiß, Thomas Wollermann u. Maria Zybak, München 2014

Stephen Grey: Entführt, verhört, versteckt, Das System der Auftragsfolter, aus dem Engl. v. Niels Kadritzke, in: Die Überwacher. Prism, Google, Whistleblower, Edition Le Monde diplomatique, Nr. 16, 2015, 23–25

Johannes Hartmann: Das Geschichtsbuch. Von den Anfängen bis zur Gegenwart, Frankfurt/M. (Fischer Tb. 73) 1955

Wolfgang Nešković (Hg.): Der CIA Folter Report. Der offizielle Bericht des US-Senats zum Internierungs- und Verhörprogramm der CIA (Committee Study of the CIA's Detention and Interrogation Programm – Findings and Conclusions, 9. Dez. 2014), übersetzt v. Pieke Biermann, Ariane Böckler u. a., Frankfurt 2015

Frederik Obermaier: Polen wegen Foltergefängnis verurteilt, in: Süddeutsche Zeitung, 25.7.2014, S. 1

Adolf Portmann: Biologische Fragmente zu einer Lehre vom Menschen, Basel ³(erw.) 1969

J. E. Smith – R. B. Clark – G. Chapman – J. D. Carthy: The Invertebrate Panorama, London 1970; dt.: Die wirbellosen Tiere, deutsche Bearb. v. P. Tardent, Wiesbaden (Die Enzyklopädie der Natur, Bd. 6) (Löwit-Verl.) o. J.

Peter Scholl-Latour: Der Fluch der bösen Tat. Das Scheitern des Westens im Orient, Berlin 2014

Torture in the Eighties. An amnesty international report, London 1984

Jean Ziegler: L'Empire de la honte, Paris 2005; dt.: Das Imperium der Schande. Der Kampf gegen Armut und Unterdrückung, aus dem Französ. v. Dieter Hornig, München 2005

Jean Ziegler: La Haine de l'Occident, Paris 2008; dt.: Der Hass auf den Westen. Wie sich die armen Völker gegen den wirtschaftlichen Weltkrieg wehren, aus dem Franz. v. Hainer Kober, München ⁵2009

Helmut Zimmermann – Alfred Weigert: ABC-Lexikon Astronomie, Heidelberg – Berlin – Oxford, (1960) ⁸(überarb.) 1995

Howard Zinn: Terrorism and War, New York 2002; dt.: Amerika, der Terror und der Krieg, erweiterte Ausgabe, übers. v. Andrea Schleipen, Freiburg (Herder Spektrum 5329) 2002

Bildnachweis

Tafel

1a: Die griechischen Sagen in Bildern erzählt, 54

1b:, 2b: Die Rückkehr der Götter, Der Pergamonaltar, 387, 398

2a: Der Pergamonaltar, Antikensammlung, Staatliche Museen zu Berlin, Preußischer Kulturbesitz

3a: Delphi. Denkmäler und Museen, 64

3b, 3c, 4a, 4b: Delphi. Archäologische Stätte und Museum, 80 f., 83, 81, 79

5a, 5b: Antikensammlung, Staatliche Museen zu Berlin, Inv. F 2293

6b: Innenseite einer Schale, 470–460 v. Chr., Britisches Museum, London

6c: Lakonische Schale, 550 v. Chr., Vatikanische Museen, Vatikan. Sofia Souli, Griechische Mythologie, 17

7: Coreggio: Jupiter und Io, um 1530, Öl auf Leinwand, 162 x 73,5 cm, Kunsthistorisches Museum, Wien

8a: Max Klinger (1857–1920), Entführung des Prometheus. Blatt 24 der Folge: Opus XII, Brahmsphantasie, 1885–94. Radierung, Stich und Aquatinta, 27,8 x 38,7 cm. © akg-images

8b, 8c: Antikensammlung, Staatliche Museen zu Berlin, Inv. F 1969.9

9a, 9b, 10b: Die unsterblichen Götter Griechenlands. Staatliche Antikensammlungen und Glyptothek München, 373, 372, 370

10a: Die Griechen in Italien. Staatliche Antikensammlungen und Glyptothek München, 49

11a: Parrot / Chéhab / Moscati, Die Phönizier, 165

11b: Peter Paul Rubens: Saturn frißt sein eigenes Kind, 1636-1638, Öl auf Leinwand, 180 x 87 cm, Museo Nacional del Prado Madrid, Inv. Nr. 1678,

12: Britisches Museum, London. Sofia Souli, Griechische Mythologie, 55

13: Arthur Hacker: Die Wolke (The Cloud), 1901, Öl auf Leinwand, 127,7 x 130 cm, Bradford Art Galleries and Museums

14: F. Coarelli (Hg.), Pompeji, 306

15a: Tizian (um 1476–1576), Danae, 1545/46 (Danae empfängt auf ihrem Lager Jupiter in Gestalt eines goldenen Regens). Öl auf Leinwand, 120 x 172 cm. Neapel, Galleria Nazionale di Capodimonte. © akg-images

15b: Antonio Corregio: Danae, 1531/32, Öl auf Leinwand, 161 x 193 cm, Galleria Borghese, Rom

16: Tizian: Danae: 1553/54, Öl auf Leinwand, 129 x 180 cm, Prado, Madrid

17a: Höhe: 23 cm, Louvres, Paris

17b: Caravaggio: Medusa, 1590–1592, Öl auf einem eigens dafür gefertigten, mit Leder überzogenem Schuld, 60 x 55 cm, Galleria degli Uffizi, Florenz

18: Edward John Poynter: Andromeda, 1869, Öl auf Leinwand, 51 x 35,8 cm, The Tate Gallery London

19a, 19b, 23b: Dionysos der Erlöser. Griechische Mythen im spätantiken Cypern, T8, T10, T5

20a: Théodore Chassériau: Andromeda und die Nereiden, 1840, Öl auf Leinwand, 92 x 74 cm, Louvre, Paris

20b: Antikensammlung, Staatliche Museen zu Berlin, Inv. F 1652

21a: Piero di Cosimo: Perseus rettet Andromeda, um 1510–1515, Öl auf Holz, 70 x 123 cm, Galleria degli Uffizi, Florenz

21b: Max Beckmann (1884–1950), Perseus Triptychon (1941), Mittelteil. Öl auf Leinwand, 150,5 x 111 cm. Essen, Museum Folkwang, Inv. Nr. G 261. © akg-images / © VG Bild-Kunst, Bonn 2015

22a: Peter Paul Rubens: Perseus befreit Andromeda, um 1622, Eichenholz, 100 x 138,5 cm, Gemäldegalerie Berlin, Staatliche Museen Preußischer Kulturbesitz

22b: Antikensammlung, Staatliche Museen zu Berlin, Inv. F 3237

22c: Dinnis / Stringer: Britain. One Million Years of the Human Story, 106

23a: Nicolas Poussin: Midas und Bacchus, um 1624, Leinwand, 98,5 x 153 cm, Alte Pinakothek München, Inv. Nr. 528

23b: Dionysos der Erlöser. Griechische Mythen im spätantiken Cypern, T5

24: Tizian: Die Schindung des Marsyas, 1575/76, Öl auf Leinwand, 212 x 207 cm, Staatsmuseum, Kremsier

25: Pietro Perugino: Apoll und Marsyas, 1490–1500 (?), Öl auf Holz, 39 x 29 cm, Louvre, Paris

26b: Sofia Souli, Griechische Mythologie, 26

27a: Peter Paul Rubens: Leda mit dem Schwan, 1580–1600, Öl auf Holz, 122 x 182 cm, Sammlung Alte Meister, Dresden

27b: Jean-Antoine Watteau: Jupiter und Antiope, um 1715, Öl auf Leinwand, 73 x 107 cm, Louvre, Paris

28a: Michelangelo: Jüngstes Gericht, 1537–1541, Fresko, 1370 x 1220 cm, Sixtinische Kapelle, Vatikanische Museen, Vatikan

28b: Tintoretto: Die Vermählung Ariadnes mit Bacchus in Gegenwart von Venus, 1577/78, Öl auf Leinwand, 146 x 167 cm, Palazzo Ducale, Venedig

29a, 29b: Macedonia – Thessaloniki: from the exhibits of the Archaeological Museum, 66

30a: Archäologisches Museum, Tarent

30b: Marmor, Länge: 1,5 m, Villa Borghese, Louvre, Paris

31a: Macedonia – Thessaloniki: from the exhibits of the Archaeological Museum, 90

31b: Antikenmuseum und Sammlung Ludwig, Basel

31c, 32: Mit Mythen leben. Die Bilderwelt der römischen Sarkophage, 165, 246

Abbildung

S. 20, Nr. 7, 8, 9, 10: Mit Mythen leben. Die Bilderwelt der römischen Sarkophage, 377, 46, 379, 109, 136
4, 5: Archäologisches Museum, Korfu. T.

H. Carpenter, Art and Myth in Ancient Greece, 155, 150
S. 434: New Larousse Encyclopedia of Mythology, 92

Stammbaum

467 ff.: In: Lexikon der griechischen und römischen Mythologie, Christine Harrauer & Herbert Hunger (2006), 9. Auflage, Verlag Brüder Hollinek: Das Urelternpaar, die Titanen und Götter S. 40 / Prometheus S. 352 / Sisyphos S. 380 / Die Tantaliden und Atriden S. 313, 79, 14 / Donaë, Perseus und Andromeda S. 321 / Herakles S. 163 / Io und Hypermestra S. 193 / Europa und Ino S. 206 / Das Haus des Kadmos S. 191 / Kadmos, Europa und Zeus S. 133 / Antiope und Zeus S. 42 / Theseus S. 400

474: Das Julisch-Claudische Haus: In: Johannes Hartmann, Das Geschichtsbuch. Von den Anfängen bis zur Gegenwart, 232. © S. Fischer Verlag GmbH, Frankfurt am Main 1955

Mythische und geschichtliche Stammbäume

Das Urelternpaar, die Titanen und Götter

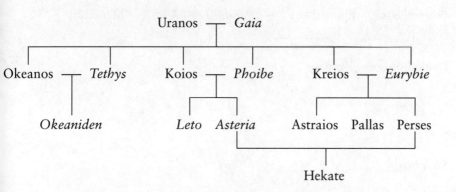

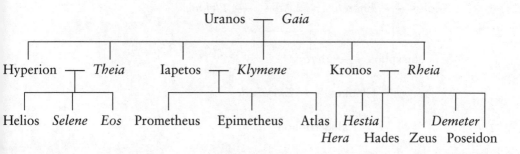

Prometheus

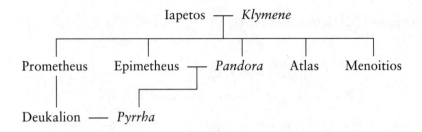

Sisyphos

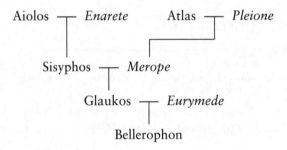

Die Tantaliden und Atriden

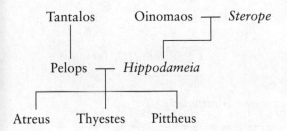

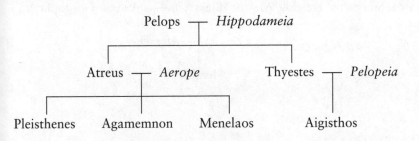

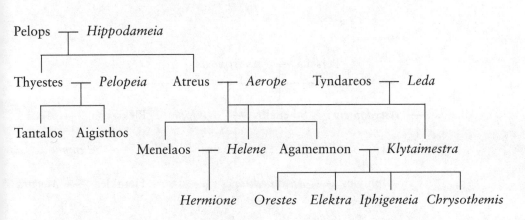

Danaë, Perseus und Andromeda

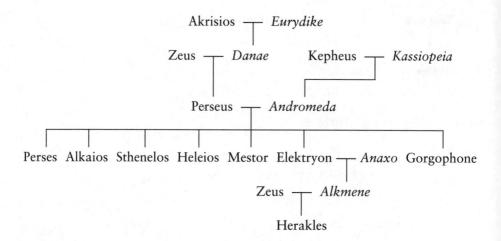

Herakles

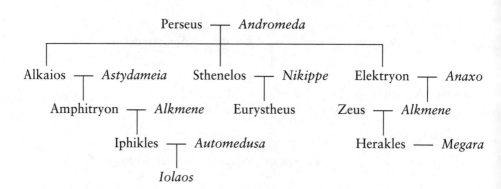

Io und Hypermestra

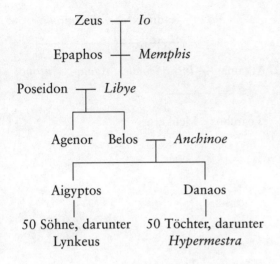

Zeus —— *Io*

Epaphos —— *Memphis*

Poseidon —— *Libye*

Agenor   Belos —— *Anchinoe*

Aigyptos   Danaos

50 Söhne, darunter   50 Töchter, darunter
Lynkeus   *Hypermestra*

Europa und Ino

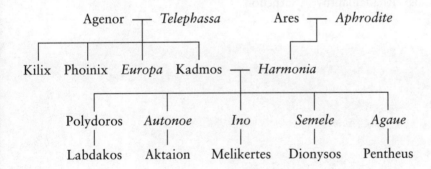

Agenor —— *Telephassa*   Ares —— *Aphrodite*

Kilix   Phoinix   *Europa*   Kadmos —— *Harmonia*

Polydoros   *Autonoe*   *Ino*   *Semele*   *Agaue*

Labdakos   Aktaion   Melikertes   Dionysos   Pentheus

Das Haus des Kadmos

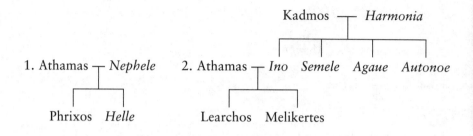

Kadmos, Europa und Zeus

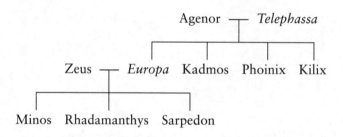

Antiope und Zeus

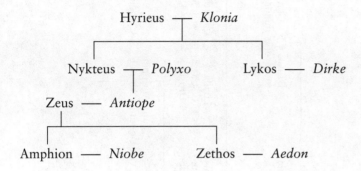

Theseus

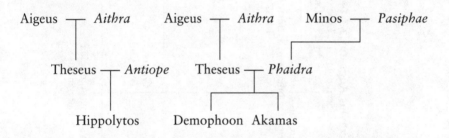

(Nach: HERBERT HUNGER: Lexikon der griechischen und römischen Mythologie, 407, 352, 380, 313, 79, 14, 321, 163, 193, 206, 191, 133, 42, 400)

Das Julisch-Claudische Haus

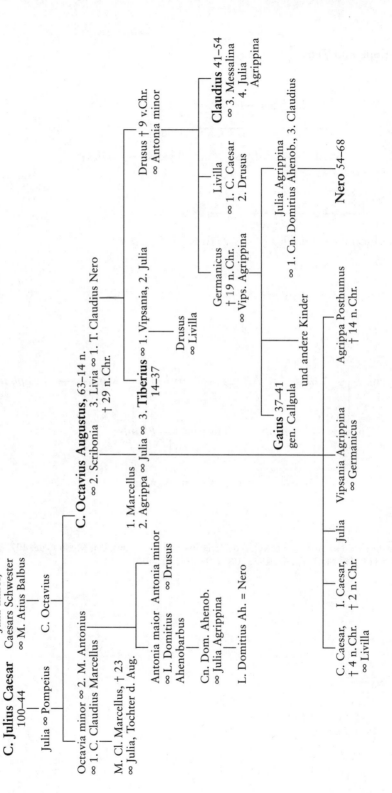

(Nach: JOHANNES HARTMANN: Das Geschichtsbuch, 57)

Register der Personen

Abraham, Karl 292, 339–340
Abu Zubaydah 82
Agrippa Germanicus 250
Aischylos 21, 25, 28, 30–31, 36, 48,
    52–53, 60, 69–72, 75–78, 80–81,
    83–84, 86, 88–90, 92–97, 99, 101–102,
    104–106, 112–114, 126–127, 225
Al-Rashim Al-Nashiri, Abd 82
Aly, Wolf 64
Anaximander 231, 241
Antoninus Liberalis 354–355, 382
Apollodor 32, 52, 83, 93, 103, 106,
    110, 131, 134, 167, 189, 192, 223,
    226–227, 256, 258, 260, 268–269,
    286, 292, 300, 334–335, 355, 362,
    364–365
Aristoteles 231
Äsop 44, 68
al-Assad, Baschar 11, 82
ar-Rumi, Dschalal ad-din 307
Augustinus 249
Augustus 250

Bauchmüller, Michael 209
Bauer, Wolfgang 237
Baur, Eva Gesine 291, 363
Becker, Jurek 253–254
Beckmann, Max 297
Beresniak, Daniel 293
Bertholet, Alfred 52
Boccaccio, Giovanni 198
Bousset, Wilhelm 38
Breitenbach, Hermann 282
Bröckers, Mathias 11
Bund, Elmar 137
Burkert, Walter 32, 41, 257, 317, 340,
    367, 385
Bush, George W. 11–12
Büttner, Nils 190

Cabanel, Alexandre 233
Caligula 250
Camus, Albert 7, 99, 111, 123, 130,
    142, 149–166

Caravaggio 267, 273
Carpenter, Thomas H. 268
Carthy, J. D. 339
Catull 384, 431
Chapman, G. 339
Chassériau, Théodore 291–292
Chébab, Maurice H. 187, 188
Cicero, Marcus Tullius 51, 78, 178, 332
Cioran, E. M. 327–328
Clark, Ramsey B. 12, 339
Claudius 250
Coarelli, Filippo 250–251
Correggio, Antonio 232, 259–260, 262
Cosimo, Piero di 296
Czepko, Daniel 432

Dalai Lama 11
Daszewski, Wiktor 287, 329
Davies, Nigel 187, 191, 331
Deininger, Roman 82
Dermenghem, Émile 308
Diller, Hans 28–29
Dinnis, Rob 306
Diodor 90, 183, 187–188, 190, 215
Domitius Ahenobarbus 250
Dornseiff, Franz 66
Drewermann, Eugen 54–55, 65–66, 77,
    113, 117, 120, 122, 133, 137–138,
    170, 173, 180, 208, 211, 216,
    237–238, 253, 258, 289, 296, 307,
    338, 353, 356, 366, 374, 377, 383,
    389, 391, 426
Duchemin, Jacqueline 32, 57, 92, 127,
    129
Dumézil, Georges 226
Dümotz, Irmtraud 237

Eder, Birgitta 227
Einstein, Albert 149, 238, 342
Erbelding, Susanne 302
Euripides 103, 172, 188–189, 290, 292,
    369
Ewald, Björn Christian 19, 421, 426,
    429, 431

476

Register der mythischen und literarischen Namen

481

486

Weisheit der Märchen

Eugen Drewermann
Landschaften der Seele oder:
Was Vertrauen vermag
Grimms Märchen
tiefenpsychologisch gedeutet

Band 1:
Das Mädchen ohne Hände
Marienkind / Der Trommler
Brüderchen und Schwesterchen
Die kluge Else / Frau Holle

Format 14 x 22 cm
552 Seiten
Hardcover mit Schutzumschlag
ISBN 978-3-8436-0616-5

Landschaften der Seele oder: Wie uns die Liebe verzaubert
Band 2 – ISBN 978-3-8436-0617-2
Dornröschen / Schneeweißchen und Rosenrot / Der goldene Vogel /
Die Kristallkugel / Rapunzel / Der Herr Gevatter / Gevatter Tod / Fundevogel

Landschaften der Seele oder: Wie man die Angst überwindet
Band 3 – ISBN 978-3-8436-0618-9 (erscheint im August 2015)
Hänsel und Gretel / Aschenputtel / Der Wolf und die sieben jungen Geißlein /
Der Wolf und der Fuchs

Landschaften der Seele oder: Wie wir Mann und Frau werden
Band 4 – ISBN 978-3-8436-0619-6 (erscheint im August 2015)
Schneewittchen / Die zwei Brüder / Der Froschkönig

PATMOS
www.patmos.de